IFRS 16 – Leasingbilanzierung mit SAP S/4HANA®

SAP PRESS

SAP PRESS ist eine gemeinschaftliche Initiative von SAP SE und der Rheinwerk Verlag GmbH. Unser Ziel ist es, Ihnen als Anwendern qualifiziertes SAP-Wissen zur Verfügung zu stellen. SAP PRESS vereint das Know-how der SAP und die verlegerische Kompetenz von Rheinwerk. Die Bücher bieten Ihnen Expertenwissen zu technischen wie auch zu betriebswirtschaftlichen SAP-Themen.

Damit Sie nach weiteren Titeln Ihres Interessengebiets nicht lange suchen müssen, haben wir eine kleine Auswahl zusammengestellt.

Lars Bohn, Adam Dubielecki, Martin Grote
Umsatzsteuer in SAP S/4HANA
466 Seiten, 4. aktualisierte und erweiterte Auflage 2025, gebunden
ISBN 978-3-367-10158-0
www.sap-press.de/5892

Frank Densborn et al.
Migration nach SAP S/4HANA
789 Seiten, 5. aktualisierte und erweiterte Auflage 2025, gebunden
ISBN 978-3-367-10578-6
www.sap-press.de/6033

Thomas Kunze, Christian Kurzke, Kathrin Schmalzing
SAP S/4HANA Finance – Customizing
1000 Seiten, 4. aktualisierte und erweiterte Auflage 2025, gebunden
ISBN 978-3-367-10687-5
www.sap-press.de/6067

Timo Beddig, Stephanie Henseler, Eik Sunke, Alexander Zanft
SAP Document and Reporting Compliance – Projektplanung, Implementierung, Anwendung
515 Seiten, 2025, gebunden
ISBN 978-3-367-11005-6
www.sap-press.de/6164

Sabine Toman, Anke Köppe

IFRS 16 – Leasingbilanzierung mit SAP S/4HANA®

Rheinwerk Publishing

Liebe Leserin, lieber Leser,

SAP-Landschaften sind komplex, und wir alle wissen, wie schnell sich Technologien und Anforderungen in der IT-Welt ändern. Genau da setzt SAP PRESS an: mit Büchern, die nicht nur Theorie vermitteln, sondern konkret im Alltag helfen.

In diesem Buch finden Sie direkt umsetzbare Ratschläge, praktische Beispiele und Lösungen für drängende Herausforderungen. Unsere Autor*innen sind Profis, die wissen, wo der Schuh drückt – und wie man Probleme effizient löst. Mit ihrer Erfahrung an Ihrer Seite können Sie Ihre SAP-Projekte gezielter angehen, fundiertere Entscheidungen treffen und die vielen Facetten von SAP besser meistern.

Ob Sie gerade erst beginnen oder schon lange im SAP-Umfeld tätig sind: Wir sind davon überzeugt, dass dieses Buch Ihnen hilfreiche Anleitungen und Tipps an die Hand gibt, um Ihre täglichen Aufgaben und Projekte erfolgreich zu meistern.

Wir freuen uns stets über Lob, aber auch über kritische Anmerkungen, die uns helfen, unsere Bücher zu verbessern. Zögern Sie also nicht, sich bei mir zu melden; Ihr Feedback ist jederzeit willkommen.

Wir wünschen Ihnen viele Aha-Momente und eine erfolgreiche Umsetzung mit diesem Buch!

Ihre Eva Wigger
Junior-Lektorin SAP PRESS

eva.wigger@rheinwerk-verlag.de
www.rheinwerk-verlag.de
Rheinwerk Verlag • Rheinwerkallee 4 • 53227 Bonn

Auf einen Blick

1 Einführung ... 27
2 Verträge ... 39
3 Konditionen und Finanzstrom ... 109
4 Mieten und Leasingraten buchen ... 169
5 Bilanzielle Bewertung im Überblick ... 205
6 Spezielle Konditionen ... 279
7 Bewertung buchen ... 307
8 Vertragsänderungen und Folgebewertungen ... 351
9 Periodische Arbeiten ... 407
10 Übergangsphase und Datenmigration ... 425

Wir hoffen, dass Sie Freude an diesem Buch haben und sich Ihre Erwartungen erfüllen. Falls Sie Anregungen, Wünsche und Kommentare haben, lassen Sie es uns wissen: **service@rheinwerk-verlag.de**.

Informationen zu unserem Verlag und Kontaktmöglichkeiten finden Sie auf unserer Verlagswebsite **www.rheinwerk-verlag.de**. Dort können Sie sich auch umfassend über unser aktuelles Programm informieren und unsere Bücher und E-Books bestellen.

Autorinnen Sabine Toman, Anke Köppe
Lektorat Eva Wigger
Copy-Editing Annika Holtmannspötter
Typografie & Layout Vera Brauner
Satz Typographie & Computer, Krefeld
Herstellung Arkin Keskin
Covergestaltung Lisa Kirsch
Coverbild Shutterstock: 2353148329 © Olga Gavrilova
Druck Beltz Grafische Betriebe, Bad Langensalza

FSC www.fsc.org MIX Papier | Fördert gute Waldnutzung FSC® C089473

Dieses Buch wurde mit mineralölfreien Farben auf FSC-zertifiziertem Papier aus nachhaltiger Waldwirtschaft gedruckt. [Der Umwelt zuliebe verzichten wir zusätzlich auf die Einschweißfolie.] Hergestellt in Deutschland.

Bibliografische Information der Deutschen Nationalbibliothek:
Die Deutsche Nationalbibliothek verzeichnet diese Publikation in der Deutschen Nationalbibliografie; detaillierte bibliografische Daten sind im Internet über *http://dnb.dnb.de* abrufbar.

ISBN 978-3-367-10697-4

2., aktualisierte und erweiterte Auflage 2025

Rheinwerk Verlag GmbH • Rheinwerkallee 4 • 53227 Bonn
service@rheinwerk-verlag.de

Inhalt

Geleitwort von Dr. Bernd Limberger 15
Geleitwort von Franz Kehrein 19
Einleitung 21

1 Einführung 27

1.1 SAP S/4HANA Cloud for Contract and Lease Management 28
1.1.1 Bereitstellung der Software 28

1.2 Fiori-Apps 30
1.2.1 Beschreibung der Fiori-Apps 30
1.2.2 Auswertungen 31
1.2.3 Rollen und Berechtigungen 32

1.3 Grundeinstellungen 33

1.4 Wichtige SAP-Hinweise zur bilanziellen Bewertung von Verträgen 35

1.5 Zusammenfassung 36

2 Verträge 39

2.1 Ein erster Überblick 39

2.2 Vertragsarten 48
2.2.1 Verträge nach Vertragsarten unterscheiden 48
2.2.2 Customizing: Vertragsarten einrichten 53
2.2.3 Customizing: Vertragsdialog steuern – Bildfolge 54

2.3 Vertragspartner 59
2.3.1 Partnerrollen 59
2.3.2 Partner dem Vertrag zuordnen 60
2.3.3 Partner anlegen und dem Vertrag zuordnen 61
2.3.4 Partner in neuer Rolle anlegen 64
2.3.5 Unterschiedliche Partneradressen verwenden 64
2.3.6 Customizing: Partnerrollen zu Vertragsarten einrichten 66

2.4 Objekte ... 69
- 2.4.1 Vertragsgegenstand ... 69
- 2.4.2 Weitere Vertragsobjekte ... 70
- 2.4.3 Customizing: Objektarten zur Vertragsart ... 71

2.5 Bemessungen ... 72
- 2.5.1 Bemessungen zu Verträgen pflegen ... 72
- 2.5.2 Customizing: Bemessungen einrichten ... 73

2.6 Laufzeit ... 74
- 2.6.1 Vertragslaufzeiten pflegen ... 74
- 2.6.2 Verlängerungsregeln hinterlegen ... 74
- 2.6.3 Kündigungsregeln hinterlegen ... 76

2.7 Verträge im täglichen Geschäft ... 78
- 2.7.1 Verträge finden ... 78
- 2.7.2 Verträge auswerten – Infosystem ... 81
- 2.7.3 Übersichten zum Vertrag ... 84
- 2.7.4 Wiedervorlage: Kritische Termine verfolgen ... 86
- 2.7.5 Dokumente zum Vertrag verwalten ... 88
- 2.7.6 Zusatztexte benutzen ... 90
- 2.7.7 Mit dem Vertragspartner korrespondieren ... 91

2.8 Besonderheiten von Immobilienverträgen ... 92
- 2.8.1 Immobilienobjekte ... 92
- 2.8.2 Nebenkostenabrechnung ... 94
- 2.8.3 Vorsteuerbehandlung ... 95

2.9 Kundenindividuelle Erweiterungen ... 97
- 2.9.1 RE-Navigator individualisieren ... 97
- 2.9.2 Erweiterungen implementieren (BAdI): Vertragsdialog 100
- 2.9.3 Suchhilfen erweitern oder vereinfachen ... 101

2.10 Zusammenfassung ... 107

3 Konditionen und Finanzstrom 109

3.1 Beispiele für Vertragskonditionen ... 109

3.2 Vertragskonditionen manuell erfassen und ändern ... 113
- 3.2.1 Vertragskonditionen erfassen ... 113
- 3.2.2 Buchungsparameter zuordnen ... 115
- 3.2.3 Finanzstrom prüfen ... 117
- 3.2.4 Vertragskonditionen manuell ändern ... 121

3.3 Customizing: Konditionen ... 123
3.3.1 Konditionsgruppe, Konditionsart und Konditionszweck 124
3.3.2 Berechnungsvorschrift ... 125
3.3.3 Verteilungsvorschrift ... 127
3.3.4 Rhythmus und Fälligkeit ... 128
3.3.5 Änderungsgründe und Sperrgründe ... 131
3.3.6 Erweiterungen implementieren (BAdI): Konditionen ... 131

3.4 Vertragskonditionen maschinell anpassen ... 132
3.4.1 Maschinelle Anpassung vorbereiten: Anpassungsklausel 133
3.4.2 Maschinelle Anpassung durchführen ... 136
3.4.3 Freie Anpassung ... 142
3.4.4 Indexanpassung ... 144
3.4.5 BAdI-basierte Anpassung ... 145
3.4.6 Anpassungsverfahren in der Immobilienverwaltung ... 145
3.4.7 Customizing: Maschinelle Konditionsanpassung ... 146
3.4.8 Erweiterungen implementieren (BAdI): Maschinelle Konditionsanpassungen ... 151

3.5 Weitere Attribute zu Konditionen ... 152
3.5.1 Konditionen in Fremdwährungen ... 152
3.5.2 Konditionssplit ... 154
3.5.3 Customizing: Konditionen in Fremdwährung und Konditionssplit ... 155

3.6 Vertragskonditionen auswerten ... 157
3.6.1 Auswertung von Konditionen ... 157
3.6.2 Customizing: Infosystem Konditionen ... 159

3.7 Finanzströme ... 160
3.7.1 Partnerfinanzstrom ... 162
3.7.2 Objektfinanzstrom ... 165
3.7.3 Ausblick: Bewertungsfinanzstrom ... 167
3.7.4 Auswertungen zu Finanzströmen ... 167

3.8 Zusammenfassung ... 168

4 Mieten und Leasingraten buchen 169

4.1 Periodische Buchung: Partnerfinanzstrom ... 169
4.1.1 Finanzstrom: Grundlage der periodischen Buchung ... 171
4.1.2 Periodisches Buchen im Vertragsdialog ausführen ... 173
4.1.3 Massenlauf periodisches Buchen ... 178

4.1.4 Buchungsklausel ... 180
4.1.5 Berichte zur periodischen Buchung ... 182
4.1.6 Ein kurzer Abstecher in technische Details ... 184
4.1.7 Periodische Buchung stornieren ... 186

4.2 Customizing: Buchen ... 188
4.2.1 Customizing: Geschäftspartner – Debitoren und Kreditoren ... 188
4.2.2 Customizing: Kontenfindung periodische Buchung ... 189

4.3 Periodisches Buchen: Objektfinanzstrom ... 197
4.3.1 Objektfinanzstrom erzeugen ... 198
4.3.2 Objektfinanzstrom buchen ... 199
4.3.3 Customizing: Objektfinanzstrom ... 201

4.4 Zusammenfassung ... 203

5 Bilanzielle Bewertung im Überblick 205

5.1 Die ersten Schritte ... 206
5.1.1 Voraussetzungen ... 206
5.1.2 Leasingverträge identifizieren und analysieren ... 209
5.1.3 Bewertungsverfahren festlegen ... 212

5.2 Verträge bewerten ... 217
5.2.1 Bewertungsparameter festlegen ... 217
5.2.2 Konditionen zuordnen ... 226
5.2.3 Vertragsbewertung durchführen ... 228
5.2.4 Vertragsbewertung buchen ... 235

5.3 Bilanzielle Bewertung auswerten ... 238
5.3.1 Bewertungsergebnisse anzeigen ... 241
5.3.2 RoU-Anlagen auswerten ... 243
5.3.3 Leasingverbindlichkeiten rastern ... 243

5.4 Customizing der bilanziellen Bewertung ... 248
5.4.1 Steuerung pro Vertragsart im Buchungskreis ... 250
5.4.2 Bewertungsrelevanz ... 252
5.4.3 Bewertungsregeln: Detaildaten ... 253
5.4.4 Bewertungsregel: Zuordnung von Buchungskreis und Vertragsart ... 256
5.4.5 Konditionsbewertungsgruppen ... 257

5.4.6 Bewertungsabhängige Steuerungsparameter: Anlagenklasse der RoU-Anlage und Kontenfindungswert 260
5.4.7 Erweiterungen implementieren (BAdI) ... 262

5.5 Beispiele für Bewertungen ... 265
5.5.1 Leasingvertrag nach IFRS 16 bewerten ... 265
5.5.2 Leasingvertrag nach US-GAAP ASC 842 bewerten (operatives Leasing) ... 268
5.5.3 Leasingvertrag nach HGB bewerten (operatives Leasing) ... 270
5.5.4 Servicevertrag nach FAS13 linearisieren (Straight-Lining) ... 271
5.5.5 (Unter-)Mietvertrag als Finanzierungsleasing bewerten 272

5.6 Besonderheiten in der Bewertung ... 273
5.6.1 Fremdwährungen behandeln ... 273
5.6.2 Nicht abzugsfähige Steuer bewerten ... 274

5.7 Zusammenfassung ... 277

6 Spezielle Konditionen 279

6.1 Servicekosten ... 279
6.1.1 Servicekosten sind als separate Servicekonditionen ausgewiesen ... 280
6.1.2 Servicekosten sind in der Leasingrate enthalten ... 282
6.1.3 Servicekonditionen und Serviceanteile buchen ... 283

6.2 Anfängliche Kosten (Initialkosten) ... 285
6.2.1 Initialkosten in der Bewertung berücksichtigen ... 285
6.2.2 Initialkosten im Vertrag hinterlegen ... 287
6.2.3 Bewertung mit Initialkosten buchen ... 288

6.3 Anreizzahlungen ... 289

6.4 Rückbauverpflichtung ... 292

6.5 Restwertgarantie und Rückkaufswert ... 294

6.6 Untervermietung ... 296

6.7 Außerordentliche Ab- und Zuschreibungen ... 300

6.8 Barwertvorgabe ... 301

6.9 Vermögenswertvorgabe ... 303

6.10 Zusammenfassung ... 305

7 Bewertung buchen 307

7.1 Parallele Rechnungslegung 307
7.1.1 Kontenlösung 308
7.1.2 Ledger-Lösung 310
7.1.3 Klassische und neue Anlagenbuchhaltung 310

7.2 Parallele Rechnungslegung in der Bewertung 312
7.2.1 Buchungen in der Ledger-Lösung (neues Hauptbuch) 312
7.2.2 Buchungen in der Kontenlösung (klassisches Hauptbuch) 317

7.3 Kontenfindung der Bewertung – Grundlagen 318
7.3.1 Die Bewegungsart ist der Einstieg in die Kontenfindung 318
7.3.2 Der Kontenfindungswert differenziert die Kontenfindung 320

7.4 Kontenfindung der Bewertung im Detail 322
7.4.1 RoU-Anlage aktivieren 324
7.4.2 Leasingverbindlichkeit buchen 329
7.4.3 Initialkosten 329
7.4.4 Vermögensabgang 331
7.4.5 Abschreibungen 333
7.4.6 Verrechnung 335
7.4.7 Zinsen 337
7.4.8 Linearisierung 337
7.4.9 Übersichtsbild Kontenfindung bilanzielle Aktivierung 337
7.4.10 Bewegungsarten für spezielle Konditionen finden 338
7.4.11 Nachbuchungen einrichten 342
7.4.12 Umbuchungen einrichten 346
7.4.13 Buchen ohne Anlagenbuchhaltung 347

7.5 Zusammenfassung 348

8 Vertragsänderungen und Folgebewertungen 351

8.1 Folgebewertung durchführen 352
8.1.1 Zeitscheibe der Bewertungsklausel anlegen 353
8.1.2 Folgebewertung durchführen 358
8.1.3 Folgebewertung buchen 360
8.1.4 Folgebewertung auswerten 360

8.2 Folgebewertungen bei Konditionsänderungen 361
8.2.1 Konditionserhöhung 361
8.2.2 Konditionsminderung 367
8.2.3 Konditionsänderung durch Indexanpassung 368

8.3 Folgebewertungen bei Änderung der Vertragslaufzeit 372
8.3.1 Vertrag mit Verlängerungsoption 374
8.3.2 Vertrag vorzeitig verlängern 377
8.3.3 Vertrag vorzeitig beenden 380

8.4 Substanzielle Vertragsänderungen 383
8.4.1 Hinzumietung von Objekten 383
8.4.2 Rückgabe von Objekten 385
8.4.3 Operatives Leasing und Finanzierungsleasing nach US-GAAP 391

8.5 Vertragsänderungen bei Bewertung mit Linearisierung 397
8.5.1 Beispiel 1: Linearisierung ab offener Periode 399
8.5.2 Beispiel 2: Linearisierung ab Anfang 400
8.5.3 Beispiel 3: Linearisierung ab Betrachtungsbeginn 401
8.5.4 Beispiel 4: Linearisierung ab offener Periode (Zahlung) 402
8.5.5 Linearisierung: Zusammenfassung 404

8.6 Zusammenfassung 405

9 Periodische Arbeiten 407

9.1 Daten aktuell halten 407
9.1.1 Arbeitsvorräte abarbeiten 408
9.1.2 Wiedervorlagetermine erzeugen 411
9.1.3 Finanzstrom generieren 411

9.2 Zahlungen steuern 412
9.2.1 Periodische Buchung ausführen 412
9.2.2 Zahlungen veranlassen 413
9.2.3 Mahnungen drucken 417
9.2.4 Rechnungen schreiben 418

9.3 Periodenabschluss 420
9.3.1 Bewertung aktualisieren 421
9.3.2 Bewertung buchen 422
9.3.3 Sonstige bilanzvorbereitende Maßnahmen ausführen 423

9.4 Zusammenfassung 423

10 Übergangsphase und Datenmigration 425

10.1 Überblick 425

10.2 Wichtige Vertragsattribute 430

10.2.1 Wichtige Datumsfelder 430
10.2.2 Konditionen und Konditionsbewertungseigenschaften 436

10.3 Datenmigration 436

10.3.1 Bildfolgen für bewertungsrelevante Verträge anpassen 437
10.3.2 Berechtigungen anpassen 438
10.3.3 Datenübernahme mittels LSMW 438
10.3.4 Funktionsbausteine zum Anlegen von Verträgen 439
10.3.5 Verträge um bewertungsrelevante Daten ergänzen 439

10.4 Übergangsszenarien für die Einführung der bilanziellen Bewertung 440

10.4.1 Übergangszenarien 441
10.4.2 Periodische Buchung und Wegfall des Objektfinanzstroms 444

10.5 Auswertungen 449

10.6 Zusammenfassung 450

Die Autorinnen 451
Index 453

Geleitwort von Dr. Bernd Limberger

Seit dem 1. Januar 2019 sind die Leasingstandards IFRS 16 und US-GAAP ASC 842 für alle Unternehmen verbindlich, die nach IFRS oder US-GAAP bilanzieren. In der Folge bedeutet dies für die Unternehmen, dass sie ihre Leasingverhältnisse sowohl in der Anlagenbuchhaltung als Nutzungsrechte als auch als kurz- und langfristige Verbindlichkeiten ausweisen müssen.

Große Bandbreite von Leasingverträgen

Die Praxis hat gezeigt, dass Unternehmen eine sehr große Bandbreite an Leasingverhältnissen besitzen. Dies beginnt bei klassischen Leasingverhältnissen für Gebäude, Maschinen, Fahrzeuge und erstreckt sich über Flugzeuge, Schiffe, Container, Tankwagen bis hin zu Katalysatoren in der chemischen Industrie und Softwarenutzungsrechten. Ausgenommen sind weiterhin Leasingverhältnisse mit einer Laufzeit von weniger als zwölf Monaten (Short-term Leases) oder mit einem geringen Wert (Low Value Leases, nach gängiger Meinung unter 5.000 €).

Die Praxis hat gezeigt, dass die Kunden, die SAP Contract and Lease Management oder kurz SAP CLM nutzen, ein Vertragsvolumen von mehreren Hundert bis zu über eine Million Verträge verwalten, je nach Branche und Unternehmensgröße.

Weiterhin großer Beratungsbedarf

Wie in der ersten Auflage des Buches bereits prognostiziert, hat die Einführung der neuen Leasing-Standards für IFRS und US-GAAP weltweit eine große Welle an Beratungsanfragen und Projekten ausgelöst. Auch im sechsten Jahr nach Inkrafttreten der Standards ist immer noch eine merkliche Nachfrage nach IFRS-16-Projekten zu verzeichnen. Diese haben im Wesentlichen folgende Ursachen:

- Kunden, die in den Jahren 2017 bis 2019 proprietäre Lösungen eingeführt haben, die schnell und einfach erste Zahlen geliefert haben, suchen nun eine Lösung, die in ihre Finanzbuchhaltung integriert ist und steigen um auf SAP CLM.
- Kunden, die ihre SAP-S/4 HANA-Transformation durchgeführt haben oder gerade planen, versuchen, ihr im Einsatz befindliches Software-Portfolio zu vereinheitlichen und neu zu planen und setzen dabei auf SAP CLM als vollintegrierte Lösung in ihr S/4 HANA Finance.

Diese weiterhin anhaltende Nachfrage nach der Lösung erklärt, warum dieses Buch in seiner ersten Auflage mittlerweile vergriffen ist.

Aktualisierte Auflage

Deshalb haben sich die beiden Autorinnen, Frau Dr. Anke Köppe (ehemalige Entwicklungsleiterin RE-FX) und Frau Sabine Toman (Principal Consultant SAP Services, Schwerpunkt Immobilienmanagement) entschlossen, ihre langjährige praktische und technologische Erfahrung in der Erstellung der zweiten Auflage einzubringen, um diese Auflage nicht nur zu aktualisieren, sondern auch zu erweitern. Damit wird dem unverändert hohen Beratungs- und Informationsbedarf Rechnung getragen, der insbesondere durch die fortlaufenden Einführungen und Migrationen im SAP-Umfeld, aber auch durch Anpassungen der Regularien weiter besteht. Beispielsweise hat das Financial Reporting Council beschlossen, dass der IFRS-16-Standard in leicht abgeänderter Form in Unternehmen, die nach UK GAAP bilanzieren, ab 1. Januar 2026 anzuwenden ist.

Inhalt des Buches

Das Buch beginnt mit einer umfassenden Einführung in das zentrale Element der Implementierung – den allgemeinen Vertrag in SAP CLM – und gibt besonders Neukunden einen fundierten Überblick über die Funktionalitäten und Konfigurationsmöglichkeiten der Lösung. Es folgen Kapitel, die die Integration mit SAP Financials sowie die technische Realisierung der automatisierten Buchungslogik detailliert beleuchten.

Vertiefende Ausführungen zu den regulatorischen Anforderungen, zur systemseitigen Umsetzung und zu den praktischen Anwendungsfällen – von einfachen bis hin zu komplexen Leasingverträgen – bilden einen maßgeblichen inhaltlichen Schwerpunkt. Die Auswirkungen von Vertragsänderungen und Modifikationen und deren bilanzielle Behandlung werden ebenso erläutert wie verschiedene Implementierungs- und Migrationsszenarien. Damit erschließt das Buch nicht nur einer breiten Anwenderzielgruppe (Fachbereiche, IT, Projektleitung), sondern auch Beratern und Wirtschaftsprüfern wertvolles Know-how.

Besonders hervorzuheben ist die Berücksichtigung sowohl von On-Premise- als auch von Cloud-Lösungsszenarien, was heute im Rahmen der SAP-S/4 HANA-Transformation zunehmend an Bedeutung gewinnt. Ebenso werden die Fiori-Apps zu Bedienung und Konfiguration unter SAP S/4 HANA beschrieben.

Kaum ein anderes Werk bietet eine vergleichbar praxisnahe wie fundierte Hilfestellung bei der Einführung, Konfiguration und Anwendung der SAP-Lösung zur Leasingbilanzierung. Die strukturierte Wissensvermittlung aus erster Hand macht dieses Buch zum unverzichtbaren Grundlagen- und Nachschlagewerk für alle, die sich aktuell oder zukünftig mit der IFRS-16-/ASC-842-Umsetzung auf Basis von SAP-RE-FX befassen.

Ich bedanke mich bei den Autorinnen für ihr Engagement und wünsche allen Leserinnen und Lesern viel Erfolg bei der praktischen Umsetzung der Anforderungen – und Freude an der Arbeit mit diesem Buch.

Walldorf, im Juli 2025

Dr. Bernd Limberger
Head of LoB Unit Finance/Real Estate
SAP Customer Success & Delivery Deutschland

Geleitwort von Franz Kehrein

»Was lange währt ...« – so könnte man die Entwicklung von IFRS 16 zusammenfassen. Nach spektakulären Firmenpleiten erkannte man in den frühen 2000er-Jahren Handlungsbedarf bei der bilanziellen Handhabung von Leasingverträgen. Die Problematik bestand darin, dass der weitaus überwiegende Teil der Leasingverpflichtungen nicht bilanziert werden musste und damit Überschuldungen von Unternehmen oft erst zu spät erkannt wurden.

Der Anstoß und was daraus wurde

Um dieses Dilemma zu beheben, haben sich die beiden wichtigsten Rechnungslegungsboards, das IASB (International Accounting Standards Board) und das FASB (Financial Accounting Standards Board), im Jahr 2006 darauf verständigt, die Bilanzierung von Leasingverhältnissen neu und einheitlich zu regeln. Damit begann ein langwieriger, zäher Prozess: Der neue Standard sollte bei Miet- und Leasingverträgen sowohl für Immobilien als auch für Mobilien und in gleicher Weise auf Leasinggeber- und Leasingnehmerseite Anwendung finden.

Am Ende dieses Prozesses kam es dann zu einer Regelung, die vorrangig für die Leasingnehmerseite gilt und dies auch in unterschiedlichen Ausprägungen beider Boards. Für die Leasinggeberbilanzierung gelten im Wesentlichen weiterhin die bisherigen Regelungen nach IAS 17. Spätestens ab dem Geschäftsjahr 2019 mussten nach diesen neuen Rechnungslegungsvorschriften mehr oder minder alle Leasingnehmerverhältnisse in der Bilanz als sogenannte *Right-of-Use-Anlagen* mit einer korrespondierenden Verbindlichkeit aktiviert werden.

Für SAP besteht Handlungsbedarf

Trotz der langwierigen Verhandlungen der Boards war im SAP Real Estate Management (SAP RE) spätestens ab 2010 klar, dass hier ein erheblicher Handlungsbedarf auf unsere Softwarelösung zukommen wird. Als damals verantwortlicher Produktmanager begann ich mit unserer Entwicklungsabteilung, Lösungsmöglichkeiten für die sich abzeichnenden Anforderungen auszuarbeiten.

Annäherung an eine IT-Lösung

So versuchten wir, in zahlreichen Kunden-Workshops Klarheit über die zu erwartenden Anforderungen zu bekommen. Insbesondere stellte sich in diesen Workshops sehr schnell heraus, dass die Kunden zur Handhabung der neuen Rechnungslegungsvorschriften eine einheitliche Lösung für die Abbildung ihrer Leasing-/Mietverhältnisse anstrebten.

Für die SAP-RE-Kunden bestand in jedem Fall Handlungsbedarf, ihre Mietverträge nach den neuen Regularien zu bewerten. Da der Vertrag in SAP RE so allgemein gehalten ist, dass damit verschiedenste Vertragsgegenstände sowohl in Leasingnehmer- als auch in Leasinggeberverträgen abgebildet werden können, bot es sich an, diesen Vertrag zukünftig als *allgemeinen Leasingvertrag* zu nutzen.

Erster Prototyp 2011

Auf Basis dieser Entscheidung wurde ab 2011 von der SAP-RE-Entwicklung ein erster Prototyp zur Evaluierung der bilanziellen Auswirkungen von Leasingverhältnissen bereitgestellt. In enger Abstimmung zwischen dem Produktmanagement aus dem Bereich Financials und dem der RE-Entwicklung wurde die Entscheidungsfindung der beiden Rechnungslegungsboards fortlaufend verfolgt und sukzessive eine voll integrierte Lösung zur Bewertung von Leasingverhältnissen entwickelt. Diese Lösung ermöglicht es, Leasingverträge nach unterschiedlichen Rechnungslegungsvorschriften (z. B. nach HGB, IFRS, US-GAAP) zu bewerten, ledgerabhängig zu buchen und bei Bedarf in der Anlagenbuchhaltung zu aktivieren.

SAP-Lösung vor Fertigstellung

Als ich Ende 2015 aus dem Unternehmen SAP ausschied, standen die Regularien der neuen Leasingstandards noch nicht endgültig fest, aber Datenmodell und zentrale Teile der Entwicklung waren auf Basis der bis dahin veröffentlichten Draft-Versionen fertiggestellt. Meinem Nachfolger, Marc Hoffmann, blieb es überlassen, die Lösung nach der endgültigen Bekanntgabe der Regularien zur Marktreife zu führen, was sich dann als weitaus schwierigerer Prozess erwiesen hat. Um den weltweiten Anforderungen der Kunden und Wirtschaftsprüfer gerecht zu werden, war noch ein enormer Konzeptions- und Entwicklungsaufwand notwendig. Ein Indiz hierfür waren Hunderte von Hinweisen, die nach der Auslieferung der ersten Version bis heute zur Weiterentwicklung und Optimierung von SAP bereitgestellt wurden.

Heute hat sich die Lösung etabliert und ist äußerst erfolgreich rund um den Globus im Einsatz.

Ich selbst habe nach meiner Zeit bei der SAP die Lösung bei einer Vielzahl unterschiedlichster Kunden eingeführt. Es war zwar oft knifflig, aber durch die Flexibilität der Lösung und Unterstützung der SAP-Kollegen konnten wir jedes dieser Projekte zu einem erfolgreichen Abschluss führen. Bei der Implementation und dem Handling der Lösung hat den Kunden auch die Erstauflage des vorliegenden Buches äußerst nützliche Dienste erwiesen. Auch ich selbst habe bei meinem Einführungsprojekt oft das Buch zurate gezogen und kann es wärmstens empfehlen.

Da sich die Lösung softwareseitig seit der ersten Auflage stark weiterentwickelt hat, freue ich mich sehr auf die neue Auflage.

Franz Kehrein bis Ende 2015 Product Manager SAP RE

Einleitung

Kaffeepause

Kaffeeecken werden bei SAP sehr geschätzt. Das liegt zum einen natürlich an dem Kaffee, den man dort bekommt, aber auch daran, dass man bei deren Besuch zwanglos mit Kollegen und Kolleginnen ins Gespräch kommt. Man hört Schönes (»Weißt du schon? A. ist Vater geworden ...«), weniger Schönes (»B. hatte einen Unfall ...«) und kann nebenbei fachliche Fragen ansprechen (»Kennst du jemanden, der mir bei Problem C helfen kann?«). Kaffee, Tee und Wasser sind gut, und auch den kleinen Schwatz schätzen viele. Aber manchmal erwächst aus dem kleinen Schwatz viel, viel Arbeit.

So ging es einer der beiden Autorinnen dieses Buches, Dr. Anke Köppe, seinerzeit zuständig für SAP RE – sie wurde von einem Kollegen aus der Entwicklung des SAP Finanzwesens in der Kaffeeecke angesprochen. »Habt ihr euch eigentlich schon mit dem neuen IFRS-Standard für Leasingverträge befasst?« Die spontane Reaktion lautete: »Warum sollten wir? Wir haben keine Leasingverträge, wir machen nur Mietverträge.« Er ließ aber nicht nach – und er hatte recht!

Leasing oder Miete

Warum haben wir das nicht gleich verstanden? Weil wir Deutsch sprachen und nicht Englisch. Im Deutschen unterscheiden wir zwischen Miete und Leasing. Im Englischen hingegen gibt es diese Unterscheidung nicht – beides heißt *to lease*. Mietverträge sind Leasingverträge, Leasingverträge sind Mietverträge. Wenn wir im Deutschen über Leasing sprechen, meinen wir üblicherweise Fälle wie diese: Ein Unternehmer least einen Lieferwagen, anstatt ihn zu kaufen. Wenn der Unternehmer aber ein Büro mietet, sprechen wir nie von Leasing, sondern stets von Miete.

Finanzierungsleasing und operatives Leasing

Im deutschen Sprachgebrauch nehmen wir mit unserer Unterscheidung zwischen »Leasing« und »Miete« etwas vorweg, das in verschiedenen Bilanzierungsrichtlinien unterschieden wird. *Capital Lease* bzw. *Finance Lease – Finanzierungsleasing* wird im Deutschen landläufig Leasing genannt. *Operating Lease – operatives Leasing* wird dagegen gewöhnlich als Miete bezeichnet.

Einen wesentlichen Aspekt haben alle Bilanzierungsrichtlinien gemeinsam: Finanzierungsleasing bezeichnet im Allgemeinen die Nutzung eines Vermögensgegenstandes auf Ratenbasis, wobei die Lebenszeit des Vertragsgegenstandes am Ende der Leasingzeit weitgehend abgelaufen ist. Leasing ersetzt in diesem Fall den Kauf, es geht also letztlich um eine Finanzierung. Operatives Leasing meint hingegen die Überlassung des zeitweiligen Nutzungsrechts an einem Vermögensgegenstand, wobei die Nutzungszeit nur einen kleineren Teil der Lebenszeit des Vertragsgegenstandes betrifft. Der

Vertragsgegenstand geht nach Ende des Vertrags an den Vertragspartner zurück. Das trifft typischerweise auf Immobilien zu.

Auf eines konnten wir uns also bis dahin verlassen: Mietverträge im klassischen (deutschen) Sprachgebrauch sind so gut wie immer als operatives Leasing einzustufen. SAP RE, das sich im Wesentlichen um Immobilienvermietung kümmerte, hatte bisher demnach wenig Anlass, sich mit dem Konzept des Finanzierungsleasings zu befassen. Für operatives Leasing werden die Kosten des Vertrags direkt in die Gewinn-und-Verlust-Rechnung (GuV) gebucht – das machten wir im SAP RE schon immer. Finanzierungsleasing dagegen gehört in die Bilanz – das mussten wir im SAP RE nun lernen.

Das Entwicklungsteam startet durch

Die neuen Leasingstandards erforderten eine massive Erweiterung unserer Programme. Sie mussten »lernen«, die Verträge richtig zu bewerten und die Werte in die Bilanz zu buchen. Unser damaliger Product Manager Franz Kehrein erstellte ein Fachkonzept und entwickelte es laufend weiter. Auf dieser Basis entstand eine Lösung zur bilanziellen Bewertung von Leasingverträgen in SAP RE. Mit Kreativität und unglaublichem Engagement gelang es dem Team des SAP-RE-Development-Supports, die Lösung termingerecht bereitzustellen. Bereits wenige Wochen nach der Veröffentlichung der neuen Standards konnten wir einen umfassenden Test mit Kunden und Beratern durchführen.

Worum geht es in diesem Buch?

Dieses Buch beschreibt die IFRS-16-Lösung von SAP als Bestandteil des Vertragsmanagements von SAP Contract, Lease, and Real Estate Management (SAP CLRM) bzw. des SAP Contract and Lease Managements. Diese Lösungen für das Vertragsmanagement können Sie einsetzen, um Miet- und Leasingverträge abzubilden. Neben der Möglichkeit, das eigentliche Vertragswerk dazustellen, Forderungen oder Verbindlichkeiten zu buchen, ist es möglich, die Verträge nach verschiedenen Rechnungslegungsvorschriften zu bewerten – insbesondere nach IFRS 16, US-GAAP ASC 842 und nach HGB.

Worum geht es in diesem Buch nicht?

Das Vertragsmanagement ist in die SAP-Anlagenbuchhaltung integriert, basiert aber nicht auf der klassischen Funktion der Leasinganlagen der Anlagenbuchhaltung. Diese klassischen Leasinganlagen werden hier nicht dargestellt. Ebenfalls nicht Gegenstand des Buches ist die SAP-Lösung für professionelle Leasinggeber *SAP Leasing*. Die Leasingbuchhaltung des SAP Leasings basiert technisch auf der *SAP Lease Accounting Engine (LAE)*, die ebenfalls nicht behandelt wird.

Unsere Zielgruppe

Das Buch richtet sich an (zukünftige) Anwender und Anwenderinnen sowie deren Berater und Beraterinnen. Neben der Anwendungssicht wird auch immer das Customizing dargestellt bis hin zu den umfassenden Möglichkeiten für modifikationsfreie Erweiterungen. So ist dieses Buch gedacht als Begleitung bei der Einführung des SAP Vertragsmanagements und als Nachschlagewerk während der Nutzung der Software.

Für das Verständnis der buchhalterischen Aspekte der Lösung werden Grundbegriffe des SAP Finanzwesens vorausgesetzt.

Inhalt und Struktur

Das Buch ist in zwei Teile untergliedert:

Teil I: Verträge bearbeiten

Im ersten Teil des Buches beschreiben wir die Grundfunktionen des Vertrages im SAP RE:

- Wie werden Verträge aus Sicht des Vertragsgebers oder des Vertragsnehmers abgebildet?
- Welche Möglichkeiten gibt es, vertragliche Regelungen über die Nutzung oder Bereitstellung von Vermögensgegenständen oder Dienstleistungen zu treffen?
- Wie werden Angaben über Art, Höhe und Rhythmus der Zahlungen der Vertragspartner erfasst?
- Welche Regelungen über Vertragslaufzeiten, Kündigungsregeln und Verlängerungsoptionen sind möglich?
- Wie werden die Forderungen und Verbindlichkeiten aus den Verträgen in das SAP Finanzwesen gebucht?

Teil II: Verträge bewerten

Im zweiten Teil des Buches zeigen wir, wie Sie Verträge parallel nach mehreren Rechnungslegungsvorschriften bilanziell bewerten können. Sie erfahren, wie Leasingraten bzw. Mieten behandelt werden, wie anfängliche Kosten, Anreizzahlungen und andere Sonderkonditionen, die im Vertrag vereinbart sind, in die Bewertung einbezogen werden.

Die Erstbewertung von Verträgen ist noch recht übersichtlich. Richtig komplex wird die bilanzielle Bewertung, sobald Vertragsänderungen ins Spiel kommen. Wir behandeln Fragen wie diese:

- Was passiert im Fall einer Vertragsverlängerung?
- Wie werden Rückgaben oder Teilrückgaben von Vertragsgegenständen behandelt?
- Welche Auswirkung hat die Erhöhung der Leasingrate oder Miete nach einer Indexreihe, z. B. einem Verbraucherpreisindex?

Der Leasingstandard und das System leben

Alle Informationen im Buch über das Vertragsmanagement von SAP Real Estate Management (SAP RE) bzw. SAP Contract and Lease Management (SAP CLM) wurden nach bestem Wissen und Gewissen zusammengestellt. Die Autorinnen können nicht ausschließen, dass sich im Buch abgebildete Funktionen in der Zukunft ändern werden. Die Informationen und Beispiele im Buch stellen keine Zusagen über vorhandene oder in Zukunft verfügbare Funktionen des SAP-Systems dar. Wie der Leasingstandard selbst ist seine systemseitige Abbildung im Wandel. Anregungen aus der Praxis, Änderungen in der Gesetzgebung und der Auslegung der Gesetze fließen in die Software ein und führen ggf. zu Änderungen in der Handhabung. Fehler in der Software, die trotz aller Sorgfalt unvermeidbar sind, müssen beseitigt werden. SAP wird auf das Feedback seiner Kunden und Verbesserungsvorschläge reagieren, um die Software möglichst gut bedienbar zu machen. Um über Neuerungen auf dem Laufenden zu bleiben, empfehlen wir Ihnen regelmäßige Besuche des SAP Service Marketplace.

Danksagung

Wir möchten uns an dieser Stelle sehr herzlich bedanken bei den vielen Kollegen und Kolleginnen, die diese Lösung und dieses Buch ermöglicht haben.

Basierend auf der Vertragslösung, die unter der Leitung der langjährigen Managerin des RE-Entwicklungsteams Marlies Meeßen entstand, wurde unter der Federführung unseres Product Managers Franz Kehrein das Fachkonzept für die Bewertung der Verträge erstellt. Kunden und Beratungsteams gaben reichlich konstruktives Feedback und fachliche Unterstützung.

Dem unglaublichen Engagement des RE-Entwicklungsteams im Development Support, insbesondere dem großartigen Einsatz der Softwarearchitekten Ralph Wagenführer (Finanzstrom) und Dr. Holger Nickolaus (Anbindung an das SAP Finanzwesen), ist es zu verdanken, dass aus dem Konzept eine reale Lösung wurde. Jedes Mitglied des Teams hat mit hohem Einsatz zur Lösung beigetragen – durch eigene Entwicklungen oder dadurch, dass es anderen den Rücken freigehalten hat, wenn im Support gerade wieder Hochbetrieb war.

Die Lösung wäre ohne die Unterstützung aus anderen Support- und Entwicklungsteams nicht möglich gewesen. Wir danken sehr herzlich den Kollegen und Kolleginnen aus dem SAP Finanzwesen, insbesondere aus der Anlagenbuchhaltung, für ihre tatkräftige und pragmatische Hilfe.

Unsere Quality-Managerin Katrin Biber sorgte mit aufwendigen wiederkehrenden Tests dafür, die Stabilität der Programme zu sichern – nun half sie uns dabei, die Qualität dieses Buches zu sichern – vielen lieben Dank! Wir bedanken uns bei unseren Lesern und Leserinnen für das Feedback, das wir zur Erstauflage des Buches erhalten haben – das war konstruktiv und hilfreich.

Schließlich entschuldigen wir uns bei unseren Familien, wenn wir das eine oder andere Mal ihre Geduld überstrapaziert haben.

Den Mitarbeitenden des Rheinwerk Verlags, insbesondere Frau Eva Tripp und Eva Wigger, gilt unser herzlicher Dank für die gemeinsame Arbeit an unseren Texten und die vielen guten Tipps zu deren Gestaltung.

Kapitel 1
Einführung

SAP S/4HANA Cloud for Contract and Lease Management ist ein Angebot für Kunden, die die Vorteile einer modernen Cloud-Lösung für die Bearbeitung und Bewertung ihrer Leasingverträge nutzen möchten. Um die Funktionen zur Bearbeitung und Bewertung von Leasingverträgen effizient verwenden zu können, sind einige Vorbereitungen erforderlich. Diese wollen wir Ihnen in diesem Kapitel in aller Kürze vorstellen.

Wir möchten Sie in diesem Buch mit den Funktionen des SAP Real Estate Management (SAP RE), SAP S/4HANA for Contract, Lease, and Real Estate Management bzw. SAP Contract and Lease Management für die bilanzielle Bewertung von Verträgen gemäß den Bilanzierungsvorschriften von IFRS 16 (International Financial Reporting Standard 16 Leases), US-GAAP (United States Generally Accepted Accounting Principles) und HGB (Handelsgesetzbuch) vertraut machen.

Zusammenspiel zwischen Konfiguration und Anwendung

Ein Schwerpunkt liegt dabei im Zusammenspiel zwischen der Konfiguration und der Anwendung der Funktionen zur Vertragsbearbeitung und zur bilanziellen Bewertung. Wenn also beispielsweise in der Kontenfindung zur Bewegungsart für die Zinsbuchung ein bestimmtes Sachkonto hinterlegt ist, dann finden wir dieses Sachkonto im Buchungsbeleg der Zinsbuchung wieder. Und wenn im Customizing eine Verbindung zwischen den Bewegungsarten des SAP RE und denen der Anlagenbuchhaltung definiert ist, dann erfolgt die Zugangsbuchung für die Right-of-Use-Anlage auf Basis der hier festgelegten Bewegungsarten der Anlagenbuchhaltung.

Wir werden deshalb in diesem Buch nicht nur die Funktionsweise der Apps erläutern, sondern auch auf die Buchungslogik und die Einstellungen zu Verträgen und auf die Kontenfindung eingehen. Es geht demnach nicht nur um das reine Anlegen von Verträgen oder die für die Vertragsbewertung notwendigen Arbeitsschritte. Nein, es geht auch um das, was »hinter den Kulissen« passiert, also beispielsweise um die Logik, nach der die Konten für einzelne Buchungsvorgänge oder die Anlagenklassen für die zu erstellenden Right-of-Use-Anlagen ermittelt werden.

1.1 SAP S/4HANA Cloud for Contract and Lease Management

SAP S/4HANA Cloud Contract and Lease Management

Wenn Sie die Funktionen des SAP S/4HANA Cloud for Contract and Lease Management nutzen, können Sie auf viele bereits im System hinterlegte Einstellungen zurückgreifen, sodass Sie bei Bedarf nur noch einige Customizing-Einstellungen gemäß Ihren Anforderungen anpassen oder ergänzen müssen. So können Sie beispielsweise die Bezeichnungen und Eigenschaften von Vertragsarten anpassen oder neue Vertragsarten definieren, müssen sich aber nicht darum kümmern, eine Vielzahl einzelner Bewegungsarten anzulegen.

Die Zielgruppe der Lösung SAP S/4HANA Cloud for Contract and Lease Management sind Unternehmen, die ihre Leasingverträge in einer modernen Cloud-Lösung erfassen, bearbeiten und bewerten wollen. Das sind beispielsweise Kunden, die von verschiedenen Orten und zu verschiedenen Zeiten bzw. in verschiedenen Zeitzonen auf die Leasingverträge ihres Unternehmens zugreifen und diese bearbeiten möchten, die schnell auf neue Softwareversionen zurückgreifen und keine eigenen Server betreiben möchten.

Software as a Service

Sie nutzen somit die benötigten IT-Lösungen und Services (Software as a Service, SaaS), die den Kunden über das Internet zur Verfügung gestellt werden. Egal, an welchem Ort der Welt sich die Anwender befinden, sie können von überall ihre Daten bearbeiten. Weitere Vorteile von Cloud-Lösungen sind die Verfügbarkeit der Lösung rund um die Uhr und von jedem Ort sowie der Wegfall von Kosten und Ressourcen für den Kauf und die Verwaltung von Hardware wie Servern oder Festplatten. Die SAP S/4HANA Cloud Platform ist eine offene und integrierte Plattform auf der Grundlage von SAP S/4HANA. Sie ermöglicht eine schnelle und einfache Nutzung von Anwendungen und Services, wie z. B. der SAP S/4HANA Cloud for Contract and Lease Management.

1.1.1 Bereitstellung der Software

Ein weiterer Vorteil ist die schnelle Bereitstellung neuer Softwareversionen oder zusätzlicher Lizenzen: Werden aktuelle Softwareversionen, zusätzliche Anwendungen oder Lizenzen für weitere Nutzer benötigt, können diese über die Cloud schnell und unkompliziert zur Verfügung gestellt werden.

Bereitstellungsmodelle für Cloud-Anwendungen

Im Bereich der Cloud-Anwendungen wird zwischen den folgenden Bereitstellungsmodellen unterschieden:

- **Public Cloud**

Eine öffentliche Cloud, in der die Services auf einer Plattform zur Verfügung gestellt werden und von verschiedenen Kunden genutzt werden können.

- **Private Cloud**

  Die Services werden in einem eigenen, durch eine Firewall geschützten Netzwerk im eigenen Rechenzentrum des Kunden oder bei einem Hosting-Anbieter zur Verfügung gestellt.

- **Hybrid Cloud**

  Enthält sowohl Elemente der Public Cloud als auch der Private Cloud und kann auch die Services mehrerer Anbieter kombinieren.

On-Premise-Lösungen

On-Premise-Lösungen hingegen sind serverbasierte IT-Lösungen, die der Kunde in den eigenen Räumen (on premise = vor Ort) betreibt. Dabei ist der Kunde selbst für den Erwerb sowie die Wartung und Administration von Hard- und Software verantwortlich.

Bilanzielle Bewertung von Verträgen

Im Bereich der bilanziellen Bewertung von Verträgen gibt es die folgenden Produkte:

- SAP S/4HANA Cloud for Contract and Lease Management (Public Cloud)
- SAP S/4HANA for Contract, Lease, and Real Estate Management (Private Cloud bzw. als On-Premise-Lösung).

[«]

Verschiedene Bereitstellungsmodelle

Wie beschrieben, können Sie für die Nutzung der Funktionen für die bilanzielle Bewertung von Verträgen verschiedene Bereitstellungsmodelle wählen. Je nachdem, ob Sie die Vertragsbewertung in der Public Cloud, in der Private Cloud oder aber in einem On-Premise-System durchführen, können sich einzelne Apps oder Funktionen unterscheiden. Die Berechnungen und Algorithmen sowie die Logik der Kontenfindung, die der Vertragsbewertung zugrunde liegen, unterscheiden sich jedoch nicht. Das bedeutet, dass Sie die Informationen aus diesem Buch nutzen können, unabhängig davon, welches der oben genannten Produkte Sie verwenden.

Nutzung von Best Practices

Im SAP S/4HANA Cloud for Contract and Lease Management finden Sie bereits vorkonfigurierte Einstellungen für Vertragsarten, Konditionsarten und Bewertungsregeln vor. Diese Einstellungen basieren auf Projekterfahrungen und Best Practices und ermöglichen es Ihnen als Kunden, sehr schnell zu den Kernaufgaben des Vertragsmanagements überzugehen – zur Sichtung, Erfassung und Bewertung der Leasingverträge Ihres Unternehmens.

Auch in der Private Cloud bzw. bei On-Premise-Löungen können Sie Best Practices nutzen. So enthält beispielsweise SAP-Hinweis **2403881** (Leasing: BC-Set Auslieferungs-Customizing) die Beschreibung der von SAP zur Verfügung gestellten Customizing-Einstellungen sowie ein BC-Set mit diesen Einstellungen.

1.2 Fiori-Apps

Fiori-Apps

Die Anwendungsfunktionen, also beispielsweise die Bearbeitung von Verträgen, zeigen wir auf der Grundlage der dafür zur Verfügung stehenden Fiori-Apps. Sie werden dabei neben nativen Fiori-Apps auch solche Fiori-Apps finden, die auf der Basis der klassischen SAP-Transaktionen aufgebaut sind. Wenn wir von Apps sprechen, meinen wir also immer Fiori-Apps. Wenn Sie für eine Funktion – wie beispielsweise für die Vertragsbearbeitung oder für das Erstellen einer Auswertung – verschiedene Apps nutzen können, zeigen wir Ihnen die verschiedenen Möglichkeiten auf.

1.2.1 Beschreibung der Fiori-Apps

Bezeichnung der Apps

Die Bezeichnungen der Apps – wie auf der Fiori-Kachel zu sehen –, haben wir im Text **hervorgehoben**. Anschließend daran finden Sie in Klammern die technische Identifikation der App, die ID der technischen Komponente.

Beim Bewertungs-Cockpit sieht das im Text so aus:

Bewertungs-Cockpit Vertragsbewertung (F4035)

Dabei ist **Bewertungs-Cockpit Vertragsbewertung** die Bezeichnung auf der Fiori-Kachel (siehe Abbildung 1.1, Schritt ③), **F4035** ist die ID der technischen Komponente (siehe Abbildung 1.1., Schritt ④).

Abbildung 1.1 zeigt den Aufruf der Fiori-App **Bewertungs-Cockpit Vertragsbewertung**. Im **App-Finder**, den Sie beim Start Ihres SAP Fiori Launchpads im Kontextmenü zu Ihrem Profil (Abbildung 1.1, Schritt ①) ausführen können, suchen Sie nach der gewünschten App (in diesem Fall **Bewertungs-Cockpit**, siehe ②). Die Fiori-Kachel zu dieser App wird angezeigt (siehe ③). Wiederum im Kontextmenü ① finden Sie den Menüpunkt **Info**, über den Sie sich die technischen Informationen zur aufgerufenen Fiori-App anzeigen lassen können (④). Schritt ⑤ zeigt die Funktionen der App **Bewertungs-Cockpit Vertragsbewertung**.

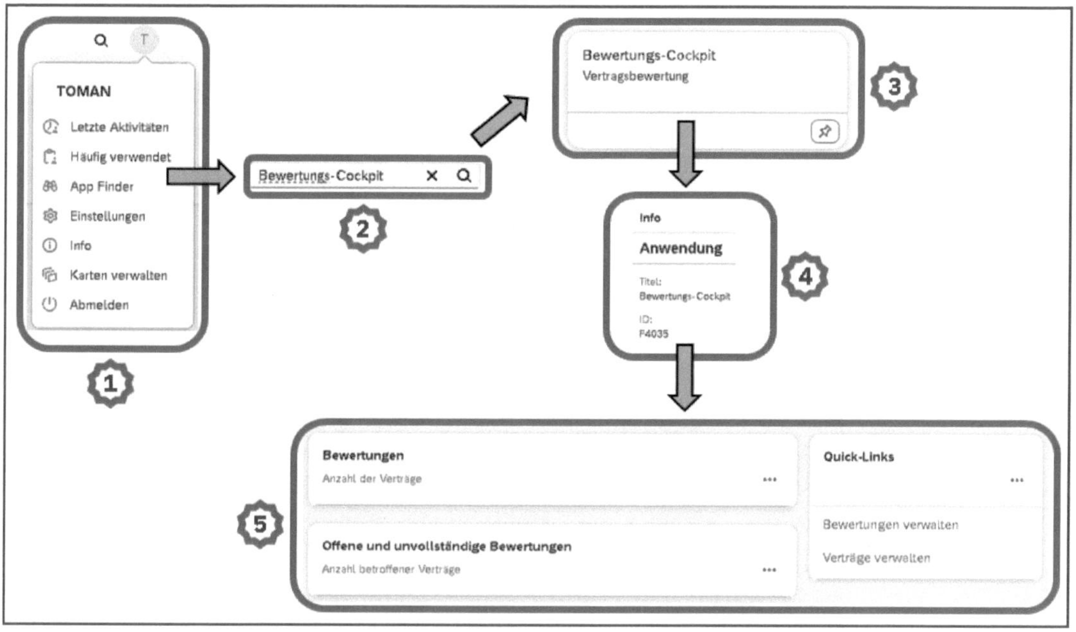

Abbildung 1.1 App »Bewertungs-Cockpit«

[«]

Bezeichnungen der Fiori-Apps

Die Bezeichnung einer Fiori-App kann sich in einigen Fällen von der Bezeichnung der SAP-Transaktion, aus der diese App ursprünglich hervorgegangen ist, unterscheiden. So ist die Bezeichnung der Fiori-Kachel für die Vertragsbearbeitung **Vertrag verwalten**, während die Bezeichnung der Transaktion **RECN** – aus der diese App hervorgegangen ist – **Vertrag bearbeiten** ist.

1.2.2 Auswertungen

Für die Auswertung von Leasingverträgen stehen Ihnen in der SAP S/4HANA Cloud for Contract and Lease Management Berichte zu Detaildaten von Verträgen, zu Vertragslaufzeiten, Geschäftspartnern und Bewertungsregeln der Verträge sowie zu Änderungsbelegen und Wiedervorlagen zur Verfügung. Apps wie das **Bewertungs-Cockpit Vertragsbewertung** (F4035) und **Vertragsverwaltung** (F5273) geben Ihnen einen Überblick über die vorhandenen Verträge und deren Bewertung. Über verschiedene Filtermöglichkeiten (z. B. nach **Buchungskreisen** oder nach der **Vertragsart**) können Sie die Auswahl der Verträge einschränken.

Auch für den Bereich der Buchhaltung einschließlich der Anlagenbuchhaltung sowie der bilanziellen Vertragsbewertung stehen umfangreiche Auswertungsmöglichkeiten zur Verfügung (z. B. Ergebnislisten für die Bewertung, Einzelpostenlisten für Kreditoren oder Debitoren, Buchungsprotokolle für Belege aus der periodischen Buchung oder der Bewertungsbuchung).

1.2.3 Rollen und Berechtigungen

Innerhalb der SAP S/4HANA Cloud for Contract and Lease Management werden vordefinierte Rollen und Berechtigungen bereitgestellt, die die Mitarbeitenden Ihres Unternehmens nutzen können. So können Sie z. B. den Mitarbeitenden, die Leasingverträge bearbeiten, den Mitarbeitenden der Buchhaltung und den Bewertungsspezialisten die jeweils auf sie zugeschnittenen Rollen und Berechtigungen zuweisen.

Personalisierung

Für die Vertragsbearbeitung und -bewertung wird eine moderne, webbasierte, benutzerfreundliche Oberfläche verwendet. Sie nutzen beispielsweise die Fiori-App für die Vertragsbearbeitung, um sich schnell einen Überblick über die Vertragsdaten zu verschaffen, um Detaildaten des Vertrags oder Wiedervorlagen zum Vertrag zu bearbeiten.

Die Grundeinstellungen für die Abbildung von Leasingverträgen finden Sie im Einführungsleitfaden des SAP Real Estate Managements (SAP RE, gelegentlich auch *RE-FX* genannt).

Apps, die im Vertragsmanagement eine Rolle spielen, gehören unter anderem den folgenden Themenbereichen an:

- Vertrag
- Buchhaltung
- bilanzielle Bewertung der Verträge.

Abbildung 1.2 zeigt einen Ausschnitt aus einem SAP Fiori Launchpad, in dem wichtige Fiori-Apps für die Bearbeitung und die Bewertung von Verträgen zusammengestellt wurden.

[+]

Gestalten Sie Ihr SAP Fiori Launchpad nach Ihren Anforderungen

Häufig benutzte Apps können Sie in Ihrem SAP Fiori Launchpad nach Ihren eigenen Anforderungen hinterlegen. So können Sie beispielsweise die Anordnung der Apps nach Ihren täglichen Arbeitsabläufen oder nach wiederkehrenden Aufgaben (z. B. Monats- oder Jahresabschluss) vornehmen.

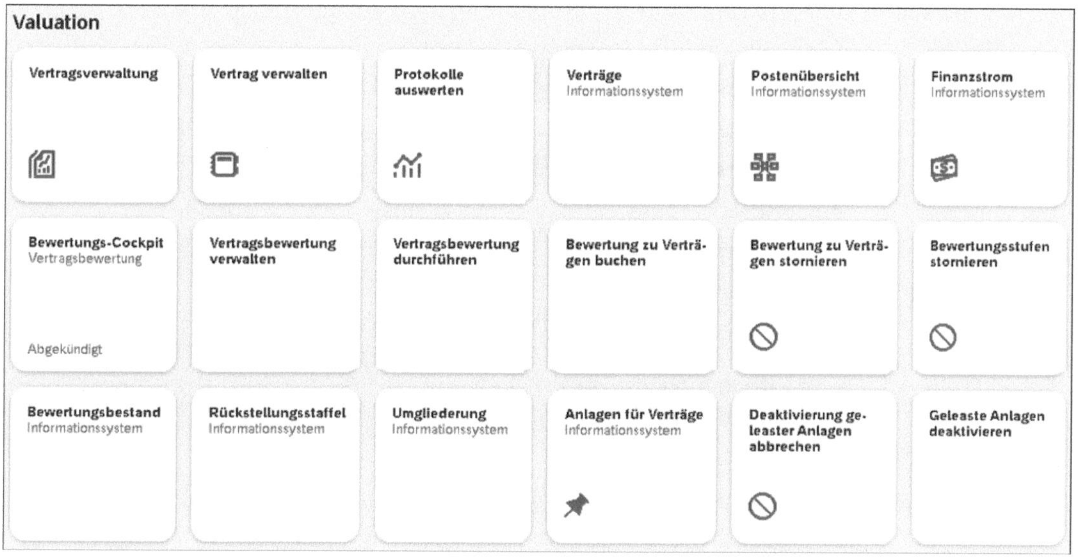

Abbildung 1.2 Ausschnitt aus einem SAP Fiori Launchpad für die Vertragsbewertung

App-Finder, häufig verwendete Apps

Um Apps zu finden, können Sie den in Abbildung 1.1 gezeigten **App-Finder** nutzen. Möchten Sie Apps verwenden, die Sie vor Kurzem verwendet haben oder die Sie sehr häufig nutzen, können Sie dafür die Funktionen **Letzte Aktivitäten** oder **Häufig verwendet** im Kontextmenü Ihres Profils aufrufen.

1.3 Grundeinstellungen

Alle Customizing-Einstellungen finden Sie im Einführungsleitfaden unter **Flexibles Immobilienmanagement (RE-FX)** oder durch direkten Aufruf der App **Customizing SAP RE** (RECACUST).

»Sprechende« Namen

Man sieht es nicht auf den ersten Blick, aber auf den zweiten: Die technischen Namen der meisten Apps im Vertragsmanagement sind sprechend. Viele technische Namen beginnen mit RE (Real Estate). Die englische Übersetzung der jeweiligen Anwendung stand Pate für die weiteren Bestandteile des Namens. So steht z. B. im Kürzel der App **Customizing SAP RE** (RECACUST) das *RE* für Real Estate, *CA* für Cross Application, *CUST* für Customizing. *RECN* ist die technische Identifikation der App für die Vertragsbearbeitung, *CN* steht für Contract. Die periodischen Buchungen stößt man über die App **Periodisches Buchen: Verträge** (RERAPP) an, wobei *RAPP* für Rental Accounting Periodical Posting steht. Apps, die die bilanzielle Bewertung betreffen, beginnen oft mit *RECE*, wobei *CE* für Contract Evaluation steht.

Aktivierung des Vertragsmanagements

Voraussetzung für die Aktivierung des Vertragsmanagements ist, dass die Business Function *Financial Extension Set* (EA-FIN) aktiv ist. Diese Business Function ist in SAP S/4HANA automatisch aktiv.

[»]

Aktivierung des Extension Set EA-FIN

In der SAP Business Suite muss die Business Function unter Umständen zunächst aktiviert werden. Gehen Sie hierzu in den Einführungsleitfaden (App **Projektbearbeitung** (SPRO)), und wählen Sie **SAP Referenz-IMG • Business Function aktivieren.** Die Aktivierung der Business Function EA-FIN hat weitreichende Folgen und ist irreversibel. Sie sollten diesen Schritt daher sorgfältig abwägen und hausintern abstimmen. Bitte beachten Sie die entsprechenden Informationen im Einführungsleitfaden.

RE-FX aktivieren

Die Lösung für das Vertragsmanagement ist Bestandteil von SAP S/4HANA Cloud for Contract and Lease Management und SAP S/4HANA for Contract, Lease, and Real Estate Management.

In der SAP Business Suite steht parallel noch die Vorgängerlösung RE Classic zur Verfügung. Falls Sie RE Classic nicht einsetzen, können Sie RE-FX aktivieren, indem Sie im Customizing des Flexiblen Immobilienmanagements (RE-FX) unter **Grundeinstellungen • Real Estate Extension aktivieren** aufrufen und ein entsprechendes Häkchen setzen. Die Aktivierung des RE-FX wirkt nur im jeweiligen Mandanten, nicht systemweit. RE Classic darf nicht aktiv sein, wenn Sie das Vertragsmanagement einsetzen wollen. Falls Sie RE Classic einsetzen sollten, müssen Sie erst auf RE-FX migrieren. Bitte beachten Sie hierzu SAP-Hinweis **443311** (Enterprise Extension SAP Real Estate: Technische Grundlagen).

BTE-Applikation aktivieren

BTE ist die Abkürzung für *Business Transaction Events* und beschreibt eine Erweiterungstechnik, die SAP RE benutzt, um in anderen Applikationen eigene Erweiterungen aufzurufen. Benutzen Sie die App **BTE Ordnungskriterien (Aktivierung)**, um die BTE-Applikation RE zu aktivieren.

Teilfunktion CE01 aktivieren

Da nicht alle Kunden die bilanzielle Bewertung einsetzen, sind die entsprechenden Funktionen nur aktiv, wenn Sie sie über einen entsprechenden Schalter einblenden. Aktivieren Sie die bilanzielle Bewertung, indem Sie die Teilfunktion *CE01 (Vertragsbewertung)* im Customizing des Flexiblen Immobilienmanagements (RE-FX) unter **Grundeinstellungen • Teilfunktionen aktivieren** durch Setzen eines Häkchens anschalten.

Buchungskreis und Kostenrechnungskreis

Zu guter Letzt müssen Sie Einstellungen für den Buchungskreis und den Kostenrechnungskreis treffen, um die Kontierungen, die das Vertragsmanagement benutzt, zu ermöglichen.

Aktivieren Sie im Buchungskreis die Vermögensverwaltung, indem Sie den Einführungsleitfaden über die App **Projektbearbeitung** (SPRO) aufrufen und dort **SAP Referenz-IMG** wählen. Gehen Sie in das Menü **Finanzwesen • Grundeinstellungen Finanzwesen • Buchungskreis • Globale Parameter prüfen und ergänzen**. Setzen Sie hier im Bereich **Verfahrensparameter** ein Häkchen bei **Vermögensverwaltung aktiv**.

Aktivieren Sie im Kostenrechnungskreis die Immobilienverwaltung: **SAP Referenz-IMG • Controlling • Controlling allgemein • Kostenrechnungskreis pflegen**. Setzen Sie in den **Grunddaten** des Kostenrechnungskreises im Bereich **Komponenten aktivieren** ein Häkchen vor **Immobilienverwaltung**.

1.4 Wichtige SAP-Hinweise zur bilanziellen Bewertung von Verträgen

Wir möchten Sie auf einige wichtige SAP-Hinweise im Zusammenhang mit der bilanziellen Bewertung von Verträgen aufmerksam machen.

SAP-Hinweise zu technischen Fragen

- SAP-Hinweis **2255555** (Bewertung von Leasingverträgen (SAP Contract and Lease Management based on SAP RE-FX)) erläutert die technischen Voraussetzungen für die Vertragsbewertung, den Umfang und wichtige Funktionen der Lösung sowie die Integration in die Anlagenbuchhaltung.
- In SAP-Hinweis **2403881** (Leasing: BC-Set Auslieferungs-Customizing) werden die von SAP zur Verfügung gestellten Customizing-Einstellungen für die Vertragsbewertung beschrieben. Diese sind in einem BC-Set (Business Configuration Set) zusammengefasst und können als Grundlage für den Aufbau eines Systems für die Vertragsbewertung verwendet werden.

Häufig gestellte Fragen und Beratungshinweise

- SAP-Hinweis **2662137** (SAP Contract and Lease Management (SAP RE-FX) FAQ-Hinweis) stellt Ihnen eine Übersicht über häufig gestellte Fragen im Zusammenhang mit der Vertragsbewertung zur Verfügung.
- In SAP-Hinweis **2692119** (SAP Contract and Lease Management (SAP RE-FX) – Consulting notes) finden Sie eine Übersicht über Beratungshinweise zu verschiedenen Themengebieten innerhalb der bilanziellen Bewertung von Verträgen.

Spezielle Geschäftsprozesse der Vertragsbewertung

- In SAP-Hinweis **2544232** (Leasing: Handhabung Übergangsszenarien) geht es um verschiedene Szenarien der Datenüberleitung und des Übergangs zur Vertragsbewertung innerhalb von SAP RE.

- SAP-Hinweis **2660070** (Abschlussprozesse RE-FX Leasing) erläutert die im Zusammenhang mit der Vertragsbewertung notwendigen Aktivitäten für den Periodenabschluss.
- Informationen zum Fragebogen zur Leasingklassifizierung finden Sie in SAP-Hinweis **2796179** (Fragebogen zur Leasingklassifizierung eines Bewertungsobjekts im Flexiblen Immobilienmanagement (RE-FX)).
- SAP-Hinweis **2727558** (Objektbezogene Bewertung/Rasterung für Leasingverbindlichkeiten und -forderungen) erläutert die Funktionen der zeitlichen Rasterung von Verbindlichkeiten bzw. Forderungen aus Leasingverträgen.
- SAP-Hinweis **2733390** (OBJVAL und OBJREG – Fragen und Antworten) gibt einen Überblick über die Funktionen zur Fremdwährungsbewertung (OBJVAL) und zur Rasterung (OBJREG) von Bewertungsobjekten.

[»]

Aktuell verfügbare SAP-Hinweise berücksichtigen

Die Liste der hier aufgeführten SAP-Hinweise erhebt keinen Anspruch auf Vollständigkeit, d. h., es können natürlich neue SAP-Hinweise dazukommen bzw. vorhandene SAP-Hinweise werden aktualisiert. Es lohnt sich also immer, einen Blick auf die aktuell verfügbaren SAP-Hinweise zur Vertragsbewertung zu werfen.

1.5 Zusammenfassung

SAP S/4HANA Cloud for Contract and Lease Management ermöglicht es Ihnen, mit einer modernen, webbasierten Benutzeroberfläche die Leasingverträge Ihres Unternehmens jederzeit und von jedem Ort aus zu bearbeiten und zu bewerten.

Sie nutzen dafür vordefinierte Einstellungen, beispielsweise zu Konditionsarten und Bewertungsregeln. Diese Einstellungen in der SAP S/4HANA Cloud for Contract and Lease Management basieren auf umfangreichen Erfahrungen und Best Practices und helfen Ihnen dabei, die Funktionen des Vertragsmanagements und der bilanziellen Vertragsbewertung effizient und kostengünstig zu nutzen. Sie können sich somit im Projekt sehr schnell Ihren Kernaufgaben bei der Analyse und Bewertung der Leasingverträge widmen. Durch die Nutzung der Cloud-Lösung arbeiten Sie stets mit dem aktuellsten Softwarestand, ohne sich mit Hard- und Softwarebeschaffung, -wartung und -aktualisierung beschäftigen zu müssen.

Neben den bereits vorhandenen Einstellungen können Sie solche Einstellungen wie z. B. Vertragsarten nach den Anforderungen Ihres Unternehmens anpassen bzw. ergänzen.

Falls Sie SAP-Hinweise suchen, die das Vertragsmanagement und die Vertragsbewertung betreffen, verwenden Sie für die Suche die SAP-Komponente RE-FX* für RE-FX und die Vertragsbewertung oder spezieller RE-FX-CN (Vertragsverwaltung) für Vertragsfunktionen für das SAP Real Estate Management bzw. RE-FX-LA (Leasingbuchhaltung) für Funktionen der bilanziellen Bewertung. Berücksichtigen Sie dabei bitte auch die dazu existierenden Unterkomponenten.

Kapitel 2
Verträge

Mit dem Vertragsmanagement von SAP Real Estate Management (SAP RE), SAP S/4HANA for Contract, Lease, and Real Estate Management bzw. SAP Contract and Lease Management können Sie unterschiedlichste Arten von Verträgen abbilden. Verbindlichkeiten oder Forderungen aus den Verträgen können in die Haupt- und Nebenbücher gebucht werden. Erfahren Sie in diesem Kapitel, wie Sie die Flexibilität dieser Anwendung für Ihre Zwecke nutzen können.

Ein Vertrag, wie er im Vertragsmanagement von SAP RE abgebildet ist, ist eine zwischen zwei oder mehreren Seiten geschlossene Vereinbarung über die Nutzung oder den Eigentumsübergang von Gegenständen oder die Erbringung von Dienstleistungen oder Services. Miet-, Pacht- oder Leasingverträge können die Ver- bzw. Anmietung von Immobilien, Maschinen, Fahrzeugen, Equipment betreffen.

In diesem Kapitel lernen Sie, wie man mit verschiedenen Vertragsarten unterschiedlichste Vertragsverhältnisse abbilden kann. Die Funktionen des Vertrags werden wir an konkreten Beispielen illustrieren.

2.1 Ein erster Überblick

So unterschiedlich Verträge auch sind, sie gleichen einander in grundsätzlichen Eigenschaften:

- Verträge werden zwischen Ihrem Unternehmen und einem oder mehreren anderen *Vertragspartnern* geschlossen.
- Verträge betreffen ein oder mehrere *Objekte*, einen oder mehrere Vertragsgegenstände. Sie werden über deren Nutzung, Kauf oder anderweitige Inanspruchnahme geschlossen.
- Verträge besitzen eine *Vertragslaufzeit*, einen Gültigkeitsbeginn, ein Ende und/oder Regelungen zu Kündigungsfristen bzw. Vereinbarungen über mögliche Vertragsverlängerungen.

- Verträge enthalten *Konditionen*, insbesondere Vereinbarungen über Zahlungen, die zwischen den Vertragspartnern für die vereinbarte Leistung zu erbringen sind.

[»]

Beispiele in diesem Kapitel

Bei Firmennamen wie ABC Worldwide SE, Property Rental oder anderen in den folgenden Beispielen erwähnten Firmen handelt es sich natürlich nicht um tatsächlich existierende Firmen, sondern um frei erfundene Firmennamen.

[zB]

Beispiel 1: Sie mieten Büros und Parkplätze

Ihr Unternehmen, die Firma ABC Worldwide SE, hat einen Mietvertrag mit der Firma Property Rental, Alexanderplatz 11, 10178 Berlin abgeschlossen, die einen Bürokomplex in 10117 Berlin, Brandenburger Straße 47 vermietet (Daten sind fiktiv). Sie mieten:

- 2.000 m^2 Bürofläche zu 12 € pro Quadratmeter monatlich ab 01.01.2025
- zwölf Pkw-Stellplätze für Ihre Angestellten zu 4.000 € pro Quartal ab 01.04.2025

Die Zahlungen sind jeweils am dritten Werktag des Monats fällig. Der Vertrag beginnt am 01.01.2025 und ist auf fünf Jahre abgeschlossen.

Es wurde eine Verlängerungsoption für zweimal je drei Jahre vereinbart. Um diese wahrzunehmen, muss die Option jeweils sechs Monate vor dem nächsten Vertragsende erklärt werden.

Wir beginnen damit, uns diesen Vertrag im System anzusehen und die wichtigen Komponenten des Vertrags zu finden und zu verstehen.

Fiori-App Vertragsverwaltung

Sie bearbeiten Verträge mit der Fiori-App **Vertragsverwaltung** (ID F5273). Damit können Sie sich die für Sie relevanten Inhalte des Vertrags in übersichtlicher Form anzeigen lassen.

Der Schlüssel, der einen Vertrag im System identifiziert, besteht aus dem *Buchungskreis*, der Ihr Unternehmen darstellt, und der *Vertragsnummer*.

Zusätzlich können Sie zur Bearbeitung von Verträgen auch weiterhin die folgenden Apps nutzen:

- App **Vertrag verwalten** (RECN); basiert auf der SAP-Transaktion RECN (Vertrag bearbeiten)
- App **RE-Navigator** (RE80); basiert auf der SAP-Transaktion RE80 (RE-Navigator)

Buchungskreis

Der Buchungskreis ist eine Organisationseinheit des Finanzwesens im SAP-System. Der Buchungskreis bildet eine selbstständig bilanzierende Einheit, also ein Unternehmen, ab.

Wenn Sie den Buchungskreis und die Vertragsnummer eines Vertrags bereits kennen, können Sie diese in der Fiori-App **Vertragsverwaltung** (F5273) direkt eingeben, um sich den Vertrag anzeigen zu lassen.

Wollen Sie einen Vertrag auffinden, dessen Nummer Sie nicht kennen, können Sie in der Fiori-App **Vertragsverwaltung** (F5273) verschiedene Filter verwenden. In Abbildung 2.1 sehen Sie verschiedene Filtermöglichkeiten für die Vertragssuche (z. B. nach Partner, Vertragsart, Vertragsbeginn oder -ende).

Sollten Sie weitere Filtermöglichkeiten benötigen, können Sie die Filter auch anpassen, indem Sie die Schaltfläche [Filter anpassen] (**Filter Anpassen**) betätigen. Es stehen Ihnen dann weitere Vertragsattribute für die Suche nach den gewünschten Verträgen zur Verfügung.

Auch bei Verwendung der Apps **Vertrag verwalten** (RECN) bzw. **RE-Navigator** (RE80) geben Sie die Nummer des Buchungskreises und die Nummer des Vertrags ein, um einen Vertrag anzuzeigen. Wollen Sie einen Vertrag auffinden, dessen Nummer Sie nicht kennen, verwenden Sie die Eingabehilfe [F4]. In der App **RE-Navigator** (RE80) steht z. B. die Funktion **Meine Objekte** zur Verfügung, mit der Sie Verträge auffinden, für die Sie selbst verantwortlich sind. Sie finden den Vertrag über verschiedene Attribute, z. B. über seine Vertragspartner.

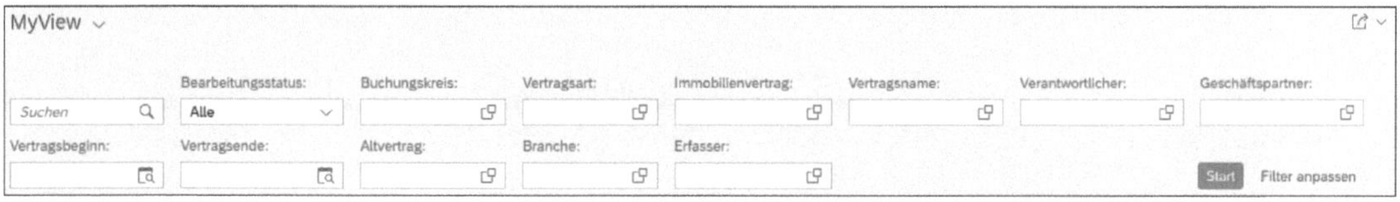

Abbildung 2.1 Einstiegsbild der Fiori-App »Vertragsverwaltung« mit Filter nach dem Buchungskreis

Sie erhalten eine Auswahlliste von Verträgen, auf die die Auswahlkriterien zutreffen. Wählen Sie den gewünschten Vertrag per Doppelklick aus dieser Liste aus.

Allgemeine Daten

Im Abschnitt **Allgemeine Informationen** der App **Vertragsverwaltung** (F5273) bzw. auf der Registerkarte **Allgemeine Daten** der App **Vertrag verwalten** (RECN) können Sie wichtige Daten des Vertrags auf einen Blick sehen.

Berechtigungsgruppe

Zusätzlich zu den Berechtigungen für die Fiori-App sowie für den Buchungskreis wird die Berechtigung für den Zugriff auf den Vertrag durch die Berechtigungsgruppe gesteuert, die Sie im Abschnitt **Allgemeine Informationen** im Abschnitt **Verwaltungsinformationen** im rechten Bildbereich sehen, sofern für den betreffenden Vertrag eine Berechtigungsgruppe erfasst wurde (siehe Abbildung 2.2).

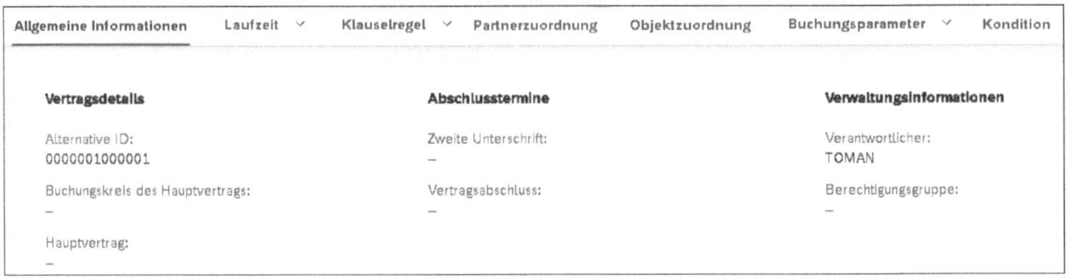

Abbildung 2.2 Allgemeine Informationen in der Fiori-App »Vertragsverwaltung«

Laufzeit

Der Abschnitt **Laufzeit** (siehe Abbildung 2.3) enthält unter anderem den Vertragsbeginn, Vertragsende, Kündigungsregeln und gegebenenfalls Informationen zu Verlängerungsregeln. Je nach den Vereinbarungen, die Sie mit Ihren Vertragspartnern getroffen haben, können mögliche Verlängerungsoptionen oder Kündigungsregeln hinterlegt werden.

Im Bereich **Zeitplan** können Sie die wichtigsten Laufzeitinformationen auf einen Blick sehen. Dabei können Sie auf dem Zeitstrahl im oberen Bildbereich einen Zeitpunkt auswählen, wie beispielsweise den Zeitpunkt einer möglichen Verlängerung des Vertrags.

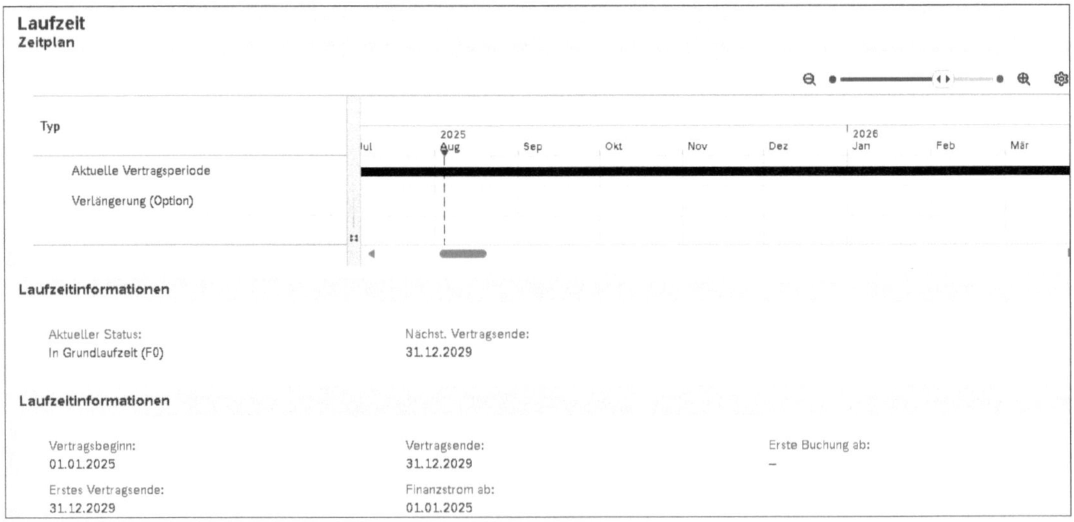

Abbildung 2.3 Laufzeitdaten in der Fiori-App »Vertragsverwaltung«

Statusanzeige

Der *Status* eines Vertrags (siehe Abbildung 2.4) entscheidet, welche Aktionen mit dem Vertrag erlaubt sind. Der Vertrag im Beispiel besitzt den Status **Aktiv** (AKTV) und **Freigegeben** (FREI). Das bedeutet, dass der Vertrag aktiv ist und an den periodischen Buchungen teilnimmt.

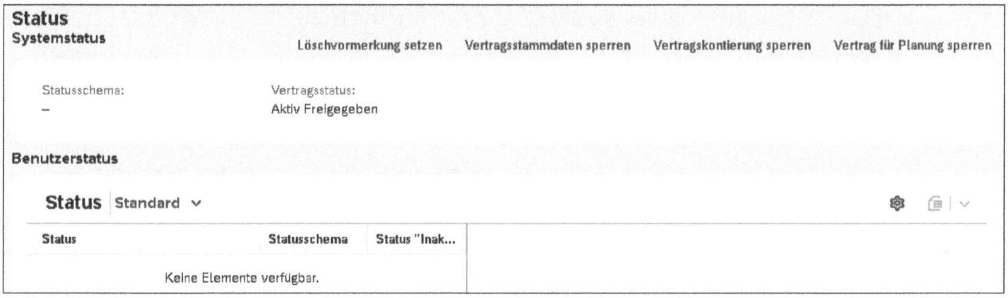

Abbildung 2.4 Statusinformationen in der Fiori-App »Vertragsverwaltung«

Um in die Detaildaten zu Partnern, Laufzeit, Objekten oder Konditionen zu sehen, wählen Sie die jeweiligen Abschnitte im Vertragsdialog der Fiori-App aus.

Partner

Im Abschnitt **Partnerzuordnung** finden Sie den Hauptvertragspartner sowie gegebenenfalls weitere vorhandene Vertragspartner (siehe Abbildung 2.5), d. h. alle Partner, die im Zusammenhang mit dem Vertrag von Bedeutung sind. Dabei geht es zunächst insbesondere um den Hauptvertragspartner, mit dem Ihr Unternehmen den Vertrag abgeschlossen hat.

Abbildung 2.5 Partner- und Objektzuordnung zum Vertrag

Es können aber auch andere Partner hinterlegt werden, wie z. B. der Makler, der den Vertrag vermittelt hat, der Sachbearbeiter, der Ansprechpartner aufseiten des Vertragspartners ist, usw.

Abbildung 2.6 zeigt den Abschnitt **Partnerzuordnung** mit einer Liste der Vertragspartner inklusive weiterer Informationen zu den zugeordneten Vertragspartnern. Im rechten Bildbereich können Sie sich diese Detailinformationen zu einzelnen Geschäftspartnern anzeigen lassen. Wählen Sie dazu einen Geschäftspartner aus, und klicken Sie auf den Pfeil (**Navigation**) rechts neben dem markierten Geschäftspartner. Wenn Sie auf den Namen des Geschäftspartners (z. B. Property Rental) klicken, gelangen Sie in eine Linkliste, aus der Sie in weitere Apps zur Anzeige bzw. zur Bearbeitung des ausgewählten Vertragspartners verzweigen können.

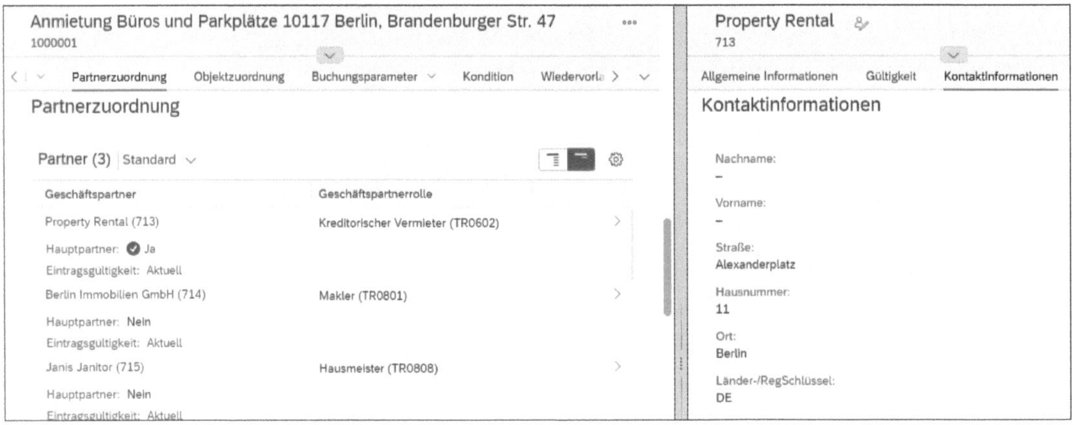

Abbildung 2.6 Abschnitt »Partnerzuordnung« – Partner in einem Vertrag

Objekte

Die Objekte oder Services, über die der Vertrag abgeschlossen wird, sind im Abschnitt **Objektzuordnung** hinterlegt. Ein Vertragsobjekt kann im Vertrag als *Vertragsgegenstand* frei definiert werden. Abbildung 2.7 zeigt Vertragsgegenstände im Abschnitt **Objektzuordnung** und die Detaildaten zum ersten der beiden Vertragsgegenstände – den Büroflächen.

Zeitabhängigkeit

Viele Daten können dem Vertrag zeitabhängig zugeordnet werden, so auch die Vertragsobjekte. In unserem Beispiel in Abbildung 2.8 sind die Parkplätze nicht direkt zum Vertragsbeginn 01.01.2025 angemietet worden, sondern erst ab dem 01.04.2025 (siehe Abbildung 2.8). Sie hinterlegen diese Information in den Detaildaten zum Vertragsobjekt.

Abbildung 2.7 Detailinformationen zu einem Vertragsgegenstand (Büroflächen)

Abbildung 2.8 Anzeige zeitabhängiger Daten in der Objektzuordnung des Vertrags

Konditionen

Wesentlicher Bestandteil des Vertrags sind die mit dem Vertragspartner vereinbarten Konditionen bezüglich der Zahlungen. Diese sind auf der Registerkarte **Konditionen** zu finden. Konditionen können selbstverständlich zeitabhängig geändert werden. Später werden wir uns auch mit automatischen Verfahren für die Anpassung von Konditionen, z. B. auf Basis eines Verbraucherpreisindexes, befassen (siehe hierzu Abschnitt 3.4, »Vertragskonditionen maschinell anpassen«). Abbildung 2.9 zeigt die Vertragskonditionen mit den Details zur Kondition »Grundmiete kreditorisch« für die Büroflächen.

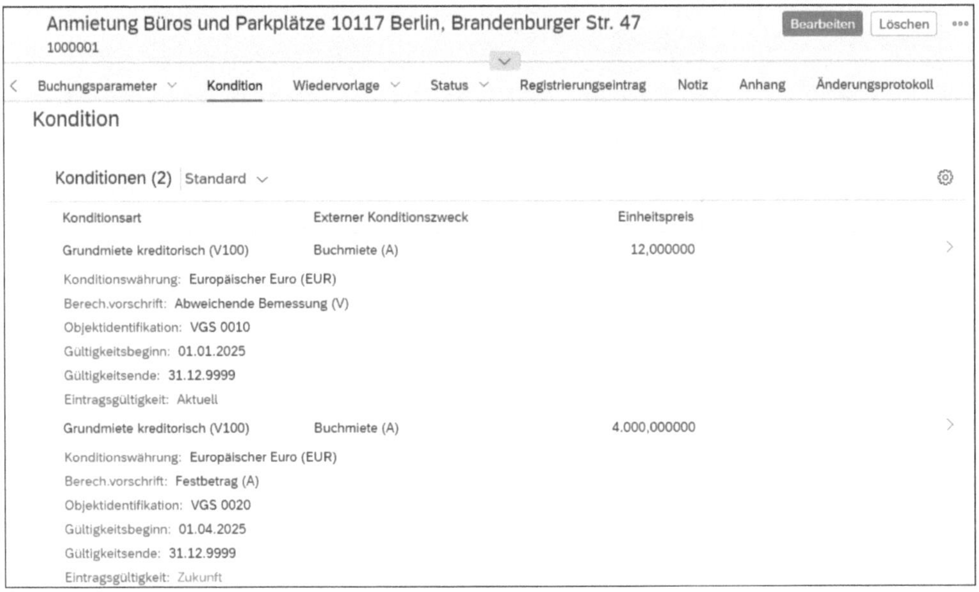

Abbildung 2.9 Abschnitt »Konditionen« – zeitabhängige Konditionen eines Vertrags

Neben den Zahlbeträgen sind der Zahlungsrhythmus (monatlich, pro Quartal, pro Jahr) und der Zahlungstermin wichtig.

Zu jeder Kondition können Sie sich die Detaildaten (beispielsweise Gültigkeit sowie zugeordnete Buchungs- und Rhythmusklausel) ansehen (siehe Abbildung 2.10).

Klauseln

Die verschiedenen Vertragsklauseln, unter denen die Rhythmusklausel – welche auch als Rhythmusregel bezeichnet wird – eine wichtige Rolle einnimmt, werden wir später noch näher besprechen. Im Abschnitt Buchungsparameter des Vertrags finden Sie Details zur **Rhythmusklausel**. Hier können Sie dann die Vereinbarungen zum Zahlungsrhythmus und zu den Zahlungsterminen finden. Im Beispiel wurde eine Zahlung pro Monat zum dritten Werktag des ersten Monats vereinbart.

Abbildung 2.10 Detaildaten zur Kondition »Grundmiete kreditorisch«

Abbildung 2.11 zeigt weitere Daten zur Berechnung und Verteilung der Kondition wie Daten zur Umsatzsteuer.

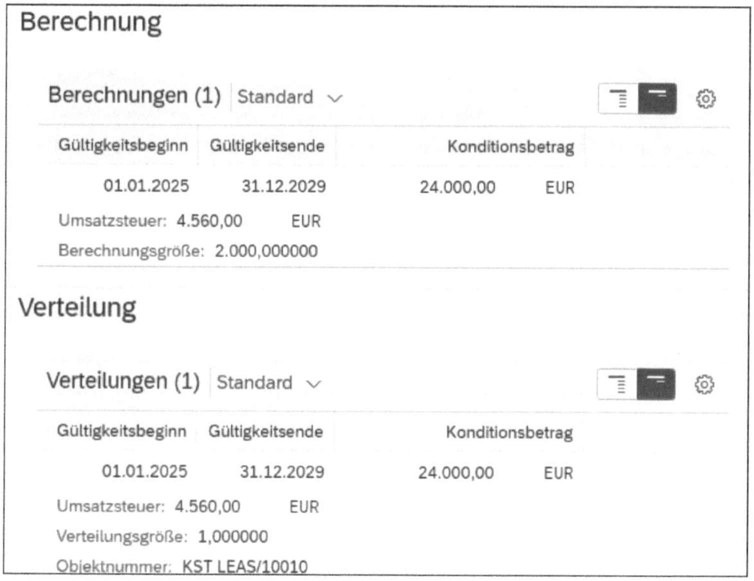

Abbildung 2.11 Konditionen -Berechnung und Verteilung

Weitere Informationen zu den Konditionen, der Rhythmusklausel und den Auswirkungen auf den Zahlungsstrom zum Vertrag finden Sie in Kapitel 3, »Konditionen und Finanzstrom«, und Kapitel 4, »Mieten und Leasingraten buchen«.

Wir haben uns an diesem Beispiel die wesentlichen Daten des Vertrags im System angesehen. Dies soll für einen ersten Einblick in die Vertragsdaten genügen. Wir wenden uns nun weiteren Beispielen zu, an denen wir die Vertragsdaten im Detail beleuchten werden.

2.2 Vertragsarten

Mietverträge, Pachtverträge, Leasingverträge, Serviceverträge – all das sind Beispiele für verschiedene Arten von Verträgen, die sich inhaltlich ähneln, aber doch voneinander unterscheiden. So werden z. B. Mietverträge für Wohnungen in der Regel mit einer monatlichen steuerfreien Miete und Vorauszahlungen für Betriebskosten abgeschlossen, meist nicht befristet, sondern auf unbestimmte Zeit. Ein Leasingvertrag hingegen enthält eine Leasingrate, auf die Mehrwertsteuer erhoben wird, und besitzt eine feste Laufzeit. Ein Gewerbemietvertrag wird meist befristet abgeschlossen, besitzt aber häufig Verlängerungsoptionen.

Sie sehen, dass sich Verträge je nach ihrer Art in einigen Punkten ähneln oder gleichen, sich in anderen Punkten voneinander unterscheiden. Um die in Ihrem System verwalteten Verträge besser gruppieren zu können, benutzen Sie die Vertragsart. Die verschiedenen Vertragsarten können Sie in den Customizing-Einstellungen konfigurieren. Hierbei können Sie nicht nur festlegen, wie die Vertragsnummern vergeben werden, Sie können auch die zu erfassenden Daten (Muss- und Kann-Eingaben) steuern, Vorbelegungen für wiederkehrende gleichartige Werte hinterlegen und so den Anwender bei der Vertragserfassung und -bearbeitung unterstützen.

2.2.1 Verträge nach Vertragsarten unterscheiden

Mieter oder Vermieter?

Ein ganz wesentlicher Aspekt eines Vertrags ist, aus welcher Richtung der Vertrag abgeschlossen wird, d. h., ob Sie Anbieter oder Nutzer des Vertragsgegenstandes sind, Vermieter oder Mieter, Leasinggeber oder Leasingnehmer. Ist Ihr Unternehmen der Mieter, muss es Miete, Pacht oder Leasingraten an den Vermieter oder Leasinggeber zahlen. Ihr Vertragspartner, der Vermieter, ist in der Buchhaltung in diesem Fall ein Kreditor. Ist Ihr Unternehmen hingegen der Vermieter oder Leasinggeber, zahlt Ihnen Ihr Vertragspartner – der Mieter – die Mieten oder Leasingraten. Der Mieter ist in diesem Fall ein Debitor in der Buchhaltung.

Kreditorische und debitorische Verträge

Je nach der Rolle, die der Buchungskreis im Vertrag einnimmt, unterscheidet das Vertragsmanagement kreditorische und debitorische Verträge. In einem kreditorischen Vertrag ist Ihr Unternehmen der Nutzer, der Vertragspartner ist der Anbieter – ein Kreditor. Im debitorischen Vertrag ist Ihr Unternehmen der Anbieter und Ihr Vertragspartner ein Debitor.

[zB]

Beispiel 2: Sie (unter-)vermieten Parkplätze

Sie haben zwölf Parkplätze für Ihre Mitarbeiter angemietet. Es stellt sich heraus, dass diese nicht alle benötigt werden. Ein Reinigungsservice ist interessiert, einen der Parkplätze von Ihnen anzumieten, um einen Kleintransporter abzustellen. Sie schließen einen entsprechenden Vertrag mit der Firma Putz-Flink-Schnell GmbH, Boxhagener Straße 31, 10245 Berlin und erhalten 80 € monatlich, fällig am Monatsersten. Der Vertrag ist unbefristet und monatlich kündbar zum Monatsende mit einer Frist von zehn Tagen.

In diesem Mietvertrag geht es um die Vermietung (Untervermietung). Sie sind in diesem Vertrag der Anbieter. Ihr Vertragspartner, die Firma Putz-Flink-Schnell GmbH, ist der Mieter und in der Buchhaltung ein Debitor. Der Vermietungsvertrag ist ein debitorischer Vertrag.

[zB]

Beispiel 3: Sie leasen einen Drucker

Sie benötigen für Ihren Bürobetrieb einen Drucker mit Kopierfunktion, den Sie zu einem günstigen Preis von der Firma Berlin Leasing leasen können. Die Vertragslaufzeit beträgt fünf Jahre. Die monatliche Leasingrate beträgt 120 €. Außerdem wird eine Einmalzahlung zu Vertragsbeginn von 1.000 € vereinbart, fällig nach funktionsfähiger Bereitstellung des Geräts. Der Vertrag kann vom Leasingnehmer mit einer Frist von einem Monat jeweils zum Quartalsende gekündigt werden. Im Fall einer vorzeitigen Kündigung ist eine einmalige Strafzahlung in Höhe von 600 € bei Vertragsende fällig. Seitens des Leasinggebers ist eine Kündigung nur bei Ausfall von mindestens zwei Leasingraten mit sofortiger Wirkung möglich.

In diesem Vertrag sind Sie der Nutzer, der Leasinggeber ist der Anbieter. Es handelt sich um einen kreditorischen Vertrag.

[zB]

Beispiel 4: Sie lassen Ihre Büros reinigen

Sie haben einen Vertrag mit einer Firma Putz-Flink-Schnell GmbH, abgeschlossen, die unseren angemieteten Bürokomplex in 10117 Berlin, Brandenburger Straße 47, reinigen soll. Sie zahlen 6.000 € monatlich, fällig am Monatsende.

Der Vertrag beginnt am 01.01.2025 und wird zunächst für ein Jahr abgeschlossen. Danach verlängert er sich automatisch jeweils um ein Jahr, kann aber von beiden Seiten mit einer Frist von sechs Wochen jeweils zum Quartalsende gekündigt werden.

Hier handelt es sich um einen kreditorischen Vertrag, Sie nehmen eine Leistung in Anspruch. Der Geschäftspartner ist ein kreditorischer Vertragspartner. Im Unterschied zu Beispiel 1 handelt es sich aber nicht um den Erwerb des Nutzungsrechts an einem Vertragsgegenstand, sondern um einen Servicevertrag.

Vertragsart

Um die verschiedenen Arten von Verträgen im System zu unterscheiden, wird der Begriff der *Vertragsart* verwendet. Legen Sie einen Vertrag neu im System an, müssen Sie als Erstes die Vertragsart auswählen. Abhängig von der gewählten Vertragsart werden die Rolle Ihres Unternehmens im Vertrag – Anbieter oder Nutzer – und verschiedene Funktionen im Vertragsdialog gesteuert.

[»]

Vertragsarten

Das Vertragsmanagement kann Verträge aus Nutzer- und aus Anbietersicht abbilden. Über die Vertragsart unterscheiden Sie die unterschiedlichen Zwecke, für die Verträge abgeschlossen werden. Die Vertragsart steuert,

- ob Ihr Unternehmen der Anbieter oder der Nutzer ist,
- welche Daten für den Vertrag hinterlegt werden müssen/können,
- welche Vertragsnummer vergeben wird bzw. zulässig ist,
- wie bestimmte Vertragsdaten vorbelegt werden und
- die Prozesse, die im System mit dem Vertrag durchgeführt werden können.

Vertrag anlegen

Wir zeigen Ihnen nun an ausgewählten Beispielen, wie Sie die Daten für verschiedene Vertragsarten erfassen. Hierbei demonstrieren wir nur beispielhaft die flexiblen Möglichkeiten, die Ihnen der Vertragsdialog bietet. Sie können über die Konfiguration der einzelnen Vertragsarten erreichen, dass es für Ihre Anwender möglichst komfortabel ist, verschiedene Arten von Verträgen im System zu erfassen. Beispiele haben wir bereits weiter oben ausgeführt. Auf diese werden wir im Folgenden Bezug nehmen.

Vertrag erfassen

Rufen Sie die Fiori-App **Vertragsverwaltung** (F5273) auf, und wählen Sie die Funktion **Anlegen** im rechten unteren Bildbereich (siehe Abbildung 2.12).

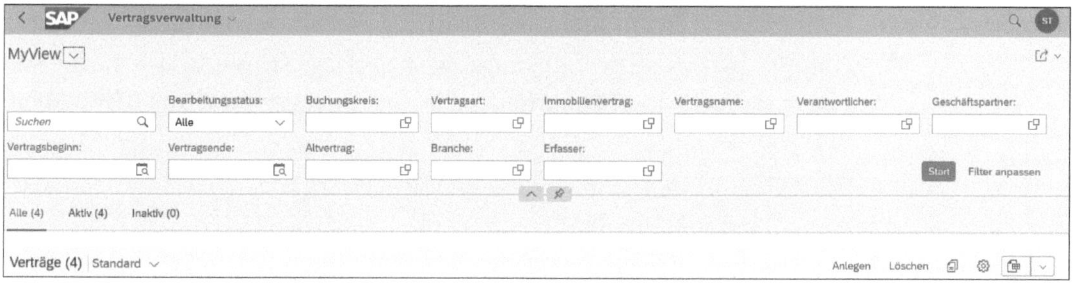

Abbildung 2.12 Fiori-App »Vertragsverwaltung« – Anlegen eines Vertrags

Alternativ können Sie zum Anlegen eines Vertrags auch die Fiori-App **Vertrag verwalten** (RECN) aufrufen.

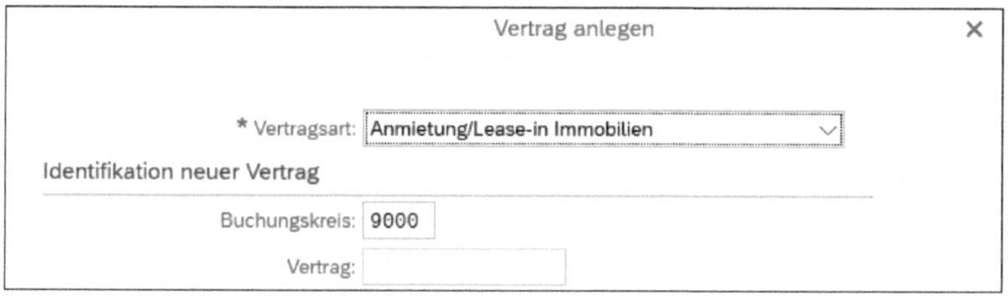

Abbildung 2.13 Auswahl der Vertragsart beim Anlegen eines Vertrags

Geben Sie einen Buchungskreis (im Beispiel »9000 Firma ABC Worldwide SE«) ein, und wählen Sie die **Vertragsart** (Anmietung/Lease-in Immobilien), wie in Abbildung 2.13. dargestellt.

In unseren vier Beispielen werden unterschiedliche Vertragsarten verwendet. Die in den Beispielen verwendeten Vertragsarten finden Sie in Tabelle 2.1.

Beispiel	Vertragsart
Anmietung Büros und Parkplätze	(An-)Mietvertrag, gewerblicher
Vermietung Parkplatz	(Ver-)Mietvertrag, gewerblicher

Tabelle 2.1 Beispiele für Vertragsarten

Beispiel	Vertragsart
Leasing Drucker	Leasingvertrag, kreditorischer
Reinigungsservice	Servicevertrag, kreditorischer

Tabelle 2.1 Beispiele für Vertragsarten (Forts.)

Die Vertragsart steuert die zulässigen Vertragspartner und -objekte und dient als Such- und Filterkriterium in der Vertragsverwaltung (siehe Abbildung 2.14).

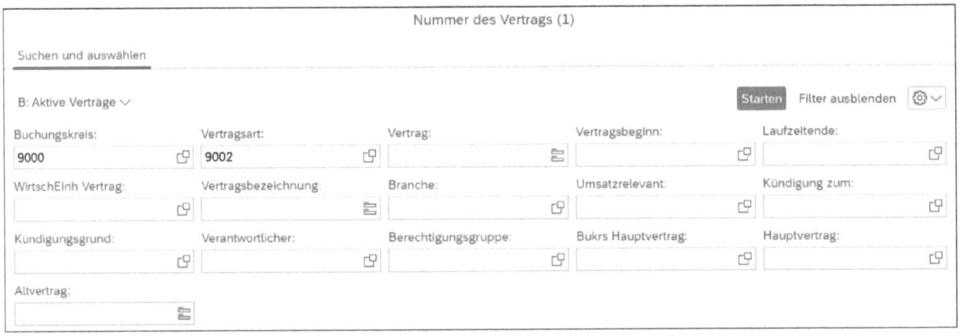

Abbildung 2.14 Fiori-App »Vertragsverwaltung« – Filter für die Suche nach Verträgen über die Vertragsart

Welches Bild in der Bearbeitung eines Vertrags als Nächstes angezeigt wird, hängt davon ab, welche Vertragsart Sie gewählt haben. Meist wird es das Bild **Allgemeine Daten** bzw. **Allgemeine Informationen** sein (siehe Abbildung 2.15). Das ist aber nicht zwingend, denn die Bildfolge wird von der Vertragsart gesteuert.

Wie weitreichend Ihre Entscheidung für die Vertragsart ist, verstehen Sie am besten, wenn Sie sich ansehen, welche Steuerungen von den Einstellungen der Vertragsart ausgehen. Daher machen wir an dieser Stelle einen Abstecher ins Customizing der Vertragsarten und stellen die ersten wichtigen Einstellungen vor, die die Vertragsarten betreffen. Weitere Einstellungen finden Sie z. B. in Abschnitt 2.3.6, »Customizing: Partnerrollen zu Vertragsarten einrichten«, Abschnitt 2.4.3, »Customizing: Objektarten zur Vertragsart«, sowie in Abschnitt 3.3, »Customizing: Konditionen«.

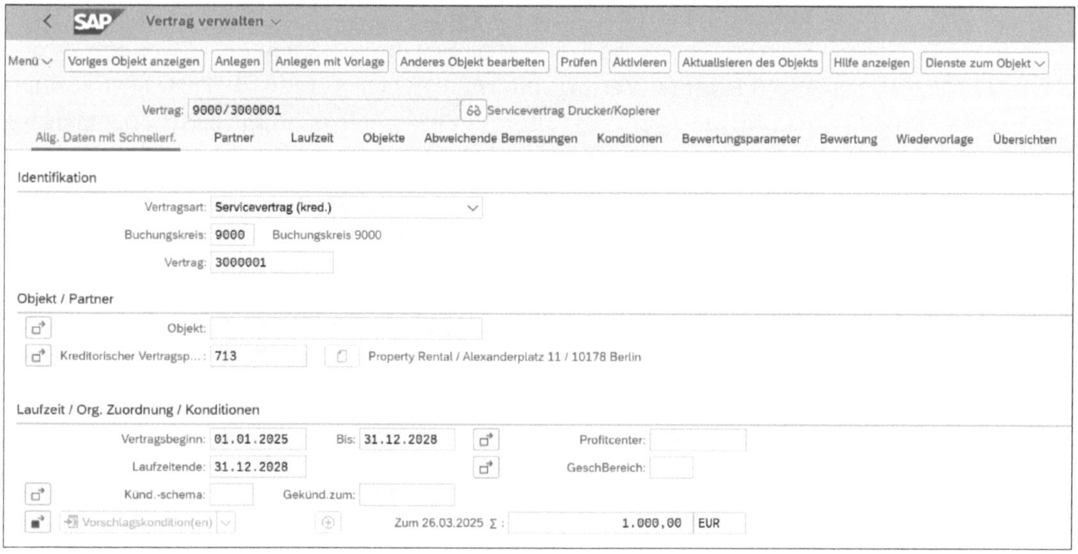

Abbildung 2.15 Bild »Allgemeine Informationen« – Beispiel für einen Servicevertrag

2.2.2 Customizing: Vertragsarten einrichten

Um die Vertragsarten einzurichten, wählen Sie im Einführungsleitfaden von SAP RE **Vertrag • Vertragsart • Vertragsarten definieren**.

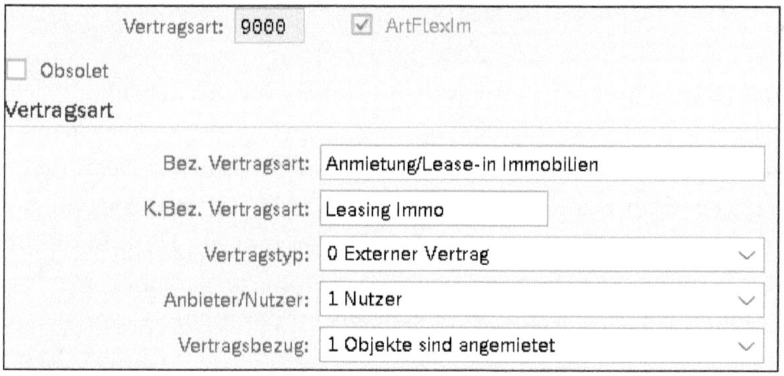

Abbildung 2.16 Details zu den Vertragsarten – zentrale Einstellungen

Eigenschaften der Vertragsart

Wir erläutern im Folgenden einige wesentliche Attribute der Vertragsart, die in Abbildung 2.16 zu sehen sind:

- **Bezeichnung und Kurzbezeichnung**
  Diese Bezeichnungen werden in den Bildschirmdialogen und Listen verwendet, wenn es sich um Verträge dieser Vertragsart handelt.

- **Vertragstypen**
  Vertragstypen sind fest vorgegeben. Im Allgemeinen verwenden Sie den Typ **0 Externer Vertrag**. Interne Verträge werden für Verträge mit internen Partnern, z. B. im Fall der internen Vermietung an Kostenstellen, benutzt. Sachkontenverträge betreffen reine Sachkontenbuchungen, sind also im eigentlichen Sinne keine Verträge, sondern bilden wiederkehrende Buchungen ab.
- **Anbieter/Nutzer**
  Diese Einstellung bestimmt, ob es sich um einen kreditorischen Vertrag (Nutzer) oder einen debitorischen Vertrag handelt (Anbieter). Hinterlegen Sie die Rolle, die Ihr Buchungskreis im Vertrag einnimmt.

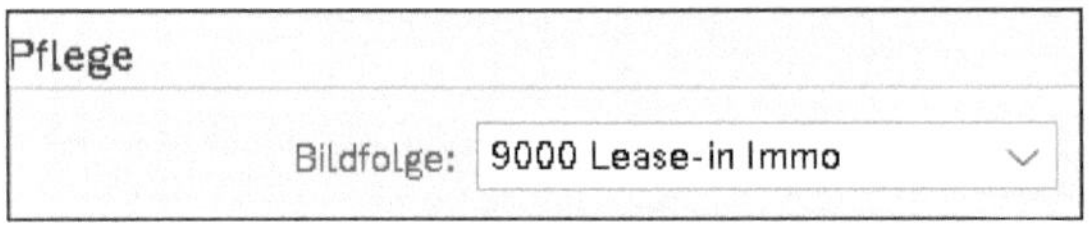

Abbildung 2.17 Details zu den Vertragsarten – Bildfolge

Abbildung 2.17 zeigt die Einstellung **Bildfolge** zur Vertragsart. Die Bildfolge bestimmt den Ablauf des Dialogs bei der Bearbeitung von Verträgen. Weitere Erläuterungen hierzu finden Sie in Abschnitt 2.2.3, »Customizing: Vertragsdialog steuern – Bildfolge«.

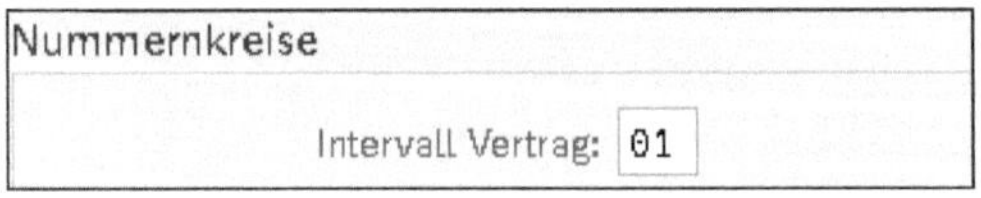

Abbildung 2.18 Details zu den Vertragsarten – Nummernkreisintervall

Abbildung 2.18 zeigt die Einstellung des *Nummernkreises* in den Detaildaten der Vertragsart. Über das Nummernkreisintervall bestimmen Sie, wie die Vertragsnummern vergeben werden. Sie können hier ein Nummernkreisintervall zuordnen, aus dem automatisch Nummern vergeben werden, oder aber einen Nummernkreis vorgeben, gegen den manuell vergebene Nummern geprüft werden. Die Einstellung der Nummernkreisintervalle erfolgt im Customizing von SAP RE unter **Vertrag • Nummernvergabe • Nummernkreis Verträge**. Über das BAdI BADI_RECN_CONTRACT können Sie die Nummernvergabe auch kundenindividuell gestalten.

2.2.3 Customizing: Vertragsdialog steuern – Bildfolge

Der Vertragsdialog für die App **Vertrag verwalten** (RECN) ist (in der Private Cloud bzw. in On-Premise-Systemen) mit dem *Business Data Toolset (BDT)*

erstellt. Dieses Tool erlaubt es Ihnen, den Dialog flexibel über ein Tabellenwerk zu steuern, ohne dass Sie modifizierend eingreifen müssten. Wir werden an dieser Stelle keinen umfassenden Einblick in die Möglichkeiten des BDT geben, sondern stellen Ihnen nur die Möglichkeiten vor, wie Sie über das Customizing den Vertragsdialog beeinflussen können. Sie erreichen die BDT-Steuerung für den Vertragsdialog im Customizing von SAP RE unter **Vertrag • Dialog**.

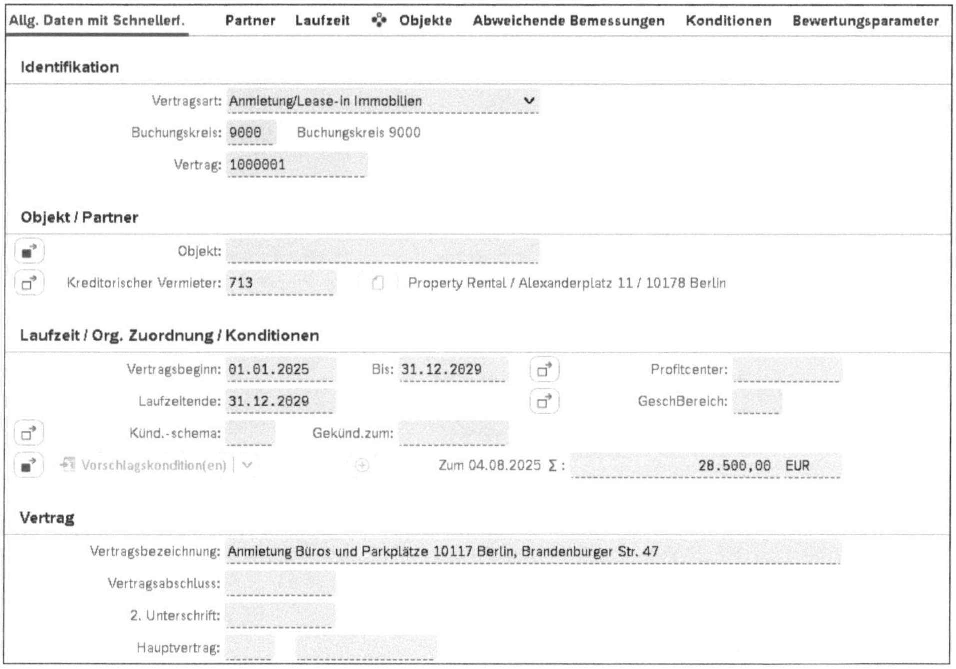

Abbildung 2.19 Allgemeine Daten und Bildfolge für einen Vertrag (Ausschnitt)

Abbildung 2.19 zeigt einen Ausschnitt aus der Registerkarte **Allgemeine Daten** eines Vertrages. Im oberen Bildbereich sehen Sie die auch Bezeichnungen weiterer Registerkarten aus der Dialogsteuerung für Verträge. Die nun folgenden Erläuterungen zur Bildfolge und zu Bildern, Abschnitten und Sichten können Sie anhand des Beispielvertrages aus Abbildung 2.19 nachvollziehen.

Bildfolge und Bilder

Wie Sie in Abschnitt 2.2.2, »Customizing: Vertragsarten einrichten«, gesehen haben, ordnen Sie jeder Vertragsart eine bestimmte *Bildfolge* zu, die Sie zuvor definiert haben. Diese Bildfolge besteht, wie der Name schon sagt, aus einer Folge von Bildern. Diese Bilder entsprechen den Registerkarten im Vertragsdialog. Abbildung 2.20 zeigt die Zuordnung der Bilder zur Bildfolge.

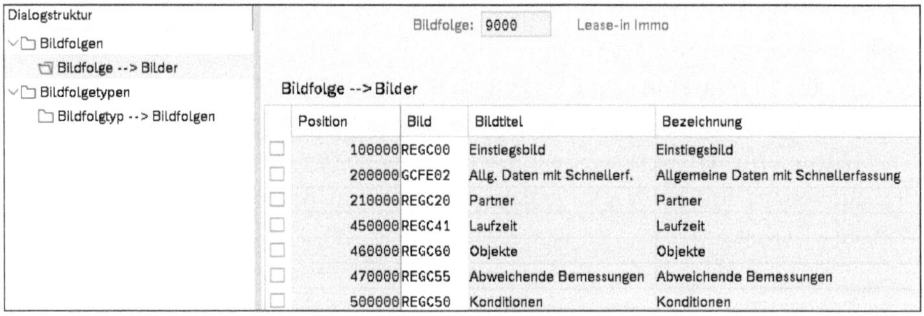

Abbildung 2.20 Bilder einer Bildfolge festlegen

Bilder und Abschnitte

Ein *Bild* besteht aus einem oder mehreren *Abschnitten*. Die Abschnitte bilden auf der Registerkarte die jeweils eingerahmten Bereiche ab. Abbildung 2.21 zeigt die Zuordnung der Abschnitte zu einem Bild.

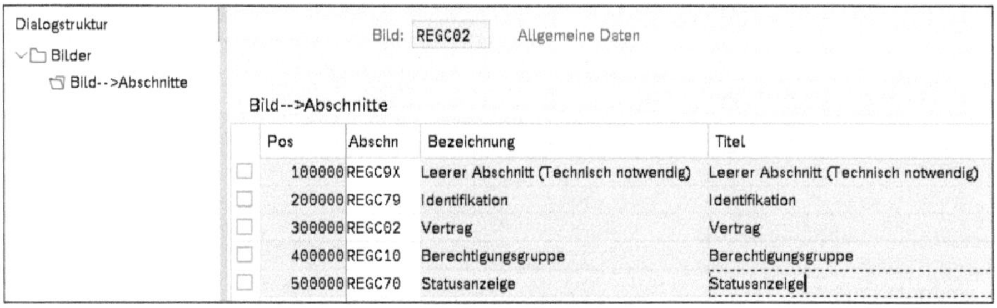

Abbildung 2.21 Abschnitte eines Bildes festlegen

Abschnitte und Sichten

Sichten sind Teile von **Abschnitten**. Sichten sind technisch repräsentiert durch Dynpros. Legen Sie fest, welche Sichten zu welchen Abschnitten angeordnet werden sollen. Im Vertragsdialog wird im Standard im Allgemeinen nur genau eine Sicht pro Abschnitt verwendet, die dann auch mit dem gleichen Schlüssel bezeichnet wurde.

Auf der Registerkarte **Allgemeine Daten** sehen Sie in Abbildung 2.19 den Abschnitt **Vertrag**. Diesem Abschnitt **REGC02 Vertrag** ist die Sicht **REGC02 Vertrag** zugeordnet. Abbildung 2.22 zeigt die Zuordnung der Sichten zu einem Abschnitt.

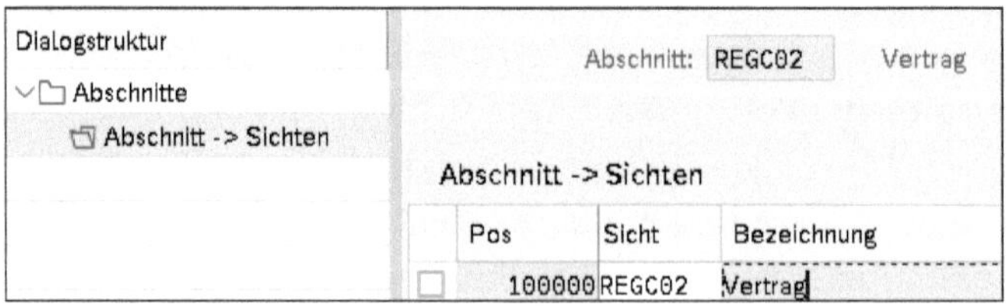

Abbildung 2.22 Sichten eines Abschnitts festlegen

Um eine **Sicht** anzulegen, benötigen Sie immer ein Dynpro, einen sogenannten *Subscreen*. Funktionsbausteine steuern den Ablauf des Screens (z. B. zu den Zeitpunkten »Vor der Ausgabe« und »Nach der Eingabe«). Normalerweise sollten Sie die bereits mit dem Vertragsmanagement ausgelieferten Screens und Funktionsbausteine verwenden. Abbildung 2.23 zeigt die Detaildaten einer Sicht.

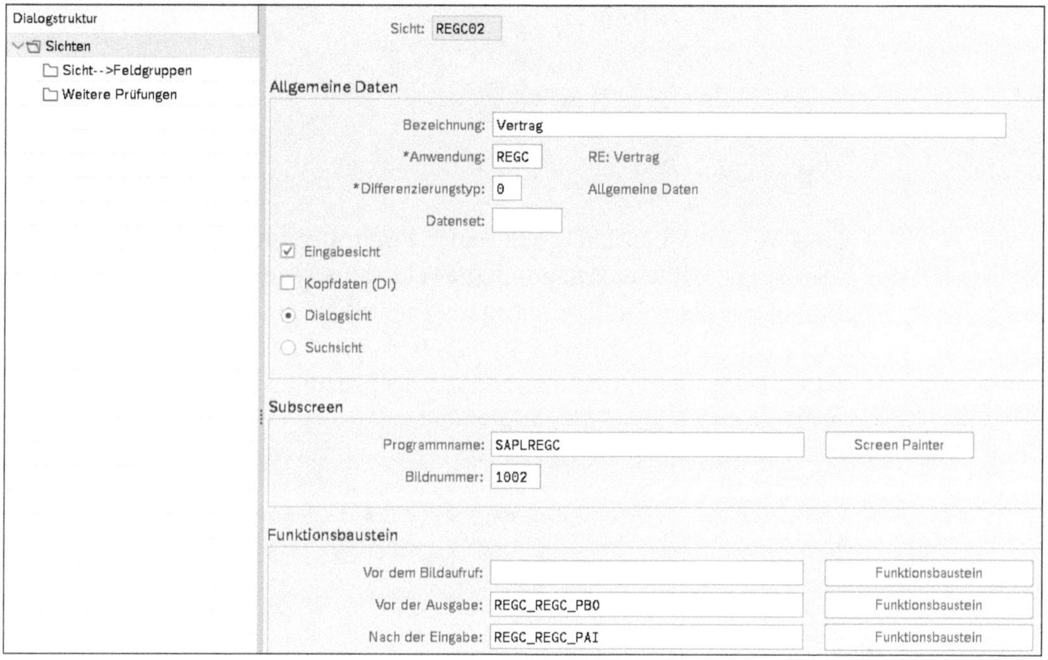

Abbildung 2.23 Detailinformationen der Sicht »Vertrag«

Sichten, Feldgruppen und Felder

Den Sichten sind *Feldgruppen* zugeordnet, die ihrerseits aus Feldern bestehen. Abbildung 2.24 zeigt diese Zuordnung beispielhaft.

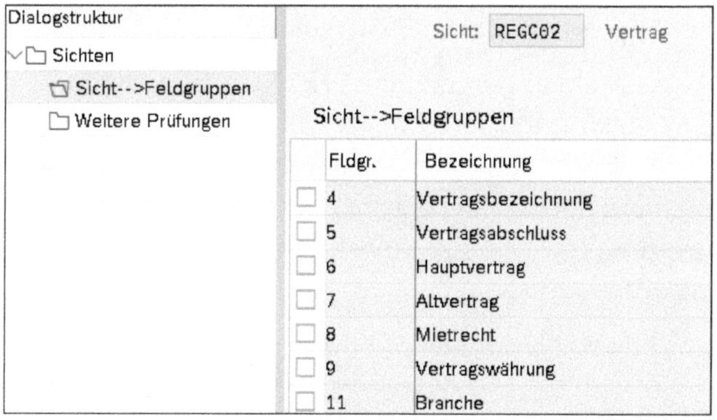

Abbildung 2.24 Feldgruppen der Sicht »Vertrag« (Sicht REGC02)

Feldgruppen sind häufig so festgelegt, dass sie entweder nur ein Feld oder aber sehr wenige, logisch zusammengehörige Felder enthalten (siehe Abbildung 2.25). Damit haben Sie größere Flexibilität bei der Zusammenstellung der Sichten.

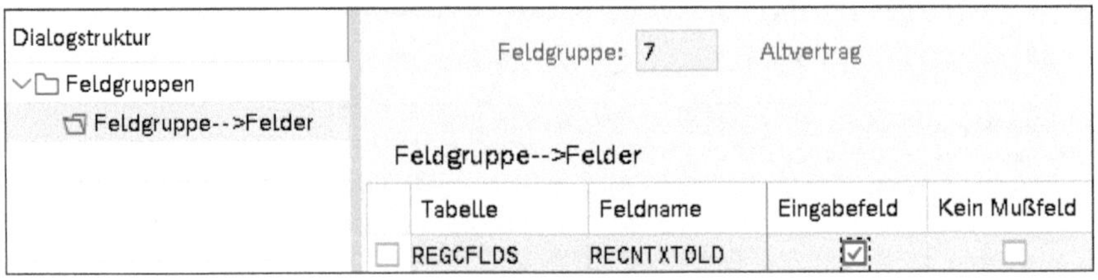

Abbildung 2.25 Feld der Feldgruppe »Altvertrag«

Eine weitere Möglichkeit, die Bilder Ihren Anforderungen entsprechend auszusteuern, bietet sich durch die Feldstatussteuerung. Sie ermöglicht es Ihnen, pro Aktivität (d. h. Anlegen, Ändern, Anzeigen eines Vertrags) und pro Vertragsart festzulegen, ob ein Feld eine Eingabe zwingend erfordert (Muss-Feld), ob das Feld überhaupt eingabebereit ist (Kann-Feld) oder ausgeblendet wird (siehe Abbildung 2.26).

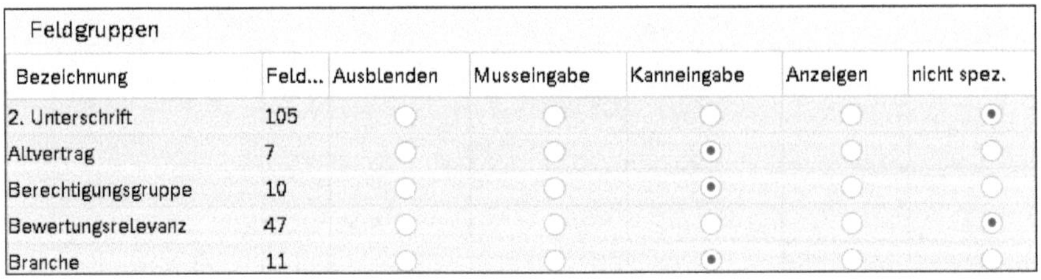
Feldgruppen

Bezeichnung	Feld...	Ausblenden	Musseingabe	Kanneingabe	Anzeigen	nicht spez.
2. Unterschrift	105	○	○	○	○	●
Altvertrag	7	○	○	●	○	○
Berechtigungsgruppe	10	○	○	●	○	○
Bewertungsrelevanz	47	○	○	○	○	●
Branche	11	○	○	●	○	○

Abbildung 2.26 Feldstatus steuern

Manche Felder werden allerdings programmseitig bereits als Muss-Felder gesteuert, weil sie zwingend benötigt werden (z. B. Vertragsbeginn) – hier haben Sie dann keine Möglichkeit, dies zu übersteuern.

Sie haben gesehen, dass Sie abhängig von der Vertragsart steuern können, wie der Vertragsdialog abläuft. Darüber hinaus haben Sie weitere Steuerungsmöglichkeiten z. B. über BAdIs, um kundenspezifische Prüfungen, Vorbelegungen von Feldern oder kundeneigene Felder in den Dialog einzubinden. Lesen Sie hierzu Abschnitt 2.9.2, »Erweiterungen implementieren (BAdI): Vertragsdialog«.

2.3 Vertragspartner

Verträge werden immer zwischen Partnern abgeschlossen. Einer der beteiligten Partner ist Ihr Unternehmen – repräsentiert durch den Buchungskreis. Den oder die andere(n) Vertragspartner hinterlegen Sie im Vertrag auf der Registerkarte **Partner** bzw. im Abschnitt Partnerzuordnung. Zum Partner wird nicht nur der Name hinterlegt, sondern auch Adressen und Kommunikationsinformationen sowie gegebenenfalls die für das SAP Finanzwesen relevanten Kontodaten wie die Nummer des Kreditorenkontos.

2.3.1 Partnerrollen

Auch die Frage, welche Partner für einen Vertrag zu hinterlegen sind, ist davon abhängig, um welche Vertragsart es sich handelt. Üblicherweise wird für jede Vertragsart ein Hauptvertragspartner definiert. Das ist im Fall eines Anmietvertrags für eine Immobilie der Vermieter, im Fall des Leasingvertrags der Leasinggeber, bei einem (Ver-)Mietvertrag der Mieter. Es ist möglich, weitere Partner zu erfassen, die im Zusammenhang mit dem Vertrag relevant sind, etwa einen Sachbearbeiter, einen Techniker oder einen Makler. Tabelle 2.2 zeigt verschiedene Beispiele für Partnerrollen bei verschiedenen Vertragsarten.

Beispiel	Hauptvertragspartner	Beispiel für weitere Vertragspartner
Anmietung Büros und Parkplätze	Vermieter (kreditorischer Geschäftspartner)	Makler, Sachbearbeiter
Vermietung Parkplatz	Mieter (debitorischer Geschäftspartner)	
Leasingvertrag	Leasinggeber (kreditorischer Geschäftspartner)	Servicetechniker
Reinigungsservice	Dienstleister (kreditorischer Geschäftspartner)	Hausmeister, Sachbearbeiter

Tabelle 2.2 Beispiele für Partnerrollen bei verschiedenen Vertragsarten

Vertragspartner werden im System als *Geschäftspartner* angelegt. Dies kann über die App **Geschäftspartner bearbeiten** erfolgen oder aber direkt im Vertragsdialog.

2.3.2 Partner dem Vertrag zuordnen

Um einem Vertrag einen vorhandenen Partner zuzuordnen oder aus dem Vertrag heraus einen neuen Partner für diesen Vertrag anzulegen, wählen Sie, wie in Abbildung 2.27 gezeigt, innerhalb der Partnerzuordnung zum Vertrag

- in der App **Vertragsverwaltung** (F5273) die Funktion Anlegen (**Anlegen**) bzw.
- in der App **Vertrag verwalten** (RECN) die Funktion ⊕ (**Neuen Partner zuordnen**).

Daraufhin werden Ihnen die für die jeweilige Vertragsart erlaubten Partnerrollen angeboten. In der Registerkarte **Partner** der App **Vertrag verwalten** (RECN) finden Sie beim Zuordnen neuer Partner über die Funktion ⊕ (**Neuen Partner zuordnen**) oberhalb der Linie im Dropdown-Menü die Rolle des Hauptvertragspartners (hier **Kreditorischer Vertragspartner**), die obligatorisch ist.

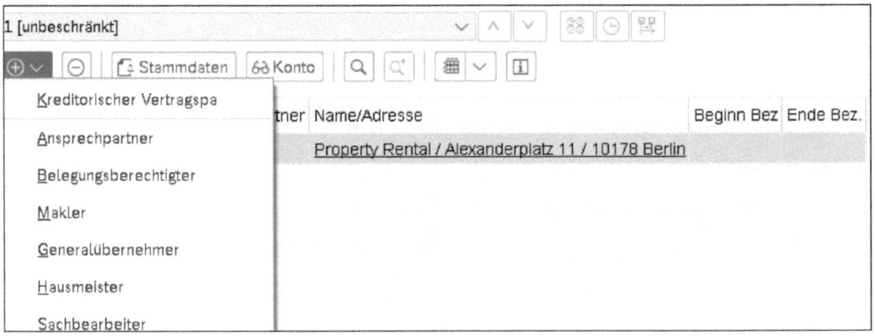

Abbildung 2.27 Partnerrollen für die gewählte Vertragsart

Dubletten vermeiden

Sie werden immer zwingend über ein Suchfenster für die Partnersuche in den Dialog geführt, um zu vermeiden, dass bereits vorhandene Partner versehentlich doppelt angelegt werden. In Abbildung 2.28 sehen Sie ein Beispiel für die Partnersuche nach Namen, in diesem Fall mit dem Suchbegriff »Property«.

Die phonetische Suche sorgt dafür, dass gleich klingende Namen bei der Suche berücksichtigt werden, so dass Sie z. B. »Meier« eingeben können und dann auch »Meyer« oder »Maier« finden.

Geben Sie im Suchfenster die Partnerdaten an, die für die Suche benutzt werden sollen. Mit dem Vermieter Property Rental aus Beispiel 1 haben Sie bereits früher Verträge abgeschlossen. Der in diesen Verträgen verwendete Partnerstammsatz wird daher gefunden, und der Partner kann per Doppelklick aus der Ergebnisliste ausgewählt und auf diese Weise dem neuen Vertrag zugeordnet werden (siehe Abbildung 2.29).

Abbildung 2.28 Beispiel für die Partnersuche

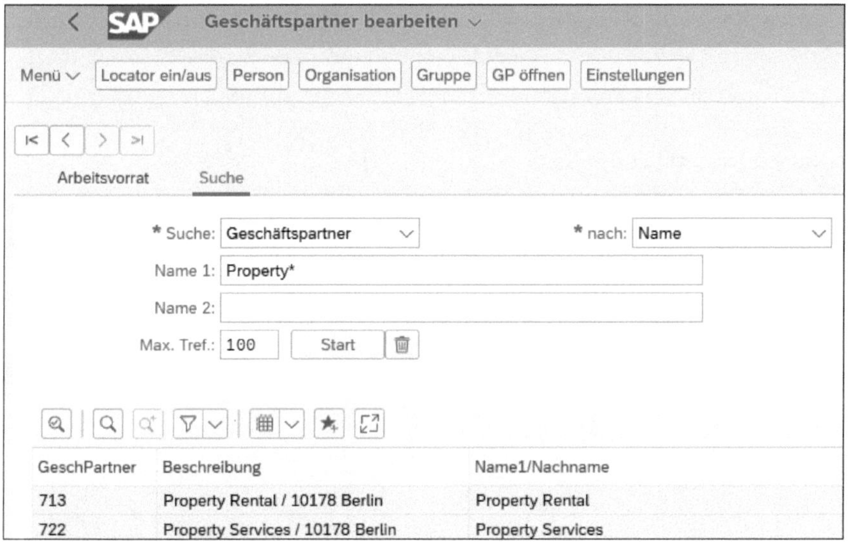

Abbildung 2.29 Ergebnisliste der Partnersuche

2.3.3 Partner anlegen und dem Vertrag zuordnen

Mit der Firma Putz-Flink-Schnell GmbH schließen Sie erstmalig einen Vertrag. Für diesen Partner ist im SAP-System also noch kein Geschäftspartnerstammsatz vorhanden. Sie gelangen daher nach erfolgloser Suche wieder in das Suchfenster und können nun einen neuen Geschäftspartner anlegen. Alternativ können Sie auch die App Geschäftspartner bearbeiten (BP) verwenden. Hier werden Ihnen Buttons zum Anlegen von Partnern angeboten: **Person**, **Organisation** und **Gruppe** (siehe Abbildung 2.30).

Abbildung 2.30 Button-Leiste zum Anlegen von Geschäftspartnern

Klicken Sie auf den Button (**Organisation**), um für die Firma Putz-Flink-Schnell GmbH einen Geschäftspartnerstammsatz anzulegen und diesen neu angelegten Geschäftspartner dem Vertrag zuzuordnen.

[+]

Geschäftspartner gefunden, aber nicht den richtigen

Gelegentlich kommt es vor, dass die Suche nach einem Geschäftspartner zu einer Auswahl von mehreren möglichen Geschäftspartnern führt, wie in Abbildung 2.29 gezeigt. Ist keiner dieser Geschäftspartner der richtige, schließen Sie das Ergebnisfenster, ohne einen der angebotenen Partner auszuwählen. Sie gelangen dann – wie nach einer erfolglosen Suche – in das Suchfenster zurück und erhalten die Option der Neuanlage des Partners, wie in Abbildung 2.30.

Nachdem Sie auf einen der Buttons zum Anlegen eines Partners, z. B. (**Organisation**), gedrückt haben, erscheint die Eingabemaske zur Erfassung der Partnerdaten (siehe Abbildung 2.31).

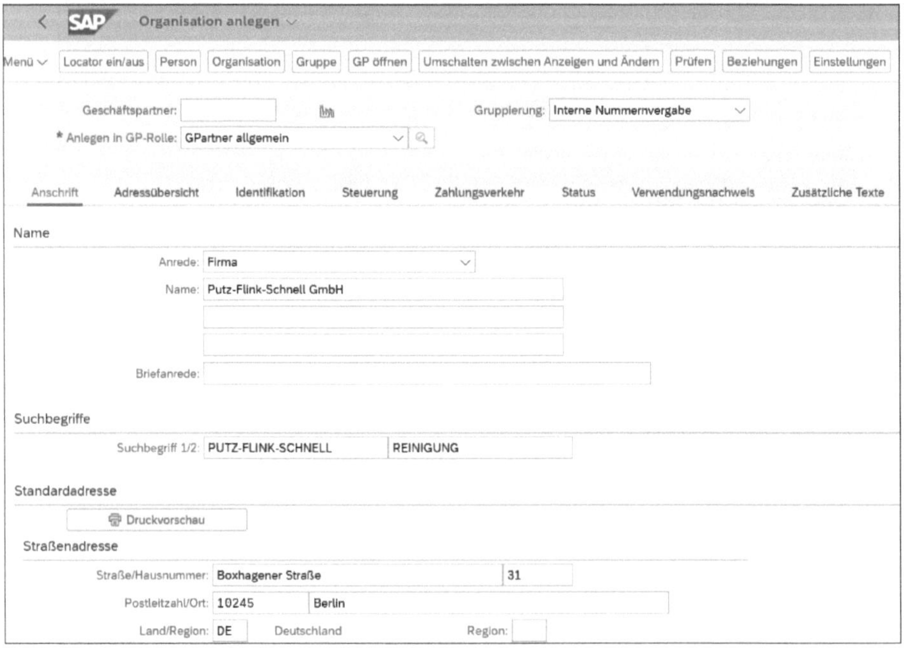

Abbildung 2.31 Geschäftspartner anlegen – Name und Anschrift

Geben Sie die notwendigen Daten für den Geschäftspartner wie Name und Anschrift ein, und kehren Sie über den Button [<] (**Zurück**) in den Vertragsdialog zurück. Der Geschäftspartner wurde noch nicht auf der Datenbank angelegt und erhält zunächst eine vorläufige Nummer **##1**, wie Sie in Abbildung 2.32 sehen. Auch der Vertrag ist hier noch nicht gesichert – er ist mit **<NEU>** markiert. Das Fortschreiben der Geschäftspartnerdaten auf der Datenbank erfolgt im Vertragsdialog immer erst beim Sichern des Vertrags. Dann erhält der Geschäftspartnerstammsatz eine Nummer, die auch im Vertrag fortgeschrieben wird.

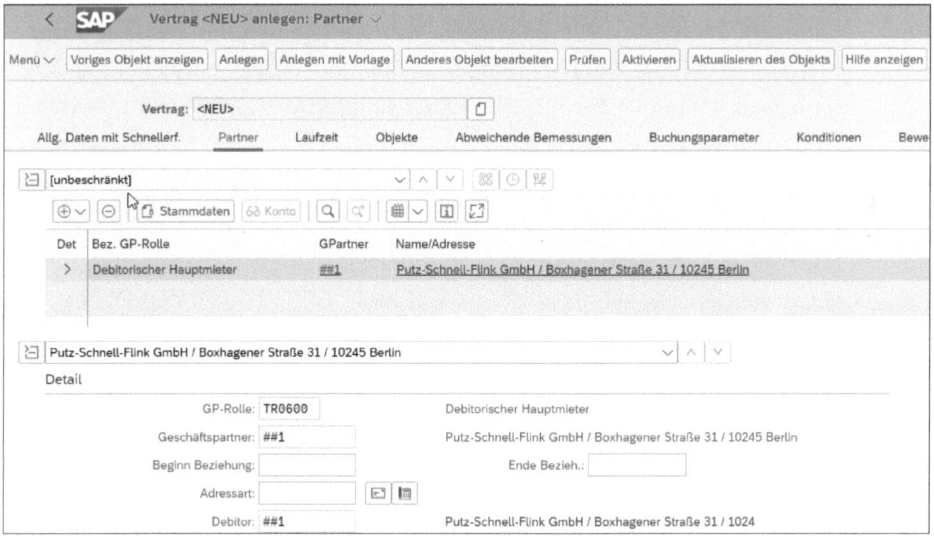

Abbildung 2.32 Neuer Vertragspartner mit temporärer Vertragsnummer im Vertrag

Bei der Firma Property Rental und der Firma Putz-Flink-Schnell GmbH handelt es sich um Unternehmen. Sie haben daher einen Geschäftspartner vom Typ *Organisation* angelegt. Als weitere Geschäftspartnertypen gibt es die *Person*, die für einen Wohnungsmieter oder einen Sachbearbeiter vorkommt, oder *Gruppen*, wie z. B. Ehepaare.

Neben dem Geschäftspartnertyp unterscheidet das System nach den Rollen, die Geschäftspartner in Bezug auf Verträge spielen.

Partnerrollen

Als Vertragspartner kommen Vermieter, Mieter, Sachbearbeiter, Makler, Eigentümer usw. infrage. Je nachdem, welche Rolle ein Geschäftspartner spielt, benötigen wir im System unterschiedliche Daten: Für kreditorische Partner benötigen wir ein Kreditorenkonto und eine Bankverbindung, um die Zahlungen abzuwickeln, für den Sachbearbeiter reichen Kommunikationsdaten aus, für den Mieter benötigen Sie ein Debitorenkonto. Diese

Daten werden *rollenspezifische Daten* genannt. Alle Daten, die für jede Rolle gleichermaßen benötigt werden, nennen wir *zentrale Daten*. Dazu gehören Namen, Adressen und Kommunikationsdaten.

2.3.4 Partner in neuer Rolle anlegen

Den Hauptvertragspartner für den Servicevertrag in Beispiel 4 aus Abschnitt 2.2.1, »Verträge nach Vertragsarten unterscheiden«, die Firma Putz-Flink-Schnell GmbH, haben Sie für den Mietvertrag aus Beispiel 2 bereits als Partner in der Rolle des Mieters angelegt. Ein Geschäftspartnerstammsatz ist für die Firma Putz-Flink-Schnell GmbH also bereits im System vorhanden. Da Sie mit diesem Partner jedoch noch nie einen Servicevertrag abgeschlossen haben, ist für ihn die Rolle des kreditorischen Vertragspartners noch nicht angelegt.

Geben Sie nun im Suchfenster die Daten des Partners ein, wird der Stammsatz gefunden. Er muss allerdings noch um die Rollendaten für die Rolle **kreditorischer Vertragspartner**, unter anderem um ein Kreditorenkonto, ergänzt werden. Sie gelangen daher in diesem Fall direkt in den Dialog zum Anlegen der geforderten Rolle, den Sie in Abbildung 2.33 sehen.

Abbildung 2.33 Anlegen einer neuen Rolle zum vorhandenen Partner

Auch diesen Dialog verlassen Sie nach der Pflege der fehlenden Daten über den Button [<] (**Zurück**) und kehren in den Vertragsdialog zurück. Die neue Rolle des Partners wird erst gesichert, wenn Sie den Vertrag sichern.

2.3.5 Unterschiedliche Partneradressen verwenden

Geschäftspartner können verschiedene Adressen besitzen, wie etwa eine Rechnungsadresse, eine Lieferadresse oder die Adresse einer Niederlassung. Diese Adressen werden im System als Adressarten unterschieden. Abbildung 2.34 zeigt die im Geschäftspartnerstammsatz hinterlegten unterschiedlichen Adressen für unseren Beispielpartner an.

Abbildung 2.34 Partnerstammdaten mit mehreren Adressen

Korrespondenzadresse

Die Adressen zum Partner erfassen Sie auf der Registerkarte **Adressübersicht** in der Pflege der Partnerdaten. Die Partnerstammdaten können Sie aufrufen, indem Sie im Vertragsdialog auf der Registerkarte **Partner** auf den Partner doppelklicken.

Wollen Sie im Zusammenhang mit dem Vertrag eine bestimmte Adresse als bevorzugte Adresse für die Korrespondenz verwenden, kehren Sie in den Vertragsdialog auf die Registerkarte **Partner** zurück. Markieren Sie den entsprechenden Partner. In den Detaildaten des Geschäftspartners sehen Sie die Adressinformationen zum Partner (siehe Abbildung 2.35). Als Korrespondenzadresse ist in diesem Beispiel »Am Neuen Garten 12 / 15012 Potsdam« ausgewählt und im Feld **Adressart** hinterlegt – die Auswahl erfolgte über die Suchhilfe. Sie finden hier außerdem spezielle Buttons, damit Sie die Adresse und die Telefonnummern des Partners anzeigen können, ohne in den Partnerdialog abspringen zu müssen.

Zeitabhängigkeit

Im Detailbild zum Partner können Sie außerdem die zeitliche Gültigkeit der Zuordnung des Partners zum Vertrag pflegen (Beginn der Beziehung, Ende der Beziehung). Ist der Partner debitorisch oder kreditorisch, wird hier auch die Nummer des Debitorenkontos bzw. Kreditorenkontos angezeigt. Der Partner in Abbildung 2.35 hat die Geschäftspartnernummer 713 (Nummer des Geschäftspartnerstammsatzes) und die Kreditorennummer (**Lieferant**) 100235 (Nummer seines Kreditorenkontos im SAP Finanzwesen).

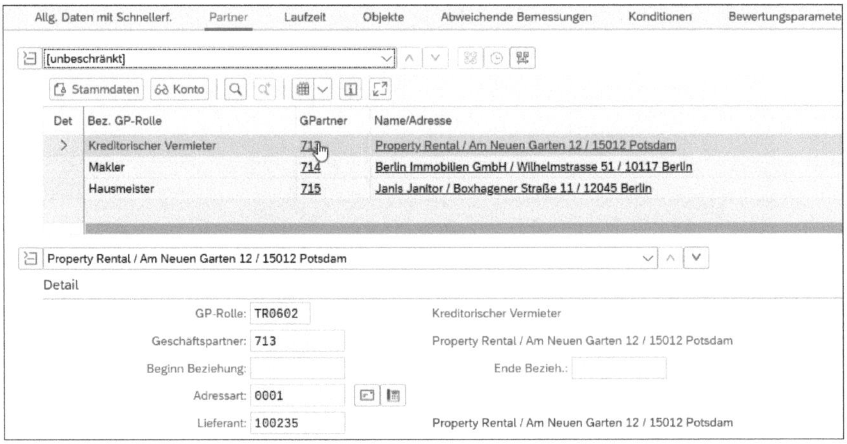

Abbildung 2.35 Details zum Partner – Adressart, Gültigkeit, Kreditorenkonto (Lieferant)

2.3.6 Customizing: Partnerrollen zu Vertragsarten einrichten

Die Einstellungen zu den Partnerrollen für Vertragsarten finden Sie im Einführungsleitfaden von SAP RE.

GP-Rollen definieren

Definieren Sie zunächst die Geschäftspartnerrollen (GP-Rollen) unter **Geschäftspartner • Wesentliche Einstellungen zum Geschäftspartner im RE-Kontext • Geschäftspartnerrollen • GP-Rollen definieren**.

Im Standard finden Sie eine Reihe von voreingestellten Geschäftspartnerrollen. Für das Vertragsmanagement sind dies die Rollen, die mit TR06* beginnen, also z. B.:

- TR0600 Debitorischer Hauptmieter
- TR0604 Kreditorischer Vertragspartner

GP-Rollen definieren

SAP empfiehlt Ihnen, die im Auslieferungs-Customizing vorhandenen GP-Rollen zu verwenden und deren Einstellungen nicht zu verändern. Im Allgemeinen ist es nicht sinnvoll, die GP-Rollen zu stark zu differenzieren. Man kann z. B. statt der unterschiedlichen kreditorischen Rollen »Leasinggeber«, »Servicedienstleiter« und »Vermieter« einheitlich die Rolle »Kreditorischer Vertragspartner« verwenden. Sollten Sie dennoch weitere GP-Rollen benötigen, kopieren Sie eine vorhandene Rolle.

Rollen pro Vertragsart

Als Nächstes legen Sie die zulässigen Geschäftspartnerrollen pro Vertragsart fest. Verwenden Sie dazu im Customizing von SAP RE den folgenden

Menüpfad: **Geschäftspartner • Wesentliche Einstellungen zum Geschäftspartner im RE-Kontext • Geschäftspartnerrollen • Zuordnung Rollentypen zu den Immobilien-Anwendungen • Einstellungen zu Rollen pro Objektart definieren**.

Geschäftspartner werden in allen Immobilienobjekten gleichermaßen verwendet. Daher finden Sie die Einstellungen der GP-Rollen pro Vertragsart im Einführungsleitfaden in dem allgemeiner benannten Menüpunkt **Einstellungen zu Rollen pro Objektart definieren**.

Rufen Sie den Dialog auf, und positionieren Sie auf die Objektart (**Art**) **IS** (Vertrag). Dieses Kürzel steht für die Verträge. In der Spalte **Differenzierungskriterium** können Sie innerhalb der Objektart **Vertrag** nach Vertragsarten differenzieren. In Abbildung 2.36 sehen Sie beispielhaft die Vertragsart 9000 (Anmietung/Lease-in Immobilien), für die verschiedene Partnerrollen zugelassen wurden: kreditorischer Vermieter, Makler, Verwalter usw.

Zuordnung Rollen zu Objekttypen / Applikationen

Art	Bez. Objektart	Difkrt	Text Diff.kriterium	Rolle	Bezeichnung	Grp.	AdrA	Objektadr.	Kar	Muß	multZ	Zuordnung	Suchhilfe
IS	Vertrag	9000	Anmietung/Lease-in Immobilien	TR0602	Kreditorischer Vermieter	0001	0001	nein	1	☐	☑	Auswahl rollenunabhängig, Pflege zugelassen	
IS	Vertrag	9000	Anmietung/Lease-in Immobilien	TR0604	Kreditorischer Vertragspartner	0001	0001	nein	1	☐	☑	Auswahl rollenunabhängig, Pflege zugelassen	
IS	Vertrag	9000	Anmietung/Lease-in Immobilien	TR0801	Makler	0001	0001	nein	1	☐	☐	Auswahl rollenunabhängig, Pflege zugelassen	
IS	Vertrag	9000	Anmietung/Lease-in Immobilien	TR0806	Verwalter	0001	0001	nein	1	☐	☐	Auswahl rollenunabhängig, Pflege zugelassen	
IS	Vertrag	9000	Anmietung/Lease-in Immobilien	TR0808	Hausmeister	0001	0001	nein	1	☐	☐	Auswahl rollenunabhängig, Pflege zugelassen	
IS	Vertrag	9000	Anmietung/Lease-in Immobilien	TR0998	Sachbearbeiter	0001	0001	nein	1	☐	☐	Auswahl rollenunabhängig, Pflege zugelassen	
IS	Vertrag	9001	Leasing/Lease-in Sonstiges	TR0604	Kreditorischer Vertragspartner	0001	0001	nein	1	☐	☑	Auswahl rollenunabhängig, Pflege zugelassen	
IS	Vertrag	9001	Leasing/Lease-in Sonstiges	TR0998	Sachbearbeiter	0001	0001	nein	1	☐	☐	Auswahl rollenunabhängig, Pflege zugelassen	
IS	Vertrag	9002	Servicevertrag (kred.)	TR0604	Kreditorischer Vertragspartner	0001	0001	nein	1	☑	☑	Auswahl rollenunabhängig, Pflege zugelassen	
IS	Vertrag	9002	Servicevertrag (kred.)	TR0808	Hausmeister	0001	0001	nein	1	☐	☐	Auswahl rollenunabhängig, Pflege zugelassen	
IS	Vertrag	9002	Servicevertrag (kred.)	TR0998	Sachbearbeiter	0001	0001	nein	1	☐	☐	Auswahl rollenunabhängig, Pflege zugelassen	
IS	Vertrag	9003	Anmietung/Lease-in Umsatz	TR0602	Kreditorischer Vermieter	0001	0001	nein	1	☐	☑	Auswahl rollenunabhängig, Pflege zugelassen	
IS	Vertrag	9003	Anmietung/Lease-in Umsatz	TR0604	Kreditorischer Vertragspartner	0001	0001	nein	1	☐	☑	Auswahl rollenunabhängig, Pflege zugelassen	
IS	Vertrag	9003	Anmietung/Lease-in Umsatz	TR0801	Makler	0001	0001	nein	1	☐	☐	Auswahl rollenunabhängig, Pflege zugelassen	
IS	Vertrag	9003	Anmietung/Lease-in Umsatz	TR0806	Verwalter	0001	0001	nein	1	☐	☐	Auswahl rollenunabhängig, Pflege zugelassen	
IS	Vertrag	9003	Anmietung/Lease-in Umsatz	TR0808	Hausmeister	0001	0001	nein	1	☐	☐	Auswahl rollenunabhängig, Pflege zugelassen	
IS	Vertrag	9010	Vermietung/lease-out Immo	TR0600	Debitorischer Hauptmieter	0001	0001	nein	1	☑	☐	Auswahl rollenunabhängig, Pflege zugelassen	
IS	Vertrag	9010	Vermietung/lease-out Immo	TR0808	Hausmeister	0001	0001	nein	1	☐	☐	Auswahl rollenunabhängig, Pflege zugelassen	
IS	Vertrag	9010	Vermietung/lease-out Immo	TR0998	Sachbearbeiter	0001	0001	nein	1	☐	☐	Auswahl rollenunabhängig, Pflege zugelassen	

Abbildung 2.36 Geschäftspartnerrollen pro Vertragsart

Sie legen hier zunächst fest, welche Rollen für die jeweilige Vertragsart zulässig sind. Diese Rollen erscheinen dann für die betreffende Vertragsart im Auswahldialog auf der Registerkarte **Partner**, wie Sie das beispielhaft in Abbildung 2.27 sehen. Zusätzlich können Sie im Detailbild des Dialogs noch Eigenschaften festlegen, wie die jeweilige Rolle im Zusammenhang mit dieser Vertragsart behandelt werden soll:

- Die **Kardinalität** entscheidet, wie viele Geschäftspartner in dieser Rolle zur gleichen Zeit dem Vertrag zugeordnet werden dürfen. Im Allgemeinen wird man z. B. nur einen einzigen Vermieter zuordnen, während gegebenenfalls mehrere Sachbearbeiter zeitgleich zuständig sein könnten.
- Über das Feld **Mussbeziehung** entscheiden Sie, ob immer mindestens ein Partner dieser Rolle vorhanden sein muss.

- Das Feld **BP-Zuordnung** beeinflusst das Verhalten des Suchfensters für Partner. Je nach den Regeln, die in Ihrem Unternehmen für die Pflege von Geschäftspartnern bestehen, können Sie unter folgenden Optionen wählen:
  - **Standardsuche**

    Mit den eingegebenen Suchdaten wird unter allen vorhandenen Geschäftspartnern gesucht. Wird ein passender Geschäftspartner gefunden, kann er anschließend gegebenenfalls unter Ergänzung der notwendigen Rollendaten im Vertrag verwendet werden.
  - **Auswahl rollenabhängig, Pflege nicht zugelassen**

    Mit den eingegebenen Daten wird der Geschäftspartner gesucht, allerdings nur aufgelistet, wenn er in der ausgewählten Rolle vorhanden ist. Die Neuanlage eines Geschäftspartners ist nicht möglich.
  - **Auswahl rollenabhängig, Pflege zugelassen**

    Im Suchbild wird dem Anwender angeboten, die Partnersuche rollenabhängig (Vorbelegung) oder rollenunabhängig vorzunehmen. Er kann dann auch den Partner in der gewünschten Rolle anlegen.

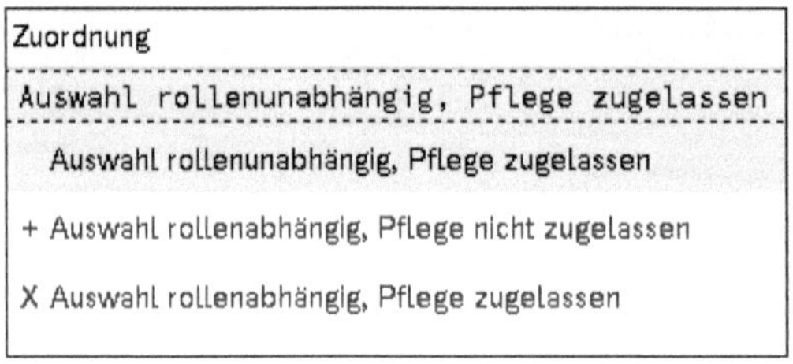

Abbildung 2.37 Vorgaben für die Geschäftspartnersuche

Hauptvertrags-partner

Zusätzlich zu den Einstellungen im vorgenannten Customizing-Dialog können Sie im Customizing von SAP RE unter **Vertrag • Vertragsart • Vertragsarten definieren** bis zu zwei Rollen als Hauptvertragspartnerrollen (Hauptvertragspartner 1 und Hauptvertragspartner 2) hervorheben (siehe Abbildung 2.38), im Bild steht die Abkürzung HVP für Hauptvertragspartner.

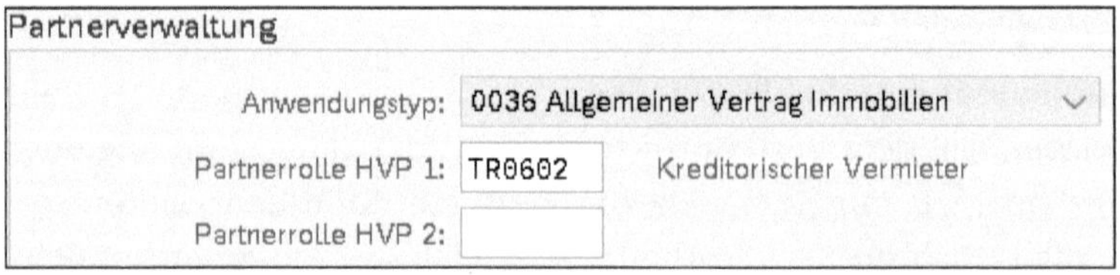

Abbildung 2.38 Hauptvertragspartner (HVP) zur Vertragsart festlegen

Diese Einstellung steuert,

- welche Partnerrollen über die gesamte Vertragslaufzeit vorhanden sein müssen,
- welche Partnerrollen im Dialog als Hauptvertragspartner oberhalb der Linie ausgewiesen werden (siehe Abbildung 2.27) und
- welche Partner im Infosystem für Verträge standardmäßig in den Auswertungen erscheinen.

Debitoren und Kreditoren

Für debitorische und kreditorische Partner sind weitere Einstellungen notwendig. Diese werden in Abschnitt 4.2.1., »Customizing: Geschäftspartner – Debitoren und Kreditoren«, erläutert.

2.4 Objekte

Auf der Registerkarte **Objekte** (App **Vertrag verwalten** (RECN)) bzw. im Abschnitt **Objektzuordnung** (App Vertrag verwalten) hinterlegen Sie die Informationen zu den Objekten oder Dienstleistungen, über die der Vertrag abgeschlossen wurde. In unseren Beispielen aus Abschnitt 2.1, »Ein erster Überblick«, waren das z. B. Büros, Parkplätze, Drucker oder Reinigungsdienstleistungen.

2.4.1 Vertragsgegenstand

Umgangssprachlich werden die Objekte des Vertrags auch Vertragsgegenstände genannt. Im SAP-System hat dieser Begriff jedoch eine engere Bedeutung: Der Begriff *Vertragsgegenstand* bezeichnet technisch im System nur einen Teil der möglichen Vertragsobjekte, nämlich diejenigen, die keine eigenen Stammdaten besitzen. Nur im Kontext des Vertrags existente Objekte ohne eigenen Stammsatz nennen wir im Vertragsmanagement *Vertragsgegenstand*. Vertragsgegenstände werden im Vertrag durch einen Text, durch ein Attribut *Gegenstandsart* und eine Kontierung beschrieben (siehe Abbildung 2.7 zu Beginn des Kapitels). Der technische Schlüssel dieser Objektart ist J4, weshalb man manchmal auch vom *J4-Objekt* spricht.

Kontierung

Die Kontierung, d. h. ein Kontierungsobjekt wie eine Kostenstelle oder ein Auftrag, wird benötigt, um Kosten oder Erlöse aus dem Vertrag verursachungsgerecht zuzuordnen.

Gegenstandsart

Vertragsgegenstände können unterschiedlichster Art sein: Fahrzeuge, Drucker, Gebäude oder Maschinen. Um die Vertragsgegenstände für das Reporting und für die bilanzielle Bewertung differenzieren zu können, können Sie sie nach Gegenstandsarten unterscheiden. Sie richten die Gegenstandsarten im Customizing von SAP RE unter **Vertrag • Objekte • Vertragsgegenstand: Gegenstandsart** ein. Dieses Attribut können Sie nur für Vertragsgegenstände, nicht aber für andere Objektarten benutzen.

Generische Mietobjekte

Etwas anders ist es bei generischen Mietobjekten (Objektart J7). Generische Mietobjekte – mit den zugehörigen Controllingobjekten – können für verschiedene Sachverhalte der An- und Vermietung genutzt werden. Mit ihrer Hilfe können Immobilienobjekte unterschiedlicher Hierarchiestufen (z. B. Gebäude, Etagen oder Räume) abgebildet und bei Bedarf auch in mehreren Verträgen verwendet werden. Sie können mit oder ohne Portfolioanbindung angelegt werden. Generische Mietobjekte mit Portfolioanbindung können für die Verknüpfung mit den in Planon Real Estate Management for SAP) erfassten Stammdatenobjekten genutzt werden.

2.4.2 Weitere Vertragsobjekte

Dem Vertrag können aber auch Objekte zugeordnet werden, die durch einen eigenen Stammsatz im SAP-System abgebildet sind. Objekte mit eigenem Stammsatz sind im Allgemeinen Stammdaten aus der Immobilienverwaltung, wie z. B. Gebäude, Mietobjekte oder Flurstücke. Sie können aber auch technische Plätze, Anlagen oder Objekte der Kostenrechnung wie Aufträge, Kostenstellen oder PSP-Elemente (PSP = *Projekt-Struktur-Plan*) zuordnen. Im Fall des Druckerleasings könnten Sie z. B. die Drucker als Equipment in System führen und im Vertrag auf diese Equipments verweisen (siehe Abbildung 2.39).

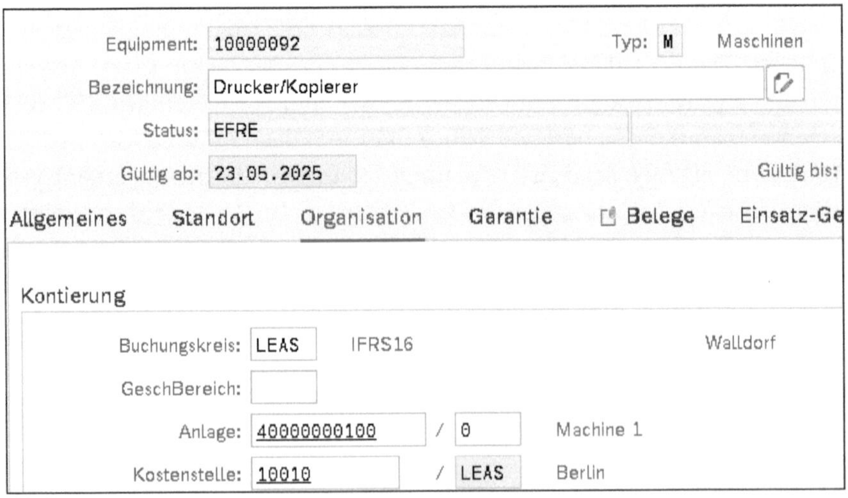

Abbildung 2.39 Equipment als Vertragsobjekt

2.4.3 Customizing: Objektarten zur Vertragsart

Um die zulässigen Objektarten pro Vertragsart einzurichten, wählen Sie im Einführungsleitfaden von SAP RE den Pfad **Vertrag • Objekte • Zulässige Objektarten pro Vertragsart**. Sie gelangen in die Tabelle, die in Abbildung 2.40 zu sehen ist.

Zuordnung von Objekten zum Vertrag

	Art	Art	Objektart	Difkrt	Diff.kriterium	Zuord.Obj.art	Zuord.Obj.art	OzEr	Un...	VzEr	GzEr	Zuordnmöglichk
☐	IS	IV	Vertrag	9000	Anmietung/Lease-in Immobilien	AN	Anlage	☐	☐	☐	☐	Frei
☐	IS	IV	Vertrag	9000	Anmietung/Lease-in Immobilien	IB	Gebäude	☑	☐	☑	☐	Frei
☐	IS	IV	Vertrag	9000	Anmietung/Lease-in Immobilien	IG	Grundstück	☑	☐	☑	☑	Frei
☐	IS	IV	Vertrag	9000	Anmietung/Lease-in Immobilien	IL	Objektgruppe	☑	☐	☑	☐	Frei
☐	IS	IV	Vertrag	9000	Anmietung/Lease-in Immobilien	IM	Mietobjekt	☑	☐	☑	☐	Frei
☐	IS	IV	Vertrag	9000	Anmietung/Lease-in Immobilien	IS	Vertrag	☐	☐	☑	☐	Frei
☐	IS	IV	Vertrag	9000	Anmietung/Lease-in Immobilien	J4	Vertragsgegenstand	☑	☐	☑	☐	Frei
☐	IS	IV	Vertrag	9000	Anmietung/Lease-in Immobilien	KS	Kostenstelle	☐	☐	☑	☑	Frei
☐	IS	IV	Vertrag	9001	Leasing/Lease-in Sonstiges	AN	Anlage	☐	☐	☐	☐	Frei
☐	IS	IV	Vertrag	9001	Leasing/Lease-in Sonstiges	IE	Equipment	☑	☐	☑	☐	Frei
☐	IS	IV	Vertrag	9001	Leasing/Lease-in Sonstiges	IF	Technischer Platz	☑	☐	☑	☐	Frei
☐	IS	IV	Vertrag	9001	Leasing/Lease-in Sonstiges	J4	Vertragsgegenstand	☑	☐	☑	☐	Frei

Abbildung 2.40 Customizing-Dialog »Zulässige Objektarten zur Vertragsart«

Die den Einstellungen für die **Objektarten pro Vertragsart** zugrunde liegende Tabelle wird für weitere Objektarten der Immobilienverwaltung verwendet. Daher müssen Sie zunächst in das Feld **Art** den Wert »IS« als Kürzel für den Vertrag eintragen. Das Feld **Differenzierungskriterium** bezeichnet dann die Vertragsart. Hinterlegen Sie nun unter **Zugeordnete Objektart** das Kürzel für die Objektart, die Sie zulassen wollen, also z. B. **J4** für den Vertragsgegenstand. Markieren Sie **Objektzuordnung erlaubt** (Spalte **O**). Sie benötigen für jede Objektart, die Sie für die betreffende Vertragsart zulassen wollen, einen Eintrag. In Abbildung 2.40 sehen Sie, dass für die Vertragsart 9000 (Anmietung/Lease-in Immobilien) unter anderem die Objektarten **Gebäude**, **Grundstück**, **Mietobjekt** und **Vertragsgegenstand** zugelassen sind.

> **Objektart für alle Vertragsarten zulassen**
> Sie können eine Objektart für alle Vertragsarten zulassen, indem Sie das Feld **Differenzierungskriterium** (in diesem Fall also die Vertragsart) leer lassen.

Gegenstandsarten pro Vertragsart

Für Verträge, in denen Vertragsgegenstände (Objektart J4) verwendet werden dürfen, können Sie festlegen, welche Gegenstandsarten in Verträgen dieser Vertragsart zugeordnet werden können (siehe Abbildung 2.41). Auch im Bereich der bilanziellen Bewertung von Verträgen spielen die Gegenstandsarten eine wichtige Rolle: Sie können für die Ableitung der Anlagenklassen genutzt werden. Details hierzu finden Sie im Kapitel 5, »Bilanzielle Bewertung im Überblick«.

Zulässige Gegenstandsarten pro Vertragsart

	Vert...	Bez. Vertragsart	Gegenstandsart	Bezeichnung Gegenstandsart
☐	9000	Anmietung/Lease-in Immobilien	90	Gebäude
☐	9000	Anmietung/Lease-in Immobilien	91	Etage
☐	9000	Anmietung/Lease-in Immobilien	92	Raum
☐	9000	Anmietung/Lease-in Immobilien	93	Grundstück

Abbildung 2.41 Zulässige Gegenstandsarten pro Vertragsart

2.5 Bemessungen

Unter *Bemessungen* werden im Vertragsmanagement Wertangaben aller Art verstanden, wie etwa Angaben über Größen oder Anzahlen. Das können z. B. Angaben über die Größe der vermieteten Flächen sein, über die Raumkapazität in Personen, über die Anzahl zu leistenden Arbeitsstunden usw.

2.5.1 Bemessungen zu Verträgen pflegen

Die Angaben zu Bemessungen in Verträgen können rein informatorisch sein. In Kapitel 3, »Konditionen und Finanzstrom«, werden Sie sehen, dass man auf diese Bemessungen zurückgreifen kann, um Konditionen zu berechnen. So können Sie etwa in Beispiel 1 aus Abschnitt 2.1, »Ein erster Überblick«, wo die Vereinbarung lautet, 12 € pro Quadratmeter Miete zu zahlen, als Bemessung die angemietete Fläche in Quadratmetern angeben, als Einheitspreis 12 €. Die Miete wird aus diesen Angaben automatisch berechnet.

Bemessungen können zeitabhängig hinterlegt werden, d. h., die Bemessung zu einem Vertrag besitzt jeweils einen definierten Gültigkeitszeitraum (Felder **Bemessung ab**, **Bemessung bis**). Die Angaben zu den Bemessungen beziehen sich entweder auf Vertragsobjekte oder auf den Vertrag insgesamt. Das Feld **Objekt** enthält den Bezug auf das Vertragsobjekt. Ist es leer, gilt die Angabe für den Vertrag insgesamt. Abbildung 2.42 zeigt Beispiele für Bemessungen: eine Fläche in Quadratmetern für den Vertragsgegenstand 0010, eine Anzahl Pkw-Stellplätze für den Vertragsgegenstand 0020.

Abweichende Bemessungen

Im SAP-Standard werden die Bemessungen in innerhalb des Vertragsdialogs auch mit **Abweichende Bemessungen** bezeichnet. Dies rührt daher, dass Vertragsobjekte, insbesondere Immobilien, eigene Bemessungen haben können. So kann z. B. ein Gebäude eine Größe von 5.000 m^2 haben, von denen aber nur 2.000 m^2 im gegebenen Vertrag vermietet wurden.

In diesem Fall enthält der Stammsatz des Gebäudes die Angabe 5.000 m^2, während im Vertrag davon abweichend 2.000 m^2 angegeben sind. Bei Vertragsobjekten, die – wie etwa der Vertragsgegenstand – selbst keine eigenen Bemessungen aufweisen, bietet sich auf der Registerkarte **Bemessungen** im Vertrag die Möglichkeit, die notwendigen zahlenmäßigen Angaben zu hinterlegen.

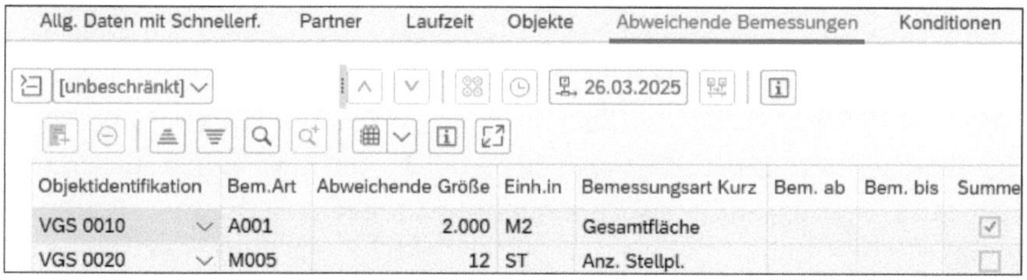

Objektidentifikation	Bem.Art	Abweichende Größe	Einh.in	Bemessungsart Kurz	Bem. ab	Bem. bis	Summe
VGS 0010	A001	2.000	M2	Gesamtfläche			☑
VGS 0020	M005	12	ST	Anz. Stellpl.			☐

Abbildung 2.42 Bemessungen zum Vertrag

2.5.2 Customizing: Bemessungen einrichten

Bemessungen werden, wie Sie im vorigen Abschnitt erfahren haben, nicht nur für Verträge benutzt, sondern auch für Immobilienobjekte. Daher finden Sie auch in diesem Fall das entsprechende Customizing an zentraler Stelle im Einführungsleitfaden von SAP RE, und zwar unter **Stammdaten • Bemessungen • Bemessungsarten definieren**. Legen Sie für alle Arten von Bemessungen, die Sie in Verträgen verwenden wollen, eine entsprechende *Bemessungsart* an. Sie müssen explizit festlegen, dass Sie diese Bemessungsart in Verträgen benutzen wollen. Abbildung 2.43 zeigt die entsprechenden Einstellungen in den Detaildaten der Definition der Bemessung.

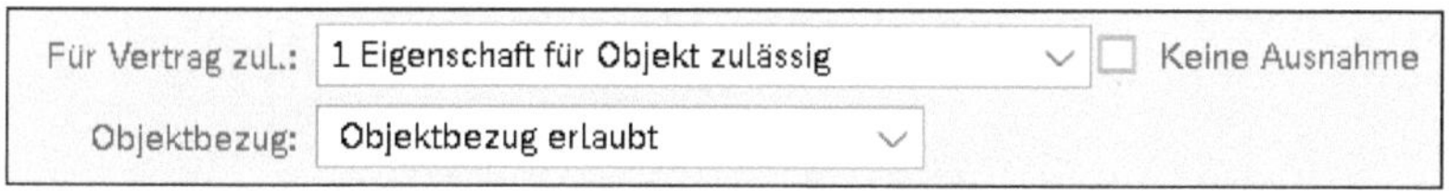

Abbildung 2.43 Bemessung für Verträge zulassen

Wollen Sie die gleiche Bemessungsart im Vertrag für verschiedene Vertragsobjekte benutzen, also z. B. die Anzahl der Tiefgaragenplätze pro Gebäude des Vertrags separat angeben können, setzen Sie **Objektbezug erlaubt**. Das Feld **Keine Ausnahme** sollten Sie im Allgemeinen nicht ankreuzen, damit Sie weitere Steuerungen pro Vertragsart vornehmen können. Diese Steuerungen pro Vertragsart finden Sie unter **Vertrag • Attribute • Bemessungen zum Vertrag**.

2.6 Laufzeit

Verträge haben eine bestimmte Vertragslaufzeit, d. h. einen definierten Vertragsbeginn und im Allgemeinen auch ein definiertes Vertragsende. Ist kein Vertragsende angegeben, enthält der Vertrag üblicherweise eine Regelung über Kündigungsmöglichkeiten. Diese und weitere Angaben hinterlegen Sie auf der Registerkarte **Laufzeit**.

2.6.1 Vertragslaufzeiten pflegen

Die Registerkarte **Laufzeit** enthält neben dem Vertragsbeginn auch Angaben zum Vertragsende, zu Verlängerungsmöglichkeiten und zu Kündigungsfristen.

Unsere Beispiele haben neben dem für alle gleichen Vertragsbeginn 01.01.2025 unterschiedliche Laufzeitinformationen (siehe Tabelle 2.3).

Beispiel	Erstes Vertragsende	Kündigung	Verlängerung
Anmietung Büros und Parkplätze	31.12.2029	keine Kündigungsfristen vereinbart	zweimal drei Jahre, Option muss sechs Monate vor dem nächsten Vertragsende erklärt werden.
Vermietung Parkplatz	unbefristet	zehn Tage zum Monatsende	keine
Leasing Drucker	31.12.2029	Leasingnehmer: ein Monat zum Quartalsende, Leasinggeber: ein Monat zum Jahresende	keine
Reinigungsservice	31.12.2026	sechs Wochen zum Quartalsende	automatisch jeweils um ein Jahr

Tabelle 2.3 Beispiele für Regelungen zu Vertragslaufzeiten

2.6.2 Verlängerungsregeln hinterlegen

Um Verlängerungsoptionen zu hinterlegen, fügen Sie eine Verlängerungsklausel in den Laufzeitinformationen des Vertrags hinzu.

Standardverlängerungsregel

Verwenden Sie in Ihren Verträgen regelmäßig gleichartige Vereinbarungen über Vertragsverlängerungen, bietet es sich an, hierfür Vorlagen im Customizing zu hinterlegen – *Standardverlängerungsregeln*. Die notwendigen Einstellungen nehmen Sie im Customizing von SAP RE unter **Vertrag • Verlängerung • Verlängerungsregeln** vor. Abbildung 2.44 zeigt eine solche Regel im Vertragsdialog.

Abbildung 2.44 Auswahl der Standardverlängerungsregel

Individuelle Verlängerungsregel

Wenn eine solche Regel vorhanden ist, können Sie im Vertrag darauf verweisen. Enthält der Vertrag aber spezielle, nicht durch Standardverlängerungsregeln abgedeckte Vereinbarungen, können Sie die Regeln individuell im Vertrag hinterlegen. Wählen Sie in diesem Fall als Verlängerungsart **Individuelle Verlängerungsregel**. Tragen Sie in der dann erscheinenden Tabelle die Regel ein. Abbildung 2.45 zeigt ein Beispiel für eine zweimalige Verlängerungsoption.

Optionen und automatische Verlängerungen

Sie können unterscheiden zwischen *Optionen* und *automatischen Verlängerungen*. Es ist möglich, mehrere aufeinanderfolgende unterschiedliche Regeln einzufügen. Für die Details beachten Sie die Dokumentation der einzelnen Felder.

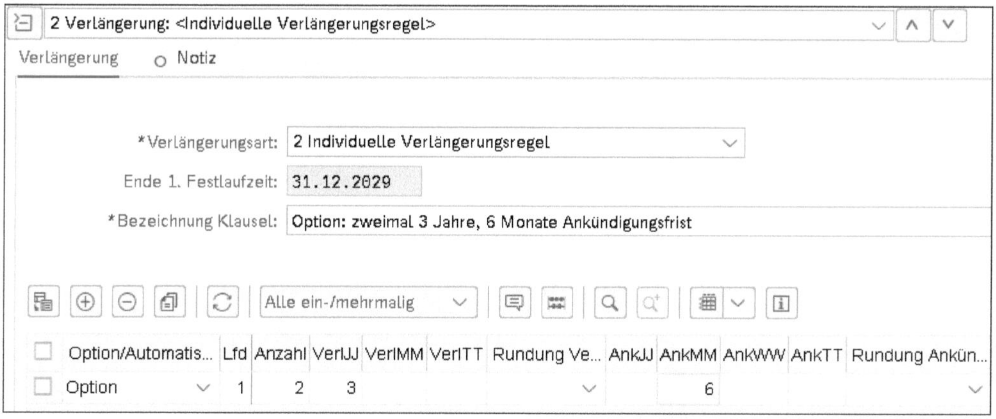

Abbildung 2.45 Individuelle Verlängerungsregel

Über einen Klick auf den Button (**Verlängerung simulieren**) können Sie die Verlängerungstermine simulieren und so prüfen, ob Ihre Eingaben korrekt sind. Abbildung 2.46 zeigt das Ergebnis der Simulation.

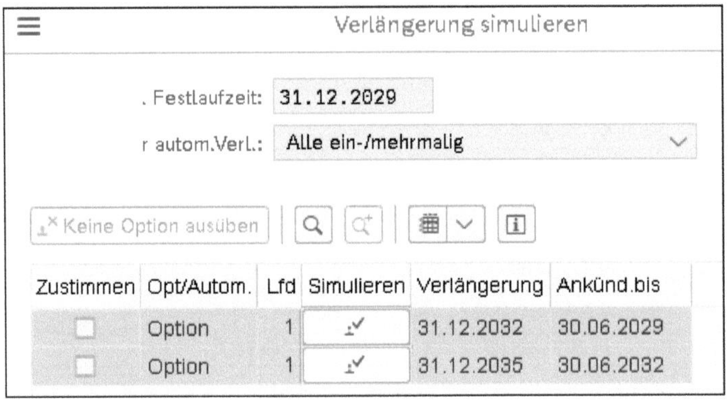

Abbildung 2.46 Verlängerung simulieren

Verträge verlängern

Vertragsverlängerungen führen Sie entweder im Vertragsdialog RECN auf der Registerkarte **Laufzeit** aus oder über die App **Verträge Verlängerung Informationssystem** (REISCNRN).

2.6.3 Kündigungsregeln hinterlegen

Analog zu den Verlängerungsregeln können Sie auch häufig verwendete Kündigungsregeln im Customizing hinterlegen. Im Vertrag verweisen Sie dann auf ein *Standardkündigungsschema*. Die notwendigen Einstellungen für ein Standardkündigungsschema treffen Sie im Customizing von SAP RE unter **Vertrag • Kündigung**.

Alternativ legen Sie direkt im Vertrag ein individuelles Kündigungsschema an. In Abbildung 2.47 sehen Sie die Auswahlmöglichkeiten.

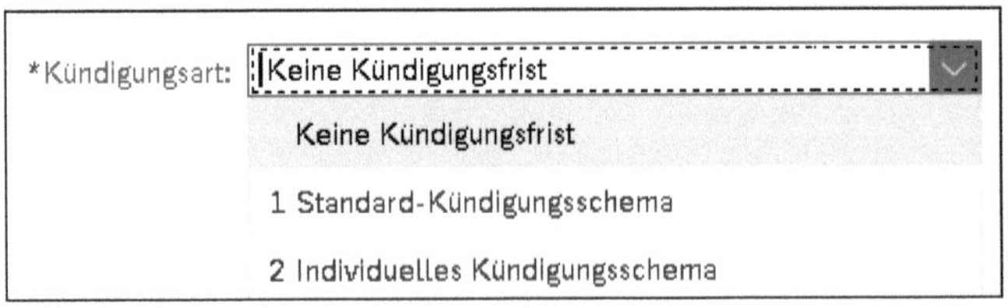

Abbildung 2.47 Registerkarte »Laufzeit« – Kündigungsarten im Vertrag

Die Kündigungsregeln können sich pro Vertragspartei unterscheiden. Die Regeln können komplexe Vereinbarungen abbilden, z. B. können die Kündigungsfristen von der Vertragslaufzeit abhängen. Abbildung 2.48 zeigt die

Eingabemaske für eine einfache individuelle Kündigungsregel. Über einen entsprechenden Button gelangen Sie in einen Expertenmodus, der die Erfassung komplexerer Regeln erlaubt.

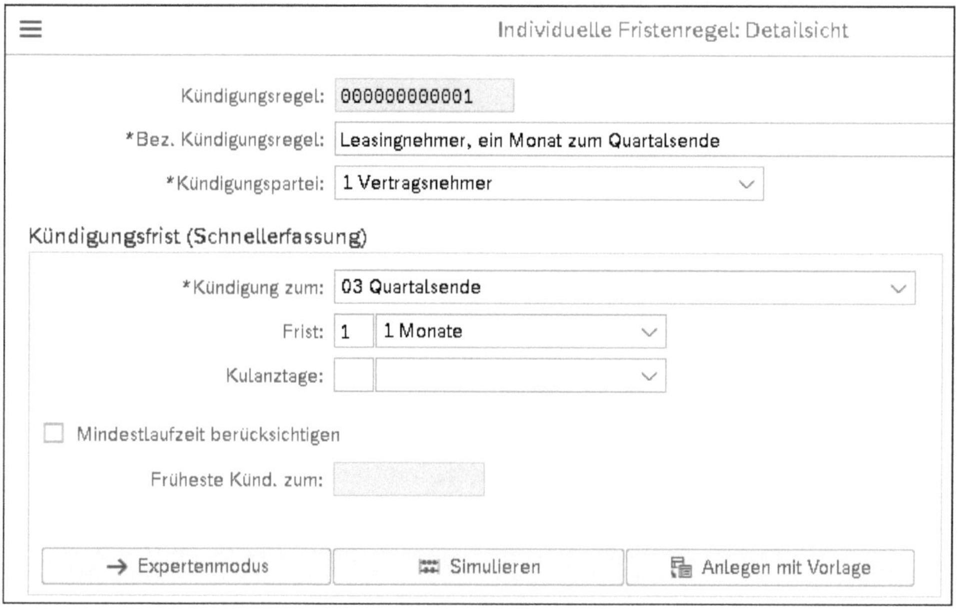

Abbildung 2.48 Beispiel für eine Kündigungsregel für Leasingnehmer

Vertrag kündigen

Über den Button 

(**Vertrag kündigen**) auf der Registerkarte **Laufzeit** gelangen Sie in einen Dialog zum Anlegen einer Kündigung. Sie können den Vertrag als Ganzes kündigen oder einzelne Objekte aus dem Vertrag. Beim Erfassen der Kündigung wird geprüft, ob die Kündigungsfristen eingehalten wurden. Die Kündigung muss *aktiviert* werden, damit der Vertrag tatsächlich beendet wird. Es ist auch möglich, Kündigungen wieder zu stornieren.

Standardkündigungsregel als Vorlage für individuelle Kündigungsregel nutzen

Sollten Sie für einen Vertrag eine individuelle Kündigungsregel benötigen, die sich nur in wenigen Details von einer im System bereits vorhandenen Standardkündigungsregel unterscheidet, können Sie beim Anlegen der individuellen Kündigungsregel eine Standardkündigungsregel als Kopiervorlage verwenden und lediglich die abweichenden Attribute (z. B. Anzahl Kulanztage) anpassen.

2.7 Verträge im täglichen Geschäft

Sie haben einen Überblick über die wesentlichen Registerkarten im Vertragsdialog erhalten. Bei den Erläuterungen ausgespart wurden die Informationen zu *Vertragskonditionen*, denen wir wegen ihrer zentralen Bedeutung ein eigenes Kapitel gewidmet haben (siehe Kapitel 3, »Konditionen und Finanzstrom«). Ehe wir diesen Teil besprechen, wollen wir uns noch einigen praktischen Problemen im täglichen Geschäft mit den Verträgen zuwenden.

2.7.1 Verträge finden

Suchhilfen für Verträge

Das Auffinden von Verträgen im System ist für einen Neuling im Vertragsmanagement eine erste Herausforderung. Hierfür stehen aber verschiedene Hilfsmittel zur Verfügung.

Wenn Sie die App **Vertrag verwalten** (RECN) benutzen, um Verträge anzuzeigen, haben Sie vielleicht die erforderliche Vertragsnummer nicht direkt zur Verfügung, sondern müssen nach dieser im System suchen. Sie können für das Feld **Vertrag** verschiedene Suchoptionen und Filter verwenden (siehe Abbildung 2.49).

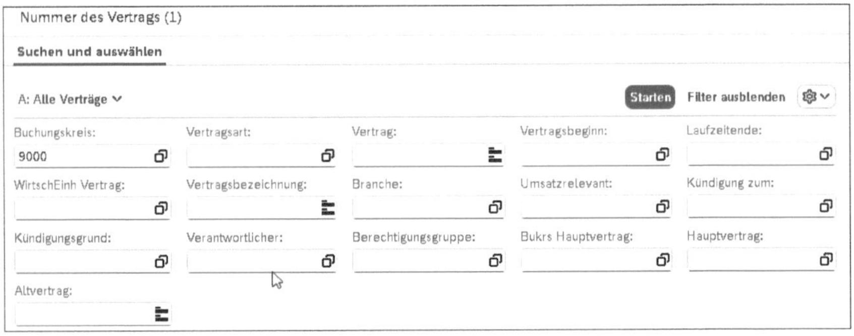

Abbildung 2.49 Suchen und Auswählen von Verträgen

Klicken Sie auf [A: Alle Verträge] (**A: Alle Verträge**), werden die zur Verfügung stehenden Suchhilfen aufgelistet, wie in Abbildung 2.50 dargestellt. Dabei handelt es sich um Einzelsuchhilfen (z. B. **B: Aktive Verträge**).

Suchen Sie z. B. Verträge, die mit einem bestimmten Partner abgeschlossen wurden, wählen Sie eine der Einzelsuchhilfen **Verträge nach Partner mit Adresse** oder **Verträge nach Partner ohne Adresse**.

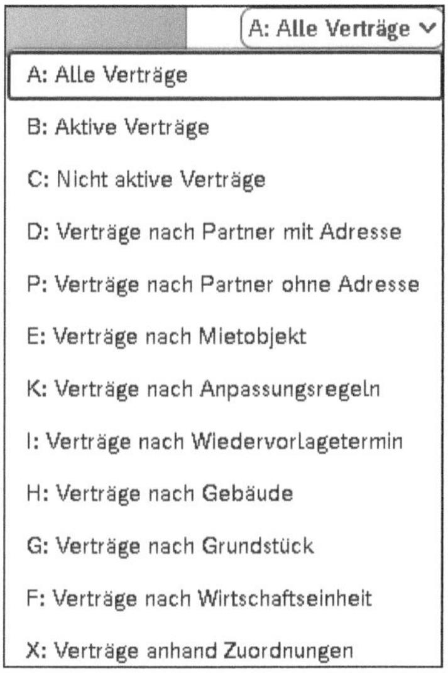

Abbildung 2.50 Suchhilfen zum Vertrag

[+]

Suchhilfen vereinfachen oder ergänzen

Die im Standard angebotenen Sammelsuchhilfen sind vielfältig. Manchmal werden aber auch andere Kriterien für die Suche nach Verträgen benötigt, z. B. kundeneigene Felder. In Abschnitt 2.9.3, »Suchhilfen erweitern oder vereinfachen«, zeigen wir Ihnen, wie Sie Suchhilfen kundenindividuell ausprägen können.

Verantwortlicher Benutzer

Eine Besonderheit der Verträge im Vertragsmanagement ist, dass ein Vertrag jeweils einem Verantwortlichen zugeordnet ist. Dies ist zunächst der Benutzer, der den Vertrag im System angelegt hat. Sie finden den Verantwortlichen des Vertrags im Vertragsdialog (App **Vertrag verwalten** (RECN)), unter dem Menüpunkt **Zusätze • Benutzerdaten** (siehe Abbildung 2.51).

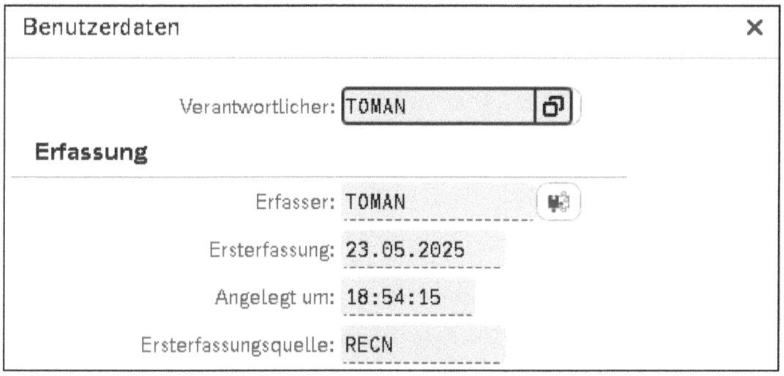

Abbildung 2.51 Verantwortlicher Benutzer

Sie können die Verträge, für die ein Benutzer verantwortlich ist, über einige der Suchhilfen selektieren, indem Sie das Feld **Verantwortlicher** mit dem Benutzernamen des betreffenden Benutzers füllen.

In unserem Beispiel ist der verantwortliche Benutzer TOMAN. Wollen Sie den Verantwortlichen ändern, können Sie hier einen anderen Benutzer eintragen.

Massenänderung von Verantwortlichen

Benutzen Sie die App **Verantwortliche ändern Verträge** (RECNRP), um Verantwortliche von Verträgen zu ändern.

Meine Verträge

Einfacher ist diese Selektion über die App **RE-Navigator** (RE80) und die dort verfügbare Funktion **Meine Objekte** möglich. Standardmäßig wird hier Ihr eigener Benutzername vorgeschlagen. Sie können aber auch einen anderen Benutzernamen eintragen und dessen Verträge ansehen (sofern Sie dafür berechtigt sind). In Abbildung 2.52 sehen Sie die Auswahl **Meine Objekte** für den Benutzer **TOMAN**.

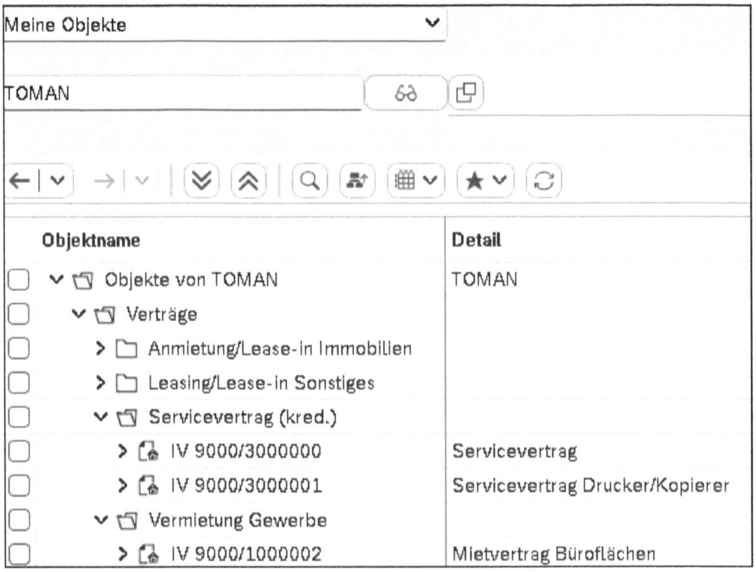

Abbildung 2.52 RE-Navigator – »Meine Objekte«

Verantwortliche Gruppen

In der App **RE-Navigator** (RE80) können Sie Verträge auch für andere Verantwortliche oder für eine **verantwortliche Gruppe** selektieren. Verantwortliche Gruppen richten Sie mithilfe der App **Verantwortliche Gruppen pflegen** (RECARESPGROUP) ein.

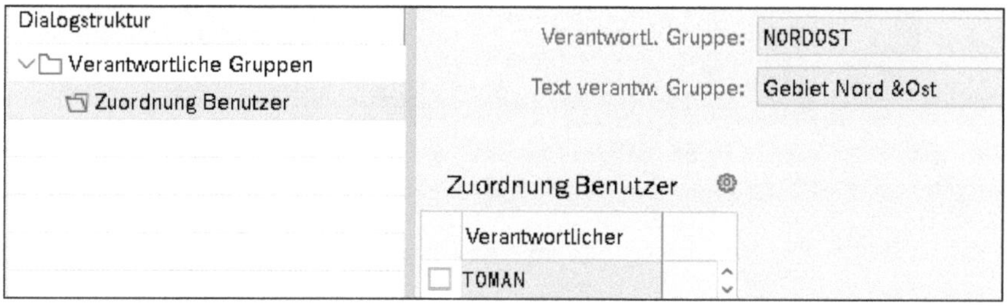

Abbildung 2.53 Verantwortliche Gruppe pflegen

Abbildung 2.53 zeigt eine Gruppe »NORDOST«, der nur der Benutzer TOMAN angehört. Wenn Sie beim Aufruf der Gruppe »NORDOST« auch die Verträge sehen wollen, für die der Benutzer KOEPPE zuständig ist, müssen Sie den Benutzer KOEPPE dieser Gruppe hinzufügen.

[+]

App RE-Navigator (RE80) vereinfachen

Die App **RE-Navigator** (RE80) ist sehr umfangreich und erlaubt es Ihnen, nahezu die komplette Anwendung der Immobilienverwaltung zu bedienen. Um sie Ihren Bedürfnissen anzupassen, nehmen Sie die in Abschnitt 2.9.1, »RE-Navigator individualisieren«, beschriebenen Einstellungen vor.

2.7.2 Verträge auswerten – Infosystem

Ihre Vertragsdaten können Sie über das Vertrags-Reporting auswerten. Dabei steht Ihnen eine Reihe unterschiedlicher Reports für die verschiedensten Einsatzzwecke zur Verfügung. Ein Beispiel ist die App **Infosystem: Verträge** (REISCN). Einen Ausschnitt aus dem Selektionsbild dieser App sehen Sie in Abbildung 2.54.

Wir erläutern im Folgenden die Bedeutung einiger wichtiger Felder im Selektionsbild, die auch in anderen Reports verwendet werden.

Vertragsselektion

Neben den Schlüsselfeldern **Buchungskreis** und **Vertrag**, die Sie auch in der App **Vertrag verwalten** verwenden, können Sie im Infosystem die **Vertragsart** als Selektionskriterium verwenden. Die Selektion **WirtschEinh Vertrag** betrifft Verträge aus der Immobilienverwaltung, die Objekte aus einer einzigen Wirtschaftseinheit enthalten.

Über die Ankreuzfelder **Partnerselektion aktiv**, **Interne Partnerselektion** und **Objektselektion aktiv** können Sie die Vertragsselektion aus der Sicht der Vertragspartner oder der Vertragsobjekte anstoßen. Wir erläutern dies am Beispiel der Partnerselektion:

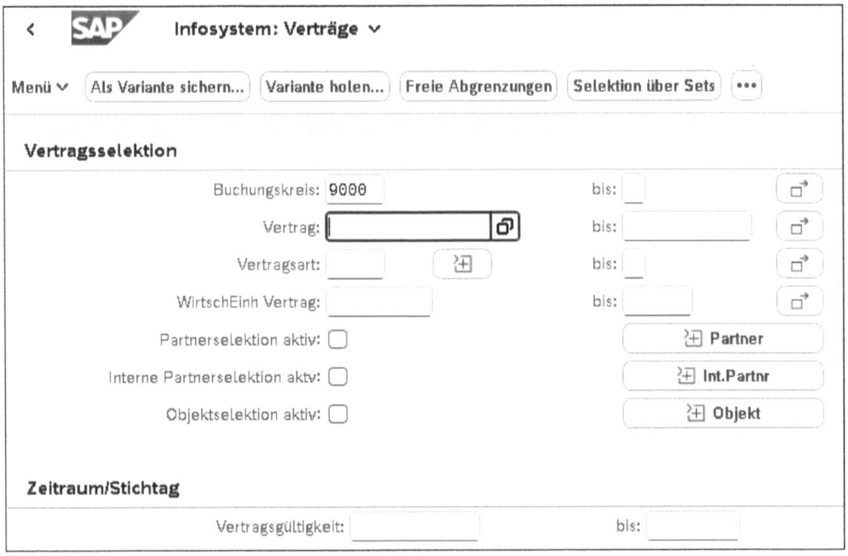

Abbildung 2.54 Selektionsbild der App »Infosystem: Verträge«

Partnerselektion

Verträge können einen oder mehrere Partner in verschiedenen Rollen enthalten. Wird das Feld **Partnerselektion aktiv** ausgewählt, öffnen sich weitere Eingabefelder. Geben Sie hier Rollen und/oder Geschäftspartnernummern ein. Es werden zunächst die Partner ermittelt und dazu dann diejenigen Verträge gelesen, denen diese Partner in den ausgewählten Rollen zugeordnet sind. Die Selektion der Verträge erfolgt somit indirekt über den Verträgen zugeordnete Partner. Abbildung 2.55 zeigt die Selektionsfelder bei aktiver Partnerselektion.

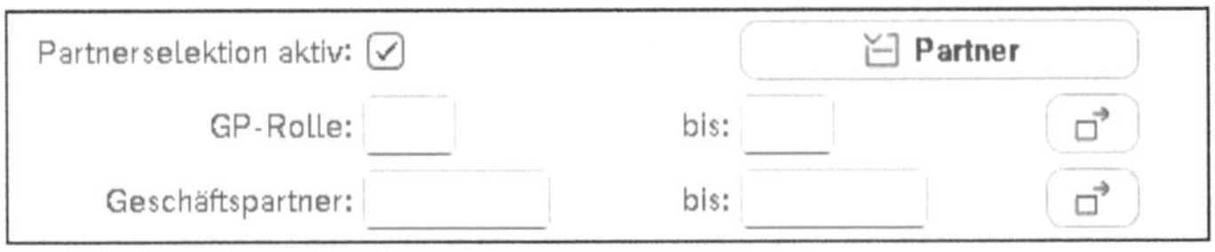

Abbildung 2.55 Partnerselektion

Eine analoge Funktion steht für interne Partner (z. B. Kostenstellen) als Vertragspartner in einem internen Vertrag zur Verfügung. (Der interne Partner ist in der Buchungsklausel hinterlegt, nicht im Partnerbild.) Die Selektion nach Objekten des Vertrags ist immer dann möglich, wenn dem Vertrag Objekte mit eigenem Stammsatz (Immobilien, technische Plätze, Aufträge usw.) zugeordnet sind – sie funktioniert also nicht für Vertragsgegenstände.

Zeitraum/Stichtag

Das Selektionskriterium **Vertragsgültigkeit** bezieht sich auf die Laufzeit der Verträge. Hierüber können Sie z. B. Verträge ausschließen, die bereits beendet sind.

Status des Vertrags

In der Feldgruppe **Filter** finden Sie eine Selektion nach dem Status des Vertrags. Über ein *Selektionsschema* (**Sel.ID Vertrag**) können Sie Verträge mit einem bestimmten Status (gekündigt, zum Löschen vorgemerkt, inaktiv) selektieren oder von der Selektion ausschließen. Abbildung 2.56 zeigt den Selektionsparameter für das Statusselektionsschema, der durch Anhaken des Feldes **Statusselektion aktiv** sichtbar wird.

Abbildung 2.56 Statusselektion im Reporting

Im Standard wird das *Statusselektionsschema* **SAPIMMO** vorgeschlagen. Dieses schließt die Selektion von Verträgen aus, die zum Löschen vorgemerkt sind bzw. ein Löschkennzeichen aufweisen. Die Selektionsschemata für die Statusselektion können Sie im Customizing von SAP RE unter **Informationssystem • Statusselektion** einrichten. Abbildung 2.57 zeigt die Einstellungen für das Statusselektionsschema SAPIMMO: Verträge mit Status **LÖKZ** (Löschkennzeichen) und **LÖVM** (Löschvormerkung) sollen nicht angezeigt werden.

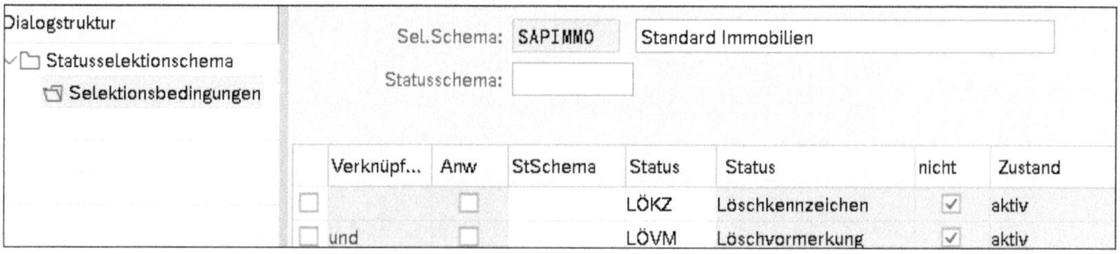

Abbildung 2.57 Einrichten eines Statusselektionsschemas

Neben dem Status eines Vertrags können Sie die bereits oben erläuterten Felder **Verantwortlicher** und **Verantwortliche Gruppe** für die Abgrenzung verwenden.

Reportprofile

Informationen zu den Ausgabeoptionen, insbesondere zu den Reportprofilen, finden Sie in Abschnitt 3.6.1, »Auswertung von Konditionen«.

Hauptvertragspartner

In den meisten Reports zu Verträgen haben Sie die Möglichkeit, den Hauptvertragspartner anzuzeigen. Der Hauptvertragspartner wird pro Vertragsart festgelegt, siehe Abschnitt 2.3.6, »Customizing: Partnerrollen zu Vertragsarten einrichten«. Wie Sie an anderer Stelle bereits erfahren haben, sind viele Daten im Vertrag zeitabhängig, so auch der Hauptvertragspartner. Zudem werden in den Reportlisten je nach Zweck des Reports jeweils neue Listenzeilen aufgebaut, wenn sich die Daten zu einem bestimmten Zeitpunkt ändern. Jede Zeile in der Ausgabeliste hat daher ein Gültig-ab- und ein Gültig-bis-Datum. Um den Hauptvertragspartner zu ermitteln, werden Ihnen beim Ausführen eines Reports die folgenden drei Optionen geboten, um zu entscheiden, zu welchem Datum der jeweilige Hauptvertragspartner gelesen werden soll (siehe Abbildung 2.58):

- zum Gültig-ab-Datum der Zeile
- zum Gültig-bis-Datum der Zeile
- neue Zeile erzeugen bei Partnerwechsel

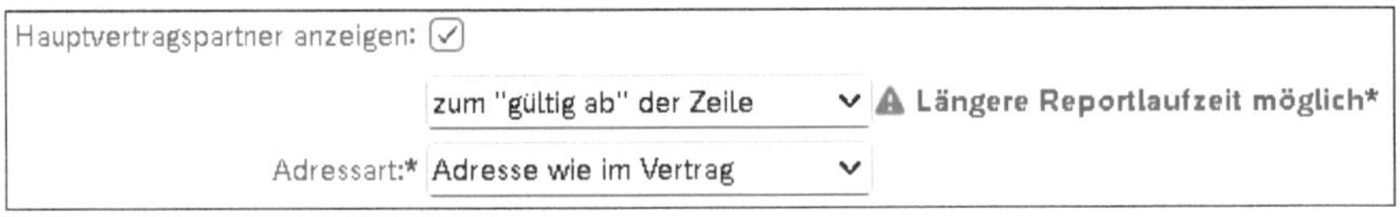

Abbildung 2.58 Reporting – Hauptvertragspartner

Auch für die Ausgabe der Partneradresse werden verschiedene Optionen angeboten.

2.7.3 Übersichten zum Vertrag

Im vorigen Abschnitt haben wir Ihnen einen kleinen Einblick in das Vertrags-Reporting gegeben. Das Infosystem für Verträge umfasst eine Vielzahl von Apps, die die Auswertung von Verträgen betreffen. Um spezielle Daten zu einzelnen Verträgen z. B. im Zeitablauf übersichtlicher darzustellen, steht Ihnen im Vertragsdialog direkt eine Reporting-Funktion zur Verfügung. Sie finden sie auf der Registerkarte **Übersichten** (App **Vertrag verwalten**).

Rufen Sie eine der verfügbaren Übersichten auf, indem Sie aus der Auswahlliste den gewünschten Report auswählen (siehe auch Abbildung 2.59). Sollten Sie den ausgewählten Report häufiger benutzen wollen, können Sie den gewählten Report über den Button (**Als Standardliste sichern**), d. h., diese Liste wird immer sofort angezeigt, wenn Sie die Registerkarte **Übersichten** aufrufen.

Vertragsänderungen verfolgen

Auswertungen, die wahrscheinlich von besonderem Interesse sind, sind die Auswertungen über die *Änderungsbelege* bzw. das **Änderungsprotokoll** zum Vertrag. Haben Sie sich nicht auch schon einmal gefragt, wer nun schon wieder Ihre Daten geändert hat? Die genannten Auswertungen bringen die

Wahrheit ans Licht. Jede Vertragsänderung führt zur Fortschreibung eines Änderungsbelegs. Die Auswertung listet die Änderungsbelege zum Vertrag auf. Sie können hier erfahren, welche Änderungen an diesem Vertrag wann und von wem vorgenommen wurden. In Abbildung 2.60 sehen Sie den Abschnitt **Änderungsprotokoll** zu einem Vertrag innerhalb der Fiori-App **Vertragsverwaltung** (F5273).

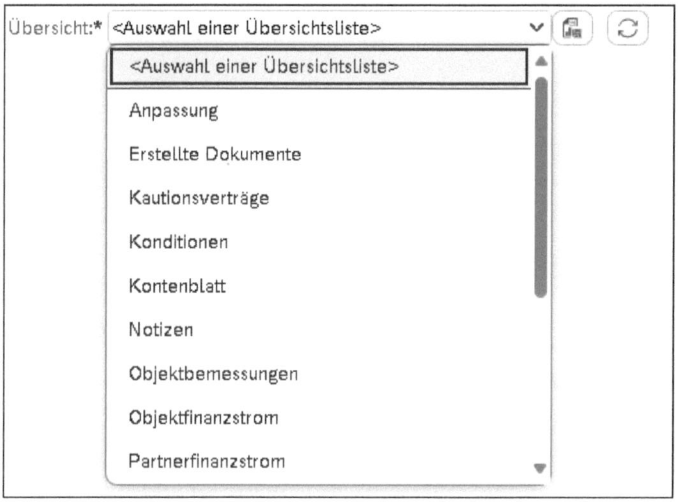

Abbildung 2.59 Registerkarte »Übersichten« – Auswahl der Reports zum Vertrag

Abbildung 2.60 Änderungsprotokoll zum Vertrag

Abbildung 2.61 zeigt ein Beispiel für Änderungsbelege – es werden jeweils der alte und der neue Wert des geänderten Feldes ausgewiesen.

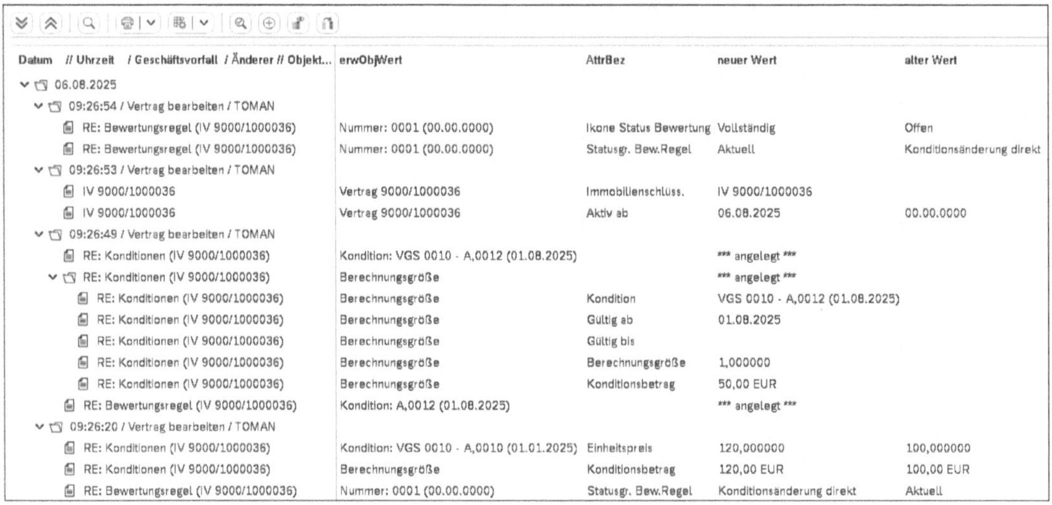

Datum // Uhrzeit / Geschäftsvorfall / Änderer // Objekt...	erwObjWert	AttrBez	neuer Wert	alter Wert
06.08.2025				
09:26:54 / Vertrag bearbeiten / TOMAN				
RE: Bewertungsregel (IV 9000/1000036)	Nummer: 0001 (00.00.0000)	Ikone Status Bewertung	Vollständig	Offen
RE: Bewertungsregel (IV 9000/1000036)	Nummer: 0001 (00.00.0000)	Statusgr. Bew.Regel	Aktuell	Konditionsänderung direkt
09:26:53 / Vertrag bearbeiten / TOMAN				
IV 9000/1000036	Vertrag 9000/1000036	Immobilienschlüss.	IV 9000/1000036	
IV 9000/1000036	Vertrag 9000/1000036	Aktiv ab	06.08.2025	00.00.0000
09:26:49 / Vertrag bearbeiten / TOMAN				
RE: Konditionen (IV 9000/1000036)	Kondition: VGS 0010 - A,0012 (01.08.2025)		*** angelegt ***	
RE: Konditionen (IV 9000/1000036)	Berechnungsgröße		*** angelegt ***	
RE: Konditionen (IV 9000/1000036)	Berechnungsgröße	Kondition	VGS 0010 - A,0012 (01.08.2025)	
RE: Konditionen (IV 9000/1000036)	Berechnungsgröße	Gültig ab	01.08.2025	
RE: Konditionen (IV 9000/1000036)	Berechnungsgröße	Gültig bis		
RE: Konditionen (IV 9000/1000036)	Berechnungsgröße	Berechnungsgröße	1,000000	
RE: Konditionen (IV 9000/1000036)	Berechnungsgröße	Konditionsbetrag	50,00 EUR	
RE: Bewertungsregel (IV 9000/1000036)	Kondition: A,0012 (01.08.2025)		*** angelegt ***	
09:26:20 / Vertrag bearbeiten / TOMAN				
RE: Konditionen (IV 9000/1000036)	Kondition: VGS 0010 - A,0010 (01.01.2025)	Einheitspreis	120,000000	100,000000
RE: Konditionen (IV 9000/1000036)	Berechnungsgröße	Konditionsbetrag	120,00 EUR	100,00 EUR
RE: Bewertungsregel (IV 9000/1000036)	Nummer: 0001 (00.00.0000)	Statusgr. Bew.Regel	Konditionsänderung direkt	Aktuell

Abbildung 2.61 Änderungsbelege zum Vertrag

2.7.4 Wiedervorlage: Kritische Termine verfolgen

Ein häufiges Problem ist, dass Verträge an bestimmten kritischen Terminen besonderer Beachtung bedürfen. Das trifft insbesondere zu, wenn es gilt, Verlängerungsoptionen rechtzeitig zu erklären oder Kündigungsfristen einzuhalten. Für die Verwaltung solch kritischer Termine steht im Vertrag die Funktion der *Wiedervorlage* zur Verfügung.

Das System bietet Ihnen diverse Möglichkeiten für die automatische Generierung von Wiedervorlageterminen. Abbildung 2.62 zeigt Ihnen einige der Optionen, die Ihnen zur Verfügung stehen, um Wiedervorlagetermine zu generieren.

Wiedervorlage anlegen

In Beispiel 1 aus Abschnitt 2.1, »Ein erster Überblick«, bei der Anmietung von Büros und Parkplätzen, hatten Sie mit dem Vermieter zwei Verlängerungsoptionen vereinbart. Sie wollen nun hierfür Wiedervorlagen anlegen, sodass Sie zwei Monate vor dem Termin, zu dem die Verlängerungsoption erklärt werden muss, daran erinnert werden. Wählen Sie **Wiedervorlageregel anlegen • Vor Ankündigung Verlängerungsoption**. Abbildung 2.63 zeigt das dann erscheinende Pop-up-Fenster.

Geben Sie die notwendigen Daten ein. Sie können Notizen zu den einzelnen Terminen erfassen. Die Termine werden automatisch erzeugt, sofern sie in den nächsten fünf Jahren liegen. Wenn Wiedervorlagetermine weiter in der Zukunft liegen, werden diese erst zu einem späteren Zeitpunkt erzeugt.

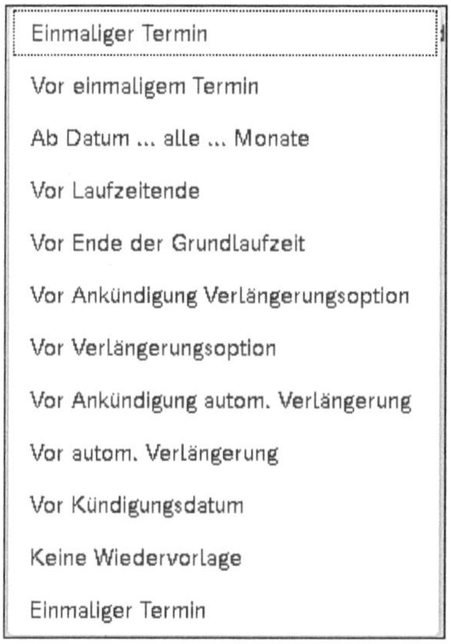

Abbildung 2.62 Optionen für die Generierung von Wiedervorlageterminen

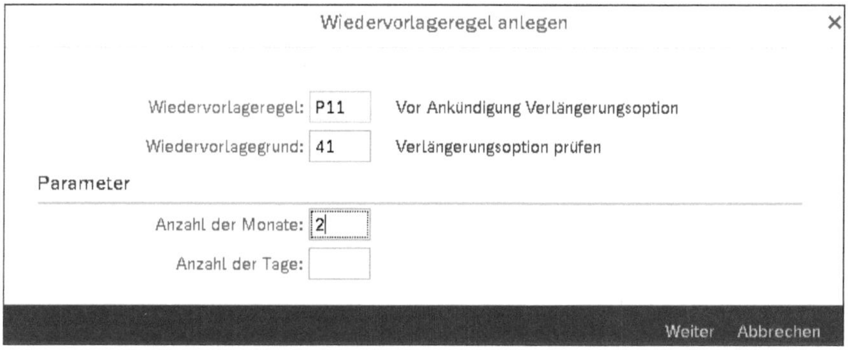

Abbildung 2.63 Wiedervorlage anlegen

Wiedervorlagetermine regelmäßig generieren

Benutzen Sie für die Generierung von periodischen Wiedervorlageregeln, wie z. B. **Ab Datum ... alle ... Monate**, die Fiori-App **Wiedervorlagetermine für Verträge generieren** (RECARSGENCN). Diese App sollten Sie mindestens einmal pro Jahr auszuführen, um jederzeit auf aktuelle Wiedervorlagetermine zurückgreifen zu können.

Mit den Apps **Termine für alle Objektarten bearbeiten** (RECARS) bzw. **Wiedervorlagetermine generieren** (RECARSGEN) können Sie Wiedervorlagetermine für Verträge, aber auch für andere Objektarten, bearbeiten.

Wiedervorlagen bearbeiten

Ihre aktuellen Wiedervorlagen finden Sie am einfachsten in der App **RE-Navigator** (RE80) oder über die App **Wiedervorlagetermine generieren** (RECARSGEN). Abbildung 2.64 zeigt die Anzeige der Wiedervorlagetermine in der App **Vertrag verwalten**.

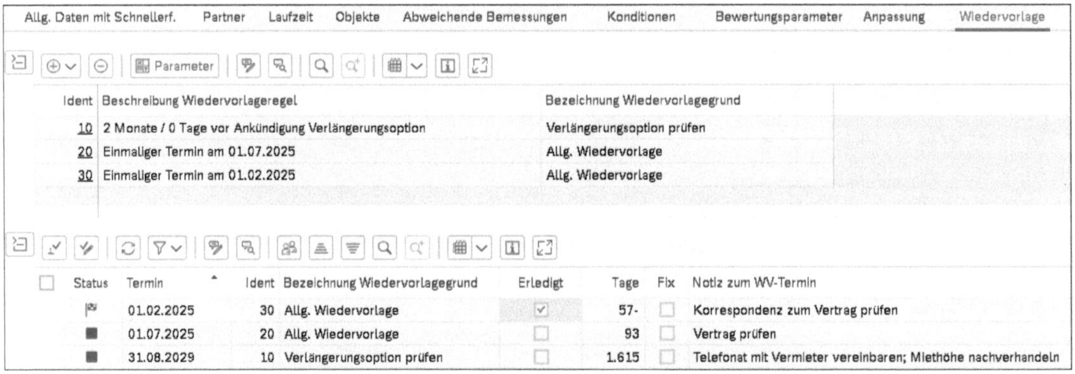

Abbildung 2.64 Wiedervorlagetermine verwalten

Abbildung 2.65 zeigt den Abschnitt **Wiedervorlage** eines Vertrags in der Fiori-App **Vertragsverwaltung** (F5273).

Abbildung 2.65 Wiedervorlagen in der Fiori-App »Vertragsverwaltung«

2.7.5 Dokumente zum Vertrag verwalten

Gelegentlich ist es notwendig, den genauen Vertragstext zur Verfügung zu haben. Zudem fallen im Lebenszyklus eines Vertrags weitere Dokumente an, auf die ein Zugriff nur über den Aktenordner im Büroschrank recht mühsam ist. Daher stellt Ihnen das System verschiedene Möglichkeiten, wie beispielsweise die Dokumentenverwaltung (DVS) und den Business Document Navigator zur Verfügung.

Korrespondenzanwendungen können in der Private Cloud und in On-Premise-Systemen genutzt werden

Bitte beachten Sie, dass die im Folgenden beschriebenen Korrespondenzanwendungen ausschließlich in der Private Cloud bzw. in On-Premise-Systemen genutzt werden können.

Diese Anwendungen erlauben die Ablage eingehender und ausgehender Dokumente und die Anbindung dieser Dokumente an Ihre Vertragsstammdaten. Über die Objektdienste (Business Document Navigator) können Dokumente abgelegt und angezeigt werden. Ein Beispiel dafür sehen Sie in Abbildung 2.66.

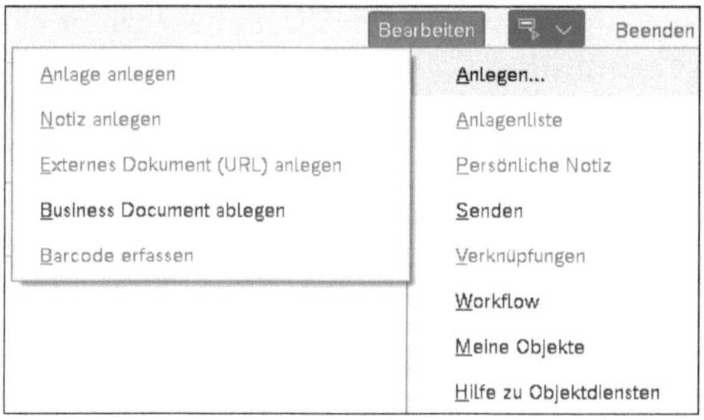

Abbildung 2.66 Objektdienste (Business Document Navigator)

Mit einem Klick auf den Button Dienste zum Objekt (**Dienste zum Objekt**) erreichen Sie die Dokumentenverwaltung, hier die Ansicht des Stammdatenblatts zum Vertrag (siehe Abbildung 2.67).

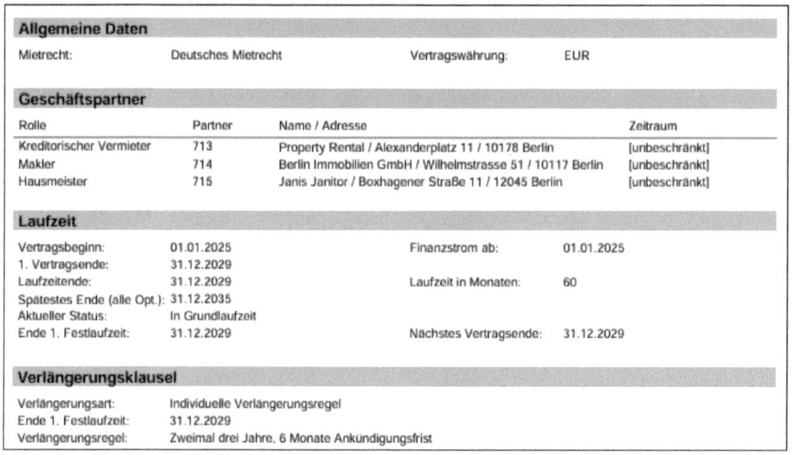

Allgemeine Daten

Mietrecht:	Deutsches Mietrecht	Vertragswährung:	EUR

Geschäftspartner

Rolle	Partner	Name / Adresse	Zeitraum
Kreditorischer Vermieter	713	Property Rental / Alexanderplatz 11 / 10178 Berlin	[unbeschränkt]
Makler	714	Berlin Immobilien GmbH / Wilhelmstrasse 51 / 10117 Berlin	[unbeschränkt]
Hausmeister	715	Janis Janitor / Boxhagener Straße 11 / 12045 Berlin	[unbeschränkt]

Laufzeit

Vertragsbeginn:	01.01.2025	Finanzstrom ab:	01.01.2025
1. Vertragsende:	31.12.2029		
Laufzeitende:	31.12.2029	Laufzeit in Monaten:	60
Spätestes Ende (alle Opt.):	31.12.2035		
Aktueller Status:	In Grundlaufzeit		
Ende 1. Festlaufzeit:	31.12.2029	Nächstes Vertragsende:	31.12.2029

Verlängerungsklausel

Verlängerungsart:	Individuelle Verlängerungsregel
Ende 1. Festlaufzeit:	31.12.2029
Verlängerungsregel:	Zweimal drei Jahre, 6 Monate Ankündigungsfrist

Abbildung 2.67 Anzeige eines Dokuments über die Objektdienste

2.7.6 Zusatztexte benutzen

Neben der Möglichkeit, über die oben genannten Funktionen direkten Zugriff auf die Originaldokumente zu erhalten, können Sie die Funktion der *Zusatztexte* benutzen, um bestimmte Textpassagen, die in Verträgen auftauchen und von Bedeutung sind, in den Vertragsstammdaten zu hinterlegen.

Wiederverwendbare Textbausteine

Dies ist in dem Fall, in dem Sie selbst der Vertragsanbieter sind, von besonderem Interesse, da Sie hiermit die Möglichkeit haben, wiederverwendbare Textbausteine z. B. mit besonderen Formulierungen zu Vertragsbedingungen bereits in den Customizing-Einstellungen zu hinterlegen. Sie können diese direkt in Verträgen verwenden oder sie vertragsindividuell anpassen. Diese Textbausteine stehen dann auch für die Korrespondenz, z. B. beim Drucken des Vertragstextes, zur Verfügung. In Abbildung 2.69 sehen Sie ein Beispiel für einen solchen Textbaustein.

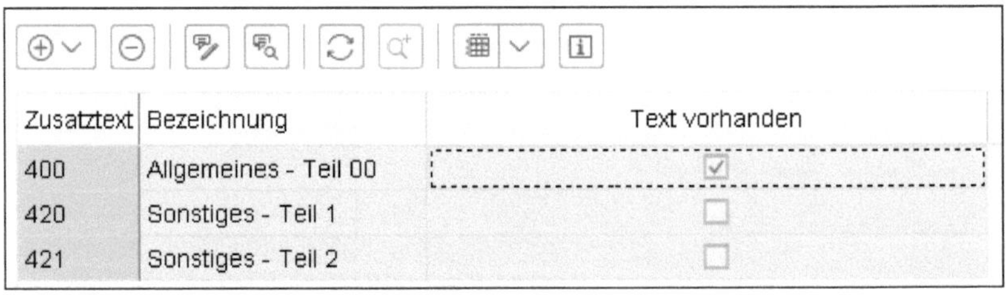

Abbildung 2.68 Zusatztexte zum Vertrag

Texte vorbelegen und anpassen

Abbildung 2.68 zeigt die Registerkarte **Zusatztexte** mit einem dort hinterlegten Zusatztext an, der als »Parkplatznutzung Karte« betitelt wurde. Dieser Text wurde im Customizing hinterlegt und in den Vertrag eingefügt. Er kann dort unverändert bleiben oder vertragsindividuell angepasst werden. Abbildung 2.69 zeigt den Inhalt des Textbausteins »Parkplatznutzung Karte«, so wie er im Vertrag gespeichert wurde.

- 1 -

Zusatzvereinbarungen zum Vertrag

Die Zufahrt zu den Parkplätzen ist nur mit der ausgehändigten Zugangskarte möglich. Die Karte wird nach Ablauf des Vertrages automatisch deaktiviert. Bei Verlust oder Beschädigung der Karte wenden Sie sich bitte an unser Facility Management unter der Telefonnummer 030/123456789-123.

Abbildung 2.69 Zusatztext – Inhalt des Textbausteins

2.7.7 Mit dem Vertragspartner korrespondieren

Das Vertragsmanagement stellt Ihnen umfangreiche Möglichkeiten zur Verfügung, um mit Ihren Vertragspartnern zu korrespondieren. Neben der Ausgabe der Korrespondenz in Papierform ist auch das Versenden von E-Mails oder Faxen möglich. Ausgehende Korrespondenz kann dabei automatisch in den Dokumentenverwaltungstools abgelegt werden (siehe Abschnitt 2.7.5, »Dokumente zum Vertrag verwalten«).

PDF-basierte Formulare

SAP liefert PDF-Musterformulare aus, die Sie im Zuge Ihres Einführungsprojekts als Vorlagen für eigene Formulare verwenden können. Alle für das Vertragsmanagement ausgelieferten Standardformulare beginnen mit RE_CN (RE = Real Estate, CN = Contract = Vertrag). Abbildung 2.70 zeigt Ihnen verschiedene Beispiele für solche PDF-Formulare.

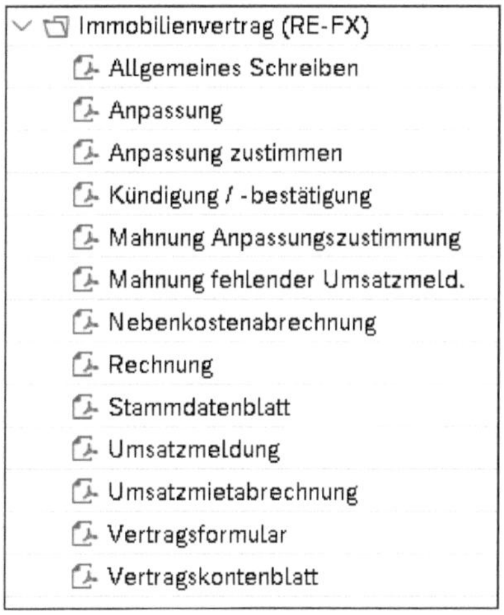

Abbildung 2.70 Beispiele für PDF-Formulare

Smart Forms

Smart Forms ist eine in der Vergangenheit sehr häufig benutzte Technik. Für diese Technik sind ebenfalls noch Musterformulare vorhanden. Die Technik wird jedoch nicht weiterentwickelt, und daher werden in der Zukunft nur noch Musterformulare im PDF-Format ausgeliefert.

Office-Anwendung

Sie können auch Microsoft Word oder Lotus Ami Pro für die Erstellung von Einzelkorrespondenz aus dem Vertrag heraus verwenden. Bitte beachten Sie, dass diese Art der Korrespondenz ausschließlich in der Privat Cloud (beim Aufruf der Korrespondenz über den SAP GUI) genutzt werden kann.

Sie können die Korrespondenz mit Smart Forms oder mit PDF-Formularen entweder als Einzelkorrespondenz aus dem Vertrag heraus anstoßen oder als Massenkorrespondenz für viele Verträge gleichzeitig.

2.8 Besonderheiten von Immobilienverträgen

Wie schon mehrfach erwähnt, ist SAP RE eine umfassende Anwendung für die Immobilienverwaltung, deren zentraler Bestandteil das Vertragsmanagement ist. Daher sind im Vertragsmanagement einige spezielle Funktionen für die Immobilienverwaltung verfügbar. Wir stellen einige dieser Funktionen im Überblick vor. Für ausführliche Informationen empfehlen wir Ihnen das Buch »SAP Real Estate Management« (ISBN 978-3-8362-6467-9) von Anke Köppe und Sabine Toman, das ebenfalls im Rheinwerk Verlag erschienen ist.

2.8.1 Immobilienobjekte

Architektur und Nutzung

Neben den Verträgen gibt es für die Immobilienverwaltung Stammdaten, die die Immobilien im Detail beschreiben. Hierbei unterscheidet das System zwei Sichten: die architektonische Sicht und die Nutzungssicht. Während sich die architektonische Sicht eher der baulichen Beschreibung der Objekte widmet, stellt die Nutzungssicht die wirtschaftlichen Aspekte dar. Beide – architektonische Objekte wie auch Nutzungsobjekte – können als Objekte in Verträgen benutzt werden.

Vertragsgegenstände und generische Mietobjekte

Weitere mögliche Objektarten für Vertragsobjekte sind Vertragsgegenstände und generische Mietobjekte. Wie bereits in Abschnitt 2.4.1, »Vertragsgegenstand« erläutert, sind Vertragsgegenstände (Objektart J4) nur innerhalb von Verträgen gültig, d. h. sie existieren nicht als eigenständige Stammdaten- oder Kontierungsobjekte. Generische Mietobjekte (Objektart J7) können für die Verknüpfung mit den in Planon Real Estate Management for SAP (PREM4SAP) erfassten Stammdatenobjekten verwendet werden.

CAD und GIS

Für alle Immobilienobjekte steht die Möglichkeit zur Verfügung, Grafiken über CAD-Systeme (CAD = Computer Aided Design) und geografische Lagedaten über GIS-Systeme (GIS = Geographic Information Systems) zu integrieren.

Nutzungssicht

Aus operativer Sicht der Verträge spielt die Nutzungssicht die entscheidende Rolle. Die Immobilienobjekte in der Nutzungssicht werden in den buchhalterischen und kostenrechnerischen Strukturen des SAP-Systems abgebildet: Sie gehören zu einem Buchungskreis und damit auch zu einem Kostenrechnungskreis und stellen wie auch der Vertrag echte Kontierungsobjekte dar.

Die Nutzungssicht ist streng hierarchisch:

- Auf der obersten Ebene, unterhalb des Buchungskreises, werden *Wirtschaftseinheiten* definiert. Wirtschaftseinheiten beschreiben gemeinsam zu betrachtende, wirtschaftlich und lokal zusammengehörige Objekte, wie z. B. Gebäudekomplexe.

- Einer Wirtschaftseinheit können ein oder mehrere *Gebäude* und/oder *Grundstücke* zugehören.
- In den Gebäuden oder auf den Grundstücken werden schließlich *Mietobjekte* definiert. Abbildung 2.71 zeigt die Objekthierarchie in der Darstellung des RE-Navigators.

Objektname	Detail
9000 (Buchungskreis 9000)	Buchungskreis 9000
Verträge	
Wirtschaftseinheiten	
WE 9000/1000	Bürokomplex Brandenburger Straße 49
GE 9000/1000/1	Eingänge A bis E
MO 9000/1000/B01	Büro
MO 9000/1000/B02	Büro
MO 9000/1000/B03	Büro
MO 9000/1000/B04	Büro
MO 9000/1000/L01	Ladengeschäft
MO 9000/1000/L02	Ladengeschäft
MO 9000/1000/L03	Ladengeschäft
MO 9000/1000/L04	Ladengeschäft
MO 9000/1000/W01	Penthouse

Abbildung 2.71 Hierarchie in der Nutzungssicht – Wirtschaftseinheit

Mietobjekte

Mietobjekte können mehr oder weniger flexibel sein: Mieteinheiten, wie etwa Wohnungen, werden immer im Ganzen vermietet, während im gewerblichen Bereich eine flexiblere Konfiguration bei der Vermietung von Flächen möglich ist. Dementsprechend unterscheidet das System zwischen klassischen fixen Mieteinheiten und flexiblen Mietflächen, die aus Flächenpools »herausgeschnitten« werden. Die Mietobjekte – ob flexibel oder starr – spielen bei der Vermietung, d. h. in debitorischen Mietverträgen, eine Hauptrolle.

In Beispiel 3 aus Abschnitt 2.2.1, »Verträge nach Vertragsarten unterscheiden«, haben Sie einen angemieteten Parkplatz weitervermietet. Im Vertrag wurde hierbei der Parkplatz als Vertragsgegenstand beschreibend aufgeführt. Hätten Sie nun versehentlich zur gleichen Zeit den gleichen Parkplatz an einen anderen Geschäftspartner vermietet, wäre das unter Umständen nicht aufgefallen.

Belegung

Anders ist das bei der Verwendung von Mietobjekten im Vertrag: Wäre der Parkplatz als Mietobjekt im System angelegt und Sie hätten dieses Mietobjekt bereits in einem Vertrag benutzt, wäre die Doppelvermietung ausgeschlossen. Verträge, die eine exklusive Nutzung eines Mietobjekts betreffen, nennen wir *belegende Verträge*. Die Eigenschaft, dass ein Vertrag belegend ist, sorgt dafür, dass das Mietobjekt zur gleichen Zeit nicht in einem anderen belegenden Vertrag benutzt werden darf, also nicht doppelt vermietet werden kann.

Verwendungsnachweis

Immobilienobjekte können darüber hinaus Auskunft darüber geben, in welchen Verträgen sie verwendet werden. Sie können also auch nicht belegende Verträge ermitteln, die sich auf ein bestimmtes Objekt beziehen. Im Beispiel in Abbildung 2.72 sehen Sie, welche Verträge für ein Mietobjekt aktuell bestehen.

Verträge	Info	Bez.	Gültig ab	Gültig bis	Vert.art
Mieteinheit 9000/1000/B01					
Belegende Verträge					
9000/1000002		Mietvertrag Büroflächen	01.01.2025	31.12.9999	Vermietung Gewerbe
Sonstige Verträge					

Abbildung 2.72 Belegung eines Mietobjekts

2.8.2 Nebenkostenabrechnung

Befinden Sie sich in der Rolle des Vermieters, können Sie Nebenkosten, die im Zusammenhang mit der Immobilie anfallen, an Ihre Mieter weitergeben. Abbildung 2.73 zeigt die Grundprinzipien der Nebenkostenabrechnung.

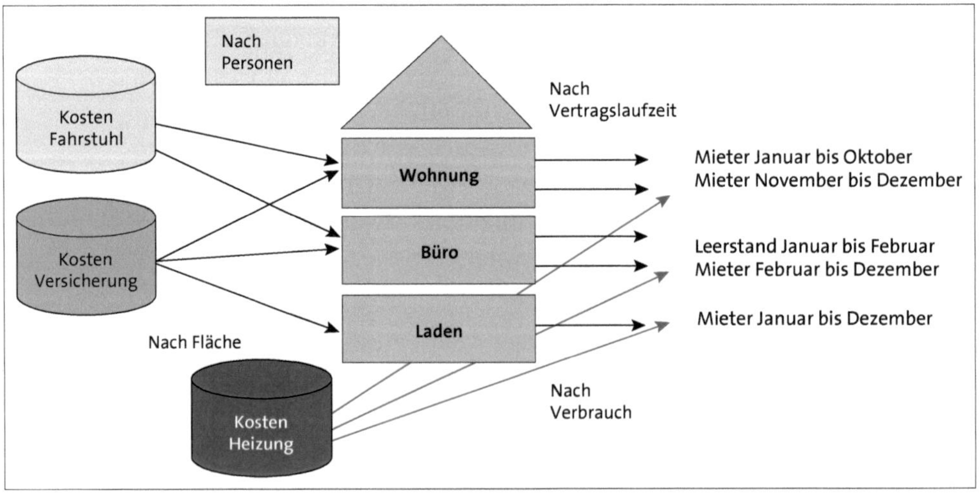

Abbildung 2.73 Verteilung der Kosten durch die Nebenkostenabrechnung

Die umlagefähigen Kosten werden in der Finanzbuchhaltung pro Abrechnungszeitraum zunächst auf *Abrechnungseinheiten* gebucht, in Abbildung 2.73 links dargestellt. Abrechnungseinheiten sind Stammdaten im Immobilienmanagement. Sie enthalten die Information, welche Mietobjekte an den Kosten beteiligt werden sollen, und die Regeln, nach denen die Umlage der Kosten erfolgen soll, also z. B. nach Fläche, Personen, Verbrauch oder anderen Bemessungen. Auf der Grundlage dieser Regeln werden die Kosten auf die beteiligten Mietobjekte – Wohnungen, Büros oder Läden – aufgeteilt. Die umlagefähigen Nebenkosten werden dann unter Beachtung der geleisteten Vorauszahlungen und der Mietdauer an die Mieter weiterverteilt, d. h., auf deren Debitorenkonten gebucht. Nicht verteilbare Kosten, z. B. aufgrund von Leerstand oder Pauschalen, verbleiben beim Vermieter in der Gewinn-und-Verlust-Rechnung (GuV).

Kosten, die nach Verbrauch abgerechnet werden wie etwa Heizkosten, sind den Mietern zuzuordnen und werden direkt an sie weiterverrechnet.

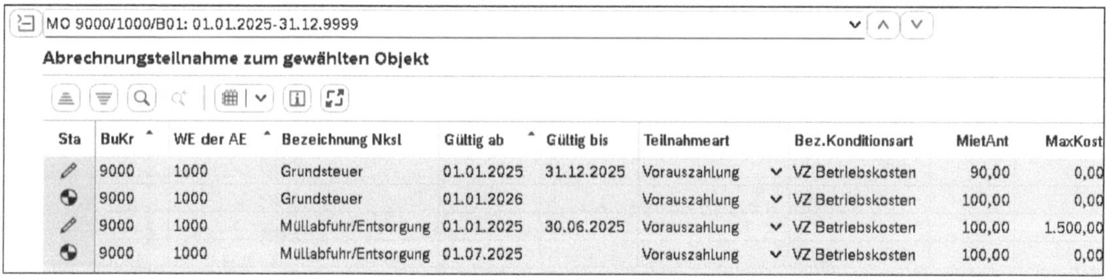
MO 9000/1000/B01: 01.01.2025-31.12.9999

Abrechnungsteilnahme zum gewählten Objekt

Sta	BuKr	WE der AE	Bezeichnung Nksl	Gültig ab	Gültig bis	Teilnahmeart	Bez.Konditionsart	MietAnt	MaxKost
	9000	1000	Grundsteuer	01.01.2025	31.12.2025	Vorauszahlung	VZ Betriebskosten	90,00	0,00
	9000	1000	Grundsteuer	01.01.2026		Vorauszahlung	VZ Betriebskosten	100,00	0,00
	9000	1000	Müllabfuhr/Entsorgung	01.01.2025	30.06.2025	Vorauszahlung	VZ Betriebskosten	100,00	1.500,00
	9000	1000	Müllabfuhr/Entsorgung	01.07.2025		Vorauszahlung	VZ Betriebskosten	100,00	0,00

Abbildung 2.74 Registerkarte »Abrechnungsteilnahme« – Vertrag mit Sondervereinbarungen für die Abrechnung

Die (debitorischen) belegenden Mietverträge enthalten weitere Informationen für die Abrechnung, insbesondere über vereinbarte Vorauszahlungen oder Pauschalen, und eventuell Sonderregeln, wie z. B. Obergrenzen (Maximalkosten) für bestimmte Nebenkosten (siehe Abbildung 2.74).

2.8.3 Vorsteuerbehandlung

Bei der Vermietung von Immobilien spielt in vielen Ländern die Frage eine Rolle, ob die Immobilien gewerblich oder nicht gewerblich genutzt werden. Werden sie gewerblich genutzt, wird vom Vermieter Umsatzsteuer auf die Miete erhoben und an das Finanzamt abgeführt. Im Gegenzug kann der Vermieter die Vorsteuer auf die Kosten, die im Zusammenhang mit der Immobilie anfallen, von der Steuerlast abziehen. Sind Immobilien jedoch rein privat genutzt, ist die Vorsteuer auf die Kosten nicht abzugsfähig, und diese Kosten aus nicht abzugsfähiger Vorsteuer landen in der Gewinn-und-Verlust-Rechnung des Vermieters. Viele Immobilien sind nun aber gemischt genutzt und wechseln darüber hinaus über den Zeitverlauf ihre Nutzung.

Den jeweiligen Grad der gewerblichen Nutzung nennen wir im System den *Optionssatz*.

Optionssatz

Der Optionssatz einer Immobilie hängt also davon ab, inwieweit sie gewerblich bzw. nicht gewerblich genutzt wird oder genauer gesagt, ob der Mieter vorsteuerabzugsberechtigt ist oder nicht. Steht der Optionssatz fest, werden die auf die Kosten entfallenden Vorsteuern in der Höhe des Optionssatzes abgezogen (siehe Tabelle 2.4). Die Berechnung des Optionssatzes und die Buchung der Vorsteueraufteilung sind Funktionen des Immobilienmanagements.

Monat		01	02	03
Wohnung, vermietet an	100 m²	privat	privat	privat
Büro, vermietet an	50 m²	gewerblich	privat	gewerblich
Laden, vermietet an	100 m²	gewerblich	gewerblich	privat
Gesamtfläche	250 m²			
Fläche gewerblich genutzt		150 m²	100 m²	50 m²
Optionssatz des Gebäudes		60 %	40 %	20 %
Steuer auf Kosten Gebäude		1.000 €	1.000 €	1.000 €
Davon abzugsfähige Vorsteuer		600 €	400 €	200 €
Nicht abzugsfähig (Kosten)		400 €	600 €	800 €

Tabelle 2.4 Optionssatzermittlung und Vorsteueraufteilung

Vorsteueraufteilung

Die *Vorsteueraufteilung* stellt immer eine Stichtagssicht dar. Wechselt die Nutzung nach erfolgter Vorsteueraufteilung dauerhaft, kann dies zu steuerlichen Nachteilen für den Vermieter oder auch zu ungerechtfertigten Vorteilen führen. Damit die Schwankungen des Optionssatzes über einen längeren Zeitraum geglättet werden, hat der Gesetzgeber Regeln für die Vorsteuerberichtigung (Deutschland: § 15a UStG) eingeführt. Die gesetzlichen Regelungen für die Vorsteuerberichtigung in Deutschland werden über Funktionen der Immobilienverwaltung abgebildet.

Vorsteuer-berichtigung

Zu diesem Zweck wird die Vorsteuer auf alle Kosten eines Objekts oder einer Maßnahme in einem sogenannten *Berichtigungsobjekt* zusammengefasst. Nachdem anfänglich aufgrund einer Stichtagsbetrachtung die Vorsteuer abgezogen wurde, wird über einen längeren Zeitraum – in der Regel sind das zehn Jahre – die Vorsteuer auf der Basis des aktuellen Optionssatzes pro rata berichtigt. Dabei werden vom Gesetzgeber vorgegebene Bagatellgrenzen berücksichtigt (§ 44 UStDV).

[+]

Vorsteuerberichtigung nach § 15a USTG ohne Immobilienverwaltung

Sie können die Vorsteuerberichtigung auch dann einsetzen, wenn Sie keinerlei Verträge oder Immobilienobjekte aus SAP RE benutzen. In diesem Fall benutzen Sie nur die sogenannten Berichtigungsobjekte. Diese tragen die Optionssätze, die die Basis für die Vorsteueraufteilung und Vorsteuerberichtigung bilden.

2.9 Kundenindividuelle Erweiterungen

Die Vertragsverwaltung ist eine Standardsoftware, also softwaretechnische Konfektion und kein Maßanzug, der individuell für Ihr Unternehmen »geschneidert« wurde. Das muss aber nicht heißen, dass Sie – um bei Konfektionsgrößen zu bleiben – Größe XL nehmen müssen, wenn Sie eigentlich Größe M oder Größe S brauchen. Die Entwickler haben eine Reihe von Einstellmöglichkeiten vorgesehen, damit Sie die Software für Ihr Unternehmen maßgerecht anpassen können. Vieles davon kann im System eingestellt werden, einige der Einstellungen können spezifisch für einzelne Nutzer getroffen werden. Andere, stärkere Eingriffe erfordern die Hilfe von Programmierern. Erfahren Sie, welche Möglichkeiten es gibt, die Software Ihren Bedürfnissen anzupassen.

2.9.1 RE-Navigator individualisieren

Die App **RE-Navigator** (RE80) ist ein umfassendes Werkzeug, um sich über die Daten der Immobilienverwaltung zu informieren, insbesondere auch über die Verträge. Setzt man die Stammdaten der Immobilienverwaltung nicht ein oder hat man als Sachbearbeiter keine Notwendigkeit, sich mit diesen Daten zu befassen, kann man den RE-Navigator auf diese speziellen Bedürfnisse einschränken. Wir zeigen dies beispielhaft, indem wir den RE-Navigator so einstellen, dass nur noch Verträge angezeigt werden. Eine solche Einstellung ist natürlich auch für andere Objektarten möglich. Abbildung 2.75 zeigt eine Auswahl der möglichen Objektarten von SAP RE.

Abbildung 2.75 RE-Navigator – Objektarten

Rufen Sie den **RE-Navigator** auf. Wählen Sie in der Icon-Leiste oberhalb des Navigationsbaumes für die Objekte das Icon (**Layout**) und dort – durch Anklicken des kleinen schwarzen Dreiecks – **Bearbeiten**. Sie gelangen in ein Pop-up-Fenster, in dem Sie ein neues Layout anlegen können. Wählen Sie den entsprechenden Button (**Layout anlegen**), vergeben Sie einen sprechenden Namen, und geben Sie eine Bezeichnung ein. Treffen Sie die notwendigen Einstellungen auf den einzelnen Registerkarten, wie in Abbildung 2.76 dargestellt.

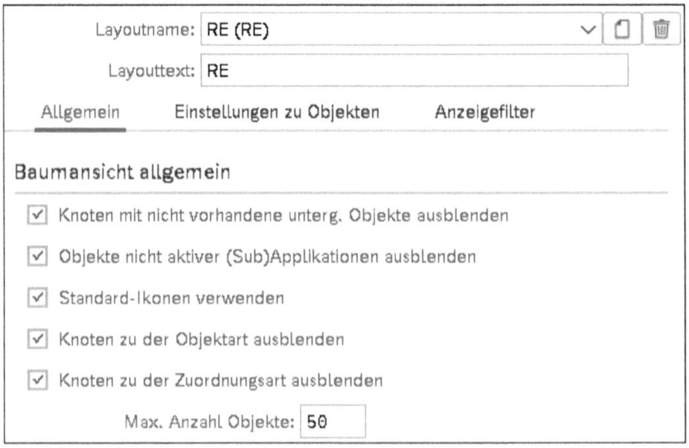

Abbildung 2.76 RE-Navigator – Layout anlegen

Das Layout, das Sie auf diese Weise neu angelegt haben, ist jetzt aber noch nicht aktiv. Um es zu aktivieren, wählen Sie erneut das Icon (**Layout**). Hier erscheint jetzt ein erweitertes Menü: Ihr neues Layout wird angezeigt. Markieren Sie das Layout, um es zu aktivieren. Das Layout wird nun im Menü mit einem Haken als aktiv gekennzeichnet, wie in Abbildung 2.77 zu sehen.

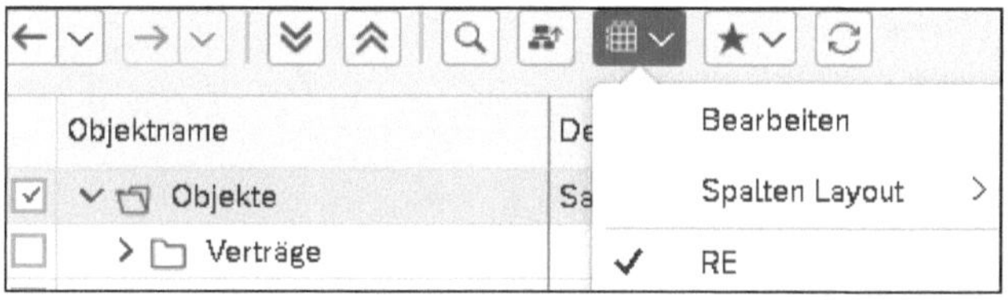

Abbildung 2.77 RE-Navigator – Layout für die Baumanzeige aktivieren

Im Feld oberhalb des Menübaumes gibt es neben der Möglichkeit, **Meine Objekte** oder **Objekte einer verantwortlichen Gruppe** zu wählen, eine Vielzahl von Eingabemöglichkeiten von Selektionsobjekten, wie z. B. **Buchungskreis**, **Wirtschaftseinheit** oder **Einheitswertbescheid**, von denen Sie im Allgemeinen nur einige wenige wirklich benötigen. Um hier die Auswahlmöglichkeiten einzuschränken, wählen Sie **Zusätze • Einstellungen**. Sie gelangen in das Pop-up-Fenster **Objektmanager: Einstellungen**. Gehen Sie dort auf die Registerkarte **Sichtbare Selektionsobjekte**, wie in Abbildung 2.78 zu sehen. Nehmen Sie die Markierungen bei denjenigen Objekten heraus, die Sie ausblenden wollen. Bestätigen Sie Ihre Einstellungen durch Drücken des Buttons Weiter (**Weiter (Enter)**).

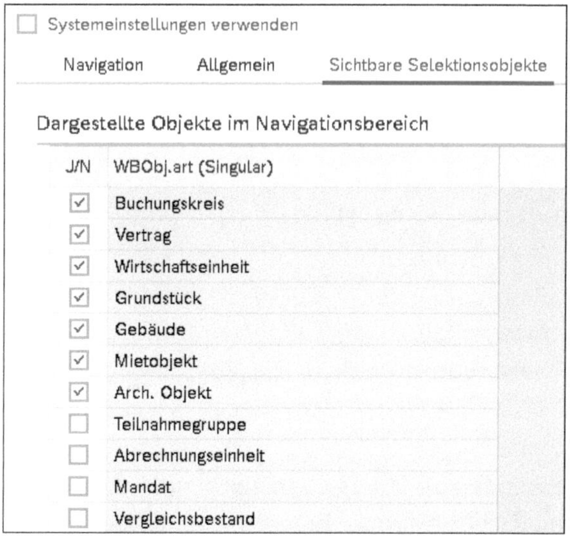

Abbildung 2.78 RE-Navigator – sichtbare Selektionsobjekte einschränken

Rufen Sie den **RE-Navigator** neu auf, damit die Einstellungen wirksam werden. Innerhalb der beschriebenen Einstellungen des RE-Navigators können Sie beispielsweise auch Verträge nach deren Vertragsarten gruppieren, wie dies in Abbildung 2.79 gezeigt wird.

Abbildung 2.79 RE-Navigator – Gruppierung von Verträgen nach Vertragsarten

2.9.2 Erweiterungen implementieren (BAdI): Vertragsdialog

Sie haben die Möglichkeit, über die Feldstatussteuerung Muss- und Kann-Felder einzustellen (siehe Abschnitt 2.2.3, »Customizing: Vertragsdialog steuern – Bildfolge«). Dies ist aber mitunter nicht ausreichend, z. B. dann, wenn Sie aus kundenspezifischen Anforderungen heraus bestimmte Abhängigkeiten zwischen den Feldinhalten sicherstellen oder bestimmte Felder mit vordefinierten Inhalten belegen wollen.

Anmietvertrag mit Adresse in der Bezeichnung

Sie wollen erreichen, dass für alle Anmietverträge die Bezeichnungen so gewählt werden, dass daraus ersichtlich wird, welches Objekt angemietet wurde. Daher werden die Sachbearbeiter angehalten, immer die Anschrift des Objekts in folgender Form zu hinterlegen: Postleitzahl, Ort, Straße, Hausnummer.

Wie können Sie erreichen, dass das auch zuverlässig getan wird?

- **Alternative 1**
  Sie verwenden Immobilienstammdaten in den Verträgen, die Immobilienstammdaten haben Adressen. Sie sorgen dafür, dass die Adresse des jeweils angemieteten Objekts automatisch in die Vertragsbezeichnung übernommen wird.
- **Alternative 2**
  Sie überlassen dem Anwender, die Adresse einzugeben. In diesem Fall könnten Sie eine automatische Prüfung, z. B. gegen eine zentrale Adressdatenbank, durchführen.

- **Alternative 3**
  Sie erweitern die Vertragsdaten um zusätzliche Felder für Postleitzahl, Ort, Straße, Hausnummer und sorgen dafür, dass der Anwender gezwungen wird, diese Felder zu füllen. Die Feldinhalte werden automatisch zusammengefügt zu einer Bezeichnung, wie oben beschrieben.

Jede dieser Lösungen lässt sich modifikationsfrei und releasefest umsetzen, wenn Sie die im Vertragsmanagement vorgesehenen Erweiterungsmöglichkeiten benutzen.

Kundenindividuelle Daten ergänzen

Beginnen wir mit Alternative 3. Hierfür benötigen Sie zusätzliche Felder zum Vertrag, die im Vertragsdialog angezeigt und in der Vertragsdatenbank in Tabelle VICNCN abgespeichert werden. Eine solche modifikationsfreie Erweiterung ist relativ einfach möglich, wenn Sie über Programmierkenntnisse verfügen. Die Vorgehensweise für die Erweiterung ist in SAP-Hinweis **690900** (Benutzerdefinierte Felder Immobilienstammdaten) im Detail beschrieben. Es ist auch möglich, nicht nur die zentrale Datenbanktabelle VICNCN um kundeneigene Daten zu erweitern, sondern auch eigene Tabellen fortzuschreiben, die die Daten eines Vertrags ergänzen. Details und ein Beispiel hierzu finden Sie in SAP-Hinweis **969234** (Benutzerdefinierte Tabellen Immobilienstammdaten).

Daten prüfen und ergänzen

Für die Alternativen 1 und 2 benötigen Sie diese Erweiterungen nicht. Sie benötigen aber Techniken für die Substitution von Feldinhalten (Alternative 1) und für deren Prüfung (Alternative 2). Beides lässt sich modifikationsfrei über *Business Add-Ins* (BAdIs) umsetzen. Auch hierfür sind Programmierkenntnisse erforderlich.

BAdI

Mit BAdIs steht Ihnen im Vertragsmanagement ein leistungsfähiges Werkzeug zur Verfügung, mit dem Sie in die Programmabläufe eingreifen können. So erlaubt Ihnen z. B. das BAdI BADI_RECN_CONTRACT, Prüfungen innerhalb des Vertragsdialogs auszuführen, Vorbelegungen zu besorgen oder die Nummernvergabe zu beeinflussen. Weitere Informationen zu den Erweiterungstechniken im Vertragsmanagement sind in SAP-Hinweis **782947** (Programmierschnittstellen für RE-FX) enthalten.

2.9.3 Suchhilfen erweitern oder vereinfachen

Sie haben in Abbildung 2.50 zu Beginn des Kapitels gesehen, dass im Standard eine Vielzahl von Suchhilfen verfügbar ist. Es kann aber sein, dass diese Suchhilfen für Ihre Fälle nicht ausreichen oder Sie einzelne Suchhilfen nicht benötigen. In diesen Fällen können Sie die Suchhilfen modifikationsfrei erweitern oder auch nicht benötigte Suchhilfen ausblenden.

[zB]

Ausblenden von Suchhilfen

Sie benutzen die Suchhilfen für Verträge nach Objekten (Mietobjekte, Gebäude, Grundstücke und Wirtschaftseinheiten) nicht, da Sie in den Verträgen keine solchen Objekte führen. Daher wollen Sie diese Suchhilfen ausblenden.

Die modifikationsfreie Erweiterung von Suchhilfen ist immer dann möglich, wenn es sich um Sammelsuchhilfen handelt. Für die Erweiterungen benötigen Sie Entwicklerberechtigungen und möglichst auch Programmierkenntnisse.

[»]

Erweiterung der Suchhilfe im SAP GUI

Bitte beachten Sie, dass die im folgenden Abschnitt beschriebenen Schritte für die Anpassung der Suchhilfen beim Aufruf der entsprechenden Funktionen im SAP GUI erfolgen.

Ermitteln der Sammelsuchhilfe

Um die Suchhilfe anzupassen, müssen Sie zunächst ermitteln, welche Suchhilfe für das Feld – in diesem Fall die Vertragsnummer – benutzt wird. Hierzu drücken Sie die F1-Taste, um in das Hilfefenster zu gelangen. Wählen Sie dort den Button (**Technische Informationen**), wie es in Abbildung 2.80 zu sehen ist.

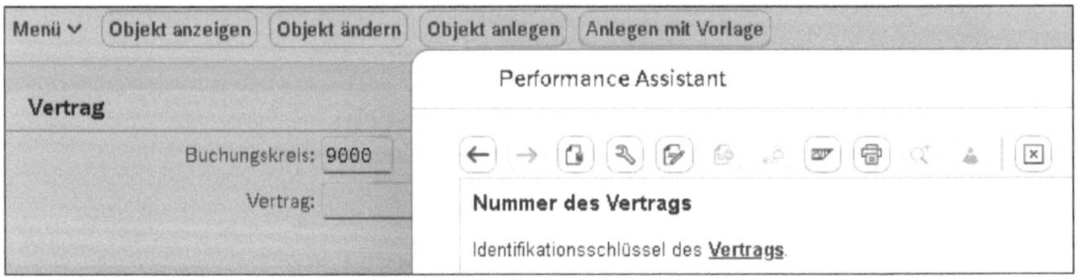

Abbildung 2.80 Ermitteln der Suchhilfe über die F1-Hilfe und den Button »Technische Informationen«

Abbildung 2.81 zeigt die technischen Informationen zum Feld **Vertragsnummer**. In der **Technischen Info** zum Feld finden Sie den Namen des Datenelements: RECNNUMBER.

Data Dictionary

Durch Doppelklick auf das Datenelement gelangen Sie in das Data Dictionary. Dort finden Sie auf der Registerkarte **Zusatzeigenschaften** den Namen der gesuchten Suchhilfe: RECNCN. Abbildung 2.82 zeigt einen Ausschnitt aus der Anzeige des Data Dictionarys für das Datenelement RECNNUMBER mit dem Namen der Suchhilfe.

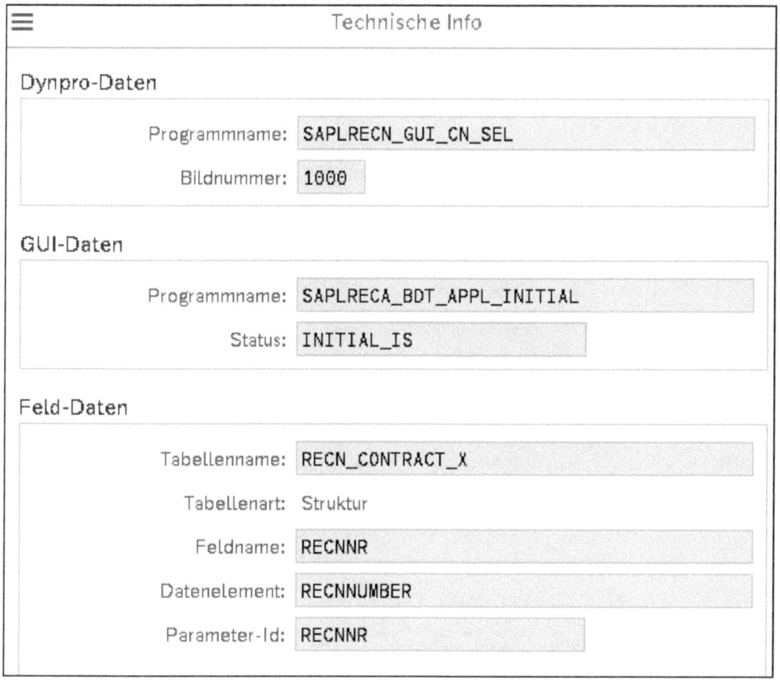

Abbildung 2.81 Technische Info des Feldes »Vertragsnummer«

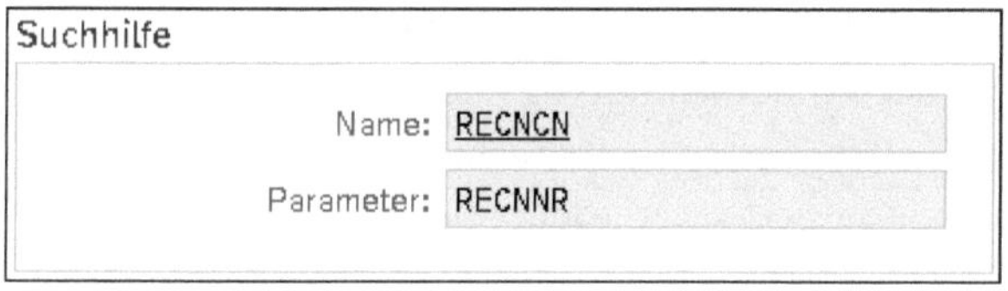

Abbildung 2.82 Name der Suchhilfe zum Feld »Vertragsnummer«

Schauen Sie sich die Suchhilfe an. Rufen Sie hierzu die App **ABAP Dictionary** (SE11) auf, und geben Sie »**RECNCN**« bei **Suchhilfe** ein. Klicken Sie auf **Anzeigen**. Es handelt sich um eine Sammelsuchhilfe, die aus verschiedenen Einzelsuchhilfen besteht, die Sie auf der Registerkarte **Inkludierte Suchhilfen** finden (siehe Abbildung 2.83).

Um Ihr Problem zu lösen, können Sie im einfachsten Fall die inkludierten Suchhilfen RECNCNE, RECNCNG, RECNCNH und RECNCNF aus der Sammelsuchhilfe RECNCN löschen. Damit würden Sie aber das SAP-Objekt modifizieren – das ist also eine Lösung, die unter Umständen beim nächsten Releasewechsel wieder überschrieben wird.

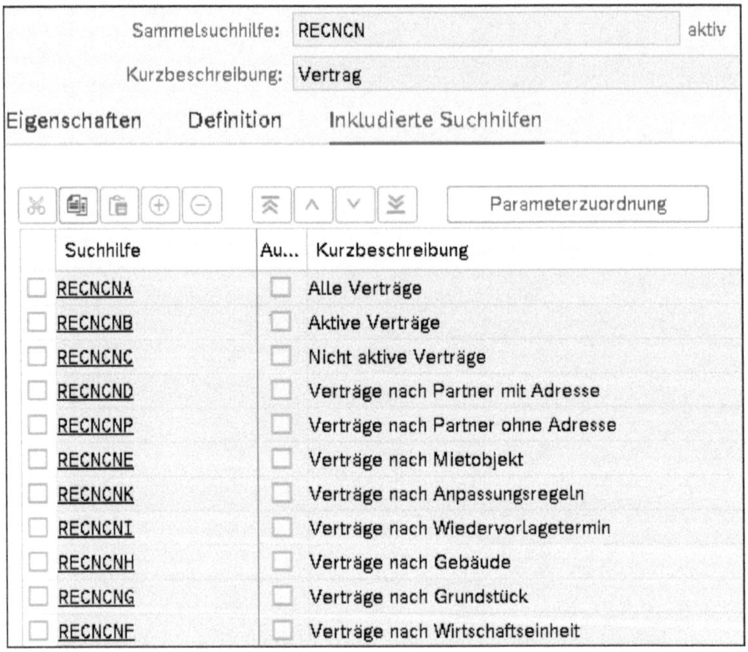

Abbildung 2.83 Einzelsuchhilfen zur Sammelsuchhilfe RECNCN

Append-Suchhilfe

Damit Sie eine releasefeste Lösung bekommen, legen Sie zur Suchhilfe RECNCN eine Append-Suchhilfe an: Rufen Sie die App **ABAP Dictionary** (SE11) auf, und geben Sie »**RECNCN**« unter **Suchhilfe** ein. Klicken Sie auf **Anzeigen**. Gehen Sie nun über **Springen • Append-Suchhilfe**, und drücken Sie den Button (**Append anlegen**), um eine neue Append-Suchhilfe anzulegen. Vergeben Sie einen Namen im Kundennamensraum, z. B. »ZRECNCN«. Gehen Sie auf die Registerkarte **Inkludierte Suchhilfen**, und tragen Sie die auszublendenden Suchhilfen RECNCNE, RECNCNG, RECNCNH und RECNCNF ein. Setzen Sie jeweils ein Häkchen in der Spalte **Ausgeblendet**. Sichern Sie Ihre Eingaben, und aktivieren Sie anschließend die Append-Suchhilfe. Abbildung 2.84 zeigt die Append-Suchhilfe mit ausgeblendeten Einzelsuchhilfen im Data Dictionary.

Rufen Sie die App **Vertrag verwalten** (RECN) auf, und wählen Sie dort die Suchhilfe für das Feld **Vertragsnummer**, um die Wirksamkeit Ihres Vorgehens zu prüfen. Abbildung 2.85 zeigt im Vergleich zu Abbildung 2.50 (siehe Abschnitt 2.7.1, »Verträge finden«) die Auswahl an Suchhilfen zum Feld **Vertrag** nach der beschriebenen Anpassung.

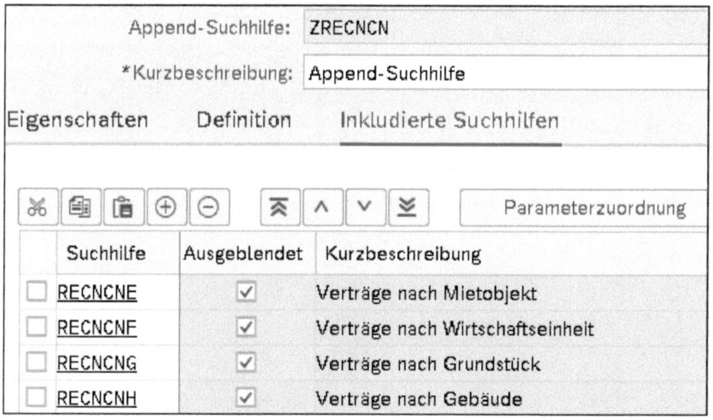

Abbildung 2.84 Ausblenden von Suchhilfen über eine Append-Suchhilfe

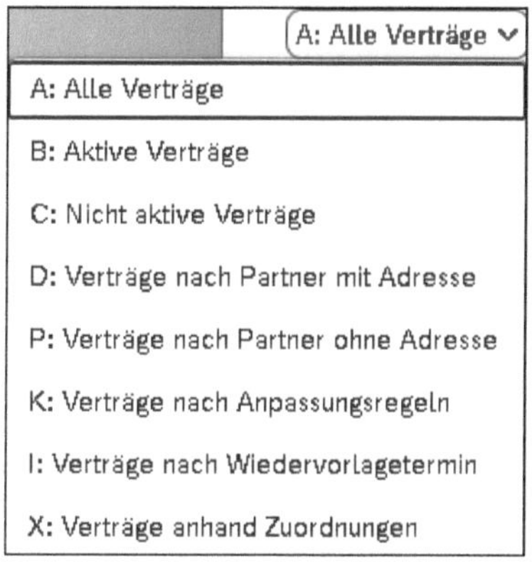

Abbildung 2.85 Auswahl der Suchhilfen nach Ausblenden der unerwünschten Einzelsuchhilfen

[zB]

Eigene Suchhilfen benutzen

Die Suchhilfe RECNCNA (Alle Verträge) besitzt in etwa die Ausprägung, die Sie sich wünschen. Allerdings stören Sie die Felder **Wirtschaftseinheit Vertrag**, **Branche** und **Umsatzrelevant**, die Sie in Ihrem System nicht benutzen. Sie wollen diese Felder ausblenden.

Kundeneigene Suchhilfe

Um diese Aufgabe zu lösen, müssen Sie nun zunächst eine kundeneigene Einzelsuchhilfe anlegen, die genauso zugeschnitten ist, wie Sie es sich wünschen. Dies geht am einfachsten, indem Sie eine vorhandene elementare Suchhilfe als Vorlage benutzen und diese in den Kundennamensraum kopieren (App **ABAP Dictionary** (SE11)), z. B. nach ZRECNCNA. Löschen Sie nun die unnötigen Felder aus der Kopie, und aktivieren Sie Ihre neue Suchhilfe.

Beachten Sie, dass die technischen Felder **OBJNR** und **IMKEY** nicht gelöscht werden dürfen. Nun müssen Sie nur noch Ihre Append-Suchhilfe erweitern: Blenden Sie zunächst, wie oben beschrieben, die Suchhilfe RECNCNA aus. Fügen Sie Ihre neue Suchhilfe ein. Abbildung 2.86 zeigt die Append-Suchhilfe mit einer kundenspezifischen Einzelsuchhilfe.

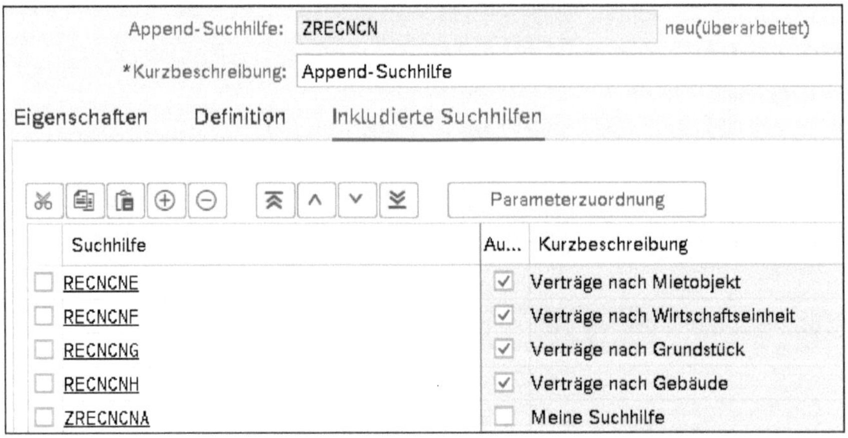

Abbildung 2.86 Kundeneigene Suchhilfe in der Append-Suchhilfe

Parameterzuordnung

Um die Datenübergabe zwischen der Einzelsuchhilfe und der Sammelsuchhilfe sicherzustellen, müssen Sie nun noch die Parameter der Einzelsuchhilfen denen der Sammelsuchhilfe zuordnen. Markieren Sie die Zeile, die Ihre neue Suchhilfe enthält, und drücken Sie den Button **Parameterzuordnung**. Im folgenden Pop-up-Fenster bestätigen Sie die Frage, ob eine Parameterzuordnung vorgeschlagen werden soll, mit **Ja**, prüfen Sie die vorgeschlagene Parameterzuordnung und übernehmen Sie diese, sofern keine Anpassungen mehr vorzunehmen sind. Aktivieren Sie die Append-Suchhilfe, und testen Sie die Funktionsfähigkeit Ihrer neuen Suchhilfe. Abbildung 2.87 zeigt die Parameterzuordnung zwischen den Feldern der Einzelsuchhilfe (linke Spalte) und denen der Sammelsuchhilfe (rechte Spalte).

Wenn Sie eigene Suchhilfen definieren, können Sie als Suchhilfe-Exit RECA_SEARCH_HELP_F4UT_OPT_COLW (BAdI-Aufruf und Spaltenoptimierung) oder direkt RECA_SEARCH_HELP_CALL_BADI (nur BAdI-Aufruf) einsetzen. Alternativ können Sie für Verträge auch RECA_SEARCH_HELP_OUT_AGREEMENT als Suchhilfe-Exit verwenden. Alle diese Suchhilfe-Exits rufen das BAdI BADI_RECA_SEARCH_HELP auf, über das Sie die Ergebnisse, die in der Suchhilfe ausgegeben werden, zusätzlich beeinflussen können. Nähere Informationen entnehmen Sie bitte der Dokumentation zu diesem BAdI.

Parameterzuordnung für Suchhilfe ZRECNCNA		
Bezugsparameter	**Typ**	**Sammelsuchhilfeparameter**
RECNNR	C	RECNNR
BUKRS	C	BUKRS
RECNTYPE	C	RECNTYPE
		PARTNER
BENOCN	I	SWENR
		SGRNR
		SGENR
		SMENR
		BENOCN
OBJNR	E	OBJNR
IMKEY	E	IMKEY

Abbildung 2.87 Parameterzuordnung in der Suchhilfe

2.10 Zusammenfassung

Ob Mietvertrag, Leasingvertrag, Pachtvertrag oder Kaufvertrag, ob als Vertragsnehmer oder als Vertragsgeber – das Vertragsmanagement von SAP Real Estate Management (SAP RE) erlaubt Ihnen die Abbildung nahezu jeden Vertrags. Vertragsarten differenzieren die Verträge und erlauben vertragsartenspezifische Dialogsteuerungen. Über das umfangreiche Customizing und modifikationsfreie Programmierschnittstellen werden vielfältige Möglichkeiten und Einsatzvarianten der Applikation geboten.

In den folgenden Kapiteln werden Sie sehen, dass sich die Flexibilität des Vertragsmanagements auch auf die Konditionen und so auf die Verwaltung der Zahlungsströme zu den Verträgen und deren buchhalterische Behandlung erstreckt.

Mit dem Vertragsmanagement in SAP RE bzw. SAP Contract and Lease Management steht Ihnen ein Werkzeug zur Verfügung, das es Ihnen erlaubt, Ihre Verträge übersichtlich im System darzustellen und effektiv zu verwalten.

Kapitel 3
Konditionen und Finanzstrom

Das Wort Kondition stammt aus dem Lateinischen: Conditio kann mit Bedingung, Vorschlag, Angebot, Verhältnis oder Beschaffenheit übersetzt werden. Heute wird der Begriff in den unterschiedlichsten Bereichen verwendet. Die Konditionen eines Leasingvertrags bestimmen, welche Zahlungen wann, an wen, in welcher Höhe zu leisten sind.

In Kapitel 2, »Verträge«, haben Sie wichtige Eigenschaften von Verträgen kennengelernt: Dazu gehören Vertragspartner, Vertragsobjekte und Laufzeiten. In diesem Kapitel geht es nun um die Konditionen von Verträgen, wie zum Beispiel. um Leasingraten. Sie werden in diesem Zusammenhang Begriffe wie *Konditionsart*, *Konditionsgruppe* und *Konditionszweck* kennenlernen.

Grundsätzlich wird durch Vertragskonditionen festgelegt, welcher Betrag zu welchen Terminen für die im Vertrag vereinbarten Leistungen zu zahlen ist. In unseren Beispielen handelt es sich um Leasingraten und andere Zahlungen im Zusammenhang mit Leasingverträgen oder um Mieten in Mietverträgen.

Aus den Konditionen und weiteren Vertragsattributen werden die sogenannten *Finanzströme* generiert. Diese werden auf der einen Seite für die vertragsbezogenen Zahlungen, auf der anderen Seite aber auch für die bilanzielle Bewertung von Verträgen benötigt. Sehen wir uns deshalb in diesem Kapitel die Vertragskonditionen und die aus den Vertragskonditionen resultierenden Finanzströme genauer an.

3.1 Beispiele für Vertragskonditionen

Beim Abschluss eines Vertrags wird festgelegt, welche Zahlungen zwischen den Vertragspartnern erfolgen und zu welchen Zeitpunkten die Zahlungen fällig sind. Dabei bezieht sich ein Zahlungsbetrag jeweils auf ein konkretes Vertragsobjekt bzw. auf eine konkrete Dienstleistung. Wir wollen das an zwei Beispielen von Leasingverträgen illustrieren. Die Firmennamen wie ABC Worldwide SE, XYZ Immobilien GmbH usw. sind frei erfunden.

[zB]

Beispiel 1: Anmietung eines Bürogebäudes

Die Firma ABC Worldwide SE mietet bei der Firma XYZ Immobilien GmbH ein Bürogebäude an. Monatlich ist für das Bürogebäude eine Miete in Höhe von 15 € je Quadratmeter Bürofläche zu zahlen. Für Heizung, Strom und Wasser sind – ebenfalls monatlich – Vorauszahlungen zu entrichten. Bevor der Vertrag zustande kam, wurde eine einmalige Maklergebühr gezahlt. Während der Vertragslaufzeit wurden durch den Mieter Umbauten am Gebäude vorgenommen. Diese müssen nach Ende der Vertragslaufzeit zurückgenommen werden. Hierfür werden Rückbauverpflichtungen aktiviert.

In diesem Vertrag sind die folgenden Vertragskonditionen enthalten:

- monatliche Grundmiete
- monatliche Vorauszahlungen für Nebenkosten
- einmalig zu entrichtende Maklergebühr
- einmaliger Betrag für die bestehenden Rückbauverpflichtungen

[zB]

Beispiel 2: Leasingvertrag für ein Kraftfahrzeug

ABC Worldwide SE schließt außerdem mit Kfz-Leasing & Co. KG Leasingverträge für Kraftfahrzeuge ab. Diese Leasingverträge haben eine Laufzeit von drei Jahren. Für ein Auto sind monatlich Leasinggebühren in Höhe von 320 € zu entrichten. Zusätzlich zahlt der Leasingnehmer eine monatliche Pauschale in Höhe von 130 €, mit der Reparaturen und Inspektionen abgegolten sind. Am Ende der Vertragslaufzeit hat der Leasingnehmer, also die Firma ABC Worldwide SE, die Möglichkeit, das Auto zu erwerben.

Im beschriebenen Kfz-Leasingvertrag finden wir die folgenden Vertragskonditionen:

- monatliche Leasinggebühr
- monatliche Pauschale für Reparaturen und Inspektionen
- einmaliger Betrag für Kaufoption

[zB]

Beispiel 3: Untervermietung (Sublease)

Im angemieteten Bürogebäude vermietet die Firma ABC Worldwide SE einige Büroräume in der ersten Etage an die Firma CCM Call Center Musterstadt weiter. Im Erdgeschoss des Bürogebäudes befindet sich eine Kantine. Diese ist an den Kantinenbetreiber Lecker Essen & Mehr vermietet. Sowohl das Callcenter als auch der Kantinenbetreiber sind also Mieter der ABC Worldwide SE. Beide Firmen zahlen jeweils eine Grundmiete für die gemieteten Flächen sowie Vorauszahlungen für Betriebs- und Heizkosten an den Vermieter der Flächen, d. h. an die ABC Worldwide SE.

Die nachfolgenden Konditionen sind in den beschriebenen Untermietverträgen enthalten:

- monatliche Grundmiete
- monatlich zu entrichtende Vorauszahlungen für Betriebs- und Heizkosten

Kreditorische Konditionen

Bei den ersten beiden Beispielen handelt es sich aus Sicht der ABC Worldwide SE um kreditorische Verträge, d. h., die Firma ABC Worldwide SE mietet ein Bürogebäude bzw. least die Autos von einem externen Lieferanten. Die in den Verträgen enthaltenen Vertragskonditionen sind deshalb ebenfalls kreditorisch, d. h., die monatliche Leasingrate wird als Verbindlichkeit gegenüber dem externen Lieferanten gebucht.

Debitorische Konditionen

Dagegen stellt der Untermietvertrag – wiederum aus Sicht der ABC Worldwide SE – ein debitorisches Vertragsverhältnis dar, d. h., die ABC Worldwide SE ist der Vermieter, während das Callcenter und der Kantinenbetreiber Mieter, also Debitoren in den Untermietverträgen, sind. Die monatlich gebuchten Mieten sind demzufolge Forderungen auf den Debitorenkonten der Mieter.

Die Buchungen werden immer aus der Sicht des Buchungskreises klassifiziert, in dem die Buchungen erfolgen, in unseren Beispielen also aus der Sicht des Buchungskreises der ABC Worldwide SE.

Auf der Grundlage der Vertragskonditionen werden Buchungen (beispielsweise Verbindlichkeiten im Fall kreditorischer Verträge oder Forderungen im Fall debitorischer Verträge) erzeugt. Diese werden dann im Rahmen der periodischen Buchungen gebucht. Voraussetzung dafür, dass die Konditionen gebucht werden können, ist ein *Konditionszweck*, der die Erzeugung von Buchungen zulässt. Das kann z. B. der Konditionszweck »Buchmiete« oder »Buchmiete einmalig« sein. Näheres zu Konditionszwecken finden Sie in Abschnitt 3.3, »Customizing: Konditionen«.

Statistische Konditionen

Die bisher beschriebenen Konditionen, wie z. B. die monatlichen Leasingraten, sind zumeist zahlungsrelevant. Zusätzlich zu den zahlungsrelevanten Konditionen kann ein Vertrag aber auch statistische Konditionen beinhalten. Diese werden nicht gebucht, sondern können zunächst lediglich zu Informationszwecken genutzt werden. Sie können beispielsweise die ortsübliche Vergleichsmiete als statistische Kondition erfassen, um diese mit der tatsächlichen Miete zu vergleichen. Verantwortlich dafür, dass Konditionen nicht buchungsrelevant, sondern ausschließlich statistisch zu betrachten sind, ist wiederum der Konditionszweck. Hat eine Kondition einen der Konditionszwecke »statistisch« oder »statistisch einmalig«, so handelt es sich um eine solche statistische Kondition.

Im Zusammenhang mit der bilanziellen Bewertung von Verträgen kommt den statistischen Konditionen eine besondere Bedeutung zu: Statistische Konditionen können nämlich – obwohl sie nicht buchungsrelevant sind – dennoch zur bilanziellen Bewertung von Verträgen herangezogen werden. Diese Eigenschaft statistischer Konditionen können Sie beispielsweise für die Abbildung von *Initialkosten* eines Leasingvertrags nutzen. Hierbei handelt es sich um Kosten, wie etwa Maklergebühren, die vor Vertragsbeginn und vor der Anlage des Leasingvertrags im SAP-System gebucht wurden. Erfassen Sie solche Kosten als statistische Kondition, können Sie die Kosten in die Bewertung und die Berechnung des Anlagenwertes für das Nutzungsrecht einbeziehen, obwohl diese Kondition nicht über den Leasingvertrag gebucht wurde.

Einmalkonditionen

Eine weitere Eigenschaft von Konditionen ist ihre Periodizität. Auch für diese ist der Konditionszweck mitverantwortlich. Ein Konditionszweck, der auf dem internen Konditionszweck »Buchmiete einmalig« oder »statistisch einmalig« beruht, sorgt dafür, dass eine Kondition als Einmalkondition abgebildet wird. Die im letzten Absatz beschriebenen Initialkosten sind ein Beispiel für eine solche Einmalkondition. Auch bei *Rückbauverpflichtungen* und *Vermögensvorgaben* handelt es sich um Einmalkonditionen.

Umsatzmiete/ Umsatzabrechnung

Ein weiteres Beispiel für Konditionen ist die *Umsatzmiete*. Mieten für Läden werden häufig auf Basis des Umsatzes vereinbart. Mieter, die Umsatzmietverträge mit ihrem Vermieter abschließen, müssen in definierten Zeiträumen die Umsätze (monetär), die sie erzielt haben, oder auch die Absätze (mengenmäßig) an ihren Vermieter melden.

Staffelung nach Umsatz oder Absatz

Häufig wird auch nach Sortiment unterschieden, in dem der Umsatz oder Absatz getätigt wurde. Die Miete wird auf der Basis der Umsatzvereinbarungen im Vertrag (meist gestaffelt nach Umsatzspannen) unter Beachtung von Vorauszahlungen, Maximalmieten und Minimalmieten errechnet und gebucht.

[+]

Verbrauchsbezogene Konditionen

Die Funktion der Umsatzmieten lässt sich auch verwenden, um verbrauchs- oder nutzungsabhängige Konditionen abzubilden. Will man beispielsweise die Miete für einen Drucker nach der Anzahl ausgedruckter Seiten abrechnen, ließe sich das im einfachen Fall über Vertragsbemessungen abbilden. Liegt aber eine Staffelung in der Abrechnungsregel vor, wäre eine Umsatzabrechnung das Mittel der Wahl.

Abbildung 3.1 zeigt eine Umsatzmietvereinbarung für einen Drucker, abhängig vom Papierverbrauch.

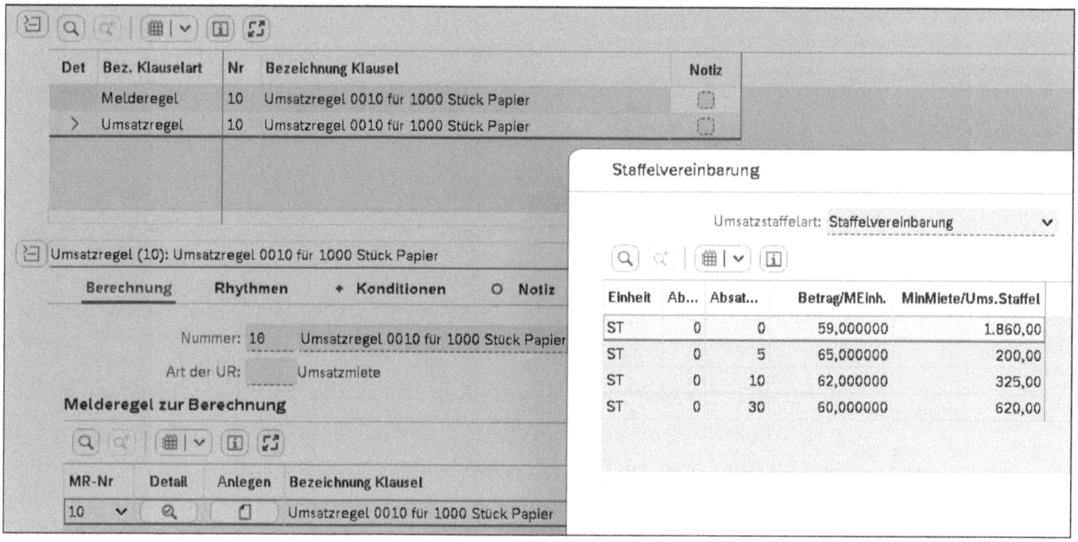

Abbildung 3.1 Umsatzmietvereinbarung nach Papierverbrauch

3.2 Vertragskonditionen manuell erfassen und ändern

Schauen wir uns nun detaillierter an, wie Sie einmalige und periodische, buchungsrelevante und statistische Konditionen im Vertrag erfassen und ändern können. Zunächst sehen wir uns die unterschiedlichen Möglichkeiten an, eine neue Kondition zu erfassen. Im Anschluss daran erfahren Sie, wie Sie einen Massenlauf für die Konditionsanpassung, z. B. einem Verbraucherpreisindex folgend, durchführen können.

3.2.1 Vertragskonditionen erfassen

Vor der Erfassung einer Kondition

Voraussetzung für die Erfassung von Vertragskonditionen ist, dass der Vertrag einen oder mehrere Vertragspartner sowie die notwendigen Buchungsparameter enthält. Die beim Anlegen eines Vertrags automatisch erzeugten Buchungsparameter (Buchungsklausel, Rhythmusklausel und Klausel der organisatorischen Zuordnung) werden automatisch für die neu anzulegenden Vertragskonditionen verwendet.

Kondition erfassen

Auf der Registerkarte **Konditionen** können Sie alle notwendigen Konditionen erfassen. Dazu wählen Sie den Button (**Kondition(en) einfügen**). Sie erhalten eine Übersicht der für diese Vertragsart zulässigen Konditionsarten. Sie können nun eine oder mehrere Konditionsarten auswählen und in den Vertrag übernehmen. Abbildung 3.2 zeigt, wie Sie Konditionen in den Vertrag einfügen können.

Abbildung 3.2 Konditionen einfügen – Detailanzeige

Achten Sie bitte darauf, dass die Kondition dem richtigen **Berechnungsobjekt** zugeordnet ist. Für ein objektgenaues Controlling und die bilanzielle Bewertung ist es wichtig, dass die Leasingkosten dem jeweils verursachenden Objekt zugeordnet sind. Der Gültigkeitszeitraum der Kondition wird automatisch mit den Vertragsdaten vorbelegt. Auch Werte für die Berechnungsvorschrift und den **Konditionszweck** sind bereits in den Detaildaten der Kondition vorhanden. Beide werden aus den Customizing-Einstellungen der **Konditionsart** bzw. der Konditionsgruppe ermittelt. Sie können den **Einheitspreis** und die Gültigkeitsdaten der Kondition erfassen, den Konditionszweck und die Berechnungsvorschrift ändern, sofern dies erforderlich ist.

Einheitspreis

Konditionen können Festpreiskonditionen sein oder Werte enthalten, die für eine Preisberechnung benötigt werden, z. B. einen Quadratmeterpreis. Die **Vorschrift**, genauer *Berechnungsvorschrift*, gibt an, wie der Einheitspreis zu interpretieren ist bzw. nach welcher Vorschrift der Einheitspreis für die Berechnung herangezogen wird. Näheres dazu finden Sie in Abschnitt 3.3.2, »Berechnungsvorschrift«.

[+]

Konditionsart mehrmals verwenden

Manchmal ist es erforderlich, ein und dieselbe Konditionsart mehrmals in einem Vertrag zu verwenden. Wenn Sie in einem Leasingvertrag separate Leasingraten für die Büroflächen und die Lagerfläche vereinbart haben, erfassen Sie je eine separate Leasingrate für das Büro und für die Lagerfläche. Den Konditionen sind somit separate Berechnungsobjekte zugeordnet. Zusätzlich können Sie jede relevante Konditionsart auch mit verschiedenen Konditionszwecken verwenden. Das heißt, dass Sie eine zahlungsrelevante und eine statistische Kondition der gleichen Konditionsart mit den gleichen Gültigkeitsdaten im Vertrag verwenden können.

Vertragskonditionen sind also immer im Zusammenhang mit ihren Berechnungsobjekten und ihrem Konditionszweck zu betrachten: Für jede erlaubte Kombination aus Berechnungsobjekt und Konditionszweck kann eine Konditionsposition ein und derselben Konditionsart angelegt werden.

3.2.2 Buchungsparameter zuordnen

Buchungsparameter beschreiben buchungsrelevante Eigenschaften des Vertrags, d. h. Attribute, die bei den periodischen Buchungen der Vertragskonditionen in die Buchungsbelege übernommen werden. Solche Eigenschaften sind z. B. die Bankverbindung, die für eine Zahlung genutzt werden soll, der Zahlweg oder die Periodizität der Buchung. Buchungsparameter beinhalten Buchungsklauseln, Rhythmusklauseln und Klauseln der organisatorischen Zuordnung.

Auf der Registerkarte **Klauseln** sehen Sie, welche Buchungs- und Anpassungsparameter der Kondition zugeordnet sind. Die Zuordnung der Standardklauseln erfolgt automatisch beim Anlegen einer Kondition, d. h., jeder neu angelegten Kondition sind automatisch die Standardklauseln zugeordnet. Sie erkennen die Standardklauseln an der Bezeichnung **<Standard>** und daran, dass diese Klauseln keine explizite Nummerierung haben. Abbildung 3.3 zeigt die einer Kondition zugeordneten Buchungsparameter.

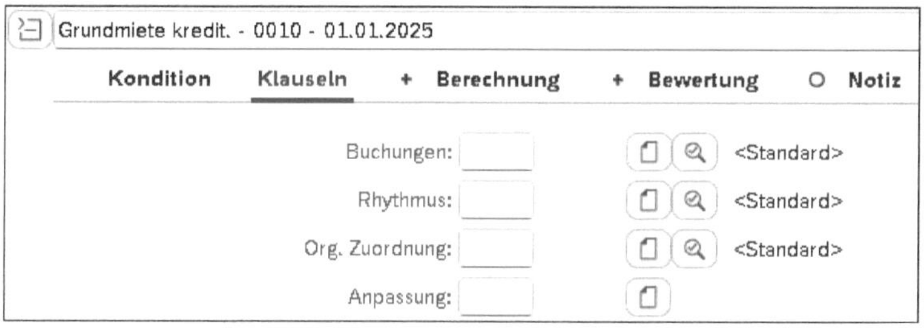

Abbildung 3.3 Konditionen einfügen – Klauseln

Buchungsklausel

Mit der *Buchungsklausel* legen Sie Informationen für die spätere Buchung fest, z. B. welche Bankverbindung und welcher Zahlweg verwendet werden soll.

Organisatorische Zuordnung

In der *Klausel der organisatorischen Zuordnung* erfassen Sie das Profitcenter, den Geschäftsbereich oder den Funktionsbereich für den Vertrag (soweit diese organisatorischen Einheiten in Ihrem SAP-System verwendet werden). Diese Werte können in einigen Fällen bereits aus den Vertragsobjekten abgeleitet werden, sodass sie auf dem Vertrag nicht separat gepflegt werden müssen.

Rhythmusklausel

In der *Rhythmusklausel* finden Sie Daten zum Zahlungsrhythmus (z. B. monatlich oder jährlich), zur **Zahlweise** (z. B. vorschüssig oder nachschüssig) oder zur Fälligkeit der Zahlung. Die Inhalte der Rhythmusklauseln können Sie im Customizing vorbelegen, siehe hierzu Abschnitt 3.3.4, »Rhythmus und Fälligkeit«. Wenn also beispielsweise die Leasingraten von Leasingverträgen für Gebäude oder Grundstücke im Allgemeinen jährlich und nachschüssig, d. h. zum Ende des Jahres, zu zahlen sind, so können Sie eine entsprechende Vorlageklausel definieren. Diese Vorlageklausel ordnen Sie der Vertragsart für Leasingverträge für Immobilien zu. Legen Sie nun einen neuen Leasingvertrag an, so wird die gewünschte Rhythmusklausel automatisch angelegt.

Abweichende Klauseln

Manchmal unterscheiden sich jedoch die Konditionen innerhalb ein und desselben Vertrags hinsichtlich ihrer Buchungs- oder Rhythmusklauseln. So kann beispielsweise die Leasingrate monatlich gezahlt werden, während die Servicekosten des Vertrags jährlich zu entrichten sind. In einem solchen Fall legen Sie über den Button (**Klausel anlegen**) eine weitere Rhythmusklausel an und ordnen diese der gewünschten Kondition zu. Die auf diese Art und Weise manuell angelegten Klauseln sind nummeriert. Eine automatische Zuordnung der Kondition erfolgt für manuell angelegte Klauseln nicht. Wenn Sie also in einem Vertrag eine zusätzliche Rhythmus- oder Buchungsklausel benötigen, müssen Sie unbedingt darauf achten, dass diese Klausel auch den relevanten Konditionen zugeordnet wird.

Konditionen kopieren

Wenn Sie für eine bestehende Kondition weitere *Zeitscheiben*, also weitere Gültigkeitszeiträume, anlegen möchten, können Sie dafür die Originalkondition kopieren und im dann erscheinenden Eingabefenster einen Gültigkeitsbeginn und den neuen Konditionswert erfassen. Die bisherige Kondition wird dann automatisch mit einem Gültigkeitsende versehen. Für den neuen Konditionsbetrag wird eine neue Zeitscheibe auf der Registerkarte **Konditionen** angelegt. Abbildung 3.4 zeigt das Detailbild beim Kopieren einer Kondition.

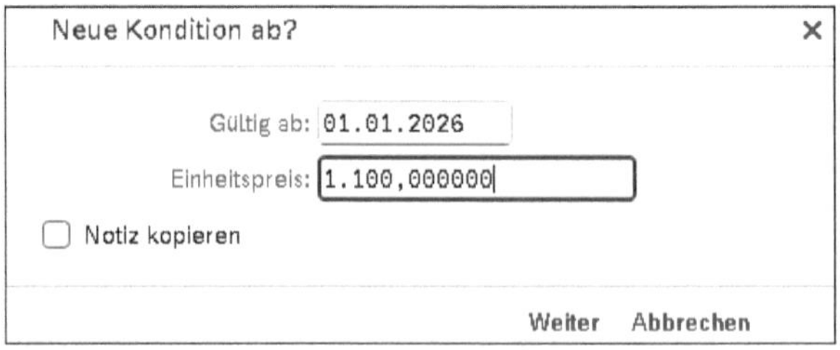

Abbildung 3.4 Konditionen kopieren

Gestaffelte Konditionen

Über den Button (**Staffel generieren**) können Sie zeitabhängige Staffelkonditionen vom System berechnen lassen. Sie markieren dazu die Ursprungskondition und geben die Laufzeit der Staffel, den Abstand zwischen den einzelnen Werten der Staffel und einen Erhöhungsprozentsatz oder einen absoluten Erhöhungsbetrag an. Aus diesen Angaben errechnet das System die Gültigkeitsintervalle und Konditionsbeträge und fügt diese in den Vertrag ein. In Abbildung 3.5 sehen Sie die Änderung der Beträge einer Kondition während der Laufzeit des Vertrags.

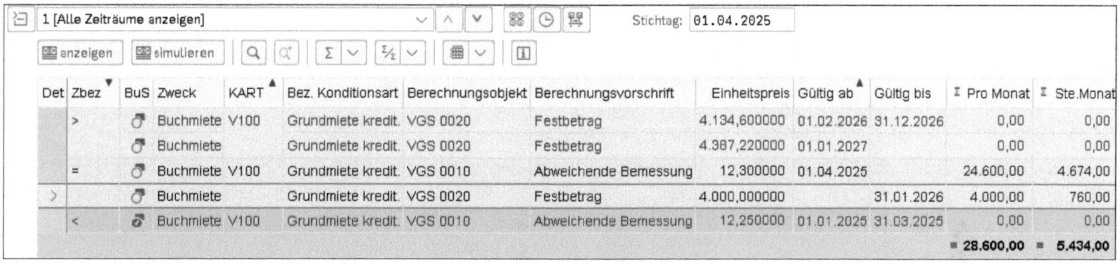

Det	Zbez	BuS	Zweck	KART	Bez. Konditionsart	Berechnungsobjekt	Berechnungsvorschrift	Einheitspreis	Gültig ab	Gültig bis	Σ Pro Monat	Σ Ste.Monat
	>		Buchmiete	V100	Grundmiete kredit.	VGS 0020	Festbetrag	4.134,600000	01.02.2026	31.12.2026	0,00	0,00
			Buchmiete		Grundmiete kredit.	VGS 0020	Festbetrag	4.387,220000	01.01.2027		0,00	0,00
	=		Buchmiete	V100	Grundmiete kredit.	VGS 0010	Abweichende Bemessung	12,300000	01.04.2025		24.600,00	4.674,00
>			Buchmiete		Grundmiete kredit.	VGS 0020	Festbetrag	4.000,000000		31.01.2026	4.000,00	760,00
	<		Buchmiete	V100	Grundmiete kredit.	VGS 0010	Abweichende Bemessung	12,250000	01.01.2025	31.03.2025	0,00	0,00
											■ 28.600,00	■ 5.434,00

Abbildung 3.5 Konditionen mit mehreren Gültigkeitszeiträumen

3.2.3 Finanzstrom prüfen

In den Konditionen haben Sie hinterlegt, wie hoch Ihre Miete oder Leasingrate, die Nebenkosten oder die Servicekosten sind. Mithilfe der Rhythmusklausel haben Sie bestimmt, in welchen Perioden und zu welchen Terminen die Zahlungen stattfinden sollen. Die hieraus berechnete Reihe von zu leistenden Zahlungen wird im Vertragsmanagement *Finanzstrom* genannt. Der Finanzstrom bildet die Grundlage für die periodische Buchung der Leasingraten. Jeder Eintrag im Finanzstrom ist ein Plan-Satz für eine zukünftige Buchung. Ist ein Satz aus dem Finanzstrom gebucht, erhält er einen entsprechenden Status – er wird zum Ist-Satz. Wenn Sie feststellen wollen, ob Sie die Konditionen richtig erfasst haben und die Plan-Sätze für die Buchungen korrekt sind, schauen Sie sich den Finanzstrom an. Wählen Sie zu diesem Zweck den Button simulieren (**Finanzstrom simulieren**). Benutzen Sie später den Button **Zu den Konditionen**, um in das Konditionenbild zurückzukehren.

[zB]

Beispiel 1: Rhythmus, Betragsbezug und Berechnungsmethode

Sie haben einen Vertrag für vier Jahre abgeschlossen, der eine jährliche Mietzahlung in Höhe von 3.600 € enthält. Der Vertrag beginnt am 01.04.2025 (ein Dienstag). Die Miete ist vorschüssig jeweils am dritten Werktag fällig.

Sie erwarten, dass

- im ersten Jahr die Miete am 03.04.2025 in Höhe von neun Zwölftel der Jahresmiete, also 2.700 €, fällig ist,
- in den Folgejahren jeweils am dritten Werktag des Jahres,
- im letzten Jahr (Vertragsende 31.03.) die Miete in Höhe von drei Zwölftel der Jahresmiete, also 900 €, am dritten Werktag des Jahres fällig ist.

Der gewünschte Finanzstrom ist in Abbildung 3.6 dargestellt.

Simulation Partnerfinanzstrom - Alle Konditionen (5/5)

Berech. von	Berech. bis	Fälligkeitstag	BArt	Bewegungsartbezeich...	Netto HW	Steuer ...	Brutto HW	HWhr	Status
01.04.2025	31.12.2025	03.04.2025	V100	Kred. Grundmiete	2.700,00	513,00	3.213,00	EUR	
01.01.2026	31.12.2026	07.01.2026	V100	Kred. Grundmiete	3.600,00	684,00	4.284,00	EUR	
01.01.2027	31.12.2027	07.01.2027	V100	Kred. Grundmiete	3.600,00	684,00	4.284,00	EUR	
01.01.2028	31.12.2028	05.01.2028	V100	Kred. Grundmiete	3.600,00	684,00	4.284,00	EUR	
01.01.2029	31.03.2029	04.01.2029	V100	Kred. Grundmiete	900,00	171,00	1.071,00	EUR	
					• 14.400,00	• 2.736,00	• 17.136,00	EUR	

Abbildung 3.6 Finanzstrom zu Beispiel 1

Rhythmus und Betragsbezug

Wie kommt dieser Finanzstrom zustande? In der Rhythmusklausel finden Sie die Daten, um die Finanzstromperioden zu bestimmen. Jede Finanzstromperiode bildet einen Plan-Satz für die jeweilige Kondition. Der Zahlungsrhythmus wird über das Feld **Rhythmus** (z. B. monatlich oder jährlich) bestimmt. Mithilfe des Feldes **Betragsbezug** (z. B. Rhythmusbetrag, Monatsbetrag oder Jahresbetrag) können Sie bestimmen, wie sich der Konditionsbetrag zum Zahlungsrhythmus verhält und so z. B. festlegen, dass ein Jahresbetrag mit monatlicher Buchung angelegt wird. Hiermit wird also der Betrag pro Periode berechnet.

Rhythmusbeginn

Der Rhythmus legt im Zusammenhang mit dem zugehörigen **Rhythmusbeginn** (Beginn der Kondition, Beginn des Kalenderjahres oder frei wählbarer Rhythmusbeginn) fest, wie die Zahlungsperioden aufgebaut werden. Im Beispiel soll *nicht* jeweils im April eines Jahres die Jahresmiete in voller Höhe gezahlt werden, sondern die Miete ist in den »angefangenen« Jahren immer anteilig fällig, und zwar zu Beginn der Berechnungsperiode. Die Berechnung der Zahlungsperioden soll also nicht am Konditionsbeginn (01.04.) beginnen, sondern jeweils am Jahresanfang – ausgenommen in den »angefangenen« Jahren. Das erreichen Sie, indem Sie den **Rhythmusbeginn** auf den **Beginn des Kalenderjahres** einstellen. Während das Feld **Zeitanteilig** festlegt, wie die Berechnung des für die Periode fälligen Betrags im Zusammenhang mit dem Vertragsbeginn bzw. -ende erfolgt, wenn – wie im Beispiel – der Beginn oder das Ende des Vertrags (und damit die Berechnungsperiode) vom Periodenbeginn bzw. -ende abweichen.

Berechnungsmethode

Die **Berechnungsmethode** definiert die Anzahl der Tage pro Monat bzw. pro Jahr, mit denen das System bei anteiligen Zeiträumen die Beträge errechnet. Hier können Sie zwischen 30 Tagen pro Monat (und damit 360 Tagen pro Jahr) und der tatsächlichen Anzahl der Tage pro Monat – unter Berücksichtigung von Schaltjahren – wählen. Hätten Sie im Beispiel statt der 30-Tage-Regel die Regel für taggenaues Rechnen eingestellt, ergäben sich im ersten und im letzten Jahr andere Mieten, z. B. im ersten Jahr 275/365 × 3.600,00 € = 2.712,33 € statt 9 × 30/360 × 3.600,00 € = 2.700,00 €.

Zahlweise

Ein weiteres wichtiges Kriterium ist die **Zahlweise**. Sie können die folgenden Zahlweisen verwenden:

- **Nachschüssig**
  Das Fälligkeitsdatum der Kondition liegt am Ende der Periode.
- **Vorschüssig**
  Das Fälligkeitsdatum liegt am Anfang der Periode.
- **Mittelschüssig**
  Das Fälligkeitsdatum liegt in der Mitte der Periode.

Fälligkeit

Die Fälligkeit der Zahlungen wird aus der **Zahlweise** und dem Wert im Feld **Fälligkeit (+/–)** ermittelt. Wird die *Fälligkeitsverschieberegel* **3. Werktag des Monats** hinterlegt, so wird das Fälligkeitsdatum (Zahlungsfristenbasisdatum) jeweils auf den dritten Werktag nach dem aus der Fälligkeit ermittelten Termin verschoben, d. h. bei vorschüssiger Zahlweise auf den dritten Werktag nach dem Beginn der Berechnungsperiode. Fälligkeitsverschieberegeln werden im Customizing definiert, siehe hierzu Abschnitt 3.3.4, »Rhythmus und Fälligkeit«.

Um den gewünschten Finanzstrom zu erhalten, erfassen Sie die gewünschten Daten in der Rhythmusklausel. Abbildung 3.7 zeigt das Beispiel einer Rhythmusklausel mit monatlichen, vorschüssig erfolgenden Zahlungen sowie mit der Verschiebung des Fälligkeitsdatums auf den dritten Werktag des jeweiligen Monats.

Fälligkeit ändern

In Ausnahmefällen kann es erforderlich sein, die Fälligkeit einer Leasingrate manuell zu ändern. Dazu öffnen Sie den Vertrag im Änderungsmodus und gehen, ausgehend von der Registerkarte **Konditionen**, in die Simulation des Finanzstroms. Markieren Sie im Finanzstrom den Plan-Satz, dessen Fälligkeit Sie ändern wollen. Betätigen Sie nun den Button (**Fälligkeitsdatum ändern**) in der Menüleiste oberhalb der Anzeige des simulierten Partnerfinanzstroms.

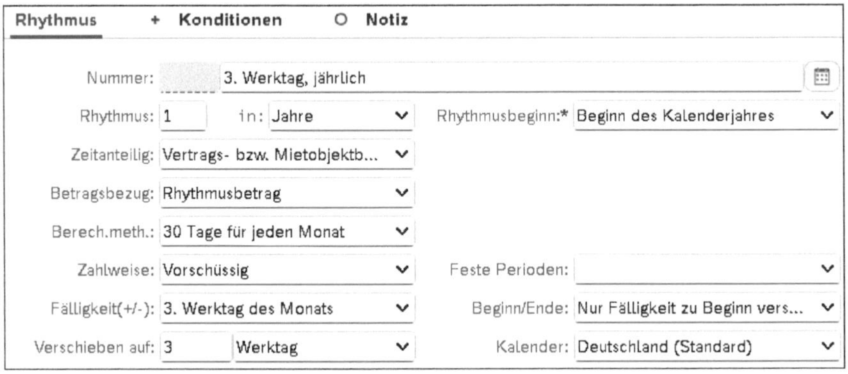

Abbildung 3.7 Rhythmusklausel zu Beispiel 1

Sie können nun das gewünschte Fälligkeitsdatum im Feld **Fälligkeitsdatum – neu** erfassen. Abbildung 3.8 zeigt die Änderung des Fälligkeitsdatums eines Finanzstromsatzes.

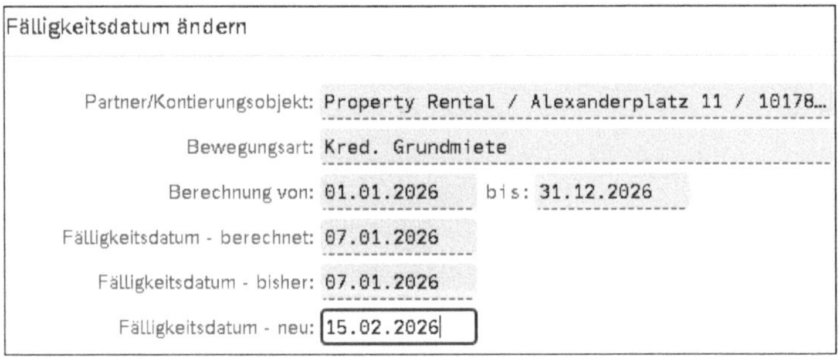

Abbildung 3.8 Fälligkeitsdatum eines Finanzstromsatzes ändern

Die Finanzstromposition, deren Fälligkeit Sie geändert haben, erkennen Sie am im SAP-System andersfarbig markierten Fälligkeitsdatum. Ein Beispiel für die Änderung des Fälligkeitsdatums im Finanzstrom sehen Sie in der zweiten Zeile von Abbildung 3.9. Hier wurde das Fälligkeitsdatum des Finanzstromsatzes auf den 15.02.2026 geändert.

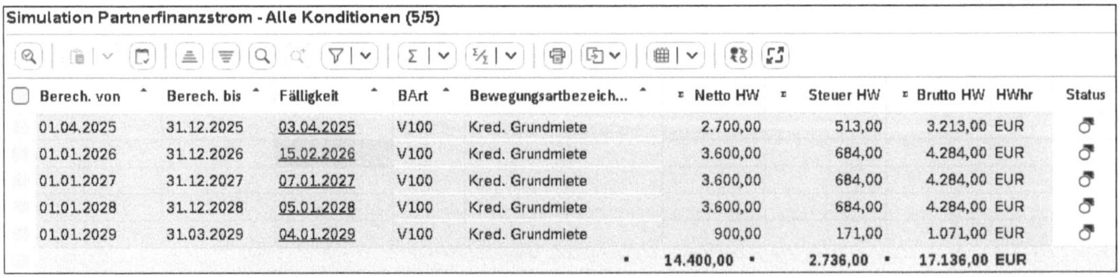
Simulation Partnerfinanzstrom - Alle Konditionen (5/5)

Berech. von	Berech. bis	Fälligkeit	BArt	Bewegungsartbezeich...	Netto HW	Steuer HW	Brutto HW	HWhr	Status
01.04.2025	31.12.2025	03.04.2025	V100	Kred. Grundmiete	2.700,00	513,00	3.213,00	EUR	
01.01.2026	31.12.2026	15.02.2026	V100	Kred. Grundmiete	3.600,00	684,00	4.284,00	EUR	
01.01.2027	31.12.2027	07.01.2027	V100	Kred. Grundmiete	3.600,00	684,00	4.284,00	EUR	
01.01.2028	31.12.2028	05.01.2028	V100	Kred. Grundmiete	3.600,00	684,00	4.284,00	EUR	
01.01.2029	31.03.2029	04.01.2029	V100	Kred. Grundmiete	900,00	171,00	1.071,00	EUR	
				•	14.400,00 •	2.736,00 •	17.136,00	EUR	

Abbildung 3.9 Finanzstrom mit geänderter Fälligkeit

3.2.4 Vertragskonditionen manuell ändern

Sperrgrund

Wenn Sie bestehende Konditionen ändern müssen, gehen Sie auf die Registerkarte **Konditionen**, und markieren Sie im oberen Bildteil die zu ändernde Kondition. Wurde diese Kondition bereits in periodischen Buchungen verwendet, wird die Kondition unter Angabe eines *Sperrgrundes* angezeigt. In unserem Beispiel handelt es sich um den Sperrgrund **Teilgesperrt wegen Buchung von ... bis ...**

Konditionen werden ebenfalls als gesperrt angezeigt, wenn Sie keine Berechtigung zum Ändern der Kondition haben, wenn es sich um archivierte Konditionen handelt oder wenn die Konditionsart im Customizing der zugehörigen Konditionsgruppe gesperrt wurde. Weitere Sperrgründe beziehen sich auf bereits vorhandene, aber noch nicht aktivierte Konditionsanpassungen. Eine wegen bereits erfolgter Buchungen teilgesperrte Kondition sehen Sie in Abbildung 3.10.

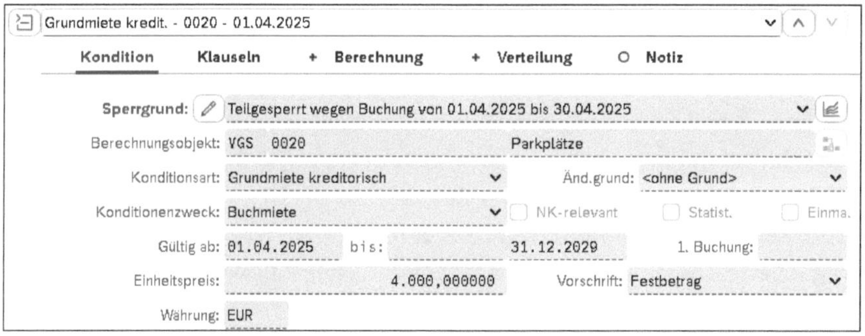

Abbildung 3.10 Konditionen ändern bei »Sperrgrund«

Neben dem Sperrgrund sehen Sie in einigen Fällen den Button **In Änderungsmodus wechseln**. Der Sperrgrund weist darauf hin, dass zur ausgewählten Kondition bereits Buchungssätze vorhanden sind und dass eine nachträgliche Änderung der Kondition zu Nachbuchungen führen würde. Wenn Sie den Button betätigen, wird die in Abbildung 3.11 dargestellte Meldung angezeigt.

Neue Zeitscheibe anlegen

Anstelle einer nachträglichen Änderung der Kondition wird das Anlegen einer neuen Zeitscheibe für die Kondition vorgeschlagen. Als Beginn der neuen Zeitscheibe wird der Tag nach dem Gültigkeitsende der bereits gebuchten Zeitscheibe vorgeschlagen. Bei diesem Vorgehen werden keine rückwirkenden Korrekturbuchungen erzeugt.

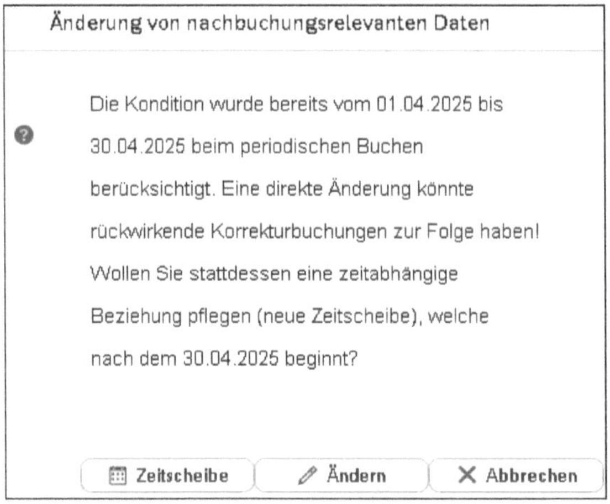

Abbildung 3.11 Änderung von nachbuchungsrelevanten Daten

Nachbuchungen wegen Konditionsänderungen

Ist es dennoch erforderlich, eine bereits gebuchte Zeitscheibe der Kondition zu ändern, können Sie dafür den Button **In Änderungsmodus wechseln** nutzen. In diesem Fall werden die bereits existierenden Buchungen berücksichtigt, daraus wird der noch zu buchende Differenzbetrag ermittelt und gebucht. In Abhängigkeit von der vorgenommenen Konditionsänderung wird dann entweder ein positiver Betrag (im Fall einer nachträglichen Konditionserhöhung) oder ein negativer Konditionsbetrag (im Fall einer nachträglichen Konditionsminderung) gebucht. Die Fälligkeit der Nachbuchungen kann durch eine Customizing-Einstellung gesteuert werden. So können Sie beispielsweise festlegen, dass eine nachträgliche Konditionserhöhung zu dem Datum fällig ist, an dem die Konditionsänderung im System erfasst wurde, während die Fälligkeit einer nachträglichen Gutschrift dem Fälligkeitsdatum der ursprünglichen Buchung entspricht. Abbildung 3.12 zeigt eine Korrekturbuchung aufgrund einer nachträglichen Konditionserhöhung. Die Bezeichnung der Bewegungsart, in diesem Fall **Kred. Grundmiete (+)** verweist auf die nachträgliche Erhöhung des Konditionsbetrags.

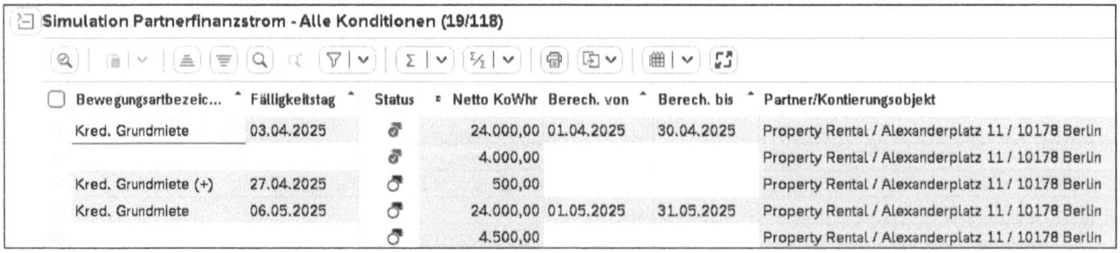
Simulation Partnerfinanzstrom - Alle Konditionen (19/118)

Bewegungsartbezeic...	Fälligkeitstag	Status	Netto KoWhr	Berech. von	Berech. bis	Partner/Kontierungsobjekt
Kred. Grundmiete	03.04.2025		24.000,00	01.04.2025	30.04.2025	Property Rental / Alexanderplatz 11 / 10178 Berlin
			4.000,00			Property Rental / Alexanderplatz 11 / 10178 Berlin
Kred. Grundmiete (+)	27.04.2025		500,00			Property Rental / Alexanderplatz 11 / 10178 Berlin
Kred. Grundmiete	06.05.2025		24.000,00	01.05.2025	31.05.2025	Property Rental / Alexanderplatz 11 / 10178 Berlin
			4.500,00			Property Rental / Alexanderplatz 11 / 10178 Berlin

Abbildung 3.12 Korrekturbuchung bei nachträglicher Konditionserhöhung

Beachten Sie bitte, dass Änderungen an bereits bestehenden Zeitscheiben von Konditionen wegen der daraus resultierenden Korrekturbuchungen nur in Ausnahmefällen vorgenommen werden sollten.

Nachdem wir uns unterschiedliche Beispiele für Konditionen sowie die Konditionserfassung und -änderung innerhalb des Vertrags angeschaut haben, wenden wir uns nun den Customizing-Einstellungen zu, die die Konditionspflege ermöglichen und die für das unterschiedliche Verhalten der Konditionen verantwortlich sind.

3.3 Customizing: Konditionen

Wir gehen in diesem Abschnitt auf wichtige Customizing-Einstellungen zu Konditionen ein. Das betrifft die Definition der Konditionsarten, die Einstellungen für die Berechnung, Verteilung und Fälligkeit der Konditionsbeträge. Die zu den Konditionen gehörenden Mechanismen der Kontenfindung sind nicht Gegenstand dieses Kapitels, wir besprechen diese detailliert in Abschnitt 4.2.2, »Customizing: Kontenfindung periodische Buchung«.

In den bisher beschriebenen Verträgen haben wir Vertragskonditionen der verschiedensten Konditionsarten erfasst. Gehen wir von diesen beiden Kriterien – der Vertragsart und der Konditionsart – aus. Jeder Vertragsart ist im Customizing eine Konditionsgruppe zugeordnet. Diese Konditionsgruppe enthält alle Konditionsarten, die für die jeweilige Vertragsart verwendet werden können.

[«]

Konditionen und Kontenfindung

Wir haben es im Bereich der Customizing-Einstellungen für die Konditionen mit den folgenden Hauptaktivitäten zu tun:

- Definition der Konditionsgruppe zur Vertragsart und Zuordnung von Konditionsarten
- Definition der Konditionsarten, ihrer Vorbelegungen und Attribute
- Definition der Kontenfindung pro Konditionsart (siehe Abschnitt 4.2.2, »Customizing: Kontenfindung periodische Buchung«)

Alle in diesem Abschnitt beschriebenen Einstellungen zu Konditionsgruppen und Konditionsarten nehmen Sie im Customizing des SAP Real Estate Managements (SA RE) im Pfad **Konditionen und Bewegungen** vor.

3.3.1 Konditionsgruppe, Konditionsart und Konditionszweck

Konditionsart

Schauen wir uns zunächst die *Konditionsarten* genauer an. Eine Konditionsart bestimmt die Art der Leistungen, für die im Rahmen eines Vertrags Zahlungen erfolgen. Wenn wir uns Leasingverträge anschauen, begegnen wir Konditionsarten wie Leasingraten, Servicegebühren, Initialkosten oder Rückbauverpflichtungen. Die genannten Konditionsarten unterscheiden sich in Bezug darauf, ob sie zahlungsrelevant oder statistisch, ob sie einmalig oder periodisch zu buchen sind.

Konditionsgruppe

Jeder Vertragsart ist im Customizing eine *Konditionsgruppe* zugeordnet. Die Konditionsgruppe einer Vertragsart legt fest, welche Konditionsarten für diese Vertragsart zulässig sind und wie diese Konditionsarten in den Verträgen verwendet werden können. Jeder Konditionsgruppe werden alle Konditionsarten zugeordnet, die für Verträge der jeweiligen Vertragsart zulässig sind. In der Konditionsgruppe wird außerdem die Reihenfolge der Konditionsarten definiert. Sie können festlegen, welche Konditionsarten bei der Vertragspflege vorbelegt werden, welche Konditionsarten ausschließlich manuell, welche nur automatisch gepflegt werden können. In Abbildung 3.13 wird die Zuordnung von Konditionsarten zu einer Konditionsgruppe dargestellt.

[»]

Konditionsgruppen und Reportprofile

Konditionsgruppen können auch zu anderen Zwecken genutzt werden. Beispielsweise ist es möglich, Konditionsgruppen für Reporting-Zwecke zu definieren. Diese werden dann einem Reportprofil zugeordnet. In den mit dem Reportprofil aufgerufenen Reports werden dann die Konditionen in jeweils derselben Spalte der Liste dargestellt.

Zuordnung Konditionsart zur Konditionsgrupp

KoArt	Konditionsart	Reihenfolge	Konditionszweck
V100	Grundmiete kredit.	10	A Buchmiete
V101	Service kreditorisch	30	A Buchmiete
V102	Anfäng. Kosten kred.	100	B Buchmiete einmalig
V103	Restwert kred.	110	K Statistisch, einmalig
V104	Rückkaufswert kred.	120	K Statistisch, einmalig
V105	Strafzahlung kred.	130	K Statistisch, einmalig
V106	Rückbauverpflichtung	140	K Statistisch, einmalig
V107	Vermögenswertvorgabe	150	K Statistisch, einmalig

Abbildung 3.13 Zuordnung von Konditionsarten zu einer Konditionsgruppe

Konditionszweck

Innerhalb der Konditionsgruppe wird für jede Konditionsart festgelegt, mit welchem *Konditionszweck* diese verwendet werden kann. Externe Konditionszwecke können Sie im Customizing definieren. Als Grundlage für die Definition externer Konditionszwecke können die folgenden vier internen Konditionszwecke genutzt werden:

- Buchmiete
- Buchmiete einmalig
- Statistisch
- Statistisch einmalig

Die internen Konditionszwecke sind vordefiniert und können nicht geändert werden. Sie bewirken, dass eine Kondition gebucht wird und damit zahlungsrelevant ist (**Buchmiete** und **Buchmiete einmalig**) bzw. dass eine Kondition Informationszwecken dient und nicht zahlungsrelevant ist (**Statistisch** und **Statistisch einmalig**). Abbildung 3.14 zeigt den Konditionszweck für eine statistische Einmalkondition.

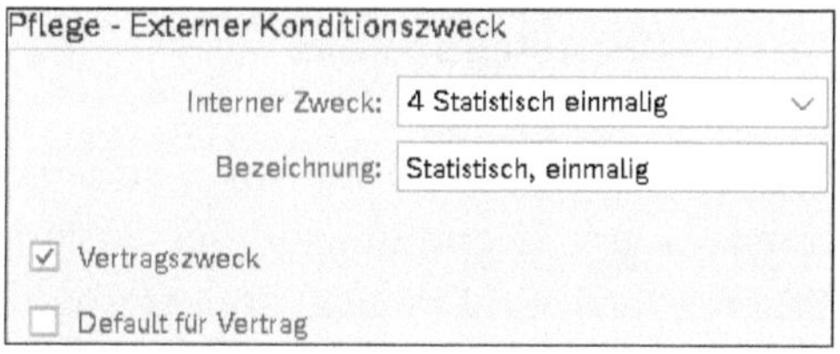

Abbildung 3.14 Konditionszweck für statistische Einmalkondition

Andererseits definieren die Konditionszwecke die Periodizität der Konditionen. Während Konditionen mit dem Konditionszweck **Buchmiete einmalig** oder **Statistisch einmalig** für die Definition von Einmalkonditionen verwendet werden, sind Konditionen mit den Konditionszwecken **Buchmiete** und **Statistisch** für die Abbildung wiederkehrender Konditionen zuständig. Ob jedoch eine Kondition einen monatlichen oder einen jährlichen Rhythmus hat, ob sie zu Beginn oder am Ende der Berechnungsperiode zu zahlen ist, hängt von der Rhythmusklausel ab, die der Kondition zugeordnet wird.

3.3.2 Berechnungsvorschrift

Konditionsbeträge können als fixe Beträge pro Monat oder Jahr, Beträge pro Quadratmeter oder Beträge, abhängig von der Anzahl der Vertragsobjekte, auftreten. Die Berechnung der Konditionsbeträge erfolgt auf der Grundlage von *Berechnungsvorschriften*. In den Customizing-Einstellungen finden Sie die sogenannten *externen Berechnungsvorschriften*, die bei der Berechnung der Konditionsbeträge verwendet werden. Einer externen Berechnungsvorschrift ist stets eine interne, d. h. eine vordefinierte und nicht änderbare, Berechnungsvorschrift zugeordnet.

In Leasingverträgen werden zumeist die folgenden Berechnungsvorschriften verwendet:

- **Berechnungsvorschrift 1 – Festbetrag**
  fester Betrag ohne Verwendung weiterer Parameter
- **Berechnungsvorschrift 3 – Betrag pro Stück**
  Einheitspreis pro Stück, multipliziert mit der in den Berechnungsobjekten erfassten Anzahl; in Parameter 1 ist eine Bemessungsart mit der Maßeinheit »Stück« anzugeben.
- **Berechnungsvorschrift 12 – Betrag pro Objekt**
  Der Konditionsbetrag wird in Abhängigkeit von der Anzahl der Vertragsobjekte berechnet, die dem Vertrag entweder direkt oder indirekt zugeordnet sind. Parameter 1 enthält dabei die Objektart, und Parameter 2 definiert, ob die Anzahl der Objekte hierarchisch ermittelt werden soll.
- **Berechnungsvorschrift 5 – prozentualer Anteil an einer Kondition**
- **Berechnungsvorschrift 15 – prozentualer Anteil an einer Konditionsgruppe**
  Der Konditionsbetrag ist ein prozentualer Anteil an einer anderen Vertragskondition oder mehreren zu einer Konditionsgruppe zusammengefassten Vertragskonditionen. Hierzu sind in den Parametern die Konditionsart bzw. -gruppe, der Konditionszweck und der Prozentsatz anzugeben.
- **Berechnungsvorschrift 6 – Umsatzmiete**
  Die Berechnungsvorschrift ermittelt die Höhe der Konditionsbeträge im Rahmen der Umsatzabrechnung. Für solche Konditionen sind weder Konditionsbeträge noch weitere Parameter erforderlich.
- **Berechnungsvorschrift 9 – Faktor pro Konditionsgruppe**
  Der Konditionsbetrag errechnet sich aus der Multiplikation der Konditionsbeträge einer Konditionsgruppe mit dem in der Berechnungsvorschrift angegebenen Faktor. Auch in dieser Berechnungsvorschrift ist der für die Berechnung zu nutzende Konditionszweck anzugeben.
- **Berechnungsvorschrift 1000 – BAdI-Berechnung**
  Im Business Add-in, kurz BAdI, BADI_RECD_CALC_RULE wird festgelegt, auf welche Art und Weise die Konditionsbeträge berechnet werden.

Um auf Basis der Berechnungsvorschrift die Werte der Vertragskonditionen zu ermitteln, sind für einige Berechnungsvorschriften zusätzliche Parameter erforderlich, die entweder bereits in der Berechnungsvorschrift enthalten sind oder in den Detaildaten der Kondition erfasst werden müssen.

Initialkosten als prozentualer Anteil an den Leasingkosten

Abbildung 3.15 zeigt die Berechnungsvorschrift »%-Anteil an einer Kondition«. Diese Berechnungsvorschrift können Sie für die Abbildung von Initialkosten – wie etwa Maklerkosten – verwenden, wenn diese Initialkosten beispielsweise mit 10 % der jährlichen Leasingrate vereinbart sind. Vom Konditionszweck der Initialkosten hängt es ab, ob diese im Rahmen der periodischen Buchung gebucht werden oder ob sie lediglich als statistische Einmalkondition in den Vertrag eingefügt werden. Unabhängig davon, welche der beiden Möglichkeiten Sie wählen, können Sie in beiden Fällen die Initialkosten bei der bilanziellen Bewertung berücksichtigen.

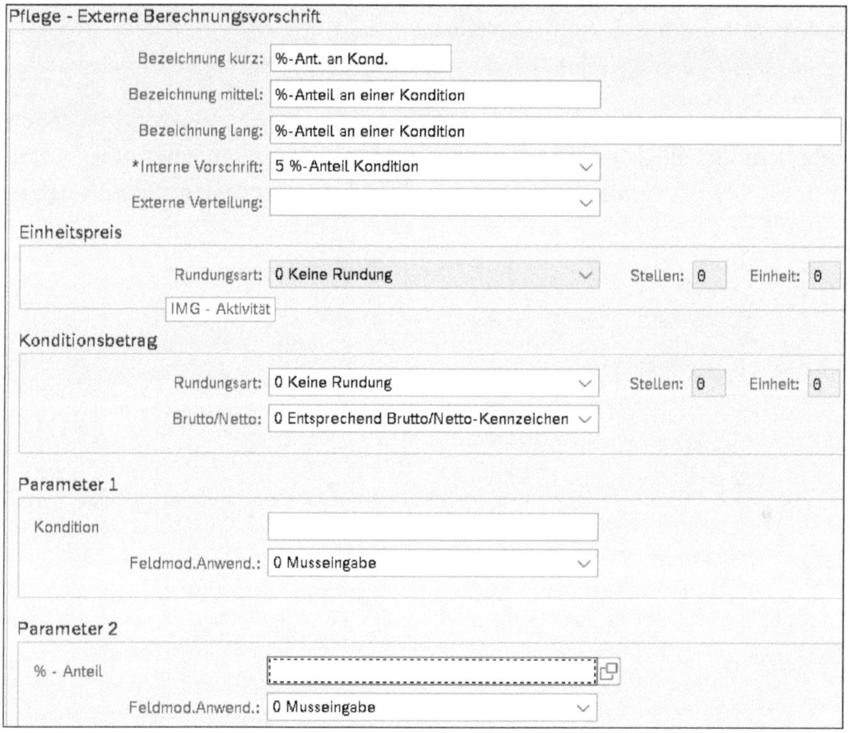

Abbildung 3.15 Externe Berechnungsvorschrift

3.3.3 Verteilungsvorschrift

Zusätzlich zur Berechnungsvorschrift können Sie einer Kondition auch eine *Verteilungsvorschrift* mitgeben. Diese ist insbesondere dann sehr wichtig, wenn der Vertrag mehr als ein Objekt enthält und die Vertragskonditionen nicht direkt den Vertragsobjekten zugeordnet wurden. In einem solchen Fall sollen die Konditionsbeträge nach bestimmten Regeln auf die Objekte des Vertrags aufgeteilt werden.

Interne Verteilungsvorschriften

Die externen Verteilungsvorschriften beruhen auf den folgenden internen Verteilungsvorschriften:

- **Gleichanteilig**
  Der Konditionsbetrag wird zu gleichen Teilen auf alle zugeordneten Verteilungsobjekte aufgeteilt.
- **Fläche/Objektbemessung/Abweichende Bemessung**
  Es ist eine Bemessungsgröße festzulegen, die als Grundlage für die Aufteilung des Konditionsbetrags genutzt wird.
- **Nach Objekt**
  Der Kondition wird ein Verteilungsobjekt zugeordnet, das nicht zwingend ein Vertragsobjekt ist, dem der Konditionsbetrag zuzurechnen ist.

Die Verteilung der Konditionsbeträge auf die einzelnen Vertragsobjekte ermöglicht ein objektgenaues Controlling. Abbildung 3.16 zeigt eine Verteilungsvorschrift für die Verteilung der Konditionsbeträge auf die Vertragsobjekte.

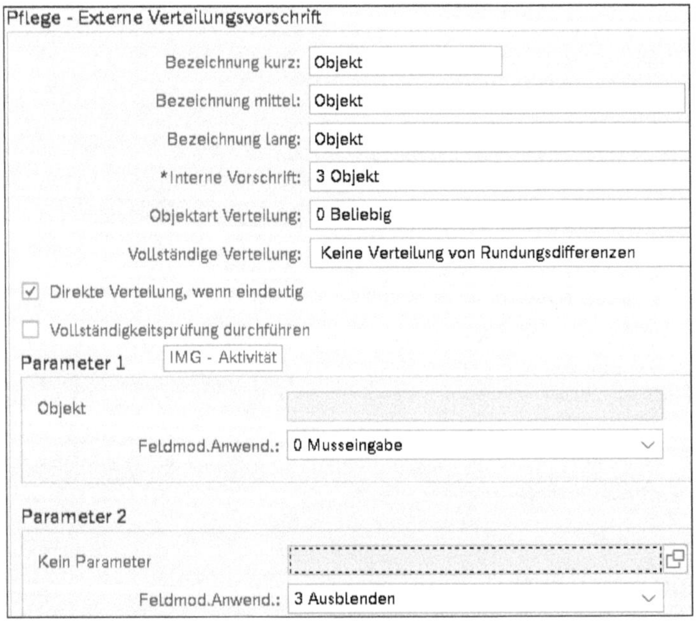

Abbildung 3.16 Externe Verteilungsvorschrift

3.3.4 Rhythmus und Fälligkeit

In der Rhythmusklausel des Vertrags werden alle Angaben zur Periodizität und Fälligkeit der Vertragskonditionen zusammengefasst. In Abschnitt 3.2.3, »Finanzstrom prüfen«, werden diese Felder am Beispiel erläutert.

Bei Leasingverträgen sind die Leasingraten oft jährlich zu zahlen. Deshalb bietet es sich hier an, eine Vorlage für eine Rhythmusklausel mit jährlichem Rhythmus zu definieren und den relevanten Vertragsarten zuzuordnen. Vorlagen für Rhythmusklauseln definieren Sie im Customizing von SAP RE unter **Konditionen und Bewegungen • Periodenberechnung und Fälligkeit • Vorlagen für Klauseln**. In Abbildung 3.17 sehen Sie eine Vorlage für das Anlegen von Rhythmusklauseln.

Vorlagen für Rhythmusklauseln

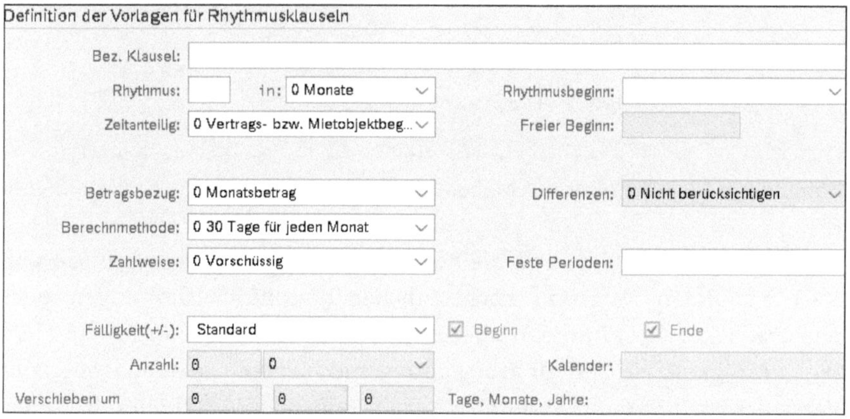

Abbildung 3.17 Vorlage für Rhythmusklausel anlegen

Die definierten Vorlageklauseln ordnen Sie anschließend den Vertragsarten zu. Dabei legen Sie auch die Nummerierung der Rhythmusklauseln fest.

Fälligkeitsverschieberegel

Weitere Daten der Rhythmusklausel lassen sich aus der *Fälligkeitsverschieberegel* ableiten. Wird in einem Vertrag keine explizite Fälligkeitsverschieberegel ausgewählt, so wird die Standardregel verwendet. Sie erkennen diese daran, dass sie nicht nummeriert und dass im Feld **Fälligkeit (+/–)** der Text **Standard** zu sehen ist. Die Standardfälligkeitsverschieberegel enthält eine Vielzahl wichtiger Einstellungen für die Ermittlung des Fälligkeitsdatums von periodisch zu buchenden Konditionspositionen. Eine solche Fälligkeitsverschieberegel sehen Sie in Abbildung 3.18.

Hier wird die Berechnung des Fälligkeitstermins im Fall des Vertragsbeginns oder des Vertragsendes definiert. Hier können Sie festlegen, dass Fälligkeiten, die vor dem Vertragsbeginn oder nach dem Vertragsende liegen, auf den Vertragsbeginn bzw. das Vertragsende verschoben werden.

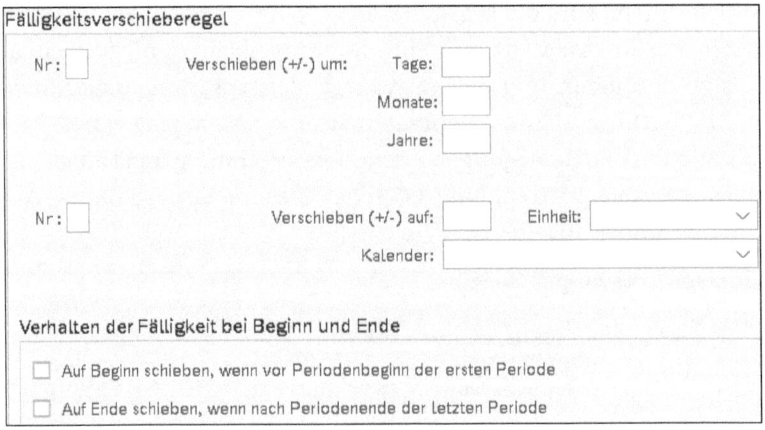

Abbildung 3.18 Fälligkeitsverschieberegel

Weiterhin legen Sie fest, wie die Berechnung der Fälligkeiten im Fall von Nachbuchungen aufgrund nachträglicher Konditionserhöhungen oder nachträglicher Konditionsminderungen erfolgen soll. Hierbei sind die Werte **Fälligkeit wie Ursprungsbewegung** und **Fälligkeit wie angegeben** mit Verschiebung um eine bestimmte Anzahl Tage oder Verschiebung auf das aktuelle Tagesdatum möglich (siehe Abbildung 3.19).

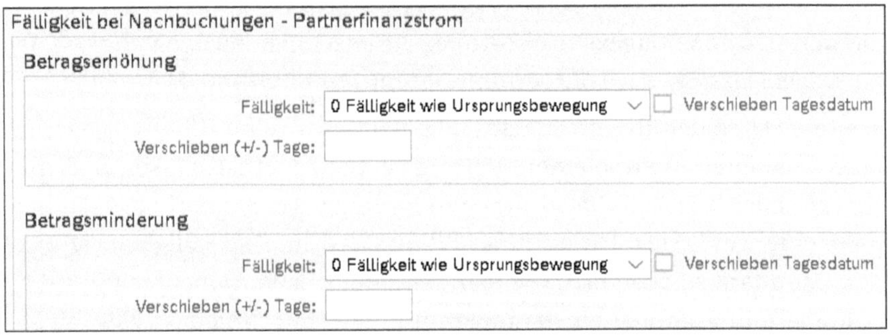

Abbildung 3.19 Fälligkeit bei Nachbuchungen

Beim Festlegen der Fälligkeitsberechnung beachten Sie bitte solche Geschäftsprozesse wie Mahnungen. Wird eine Konditionserhöhung erst nachträglich erfasst, erhält als Fälligkeitsdatum aber das Fälligkeitsdatum der ursprünglichen Bewegung, führt das dazu, dass die Zahlung überfällig und somit mahnrelevant ist.

3.3.5 Änderungsgründe und Sperrgründe

Änderungsgrund

Wenn eine Vertragskondition geändert wird, gibt es Gründe, aus denen diese Änderung vorgenommen wird. Diese *Änderungsgründe* können Sie in den Customizing-Einstellungen hinterlegen und den zugehörigen Konditionsarten zuordnen. Für jede Kondition kann dann im Rahmen einer Konditionsänderung der passende Änderungsgrund ausgewählt werden. Änderungsgründe werden sowohl bei manuellen als auch bei maschinellen Konditionsanpassungen berücksichtigt.

Sperrgrund

Die in den Detaildaten zu einzelnen Konditionen angezeigten *Sperrgründe* beziehen sich auf bereits erfolgte Buchungen (**Teilgesperrt wegen Buchung von ... bis ...**), auf bereits archivierte Konditionen oder auf vorhandene inaktive Konditionsanpassungen. Diese Sperrgründe sind vom SAP-Standard vorgegeben. Wollen Sie Konditionen aus weiteren Gründen gegen Änderungen sperren, können Sie dazu eine BAdI-Implementierung erstellen. Verwenden Sie in diesem Fall die Methode GET_LOCK_CONTEXT des BAdIs BADI_RECD_CONDITION. Diese Methode ermöglicht einerseits das Sperren von Konditionen gegen Änderungen, andererseits den Ausschluss einzelner Felder von der Sperrung sowie die Ausgabe einer entsprechenden Fehlermeldung.

3.3.6 Erweiterungen implementieren (BAdI): Konditionen

Sie haben in diesem Kapitel Vertragskonditionen und deren Eigenschaften kennengelernt. Weiterhin haben Sie erfahren, wie Sie durch die beschriebenen Customizing-Einstellungen die Darstellung und das Verhalten der Konditionen beeinflussen können. Trotz der vielfältigen Einstellungsmöglichkeiten können Situationen auftreten, in denen kundenspezifische Erweiterungen für Vertragskonditionen erforderlich sind. In solchen Fällen können Sie BAdI-Implementierungen nutzen, um die gewünschten Erweiterungen zu realisieren.

Im Customizing-Pfad von SAP RE finden Sie unter **Konditionen und Bewegungen • Erweiterungen implementieren (BAdI)** Erweiterungsmöglichkeiten für Konditionen. Abbildung 3.20 zeigt das Customizing-Menü für kundenspezifische Erweiterungen zu Konditionen.

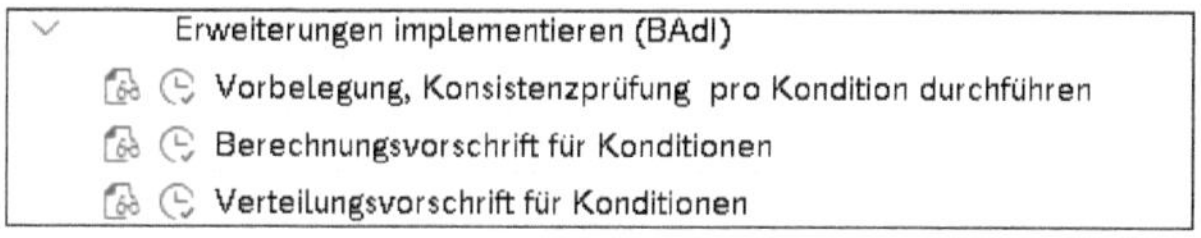

Abbildung 3.20 Erweiterungsimplementierungen für Konditionen

Mit diesen Erweiterungsmöglichkeiten können Sie das Verhalten von Konditionen sowie deren Berechnungs- und Verteilungsvorschriften beeinflussen.

BADI_RECD_CONDITION

Die Vorbelegungen und Konsistenzprüfungen für Konditionen beruhen auf dem BAdI BADI_RECD_CONDITION und ermöglichen:

- die Prüfung von Konditionen entsprechend kundenspezifischer Anforderungen und Gegebenheiten
- die Anpassung des Fälligkeitsdatums für Nachbuchungen
- die Vorbelegung von Anpassungsregeln bzw. den Ausschluss von Konditionen von der maschinellen Konditionsanpassung
- die Sperrung von Konditionen gegen Änderungen sowie den Ausschluss einzelner Felder von Sperrungen
- die Eingabebereitschaft für das Feld **1. Buchung** in den Konditionsdetails
- die Ableitung der Konditionsgruppe auf der Basis zusätzlicher kundeneigener Felder

Die Erweiterungen zu Berechnungsvorschriften basieren auf dem BAdI BADI_RECD_CALC_RULE. In diesem BAdI können Sie auf der Grundlage der internen Berechnungsvorschrift 1000 (BAdI-Berechnung) kundeneigene externe Berechnungsvorschriften definieren, die Sie dann in den Konditionen der Verträge verwenden können.

Für die Erweiterung der Verteilungsvorschriften wird das BAdI BADI_RECD_DIST_RULE verwendet. Mit diesem BAdI können Sie kundeneigene externe Verteilungsvorschriften auf Basis der internen Verteilungsvorschrift 1000 (BAdI-Verteilung) erstellen. Diese Verteilungsvorschriften können Sie für die Verteilung von Vertragskonditionen auf Vertrags- und Kontierungsobjekte nutzen.

3.4 Vertragskonditionen maschinell anpassen

Während der Vertragslaufzeit eines Miet- oder Leasingvertrags können sich die Vertragskonditionen ändern. So kann z. B. bei Vertragsabschluss vereinbart werden, dass die Leasingrate jährlich um einen bestimmten Betrag oder einen bestimmten Prozentsatz erhöht wird. Ein anderes Beispiel für die Anpassung von Konditionen finden wir in Verträgen, bei denen die Vertragskonditionen auf Basis von Indizes (z. B. Verbraucherpreisindex) oder Umsatzmieten angepasst werden. Konditionsänderungen können Sie natürlich, wie oben beschrieben, manuell erfassen, indem Sie die betroffenen Verträge im SAP-System aufrufen und die geänderten Konditionen eingeben. Zusätzlich ergibt sich aber die Notwendigkeit maschineller Anpassungsläufe, denn schließlich wollen Sie die aus der Anpassung resultierenden Konditionsbeträge für eine Vielzahl von Leasingverträgen nicht »per Hand« erfassen. Die Informationen über die neuen Konditionsbeträge werden Sie zwar in der Regel vom Leasinggeber erhalten, nichtsdestotrotz können Sie prozentuale Änderungen oder Änderungen um absolute Beträge beispielsweise mit einer freien Anpassung in die betreffenden Leasingverträge übernehmen. Im Fall einer Indexanpassung möchten Sie vielleicht die vom Leasinggeber übermittelten Werte anhand der Simulation einer Indexanpassung analysieren. Schauen wir uns deshalb in den nächsten Abschnitten verschiedene Möglichkeiten zur maschinellen Änderung von Vertragskonditionen an.

Anpassungsverfahren

Anpassungsverfahren legen die grundlegenden Modalitäten der Anpassung und das Systemverhalten während des Anpassungslaufs fest. SAP liefert Anpassungsverfahren aus, die Sie dann innerhalb von Anpassungsregeln verwenden können. Für den praktischen Einsatz im Zusammenhang mit Leasingverträgen sind insbesondere die folgenden Anpassungsverfahren relevant:

- freie Anpassung
- Indexanpassung
- BAdI-basierte Anpassung von Konditionen.

Zu jedem Anpassungsverfahren können Sie im Customizing mehrere Anpassungsregeln definieren, die in den Verträgen verwendet werden können. Bevor wir zu einzelnen Anpassungsverfahren übergehen, sehen wir uns zunächst allgemeine, verfahrensübergreifende Daten für die Anpassung von Konditionen an.

3.4.1 Maschinelle Anpassung vorbereiten: Anpassungsklausel

Soll für einen Vertrag eine Konditionsanpassung über einen maschinellen Anpassungslauf erfolgen, müssen dem Vertrag eine oder mehrere *Anpassungsklauseln* zugeordnet werden. Jede Anpassungsregel repräsentiert dabei ein Anpassungsverfahren. Jeder Kondition kann genau eine Anpassungsklausel zugeordnet werden.

Anpassungsklauseln und Konditionen

Die für den jeweiligen Vertrag möglichen Anpassungsregeln werden auf der Registerkarte **Anpassung** des Vertrags hinterlegt. Für jedes Anpassungsverfahren, das Sie im Vertrag nutzen wollen, legen Sie eine Anpassungsklausel an. Die Anpassungsklausel verknüpfen Sie anschließend mit denjenigen Konditionen, auf die das entsprechende Anpassungsverfahren angewandt werden soll. Dazu können Sie entweder auf der Unterregisterkarte **Konditionen** unterhalb der Registerkarte **Anpassung** die für das Anpassungsverfahren relevanten Konditionen zuordnen oder aber – umgekehrt – auf der Unterregisterkarte **Klauseln** unterhalb der Registerkarte **Konditionen** die für eine Kondition relevante Anpassungsklausel erfassen. Abbildung 3.21 zeigt die Anpassungsklausel für eine freie Anpassung.

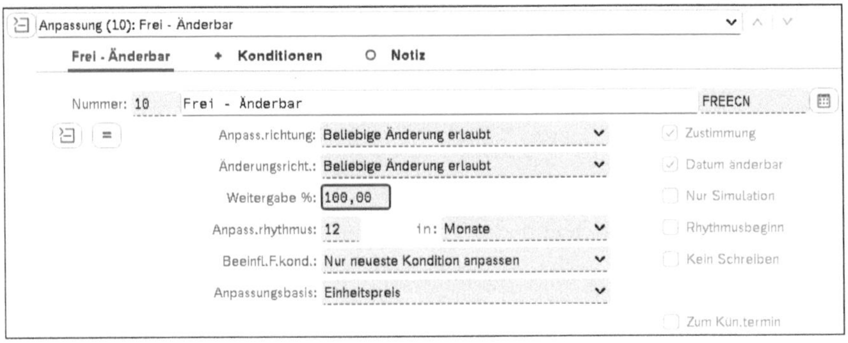

Abbildung 3.21 Anpassungsklausel für eine freie Anpassung

Anpassungsregel und Konditionsgruppe

Doch wie gelangen die Anpassungsklauseln in den Vertrag? Sie können die Anpassungsklauseln von Verträgen natürlich manuell erfassen und die Zuordnung der Klauseln zu den Vertragskonditionen ebenfalls manuell vornehmen. Alternativ können die notwendigen Anpassungsregeln aber bereits beim Erfassen eines Vertrags automatisch angelegt werden. Dazu legen Sie in den Konditionsgruppen der einzelnen Vertragsarten für jede Konditionsart fest, mit welcher Anpassungsregel diese Konditionsart initial angelegt wird. Damit entfällt die Notwendigkeit der manuellen Pflege der Anpassungsregeln in den Verträgen.

Kombinierte Anpassungsregel

Wie verfährt man aber, wenn für eine Kondition grundsätzlich mehrere Anpassungsverfahren zulässig sind? In diesem Fall können Sie mit *kombinierten Anpassungsregeln* arbeiten. In einer kombinierten Anpassungsregel werden mehrere Anpassungsregeln zusammengefasst. Sie definieren die kombinierte Anpassungsregel – ebenso wie alle weiteren Anpassungsregeln – im Customizing. Anschließend erfassen Sie im Vertrag eine Anpassungsklausel für die kombinierte Anpassungsregel und ordnen der Anpassungsklausel die relevanten Konditionen zu. Im Anpassungslauf für ein konkretes Anpassungsverfahren (z. B. für eine Indexanpassung) werden dann auch die Verträge und Konditionen berücksichtigt, denen die Indexanpassung über eine kombinierte Anpassungsregel zugeordnet ist. Die einzelnen Anpassungsregeln einer kombinierten Anpassungsregel werden *Teilregeln* genannt. Sie können im Customizing der kombinierten Regel festlegen, dass einzelne Teilregeln (d. h. einzelne Anpassungsverfahren) ausschließlich als

Bestandteile einer kombinierten Regel verwendet werden können. In diesem Fall können Sie im Vertrag keine separaten Anpassungsregeln für die Teilregeln erfassen.

Detaildaten zur Anpassungsregel

Schauen wir uns die Anpassungsklausel genauer an. In den Detaildaten der Klausel wird beispielsweise angezeigt, ob das Anpassungsergebnis sowohl eine Konditionserhöhung als auch eine Konditionsminderung sein kann (Feld **Anpassungsrichtung**), ob der errechnete Anpassungsbetrag zu 100 % weitergegeben wird (Feld **Weitergabe %**), ob es sich um eine zustimmungspflichtige Anpassung handelt (Checkbox **Zustimmung**) oder ob wegen einer Anpassungssperre keine Konditionsanpassung möglich ist (Feld **Sperrgrund**). Die einzelnen Felder werden nur dann im Vertragsdialog angezeigt, wenn die zugehörigen Customizing-Einstellungen dies zulassen. Im Customizing kann für einzelne Felder oder Abschnitte der Anpassungsklausel ebenso definiert sein, dass diese Felder im Vertragsdialog ausgeblendet werden oder dass Abschnitte eingeklappt sind. In diesem Fall können Sie sich die Daten ansehen, indem Sie den Abschnitt über den Button (**Ausklappen**) ausklappen.

Zusammenspiel zwischen Customizing und Vertragsdialog

Die Werte der einzelnen Felder werden zunächst aus den Customizing-Einstellungen der Anpassungsregel übernommen. Sie können dies im Vertrag am Icon = (**Unverändert**) in der Anpassungsklausel erkennen.

Die Einstellungen können aber – sofern die konkreten Customizing-Einstellungen dies vorsehen – im Vertrag geändert bzw. ergänzt werden. Das Icon ≠ (**Mit Customizing verbinden**) zeigt, dass in der Anpassungsklausel in Abbildung 3.22 die Verbindung zum Customizing gelöst wurde. Sie können dann für einzelne Felder die Vorbelegungen aus dem Customizing überschreiben. Wenn für den konkreten Vertrag beispielsweise nur 80 % des errechneten Anpassungsbetrags relevant sind, können Sie diesen Prozentsatz in der Anpassungsklausel hinterlegen. Abbildung 3.22 zeigt die Anpassungsklausel eines Vertrags mit geänderten Werten.

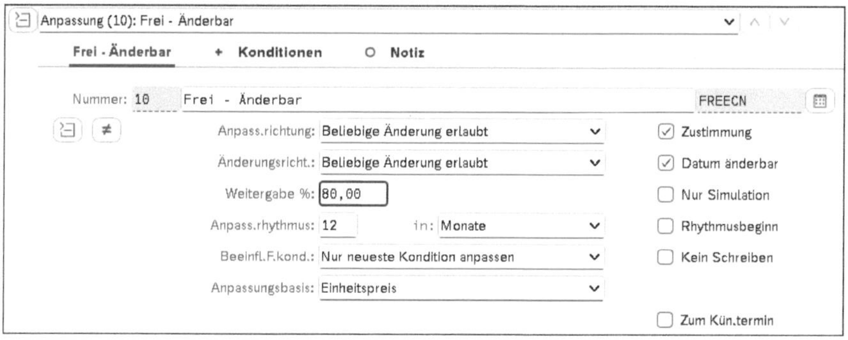

Abbildung 3.22 Anpassungsklausel mit im Vertrag geänderten Werten

Sofern die Einstellungen zum Anpassungsverfahren dies zulassen, können Sie die Anpassung von Konditionen direkt im Vertragsdialog simulieren.

Abbildung 3.23 zeigt ein Beispiel für die Selektionsmöglichkeiten der Konditionsanpassung innerhalb des Vertragsdialogs.

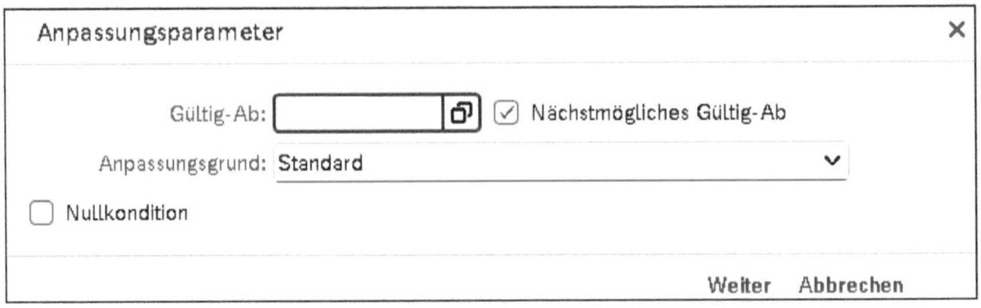

Abbildung 3.23 Anpassung von Konditionen innerhalb des Vertragsdialogs

3.4.2 Maschinelle Anpassung durchführen

Apps für die Konditionsanpassung

Wie läuft die Anpassung ab, welche Schritte sind für eine maschinelle Konditionsanpassung notwendig? Mit der App **Anpassungen bestimmen** (REAJPR) starten Sie einen Anpassungslauf. Sie können diese und weitere Apps für die Berechnung und die Bearbeitung von Konditionsanpassungen verwenden.

Schritte eines Anpassungslaufs

Die grundsätzlichen Schritte eines Anpassungslaufs sind die *Simulation*, der *Echtlauf* und die *Aktivierung* der Anpassungsergebnisse. Diese Schritte bauen aufeinander auf. Sie können die Simulation einer Anpassung zu einem späteren Zeitpunkt weiterbearbeiten und in einen Echtlauf umwandeln. Die Ergebnisse des Echtlaufs sind in den Verträgen als inaktive Anpassung sichtbar. In einem weiteren Schritt werden die Anpassungsergebnisse aktiviert. Die Aktivierung der Anpassung bewirkt, dass die neu ermittelten Konditionen in den Vertrag übernommen und bei der periodischen Buchung berücksichtigt werden.

Anpassung bestimmen

Um einen Anpassungslauf zu starten, wählen Sie auf dem Selektionsbild der App **Anpassungen bestimmen** zunächst im Abschnitt **Vertragsselektion** die relevanten Buchungskreise, Verträge und/oder Vertragsarten aus. Im Abschnitt **Anpassung** können Sie wählen, ob die Anpassung als Simulation oder als Echtlauf durchgeführt werden soll (Feld **Modus**). Hier können Sie außerdem einen individuellen Titel für den Anpassungslauf vergeben. Es empfiehlt sich, eine Systematik zu benutzen, in der die betroffenen Buchungskreise und Verträge, das Anpassungsdatum und gegebenenfalls das Anpassungsverfahren in Kurzform enthalten sind. Mit solchen Angaben finden Sie Ihren Anpassungslauf später »auf den ersten Blick« wieder. Die Identifikation des Anpassungslaufs wird aus dem Namen des angemeldeten Nutzers sowie dem aktuellen Datum und der Uhrzeit, zu dem die Anpassung durchgeführt wird, generiert. Diese Identifikation kann durch den Anwender überschrieben werden. Wenn Sie den Inhalt des Feldes **Identifikation** löschen, wird durch das System eine neue Identifikation generiert.

Im Abschnitt **Verfahren** des Selektionsbildes wählen Sie zunächst das Anpassungsverfahren aus, das für den Anpassungslauf verwendet werden soll. Die notwendigen Angaben zum Anpassungsverfahren werden auf den Registerkarten erfasst. Abbildung 3.24 zeigt einen Ausschnitt aus dem Selektionsbild der App **Anpassungen bestimmen** (REAJPR).

Abbildung 3.24 Selektionsbild der App »Anpassungen bestimmen« (Registerkarte »Verfahren«)

Verfahrensparameter

Auf der Registerkarte **Verfahrensparameter** können Sie die verfahrensspezifischen Selektionsparameter erfassen. Beachten Sie dabei bitte, dass nicht alle Anpassungsverfahren über solche verfahrensspezifischen Selektionsparameter verfügen. So werden beispielsweise bei der Indexanpassung die für die Anpassung notwendigen Daten einerseits aus den im Customizing bzw. in den Verträgen hinterlegten Anpassungsregeln für die Indexanpassung und andererseits über die Indexreihen und deren konkrete Werte, also die Indexstände, ermittelt.

Aktivitäten, Aktivitätenstatus und Aktivitätenparameter

Auf der Registerkarte **Aktivitäten** legen Sie fest, welche Anpassungsschritte innerhalb des Anpassungslaufs abgearbeitet werden sollen. Wollen Sie beispielsweise die Anpassungsergebnisse zunächst lediglich berechnen, dann aber separat weiterbearbeiten, kreuzen Sie nur die Checkbox **Bestimmen**

von Anpassungen an. Damit wird ein Anpassungslauf erstellt, dessen Ergebnisse Sie später weiterbearbeiten und ergänzen können. Die Registerkarte **Aktivitätenstatus** zeigt Ihnen, welche Anpassungsschritte bereits durchgeführt wurden und welche Schritte noch offen sind.

Auf der Registerkarte **Aktivitätenparameter** finden Sie wiederum mehrere Unterregisterkarten. Eine wichtige Rolle spielt hier die Registerkarte **Bestimmen von Anpassungen**. Hier legen Sie ein konkretes Anpassungsdatum fest. Alternativ können Sie auch die Checkbox **Nächstmögliches Gültig-Ab** aktivieren. Dies bewirkt, dass das nächstmögliche Anpassungsdatum für jeden Vertrag automatisch ermittelt wird. Des Weiteren können Sie auf dieser Registerkarte festlegen, ob nur aktive Verträge oder auch inaktive Verträge bei der Anpassung Berücksichtigung finden sollen. Auf den weiteren Registerkarten geben Sie Stichtage für die Ankündigung, Zustimmung oder Ablehnung von zustimmungspflichtigen Konditionsanpassungen an. Abbildung 3.25 zeigt die Registerkarte **Aktivitätenparameter** der App **Anpassungen bestimmen**.

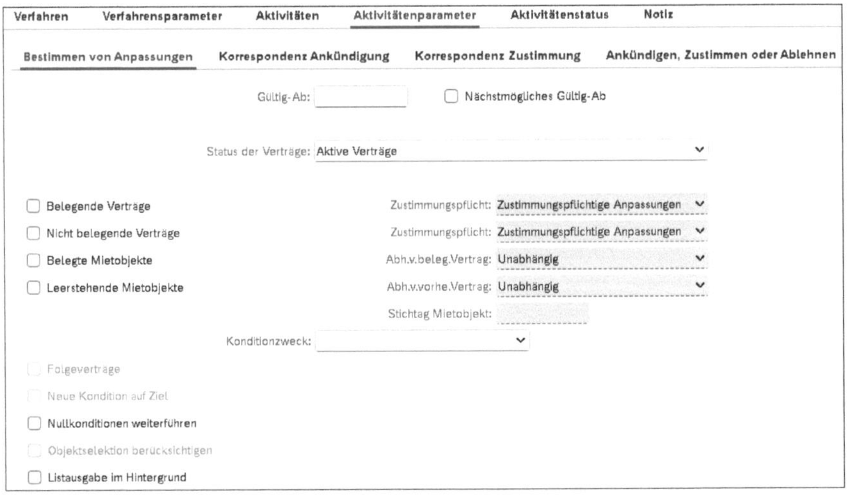

Abbildung 3.25 Selektionsbild der App »Anpassungen bestimmen« (Registerkarte »Aktivitätsparameter«)

Anpassung bearbeiten

Mit der App **Anpassung bestimmen** (REAJPR) haben Sie einen Anpassungslauf erstellt. Die Ergebnisse dieses Anpassungslaufs können Sie anschließend unter Angabe der für die Anpassung vergebenen Identifikation mit der App **Anpassung bearbeiten** (REAJCH) bearbeiten (siehe Abbildung 3.26). Sie prüfen die ermittelten Anpassungsbeträge, können einzelne Anpassungsbeträge bzw. -daten ändern sowie Zustimmungen oder Ablehnungen der Anpassung dokumentieren.

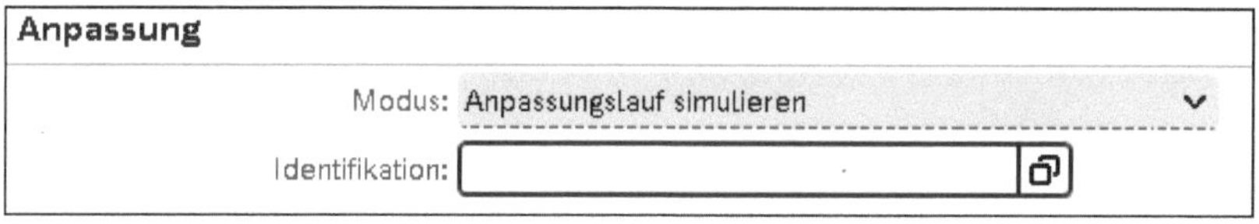

Abbildung 3.26 Anpassungslauf über »Identifikation« suchen

Die Ergebnisse der Anpassungssimulation können Sie in einen Echtlauf umwandeln. Dazu nutzen Sie den Button **Von Simulation in Echtlauf wechseln** und sichern die Anpassung anschließend. Der Bearbeitungsstatus des Anpassungslaufs ändert sich, und die Anpassung gilt als Echtlauf. Abbildung 3.27 zeigt, wie Sie von einer Anpassungssimulation in einen Echtlauf wechseln können.

Im Vertragsdialog sind die Anpassungsergebnisse des Echtlaufs zu diesem Zeitpunkt als inaktive Anpassungen sichtbar. Sie sehen solche inaktiven Anpassungen auf der Registerkarte **Anpassung**. Auf der Registerkarte **Konditionen** dagegen sind die Ergebnisse noch nicht sichtbar, da hierfür zusätzlich die Aktivierung der Konditionsanpassung erforderlich ist.

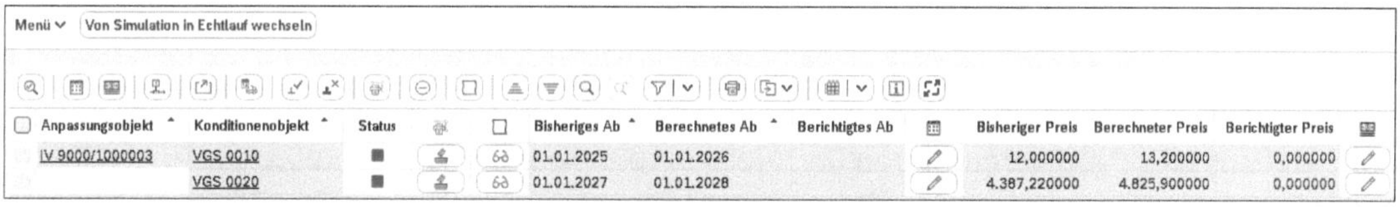

Abbildung 3.27 Ergebnisse der Simulation eines Anpassungslaufs

Das Beispiel eines Vertrags mit einer inaktiven Konditionsanpassung sehen Sie in Abbildung 3.28.

Abbildung 3.28 Vertrag mit inaktiver Anpassung

Haben Sie die Anpassungsdaten überprüft, gegebenenfalls ergänzt oder korrigiert, können Sie die Anpassung aktivieren. Dieser Arbeitsschritt sorgt dafür, dass die berechneten Konditionsänderungen in die Verträge übernommen und somit für die nachfolgenden periodischen Buchungen und die bilanzielle Bewertung verwendet werden.

Ergebnisse von Konditionsanpassungen auswerten

Die Ergebnisse einer Konditionsanpassung können Sie sich auf verschiedenen Wegen ansehen. Mit der App **Anpassungen anzeigen** (REAJSH) werten Sie die Ergebnisse eines Anpassungslaufs aus. Wählen Sie dazu im Abschnitt **Anpassung** über die Suchhilfe zum Feld **Identifikation** den gewünschten Anpassungslauf aus. Wenn Sie in der Suchhilfe das Anpassungsverfahren, die Ersterfassung, den Bearbeiter (Erfasser) sowie den Buchungskreis und die Wirtschaftseinheit (sofern relevant) auswählen, schränken Sie die Trefferquote ein und beschleunigen die Suche. In der Auswertung zur Konditionsanpassung sehen Sie die bearbeiteten Verträge und Konditionen, den Status der Anpassung und die Änderungen, die Sie manuell vorgenommen haben. Sie können aus den Ergebnissen des Anpassungslaufs (siehe Abbildung 3.29) per Doppelklick in die Anzeige einzelner Verträge und Vertragsobjekte abspringen.

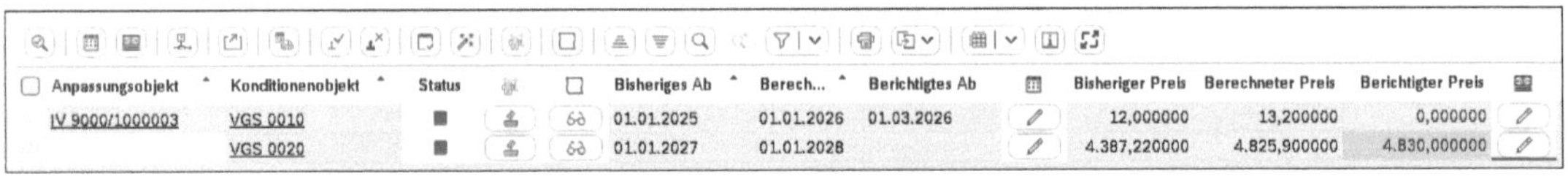

Abbildung 3.29 Ergebnisse eines Anpassungslaufs

Protokoll zum Anpassungslauf

Über den Button ☐ (**Protokoll anzeigen**) in der Menüleiste können Sie sich ein detailliertes Protokoll des Anpassungslaufs ansehen. Das Protokoll ist hierarchisch aufgebaut.

Es zeigt im oberen Bildbereich die einzelnen Schritte der Anpassung und deren Status. Abbildung 3.30 zeigt einen Ausschnitt aus dem Protokoll eines Anpassungslaufs.

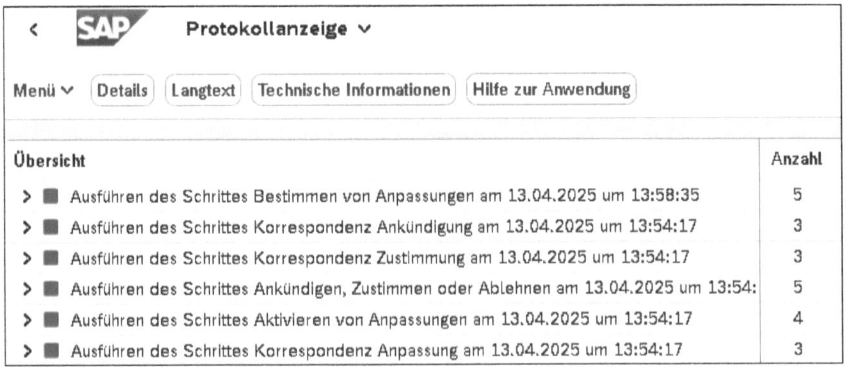

Abbildung 3.30 Protokoll eines Anpassungslaufs (Ausschnitt)

Im unteren Bildbereich können Sie sich die detaillierten Angaben zur Anpassung einzelner Konditionen und Verträge anschauen. Die Protokolleinträge sind sehr detailliert und zeigen Ihnen, welche Parameter bei der Anpassung berücksichtigt wurden oder warum bei bestimmten Datenkonstellationen keine Anpassung durchgeführt werden konnte. Auf diese Weise erfahren Sie, warum eine Anpassung gegebenenfalls nicht erfolgreich war und welche Änderungen Sie vornehmen müssen, um eine Anpassung durchführen zu können. Detaillierte Informationen zur Anpassung zeigt das Protokoll in Abbildung 3.31.

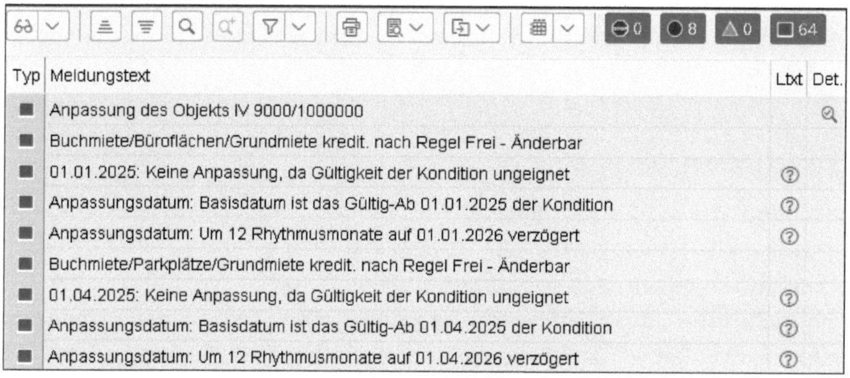

Abbildung 3.31 Anpassungsprotokoll für einzelne Verträge

Auswertung von Konditionsanpassungen im Vertragsdialog

Auch im Vertragsdialog können Sie sich über bereits erfolgte Konditionsanpassungen zu diesem Vertrag informieren. Rufen Sie dazu die Registerkarte **Anpassung** auf, und wählen Sie im oberen Bildteil die Anpassungsklausel, deren Details Sie sich ansehen möchten. Wenn Sie nun im unteren Bildteil die Registerkarte **Konditionen** auswählen (siehe Abbildung 3.32), finden Sie hier Informationen zu bisher durchgeführten Anpassungsläufen, zu deren Ergebnissen und den zugehörigen Statusinformationen.

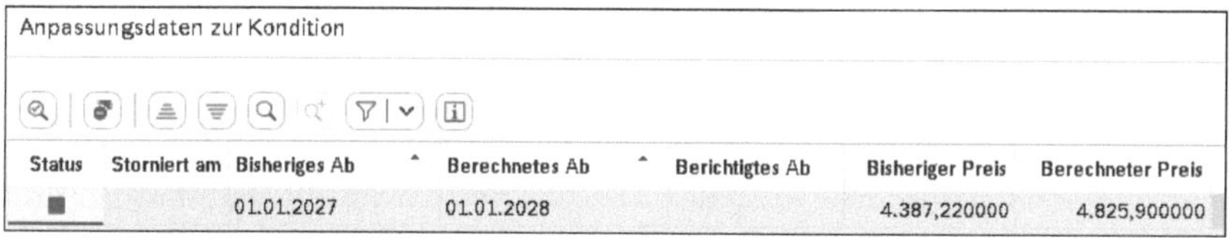

Abbildung 3.32 Anpassungshistorie eines Vertrags

Sie können aus der Anzeige der Anpassungshistorie direkt in die Anpassungsdaten zur Kondition verzweigen, indem Sie in der Spalte **Status** auf eine aktive oder inaktive Anpassung klicken. Über den Button (**Stornierte anzeigen**) haben Sie, wie in Abbildung 3.33 dargestellt, die Möglichkeit, sich zusätzlich auch stornierte Anpassungen anzeigen zu lassen. Über den Button (**Stornierte verstecken**) können Sie die Anzeige der stornierten Anpassungen jederzeit wieder deaktivieren.

Anpassungsdaten zur Kondition

Status	Storniert am	Bisheriges Ab	Berechnet...	Berichtigtes Ab	Bisheriger Preis	Berechneter Preis
■		01.01.2027	01.01.2028		4.387,220000	4.825,900000
	13.04.2025				4.387,220000	4.474,900000
	13.04.2025				4.387,220000	4.825,900000
	03.04.2025		01.01.2029		4.387,220000	4.518,800000

Abbildung 3.33 Anpassungshistorie einer Kondition inklusive stornierter Anpassungen

3.4.3 Freie Anpassung

Nachdem wir uns die grundlegenden Daten für Anpassungsregeln und Anpassungsklauseln angesehen haben, beschäftigen wir uns in den folgenden Abschnitten mit einigen konkreten Anpassungsverfahren. Dafür haben wir die wichtigsten Anpassungsverfahren ausgewählt, die im Vertragsmanagement verwendet werden. Sehen wir uns zunächst die freie Anpassung an.

Mithilfe des Anpassungsverfahrens »Freie Anpassung« können Sie Konditionen mehrerer Verträge in einem automatisierten Anpassungslauf entweder prozentual oder um absolute Beträge anpassen. Dazu können Sie die Anpassungsmodalitäten entweder mit einer *Anpassungsregel* im Vertrag oder mit einer sogenannten *Ersatzanpassungsregel* im Rahmen des Anpassungslaufs definieren.

Sie ordnen dem Vertrag also im Fall einer freien Anpassung eine Anpassungsregel für das Verfahren »Freie Anpassung« zu. Die in Abbildung 3.34 verwendete Anpassungsregel »Frei – Customizing (FREECUS)« ist eine solche auf dem Anpassungsverfahren »Freie Anpassung (FREE)« basierende Anpassungsregel.

Die Anpassungsklausel zur Anpassungsregel »Freie Anpassung (FREE)« enthält die für die Durchführung der Anpassung relevanten Daten. Wird nun ein Anpassungslauf für eine freie Anpassung gestartet, werden in diesem Lauf alle Verträge bzw. Konditionen mit der passenden Anpassungsregel berücksichtigt.

Ersatzanpassungsregel

Im Fall der freien Anpassung gibt es – im Unterschied zu anderen Anpassungsverfahren – noch eine weitere Möglichkeit, die Anpassungsdaten festzulegen. Es handelt sich hierbei um die sogenannte *Ersatzanpassungsregel*, die Sie auf dem Selektionsbild des Anpassungslaufs erfassen können.

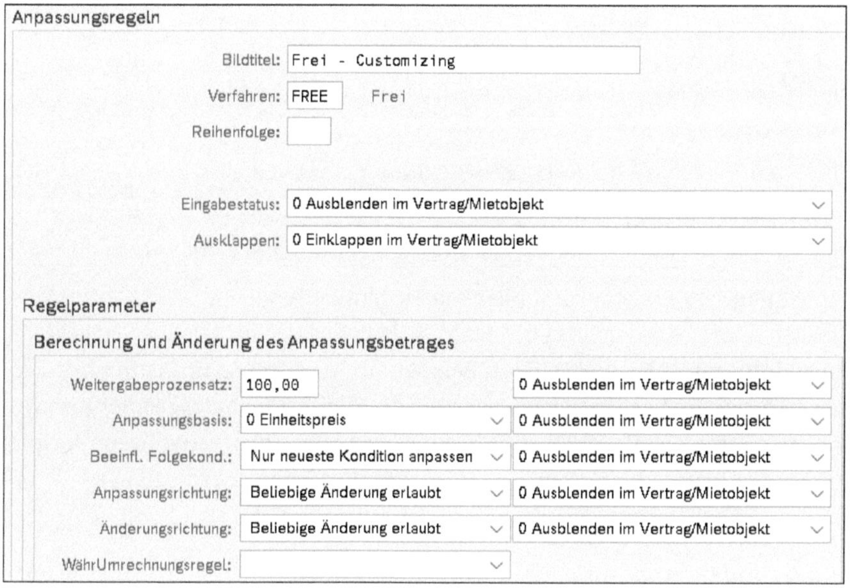

Abbildung 3.34 Anpassungsregel für eine freie Anpassung

Wenn Sie in einem Anpassungslauf eine Ersatzanpassungsregel verwenden, erfolgt die Anpassung mit dieser Regel, und alle anderen Anpassungsregeln für freie Anpassungen, die gegebenenfalls im Vertrag vorhanden sind, werden nicht berücksichtigt. Auf diese Weise können Sie eine freie Anpassung auf Basis einer Ersatzanpassungsregel durchführen, selbst wenn den Verträgen andere oder gar keine Anpassungsregeln für die freie Anpassung zugeordnet sind. Einen Ausschnitt des Selektionsbildes der freien Anpassung mit einer Ersatzanpassungsregel sehen Sie in Abbildung 3.35.

Abbildung 3.35 Freie Anpassung und Ersatzanpassungsregel

Die Ersatzanpassungsregel wird ebenso wie alle anderen Anpassungsregeln im Customizing definiert. Es darf sich dabei nicht um eine kombinierte Anpassungsregel handeln. Eine Anpassung auf der Grundlage einer Ersatzanpassungsregel ist ausschließlich für die freie Anpassung möglich.

Wenn Sie einen Anpassungslauf für eine freie Anpassung starten, müssen Sie auf der Registerkarte **Verfahrensparameter** auswählen, ob Sie eine Anpassung auf der Grundlage von absoluten Beträgen oder Prozentwerten durchführen möchten.

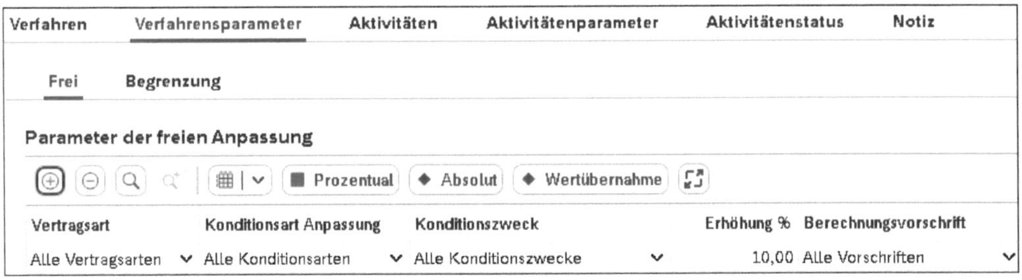

Abbildung 3.36 Freie Anpassungen mit Prozentwerten

In Abbildung 3.36 sehen Sie ein Beispiel für eine freie Anpassung mit Prozentwerten. In diesem Beispiel werden die Konditionsbeträge aller Konditionsarten um jeweils 10 % erhöht. Die Anpassung erfolgt in diesem Beispiel unabhängig von der Vertragsart und dem Konditionszweck.

3.4.4 Indexanpassung

Die Indexanpassung basiert auf Indexwerten, die von öffentlichen Institutionen, wie z. B. vom Statistischen Bundesamt, herausgegeben werden. So kann in Mietverträgen vereinbart werden, dass sich die Miethöhe an der Entwicklung des Verbraucherpreisindex (VPI) orientiert. Der Verbraucherpreisindex zeigt die durchschnittliche prozentuale Preisänderung für Waren und Dienstleistungen innerhalb eines bestimmten Zeitraumes, ausgehend von einem Basisjahr, auf. Die Preise in den Folgejahren werden mit den im Basisjahr ermittelten Preisen verglichen.

Auch in Leasingverträgen können Sie mit Indexanpassungen arbeiten. Da wir in diesem Buch den Leasingvertrag aus der Sicht des Leasingnehmers betrachten, geht es insbesondere darum, die vom Leasinggeber auf der Basis der Indexanpassung ermittelten Anpassungsbeträge nachzuvollziehen und diese über einen Anpassungslauf in die Leasingverträge zu übernehmen. Abbildung 3.37 zeigt das Beispiel einer Anpassungsklausel für die Indexanpassung in einem Leasingvertrag.

Um eine Indexanpassung durchführen zu können, muss eine Anpassungsklausel für die Indexanpassung in den relevanten Verträgen hinterlegt und den anzupassenden Konditionen zugeordnet sein. Nur Konditionen mit einer solchen Anpassungsklausel werden im Anpassungslauf berücksichtigt.

Für die Indexanpassung werden aktuelle Indexwerte für die verwendeten Indexreihen benötigt. Diese erfassen Sie entweder im Customizing oder direkt im Produktivsystem als laufende Einstellung mit der App **Indexdaten pflegen** (REAJINDX).

Abbildung 3.37 Indexklausel im Vertrag

3.4.5 BAdI-basierte Anpassung

Kundenspezifische Anpassungsverfahren können Sie mithilfe der BAdI-Technik implementieren. BAdIs bieten die Möglichkeit, zu bestimmten Zeitpunkten und Ereignissen innerhalb der bestehenden Programmlogik vordefinierte Erweiterungsoptionen zu nutzen und die Standardprogramme um kundeneigene Programme zu ergänzen. Es handelt sich hierbei nicht um eine Modifikation, sondern um eine Erweiterung der Standardprogramme. Nichtsdestotrotz beeinflusst das kundeneigene Programmcoding natürlich das Verhalten der Standardprogramme – in unserem Fall der Konditionsanpassung – und muss deshalb sorgfältig getestet und mit den SAP-Standardfunktionen abgestimmt werden.

3.4.6 Anpassungsverfahren in der Immobilienverwaltung

Im Umfeld der Immobilienverwaltung sind weitere Anpassungsverfahren für Konditionen gebräuchlich und im System verfügbar.

Mietspiegel

Mietspiegel werden in größeren und mittelgroßen Städten herausgegeben und fassen die ortsüblichen Vergleichsmieten zusammen. Von Ort zu Ort werden unterschiedliche Kriterien herangezogen, um Wohnungen vergleichbar zu machen und so zu einem Preis für deren Vermietung zu kommen. Neben gebräuchlichen Kriterien wie Baualter, Lage und Größe der Wohnung werden Regeln für die Bewertung der Ausstattung einer Wohnung herangezogen. Auf diese Weise werden Wohnungen in Mietspiegelfächer gruppiert. Jedem Mietspiegelfach wird eine Preisspanne für die Miete zugewiesen.

Führt man nun im System einen Mietanpassungslauf nach Mietspiegel aus, werden die Mietobjekte anhand ihrer Merkmale einem Mietspiegelfach zugeordnet. Hieraus wird die Miethöhe abgeleitet und so können die Konditionen der Mietverträge, über die das jeweilige Mietobjekt vermietet wird, (gegebenenfalls unter Beachtung von Kappungsgrenzen) angepasst werden.

Vergleichsmieten

Ein technisch einfacheres Verfahren ist das der Vergleichsmieten. Um eine Miete anzupassen, wird hier auf vergleichbare Objekte zurückgegriffen, sogenannte *Vergleichswohnungen*. Diese werden zu einem Pool vergleichbarer Objekte, einem Vergleichsbestand, zusammengeführt. Die aktuelle Miete eines Mietobjekts wird mit dem Vergleichsbestand verglichen und gegebenenfalls angehoben.

Anpassungsmaßnahme

Mietanpassungen aufgrund einer Modernisierung oder Mietanpassungen auf Basis von Gutachten benutzen sogenannte *Anpassungsmaßnahmen*. Die Anpassungsmaßnahme stellt ein spezielles Stammdatum dar, das zum einen die von der Anpassung betroffenen Objekte, zum anderen die Kosten oder Miethöhen und die Regeln für deren Weitergabe bzw. Weiterverrechnung an die Mietverträge enthält.

Wirtschaftlichkeitsberechnung

Für öffentlich geförderte Wohnungen steht außerdem die Anpassung aufgrund einer Wirtschaftlichkeitsberechnung zur Verfügung. Auf der Basis verschiedener Aufwandspositionen werden nach speziellen Berechnungsvorschriften die Kostenmieten für die über diese Maßnahme öffentlich geförderten Wohnungen ermittelt.

3.4.7 Customizing: Maschinelle Konditionsanpassung

Um maschinelle Anpassungsläufe durchführen zu können, müssen Sie sowohl einige verfahrensübergreifende Customizing-Einstellungen als auch verfahrensspezifische Einstellungen für bestimmte Anpassungsverfahren vornehmen. Diese Einstellungen finden Sie im Customizing-Menü von SAP RE unter **Anpassung von Konditionen (Mietanpassung)**. Manche der Einstellungen für die Anpassung von Konditionen sind nicht von einem bestimmten Anpassungsverfahren abhängig, sondern müssen für alle verwendeten Verfahren vorgenommen werden. Dazu zählen Einstellungen zur Rundung des ermittelten Konditionsbetrags, zum relevanten Änderungsgrund, zu Anpassungssperren und -gründen. Diese verfahrensübergreifenden Einstellungen beschreiben wir in den folgenden Abschnitten. Im Anschluss daran gehen wir auf verfahrensspezifische Einstellungen ein.

Anpassungsregeln

Definieren Sie zunächst die *Anpassungsregeln*, die Sie für maschinelle Anpassungsläufe im Zusammenhang mit Leasingverträgen nutzen wollen. Die Anpassungsregeln enthalten Vorschriften für die Berechnung des Anpassungsbetrags und die Bestimmung des Anpassungstermins sowie Steuerungsdaten für den Ablauf und für das Verhalten der Konditionsanpassung. Wir empfehlen Ihnen, die im Auslieferungs-Customizing enthaltenen Anpassungsverfahren als Grundlage für die Definition der Anpassungsregeln in Ihrem SAP-System zu verwenden.

Anpassungsregel und Anpassungsverfahren

Jede Anpassungsregel beruht zunächst auf einem *Anpassungsverfahren*. Die Anpassungsverfahren sind vom System vorgegeben und werden den Anpassungsregeln zugeordnet. Im Zusammenhang mit Leasingverträgen werden im Allgemeinen die freie Anpassung (Anpassungsverfahren FREE), die Indexanpassung (Anpassungsverfahren INDX) und die BAdI-basierte Anpassung (Anpassungsverfahren BADI) angewendet. Die weiteren Einstellungen der Anpassungsverfahren betreffen Steuerungsparameter für die Durchführung der Anpassung. Für fast alle Datenfelder innerhalb der Anpassungsregel können Sie angeben, ob diese Daten im Vertrag änderbar sein sollen, ob sie zwar angezeigt, aber nicht geändert werden können oder ob sie im Vertragsdialog gar nicht sichtbar sind. Abbildung 3.38 zeigt beispielhaft die Customizing-Einstellungen für eine freie Anpassung.

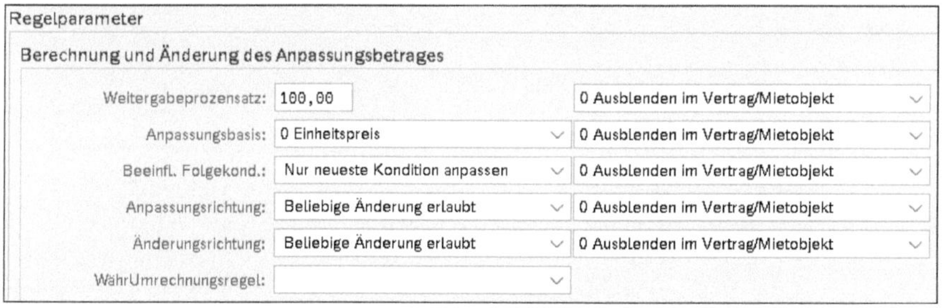

Abbildung 3.38 Regelparameter einer Anpassungsregel

Anpassungsbetrag berechnen

Die Regelparameter der Anpassungsregel definieren zunächst, wie der Anpassungsbetrag berechnet werden soll. Dabei geht es unter anderem um die folgenden Fragen:

- Sind bei der Anpassung sowohl Erhöhungen als auch Minderungen des Konditionsbetrags möglich?
- Wird der errechnete Anpassungsbetrag im vollen Umfang in den Vertrag übernommen?
- Dürfen die im Rahmen der maschinellen Anpassung ermittelten Anpassungsbeträge geändert werden?

Anpassungstermin bestimmen

Abbildung 3.39 zeigt Einstellungen für die **Bestimmung des Anpassungstermins**.

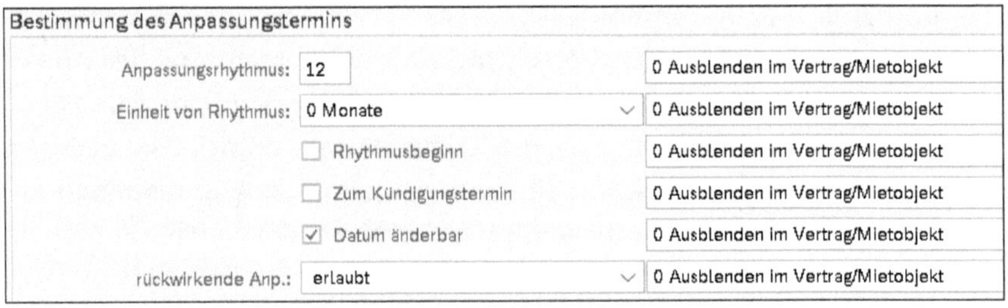

Abbildung 3.39 Bestimmung des Anpassungstermins

Die Modalitäten zur Ermittlung des Anpassungstermins bestimmen Sie in der Anpassungsregel. Dieser hängt vom **Anpassungsrhythmus** ab. Wenn Sie hier einen Zeitraum von zwölf Monaten eingeben, erlaubt das System eine jährliche Konditionsanpassung. Sie legen fest, ob neben zukünftigen auch rückwirkende Konditionsanpassungen erlaubt sind und ob das Anpassungsdatum im Vertragsdialog oder im Anpassungslauf nachträglich geändert werden darf. Parameter für die Steuerung des Anpassungsprozesses sehen Sie in Abbildung 3.40.

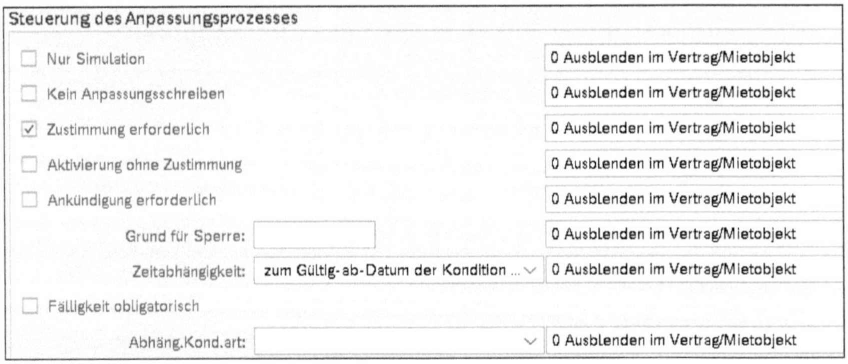

Abbildung 3.40 Steuerung des Anpassungsprozesses

In den Daten zur **Steuerung des Anpassungsprozesses** geht es vor allem darum, die Schritte eines Anpassungslaufs festzulegen. Hier bestimmen Sie beispielsweise, ob und wie die Anpassung erfolgt, wenn in der Anpassungsklausel im Vertrag ein Sperrgrund enthalten ist, oder ob eine Anpassung nur simuliert, nicht aber aktiviert werden darf. Im Fall von Leasingverträgen können Sie auf diese Weise einen Vergleichswert zu der vom Leasinggeber berechneten Konditionsanpassung ermitteln.

Anpassungsgründe

Sie definieren in diesem Customizing-Dialog die Anpassungsgründe, die später in den maschinellen Anpassungsläufen verwendet werden. Die Kombination aus Anpassungsverfahren und Anpassungsgrund bestimmt bei der Anpassung gegebenenfalls zusätzlich zu berücksichtigenden Konditionsarten sowie die gesetzlich vorgegebene Maximalerhöhung innerhalb eines bestimmten Zeitraumes.

Anpassungssperren

Anpassungssperren werden verwendet, wenn innerhalb eines bestimmten Zeitraumes für einen Vertrag keine Konditionsanpassung erfolgen soll. Das kann z. B. während eines Rechtsstreits der Fall sein. Die im Customizing definierten Anpassungsgründe können in die Anpassungsklausel des Vertrags übernommen werden und bewirken dort, dass keine Anpassung vorgenommen werden kann.

Laufzeitabhängige Anpassungsparameter

Für jedes Anpassungsverfahren können laufzeitabhängige Parameter definiert werden. Das bedeutet, dass Sie zum Anpassungsverfahren und Anpassungsgrund die maximale Konditionserhöhung – entweder als absoluten Betrag oder als prozentualen Wert – festlegen können. Weiterhin können Sie auch Einstellungen zu minimalen Erhöhungen vornehmen. Dadurch wirken Sie Konditionsanpassungen um Bagatellbeträge entgegen. Liegt die errechnete Konditionserhöhung in einem solchen Fall unter der festgelegten Minimalerhöhung, kann die Kondition nicht um den festgelegten Minimalbetrag angepasst werden.

Rundung

Für jede Kombination aus Anpassungsregel, Anpassungsgrund und Konditionsart können Sie die Rundungsmodalitäten für die Konditionsanpassung festlegen. So können Sie etwa festlegen, dass die errechneten Konditionsbeträge auf volle Euro gerundet werden oder dass bei einem Wert von 0,5 abgerundet werden soll. Ein Beispiel für eine Rundungsregel zeigt Abbildung 3.41.

Sie können unterschiedliche Rundungsarten (wie z. B. die kaufmännische Rundung oder die Währungsrundung) nutzen und die Anzahl der Dezimalstellen angeben, auf die gerundet werden soll.

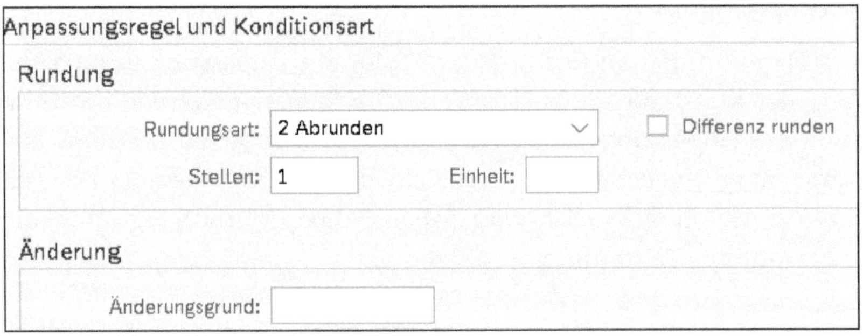

Abbildung 3.41 Rundungsregel festlegen

Sollten die im Customizing vorgegebenen Einstellungen zur Rundung nicht ausreichen, um die kundenspezifischen Anforderungen an die Rundung abzubilden, können Sie für die Rundung zusätzlich auch ein BAdI nutzen. Legen Sie hierfür eine BAdI-Implementierung zum BAdI BADI_REAJ_ADJUSTMENT_ROUND (Erweiterungsspot BADI_RE_AJ_ME) an. In der Methode BADI_ROUNDING_CONTEXT können Sie die Anpassung der Rundungsregeln vornehmen.

Einstellungen für die freie Anpassung

Neben den bereits beschriebenen Customizing-Einstellungen für die Anpassungsregel müssen Sie für die freie Anpassung keine weiteren Einstellungen vornehmen. Die Steuerung der Anpassung erfolgt über den Anpassungslauf selbst und die Anpassungsklausel im Vertrag oder aber – wie in Abschnitt 3.4.3, »Freie Anpassung«, beschrieben – über die Ersatzanpassungsregel, die Sie beim Start des Anpassungslaufs auswählen können.

Einstellungen für die Indexanpassung

Neben der Definition der Anpassungsregel und der Daten zur Rundung definieren Sie für die Indexanpassung weitere Steuerungsparameter. Insbesondere geht es hierbei darum, die zu verwendenden Indexreihen und deren Basisjahre festzulegen. Im Customizing-Menü der Konditionsanpassung unter **Werkzeuge • Laufende Einstellungen** (siehe Abbildung 3.42) oder aber mit der App **Indexdaten pflegen** können Sie zu diesen Indexreihen und Basisjahren die aktuellen Indexpunkte hinterlegen.

Umbasierung

Es gibt Fälle, in denen Sie die bisher für die Indexanpassung verwendete Indexreihe oder das bisher verwendete Basisjahr zukünftig nicht mehr nutzen können. Die Anpassung muss dann auf einen neuen Index oder ein neues Basisjahr umgestellt werden. In einer solchen Situation müssen Sie langfristig neue Anpassungsregeln für die neuen Indexreihen und Basisjahre anlegen und den relevanten Verträgen zuordnen. Für die Übergangszeit können Sie Indexumbasierungsfaktoren, also Umrechnungsfaktoren zwischen den verschiedenen Indizes, nutzen. Mit den Umbasierungsfaktoren können die nicht mehr gültigen Indexreihen rein rechnerisch für eine bestimmte Übergangszeit weiter genutzt werden.

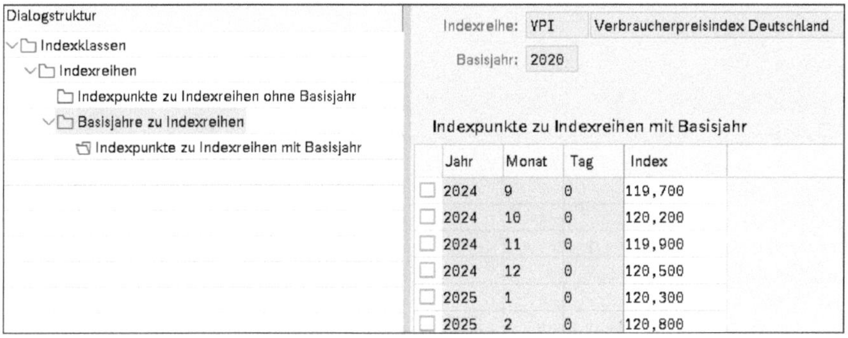

Abbildung 3.42 Indexpunkte zu einer Indexreihe

3.4.8 Erweiterungen implementieren (BAdI): Maschinelle Konditionsanpassungen

In den vorherigen Abschnitten haben wir viele Customizing-Einstellungen beschrieben, mit denen Sie die verschiedenen Anpassungsverfahren den Anforderungen Ihres Unternehmens entsprechend einrichten können. In einigen Fällen kann es aber erforderlich sein, weitere spezifische Einstellungen vorzunehmen.

Es gibt eine Vielzahl von BAdIs, die Sie im Zusammenhang mit der Konditionsanpassung nutzen können. BAdIs sind durch die SAP-Entwicklung vordefinierte Programmstellen, an denen Sie kundeneigenes Programmcoding einfügen können. Diese Art der Programmerweiterung ist modifikationsfrei. Die Erweiterungsmöglichkeiten zur Konditionsanpassung sind im Erweiterungsspot BADI_RE_AJ_ME zusammengefasst. Die Anzeige des Erweiterungsspots erfolgt mit der App **BAdI-Builder Einstieg Definitionen** (SE18). Um eine Erweiterungsimplementierung anzulegen, benutzen Sie die App **BAdI Builder Implementierungen** (SE19). Mögliche BAdI-Implementierungen für die Konditionsanpassung zeigt Abbildung 3.43.

Sie finden hier sowohl verfahrensunabhängige Erweiterungsmöglichkeiten als auch Erweiterungsmöglichkeiten, die sich auf einzelne Anpassungsverfahren beziehen. So können Sie das BAdI BADI_REAJ_ADJUSTMENT_EDIT verwenden, um eine Anpassung zu ergänzen oder um nach dem Sichern der Anpassungsergebnisse weitere Aktionen (wie z. B. die Bearbeitung kundeneigener Tabellen) durchzuführen. Das BAdI BADI_REAJ_ADJUSTMENT_ROUND können Sie nutzen, um die Rundung der Anpassungsergebnisse zu beeinflussen.

Abbildung 3.43 Erweiterungsspot BADI_RE_AJ_ME

3.5 Weitere Attribute zu Konditionen

Neben den beschriebenen Attributen und Einstellungen zu Konditionsarten und Konditionsgruppen gibt es Verträge, bei denen Konditionen in Fremdwährungen vereinbart wurden, oder Verträge, in denen eine Vertragskondition auf mehrere Vertragspartner aufgeteilt werden muss. Solche Vertragskonstellationen werden wir uns in diesem Abschnitt genauer ansehen.

3.5.1 Konditionen in Fremdwährungen

Bei den bisher beschriebenen Verträgen wurden die Konditionen immer in der Währung des Buchungskreises, der Hauswährung, angegeben. Es gibt jedoch auch Verträge, bei denen eine oder mehrere Konditionen in einer von der Hauswährung abweichenden Währung vereinbart wurden. In einem solchen Fall geben Sie in den Detaildaten der Kondition die abweichende Währung an. Voraussetzung dafür ist, dass für den Buchungskreis des Vertrags die Verwendung von Fremdwährungen zugelassen ist und dass die benötigten Währungsumrechnungsregeln sowie die Regeln für die Ermittlung des Umrechnungsdatums im System hinterlegt sind. Abbildung 3.44 zeigt eine Vertragskondition in abweichender Konditionswährung.

Abbildung 3.44 Kondition in abweichender Konditionswährung (USD)

Währungs-umrechnungsregel

In der Buchungsklausel wählen Sie die Währungsumrechnungsregel aus, die für die Kondition gelten soll. Für den Vertrag in Abbildung 3.45 wurde eine abweichende Buchungsklausel mit einer Währungsumrechnungsregel angelegt. Diese Buchungsklausel kann für alle Konditionen des Vertrags verwendet werden, die in US-Dollar angegeben und in Euro umgerechnet werden sollen.

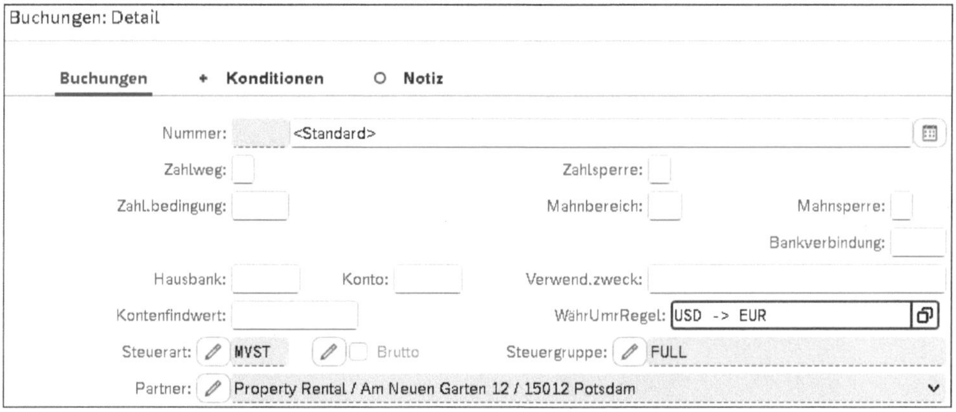

Abbildung 3.45 Buchungsklausel mit Währungsumrechnungsregel

Abhängig von den Einstellungen der Währungsumrechnungsregel werden die Konditionsbeträge entweder in der Transaktionswährung gebucht, oder die Konditionswährung dient lediglich der Ermittlung des Konditionsbetrags, die Buchung erfolgt aber dennoch in der Hauswährung. In Abbildung 3.46 sehen Sie einen Ausschnitt aus dem Partnerfinanzstrom eines Vertrags mit abweichender Konditionswährung.

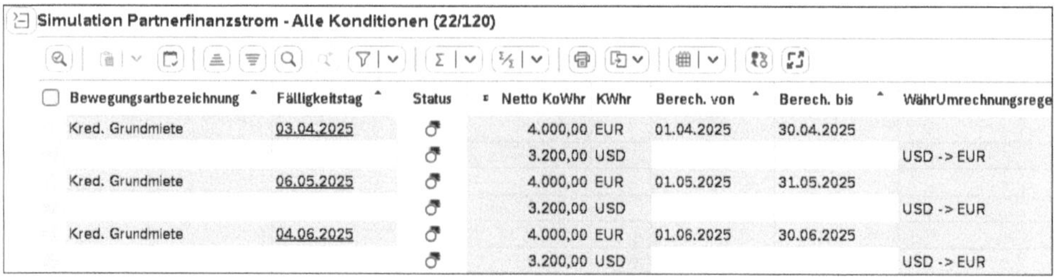

Abbildung 3.46 Partnerfinanzstrom für Vertrag mit Fremdwährung

3.5.2 Konditionssplit

Wenn im Vertrag eine Kondition vereinbart ist, an der aber mehrere Geschäftspartner Anteile haben, können Sie eine solche Kondition mithilfe eines Konditionssplits abbilden. Dazu ordnen Sie dem Vertrag zunächst auf der Registerkarte **Partner** alle relevanten Geschäftspartner zu. Für alle Vertragskonditionen, die von einem solchen Konditionssplit betroffen sind, legen Sie eine zusätzliche Buchungsklausel an. Müssen alle Konditionen des Vertrags auf die gleiche Art und Weise zwischen verschiedenen Geschäftspartnern aufgeteilt werden, müssen Sie keine zusätzliche Buchungsklausel anlegen, sondern können die Daten zum Konditionssplit in der Standardbuchungsklausel hinterlegen. Im Feld **Partner** wählen Sie die Option **Mehrere Partner (Konditionssplit)** aus. Im unteren Bildbereich erscheint nun eine Tabelle, in der Sie die Anteile der einzelnen Geschäftspartner an der Kondition erfassen können.

Eine Kondition auf mehrere Geschäftspartner aufteilen

In Abbildung 3.47 wurde die Servicekondition auf zwei Geschäftspartner aufgeteilt. Die Aufteilung erfolgt über Äquivalenzziffern. Während in unserem Beispiel ein Anteil der Kondition an den Leasinggeber, die Firma Property Rental, gezahlt wird, entfallen drei Anteile auf den abweichenden kreditorischen Geschäftspartner, die Firma Berlin Leasing.

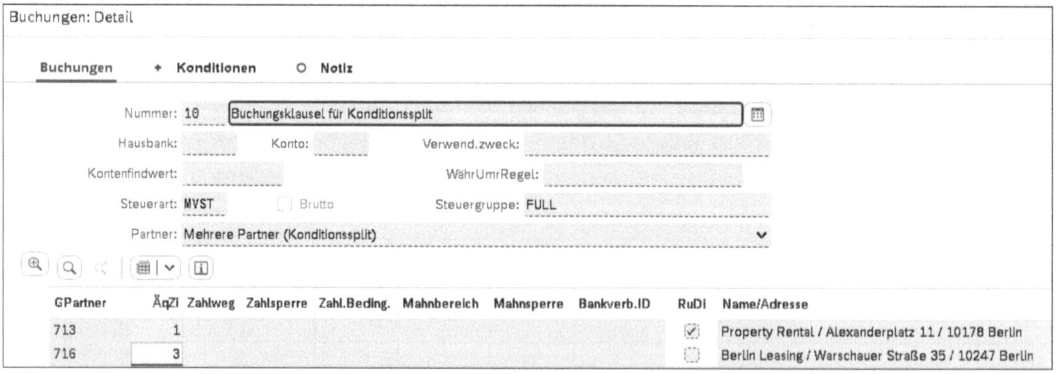

Abbildung 3.47 Buchungsklausel mit Konditionssplit

Im Partnerfinanzstrom werden die Konditionsbeträge auf der Grundlage der Äquivalenzziffern aufgeteilt. Pro Geschäftspartner, Konditionsart und Berechnungszeitraum wird eine gesonderte Finanzstromposition erzeugt. Abbildung 3.48 zeigt den Partnerfinanzstrom eines Vertrags mit Konditionssplit.

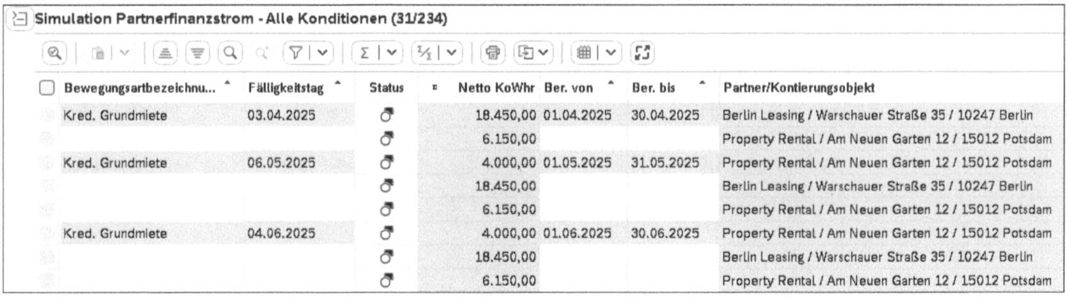

Simulation Partnerfinanzstrom - Alle Konditionen (31/234)

Bewegungsartbezeichnu...	Fälligkeitstag	Status	Netto KoWhr	Ber. von	Ber. bis	Partner/Kontierungsobjekt
Kred. Grundmiete	03.04.2025		18.450,00	01.04.2025	30.04.2025	Berlin Leasing / Warschauer Straße 35 / 10247 Berlin
			6.150,00			Property Rental / Am Neuen Garten 12 / 15012 Potsdam
Kred. Grundmiete	06.05.2025		4.000,00	01.05.2025	31.05.2025	Property Rental / Am Neuen Garten 12 / 15012 Potsdam
			18.450,00			Berlin Leasing / Warschauer Straße 35 / 10247 Berlin
			6.150,00			Property Rental / Am Neuen Garten 12 / 15012 Potsdam
Kred. Grundmiete	04.06.2025		4.000,00	01.06.2025	30.06.2025	Property Rental / Am Neuen Garten 12 / 15012 Potsdam
			18.450,00			Berlin Leasing / Warschauer Straße 35 / 10247 Berlin
			6.150,00			Property Rental / Am Neuen Garten 12 / 15012 Potsdam

Abbildung 3.48 Partnerfinanzstrom für Vertrag mit Konditionssplit

3.5.3 Customizing: Konditionen in Fremdwährung und Konditionssplit

In diesem Abschnitt beschreiben wir die Customizing-Einstellungen, die für die Abbildung von Konditionen in Fremdwährung und für die Verwendung des Konditionssplits erforderlich sind.

Konditionen in Fremdwährung

Im Customizing von SAP RE nehmen Sie im Bereich **Konditionen und Bewegungen • Konditionen in Fremdwährung** die Einstellungen zur Währungsumrechnung für Verträge mit Fremdwährungen vor. Nachdem Sie die Verwendung von Fremdwährungen pro Buchungskreis zugelassen haben, wird im Vertragsdialog auf der Registerkarte **Konditionen** das Feld **Währung** sichtbar und eingabebereit.

Umrechnungsdatumsregel

Weiterhin werden in der *Umrechnungsdatumsregel* Festlegungen für die Berechnung des Umrechnungsdatums benötigt. Hier geht es darum, festzulegen, wie sich das System bei der Währungsumrechnung im Fall bestimmter Buchungsprozesse verhalten soll. In Abbildung 3.49 wird beispielsweise für die Berechnung des Umrechnungsdatums bei der periodischen Buchung das Buchungsdatum (PSTNGDATE) herangezogen, während für Nachbuchungen das berechnete Umrechnungsdatum für die Nachbuchung (REQDATE) relevant ist. In der Spalte **Fehlverhalten** ist angegeben, dass in allen drei Prozessen eine Warnung ausgegeben werden soll. Das bedeutet, dass im Fall eines fehlenden Umrechnungskurses zum relevanten Umrechnungsdatum der letzte vor dem Umrechnungsdatum verfügbare Kurswert verwendet wird. Zusätzlich wird der Anwender durch eine Warnung auf den fehlenden Kurswert hingewiesen. Abbildung 3.49 zeigt Beispiele für die Ermittlung des Umrechnungsdatums in Abhängigkeit vom Buchungsprozess.

Prozessabhängige Datumsermittlung

	Umr.prozess	Bez. Umrechn.prozess	Simulation	Umr.basisdatum	Fehlerverhalten	Anzahl Tage	UmrechVerschiebRegel
☐	REEP	Bewertungsbuchung	☐	DUEDATE	1 Warnung		STANDARD
☐	REEPCRMEMO	Bewertungsbuchung Gutschrift	☐	DUEDATE	1 Warnung		STANDARD
☐	REEPFUP	Bewertungsbuch. Nachforderung	☐	DUEDATE	Akzeptieren		STANDARD

Abbildung 3.49 Beispiel für die prozessabhängige Ermittlung des Umrechnungsdatums bei der periodischen Buchung

In der *Währungsumrechnungsregel* wird festgelegt, welcher *Kurstyp* für die Umrechnung zu verwenden ist. Die Einstellungen zu Kurstypen und zu den Umrechnungskursen werden im Customizing unter **ABAP Platform • Allgemeine Einstellungen • Währungen** vorgenommen. In Abbildung 3.50 sehen Sie zwei Umrechnungsregeln, die für die Umrechnung von US-Dollar in Euro verwendet werden können. Während in der ersten Umrechnungsregel die Buchung in der Konditionswährung, in diesem Fall also in US-Dollar erfolgt, ist bei der zweiten Umrechnungsregel die Checkbox Buchen in Konditionswährung (**Buch. in Kndwhr**) deaktiviert. Das bedeutet, dass die Umrechnungsregel ausschließlich für die Berechnung des Konditionsbetrags genutzt wird. Die aus diesem Konditionsbetrag resultierende Buchung erfolgt aber dennoch in der Währung des Buchungskreises, der Hauswährung.

Währungsumrechnungsregel

	WährUmrechnungsregel	Bez WährUmrRegel	Umrechn.datumsregel	Kurstyp	Buch. in Kndwhr
☐	USD -> EUR	Währungsumrechnung USD -> EUR	STANDARD	M	☑
☐	USD -> EUR HW	Währungsumrechnung USD -> EUR	STANDARD	M	☐

Abbildung 3.50 Währungsumrechnungsregeln

Abbildung 3.50 zeigt die Konfigurationsmöglichkeiten für die Währungsumrechnung im SAP Real Estate Management.

Konditionssplit

Um die Funktion des Konditionssplits in Verträgen verwenden zu können, muss die Teilfunktion **Konditionssplit** im Customizing aktiviert werden. Dazu rufen Sie im Customizing-Pfad von SAP RE unter **Grundeinstellungen** den Dialog **Teilfunktionen aktivieren** auf. Aktivieren Sie hier die Teilfunktion CDSP (Konditionssplit). Weitere Customizing-Einstellungen sind für die Nutzung des Konditionssplits nicht erforderlich.

3.6 Vertragskonditionen auswerten

Nachdem wir uns mit der Konditionserfassung und -pflege in den Verträgen und mit Anpassungsverfahren für die automatische Konditionsanpassung beschäftigt haben, wollen wir die Vertragskonditionen natürlich auch auswerten. Schauen wir uns deshalb einige Auswertungsmöglichkeiten für Vertragskonditionen an. Weiterhin beschäftigen wir uns in diesem Abschnitt mit Möglichkeiten zur Gestaltung der in den Auswertungen entstehenden Listen.

3.6.1 Auswertung von Konditionen

App REISCN

Beginnen wir mit der App **Infosystem Verträge** (REISCN). Diese Auswertung haben Sie bereits in Abschnitt 2.7.2, »Verträge auswerten – Infosystem«, kennengelernt. Wir werden uns jetzt ansehen, wie Sie diese App für die Auswertung von Vertragskonditionen verwenden können. Auf dem Selektionsbild der App finden Sie im Abschnitt **Ausgabeoptionen** das Feld **Reportprofil** (siehe Abbildung 3.51).

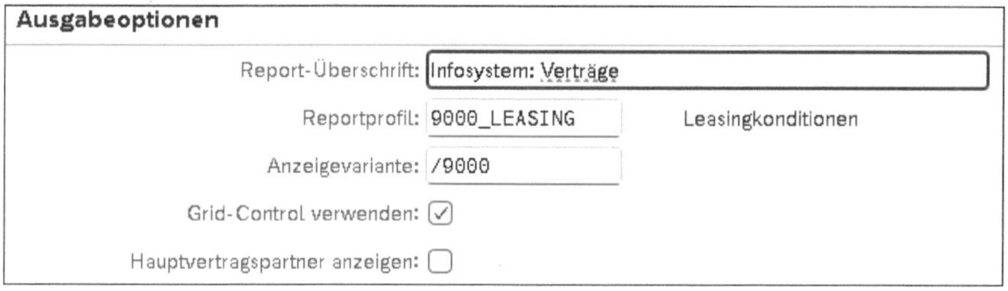

Abbildung 3.51 Infosystem Verträge (REISCN) – Abschnitt »Ausgabeoptionen«

Reportprofil verwenden

Das *Reportprofil*, dessen Customizing-Einstellungen wir uns in Abschnitt 3.6.2, »Customizing: Infosystem Konditionen«, näher ansehen werden, ermöglicht die Ausgabe zusätzlicher Daten in der Auswertung. In unserem Fall haben wir dem Reportprofil alle für die Leasingverträge relevanten Konditionsgruppen zugeordnet. Dies ermöglicht die spaltenweise, zu Konditionsgruppen aggregierte Ausgabe der Vertragskonditionen in der Liste.

Sie sehen in der Listausgabe Spaltenbezeichnungen wie **Buchmiete Leasingvertrag kreditorisch** oder **Statistisch Leasingvertrag kreditorisch**. Diese Bezeichnungen stammen aus den Konditionsgruppen, die dem Reportprofil zugeordnet wurden (siehe Abbildung 3.52).

BuKr.	Vertrag	Bez. Vertragsart	Buchmiete Leasingvertrag Netto	Buchmiete Leasingvertrag Brutto	VWähr.
9000	1000000	Anmietung/Lease-in Immobilien	28.600,00	34.034,00	EUR
9000	1000001	Anmietung/Lease-in Immobilien	28.500,00	33.915,00	EUR
9000	1000002	Vermietung Gewerbe			EUR
9000	1000003	Anmietung/Lease-in Immobilien	28.000,00	33.320,00	EUR
9000	2000005	Leasing/Lease-in Sonstiges			EUR
9000	2000007	Leasing/Lease-in Sonstiges			EUR
9000	3000000	Servicevertrag (kred.)	11.000,00	13.090,00	EUR
9000	3000001	Servicevertrag (kred.)	1.000,00	1.190,00	EUR

Abbildung 3.52 Infosystem Verträge (REISCN) – Anzeige von Konditionen

Abbildung 3.53 zeigt Ihnen einen Auszug aus dem Feldvorrat der App **Infosystem Verträge** (REISCN). Im linken Bildbereich sehen Sie die Konditionsgruppen aus dem Reportprofil.

Weitere Auswertungen für Vertragskonditionen

Im Infosystem unter **Flexibles Immobilienmanagement • Infosystem • Konditionen** finden Sie weitere Auswertungen für Verträge und deren Konditionen. Mit den hier aufgeführten Apps **Infosystem Konditionen zu Verträgen** (REISCDCN) sowie **Infosystem Konditionen und Anpassungsregel zum Vertrag** (REISCDCNAJ) können Sie Konditionen bzw. Konditionen und deren Anpassungsregeln zeitabhängig auswerten.

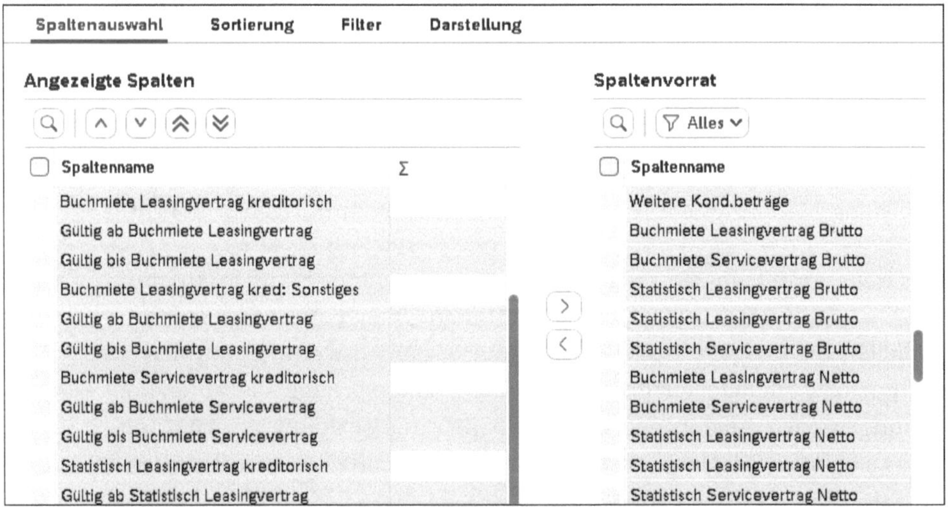

Abbildung 3.53 Infosystem Verträge (REISCN) – Feldvorrat bei Verwendung eines Reportprofils

[+]

Nutzung von Reportprofilen

Zu einem Vertrag existieren meist mehrere Konditionsarten, d. h., zwischen Vertrag und Konditionsarten besteht eine 1:n-Beziehung. Die Verwendung von Reportprofilen bietet die Möglichkeit, Konditionsarten »artgerecht« zu gruppieren und so z. B. Leasingraten in einer Spalte, Nebenkosten in einer anderen spaltenweise darzustellen, wobei die Spalten jeweils mehrere Konditionsarten aufsummieren. Wenn Sie z. B. verschiedene Konditionsarten für Leasingraten für Büroflächen, für Lager und für andere Räume verwenden, können Sie diese Konditionsarten zu einer Konditionsgruppe zusammenfassen. Auf diese Weise stehen in der Auswertung alle Leasingraten in einer Spalte untereinander, unabhängig davon, ob sie die Büro-, Lager- oder sonstigen Flächen betreffen.

3.6.2 Customizing: Infosystem Konditionen

Im vorigen Abschnitt haben wir die Nutzung von Reportprofilen im **Infosystem für Verträge** (App REISCN) beschrieben. Die Einstellungen zum Reportprofil nehmen Sie im Customizing-Menü von SAP RE unter **Informationssystem • Reportprofil anlegen** vor.

Konditionsprofil

Sie definieren hier zunächst ein *Konditionsprofil*, dem Sie Konditionsarten bzw. Konditionsgruppen, jeweils in Kombination mit dem Konditionszweck, zuordnen. Ein solches Konditionsprofil für Leasingverträge zeigt Abbildung 3.54.

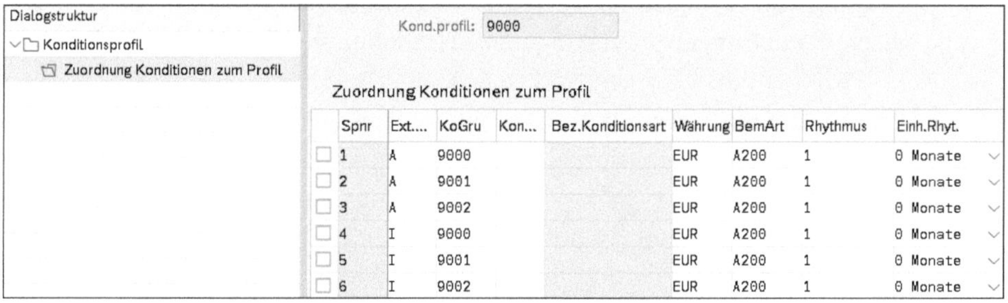

Spnr	Ext....	KoGru	Kon...	Bez.Konditionsart	Währung	BemArt	Rhythmus	Einh.Rhyt.
1	A	9000			EUR	A200	1	0 Monate
2	A	9001			EUR	A200	1	0 Monate
3	A	9002			EUR	A200	1	0 Monate
4	I	9000			EUR	A200	1	0 Monate
5	I	9001			EUR	A200	1	0 Monate
6	I	9002			EUR	A200	1	0 Monate

Abbildung 3.54 Konditionsprofil für Leasingverträge

Zu jeder Kombination aus Konditionsart bzw. -gruppe und Konditionszweck werden die folgenden Spalten erzeugt:

- Einheitspreis mit Währung
- Brutto-/Nettokennzeichen sowie resultierender Konditionsbetrag (netto und brutto)
- Gültigkeitszeitraum der Kondition (gültig ab, gültig bis)

Die Spalten finden Sie im Feldvorrat der aufgerufenen App (z. B. REISCN), wobei die Bezeichnungen der Spalten aus der Konditionsart bzw. Konditionsgruppe abgeleitet werden.

[+]

Mehr als acht Konditionsarten oder -gruppen in einem Konditionsprofil verwenden

Sie können einem Konditionsprofil bis zu acht Konditionsarten oder Konditionsgruppen zuordnen. Die Beschränkung auf acht Werte resultiert aus der Struktur REIS_PF_CDCN_ALL. Wenn Sie mehr als acht Konditionsarten oder -gruppen benötigen, können Sie die Struktur REIS_PF_CDCN_ALL modifikationsfrei erweitern. Dazu legen Sie ein Customer-Include an (Struktur CI_REIS_PF_CDCN). Für jede weitere Konditionsart bzw. -gruppe verwenden Sie ein passendes Suffix, z. B. 09 für die neunte Konditionsart.

Nachdem Sie das Konditionsprofil definiert haben, ordnen Sie es einem Reportprofil zu. Sie können das Reportprofil anschließend in allen Apps, für die die Verwendung eines solchen Reportprofils vorgesehen ist, nutzen.

3.7 Finanzströme

In diesem Kapitel haben wir uns bisher verschiedene Möglichkeiten angesehen, Konditionen in Verträgen zu erfassen und zu aktualisieren. In Abschnitt 3.2.3, »Finanzstrom prüfen«, haben wir einen ersten Eindruck zum *Finanzstrom* vermittelt. Der Finanzstrom bildet die Grundlage für die periodischen Buchungen zu Verträgen und ist daher von essenzieller Bedeutung. Er wird aus den Vertragskonditionen, den Buchungsparametern des Vertrags und den Angaben zum Geschäftspartner generiert. Dabei werden zunächst Plan-Sätze generiert, die alle für die periodische Buchung notwendigen Informationen beinhalten. Der Finanzstrom bildet somit den Zahlungsplan für einen Vertrag ab. Zum Zeitpunkt der periodischen Buchung werden dann alle fälligen Plan-Sätze selektiert, gebucht und in Ist-Sätze umgewandelt.

Arten von Finanzströmen

Aus der Sicht des Vertrags unterscheiden wir zunächst zwei Arten von Finanzströmen: den *Partnerfinanzstrom* und den *Objektfinanzstrom*. Auf einen weiteren Finanzstrom – den *Bewertungsfinanzstrom* – gehen wir in Kapitel 5, »Bilanzielle Bewertung im Überblick«, detailliert ein.

Von der Registerkarte **Konditionen** des Vertrags können Sie über die Buttons [anzeigen] (**Finanzstrom anzeigen**) bzw. [simulieren] (**Finanzstrom simulieren**) in die Anzeige des Finanzstroms gelangen. Alternativ können Sie auch auf der Registerkarte **Übersichten** des Vertragsdialogs in die Anzeige des Finanzstroms abspringen oder über die Apps **Infosystem Finanzstrom** (REISCDCF) und **Infosystem Objektfinanzstrom** (REISCDCFOBJ) eine Auswertung zu Partner- und Objektfinanzströmen mehrerer Verträge aufrufen. Abbildung 3.55 zeigt den Partnerfinanzstrom auf der Registerkarte **Übersichten** eines Vertrags.

Übersicht:* Partnerfinanzstrom

Anzeige: Standard

Anzeige Partnerfinanzstrom - Alle Konditionen (19/118)

Bewegungsartbezeichn...	Fälligkeitstag	Status		NettoHausWhr	Berech. von	Berech. bis	Partner/Kontierungsobjekt
Kred. Grundmiete	03.04.2025			24.000,00	01.04.2025	30.04.2025	Property Rental / Alexanderplatz 11 / 10178 Berlin
Kred. Grundmiete	06.05.2025			24.000,00	01.05.2025	31.05.2025	Property Rental / Alexanderplatz 11 / 10178 Berlin
Kred. Grundmiete	04.06.2025			24.000,00	01.06.2025	30.06.2025	Property Rental / Alexanderplatz 11 / 10178 Berlin
Kred. Grundmiete	03.07.2025			24.000,00	01.07.2025	31.07.2025	Property Rental / Alexanderplatz 11 / 10178 Berlin
Kred. Grundmiete	05.08.2025			24.000,00	01.08.2025	31.08.2025	Property Rental / Alexanderplatz 11 / 10178 Berlin

Abbildung 3.55 Auswertung des Partnerfinanzstroms

[+]

Anzeige des Finanzstroms

Egal, ob Sie von der Registerkarte **Konditionen** oder der Registerkarte **Übersichten** des Vertrags in die Anzeige des Finanzstroms gelangen, in beiden Fällen finden Sie im oberen Bildbereich das Feld **Anzeige**. Hier können Sie wählen, ob alle Finanzstromsätze oder nur zukünftige bzw. vergangene Sätze angezeigt oder ob ausschließlich Plan- bzw. Ist-Sätze angezeigt werden sollen. Der Wert **Standard** bewirkt, dass der aktuellste Ist-Satz und die auf diesen Ist-Satz folgenden Plan-Sätze angezeigt werden. Sie können eigene Layouts für die Anzeige des Finanzstroms mit den von Ihnen benötigten Feldern, Summen- und Sortierkriterien anlegen.

Die in diesem Abschnitt beschriebenen Anzeigemöglichkeiten betreffen den Partner- und den Objektfinanzstrom. Auch zum Bewertungsfinanzstrom gibt es verschiedene Auswertungen, die wir Ihnen in Abschnitt 5.3, »Bilanzielle Bewertung auswerten«, vorstellen werden.

Zeitraum des Finanzstroms

In den Customizing-Einstellungen zur Vertragsart ist ein Zeitraum für die Generierung des Finanzstroms vorgegeben. Beim Anlegen oder Ändern eines Vertrags wird der Finanzstrom für den angegebenen Zeitraum generiert und in Datenbanktabellen fortgeschrieben. Die auf diese Art erzeugten Plan-Sätze werden während der periodischen Buchungen zum Vertrag nach und nach »verbraucht« und zu Ist-Sätzen umgewandelt. Der Zeitraum für die Finanzstromgenerierung hängt von der jeweiligen Vertragsart und der Periodizität der Zahlungen ab. Für eine Vertragsart, bei der im Allgemeinen monatliche Zahlungen anfallen, kann der Zeitraum bei zwei oder drei Jahren liegen, während bei Verträgen mit jährlichen Konditionen ein Zeitraum von fünf oder zehn Jahren angemessen ist. Der Zeitraum sollte jedoch nicht zu lang sein, um keine unnötigen Finanzstromsätze zu generieren, die bei jeder Vertragsaktualisierung ebenfalls aktualisiert werden müssen.

Finanzstrom generieren

Der Finanzstrom von Verträgen sollte regelmäßig aktualisiert werden. Dazu kann die App **Finanzstromaktualisierung: Verträge** (RECDCGOL) genutzt werden. Diese sollte in regelmäßigen Abständen, z. B. halbjährlich vor der periodischen Buchung, als Job eingeplant werden.

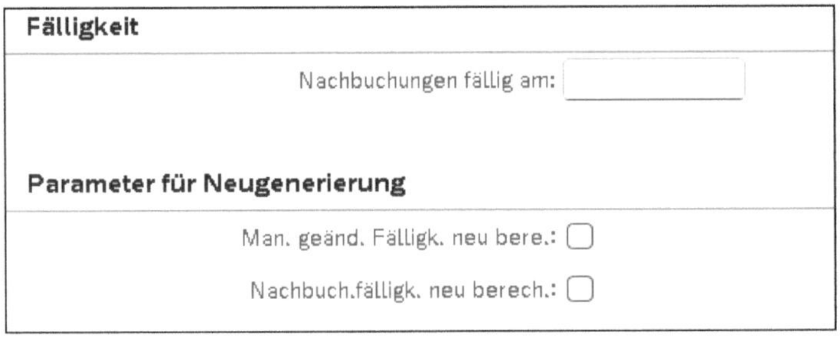

Abbildung 3.56 App Finanzstromvergleich und Simulation - Fälligkeit und Parameter für Neugenerierung

Um die Ergebnisse der Finanzstromgenerierung mit den existierenden Finanzströmen zu vergleichen, können Sie die App **Finanzstromvergleich & Simulation** (RECDCFCMP) verwenden. Dabei können Sie insbesondere Parameter für die Berechnung der Fälligkeitsdaten festlegen (siehe Abbildung 3.56). Mit dieser App erstellen Sie eine Übersicht der zu ändernden Finanzstromsätze, bevor Sie die Generierung tatsächlich ausführen. Die unterschiedlichen Änderungen, wie beispielsweise neu generierte oder gelöschte Sätze, werden mit unterschiedlichen Farben dargestellt, sodass Sie schnell einen Überblick über die Änderungen erhalten.

Aber schauen wir uns zunächst einmal an, welche Daten in die verschiedenen Finanzströme einfließen und welche Daten somit die Grundlage für die im Rahmen der periodischen Buchungen aus den Finanzstromsätzen entstehenden Buchungsbelege bilden.

3.7.1 Partnerfinanzstrom

Der Partnerfinanzstrom bezieht sich auf den für die Kondition relevanten Geschäftspartner und beinhaltet alle für die Buchung und Zahlung relevanten Daten wie Konditionsart und Angaben zu Rhythmus und Fälligkeit der Buchung. Das heißt, dass im Fall eines Leasingvertrags mit monatlicher Fälligkeit die monatlich zu buchenden Verbindlichkeiten für die Leasingzahlungen im Partnerfinanzstrom enthalten sind.

Grundlage für die Generierung des Partnerfinanzstroms sind die Vertragskonditionen, die Angaben zum Geschäftspartner und zum zugehörigen Kreditor sowie die Buchungsparameter des Vertrags.

Wenn Sie auf der Registerkarte **Konditionen** eine Kondition markieren, finden Sie im unteren Bildbereich verschiedene Registerkarten mit Detaildaten zu dieser Kondition. Auf der Registerkarte **Klauseln** (siehe Abbildung 3.57) enthalten insbesondere die Buchungsklausel und die Rhythmusklausel wichtige Informationen für die Generierung des Partnerfinanzstroms.

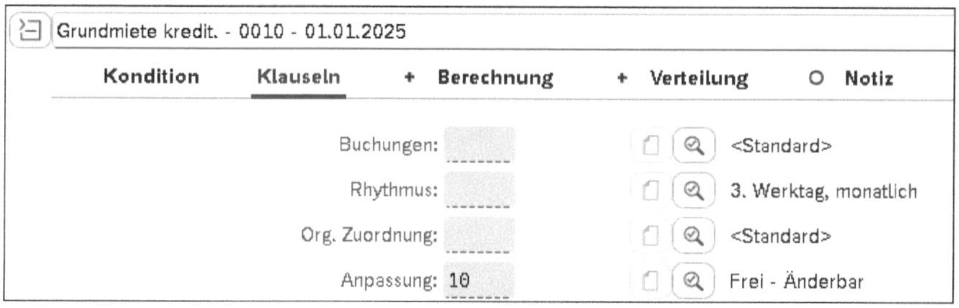

Abbildung 3.57 Klauseln einer einzelnen Kondition

Über den Button (**Klausel anzeigen bzw. ändern**) können Sie sich die Details der Klausel ansehen. In der Buchungsklausel sind insbesondere Daten zum Geschäftspartner, zum Zahlweg, zur Bankverbindung sowie Steuerinformationen enthalten. In der Rhythmusklausel finden Sie Angaben zum Zahlungsrhythmus, zur Zahlweise, zur Berechnungsmethode sowie zur Fälligkeit der Kondition. Alle diese Informationen werden für die Generierung des Partnerfinanzstroms benötigt. Den generierten Finanzstrom erreichen Sie über die Buttons anzeigen (**Finanzstrom anzeigen**) bzw. simulieren (**Finanzstrom simulieren**) von der Registerkarte **Konditionen** des Vertrags. Abbildung 3.58 zeigt den Partnerfinanzstrom eines Leasingvertrags mit monatlichen Leasingraten.

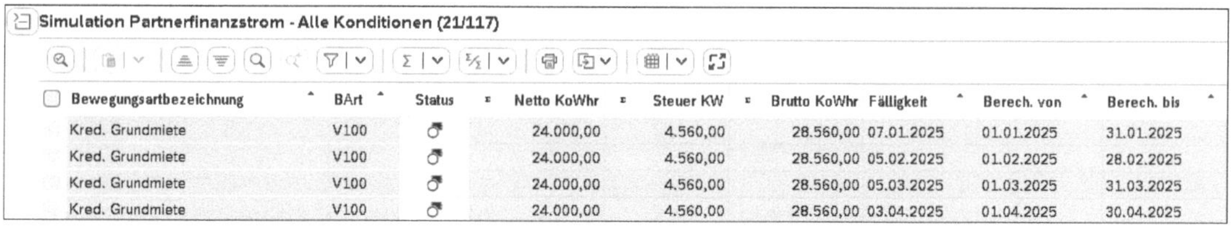
Simulation Partnerfinanzstrom - Alle Konditionen (21/117)

Bewegungsartbezeichnung	BArt	Status	Netto KoWhr	Steuer KW	Brutto KoWhr	Fälligkeit	Berech. von	Berech. bis
Kred. Grundmiete	V100		24.000,00	4.560,00	28.560,00	07.01.2025	01.01.2025	31.01.2025
Kred. Grundmiete	V100		24.000,00	4.560,00	28.560,00	05.02.2025	01.02.2025	28.02.2025
Kred. Grundmiete	V100		24.000,00	4.560,00	28.560,00	05.03.2025	01.03.2025	31.03.2025
Kred. Grundmiete	V100		24.000,00	4.560,00	28.560,00	03.04.2025	01.04.2025	30.04.2025

Abbildung 3.58 Partnerfinanzstrom eines Leasingvertrags mit monatlichen Zahlungen (Plan-Sätze)

Plan- und Ist-Sätze

Am Icon (**Eintrag noch zu buchen**) eines Finanzstromsatzes erkennen Sie, dass es sich um einen Plan-Satz handelt, d. h. um einen Finanzstromsatz, zu dem noch kein Buchhaltungsbeleg existiert. Ist der Finanzstromsatz dagegen mit dem Icon (**Eintrag bereits gebucht**) gekennzeichnet, handelt es sich um einen Ist-Satz, zu dem bereits ein Buchungsbeleg erzeugt wurde. In Abbildung 3.59 sehen Sie den Partnerfinanzstrom eines Leasingvertrags mit monatlichen Zahlungen, für den die periodischen Buchungen bis einschließlich April 2025 durchgeführt wurden. Bis zu diesem Zeitpunkt sind Ist-Sätze vorhanden, während für den Zeitraum ab Mai 2025 sowie für die Nachbuchung in Höhe von 500 € mit Fälligkeit am 27.04.2025 Plan-Sätze existieren.

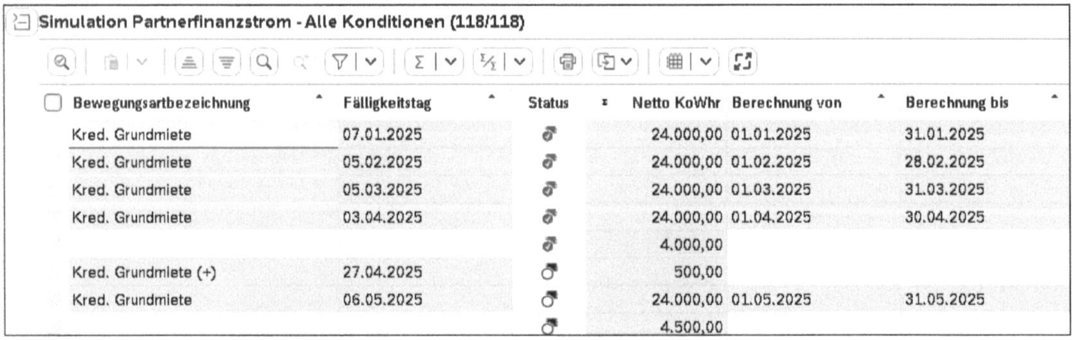

Abbildung 3.59 Partnerfinanzstrom mit Ist- und Plan-Sätzen

Buchhaltungsbeleg

Wenn Sie auf das Icon (**Eintrag bereits gebucht**) in der Finanzstromanzeige klicken, können Sie in die Liste der im Rahmen der periodischen Buchung erzeugten Belege verzweigen. Wählen Sie hier den Eintrag **Buchhaltungsbeleg** aus, gelangen Sie in den aus dem Finanzstrom erzeugten Buchhaltungsbeleg. Neben dem Buchhaltungsbeleg (siehe Abbildung 3.60) werden weitere Belege, wie beispielsweise RE-Belege oder Belege des Controllings, erzeugt.

Abbildung 3.60 Buchhaltungsbeleg (monatliche Leasingrate)

Auf die periodischen Buchungen und andere Buchungsfunktionalitäten sowie die hierbei erzeugten Belege gehen wir in Abschnitt 4.1, »Periodische Buchung: Partnerfinanzstrom«, detailliert ein.

3.7.2 Objektfinanzstrom

Neben dem Partnerfinanzstrom hat ein Vertrag auch einen Objektfinanzstrom. Dieser dient der verursachungsgerechten, objektgenauen Verteilung der Konditionsbeträge auf die einzelnen Vertragsobjekte bzw. auf die relevanten Kontierungsobjekte. Dabei werden aus Sicht des Controllings der Vertrag entlastet und die einzelnen Vertragsobjekte mit den auf sie entfallenden Konditionsanteilen belastet.

Auch den Objektfinanzstrom erreichen Sie über die Buttons anzeigen (**Finanzstrom anzeigen**) bzw. simulieren (**Finanzstrom simulieren**) von der Registerkarte **Konditionen** des Vertrags aus. In der Standardanzeige ist die Anzeige für den Objektfinanzstrom im Allgemeinen eingeklappt, während der Partnerfinanzstrom bereits ausgeklappt ist (Abbildung 3.61).

Abbildung 3.61 Objekt- und Partnerfinanzstrom eines Vertrags

Über den Button Objektfinanzstrom (**Ausklappen**) können Sie die Anzeige des Objektfinanzstroms ausklappen. Sie sehen dann – analog zum Partnerfinanzstrom – die für die einzelnen Berechnungsperioden relevanten Finanzstromsätze (siehe Abbildung 3.62).

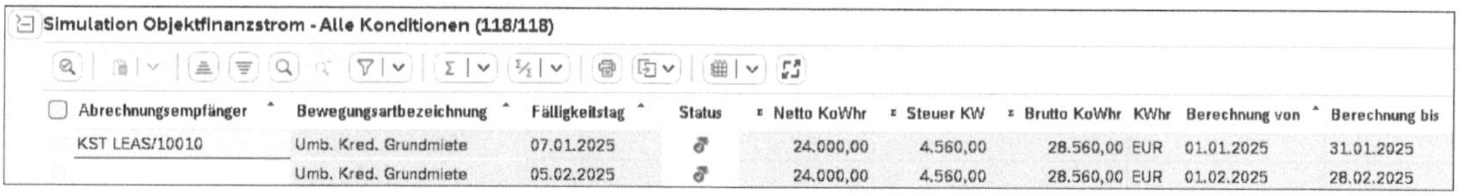

Abbildung 3.62 Objektfinanzstrom (Ist-Sätze)

Mithilfe des Objektfinanzstroms werden die Konditionsbeträge also denjenigen Kontierungsobjekten zugeordnet, auf die diese Kosten tatsächlich entfallen. Für die Generierung des Objektfinanzstroms werden insbesondere die Verteilungsdaten der Konditionen benötigt. Bezieht sich eine Kondition auf genau ein Vertragsobjekt und das zugehörige Kontierungsobjekt, entfällt auch der Gesamtbetrag der Kondition auf dieses Objekt, und es ist keine weitere Verteilung notwendig. In Abbildung 3.63 sehen Sie ein solches Beispiel. Hier ist der gesamte Konditionsbetrag dem Vertragsgegenstand 0010 und der auf der Registerkarte **Objekte** zum Vertragsgegenstand angegebenen Kostenstelle LEAS/10010 zuzuordnen.

Abbildung 3.63 Verteilungsvorschrift für die Kondition eines Vertragsobjekts

Bezieht sich eine Kondition auf mehrere Vertragsobjekte, wird die Aufteilung des Konditionsbetrags über die Verteilungsvorschrift festgelegt. Bei gleichanteiliger Verteilung wird der Konditionsbetrag auf alle Objekte zu gleichen Anteilen aufgeteilt, während bei Immobilienverträgen beispielsweise auch eine Aufteilung nach Bemessungen oder anderen Kriterien erfolgen kann. Sehen wir uns als Beispiel einen Leasingvertrag für Büroflächen an. Mit diesem Vertrag werden mehrere Büroflächen (im Erdgeschoss und im ersten Obergeschoss) angemietet. Da für die Büroflächen monatlich ein einheitlicher Betrag pro Etage zu zahlen ist, werden die Büroflächen zu einer Objektgruppe zusammengefasst. Der monatliche Konditionsbetrag von wird mit der Berechnungsvorschrift **Betrag pro Objekt** errechnet (siehe Abbildung 3.64).

Abbildung 3.64 Berechnungsvorschrift für die Miete einer Objektgruppe

Für den Partnerfinanzstrom ergibt sich damit eine monatliche Zahlung von 4.000 €. Wie aber werden diese 4.000 € auf die einzelnen Büroflächen aufgeteilt? Ziel ist es, im Controlling für jede der Büroflächen die für diese Fläche anfallenden monatlichen Kosten in Höhe von 2.000 € auszuweisen. Da sich die Preise der einzelnen Büroflächen nicht voneinander unterscheiden, kann die Verteilungsvorschrift **Gleichanteilig** verwendet werden. Abbildung 3.65 zeigt die in einer Objektgruppe zusammengefassten Büroflächen.

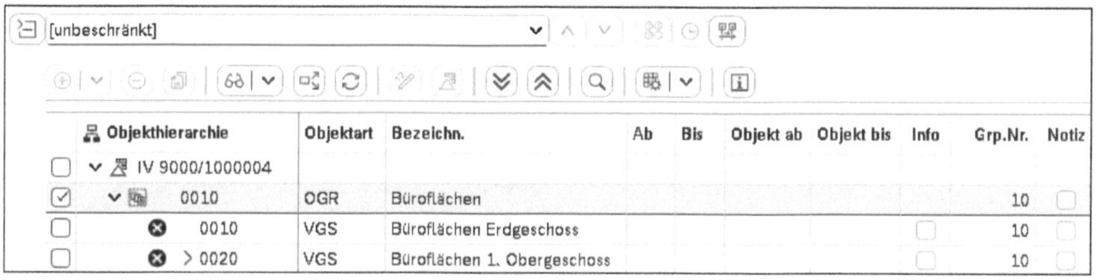

Abbildung 3.65 Objektgruppe im Vertrag

Auf jede Bürofläche entfallen somit monatlich 2.000 €. Diese werden im Controlling bei der Auswertung der Leasingkosten objektgenau für jede Bürofläche dargestellt.

3.7.3 Ausblick: Bewertungsfinanzstrom

Im Rahmen der bilanziellen Bewertung spielt ein weiterer Finanzstrom eine wichtige Rolle: der Bewertungsfinanzstrom. Dieser löst bei Verträgen, die der bilanziellen Bewertung unterliegen, den Objektfinanzstrom ab und fasst die bewertungsrelevanten Daten zusammen. Sie finden den Bewertungsfinanzstrom nach erfolgter Erstbewertung auf der Registerkarte **Bewertung** des Vertrags.

Der Bewertungsfinanzstrom wird mit seinen einzelnen Bestandteilen wie Aktiva, Abschreibungen, Zinsen usw. dargestellt.

Alternativ können Sie sich den Bewertungsfinanzstrom in aggregierter Form als Übersicht 0000360000 **Bewertungsfinanzstrom** auf der Registerkarte **Übersichten** des Vertrags ansehen.

In Kapitel 5, »Bilanzielle Bewertung im Überblick«, beschäftigen wir uns ausführlich mit Bewertungsregeln, dem Bewertungsfinanzstrom und dem Ablauf der bilanziellen Bewertung.

3.7.4 Auswertungen zu Finanzströmen

Auswertungen zum Partner- bzw. Objektfinanzstrom eines Vertrags finden Sie entweder direkt im Vertrag, indem Sie von der Registerkarte **Konditionen** in die Anzeige des Finanzstroms abspringen, oder auf der Registerkarte **Übersichten**, wenn Sie dort die gewünschte Auswertung wählen. Auch den

Bewertungsfinanzstrom eines Vertrags erreichen Sie direkt aus dem Vertrag.

[»]

Im Vertrag ist kein Objektfinanzstrom vorhanden

Sie finden im Vertrag zwar einen Partnerfinanzstrom, aber weder einen Objektfinanzstrom noch Verteilungsvorschriften für die einzelnen Konditionen? Das liegt nicht daran, dass der Vertrag fehlerhaft angelegt wurde, sondern daran, dass es sich um einen *bewertungsrelevanten Vertrag* handelt. Bei bewertungsrelevanten Verträgen wird der Objektfinanzstrom durch den Bewertungsfinanzstrom ersetzt. Das bedeutet, dass ab dem Zeitpunkt der ersten Bewertung des Vertrags kein Objektfinanzstrom mehr generiert wird. Die für die Bewertung relevanten Informationen stehen ab diesem Zeitpunkt im Bewertungsfinanzstrom zur Verfügung. Nähere Informationen hierzu finden Sie in Kapitel 5, »Bilanzielle Bewertung im Überblick«.

Wollen Sie die Finanzströme mehrerer Verträge auswerten, stehen Ihnen für Partner- und Objektfinanzströme die Apps **Infosystem Finanzstrom** (REISCDCF) und **Infosystem Objektfinanzstrom** (REISCDCFOBJ) zur Verfügung.

Weiterhin sei an dieser Stelle nochmals auf die in Abschnitt 3.7, »Finanzströme«, erwähnte Notwendigkeit der regelmäßigen Finanzstromgenerierung und auf die App **Finanzstromvergleich & Simulation** (RECDCFCMP) hingewiesen.

3.8 Zusammenfassung

Sie haben in diesem Kapitel verschiedene Konditionen kennengelernt, die in Leasingverträgen auftreten können. Dabei kann es sich um periodisch wiederkehrende Konditionen oder um einmalige Konditionen handeln, um statistische oder zu buchende Konditionsbeträge. Neben den Konditionen selbst spielen auch die Buchungsparameter des Vertrags eine wichtige Rolle bei der Generierung der Finanzströme des Vertrags. Die Finanzströme wiederum bilden die Grundlage für die periodischen Buchungen zum Vertrag, auf die wir in Kapitel 4, »Mieten und Leasingraten buchen«, eingehen werden.

Zusätzlich zu vielfältigen Customizing-Einstellungen für die Konditionsarten stehen reichlich Möglichkeiten für kundenindividuelle Erweiterungen zu den Vertragskonditionen zur Verfügung. Damit ist die Basis für die periodischen Buchungen zum Vertrag gelegt.

Kapitel 4
Mieten und Leasingraten buchen

Miete und Leasing kosten Geld oder bringen Geld ein – je nachdem, ob man Vertragsnehmer oder Vertragsgeber ist. Wie jedoch werden die Zahlungen aus den Verträgen heraus angestoßen? Diesem Thema widmet sich dieses Kapitel.

In den vorangegangenen Kapiteln wurde ausführlich dargelegt, wie Sie Verträge anlegen und wie Sie in diesen Verträgen Konditionen hinterlegen können. Die Konditionen sind die Basis für die Zahlungen, die im Zusammenhang mit den Verträgen geleistet werden. Doch welche Einstellungen sind notwendig, um aus den Verträgen heraus Verbindlichkeiten oder Forderungen zu buchen? Welche Steuerungsmöglichkeiten haben Sie, um die Buchungen zu differenzieren?

4.1 Periodische Buchung: Partnerfinanzstrom

Wir haben in früheren Kapiteln gesehen, dass im Vertragsmanagement sowohl Verträge abgebildet werden, in denen Ihr Unternehmen der Vertragsnehmer ist (kreditorische Verträge), als auch Verträge, in denen Ihr Unternehmen der Vertragsgeber ist (debitorische Verträge).

Verträge aus Sicht des Buchungskreises

Wir betrachten die Verträge dabei immer aus der Sicht des Buchungskreises, in dem die Verträge angelegt wurden. Dieser Buchungskreis repräsentiert Ihr Unternehmen. Im Falle eines kreditorischen Vertrags nimmt Ihr Unternehmen (d. h. der Buchungskreis des Vertrages) eine Leistung in Anspruch, während im Falle eines debitorischen Vertrags durch den Buchungskreis eine Leistung angeboten wird (z. B. Büroflächen vermietet werden).

Buchungssätze

An dieser Stelle wird es Zeit, noch einmal auf unsere Beispiele aus Kapitel 2, »Verträge«, zurückzukommen, um zu illustrieren, welche periodischen Buchungen für diese Verträge anfallen. Einen kurzen Überblick über die Vereinbarungen in den Verträgen gibt Tabelle 4.1. Der Einfachheit halber haben wir vorläufig die Mehrwertsteuer weggelassen, hierzu mehr in Abschnitt 4.1.4, »Buchungsklausel«.

Beispiel	Vertragspartner	Rolle Buchungskreis	Buchungssatz
Anmietung Büros und Parkplätze	Property Rental	Vertragsnehmer	per Kosten Miete an Kreditorenverbindlichkeiten
Vermietung Parkplätze	Putz-Flink-Schnell GmbH	Vertragsgeber	per Debitorenforderungen an Erlöse Vermietung
Leasing Drucker	Berlin Leasing	Vertragsnehmer	per Kosten Leasing an Kreditoren-verbindlichkeiten
Büroreinigung	Putz-Flink-Schnell GmbH	Vertragsnehmer	per Kosten Service an Kreditorenverbindlichkeiten

Tabelle 4.1 Buchungssätze für die Beispiele aus Kapitel 2, »Verträge«

Sollstellung und Habenstellung

Debitorische Mieten monatlich in die Buchhaltung zu buchen, wird z. B. in der Wohnungswirtschaft traditionell als Sollstellung bezeichnet: Die Mietforderungen werden ins Soll gestellt, eine Forderung auf dem Debitorenkonto (des Mieters) wird immer im Soll gebucht. Es wäre naheliegend, die Buchung für einen kreditorischen Vertrag als Habenstellung zu bezeichnen.

Periodische Buchung

Im Vertragsmanagement wird eine solche Unterscheidung nicht vorgenommen: Die periodische Buchung der Forderungen und Verbindlichkeiten erfolgt wird über eine einheitliche Funktion. Rufen Sie aus der Vertragsverwaltung heraus die verwandten Apps auf, finden Sie dort den Absprung in die periodischen Buchungen zum Vertrag. Sie können die App für die periodischen Buchungen (App **Periodisches Buchen: Verträge** (RERAPP)) natürlich auch über den App-Finder aufrufen. In der Praxis werden die periodischen Buchungen meist als Massenlauf ausgeführt, den Sie – da Sie in aller Regel eine Vielzahl an Verträgen in Ihrem System haben – periodisch als Job einplanen. Sie können die periodische Buchung aber auch direkt aus dem Vertragsdialog heraus starten, wenn Sie (ausnahmsweise) nur Buchungen für diesen einen Vertrag erzeugen wollen. Im Folgenden wollen wir dies beispielhaft tun, um das Prinzip zu erläutern. Die Abgrenzungen und die erzeugten Listen, die Ihnen die periodische Buchung aus dem Vertrag heraus zur Verfügung stellt, sind weitgehend die gleichen wie für den Massenlauf der periodischen Buchung.

Vertragskontokorrent Public Sector (SAP PSCD)

Das Vertragsmanagement kann in das SAP Finanzwesen oder in *SAP PSCD (Vertragskontokorrent Public Sector)* buchen. SAP PSCD ist eine Ausprägung von FI-CA (Massenkontokorrent) und Bestandteil der Branchenlösung SAP Public Sector Collection. Wir gehen hier jedoch nur auf die Integration mit dem SAP Finanzwesen ein.

4.1.1 Finanzstrom: Grundlage der periodischen Buchung

In Kapitel 3, »Konditionen und Finanzstrom«, haben wir ausführlich erläutert, wie Konditionen anzulegen sind und welche Auswirkungen die Einstellungen der Rhythmusklausel haben. Ziel all dieser Einstellungen ist es, den Finanzstrom (genauer den Partnerfinanzstrom) zu erzeugen, der die Grundlage unserer periodischen Buchungen ist.

Leasingvertrag mit Servicegebühr

Sie haben einen Leasingvertrag für einen Drucker geschlossen, der eine Laufzeit von einem Jahr hat und am 01.01.2025 beginnt. Die monatliche Leasingrate beträgt 1.000 €. Zusätzlich wird ab dem 01.04.2025 pro Quartal eine Servicegebühr von 300 € fällig.

Legen Sie mithilfe der Apps Vertrag verwalten (RECN), RE-Navigator (RE80) oder **Vertragsverwaltung** (F5273) einen entsprechenden Vertrag an. Legen Sie für den Vertrag die Konditionen mit passenden Buchungsklauseln an. Abbildung 4.1 zeigt, wie die Konditionen des Vertrags im System aussehen.

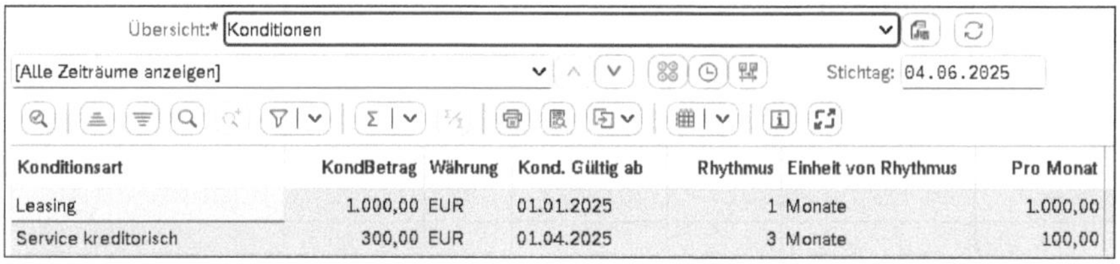

Konditionsart	KondBetrag	Währung	Kond. Gültig ab	Rhythmus	Einheit von Rhythmus	Pro Monat
Leasing	1.000,00	EUR	01.01.2025	1	Monate	1.000,00
Service kreditorisch	300,00	EUR	01.04.2025	3	Monate	100,00

Abbildung 4.1 Übersichten zum Vertrag – Konditionen

Von der Registerkarte **Konditionen** gelangen Sie über die Buttons anzeigen (**Finanzstrom anzeigen**) bzw. simulieren (**Finanzstrom simulieren**) in den Finanzstrom. Benutzen Sie den Button (**Zu den Konditionen**), wenn Sie in das Konditionenbild zurückkehren wollen.

Vertrag aktivieren

Der Finanzstrom wird erst auf die Datenbank geschrieben, wenn der Vertrag aktiv ist. Sie können periodische Buchungen nur dann ausführen, wenn der

Vertrag aktiviert wurde. Den Finanzstrom können Sie für inaktive und aktive Verträge simulieren und für aktive Verträge anzeigen, so, wie er auf der Datenbank fortgeschrieben ist. Aktivieren Sie den Vertrag über den Button Aktivieren (**Aktivieren**) oder die Menüfunktion **Vertrag • Aktivierung und Laufzeit • Aktivieren**. Sie können einen Vertrag auch wieder deaktivieren, solange für den Vertrag noch keine periodischen Buchungen stattgefunden haben.

Keine Finanzstromsätze?

Sind Sie nun in der Finanzstromsicht angekommen, kommt es gelegentlich vor, dass Sie keine Finanzstromsätze sehen. Das kann verschiedene Ursachen haben, z. B. der Vertrag ist nicht aktiv oder die Konditionen sind nur statistische Konditionen. Oft handelt es sich aber nur um ein Anzeigeproblem, das sich über einen Wechsel der Anzeigesicht beheben lässt.

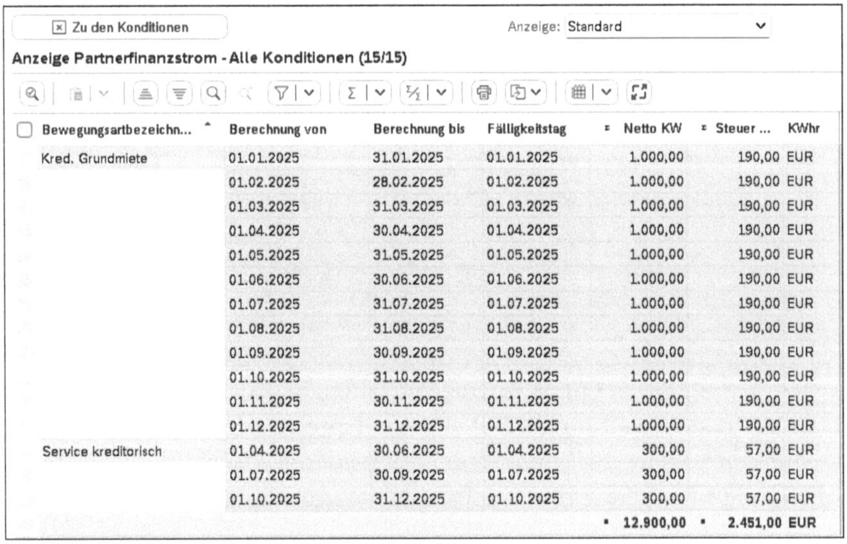

Bewegungsartbezeichn...	Berechnung von	Berechnung bis	Fälligkeitstag	Netto KW	Steuer ...	KWhr
Kred. Grundmiete	01.01.2025	31.01.2025	01.01.2025	1.000,00	190,00	EUR
	01.02.2025	28.02.2025	01.02.2025	1.000,00	190,00	EUR
	01.03.2025	31.03.2025	01.03.2025	1.000,00	190,00	EUR
	01.04.2025	30.04.2025	01.04.2025	1.000,00	190,00	EUR
	01.05.2025	31.05.2025	01.05.2025	1.000,00	190,00	EUR
	01.06.2025	30.06.2025	01.06.2025	1.000,00	190,00	EUR
	01.07.2025	31.07.2025	01.07.2025	1.000,00	190,00	EUR
	01.08.2025	31.08.2025	01.08.2025	1.000,00	190,00	EUR
	01.09.2025	30.09.2025	01.09.2025	1.000,00	190,00	EUR
	01.10.2025	31.10.2025	01.10.2025	1.000,00	190,00	EUR
	01.11.2025	30.11.2025	01.11.2025	1.000,00	190,00	EUR
	01.12.2025	31.12.2025	01.12.2025	1.000,00	190,00	EUR
Service kreditorisch	01.04.2025	30.06.2025	01.04.2025	300,00	57,00	EUR
	01.07.2025	30.09.2025	01.07.2025	300,00	57,00	EUR
	01.10.2025	31.12.2025	01.10.2025	300,00	57,00	EUR
				• 12.900,00	• 2.451,00	EUR

Abbildung 4.2 Partnerfinanzstrom des Beispiels

Benutzen Sie hierzu das Feld **Anzeige**, das Sie in Abbildung 4.2 im oberen rechten Bildbereich sehen. Abbildung 4.3 zeigt die zur Verfügung stehenden Auswahlmöglichkeiten.

Abbildung 4.3 Anzeigesichten des Finanzstroms

Wenn Sie zum ersten Mal in die Finanzstromanzeige verzweigen, ist die Anzeige auf **Standard** eingestellt. In dieser Sicht sehen Sie nur Finanzstromsätze bis zum Ende des aktuellen Kalenderjahres. Beginnt der Vertrag erst im Folgejahr, sehen Sie daher noch keine Finanzstromsätze. Wollen Sie alle Finanzstromsätze sehen, schalten Sie auf **Alle** um.

Wichtige Felder im Finanzstrom

Im Finanzstrom sind neben den Beträgen und der Bewegungsart, die wir in Abschnitt 4.2, »Customizing: Buchen«, im Detail beleuchten werden, die folgenden Felder von entscheidender Bedeutung für die periodische Buchung:

- **Berechnung von** und **Berechnung bis** geben den Zeitraum an, für den der jeweilige Finanzstromsatz, also die jeweilige Leasingrate, gilt. So gilt in unserem Beispiel die erste Leasingrate für den Monat Januar 2025, während sich die erste Servicerate auf das gesamte zweite Quartal 2025 bezieht.
- Die **Fälligkeit** wurde – wie auch schon der Berechnungszeitraum – aus der Rhythmusklausel ermittelt. In unserem Beispiel haben wir jeweils eine Fälligkeit zum Ersten des Bezugszeitraumes festgelegt.
- Der **Status** zeigt an, ob ein Finanzstromsatz bereits gebucht wurde. Solange ein Finanzstromsatz nicht gebucht ist, ist er mit dem Icon (**Eintrag noch zu buchen**) markiert und wird *Plan-Satz* genannt. Ist er gebucht, handelt es sich um einen *Ist-Satz*, der mit dem Icon (**Eintrag bereits gebucht**) angezeigt wird.

4.1.2 Periodisches Buchen im Vertragsdialog ausführen

Wir starten nun die periodische Buchung aus dem Vertragsdialog (App **Vertrag verwalten** (RECN)) heraus. Hierzu müssen Sie zunächst in den Anzeigemodus wechseln, damit sichergestellt ist, dass alle buchungsrelevanten Informationen des Vertrags gespeichert wurden. Die Funktionen zum Buchen finden Sie im Menü unter **Zusätze • Buchen**. Die periodische Buchung wird über **Vertrag buchen** angestoßen.

[«]

Funktion »Vertrag buchen« ist nicht verfügbar

Die Funktion ist inaktiv, wenn Sie sich im Anlege- oder Änderungsmodus befinden oder wenn der Vertrag inaktiv ist. Sie kann auch ganz aus dem Menü ausgeblendet werden, wenn die Systemadministration das BAdI BADI_RE_RA_PP (Periodische Buchungen) entsprechend implementiert hat.

Sie gelangen zunächst auf ein Selektionsbild, in das die aktuelle Vertragsnummer inklusive Buchungskreis bereits übernommen wurde. Die periodische Buchung basiert auf dem Finanzstrom, d. h., sie selektiert für den jeweils zu buchenden Zeitraum aus dem Finanzstrom die relevanten Plan-Sätze und generiert dazu die Buchungen. Der Abschnitt **Zeitraum** enthält die Parameter für die Zeitraumselektion und ist in Abbildung 4.4 zu sehen.

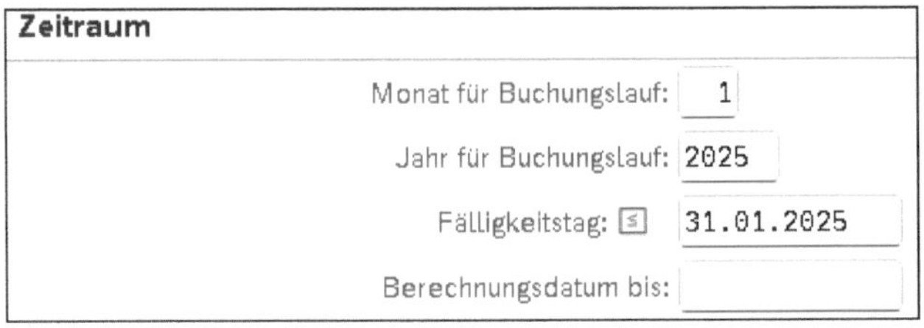

Abbildung 4.4 Periodisches Buchen – Selektionsparameter für die Auswahl des Zeitraumes

Zeitraum für die Buchungen

Die Parameter **Monat für den Buchungslauf** und **Jahr für den Buchungslauf** sind immer mit dem nächstfolgenden Monat vorbelegt, da man davon ausgeht, dass dies der nächste zu buchende Zeitraum ist. Entsprechend ist auch der Parameter **Fälligkeitstag** vorbelegt mit dem Letzten des Monats für den Buchungslauf. Ändern Sie den Monat und/oder das Jahr für den Buchungslauf, wird auch der Fälligkeitstag angepasst (solange Sie diesen nicht manuell ändern).

Das Feld **Fälligkeitstag** korrespondiert mit der Fälligkeit eines Plan-Satzes im Finanzstrom (siehe Abbildung 4.2). Für die periodische Buchung werden alle Plan-Sätze des Finanzstroms herangezogen, deren Fälligkeit kleiner oder gleich dem hier angegebenen Datum ist – bitte beachten Sie hierzu auch das Icon (**Selektieren: Kleiner gleich**), das dies anzeigt (siehe Abbildung 4.4). Wollen Sie darüber hinaus den Berechnungszeitraum des Finanzstromsatzes für die Selektion heranziehen, steht dafür der Parameter **Berechnungsdatum bis** zur Verfügung, der sich auf das Datum **Berechnung bis** aus dem Finanzstrom bezieht. Die Parameter **Konditionsart** und **Konditionszweck** im Bereich **Weitere Einschränkungen** (siehe Abbildung 4.5) erlauben eine zusätzliche Einschränkung der Auswahl der Plan-Sätze.

Parameter für das SAP Finanzwesen

Abbildung 4.5 zeigt auch die Parameter, die die Erzeugung der Buchungsbelege im SAP Finanzwesen betreffen. Die Felder **Belegkopftext**, **Buchungsdatum** und **Belegdatum** betreffen die entsprechenden Felder des Buchhaltungsbelegs, der durch die periodische Buchung erzeugt werden soll. Die Werte werden aus dem Monat und dem Jahr des Buchungslaufs vorgeschlagen, Sie können diese Vorschlagswerte aber überschreiben. Die **Buchungsperiode** wird automatisch aus dem Buchungsdatum abgeleitet und kann nur für Sonderperioden überschrieben werden.

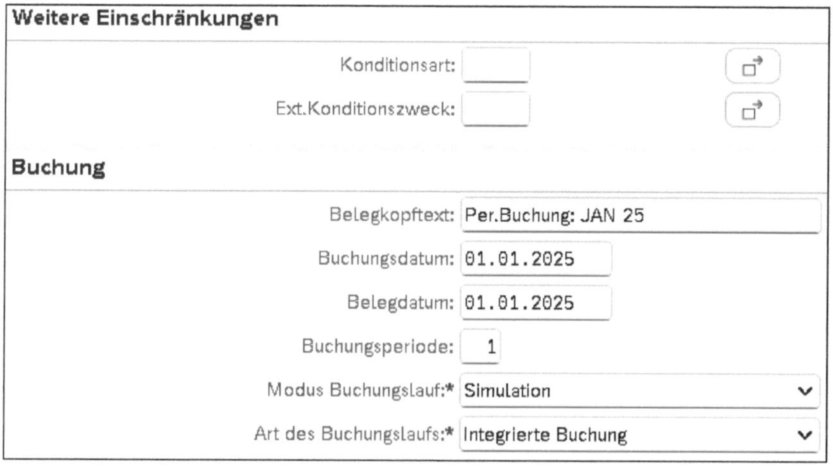

Abbildung 4.5 Periodisches Buchen – Parameter für die Buchungen

Simulation und Echtlauf

Der Modus des Buchungslaufs wird zunächst mit **Simulation** vorgeschlagen, d. h., die Buchungen werden nur simuliert und nicht durchgeführt. Wenn Sie tatsächlich buchen wollen, stellen Sie den Modus auf **Echtlauf** um.

Starten Sie nun die periodische Buchung mit diesen Parametern im Simulationsmodus, so erhalten Sie zunächst eine Liste, die die selektierten Finanzstromsätze anzeigt (siehe Abbildung 4.6), die Finanzstromsicht. Es handelt sich hier um eine Liste, deren Layout Sie nach eigenen Wünschen bestimmen können.

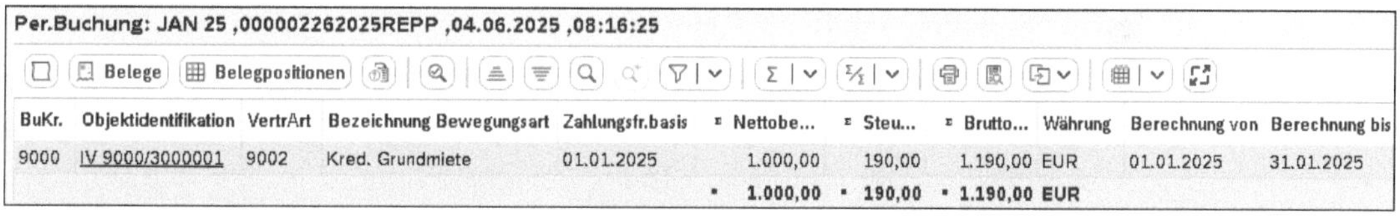
Per.Buchung: JAN 25 ,000002262025REPP ,04.06.2025 ,08:16:25

Belege | Belegpositionen

BuKr.	Objektidentifikation	VertrArt	Bezeichnung Bewegungsart	Zahlungsfr.basis	Nettobe...	Steu...	Brutto...	Währung	Berechnung von	Berechnung bis
9000	IV 9000/3000001	9002	Kred. Grundmiete	01.01.2025	1.000,00	190,00	1.190,00	EUR	01.01.2025	31.01.2025
					1.000,00	190,00	1.190,00	EUR		

Abbildung 4.6 Periodisches Buchen – Finanzstromsicht

In unserem Beispiel wurde für die periodische Buchung im Januar 2025 nur die Leasingrate selektiert, da die Servicekosten erst ab April 2025 fällig werden.

Fehlerprotokolle

Beachten Sie die Protokolle: In unserem Beispiel sehen Sie oben links in Abbildung 4.6 den Button ☐ (**Fehlerprotokoll**), über den Sie ins Protokoll des Buchungslaufs gelangen. Ist der Button an dieser Stelle stattdessen mit dem Icon (**Fehlerprotokoll**) versehen, werden Sie im Protokoll in der Regel die Information finden, dass Fehler aufgetreten sind und um welche Fehler es sich handelt.

Interessant ist nun aber, welche Buchungen wohl durchgeführt werden, wenn Sie den Echtlauf der periodischen Buchungen starten. Um dies zu erfahren, gehen Sie über den Button Belege (**Buchungsprotokoll**) in die Liste der (simulierten) Belege. Alternativ können Sie sich über den Button Belegpositionen (**Buchungsprotokoll**) eine Liste der Belegpositionen anzeigen. Abbildung 4.7 zeigt ein Beispiel für eine Liste der simulierten Belege für den Monat Januar 2025.

BuKr Belegnr Art Kopftext Buch.dat. Belegdatum							
Pos SK	Betrag	Währg	St	Text	Hauptbk	Kto/Debitor/Kreditor	Objekt
9000 RE 01.01.2025 01.01.2025							
1	1.000,00	EUR	VI	*01.01.2025-31.01.2025-Kred. Grundmiete	196950	Verrechnung Leasing	IV 9000/300000
2	1.190,00-	EUR	VI	*01.01.2025-31.01.2025-Kred. Grundmiete	160000	0000100235Property Rental	
3	190,00	EUR	VI		154000	Eingangssteuer	

Abbildung 4.7 Periodisches Buchen – Liste der simulierten Belege

Buchungsbelege Die Simulation zeigt, dass die periodische Buchung für den Monat Januar 2025 wie erwartet eine Verbindlichkeit in Höhe von 1.190 € auf das Kreditorenkonto 0000100235 des kreditorischen Vertragspartners Property Rental mit dem Abstimmkonto (Hauptbuchkonto) 160000 (Kreditorenverbindlichkeiten) buchen wird. Die Gegenbuchungen in Höhe von 1.000 € betreffen in unserem Fall das Hauptbuchkonto 196950 (Verrechnung Leasing) und in Höhe von 190 € das Eingangssteuerkonto 154000. Es wird das Steuerkennzeichen **VI** zur Buchung der Steuer herangezogen. Im Belegkopf sehen Sie unter **Art** die Belegart **RE**.

Führen Sie nun die Buchung im Echtlauf aus, indem Sie in das Selektionsbild zurückkehren und den Modus auf **Echtlauf** umstellen. Sie erhalten analoge Listen wie in der Simulation. In der Belegliste sehen Sie die Belegnummern der gebuchten Belege und können auch in die Belege abspringen.

Simulation Partnerfinanzstrom - Alle Konditionen (15/15)

Bewegungsartbezeichnung	Berech. von	Berechnung bis	Fälligkeitstag	NetKW	Steuer...	KWhr	Status	Ident. Buchhaltung
Kred. Grundmiete	01.01.2025	31.01.2025	01.01.2025	1.000,00	190,00	EUR		000002312025REPP
Kred. Grundmiete	01.02.2025	28.02.2025	01.02.2025	1.000,00	190,00	EUR		
Kred. Grundmiete	01.03.2025	31.03.2025	01.03.2025	1.000,00	190,00	EUR		
Kred. Grundmiete	01.04.2025	30.04.2025	01.04.2025	1.000,00	190,00	EUR		
Service kreditorisch		30.06.2025	01.04.2025	300,00	57,00	EUR		
Kred. Grundmiete	01.05.2025	31.05.2025	01.05.2025	1.000,00	190,00	EUR		
Kred. Grundmiete	01.06.2025	30.06.2025	01.06.2025	1.000,00	190,00	EUR		
Kred. Grundmiete	01.07.2025	31.07.2025	01.07.2025	1.000,00	190,00	EUR		

Abbildung 4.8 Finanzstromsatz für Januar 2025, als Ist-Satz markiert

Auswirkung auf den Finanzstrom

Kehren Sie nun in den Vertragsdialog zurück und schauen sich den Finanzstrom an, dann zeigt dieser anhand des Icons (**Eintrag bereits gebucht**), dass der Finanzstromsatz für Januar 2025 gebucht ist (siehe Abbildung 4.8). Sie können entweder auf diesen Button oder auf die Buchhaltungs-Identifikation (**Ident. Buchhaltung**) klicken, um sich die gebuchten Belege anzusehen. Hierbei gelangen Sie zunächst in ein Pop-up-Fenster (siehe Abbildung 4.9), das eine Auswahl der gebuchten Belege, die Rechnungswesenbelege, anzeigt. Näheres hierzu lesen Sie in Abschnitt 4.1.6, »Ein kurzer Abstecher in technische Details«.

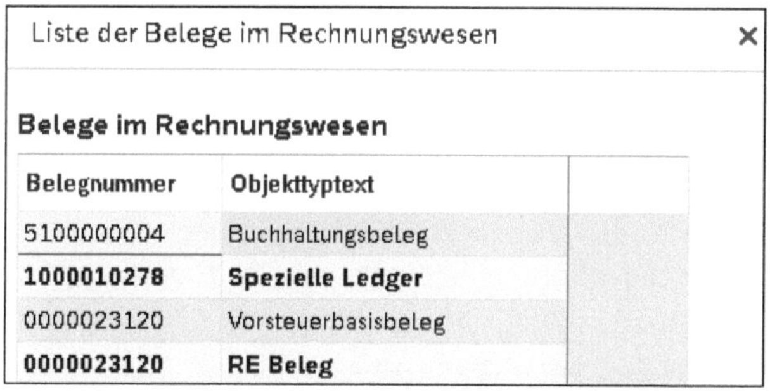
Liste der Belege im Rechnungswesen

Belege im Rechnungswesen

Belegnummer	Objekttyptext
5100000004	Buchhaltungsbeleg
1000010278	**Spezielle Ledger**
0000023120	Vorsteuerbasisbeleg
0000023120	**RE Beleg**

Abbildung 4.9 Pop-up-Fenster »Belege im Rechnungswesen«

Klicken Sie auf **Buchhaltungsbeleg**, um den im SAP Finanzwesen gebuchten Beleg anzuzeigen (FI-Beleg). Abbildung 4.10 zeigt den Beleg, der aus dem Finanzstromsatz in der ersten Zeile (Januar 2025) der Abbildung 4.8 erzeugt wurde.

Erfassungssicht

Belegnummer:	5100000004	Buchungskreis:	9000	Geschäftsjahr:	2025
Belegdatum:	01.01.2025	Buchungsdatum:	01.01.2025	Periode:	1
Referenz:	000002312025REPP	Übergreifd.Nr:			
Währung:	EUR	Texte vorhanden:		Ledger-Gruppe:	

BuKr.	Pos	Bschl	SK	Ko...	Bezeichnung	Betrag	Währung	St	Text	Vertrag	Immobilienschlüss.
9000	2	31		100235	Property Rental	1.190,00-	EUR	VI	*01.01.2025-31.01.2025-Kred. Grundmiete	3000001	
9000	3	40		154000	Eingangssteuer	190,00	EUR	VI			
9000	1	40		196950	Verrechnung Leasing	1.000,00	EUR	VI	*01.01.2025-31.01.2025-Kred. Grundmiete	3000001	IV 9000/3000001
					•	0,00	EUR				

Abbildung 4.10 Buchungsbeleg, der durch den periodischen Buchungslauf erzeugt wurde

4.1.3 Massenlauf periodisches Buchen

Die periodische Buchung werden Sie in aller Regel nicht vom Vertrag aus starten, sondern über einen Batch-Lauf mit der App **Periodisches Buchen: Verträge** (RERAPP) als Massenlauf für eine Vielzahl von Verträgen. Abbildung 4.11 zeigt die App **Periodisches Buchen: Verträge** sowie die Apps zum Stornieren periodischer Buchungen und zum Vergleich mit der Vorperiode.

Abbildung 4.11 Apps für periodische Buchungen

Neben den bereits erläuterten Abgrenzungen für den Zeitraum und die Konditionen stehen für den Massenlauf Abgrenzungen zu den Verträgen zur Verfügung. Dies sind die gleichen Abgrenzungen, die auch für das Vertrags-Reporting (siehe Abschnitt 2.7.2, »Verträge auswerten – Infosystem«) in der App **Infosystem Verträge** (REISCN) verwendet werden. Abbildung 4.12 zeigt die Selektionsmöglichkeiten für Verträge.

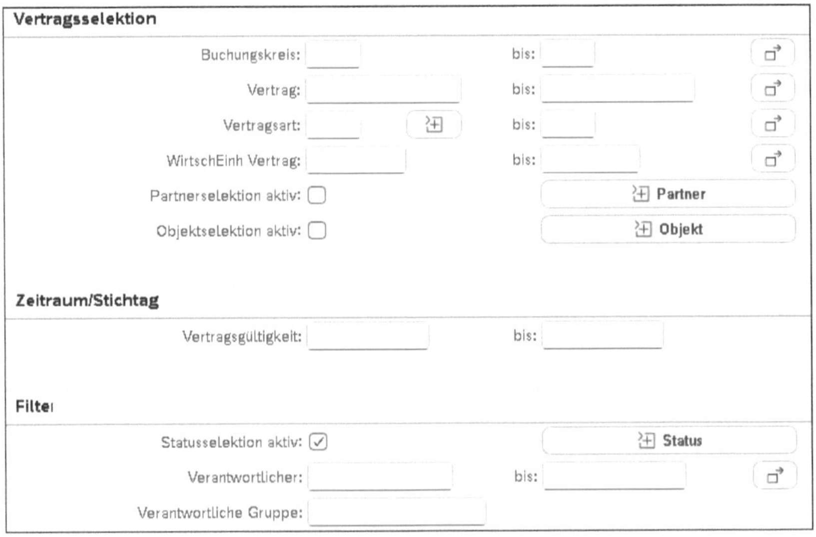

Abbildung 4.12 Periodische Buchung – Selektion der Verträge

Prozess-ID

Der Buchungslauf und alle Belege, die aus einem Buchungslauf heraus erzeugt werden, erhalten eine Identifikation, die als *Prozessidentifikation*, kurz *Prozess-ID*, oder auch *Identifikation Buchhaltung* bezeichnet wird. Sie setzt sich zusammen aus der Nummer des Buchungslaufs (im Beispiel in Abbildung 4.8 ist das die 00000231), dem Jahr des Buchungslaufs (hier 2025) und einem Kürzel für den Prozess (hier REPP für Real Estate Periodic Posting). Die Prozess-ID wird für das Berichtswesen und den Storno benutzt.

Referenz im Belegkopf

Die Prozess-ID wird bei der periodischen Buchung in den Belegkopf in das Feld **Referenz** (BKPF-XBLNR) geschrieben (siehe Abbildung 4.10). Sie können abweichend hiervon über das Feld **Zuordnung** in der Buchungsklausel eine eigene Vorgabe machen, wie das Feld gefüllt werden soll, wenn Sie z. B. eine Referenz zu einer vom Leasinggeber vorgegebenen Vertragsnummer oder Kundennummer herstellen wollen.

Vergleich Vorperiode

Manchmal stellt sich die Frage, was sich wohl in den Buchungen seit dem Vormonatslauf geändert hat. Diese Frage können Sie mithilfe der App **Periodisches Buchen: Vergleich Vorperiode** (RERAPPCMP) beantworten. Diese App erlaubt es Ihnen, die periodischen Buchungen zu simulieren oder durchzuführen und die zu buchenden Finanzstromsätze mit Ist-Sätzen aus Vorperioden (bzw. früheren Buchungsläufen) zu vergleichen. Die Selektion der Vergleichswerte ist wahlweise über Abgrenzungen des Zeitraumes (Datum **Berechnung von**) oder über die Laufidentifikation (Buchungslauf der Vorperiode) möglich (siehe auch Abbildung 4.13).

Abbildung 4.13 App Periodisches Buchen – Vergleich Vorperiode (Selektionsbild)

4.1.4 Buchungsklausel

Wir wollen an dieser Stelle einen Blick auf ein Steuerungselement werfen, das auf das Buchen maßgeblichen Einfluss ausübt: die *Buchungsklausel*. Wo aber finden Sie die Buchungsklausel und was genau steuert sie?

Abbildung 4.14 Beispiel für eine Buchungsklausel

[»]

Buchungsklausel anzeigen

Die *Buchungsklausel* befindet sich – ebenso wie die *Rhythmusklausel* und die *Klausel der organisatorischen Zuordnung* – auf der Registerkarte **Buchungsparameter** des Vertrages. Sollte diese Registerkarte für eine bestimmte Vertragsart ausgeblendet sein, können Sie auch aus dem Bereich **Klauseln** (im unteren Bildbereich der Registerkarte **Konditionen**) in die Details der einzelnen Klauseln gelangen.

In Kapitel 3, »Konditionen und Finanzstrom«, haben Sie erfahren, dass einer Kondition immer eine Buchungsklausel zugeordnet ist. Die Buchungsklausel enthält wichtige Informationen, die in den Buchhaltungsbeleg übernommen werden (siehe Abbildung 4.14). In erster Linie ist dies der **Partner**, dessen Kreditoren- bzw. Debitorenkonto für die Buchung benutzt wird. Daneben können für die Buchung mitgegeben werden: **Zahlweg**, Zahlungsbedingungen (**Zahl.bedingung**), **Mahnbereich** und **Mahnsperre** und die Zuordnung für den Belegkopf. Um die Bankverbindungen, die bei der Zahlung des Belegs benutzt werden sollen, im Beleg festzulegen, haben Sie die Möglichkeit, die **Bankverbindung** des Partners und die **Hausbank** des Buchungskreises in der Buchungsklausel zu bestimmen.

Kontenfindungswert

Beim **Kontenfindwert** (*Kontenfindungswert*) handelt es sich um ein Attribut des Vertrags, das für die Differenzierung der Kontenfindung – beispielsweise bei periodischen Buchungen – genutzt werden kann.

Über die **Steuerart** und die **Steuergruppe** legen Sie fest, wie die Mehrwertsteuer zu berechnen ist.

Steuerarten und Steuergruppen

Die *Steuerart* legt fest, ob es sich um Vorsteuer oder Ausgangssteuer handelt. *Steuergruppen* dienen dazu, im Vertrag festzulegen, wie hoch die Besteuerung des Vertrags ist: voller Steuerbetrag, keine Steuer, andere. Abbildung 4.15 zeigt die Definition der Steuerarten im Customizing.

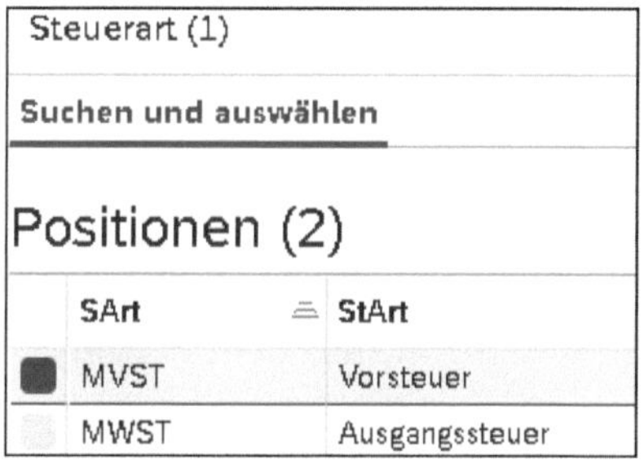

Steuerart (1)

Suchen und auswählen

Positionen (2)

SArt	StArt
MVST	Vorsteuer
MWST	Ausgangssteuer

Abbildung 4.15 Steuerarten

Definieren Sie im Customizing von SAP RE unter **Buchhaltung • Automatisch erzeugte Buchhaltungsbelege • Steuern • Steuerarten definieren** Steuerarten für Vorsteuer und Mehrwertsteuer und unter **Steuergruppen anlegen** die benötigten Steuergruppen. Abbildung 4.16 zeigt Beispiele für die Definition von Steuergruppen im Customizing.

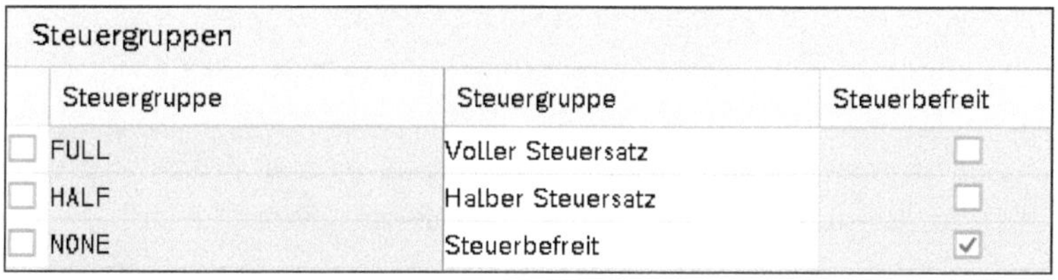

Steuergruppen

Steuergruppe	Steuergruppe	Steuerbefreit
FULL	Voller Steuersatz	☐
HALF	Halber Steuersatz	☐
NONE	Steuerbefreit	☑

Abbildung 4.16 Steuergruppen

Mehrwertsteuer: Änderung des Steuersatzes

Steuersätze haben leider die schlechte Angewohnheit, sich über die Zeit zu ändern, nämlich sich zu erhöhen. Betrug der volle Mehrwertsteuersatz in Deutschland einst 16 %, so wurde er später auf 19 % erhöht. In einem solchen Fall will man nicht in jeden einzelnen Vertrag den geänderten Steuersatz eintragen. Daher wird die Information »Voller Steuersatz« durch die Steuergruppe verschlüsselt und der aktuell gültige Steuersatz aus dem Customizing durch Zuweisung des jeweils aktuellen Steuerkennzeichens geholt. Sie finden diese Verknüpfung im Customizing von SAP RE unter **Buchhaltung • Integration FI-GL, FI-AR, FI-AP • Steuern • Steuerkennzeichen zuordnen**. Die Zuordnung des Steuerkennzeichens zur Steuergruppe ist zeitabhängig, d. h. sollten sich Steuerkennzeichen (und damit Steuersätze) ändern, so erfassen Sie in der genannten Customizing-Tabelle einen neuen Eintrag für den entsprechenden Gültigkeitszeitraum.

Währungsumrechnungsregel

Schließen Sie grenzübergreifend Verträge ab, kann es sein, dass die Verträge in einer Fremdwährung geschlossen werden. In diesem Fall muss festgelegt werden, wie die Fremdwährung beim Buchen zu behandeln ist. Dies erfolgt über die *Währungsumrechnungsregel* in der Buchungsklausel.

Verträge in Fremdwährungen:

- **Buchung erfolgt in Fremdwährung**

  Der Vertrag wird in Fremdwährung geschlossen, die Forderung/Verbindlichkeit ist in Fremdwährung zu buchen (und zu zahlen). Die Transaktionswährung für die Buchung ist die Fremdwährung aus dem Vertrag.
- **Buchung erfolgt in Hauswährung**

  Sie schließen einen Vertrag in einem Hochinflationsland ab. Die Kondition wird in einer harten Währung angelegt. Es ist jedoch immer in der weichen Währung zu zahlen, es soll aber sichergestellt werden, dass immer der Gegenwert der hinterlegten Kondition erreicht wird. Die Transaktionswährung ist die Hauswährung (Weichwährung), die Fremdwährung wird nur benutzt, um den aktuellen Umrechnungskurs zu ermitteln.

Die Währungsumrechnungsregel legen Sie im Customizing von SAP RE unter dem folgenden Pfad an: **Konditionen und Bewegungen • Konditionen in Fremdwährung • Währungsumrechnung • Währungsumrechnungsregel definieren**. Hier hinterlegen Sie, ob in Hauswährung oder in Fremdwährung gebucht wird und mit welchem Kurs die Umrechnung erfolgen soll.

4.1.5 Berichte zur periodischen Buchung

Zu den Ergebnissen der periodischen Buchungen können Sie auf verschiedenen Wegen Informationen erhalten: über das Buchungsprotokoll, die Postenübersicht, das Kontenblatt (Mieterkontenblatt) zum Vertrag oder die Kontenübersichten im SAP Finanzwesen. Wir stellen Ihnen einige dieser Berichte vor.

Buchungsprotokoll RERAPL

Der universelle Zugang zu allen Belegen, die aus dem Vertragsmanagement heraus gebucht wurden, ist das Buchungsprotokoll (App **Allgemeines Immo-Buchungsprotokoll** (RERAPL)). Sie können hier die Belege über die folgenden Wege selektieren:

- über die Prozess-ID (als **Ident. Buchhaltung** bezeichnet) oder andere Attribute des RE-Belegs (siehe Abschnitt 4.1.6, »Ein kurzer Abstecher in technische Details«)
- über die Belegkopfdaten des FI-Belegs
- über Attribute aus den Belegzeilen.

Sie erhalten eine Liste mit allen in den Belegen verfügbaren Informationen.

Postenübersicht REISRADOCITEM

Die **Postenübersicht** (REISRADOCITEM) zeigt offene und ausgeglichene Posten zu debitorischen und kreditorischen Verträgen in einer Liste mit vielen Informationen zum Ursprung der Belege, wie z. B. Kondition und Bezugszeitraum. Der Bericht erlaubt es auch, über Verträge hinweg die Posten nach Geschäftspartner oder anderen Kriterien zu gruppieren.

Kontenblatt

Möchten Sie Belege auffinden, die zu einem speziellen Vertrag gehören und gegebenenfalls auch deren Zahlungsstatus verfolgen, bietet sich das Kontenblatt auf der Registerkarte **Übersichten** zum Vertrag an. Hier können Sie verschiedene Zeitraumabgrenzungen benutzen, z. B. nur die Posten ab Beginn des letzten Jahres anzeigen (siehe Abbildung 4.17). Wer sich das Debitoren- bzw. Kreditorenkonto des Geschäftspartners eher aus Sicht des SAP Finanzwesens anschauen möchte, kann über den Button Konto (**Anzeigen**) in die entsprechende App im SAP Finanzwesen (**Einzelposten Debitoren** (FBL5N) bzw. **Einzelposten Kreditoren** (FBL1N)) abspringen.

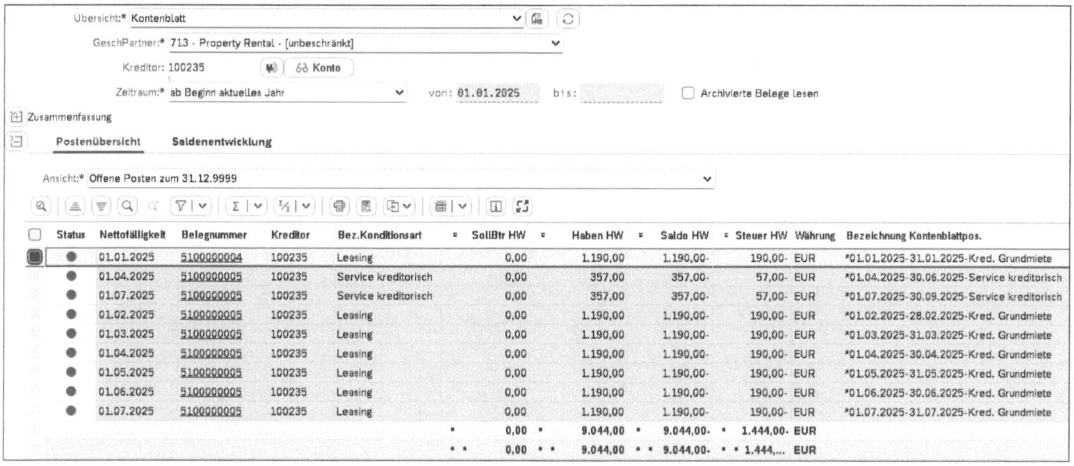

Status	Nettofälligkeit	Belegnummer	Kreditor	Bez.Konditionsart	SollBtr HW	Haben HW	Saldo HW	Steuer HW	Währung	Bezeichnung Kontenblattpos.
●	01.01.2025	5100000004	100235	Leasing	0,00	1.190,00	1.190,00-	190,00-	EUR	*01.01.2025-31.01.2025-Kred. Grundmiete
●	01.04.2025	5100000005	100235	Service kreditorisch	0,00	357,00	357,00-	57,00-	EUR	*01.04.2025-30.06.2025-Service kreditorisch
●	01.07.2025	5100000005	100235	Service kreditorisch	0,00	357,00	357,00-	57,00-	EUR	*01.07.2025-30.09.2025-Service kreditorisch
●	01.02.2025	5100000005	100235	Leasing	0,00	1.190,00	1.190,00-	190,00-	EUR	*01.02.2025-28.02.2025-Kred. Grundmiete
●	01.03.2025	5100000005	100235	Leasing	0,00	1.190,00	1.190,00-	190,00-	EUR	*01.03.2025-31.03.2025-Kred. Grundmiete
●	01.04.2025	5100000005	100235	Leasing	0,00	1.190,00	1.190,00-	190,00-	EUR	*01.04.2025-30.04.2025-Kred. Grundmiete
●	01.05.2025	5100000005	100235	Leasing	0,00	1.190,00	1.190,00-	190,00-	EUR	*01.05.2025-31.05.2025-Kred. Grundmiete
●	01.06.2025	5100000005	100235	Leasing	0,00	1.190,00	1.190,00-	190,00-	EUR	*01.06.2025-30.06.2025-Kred. Grundmiete
●	01.07.2025	5100000005	100235	Leasing	0,00	1.190,00	1.190,00-	190,00-	EUR	*01.07.2025-31.07.2025-Kred. Grundmiete
				•	0,00 •	9.044,00 •	9.044,00- •	1.444,00-	EUR	
				• •	0,00 • •	9.044,00 • •	9.044,00- • •	1.444,...	EUR	

Abbildung 4.17 Kontenblatt eines Vertrags auf der Registerkarte »Übersichten«

4.1.6 Ein kurzer Abstecher in technische Details

Sie haben in Abbildung 4.9 gesehen, dass mit unserer periodischen Buchung nicht nur ein Beleg in der Buchhaltung entstanden ist, sondern weitere Belege. Warum ist das so?

Beginnen wir mit dem Naheliegenden: Kosten und Erlöse werden im SAP-System verursachungsgerecht gebucht, d. h., in unserem Fall werden die Kosten und Erlöse auf den Vertrag als Controlling-Objekt kontiert. Technisch bedeutet das: Es wird ein Kostenrechnungsbeleg (CO-Beleg, CO = Controlling) erzeugt (siehe Abbildung 4.18).

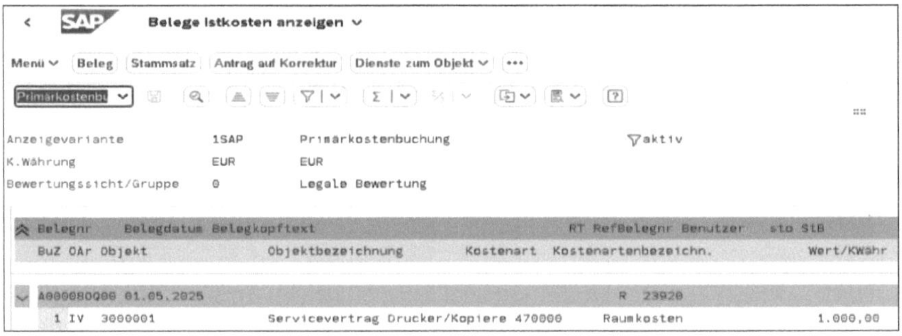

Abbildung 4.18 Kostenrechnungsbeleg zur periodischen Buchung

Es wird – sofern man mit Vorsteuer bucht – außerdem ein Beleg erzeugt, der die Prozesse der Vorsteueraufteilung und Vorsteuerberichtigung (siehe Abschnitt 2.8.3, »Vorsteuerbehandlung«) unterstützt: der Vorsteuerbasisbeleg. *Vorsteuerbasisbelege* halten die Werte für die abzugsfähige und die nicht abzugsfähige Steuer pro Belegzeile nach dem Buchen und nach erfolgter Vorsteueraufteilung fest.

RE-Beleg

Warum nun brauchen wir einen *RE-Beleg*? Buchungen im SAP Finanzwesen können direkt erfolgen (z. B. durch Nutzung von Apps wie **Beleg buchen** (FB01)), oder sie werden durch eine andere Applikation, wie z. B. die Anlagenbuchhaltung oder in unserem Fall das Vertragsmanagement, erzeugt. Im letzteren Fall sind die Belege des Finanzwesens nicht unabhängig, sondern vom Umfeld der erzeugenden Applikation abhängig.

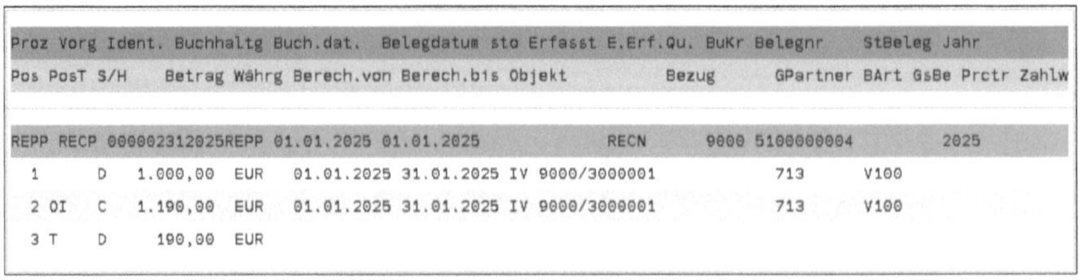

Abbildung 4.19 RE-Beleg zur periodischen Buchung

[zB]

Datenkonsistenz zwischen den Anwendungen sicherstellen

Mit der Erzeugung des Buchungsbelegs im SAP Finanzwesen (FI-Beleg) durch den periodischen Buchungslauf wurde der zugrunde liegende Finanzstromsatz vom Status *Plan-Satz* in den Status *Ist-Satz* überführt. Wenn man nun den Beleg in der Finanzbuchhaltung stornieren würde, ohne den Finanzstromsatz wieder als Plan-Satz zu markieren, dann hätte man einen Schiefstand zwischen der Information im Finanzstrom (Beleg ist gebucht) und der im SAP Finanzwesen (Beleg ist storniert). Es muss also gleichzeitig mit dem Storno im SAP Finanzwesen ein Storno im Vertragsmanagement ausgelöst werden – der Ist-Satz muss wieder zum Plan-Satz werden.

Dies erreicht man durch zwei Maßnahmen:

1. **Referenz im FI-Beleg zu SAP RE**
   Der FI-Beleg wird als Beleg markiert, der durch eine andere Applikation verwaltet wird. Diese Markierung erfolgt über die Felder AWTYP (Referenzvorgang) und AWKEY (Referenzschlüssel) im Belegkopf BKPF des Buchhaltungsbelegs.
2. **Referenz in SAP RE zum FI-Beleg**
   In der verwaltenden Applikation, dem Vertragsmanagement, werden zusätzliche Informationen gehalten, die die Brücke zwischen dieser Applikation und dem SAP Finanzwesen bilden. Diese Brücke sind die *RE-Belege* (siehe auch Abbildung 4.19). RE steht hier wiederum für Real Estate.

Abbildung 4.20 Belegkopf eines FI-Belegs aus der periodischen Buchung

Referenzschlüssel AWTYP und AWKEY

Belege, die durch automatische Buchungsläufe des Vertragsmanagements entstanden sind, sind einheitlich mit dem **Referenzvorgang REACI** gekennzeichnet. Der Referenzschlüssel **Ref.Schlüssel** AWKEY – in unserem Beispiel 00000231202500000001 – setzt sich ähnlich zusammen wie die Prozess-

ID: Nummer des Buchungslaufs (im Beispiel 00000231), Jahr des Buchungslaufs (hier 2025), laufende Nummer des Belegs im Buchungslauf (hier 00000001). Sie sehen diesen Referenzschlüssel in der Anzeige des Belegkopfes des Buchhaltungsbelegs in Abbildung 4.20.

Auch im Kopf des RE-Belegs ist der AWKEY gespeichert. Die Belegzeilen des RE-Belegs enthalten zudem Daten, die im FI-Beleg nicht vorkommen, die das Vertragsmanagement aber benötigt, um seine Daten konsistent zu halten. Dies sind technische Schlüssel und Informationen wie z. B. der Berechnungszeitraum 01.01.2025 bis 31.01.2025 und die Bewegungsart (BArt).

RE-Belege zum Vertrag REISREDOCCN

Die RE-Belege kann man über die App **RE-Belege zum Vertrag** (REISREDOCCN) auswerten. Auch dieser Bericht steht auf der Registerkarte **Übersichten** zum Vertrag zur Verfügung.

4.1.7 Periodische Buchung stornieren

Versuchen Sie mit der App **Beleg stornieren** (FB08) den Beleg aus der periodischen Buchung zu stornieren, erhalten Sie die Fehlermeldung F5673 (siehe Abbildung 4.21).

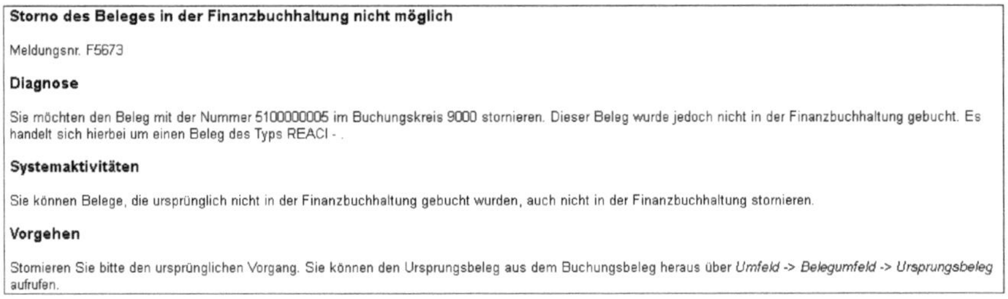

Abbildung 4.21 Fehlermeldung beim Storno über die App »Beleg stornieren« (FB08)

Hier sehen Sie die unmittelbare Folge aus den oben erläuterten Zusammenhängen: Das SAP Finanzwesen weigert sich, der Applikation Vertragsmanagement »ins Handwerk zu pfuschen« und den Beleg zu stornieren. Sie müssen also die Stornofunktion der erzeugenden Applikation benutzen – die App **Storno Periodisches Buchen Verträge** (RERAPPRV). Die Abkürzung RV steht hier für *Reversal*.

Mit dieser App können Sie entweder vollständige Buchungsläufe oder ausgewählte Belege stornieren. Wählen Sie dementsprechend den Einstieg **Selektion über ProzessID** oder aber den Einstieg **Selektion über Verträge** (siehe Abbildung 4.22). Sie können dann über die Vertragsnummer, den Referenzschlüssel (AWKEY) des Buchungsbelegs oder andere Kriterien abgrenzen.

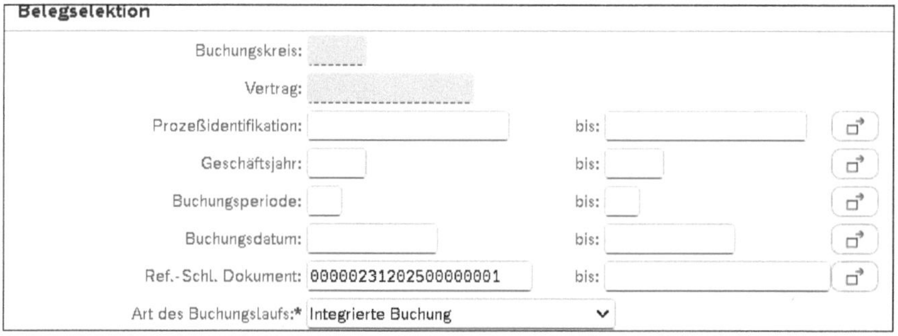

Abbildung 4.22 Storno periodischer Buchungen – Abschnitt »Belegselektion«

Rücknahme des Ausgleichs

Sind die periodischen Buchungen im SAP Finanzwesen bereits durch Zahlungen oder andere Vorgänge ausgeglichen, erhalten Sie beim Storno eine der folgenden Fehlermeldungen:

- RERAPP 005 (Fehler bei der Prüfung in der Buchungsschnittstelle)
- REEXFI 032 (Fehler beim Storno von Beleg &1 (&2 &3 &4))
- REEXFI 350 (Beleg & & & enthält ausgegl. Positionen, Absprung Rücknahme s. Langtext)).

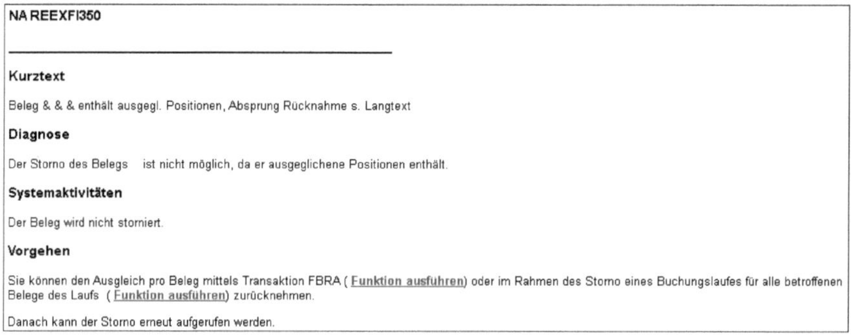
NA REEXFI350

Kurztext

Beleg & & & enthält ausgegl. Positionen, Absprung Rücknahme s. Langtext

Diagnose

Der Storno des Belegs ist nicht möglich, da er ausgeglichene Positionen enthält.

Systemaktivitäten

Der Beleg wird nicht storniert.

Vorgehen

Sie können den Ausgleich pro Beleg mittels Transaktion FBRA (Funktion ausführen) oder im Rahmen des Storno eines Buchungslaufes für alle betroffenen Belege des Laufs (Funktion ausführen) zurücknehmen.

Danach kann der Storno erneut aufgerufen werden.

Abbildung 4.23 Fehlermeldung REEXFI 350 bei Storno ausgeglichener Positionen

Sie können in diesem Fall direkt per Doppelklick in den Langtext der Meldung abspringen und von dort aus den Ausgleich zurücknehmen. Anschließend ist der Storno möglich.

Abbildung 4.23 zeigt beispielhaft den Langtext der Fehlermeldung REEXFI 350. Falls Sie massenweise den Ausgleich zurücknehmen müssen, verwenden Sie die App **Rücknahme Ausgleich Prozess** (REEXRESETCLEARPROC).

[»]

Storno ist nicht immer notwendig

Der Storno einer periodischen Buchung ist nicht notwendig, wenn für eine Periode falsche Beträge gebucht wurden, also die Konditionen nachträglich rückwirkend geändert werden. In diesen Fällen erzeugt der Finanzstromgenerierer Nachbuchungen in der Höhe der Differenz. Diese Nachbuchungen werden mit dem nächsten Buchungslauf gebucht.

Der Storno ist dann notwendig, wenn aufgrund falscher Customizing-Einstellungen oder infolge anderer fehlerhafter Datenkonstellationen falsche Buchungen (z. B. auf falschen Konten) erzeugt wurden. Im Fall von Programmfehlern gibt Ihnen der SAP-Support Hilfestellung.

Mit der periodischen Buchung ist natürlich noch nicht alles getan. Sie müssen für debitorische Verträge gegebenenfalls Rechnungen drucken oder den Zahlungseinzug veranlassen, für kreditorische Verträge die Zahlungen anweisen. Hierzu finden Sie Informationen in Kapitel 9, »Periodische Arbeiten«. Zunächst jedoch wollen wir die notwendigen Customizing-Einstellungen für die periodischen Buchungen zusammenstellen.

4.2 Customizing: Buchen

Um Debitoren- oder Kreditorenbuchungen in der Finanzbuchhaltung absetzen zu können, benötigen Sie für Ihre Geschäftspartner Debitoren- bzw. Kreditorenkonten, also Kontokorrentkonten im SAP Finanzwesen.

4.2.1 Customizing: Geschäftspartner – Debitoren und Kreditoren

In Abschnitt 2.3.1, »Partnerrollen«, haben Sie erfahren, dass Geschäftspartner immer in Geschäftspartnerrollen angelegt werden. Um für einen Geschäftspartner ein Kreditorenkonto bzw. ein Debitorenkonto zu bekommen, benötigen Sie eine kreditorische bzw. eine debitorische Geschäftspartnerrolle. Legen Sie den Geschäftspartner in einer solchen Rolle an, wird automatisch ein Kontokorrentkonto erzeugt. Die notwendigen Einstellungen hierzu finden Sie im Customizing von SAP RE unter **Geschäftspartner • Wesentliche Einstellungen zum Geschäftspartner im RE-Kontext • Debitorische bzw. kreditorische Geschäftspartner**. Hier geben Sie an, in welcher *Kontengruppe* der Kreditor bzw. Debitor angelegt werden soll. Abbildung 4.24 zeigt ein Beispiel für die Zuordnung von Kontengruppen zu Geschäftspartnergruppierungen: Gruppierung 0001 benutzt z. B. im SAP Finanzwesen die Kontengruppe KRED.

Geschäftspartner: Zuordnung Gruppierung Kontengruppen			
Grp.	Kurzbezeichnung	Gruppe	Bedeutung
0001	Interne NrVerg.	KRED	Kreditoren (int. NrVergabe)
0002	Externe NrVerg.	LIEF	Kreditoren (ext. NrVergabe)

Abbildung 4.24 Zuordnung der Kontengruppe (SAP Finanzwesen) zur Gruppierung der Geschäftspartner

Legen Sie die Geschäftspartner nicht separat aus der App **Geschäftspartner bearbeiten** (BP), sondern aus dem Vertragsdialog heraus an, können Sie zusätzlich Vorbelegungen für einige Felder benutzen, z. B. das Abstimmkonto, Zahlwege und Mahndaten.

4.2.2 Customizing: Kontenfindung periodische Buchung

Sie haben gesehen, dass die periodische Buchung basierend auf dem Finanzstrom Belege im SAP Finanzwesen erzeugt. Wir wollen nun im Detail klären, wie diese Belege entstehen und welche Parameter ihre Entstehung beeinflussen. Der Vorgang, wie der Buchungssatz gefunden wird, wird im SAP-Sprachgebrauch kurz als *Kontenfindung* bezeichnet. Die Kontenfindung, also die Festlegung, mit welchem Buchungssatz (per Konto A an Konto B) für einen Finanzstromsatz ein Beleg gebucht werden soll, basiert immer auf einer *Bewegungsart*.

Bewegungsarten

Wir erläutern das Auffinden des Buchungssatzes an einem Beispiel für einen Finanzstrom, den Sie in Abbildung 4.25 sehen. Der Finanzstrom wurde auf der Basis der im Vertrag hinterlegten Konditionen generiert. Diese bestimmen auch, welche Bewegungsart in den Finanzstrom geschrieben wird.

Bewegungsarten

Eine Bewegungsart in SAP RE ist laut SAP-Dokumentation ein »frei definierbarer vierstelliger Schlüssel, dem bestimmte Eigenschaften zugeordnet werden, die das Verhalten bei einer automatischen Buchung bestimmen«. Achtung: Diese Bewegungsarten sind nicht mit den Bewegungsarten der Anlagenbuchhaltung zu verwechseln.

Simulation Partnerfinanzstrom - Alle Konditionen (15/15)

Berech. von	Berechnung bis	Fälligkeitstag	BArt	Bewegungsartbez...	Netto KW	Steue...	KWhr	Status
01.01.2025	31.01.2025	01.01.2025	V100	Kred. Grundmiete	1.000,00	190,00	EUR	
01.02.2025	28.02.2025	01.02.2025	V100	Kred. Grundmiete	1.000,00	190,00	EUR	
01.03.2025	31.03.2025	01.03.2025	V100	Kred. Grundmiete	1.000,00	190,00	EUR	
01.04.2025	30.04.2025	01.04.2025	V100	Kred. Grundmiete	1.000,00	190,00	EUR	
	30.06.2025	01.04.2025	V105	Service kreditorisch	300,00	57,00	EUR	
01.05.2025	31.05.2025	01.05.2025	V100	Kred. Grundmiete	1.000,00	190,00	EUR	
01.06.2025	30.06.2025	01.06.2025	V100	Kred. Grundmiete	1.000,00	190,00	EUR	
01.07.2025	31.07.2025	01.07.2025	V100	Kred. Grundmiete	1.000,00	190,00	EUR	
	30.09.2025	01.07.2025	V105	Service kreditorisch	300,00	57,00	EUR	
01.08.2025	31.08.2025	01.08.2025	V100	Kred. Grundmiete	1.000,00	190,00	EUR	
01.09.2025	30.09.2025	01.09.2025	V100	Kred. Grundmiete	1.000,00	190,00	EUR	
01.10.2025	31.10.2025	01.10.2025	V100	Kred. Grundmiete	1.000,00	190,00	EUR	
	31.12.2025	01.10.2025	V105	Service kreditorisch	300,00	57,00	EUR	
01.11.2025	30.11.2025	01.11.2025	V100	Kred. Grundmiete	1.000,00	190,00	EUR	
01.12.2025	31.12.2025	01.12.2025	V100	Kred. Grundmiete	1.000,00	190,00	EUR	
					▪ 12.900,00	▪ 2.451,00	EUR	

Abbildung 4.25 Bewegungsart (Spalte BArt) im Finanzstrom

Bewegungsarten anlegen

Bewegungsarten werden im Customizing von SAP RE unter **Konditionen und Bewegungen • Bewegungsarten • Bewegungsarten definieren** eingerichtet.

[»]

Bewegungsart und Soll-/Habenbuchung

Wenn Sie die Bewegungsarten im Customizing anlegen, müssen Sie festlegen, ob es sich um eine Sollbuchung oder eine Habenbuchung handelt. Diese Einstellung ist wichtig für eine korrekte Finanzstromgenerierung, für die Darstellung der Bewegungen im Finanzstrom, z. B. für das Vorzeichen, sowie für die Wahl der korrekten Kontierung im Controlling. Beachten Sie die Ausführungen im Einführungsleitfaden.

In Abbildung 4.26 sehen Sie Beispiele für Bewegungsarten mit der Festlegung, ob es sich um eine Soll- oder eine Habenbuchung handelt.

Bewegungsarten

BArt	Bez.Bewegungsart	S/H
V100	Kred. Grundmiete	H Habenbuchung
V101	Kred. Grundmiete (+)	H Habenbuchung
V102	Kred. Grundmiete (-)	S Sollbuchung
V105	Service kreditorisch	H Habenbuchung
V106	Service kreditorisch (+)	H Habenbuchung
V107	Service kreditorisch (-)	S Sollbuchung

Abbildung 4.26 Bewegungsarten – Soll-/Habenkennzeichen

Schritt 1: Konditionsart → Bewegungsart

Jeder Konditionsart ist eine Bewegungsart zugeordnet. Im Customizing von SAP RE finden Sie unter **Konditionen und Bewegungen • Konditionsarten und Konditionsgruppen • Konditionsarten** die Customizing-Einstellungen der einzelnen Konditionsarten. Wir sehen uns diese Einstellungen exemplarisch am Beispiel der kreditorischen Grundmiete an. Abbildung 4.27 zeigt, dass der Konditionsart »Grundmiete kreditorisch« (V100) die Bewegungsart »kreditorische Grundmiete« (V100) zugeordnet ist. Die technischen Schlüssel der Konditions- und Bewegungsarten – in diesem Fall V100 – können sich von den Schlüsseln unterscheiden, die im SAP-System Ihres Unternehmens vorhanden sind. Die technischen Schlüssel für die Konditionsart und die Bewegungsart wurden in diesem Beispiel gleich gewählt, aber auch das ist nicht zwingend. Aus der Konditionsart wird nun also im ersten Schritt (bei der Generierung des Finanzstroms) die Bewegungsart abgeleitet und in den Finanzstrom geschrieben.

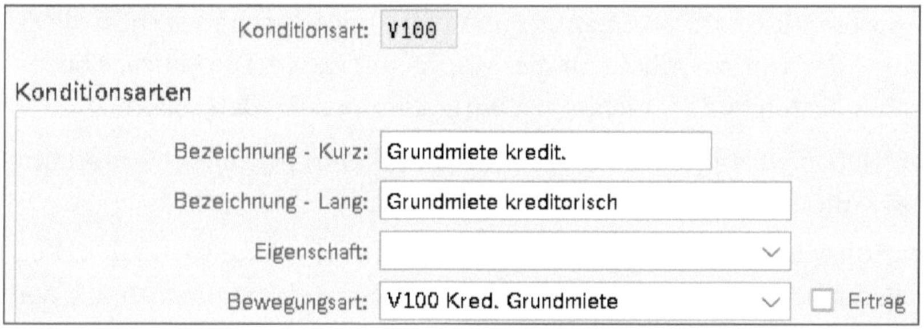

Abbildung 4.27 Definition der Konditionsart mit Zuordnung der Bewegungsart

Schritt 2: Bewegungsart → symbolischer Buchungssatz

Um nun den Buchungssatz zu bestimmen, wird während der periodischen Buchung aus der Bewegungsart zunächst ein Buchungssatz abgeleitet, bei dem die Konten noch nicht direkt angegeben sind, sondern nur symbolisch durch Kontosymbole. Diese Einstellung nehmen Sie im Customizing von SAP RE unter **Buchhaltung • Automatisch erzeugte Buchhaltungsbelege • Kontenfindung** vor. Dazu definieren Sie zunächst Kontosymbole und ordnen diese dann der Bewegungsart zu. Abbildung 4.28 zeigt den entsprechenden Menüpfad im Customizing von SAP RE.

In dieser Customizing-Tabelle geben Sie zur Bewegungsart jeweils für die Soll- und die Habenbuchung eine *Kontoart* und ein Kontosymbol an. Kontoarten sind »S« für Sachkonto, »K« für Kreditorenkonto, »D« für Debitorenkonto bzw. »A« für Anlagenkonto.

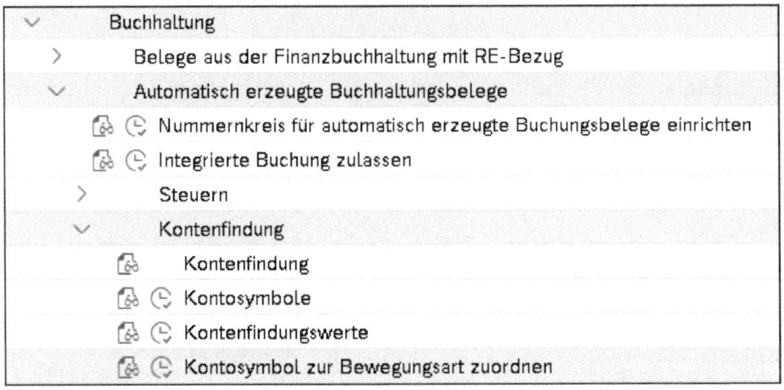

Abbildung 4.28 Zuordnung der Kontosymbole zur Bewegungsart im Customizing-Menü

In unserem Beispiel aus Abbildung 4.25 wurden im Finanzstrom die Bewegungsarten V100 und V105 benutzt. In Abbildung 4.29 sehen Sie nun die Zuordnung der Kontosymbole für diese Bewegungsarten. Die Einträge bedeuten, dass die folgenden Buchungen vorgenommen werden sollen:

- Im Haben wird jeweils auf ein Kreditorenkonto (K) unter Verwendung des Kontosymbols K* gebucht.
- Im Soll wird für die Bewegungsart V100 auf ein Sachkonto mit dem Kontosymbol V100, für die Bewegungsart V105 auf ein Sachkonto mit dem Kontosymbol V105 gebucht.

Kontenfindung

Bew...	Kontenfindung...	Bez.Bewegungsart	S.	Soll-Kontosymbol	H	Haben-Kontosymbol
V100		Kred. Grundmiete	S	V100	K	K*
V101		Kred. Grundmiete (+)	S	V100	K	K*
V102		Kred. Grundmiete (-)	K	K*	S	V100
V105		Service kreditorisch	S	V105	K	K*

Abbildung 4.29 Customizing – Zuordnung der Kontosymbole zur Bewegungsart

Kontenfindungswert

Sie können die *Kontenfindung* zusätzlich zur Bewegungsart auch über einen Kontenfindungswert steuern (in Abbildung 4.29 ist die Spalte **Kontenfindungswert** – die zweite Spalte der Tabelle – leer). Wenn Sie den Kontenfindungswert als zusätzliches Kriterium benutzen wollen, müssen Sie es im Vertrag in der Buchungsklausel hinterlegen und in der Customizing-Tabelle (siehe Abbildung 4.29) für die benutzten Kontenfindungswerte spezielle Einträge erfassen. Durch Verwendung unterschiedlicher Kontenfindungswerte können Sie erreichen, dass für bestimmte Verträge, Konditionen oder Partner abweichende Buchungen vorgenommen werden.

Im letzten Schritt wird während der periodischen Buchung nun zum Kontosymbol das für den jeweils benutzten Kontenplan korrekte Sachkonto gefunden. Diese Zuordnung des Kontos zum Kontosymbol finden Sie im Customizing von SAP RE unter **Buchhaltung • Integration FI-GL, FI-AR, FI-AP • Kontenfindung • Kontosymbole ersetzen**.

Schritt 3: Kontosymbol → Konto

Ersetzung Kontensymbole

Kont...	Kontosymbol	Bezeichng. Kontensym	Sond...	Sachkonto	Kurztext	KtAbwGj	Konto Bewertung	KontoBewAbwGj
INT	K*	Abstimmkonto kreditorisch						
INT	V100	Kred. Kosten Anmietung		470000	Raumkosten		470000	

Abbildung 4.30 Customizing – Ersetzen der Kontosymbole

Abbildung 4.30 zeigt beispielhaft, wie die Kontosymbole durch Sachkonten ersetzt werden. Im Beispiel wird für den Kontenplan INT das Kontosymbol V100 durch ein Aufwandskonto 470000 für die Buchung der kreditorischen Grundmiete ersetzt. Zusätzlich zum oben beschriebenen Sachkonto können Sie für jedes Kontosymbol ein (abweichendes) Sachkonto für Buchungen in abweichenden Geschäftsjahren hinterlegen. Die außerdem vorgesehenen Sachkonten für Bewertungsbuchungen bzw. für Bewertungsbuchungen in abweichenden Geschäftsjahren werden wir im Zusammenhang mit den Bewertungsbuchungen in den entsprechenden Kapiteln näher erläutern.

Kontosymbol K*

Für das Kontosymbol K* ist kein konkretes Konto angegeben. Dieses Symbol bedeutet, dass aus dem Vertrag das Kreditorenkonto des Vertragspartners ermittelt wird. Die Buchung erfolgt auf dieses Konto unter Benutzung des im Kreditorenstamm hinterlegten Abstimmkontos. Analog kann man auch das Kontosymbol D* für debitorische Buchungen verwenden, wenn es sich um debitorische Verträge handelt.

```
⚠ BuKr Belegnr    Art Kopftext Buch.dat.  Belegdatum
  Pos SK     Betrag Währg St Text                                Hauptbk Kto/Debitor/Kreditor       Objekt

■ 9000 5100000011 RE            01.05.2025 01.05.2025
   1     1.000,00  EUR   VI *01.05.2025-31.05.2025-Kred. Grundmiete 470000  Raumkosten                IV 9000/3000001
   2     1.190,00- EUR   VI *01.05.2025-31.05.2025-Kred. Grundmiete 160000  0000100235Property Rental
   3       190,00  EUR   VI                                         154000  Eingangssteuer
```

Abbildung 4.31 Beleg periodische Buchung

Abbildung 4.31 zeigt das Ergebnis der Kontenfindung – den Buchungsbeleg. Mit dem Buchungsschlüssel 40 (Soll) in Zeile 1 wurde für die Bewegungsart V100 das Sachkonto 470000 bebucht. Zeile 2 enthält die Gegenbuchung im Haben mit Buchungsschlüssel 31 auf das Konto des Kreditors. Die Steuerbuchungszeile 3 wird aufgrund der in der Buchungsklausel hinterlegten Steuerinformationen erzeugt, wie in Abschnitt 4.1.4, »Buchungsklausel«, erläutert.

Die Belegart der Buchung wird vom jeweiligen Prozess bestimmt und ist im Customizing von SAP RE unter **Buchhaltung • Integration FI-GL, FI-AR, FI-AP • Kontenfindung • Belegartenfindung definieren** einzustellen.

Abbildung 4.32 stellt die Schritte der Kontenfindung für die periodische Buchung über Überblick dar.

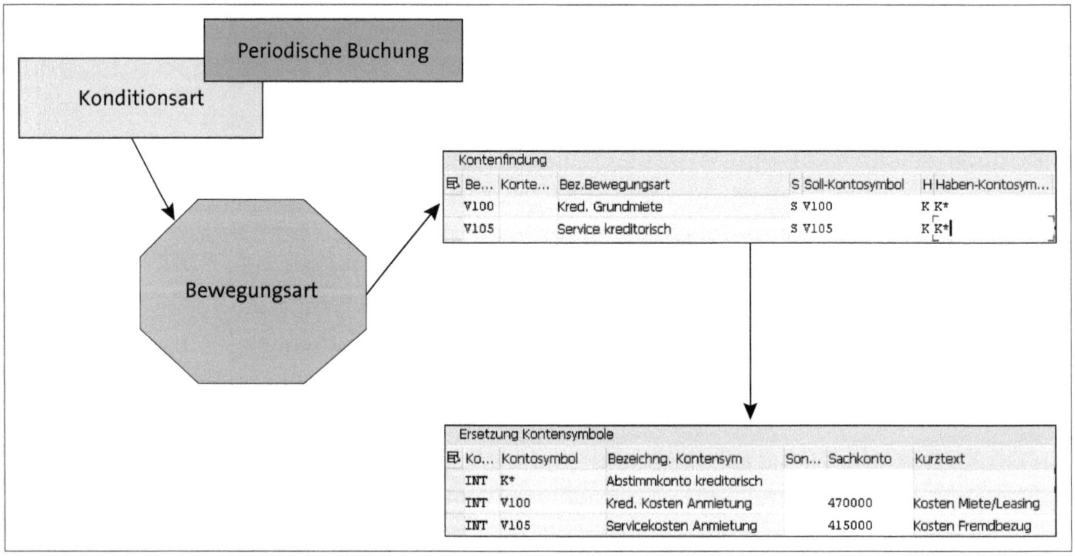

Abbildung 4.32 Kontenfindung für die periodische Buchung

Referenzbewegungsarten

Der beschriebene Mechanismus der Kontenfindung, ausgehend von der Vertragskondition, wird verwendet, wenn eine Kondition auf der Grundlage der ihr zugeordneten (Original-)Bewegungsart gebucht wird. Es gibt aber viele Sachverhalte, die zwar dieselbe Kondition betreffen, aber eine andere Kontenfindung erforderlich machen. Solche Konstellationen finden wir beispielsweise bei nachträglichen Konditionserhöhungen oder -minderungen.

Bewegungsart und Referenzbewegungsart

In diesen Fällen existieren zusätzlich zur Originalbewegungsart aus diesen abgeleitete Bewegungsarten, sogenannte *Referenzbewegungsarten*. Je nachdem, welcher Vorgang zu einer Folgebuchung führt, müssen sich diese Buchungen unterscheiden, und daher gibt es mehrere unterschiedliche Referenzbewegungsarten zu einer Originalbewegungsart. Wir wollen das an einem Beispiel illustrieren.

In Abbildung 4.31 haben Sie gesehen, dass für den Vertrag die periodische Buchung für den Monat 05/2025 bereits durchgeführt wurde. Nun reduzieren wir rückwirkend (nach Verhandlungen mit dem kreditorischen Geschäftspartner) – ebenfalls ab 05/2025 – die Leasingkondition um 10 €. Abbildung 4.33 zeigt die geänderte Kondition.

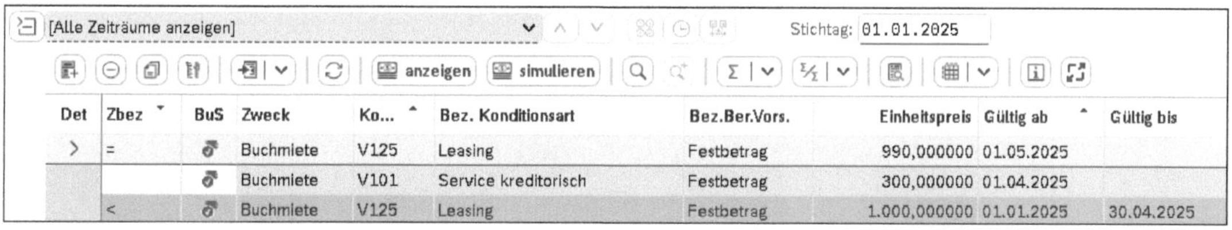

Det	Zbez	BuS	Zweck	Ko...	Bez. Konditionsart	Bez.Ber.Vors.	Einheitspreis	Gültig ab	Gültig bis
>	=		Buchmiete	V125	Leasing	Festbetrag	990,000000	01.05.2025	
			Buchmiete	V101	Service kreditorisch	Festbetrag	300,000000	01.04.2025	
	<		Buchmiete	V125	Leasing	Festbetrag	1.000,000000	01.01.2025	30.04.2025

Abbildung 4.33 Geänderte Konditionen

Nach der Konditionsänderung müssen für den Monat 05/2025 10 € (zzgl. Mehrwertsteuer) als Gutschrift auf das Kreditorenkonto gebucht werden. Die Finanzstromgenerierung ermittelt automatisch diesen Differenzbetrag und stellt hierfür einen neuen Plan-Satz in den Finanzstrom, einen Plan-Satz für eine Nachbuchung. Anstelle der ursprünglichen Bewegungsart weist dieser eine andere Bewegungsart auf - **V102**, eine Referenzbewegungsart. Abbildung 4.34 zeigt den Finanzstrom mit dem neuen Plan-Satz für die Gutschrift.

	Berechnung von	Berechnung bis	Fälligkeitstag	BArt	Bewegungsartbezeichnung	NetKW	Steuer HW	KWhr	Status
	01.05.2025	31.05.2025	01.05.2025	V100	Kred. Grundmiete	1.000,00	190,00	EUR	
		31.05.2025	05.06.2025	V102	Kred. Grundmiete (-)	10,00-	1,90-	EUR	
	01.06.2025	30.06.2025	01.06.2025	V100	Kred. Grundmiete	990,00	188,10	EUR	

Abbildung 4.34 Partnerfinanzstrom mit Nachbuchung

Erhöhen Sie jedoch nachträglich den Konditionsbetrag, wird keine Gutschrift, sondern eine nachträgliche (Differenz-)Rechnung analog zur ursprünglichen Buchung gebucht.

Beziehungstyp

Die jeweilige Referenzbewegungsart für die Buchung wird aus der Originalbewegungsart abgeleitet unter Benutzung eines *Beziehungstyps*. Im Fall von Nachbuchungen sind dies die Beziehungstypen **010** für Nachbuchungen wegen Konditionserhöhungen und **020** für Nachbuchungen wegen Konditionsminderungen. Abbildung 4.35 zeigt die Zuordnung der Referenzbewegungsarten zur originären Bewegungsart V100. Für Nachbuchungen nach Konditionserhöhung (Beziehungstyp 010) wird hier die Bewegungsart **V101** verwendet, für Nachbuchungen nach Konditionsminderung (Beziehungstyp 020) die Bewegungsart **V102**.

Zuordnung Referenzbewegungsarten

Beziehung	BewegArt	Bezeichnung Bewegungsart	Ref...	Bezeichnung Bewegungsart
10 Nachbuchungen wegen Konditionserhöhung	V100	Kred. Grundmiete	V101	Kred. Grundmiete (+)
20 Nachbuchungen wegen Konditionsminderung	V100	Kred. Grundmiete	V102	Kred. Grundmiete (-)

Abbildung 4.35 Über Beziehungstypen zugeordnete Referenzbewegungsarten

Referenzbewegungsart

Referenzbewegungsarten sind aus ursprünglichen Bewegungsarten abgeleitete Bewegungsarten. Die Beziehung wird über einen Beziehungstyp hergestellt, der den Vorgang beschreibt, für den eine abgeleitete Bewegungsart benötigt wird.

Im Customizing von SAP RE legen Sie unter **Buchhaltung • Konditionen und Bewegungen • Bewegungsarten • Referenzbewegungsarten zuordnen** für die verschiedenen Kombinationen von Bewegungsarten und Beziehungstypen fest, welche Referenzbewegungsart die Kontenfindung definieren soll. Beziehungstypen sind fest definiert und können nicht geändert werden. Für die periodischen Buchungen sind insbesondere die in Tabelle 4.2 aufgeführten Beziehungstypen relevant.

Beziehungstyp	Bezeichnung
010	Nachbuchungen wegen Konditionserhöhung
020	Nachbuchungen wegen Konditionsminderung
030	Verteilungsbuchungen (Objektumbuchungen)

Tabelle 4.2 Beziehungstypen für Partner- und Objektfinanzstrom

Die Verteilungsbuchungen betreffen den Objektfinanzstrom, siehe hierzu Abschnitt 4.3, »Periodisches Buchen: Objektfinanzstrom«.

Weitere Beziehungstypen werden für Buchungen, die aus der Nebenkostenabrechnung oder Raumreservierung resultieren, benötigt. In Kapitel 7, »Bewertung buchen«, werden Sie zusätzliche Beziehungstypen für die bilanzielle Bewertung kennenlernen.

Übersicht über die Kontenfindung

Mit der App **Infosystem Referenzbewegungsarten und Kontenfindung** (REISCEACCDET) können Sie eine Zusammenfassung aller Angaben zur Kontenfindung für Konditionsarten, Bewegungsarten oder Bewertungsregeln erstellen.

Abbildung 4.36 zeigt das Selektionsbild der App **Referenzbewegungsarten und Kontenfindung** mit der Auswahl der Konditionsart, zu der Sie die Kontenfindung auswerten wollen. Sie können über den Beziehungstyp, den Kontenplan und den Kontenfindungswert einschränken.

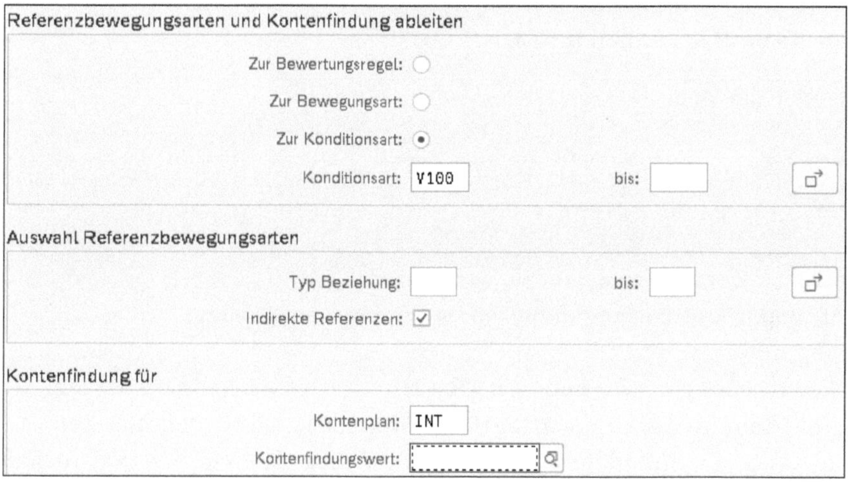

Abbildung 4.36 Referenzbewegungsarten und Kontenfindung – Auswahl einer Konditionsart

Bei der Auswahl der Referenzbewegungsarten können Sie auch indirekte Referenzen, d. h. weitere Referenzbewegungsarten zu den im ersten Schritt gefundenen Referenzbewegungsarten, berücksichtigen. Abbildung 4.37 zeigt einen Ausschnitt aus der Ausgabeliste des Reports mit den symbolischen Buchungssätzen und den hieraus ermittelten Sachkonten für die periodische Buchung. Die Sachkonten für Bewertungsbuchungen werden im entsprechenden Kapitel erläutert.

KA...	Bez.Konditionsart	BArt	Bez.Bewegungsart	Bz...	Name	RB...	Bezeichnung Bewegungsart	Kontenplan	Koart	Kontosymbol	Sachkto	Koart	Kontosymbol	Sachkonto
V1...	Grundmiete kredit.	V1...	Kred. Grundmiete					INT	S	V100	470000	K	K*	<INT K*>
V1...	Grundmiete kredit.	V1...	Kred. Grundmiete	10	Nachbuchungen wegen Konditionserhöhung	V1...	Kred. Grundmiete (+)	INT	S	V100	470000	K	K*	<INT K*>
V1...	Grundmiete kredit.	V1...	Kred. Grundmiete	20	Nachbuchungen wegen Konditionsminderung	V1...	Kred. Grundmiete (-)	INT	K	K*	<INT K*>	S	V100	470000
V1...	Grundmiete kredit.	V1...	Kred. Grundmiete	30	Verteilungsbuchungen (Objektumbuchungen)	V5...	Umb. Kred. Grundmiete	INT	S	V100	470000	S	V100REPLACE	470000
V1...	Grundmiete kredit.	V1...	Kred. Grundmiete	40	Eigennutzung	V1...	Anm. Miete Eigennutzung	INT	S	V100	470000	S	V140	841099

Abbildung 4.37 Liste der Bewegungsarten und Referenzbewegungsarten zur Konditionsart V100 (Grundmiete kreditorisch) mit Kontenfindung

4.3 Periodisches Buchen: Objektfinanzstrom

Bisher haben wir den Partnerfinanzstrom betrachtet, auf dessen Basis Verbindlichkeiten und Forderungen aus Verträgen in die Kreditoren- bzw. Debitorenbuchhaltung gebucht werden. In Abschnitt 4.1.6, »Ein kurzer Abstecher in technische Details«, haben Sie gesehen, dass zu jedem Buchungsbeleg aus der periodischen Buchung des Partnerfinanzstroms immer auch ein Beleg im Controlling erzeugt wird, der die Kosten bzw. Erlöse verursachungsgerecht zuordnet. Die Ursache für die Kosten bzw. Erlöse aus Ihrem Vertrag ist zunächst der Vertrag (Anmietvertrag bzw. Mietvertrag) - siehe Spalte **Vertrag** in Abbildung 4.38.

Per.Buchung: JAN 25 ,05.06.2025 ,07:41:29

Belege | Belegpositionen

BuKr.	Vertrag	Bezeichnung Bewegungsart	Name	Berechnung von	Berechnung bis	Basisdatum	Nettobetrag	Steuerbetrag	Bruttobetrag	Währung
9000	1000002	Umb. Grundmiete Büro		01.01.2025	31.01.2025	01.01.2025	2.500,00	475,00	2.975,00	EUR
9000	1000002	Umb. VZ Betriebskosten		01.01.2025	31.01.2025	01.01.2025	1.400,00	266,00	1.666,00	EUR
9000	1000002	Grundmiete Büro	Putz-Schnell-Flink GmbH	01.01.2025	31.01.2025	01.01.2025	2.500,00	475,00	2.975,00	EUR
9000	1000002	VZ Betriebskosten	Putz-Schnell-Flink GmbH	01.01.2025	31.01.2025	01.01.2025	1.400,00	266,00	1.666,00	EUR
							• 7.800,00	• 1.482,00	• 9.282,00	EUR

Abbildung 4.38 Buchungsprotokoll zur periodischen Buchung

Wozu benötigen wir nun den Objektfinanzstrom? Nehmen wir an, Sie schließen einen Anmietvertrag für mehrere Gebäude mit dem gleichen Vermieter ab. Sie hinterlegen pro Gebäude jeweils eine Kondition und buchen die Belege auf das Kreditorenkonto. Die Gebäude werden nun aber von bestimmten Kostenstellen benutzt, und Sie würden daher gern die Kosten direkt auf diese Kostenstellen buchen. Um diese Zuordnung zu erreichen, können Sie den Objektfinanzstrom benutzen – den Finanzstrom, der die Buchungen auf Kontierungsobjekte verteilt. Die beschriebene Logik der verursachungsgerechten Aufteilung der Konditionen gilt natürlich ebenso für Mietverträge, d. h. für die Aufteilung von Erlösen.

4.3.1 Objektfinanzstrom erzeugen

Voraussetzung für die Erzeugung eines Objektfinanzstroms im Vertrag zum Zwecke der Verteilung der Kosten auf Zielkontierungen ist die Definition der Verteilung. Hierfür benutzen Sie in der Vertragspflege die Verteilungsvorschrift zur Kondition.

Verteilungsvorschrift

Die *Verteilungsvorschrift* zur Kondition erlaubt es, die Kosten bzw. Erlöse auf die am Vertrag beteiligten Objekte zu verteilen. In aller Regel wird das – wie im Beispiel – eine 1:1-Weitergabe an ein Kontierungsobjekt (das Kontierungsobjekt des Vertragsgegenstandes) sein. Es sind aber, insbesondere im Zusammenhang mit der Immobilienverwaltung, auch komplexere Verteilungen (z. B. nach Flächen der Immobilienobjekte) möglich.

Gehen Sie im Vertragsdialog in den **Konditionen** auf die Registerkarte **Verteilung**, um die Verteilungsvorschrift anzuzeigen. Sie können im Customizing eine Vorbelegung für Verteilungsvorschriften treffen. In aller Regel wird die Vorbelegung **Gleichanteilig** gewählt, wie im vorliegenden Beispiel (siehe Abbildung 4.39).

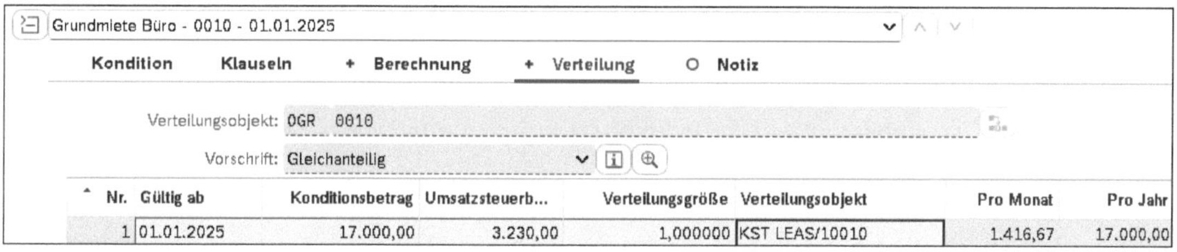

Abbildung 4.39 Verteilung auf die Kostenstelle des Vertragsgegenstandes

Ist eine Verteilungsvorschrift angelegt, wird zusätzlich zum Partnerfinanzstrom ein weiterer Finanzstrom erzeugt: der *Objektfinanzstrom*.

Objektfinanzstrom für Vertragsgegenstände und Kostenstellen

Der Objektfinanzstrom enthält die Plan-Sätze für die Objektverteilungsbuchungen: Die Kosten/Erlöse werden vom Kontierungsobjekt Vertrag auf die Zielkontierungen (hier auf Kostenstellen) umgebucht. Springen Sie von der Registerkarte **Konditionen** über die Buttons anzeigen (**Finanzstrom anzeigen**) bzw. simulieren (**Finanzstrom simulieren**) in die Finanzstromanzeige. Drücken Sie dort den Button Objektfinanzstrom (**Ausklappen**), um den Objektfinanzstrom auszuklappen. Abbildung 4.40 zeigt einen Objektfinanzstrom mit Kontierungen auf zwei unterschiedliche Kostenstellen.

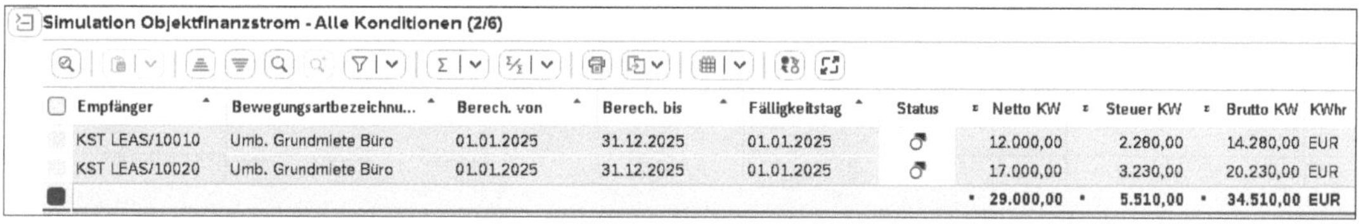

Abbildung 4.40 Objektfinanzstrom mit Kontierung auf zwei Kostenstellen

4.3.2 Objektfinanzstrom buchen

Die Plan-Sätze aus dem Objektfinanzstrom werden wie die Plan-Sätze aus dem Partnerfinanzstrom als Massenlauf über die periodische Buchung oder direkt aus dem Vertragsdialog heraus gebucht. Der Buchungsbeleg aus der periodischen Buchung, der aus dem Objektfinanzstromsatz erzeugt wird, entlastet bei kreditorischen Verträgen das Controlling-Objekt »Vertrag« und belastet die in der Verteilungsregel angegebenen Controlling-Objekte – in unserem Beispiel sind das Kostenstellen. Analog werden die Erlöse aus debitorischen Verträgen vom Vertrag auf ein anderes Kontierungsobjekt, z. B. bei Vermietung einer Immobilie auf die Immobilie, umgebucht (siehe Abbildung 4.41).

Betrag	Währg	Betrag	HausWhr	Text	Hauptbk	Sachkonto/Debitor/Kreditor	Objekt
2.500,00	EUR	2.500,00	EUR	"01.01.2025-31.01.2025-Umb. Grundmiete Büro	841009	Verrechnung Erlöse Vermietung	IV 9000/1000002
2.500,00-	EUR	2.500,00-	EUR	"01.01.2025-31.01.2025-Umb. Grundmiete Büro	841000	RE Ertrag Miete Fremdnutzung	MO 9000/1000/B01
1.400,00	EUR	1.400,00	EUR	"01.01.2025-31.01.2025-Umb. VZ Betriebskosten	841070	RE Ertrag aus Betriebskostenpauschale	IV 9000/1000002
1.400,00-	EUR	1.400,00-	EUR	"01.01.2025-31.01.2025-Umb. VZ Betriebskosten	841070	RE Ertrag aus Betriebskostenpauschale	MO 9000/1000/B01

Abbildung 4.41 Periodische Buchung – Umbuchung vom Vertrag auf das Mietobjekt

Wenn Sie die periodische Buchung starten, finden Sie auf dem Selektionsbild einen Parameter **Art des Buchungslaufs**, den wir bisher nicht erläutert haben. Über diesen Parameter steuern Sie, welchen Finanzstrom Sie buchen wollen. Abbildung 4.42 zeigt die Auswahlmöglichkeiten für diesen Parameter.

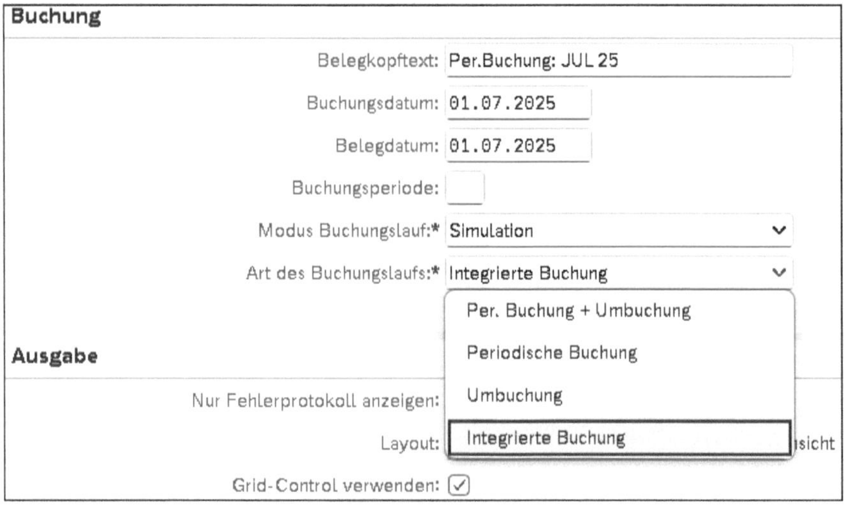

Abbildung 4.42 Periodische Buchung – Parameter »Art des Buchungslaufs«

Wählen Sie als Art des Buchungslaufs:

- **Periodische Buchung** (REDP), wenn Sie nur den Partnerfinanzstrom buchen wollen
- **Umbuchung** (RETP), wenn Sie nur den Objektfinanzstrom buchen wollen
- **Per. Buchung + Umbuchung** (REDT), wenn Sie beide Finanzströme buchen wollen
- **Integrierte Buchung** (REIP), wenn Sie beide Finanzströme buchen und dabei die Buchungen verdichten wollen

Integrierte Buchung

Bei der periodischen Buchung des Partnerfinanzstroms wird zunächst das Kostenkonto (im Falle kreditorischer Verträge) bzw. das Erlöskonto (im Falle debitorischer Verträge) bebucht, jeweils mit der CO-Kontierung »Vertrag«. Im Umbuchungsbeleg wird dasselbe Konto mit derselben Kontierung entlastet. In Summe ergibt sich also ein Null-Saldo für den Vertrag und für das Konto – eigentlich hätte man sich diese Buchungszeilen sparen können. Es besteht daher die Möglichkeit, die beiden Buchungsbelege aus der Buchung des Partnerfinanzstroms und des Objektfinanzstroms zusammenzufassen und dabei zu verdichten. Wählt man als **Art des Buchungslaufs** die *integrierte Buchung*, werden die Belege zu einem einzigen Buchhaltungsbeleg zusammengefasst. Die Buchungszeilen werden – so weit möglich – verdichtet. Auf diese Weise wird die Kontierung auf den Vertrag unterdrückt: Wie in Abbildung 4.43 zu sehen ist, sind nunmehr die Kosten direkt auf die Kostenstellen gebucht. Das funktioniert aber nur, wenn für die beiden Zeilen, die hier verdichtet werden, das gleiche Kontosymbol benutzt wird. Da die CO-Kontierung für den Vertrag bei diesem Vorgehen unterdrückt wird, verlieren Sie allerdings die Möglichkeit, im Controlling Berichte über Kosten bzw. Erlöse aus Verträgen zu erstellen.

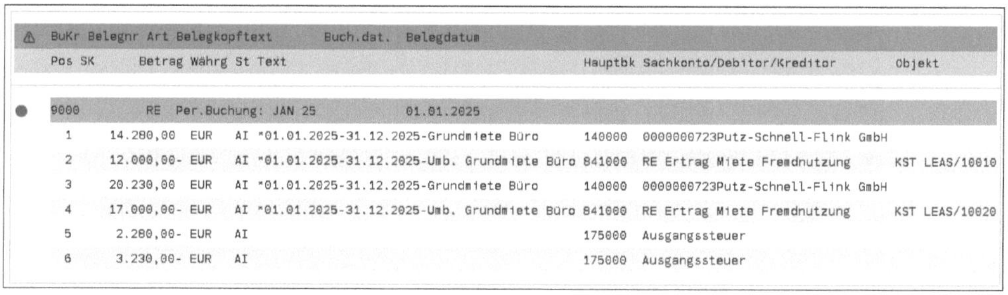

BuKr	Belegnr	Art	Belegkopftext	Buch.dat.	Belegdatum			
Pos	SK	Betrag	Währg	St	Text	Hauptbk	Sachkonto/Debitor/Kreditor	Objekt
9000		RE	Per.Buchung: JAN 25		01.01.2025			
1		14.280,00	EUR	AI	"01.01.2025-31.12.2025-Grundmiete Büro	140000	0000000723Putz-Schnell-Flink GmbH	
2		12.000,00-	EUR	AI	"01.01.2025-31.12.2025-Umb. Grundmiete Büro	841000	RE Ertrag Miete Fremdnutzung	KST LEAS/10010
3		20.230,00	EUR	AI	"01.01.2025-31.12.2025-Grundmiete Büro	140000	0000000723Putz-Schnell-Flink GmbH	
4		17.000,00-	EUR	AI	"01.01.2025-31.12.2025-Umb. Grundmiete Büro	841000	RE Ertrag Miete Fremdnutzung	KST LEAS/10020
5		2.280,00-	EUR	AI		175000	Ausgangssteuer	
6		3.230,00-	EUR	AI		175000	Ausgangssteuer	

Abbildung 4.43 Beleg bei integrierter Buchung

Objektfinanzstrom und Bewertung

Basierend auf dem Objektfinanzstrom werden die Kosten/Erlöse aus Verträgen direkt in die Gewinn-und-Verlust-Rechnung gebucht. Dies entspricht den Vorgaben des HGB (Handelsgesetzbuches) für Mietverträge bzw. operatives Leasing, nicht aber denen des IFRS und des US-GAAP. Für deren Anforderungen wurden die Funktionen der bilanziellen Bewertung zur Verfügung gestellt. Daher wird der Objektfinanzstrom mit dem Effektivdatum Bewertungsbeginn bzw. mit dem Buchungsbeginn der Bewertung beendet. Der Objektfinanzstrom wird funktional ersetzt durch den Bewertungsfinanzstrom, der Gegenstand des zweiten Teils dieses Buches ist.

4.3.3 Customizing: Objektfinanzstrom

Um einen Objektfinanzstrom zu erzeugen, benötigen Sie im Vertrag eine *Verteilungsregel*. Das Customizing hierzu wurde bereits in Abschnitt 3.3.3, »Verteilungsvorschrift«, erläutert.

Die Buchungen werden – wie sonst auch – über eine Bewegungsart gesteuert. Diese Bewegungsart finden Sie im Objektfinanzstrom als Attribut des jeweiligen Plan-Satzes. Die Ermittlung der Bewegungsart erfolgt auf Basis der Konditionsart:

- Aus der Konditionsart (im Beispiel V100) wird die Bewegungsart (V100) abgeleitet (siehe Abbildung 4.27), die in den Partnerfinanzstrom geschrieben wird (siehe Abbildung 4.25).
- Aus dieser Bewegungsart (V100) wird zur Erzeugung der Plan-Sätze im Objektfinanzstrom eine Referenzbewegungsart (V500) zum Beziehungstyp 030 **Verteilungsbuchungen (Objektumbuchungen)** abgeleitet (siehe Abbildung 4.44).

Zuordnung Referenzbewegungsarten

Beziehung	BewegArt	Bezeichnung Bewegungsart	Ref...	Bezeichnung Bewegungsart
30 Verteilungsbuchungen (Objektumbuchungen)	V100	Kred. Grundmiete	V500	Umb. Kred. Grundmiete

Abbildung 4.44 Referenzbewegungsart für Verteilungsbuchungen

Die Bewegungsart V500 wird für die Umbuchung (auf Basis der Verteilungsinformationen zur Kondition) benutzt. Die Kontenfindung erfolgt dann auf Basis dieser (Referenz-)Bewegungsart:

- Aus der Bewegungsart wird ein Buchungssatz mit Kontosymbolen abgeleitet.
- Die Kontosymbole werden durch Sachkonten ersetzt.

Abbildung 4.45 stellt die Kontenfindung im Überblick schematisch dar.

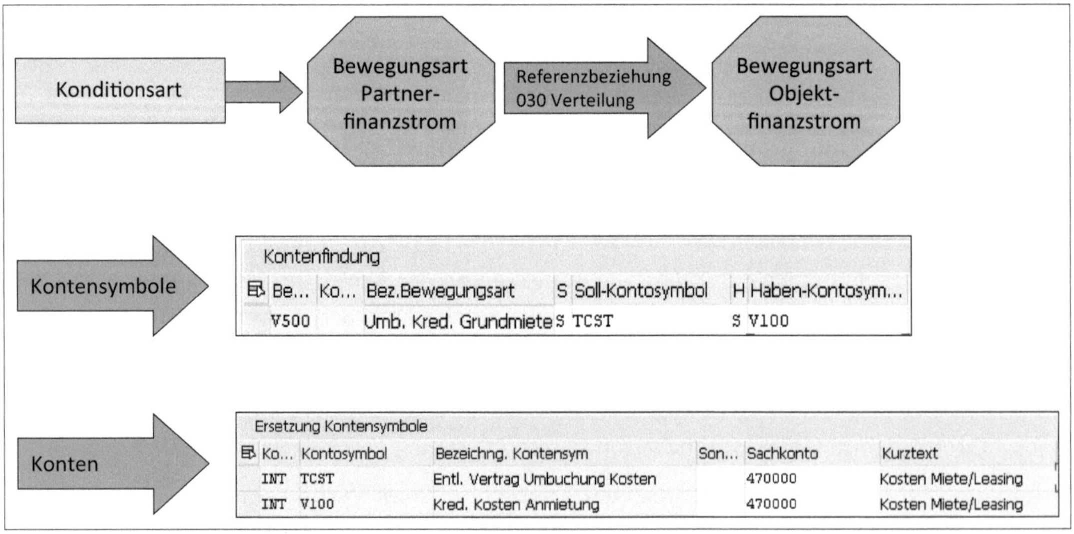

Abbildung 4.45 Kontenfindung für den Objektfinanzstrom

[+]

Was tun, wenn die Kontierungen vertauscht sind?

Es kommt vor, dass in der Umbuchung die Kontierungen nicht korrekt sind, dass also z. B. bei der Umbuchung zu einem kreditorischen Vertrag die Buchungszeile mit der Vertragskontierung im Soll statt im Haben gebucht wird, die Gegenbuchung auf das Verteilungsobjekt aber im Haben statt im Soll. In diesem Fall ist das Soll-/Habenkennzeichen der Bewegungsart falsch eingestellt. Stornieren Sie die Buchung, und stellen Sie das Soll-/Habenkennzeichen in der Bewegungsart um.

4.4 Zusammenfassung

Sie haben gesehen, dass das wesentliche Steuerungselement für die Kontenfindung im Rahmen der automatischen Buchungen die Bewegungsart ist. Die Bewegungsart wird für den Partnerfinanzstrom direkt aus der Konditionsart abgeleitet. Für den Objektfinanzstrom wird eine Referenzbewegungsart aus der originären Bewegungsart (zur Konditionsart) ermittelt. Später werden wir sehen, dass für die Bewertungsbuchungen Bewegungsarten aus der Bewertungsregel abgeleitet werden – direkt oder über Referenzen. Auch hier findet dann die Kontenfindung immer auf Basis der Bewegungsart statt.

Die Kontenfindung ist also dreistufig:

1. Ermitteln der Bewegungsart (gegebenenfalls Referenzbewegungsart)
2. Aufbau eines Buchungssatzes mit Kontosymbolen zur Bewegungsart
3. Ersetzung der Kontosymbole durch Konten

Dieses Verfahren liegt allen automatischen Buchungen im Vertragsmanagement zugrunde.

Kapitel 5
Bilanzielle Bewertung im Überblick

»One of my great ambitions before I die is to fly in an aircraft that is on an airline's balance sheet«, sagte Sir David Tweedie, der ehemalige Vorsitzende des International Accounting Standards Board (IASB). Mit dem Inkrafttreten des internationalen Rechnungslegungsstandards IFRS 16 am 1. Januar 2019 dürfte dieser Wunsch in Erfüllung gegangen sein. In diesem Kapitel lernen Sie die Funktionen der bilanziellen Bewertung für Leasingverträge im SAP Real Estate Management (SAP RE) kennen.

Im ersten Teil dieses Buches haben Sie einen Überblick über Leasingverträge und deren Attribute, wie z. B. Konditionen, Geschäftspartner und Laufzeiten, erhalten. In diesem Kapitel beschäftigen wir uns nun mit der bilanziellen Bewertung dieser Verträge. Dabei gehen wir zunächst auf den grundsätzlichen Ablauf der Bewertung ein und schauen uns alle Vertragsdaten und -attribute an, die Einfluss auf die Bewertung und deren Ergebnisse haben.

In der Praxis müssen Verträge oft nach mehreren Bewertungsverfahren bewertet werden. Das ist z. B. dann der Fall, wenn der Jahresabschluss einer Konzerngesellschaft nach lokalem Recht erfolgen muss, während für den Konzernabschluss zusätzlich internationale Vorschriften wie IFRS oder US-GAAP zu berücksichtigen sind. Wir stellen Ihnen Beispiele für Verträge vor, die nach einem oder mehreren Bewertungsverfahren bzw. nach einer oder mehreren Rechnungslegungsvorschriften bewertet werden. Wir gehen auf den Bewertungsprozess ein, zeigen den Bewertungsfinanzstrom und die Buchungen, die aus der bilanziellen Bewertung hervorgehen.

Wie läuft die bilanzielle Bewertung von Leasingverträgen grundsätzlich ab? Welche Schritte müssen nacheinander ausgeführt werden? Welche Abhängigkeiten bestehen zwischen den einzelnen Schritten?

Diese Fragen möchten wir in Abschnitt 5.1, »Die ersten Schritte«, beantworten. Am Ende dieses Abschnitts haben Sie einen Überblick über die einmaligen und über die periodisch wiederkehrenden Arbeiten, die bei der bilanziellen Bewertung von Leasingverträgen notwendig sind. Die wichtigsten Arbeitsschritte in diesem Zusammenhang sind:

- die Identifizierung aller Leasingverträge, die einer bilanziellen Bewertung unterliegen (siehe Abschnitt 5.1.2, »Leasingverträge identifizieren und analysieren«)
- das Festlegen der relevanten Bewertungsverfahren (siehe Abschnitt 5.1.3, »Bewertungsverfahren festlegen«)
- das Anlegen der Leasingverträge im SAP-System und die Erfassung der bewertungsrelevanten Daten wie Konditionen (siehe Kapitel 2, »Verträge«) und Bewertungsregeln (siehe Abschnitt 5.2.1, »Bewertungsparameter festlegen«)
- die regelmäßige (beispielsweise monatliche oder quartalsweise) Durchführung der periodischen Buchungen für Leasingverträge (wie in Kapitel 4, »Mieten und Leasingraten buchen«, beschrieben)
- die Durchführung der bilanziellen Erstbewertung (einschließlich Simulation, Auswertung und Buchung (siehe Abschnitt 5.2.3, »Vertragsbewertung durchführen« und Abschnitt 5.2.4, »Vertragsbewertung buchen«).
- bei Bedarf die Erfassung von Vertragsänderungen wie Laufzeitänderungen oder Konditionsänderungen im SAP-System (siehe Kapitel 8, »Vertragsänderungen und Folgebewertungen«)
- die Neubewertung der Leasingverträge auf Basis der Vertragsänderungen (wie in Kapitel 8, »Vertragsänderungen und Folgebewertungen«, beschrieben)

5.1 Die ersten Schritte

Wir wollen an dieser Stelle noch einige Dinge zusammentragen, die Sie wissen sollten, wenn Sie mit der Erfassung der Leasingverträge und der Einführung der bilanziellen Vertragsbewertung in Ihrem Unternehmen starten. Dabei geht es um Systemvoraussetzungen, um Grundeinstellungen im Customizing sowie um SAP-Hinweise, mit deren Hilfe Sie sich über die Funktionen der Vertragsbewertung informieren können.

5.1.1 Voraussetzungen

Bevor Sie mit der Implementierung der bilanziellen Bewertung von Verträgen beginnen, empfehlen wir Ihnen, sich über die systemseitigen Voraussetzungen, die für das SAP-System Ihres Unternehmens passenden Systemversionen und Releasestände sowie über mögliche Einführungsstrategien zu informieren.

[+]

Informationen zur bilanziellen Bewertung in den SAP-Hinweisen 2255555 und 2662137

SAP-Hinweise 2255555 und 2662137

SAP-Hinweis **2255555** (Freigabehinweis: Bewertung von Leasingverträgen) gibt Ihnen einen Überblick über die Funktionen der bilanziellen Bewertung im Vertragsmanagement. In diesem Hinweis erfahren Sie, für welche Systemversionen und ab welchem Support Package die Funktionen für die Abbildung der Bewertung von Leasingverträgen in SAP RE genutzt werden können. Der Hinweis beinhaltet weiterhin eine Übersicht über weitere verfügbare SAP-Hinweise zum Vertragsmanagement.

Im SAP-Hinweis **2662137** (SAP Contract and Lease Management (SAP RE-FX) FAQ-Hinweis) werden häufig gestellte Fragen im Zusammenhang mit dem SAP Contract and Lease Management und der Vertragsbewertung beantwortet. Hierbei geht es beispielsweise um Besonderheiten bei Leasingzahlungen (z. B. Leasingzahlungen vor Vertragsbeginn oder nach Vertragsende), um Informationen zur Kontenfindung oder um Berichte des Informationssystems für die Vertragsbewertung.

SAP-Komponente RE-FX-LA und deren Unterkomponenten

Wenn Sie das für die Systemlandschaft Ihres Unternehmens passende Support Package (besser das höchste verfügbare Support Package) eingespielt haben, sind zusätzlich weitere aktuelle SAP-Hinweise mit Funktionserweiterungen einzuspielen. Sie finden diese SAP-Hinweise unter der Komponente RE-FX-LA (Lease Accounting). Es ist wichtig, das SAP-System Ihres Unternehmens hinsichtlich der Funktionalitäten des Vertragsmanagements im SAP RE stets auf einem aktuellen Stand zu halten. Prüfen Sie deshalb regelmäßig die verfügbaren SAP-Hinweise zu diesem Thema.

[+]

Unterkomponenten der SAP-Komponente RE-FX-LA beachten

Bitte beachten Sie bei der Suche nach SAP-Hinweisen für die Vertragsbewertung stets auch die Unterkomponenten der SAP-Komponente RE-FX-LA (indem Sie beispielsweise **RE-FX-LA*** als Suchbegriff eingeben):

- RE-FX-LA-2CL Lease Accounting (Public Cloud)
- RE-FX-LA-RA Leasing – Valuation Posting
- RE-FX-LA-AA Leasing – Asset Accounting Integration
- RE-FX-LA-CN Leasing – Valuation Term
- RE-FX-LA-CF Leasing – Valuation Cash Flow
- RE-FX-LA-IS Leasing – Information System.

Sie haben in Ihrem System SAP RE (RE-FX) aktiviert, wie in Kapitel 1, »Einführung«, beschrieben. Damit Sie nun die bilanzielle Bewertung von Verträgen im SAP-System durchführen können, müssen Sie sicherstellen, dass die *Teilfunktion CE01* aktiv ist.

Teilfunktion CE01

Im Customizing von SAP RE können Teilfunktionen aktiviert werden. Teilfunktionen beinhalten Funktionalitäten, Apps und Customizing-Einstellungen, die separat verfügbar gemacht werden können und die ohne die Aktivierung der Teilfunktion in der Benutzeroberfläche nicht sichtbar sind. Eine dieser Teilfunktionen ist die Teilfunktion CE01 (Bilanzielle Bewertung, Vertragsbewertung). Wenn Sie diese Teilfunktion aktivieren, legen Sie damit den Grundstein für die bilanzielle Bewertung von Verträgen nach verschiedenen Bewertungsrichtlinien. Sie finden die Teilfunktion im Customizing von SAP RE unter **Grundeinstellungen • Teilfunktionen aktivieren** (siehe Abbildung 5.1).

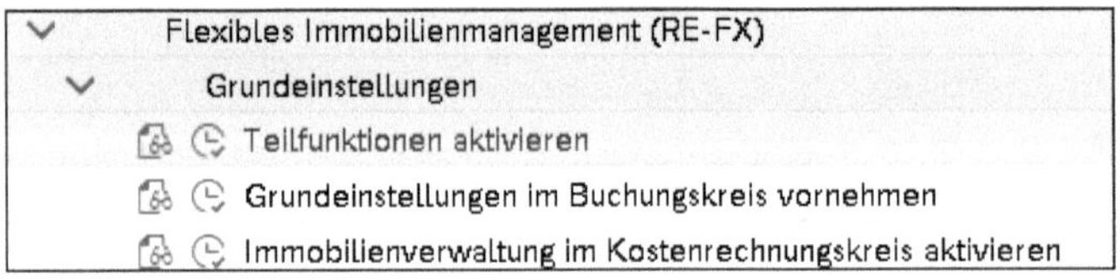

Abbildung 5.1 Teilfunktionen aktivieren (Teilfunktion CE01)

Bitte lesen Sie sich die Informationen zur Teilfunktion »Bilanzielle Bewertung« sorgfältig durch. Bitte bedenken Sie außerdem, dass eine einmal aktivierte Teilfunktion später nicht wieder deaktiviert werden sollte. Dies gilt insbesondere dann, wenn zu dieser Teilfunktion bereits Stamm- oder Bewegungsdaten im System vorhanden sind. Um die Funktionen der bilanziellen Bewertung von Verträgen kennenzulernen, aktivieren Sie die Teilfunktion bitte zunächst im Entwicklungssystem oder in einem separaten Sandboxsystem.

Customizing für die bilanzielle Bewertung

Die Customizing-Einstellungen für die Bewertung finden Sie im Customizing von SAP RE unter **Bilanzielle Bewertung von Verträgen**. Alternativ können Sie die App **Customizing SAP RE** (RECACUST) für das Customizing-Menü von SAP RE oder die App **Customizing bilanzielle Bewertung** (RECECUST) für die Customizing-Einstellungen zur bilanziellen Bewertung aufrufen.

Einen Überblick über die notwendigen Einstellungen erhalten Sie in der Dokumentation zum Menüpunkt **Überblick bilanzielle Bewertung**.

In Abschnitt 5.4, »Customizing der bilanziellen Bewertung«, erläutern wir die wichtigsten Customizing-Einstellungen im Rahmen der bilanziellen Bewertung.

[+]

SAP-Hinweis zum Auslieferungs-Customizing

Mit SAP-Hinweis **2403881** (Leasing: BC-Set Auslieferungs-Customizing) wird ein BC-Set mit Customizing-Einstellungen für die bilanzielle Bewertung zur Verfügung gestellt. Sie können die Einstellungen dieses BC-Sets nutzen, um darauf aufbauend die Customizing-Einstellungen für das SAP-System Ihres Unternehmens zu definieren.

5.1.2 Leasingverträge identifizieren und analysieren

Um die Leasingverträge Ihres Unternehmens im Rahmen der bilanziellen Bewertung berücksichtigen zu können, müssen Sie diese Verträge zunächst identifizieren. Verträge, die in Papierform, in Form von gescannten Dokumenten oder in ähnlicher Form vorliegen, müssen genauso hinsichtlich ihrer Relevanz für die Bewertung analysiert werden wie Verträge, die bereits in SAP-Systemen oder anderen IT-Systemen abgebildet sind.

Bei der Analyse der Verträge sollten die Vertragsattribute wie Vertragsarten, Laufzeiten, Geschäftspartner der Verträge, Vertragskonditionen und Bewertungsverfahren ausgewertet werden. Diese Informationen werden später bei der Abbildung der Leasingverträge und bei deren Bewertung im SAP-System verwendet.

[+]

Leasingverträge analysieren

Planen Sie in Ihrem Projekt genügend Zeit für die Analyse der vorhandenen Leasingverträge ein. Insbesondere, wenn die Verträge bisher in unterschiedlicher Form und in unterschiedlichen IT-Systemen erfasst sind, kann die Analyse und Aufbereitung der Verträge sehr zeitaufwendig sein.

Während Sie die in Ihrem Unternehmen vorliegenden Leasingverträge sichten und klassifizieren, sollten Sie bereits die spätere Abbildung der Verträge im Vertragsmanagement in SAP RE im Auge behalten. Versuchen Sie deshalb bereits bei der Analyse der Verträge, diese nach der Art der Verträge und der Art der Vertragsobjekte zu gruppieren sowie in den Verträgen vorhandene Kündigungs- und Verlängerungsregeln zusammenzustellen. Diese Informationen helfen Ihnen später, die Vertragsarten und deren Attribute für das Vertragsmanagement in SAP RE festzulegen.

In SAP RE vorhandene Verträge weiter nutzen

Nehmen wir an, dass im SAP-System Ihres Unternehmens bereits SAP RE aktiv ist und dort Miet- oder Leasingverträge vorhanden sind, die Sie nach den beschriebenen Richtlinien bilanziell bewerten müssen. In diesem Fall stellt sich die Frage, ob die bereits im SAP-System vorhandenen Verträge auch zukünftig weiterverwendet werden können.

Wenn bereits Leasingverträge in SAP RE vorhanden sind, müssen Sie *keine neuen Verträge* für die bilanzielle Bewertung anlegen. Sie können die vorhandenen Verträge weiterhin verwenden, müssen dafür jedoch die Bewertungsparameter der Verträge ergänzen. Erweitern Sie zunächst die Bildfolgen der relevanten Vertragsarten, sodass die Registerkarten **Bewertungsparameter** und **Bewertung** sowie die Angaben zur **Bewertungsrelevanz** des Vertrags im Vertragsdialog sichtbar werden. Überprüfen Sie die Vertragskonditionen, und ergänzen Sie das Customizing um zukünftig benötigte Konditionsarten einschließlich der dazu notwendigen Kontenfindung. Ergänzen Sie dann die Bewertungsparameter der Verträge sowie gegebenenfalls Vertragskonditionen. Weiter unten wird beschrieben, wie Sie die Bewertungsparameter und die Vertragskonditionen manuell pflegen oder alternativ eine Massenpflege mit den Apps **Bewertungsregeln Infosystem** (RECEISRULECN) oder **Konditionsspezifische Bewertungsregeln zu Verträgen Infosystem** (RECEISCONDRULECN) durchführen können.

[!]

Übergangsphase – Konten für die periodische Buchung

Die Kontenfindung der periodischen Buchung muss erweitert werden. Beachten Sie bitte unbedingt die Informationen zur Änderung der Kontenfindung, insbesondere die Gegenbuchung für die Verbindlichkeiten auf ein Verrechnungskonto, das später durch die entsprechende Buchung aus der bilanziellen Bewertung ausgeglichen wird. Nähere Informationen zur Rolle des Kontenfindungswertes finden Sie in Abschnitt 5.4.6, »Bewertungsabhängige Steuerungsparameter: Anlagenklasse der RoU-Anlage und Kontenfindungswert«. Details zur Kontenfindung erläutern wir in Kapitel 4, »Mieten und Leasingraten buchen« sowie in Kapitel 7, »Bewertung buchen«.

Unterschiedliche Verantwortlichkeiten

Die Verantwortlichkeiten für die Erfassung und Bearbeitung von Leasingverträgen sind in vielen Unternehmen auf verschiedene Mitarbeitende bzw. verschiedene Abteilungen aufgeteilt. Während im Vertragsmanagement solche Vertragsdaten wie Laufzeiten und Leasingraten, Vertragskündigungen oder -verlängerungen erfasst und Wiedervorlagen bearbeitet werden, sind die Mitarbeitenden der Buchhaltung für die Bearbeitung der bewertungsrelevanten Daten des Vertrags verantwortlich. Um eine solche Arbeitsteilung systemseitig abzubilden, können Sie verschiedene Apps und Berechtigungen für die Vertragsbearbeitung nutzen.

Vertrag verwalten und Vertragsbewertung verwalten

Die für das Vertragsmanagement verantwortlichen Mitarbeitenden können für die Vertragsbearbeitung weiterhin die App **Vertrag verwalten** (RECN) bzw. die App **RE-Navigator** (RE80) nutzen, während die Mitarbeitenden der Buchhaltung auch die App **Vertragsbewertung verwalten** (RECECN) verwenden können. Abbildung 5.2 zeigt die Bewertungsparameter eines Vertrages in der App **Vertragsbewertung verwalten** (RECECN).

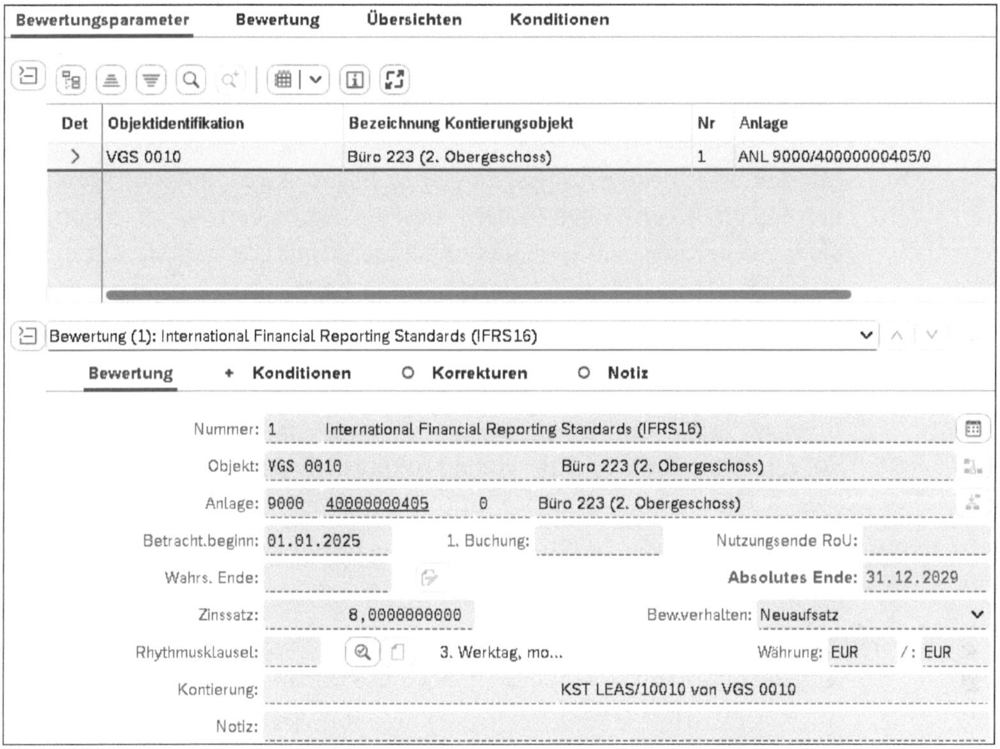

Abbildung 5.2 Bewertungsregel in der App »Vertragsbewertung bearbeiten«

Diese App dient ebenso wie die App **Vertrag verwalten** (RECN) der Vertragserfassung und -bearbeitung. Die beiden Apps unterscheiden sich in den Details des Vertrags, die sie damit jeweils bearbeiten können: Während Sie mit der App **Vertrag verwalten** (RECN) alle Daten und Attribute des Vertrags erfassen und bearbeiten können, stellt Ihnen die App **Vertragsbewertung verwalten** (RECECN) ausschließlich die bewertungsrelevanten Daten des Leasingvertrags zur Bearbeitung zur Verfügung.

In der App **Vertragsbewertung verwalten** wird eine separate Bildfolge verwendet, die anders ausgesteuert werden kann, als die Bildfolge in den Apps **Vertrag verwalten** (RECN) bzw. **RE-Navigator** (RE80). Dadurch wird erreicht, dass die App **Vertragsbewertung verwalten** (RECECN) ausschließlich Registerkarten mit bewertungsrelevanten Daten beinhaltet, wie beispielsweise die im Auslieferungs-Customizing enthaltene Bildfolge **REGCOE (nur Bewertung)**. Diese Bildfolge können Sie bei Bedarf als Vorlage für eine kundeneigene Bildfolge verwenden.

Berechtigungen einrichten

Um zwischen der Bearbeitung von Vertragsdaten und von bewertungsrelevanten Daten von Verträgen differenzieren zu können, ist es möglich, unterschiedliche Berechtigungen zu vergeben.

Für die Bearbeitung von Bewertungsklauseln und Konditionen werden die Berechtigungsobjekte **F_RECE_TM** (Bewertungsklausel) und **F_RECE_CD** (Bewertungsklausel und Konditionen) ausgeliefert.

Mit den verschiedenen Apps, Berechtigungsobjekten und Bildfolgen können Sie die arbeitsteilige Bearbeitung der Leasingverträge einerseits aus Sicht des Vertragsmanagements und andererseits aus Sicht der für die Bewertung verantwortlichen Mitarbeitenden der Buchhaltung gewährleisten.

5.1.3 Bewertungsverfahren festlegen

In diesem Abschnitt schauen wir uns die Grunddaten für verschiedene Bewertungsverfahren genauer an und besprechen die Frage, welche und wie viele Bewertungsverfahren für Ihr Unternehmen relevant sind.

Wir haben als Beispiele für dieses Buch die folgenden Bewertungsverfahren ausgewählt:

- HGB (Handelsgesetzbuch, Deutschland)
- IFRS (International Financial Reporting Standard)
- US-GAAP (United States Generally Accepted Accounting Principles)

[»]

Mehrere Bewertungsverfahren anwenden

Konzerngesellschaften müssen ihren Jahresabschluss nach den gesetzlichen Regeln des Landes, in dem sie ansässig sind, vorlegen. Der Konzernabschluss ist zusätzlich nach internationalen Rechnungslegungsvorschriften zu erstellen. Das bedeutet, dass in vielen Fällen mehrere Bewertungsverfahren für ein und denselben Leasingvertrag angewendet werden müssen.

Auf diese Bewertungsverfahren und ihre Besonderheiten werden wir in diesem und den folgenden Kapiteln anhand konkreter Beispiele eingehen. Der Hauptteil des Buches beschäftigt sich mit der Bewertung von Leasingverträgen in der Bilanz der Leasingnehmer, da sich hier die Bilanzierungsrichtlinien geändert haben.

Wie sehen die geänderten Bilanzierungsrichtlinien nun aus? Bitte sehen Sie es uns Autorinnen nach, wenn die Darstellung der Bilanzierungsregeln nur sehr vereinfacht und auf eine eher technische Sicht reduziert ist. Es geht in diesem Abschnitt darum, die Unterschiede aufzuzeigen, die für die Abbildung im System relevant sind. Für detaillierte Informationen zu den Bilanzierungsregeln sind Bilanzierungsexperten und Wirtschaftsprüfende die richtigen Ansprechpartner.

HGB

Im Handelsgesetzbuch (HGB) ist geregelt, in welchen Fällen der Leasinggegenstand dem Leasingnehmer zuzurechnen ist. Das ist im Wesentlichen immer dann der Fall, wenn es bei dem Leasingvertrag eher um eine Finanzierung als um eine Überlassung auf Zeit geht. Laut Gabler Wirtschaftslexikon (*https://wirtschaftslexikon.gabler.de/definition/leasing-40697*, 04.08.2025) stellt sich der Unterschied wie folgt dar:

> *(1) Bleibt das wirtschaftliche Eigentum beim Leasinggeber, ist der Leasingvertrag steuerlich als ein ganz normaler Mietvertrag anzusehen: Der Leasingnehmer zahlt eine Miete, die beim ihm zur Betriebsausgabe wird (...)*
>
> *(2) Gilt dagegen der Leasingnehmer als wirtschaftlicher Eigentümer, so präsentiert sich der Leasingvertrag wirtschaftlich als ein Kaufvertrag, bei dem der Leasinggeber dem Leasingnehmer den Leasinggegenstand veräußert hat und dieser den Kaufpreis in Raten (›Leasingraten‹) abbezahlt. Somit hat der Leasingnehmer den Gegenstand zu Anschaffungskosten zu aktivieren (§ 253 HGB, § 6 EStG), hierfür muss er, da er in Raten zahlt, einen Barwert seiner Zahlungen berechnen. Zugleich muss er dann, da er durch den ›Ankauf‹ auch eine Kaufpreisverbindlichkeit begründet hat, die Anschaffungskosten auch als Verbindlichkeit bilanzieren.*

Im Fall von (1), also des operativen Leasings, wie es bei der Anmietung von Immobilien in der Regel vorliegt, werden nach HGB die Kosten der Leasingraten direkt in die Gewinn-und-Verlust-Rechnung (GuV) gebucht. Die gemietete Anlage wird nicht aktiviert. Diese Buchungen sehen Sie in Abbildung 5.3.

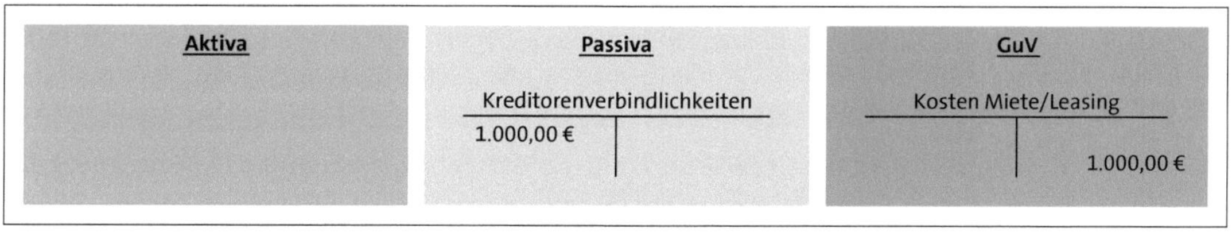

Abbildung 5.3 HGB – direkte Buchung der Leasingkosten in die GuV

IFRS 16

Der International Financial Reporting Standard 16 Leases (IFRS 16) wurde vom International Accounting Standards Board (IASB) herausgegeben und trat am 01.01.2019 in Kraft. Bei den vor IFRS 16 bestehenden Rechnungslegungsvorschriften wurde zwischen operativem Leasing und Finanzierungsleasing unterschieden (IAS 17). Dabei wurden Verträge im Bereich des operativen Leasings analog zu Mietverträgen im HGB behandelt. Es wurden weder Vermögenswerte in den Aktiva noch Leasingverbindlichkeiten in den Passiva dargestellt. Lediglich die Leasingraten erschienen, und zwar direkt im Aufwand. Solche Operating-Lease-Verträge wurden beim Leasingnehmer somit meist nicht in der Bilanz dargestellt (Off-Balance), während Finanzierungsleasing sehr wohl in der Bilanz auftauchte.

Bei der Bewertung nach IFRS 16 wird nun nicht mehr nach operativem Leasing und Finanzierungsleasing unterschieden. Für alle Verträge, die als Leasingverträge einzustufen sind, sind, wie in Abbildung 5.4 dargestellt, auf der Seite der Aktiva die erworbenen Nutzungsrechte als Right-of-Use-Anlagen (RoU-Anlagen) und auf der Seite der Passiva die Leasingverbindlichkeiten auszuweisen (siehe *http://www.ifrs.org/issued-standards/list-of-standards/ifrs-16-leases/*, 04.08.2025).

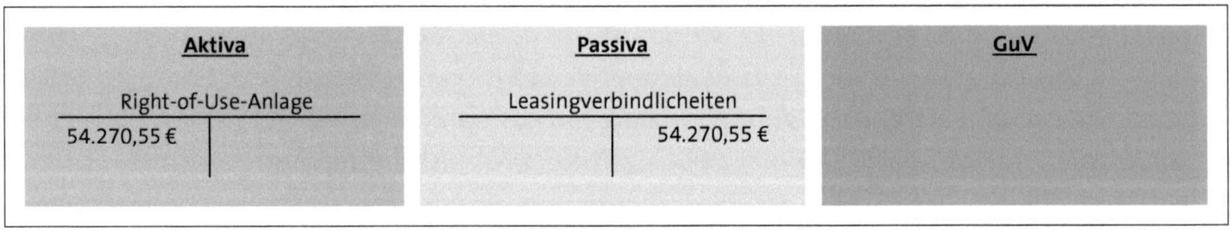

Abbildung 5.4 IFRS 16 – Ausweis der RoU-Anlage und der Leasingverbindlichkeit in der Bilanz

US-GAAP

Die Rechnungslegungsvorschriften des US-GAAP (United States Generally Accepted Accounting Principles) sind vom Financial Accounting Standards Board (FASB) aufgestellte Prinzipien im Bereich der Rechnungslegung. Bei der Bewertung nach US-GAAP gemäß Leasingstandard ASC Topic 842 wird weiterhin zwischen Finanzierungsleasing (Finance Lease, Classification A) und operativem Leasing (Operate Lease, Classification B) unterschieden. In beiden Fällen wird wie im IFRS eine RoU-Anlage aktiviert und eine Leasingverbindlichkeit ausgewiesen. Der Unterschied besteht in der Ermittlung der Abschreibungen auf die RoU-Anlage. Im Fall des Finanzierungsleasings sind diese wie im IFRS linear. Beim operativen Leasing sind sie dagegen so zu berechnen, dass die Gesamtaufwendungen (Zinsen und AfA (Absetzung für Abnutzung)) über die Zeit konstant sind.

Customizing: Bewertungsregeln anlegen

Wenn Sie parallel nach mehreren Rechnungslegungsvorschriften bewerten wollen, müssen Sie in den Verträgen für jede der Rechnungslegungsvorschriften sogenannte *Bewertungsregeln* anlegen.

Rechnungslegungsvorschriften HGB, IFRS und US-GAAP

Sie wollen drei unterschiedliche Rechnungslegungsvorschriften abbilden: HGB, IFRS und US-GAAP. Sie wollen kreditorische Verträge für Immobilien und für sonstige Wirtschaftsgüter in Ihrem System führen.

Jede der Rechnungslegungsvorschriften enthält unterschiedliche Vorschriften für die Bewertung von Verträgen. So z. B. wird im US-GAAP nach operativem Leasing und Finanzierungsleasing unterschieden. Im System werden diese Vorschriften durch Bewertungsregeln abgebildet. Die Bewertungsregeln bestimmen, wie die Bewertung für die jeweilige Rechnungslegungsvorschrift für einen bestimmten Fall vom System berechnet und in welche Bücher bzw. auf welche Konten gebucht wird.

In unserem Beispiel gehen wir von fünf Bewertungsregeln aus, die Sie im Customizing hinterlegen müssen:

- IFRS16 – Bewertungsregel für IFRS 16
- US-GAAP FL – Bewertungsregel für Finanzierungsleasing im US-GAAP
- US-GAAP OL – Bewertungsregel für operatives Leasing im US-GAAP
- HGB FL – Bewertungsregel für Finanzierungsleasing im HGB
- HGB OL – Bewertungsregel für operatives Leasing im HGB

Den Verträgen ordnen Sie dann jeweils folgende Bewertungsregeln zu:

- Verträge mit operativem Leasing: IFRS, US-GAAP OL und HGB OL
- Verträge mit Finanzierungsleasing: IFRS, US-GAAP FL und HGB FL

Die Definition der Bewertungsregeln nehmen Sie im Customizing von SAP RE unter **Bilanzielle Bewertung von Verträgen • Bewertungsregeln** vor. Die zentrale Eigenschaft einer Bewertungsregel ist die *Bewertungsart*. In Abbildung 5.5 sehen Sie einen entsprechenden Ausschnitt aus den Customizing-Einstellungen zur **Bewertungsregel** mit **Bewertungsart** und Zuordnung der Rechnungslegungsvorschrift.

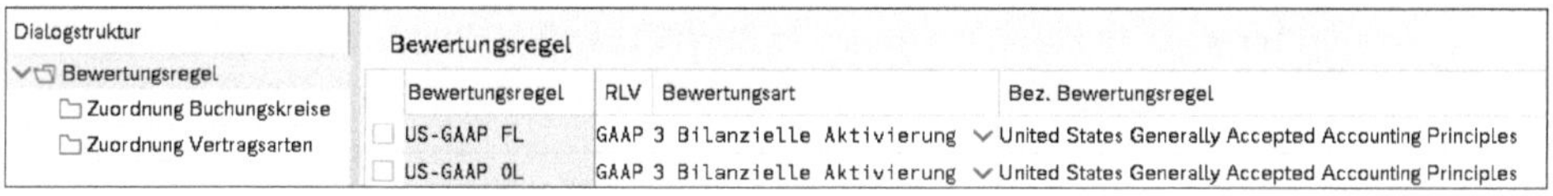

Abbildung 5.5 Bewertungsregeln mit Bewertungsart und Rechnungslegungsvorschrift

Bewertungsart

Die Bewertungsart bestimmt den Berechnungsalgorithmus für die Bewertung eines Leasingvertrags. Die folgenden Bewertungsarten können verwendet werden:

- **Bilanzielle Aktivierung**
  Diese Bewertungsart wird bei der Bewertung nach den Bewertungsregeln IFRS, US-GAAP FL, US-GAAP OL und HGB FL genutzt; die bewertungsrelevanten Vertragskonditionen werden in der Bilanz aktiviert.
- **Umbuchung**
  Diese Bewertungsart wird bei der Bewertung nach HGB OL für operatives Leasing genutzt; die Leasingraten werden direkt in die GuV gebucht.
- **Linearisierung**
  Diese Bewertungsart wird benutzt, wenn die bewertungsrelevanten Vertragskonditionen über die Laufzeit des Vertrags linearisiert werden müssen (z. B. nach FAS 13, für Serviceverträge oder für debitorisches operatives Leasing).

Für die genannten Beispiele ist also jeweils **Bilanzielle Aktivierung** einzustellen, außer für das operative Leasing nach HGB (**Umbuchung**).

Klassifizierung

Bewertungsregeln mit der Bewertungsart *Bilanzielle Aktivierung* unterscheiden sich in der *Klassifizierung* (siehe Abbildung 5.6). Nach IFRS 16 werden alle Leasingverträge mit der *Klassifizierung A* bewertet (lineare Abschreibung der RoU-Anlage). Für US-GAAP ASC 842 muss für die Beispielbewertungsregel US-GAAP OL die *Klassifizierung B* (operatives Leasing) gewählt werden, während US-GAAP FL wie IFRS 16 Klassifizierung A (Finanzierungsleasing) entspricht. Als dritte Auswahlmöglichkeit steht hier *C Finance Lease Out* für debitorisches Finanzierungsleasing zur Verfügung, siehe hierzu Abschnitt 5.5.5, »(Unter-)Mietvertrag als Finanzierungsleasing bewerten«.

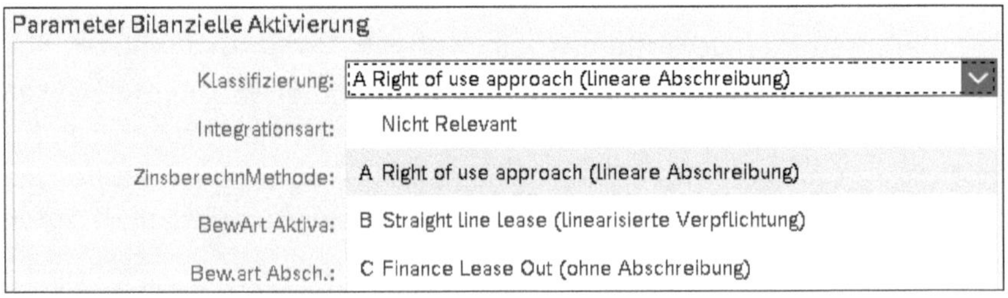

Abbildung 5.6 Klassifizierung bei bilanzieller Bewertung

RLV in der Bewertungsregel

Ist in Ihrem System die neue Hauptbuchhaltung (New GL) aktiv, sind bereits Rechnungslegungsvorschriften im Customizing eingerichtet. Hinterlegen Sie in den Bewertungsregeln, für welche Rechnungslegungsvorschrift die

Bewertungsregel gilt, siehe Abbildung 5.5. Ist das New GL inaktiv, bleibt das Feld **RLV** (Rechnungslegungsvorschrift) leer.

Ledger- und Kontenlösung

Grundsätzlich können Sie für die Buchungen die Ledger- oder die Kontenlösung verwenden. Während bei der Ledger-Lösung die Buchungen der einzelnen Bewertungsverfahren und Rechnungslegungsvorschriften in separaten Ledgern erfolgen, werden bei der Kontenlösung verschiedene Konten für jedes Bewertungsverfahren genutzt. Die Buchungen erfolgen im Fall der Kontenlösung jedoch für alle Bewertungsverfahren in einem Ledger. Detaillierte Informationen zur Ledger- und Kontenlösung sowie zur Kontenfindung und zu den Buchungsbelegen erhalten Sie in Kapitel 7, »Bewertung buchen«.

In den folgenden Abschnitten zeigen wir eine Reihe von Beispielen und erläutern wichtige Besonderheiten der einzelnen Regeln nach IFRS, US-GAAP und HGB. Da sich die Regelungen insbesondere für das operative Leasing stark unterscheiden, werden wir die Beispiele im Besonderen auf operatives Leasing ausrichten.

5.2 Verträge bewerten

Um eine bilanzielle Bewertung von Miet- und Leasingverträgen durchführen zu können, müssen Sie die Verträge zunächst mit Bewertungsparametern versehen. Sie haben zuvor im Customizing Bewertungsregeln angelegt und müssen nun entscheiden, welche Bewertungsregeln für den vorliegenden Vertrag relevant sind. Ordnen Sie den Verträgen alle relevanten Bewertungsregeln zu. In unserem Fall wären das für einen operativen Leasingvertrag IFRS, US-GAAP OL und HGB OL.

In den folgenden Abschnitten erfahren Sie, wie Sie den Leasingverträgen die erforderlichen Bewertungsregeln zuordnen, diese mit den zu bewertenden Konditionsarten verknüpfen und anschließend die bilanzielle Bewertung der Verträge durchführen.

5.2.1 Bewertungsparameter festlegen

Wählen Sie auf der Registerkarte **Bewertungsparameter** des Vertrags die für diesen Vertrag relevante *Bewertungsregel*, z. B. für die Bewertung nach IFRS 16, aus. Sie können einem Vertrag auch mehrere Bewertungsregeln zuordnen.

Sie können dem Vertrag eine einzelne Bewertungsregel zuordnen, indem Sie den Button ⊕⌄ (**Klausel anlegen**) verwenden und die für die Bewertungsregel erforderlichen Daten erfassen. Die Bewertung erfolgt immer entweder pro Vertragsobjekt oder für den Vertrag insgesamt. Sie entscheiden daher beim Einfügen der Bewertungsklausel, welches Vertragsobjekt im konkreten Fall Gegenstand der Bewertung ist.

[»]

Bewertung erfolgt pro Vertragsobjekt

Ein Vertrag kann sich aus bilanzieller Sicht für jedes Vertragsobjekt unterschiedlich verhalten. Beispielsweise ist es möglich, dass für die Vertragsobjekte das *wahrscheinliche Vertragsende* unterschiedlich ist. Es kann sogar sein, dass für ein Vertragsobjekt der Vertrag als Finanzierungsleasing gewertet wird, für ein anderes Vertragsobjekt aber als operatives Leasing. Daher ist es wichtig, darauf zu achten, auf welcher Ebene – Vertrag, Vertragsobjekt oder Objektgruppe – die Bewertungsregeln zugeordnet werden.

Die in der *Bewertungsklausel* enthaltenen Detailangaben unterscheiden sich abhängig von der verwendeten *Bewertungsart*, die im Customizing der Bewertungsregel festgelegt wurde.

Bewertungsart bilanzielle Aktivierung

Bei der Bewertung nach IFRS 16 und US-GAAP ASC 842 wird die Bewertungsart *bilanzielle Aktivierung* angewandt. Es muss eine RoU-Anlage erzeugt werden, um die Entwicklung der Anlagenwerte in der Bilanz darzustellen. Angaben zum **Zinssatz** und zur Gültigkeit der RoU-Anlage vervollständigen die Daten der Bewertungsklausel. Die Bewertungsklassifizierung folgt dem RoU-Ansatz. Ein Beispiel einer Bewertungsregel für die Bewertung gemäß IFRS zeigt Abbildung 5.7.

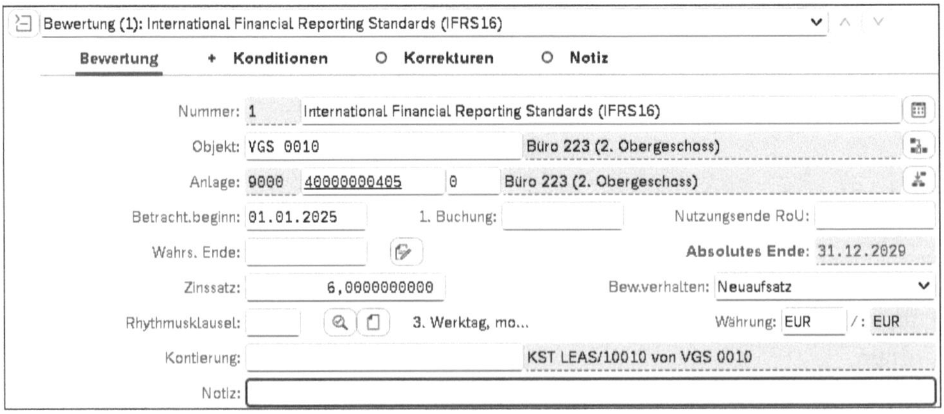

Abbildung 5.7 Beispiel einer Bewertungsklausel mit bilanzieller Aktivierung (IFRS)

Right-of-Use-Anlage (RoU-Anlage)

Die Anlage für das Nutzungsrecht, die sogenannte *Right-of-Use-Anlage* (RoU-Anlage), wird beim Speichern des Vertrags erzeugt. Das Anlegen der Anlage kann auch über den Button (**Anlage anlegen**) initiiert werden.

Bewertungsverhalten

In der Bewertungsklausel wird das Bewertungsverhalten festgelegt. Bei der bilanziellen Erstbewertung wird *Neuaufsatz* verwendet. Beim Neuaufsatz wird eine neue RoU-Anlage angelegt. Weitere Möglichkeiten für das Bewertungsverhalten lernen Sie im Zusammenhang mit Folgebewertungen kennen.

Rhythmusklausel

In der Bewertungsklausel können Sie eine gesonderte Rhythmusklausel verwenden. Diese benötigen Sie insbesondere dann, wenn die Leasingraten als Jahres- oder Quartalskonditionen vereinbart sind und die Bewertung monatlich erfolgen muss. In diesem Fall legen Sie eine monatliche Rhythmusklausel an und nutzen diese für die Bewertung.

Wahrscheinliches Ende

Wenn der Vertrag unbefristet ist oder Sie erwarten, dass der Vertrag zu einem anderen Zeitpunkt endet, als es das aktuelle Vertragsende auf der Registerkarte **Laufzeit** aussagt, können Sie in dem Feld **Wahrscheinliches Ende** das erwartete Vertragsende hinterlegen.

Zinssatz

Der **Zinssatz** wird für die Berechnung des Barwertes der RoU-Anlage herangezogen.

Bewertungsart Umbuchung

Bei der Bewertung nach HGB wird die Bewertungsart **Umbuchung** relevant. Das bedeutet, dass die Vertragskonditionen auf das in der Bewertungsregel hinterlegte (bzw. aus dem Vertragsobjekt ermittelte) Kontierungsobjekt umgebucht werden. Die Umbuchung erfolgt somit analog zur Buchung des Objektfinanzstroms. Für die Umbuchung kann auch eine Verteilungsvorschrift angegeben werden. Abbildung 5.8 zeigt das Beispiel einer Bewertungsklausel für die Bewertung nach HGB.

Abbildung 5.8 Beispiel einer Bewertungsklausel mit Umbuchung (HGB)

Angaben unabhängig von der Bewertungsart

Betrachtungsbeginn

Unabhängig von der Bewertungsart wird in allen Fällen ein Betrachtungsbeginn für die Bewertung benötigt. Bei der Neuanlage der Bewertungsklausel markiert der **Betrachtungsbeginn** das Datum, an dem der Vertrag erstmalig bewertet wird. Im Fall der bilanziellen Aktivierung erfolgt die Barwertberechnung für das Nutzungsrecht durch Abzinsung bis zum Betrachtungsbeginn. Wenn Sie neue Verträge anlegen, wird der Betrachtungsbeginn im Allgemeinen mit dem Vertragsbeginn vorbelegt. Mit dem **Datum der ersten Buchung** legen Sie fest, wann die erste Bewertungsbuchung im SAP-System erfolgen soll. Das Datum der ersten Buchung kann nach dem Betrachtungsbeginn liegen.

[»]

Datumsangaben in der Bewertungsklausel

Neben dem Betrachtungsbeginn und dem Datum der ersten Buchung gibt es in der Bewertungsklausel noch weitere Datumsangaben. Diese Datumsangaben sind sowohl für die verschiedenen Einführungsszenarien für die bilanzielle Bewertung als auch im Fall von Änderungen der Vertragslaufzeit bedeutsam. Wir gehen deshalb auf diese Datumsfelder und ihre Auswirkungen in Abschnitt 10.2.1, »Wichtige Datumsfelder«, detailliert ein.

Kontierung

Sowohl bei der Umbuchung als auch bei der bilanziellen Aktivierung werden Kosten gebucht. Im Fall der Umbuchung sind es die Kosten der Leasingraten, im Fall der bilanziellen Aktivierung sind es Zinsen sowie Abschreibungen auf die RoU-Anlage. Um diese Kosten verursachungsgerecht zuzuordnen, benötigt man eine Kontierung. Sie können im Feld **Kontierung** hierfür explizit ein Kontierungsobjekt angeben, z. B. eine Kostenstelle, einen Auftrag oder ein Immobilienobjekt. Lassen Sie das Feld leer, wird das Kontierungsobjekt aus dem **Objekt** der Bewertungsregel abgeleitet.

Im Beispiel in Abbildung 5.8 handelt es sich um ein Vertragsobjekt mit der Objektart *Vertragsgegenstand* (**VGS**). Vertragsgegenstände sind keine eigenständigen Stammdatenobjekte und somit keine eigenständigen Kontierungsobjekte im Controlling. Sie müssen daher im Vertrag auf der Registerkarte **Objekte** immer mit einem Kontierungsobjekt versehen werden (siehe Abbildung 5.9). Das mit dem Vertragsobjekt verbundene Kontierungsobjekt wird in der Bewertungsregel angezeigt.

Status »vollständig«

Wenn die Bewertungsparameter vollständig und korrekt im Vertrag hinterlegt sind, setzen Sie mit dem Button (**Regel vollständig**) die Bewertungsparameter auf den Status »vollständig«. Abbildung 5.10 zeigt einen Leasingvertrag, dem mehrere Bewertungsregeln zugeordnet wurden.

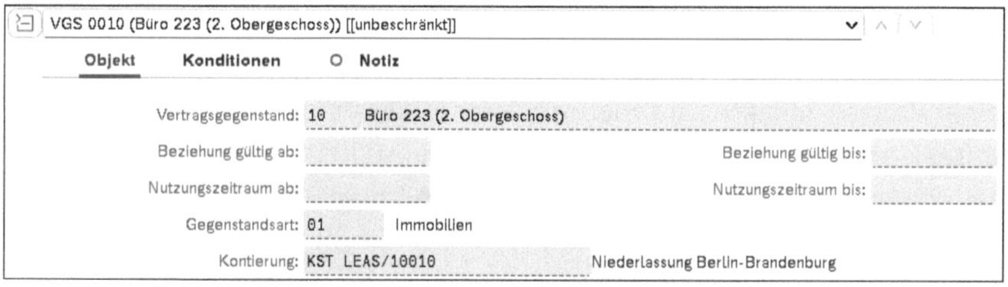

Abbildung 5.9 Vertragsgegenstand mit Kontierungsobjekt

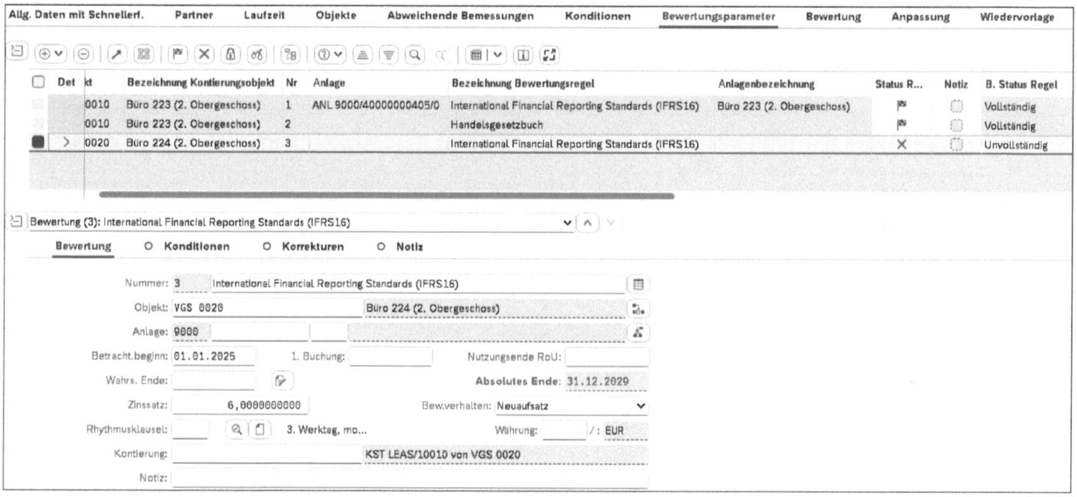

Abbildung 5.10 Vertrag mit mehreren Bewertungsregeln in unterschiedlichem Status

Zeitabhängigkeit von Bewertungsparametern

Die Bewertungsparameter im Vertrag können zeitabhängig gepflegt werden. Sie haben somit die Möglichkeit, verschiedene Gültigkeitszeiträume zu einzelnen oder allen Bewertungsklauseln im Vertrag zu hinterlegen. Wenn Sie die Zeitabhängigkeit der Klauseln nutzen wollen, müssen Sie bestimmte Regeln in Bezug auf die in der Klausel verwendeten Datumsangaben beachten:

Wird beispielsweise eine neue Zeitscheibe für eine Bewertungsklausel lediglich deshalb angelegt, weil sich das Kontierungsobjekt oder der relevante Zinssatz ändern, darf sich der Betrachtungsbeginn der neu angelegten Zeitscheibe gegenüber dem ursprünglichen Betrachtungsbeginn nicht ändern.

Dagegen ändert sich der Betrachtungsbeginn, wenn wegen einer Änderung der Vertragslaufzeit oder der Vertragskonditionen eine Folgebewertung erforderlich wird.

Schnellerfassung von Bewertungsparametern

Die Einzelerfassung von Bewertungsparametern wird – wenn es um recht viele Vertragsobjekte und mehrere Rechnungslegungsvorschriften geht – unter Umständen etwas mühsam sein. Daher steht Ihnen alternativ zur Einzelerfassung eine Schnellerfassung zur Verfügung. Benutzen Sie hierzu den Button (**Schnellerfassung**). Dadurch haben Sie die Möglichkeit, die Daten für alle relevanten Bewertungsregeln gemeinsam zu erfassen.

Die Schnellerfassungsmaske gliedert sich in die Abschnitte **Bewertungsregeln**, **Objekte** und **Globale Daten**. Ein Beispiel für die Bewertungsregeln und die zu bewertenden Objekte innerhalb der Schnellerfassung sehen Sie in Abbildung 5.11.

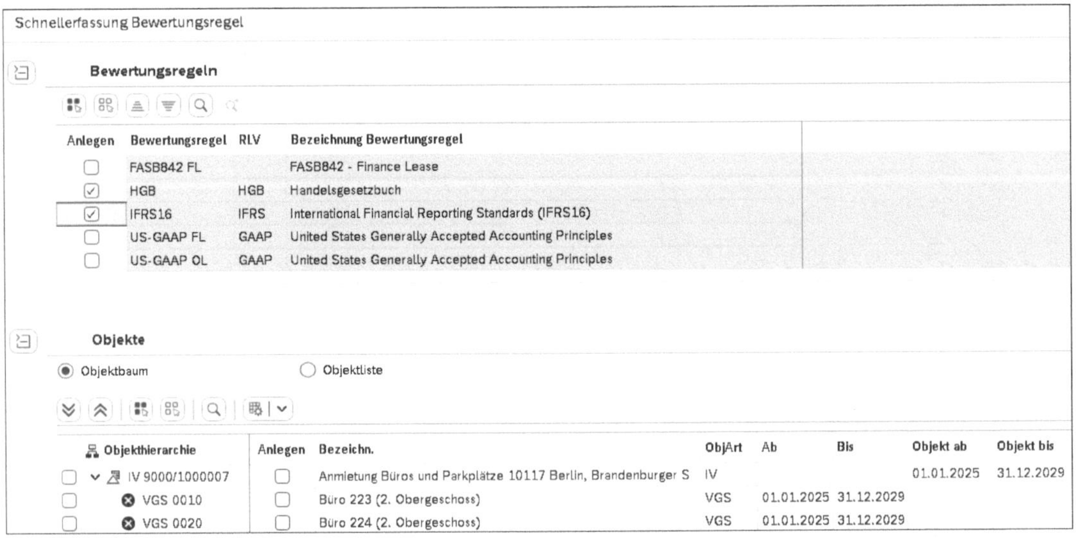

Abbildung 5.11 Schnellerfassung von Bewertungsparametern – Bewertungsregeln und Objekte

Abbildung 5.12 zeigt die globalen Daten für die Bewertungsregeln im Rahmen der Schnellerfassung.

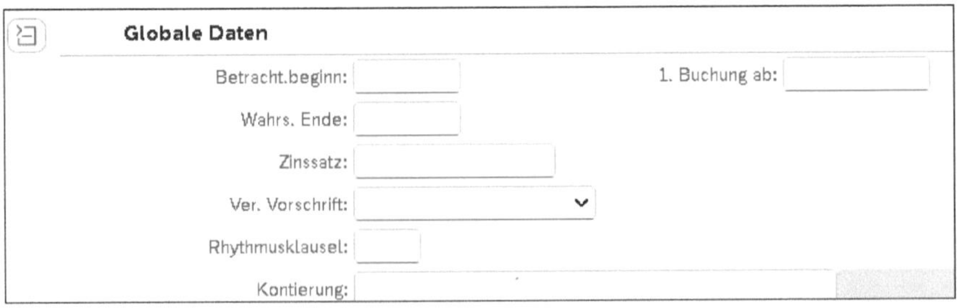

Abbildung 5.12 Schnellerfassung von Bewertungsparametern – globale Daten

Wählen Sie zunächst die für den Vertrag relevanten **Bewertungsregeln** aus, und markieren Sie die betroffenen Objekte. Geben Sie bei Bedarf im Abschnitt **Globale Daten** einen vom Vertragsbeginn abweichenden Betrachtungsbeginn (**Betracht.beginn**), einen **Zinssatz** oder weitere Werte vor. Im Ergebnis erhalten Sie pro ausgewähltem Bewertungsverfahren und Vertragsobjekt eine separate Bewertungsklausel. In jeder dieser Bewertungsklauseln werden die für die Bewertung erforderlichen Angaben, wie beispielsweise Kontierungen, aus den Objektdaten und den vorgegebenen globalen Daten gefüllt.

Fragebogen zur Leasingklassifizierung eines Bewertungsobjekts

Der Fragebogen zur Leasingklassifizierung ermöglicht die Klassifizierung von Leasingobjekten innerhalb von Leasingverträgen. Die Klassifizierung kann für jedes Leasingobjekt nur einmal – vor der Erstbewertung – durchgeführt werden.

Globale Daten

Der Fragebogen enthält zunächst globale Daten, die sich aus den Attributen des Leasingobjekts und des Leasingvertrages ergeben (z. B. Laufzeit, wahrscheinliches Ende, Zinssatz, Währung, Barwert und Marktwert, siehe Abbildung 5.13).

Abbildung 5.13 Fragenkatalog zur Leasingklassifizierung – globale Daten

Klassifizierung

Zusätzlich dazu können Sie im Klassifizierungsbereich Antworten zu individuellen Fragestellungen erfassen. Die Fragen hierzu werden in den Customizing-Einstellungen hinterlegt. Bei der Beantwortung des Fragebogens können positive (ja) oder negative (nein) Antworten gegeben sowie die Antworten mit Kommentaren versehen werden (siehe Abbildung 5.14).

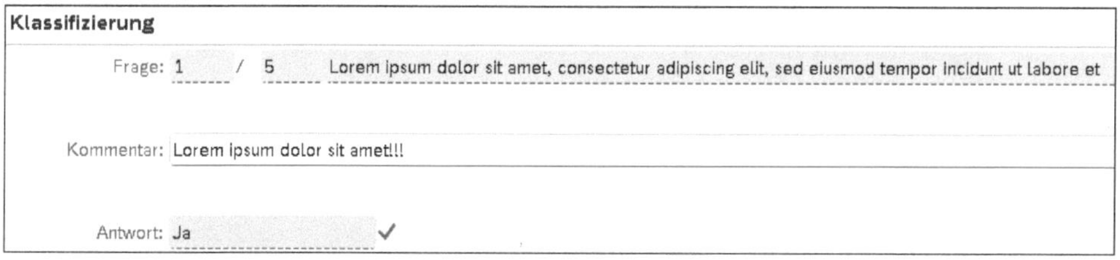

Abbildung 5.14 Fragenkatalog zur Leasingklassifizierung – Klassifizierung

Bei positiver Beantwortung aller Fragestellungen wird eine Auswahl der für das konkrete Leasingobjekt möglichen Bewertungsregeln erstellt (siehe Abbildung 5.15). Diese kann als Grundlage für die Pflege der Bewertungsparameter verwendet werden.

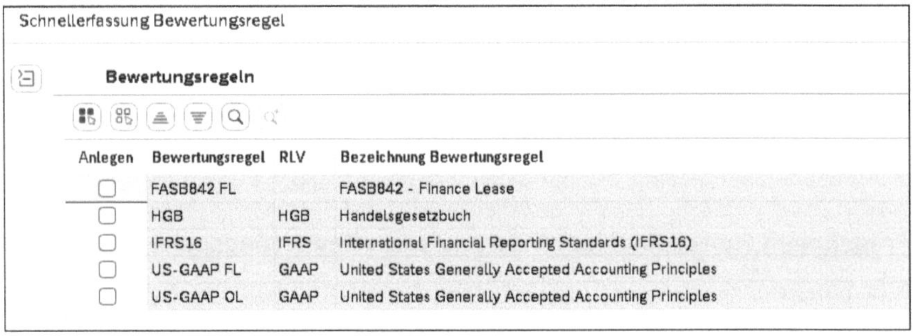

Abbildung 5.15 Vorschlag für Bewertungsregeln als Ergebnis der Beantwortung des Fragenkatalogs

Wird dagegen eine Frage negativ beantwortet, wird der Fragebogen abgebrochen und für das betreffende Leasingobjekt kann keine Bewertungsregel eingefügt werden.

[»]

Bewertungsregeln können immer manuell gepflegt werden

Auch wenn über den Fragebogen zur Leasingklassifizierung keine Vorschläge für Bewertungsregeln erzeugt werden, können Sie die Bewertungsregel(n) innerhalb des Leasingvertrages natürlich manuell anlegen. Auch die Einstellungen zur Bewertungsrelevanz eines Vertrages können manuell – und unabhängig vom Fragebogen zur Leasingklassifizierung – gepflegt werden.

Grundeinstellungen zum Fragebogen

Die Grundeinstellungen zum Fragebogen erfassen Sie in den Customizing-Einstellungen zur bilanziellen Bewertung von Verträgen unter dem Menüpunkt **Fragenkataloge definieren**. Abbildung 5.16 zeigt beispielhaft den Fragenkatalog QUESTIONS mit fünf Beispielfragen.

Achten Sie bei der Formulierung der Fragen darauf, dass jede dieser Fragen eindeutig mit **Ja** oder **Nein** beantwortet werden kann.

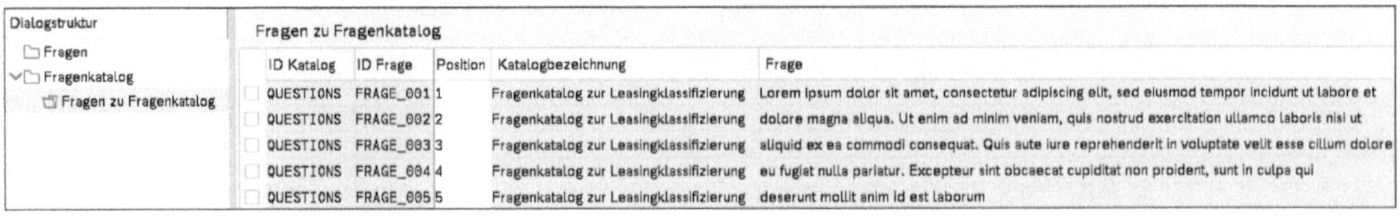

Abbildung 5.16 Fragenkatalog zur Leasingklassifizierung

Steuerungsparameter zum Fragenkatalog

Im Menüpunkt **Steuerungsparameter Fragenkatalog** können Sie festlegen, welche Fragenkataloge und welche Bewertungsregel für welche Kombinationen aus Buchungskreis, Vertragsart und Art des Vertragsobjekts zugelassen sind (siehe Abbildung 5.17).

Steuerungsparameter Fragenkatalog

BuKr	Art	Difkrt	VArt	Bewertungsregel	ID Katalog	Bez. Vertragsart	Bez. Bewertungsregel	Katalogbezeichnung
9000	IV	01	9000	IFRS16	QUESTIONS	Anmietung/Lease-in Immobilien	International Financial Reporting Standards (IFRS16)	Fragenkatalog zur Leasingklassifizierung
9000	IV	01	9001	IFRS16	QUESTIONS	Leasing/Lease-in Sonstiges	International Financial Reporting Standards (IFRS16)	Fragenkatalog zur Leasingklassifizierung
9000	IV	01	9002	IFRS16	QUESTIONS	Servicevertrag (kred.)	International Financial Reporting Standards (IFRS16)	Fragenkatalog zur Leasingklassifizierung
9000	IV	01	9003	IFRS16	QUESTIONS	Anmietung/Lease-in Umsatz	International Financial Reporting Standards (IFRS16)	Fragenkatalog zur Leasingklassifizierung
9000	J4			IFRS16	QUESTIONS		International Financial Reporting Standards (IFRS16)	Fragenkatalog zur Leasingklassifizierung

Abbildung 5.17 Steuerungsparameter für den Fragenkatalog

Details zum Fragebogen finden Sie im SAP-Hinweis **2796179** (Fragebogen zur Leasing-Klassifizierung eines Bewertungsobjekts im Flexiblen Immobilienmanagement (RE-FX)).

Massenpflege von Bewertungsparametern

Mit den Apps **Bewertungsregeln Informationssystem** (RECEISRULECN) und **Konditionsspezifische Bewertungsregeln zu Verträgen** (RECEISCONDRULECN) können Sie nicht nur Leasingverträge, deren Bewertungsregeln und Konditionen auswerten, sondern auch eine Massenpflege für mehrere Verträge durchführen.

Dazu wählen Sie zunächst die auszuwertenden bzw. zu ändernden Buchungskreise und Verträge aus. Abbildung 5.18 zeigt die Selektionsparameter für Bewertungsregeln und deren Status sowie für den Status der Bewertung.

Abbildung 5.18 App »Bewertungsregeln Informationssystem« – Selektionsparameter für Bewertungsregeln

Sie können sich also beispielsweise alle Verträge mit unvollständigen Bewertungsregeln anzeigen lassen oder alle Verträge, für die noch keine Bewertung gebucht wurde.

Bleiben wir beim oben beschriebenen Beispiel: Sie haben eine Liste der Verträge mit unvollständigen Bewertungsregeln erzeugt und wollen nun die Bewertungsregeln für die ermittelten Verträge ergänzen. Verständlicherweise wollen Sie die Bewertungsregeln nicht in jedem Vertrag einzeln ändern. Wählen Sie daher auf dem Selektionsbild der App **Bewertungsregeln Informationssystem** (RECEISRULECN) im Bildbereich **Aktivitäten** die Aktivität **Ändern**, und starten Sie die Ausführung der App. In der angezeigten Liste können Sie nun die relevanten Bewertungsregeln markieren und durch Betätigen des Buttons (**Regel vollständig**) vervollständigen.

Wenn Sie im unteren Bildbereich des Selektionsbildes die Option **Nur neue Regeln** auswählen, können Sie die selektierten Verträge um alle Bewertungsregeln erweitern, die für die jeweiligen Vertragsarten und die Buchungskreise der Verträge relevant sind.

Wählen Sie die Option **Neue Regeln vorschlagen**, können Sie in der angezeigten Liste markieren, welche der vorgeschlagenen Bewertungsregeln in die Verträge übernommen werden sollen. Abbildung 5.19 zeigt die Auswahlmöglichkeiten für die Anzeige und Bearbeitung der Leasingverträge im Selektionsbild der App **Bewertungsregeln Informationssystem** (RECEISRULECN).

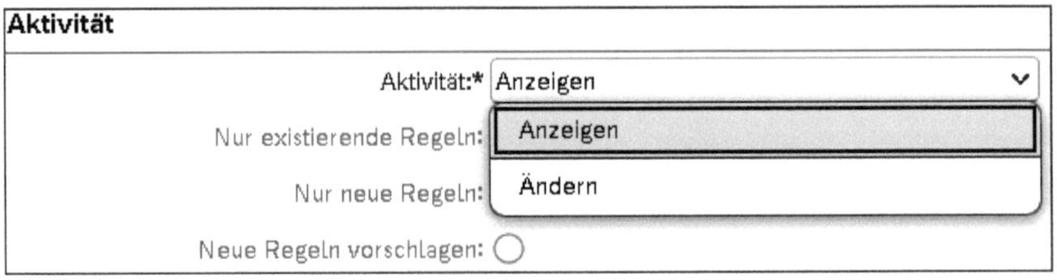

Abbildung 5.19 App »Bewertungsregeln Informationssystem« Auswahl der Aktivität

Wenn Sie die App **Konditionsspezifische Bewertungsregeln zu Verträgen** (RECEISCONDRULECN) nutzen, haben Sie die Möglichkeit, neue Konditionsarten einzufügen oder bisher nicht zugeordnete Konditionsarten mit den zugehörigen Bewertungsregeln zu verknüpfen.

5.2.2 Konditionen zuordnen

Sie haben nun die Bewertungsregeln eines Leasingvertrags kennengelernt. Um den Vertrag bilanziell bewerten zu können, müssen die Bewertungsregeln zunächst noch mit den für die Bewertung relevanten Vertragskonditionen verknüpft werden. Wie dies geschieht und wie das Verhalten der einzelnen Konditionsarten im Bewertungsprozess gesteuert wird, erfahren Sie in diesem Abschnitt.

Auf der Registerkarte **Konditionen** der Bewertungsklausel wird für jede Konditionsposition angezeigt, wie und mit welchem Anteil diese bei der bilanziellen Bewertung berücksichtigt wird (siehe Abbildung 5.20). Die Vorbelegungen dafür stammen aus der *Konditionsbewertungsgruppe*, die der Bewertungsregel zugeordnet ist, siehe hierzu Abschnitt 5.4.5, »Konditionsbewertungsgruppen«.

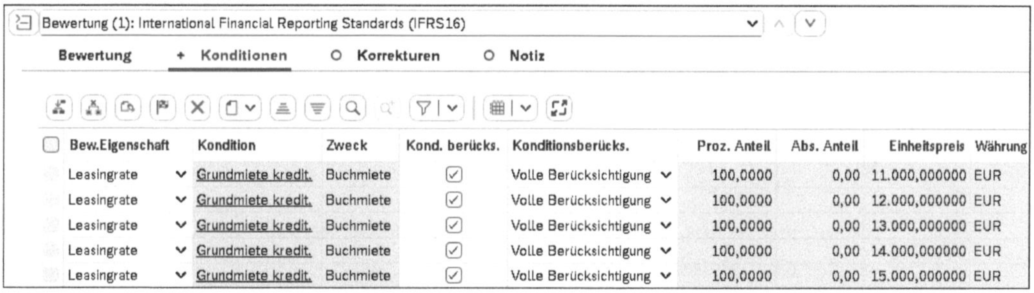

Abbildung 5.20 Berücksichtigung von Konditionen bei der Bewertung

Sofern es die Einstellungen zur Berücksichtigung der Kondition in der Konditionsbewertungsgruppe zulassen, kann die Berücksichtigung auf **Wie angegeben** eingestellt werden. Bei dieser Art der Berücksichtigung sind die Felder **Prozentualer Anteil** und **Absoluter Anteil** eingabebereit. Auf diese Weise können Sie Serviceanteile, die nicht als gesonderte Konditionen im Vertrag enthalten, sondern Bestandteil der Leasingrate sind, abbilden. Details hierzu finden Sie in Abschnitt 3.1, »Beispiele für Vertragskonditionen«.

Statistische Konditionen verwenden

Es gibt Zahlungen zu Leasingverträgen, sogenannte *Initialkosten*, die bereits gebucht werden, bevor der Vertrag im System angelegt wurde, die aber dennoch bewertungsrelevant sind. In diesem Fall können Sie statistische Konditionen anlegen, die nicht in den periodischen Buchungen, aber bei der bilanziellen Bewertung berücksichtigt werden. Wenn in einem Vertrag mehrere Vertragsobjekte enthalten sind, für die es nur eine gemeinsame Leasingrate gibt, können Sie statistische Konditionen verwenden, um separate RoU-Anlagen zu erzeugen und die Vertragsobjekte getrennt zu bewerten. Legen Sie in diesem Fall statistische Konditionen pro Vertragsobjekt an, wobei die Summe der statistischen Konditionen der Zahlungskondition entspricht. Über separate Bewertungsregeln zu den einzelnen Vertragsobjekten können Sie anschließend eine getrennte Bewertung pro Vertragsobjekt durchführen.

[+]

Statistische Konditionen verwenden

Statistische Konditionen, also Konditionen mit dem Konditionszweck **statistisch** oder **statistisch einmalig**, können immer dann genutzt werden, wenn eine Kondition zwar nicht über den Vertrag gebucht wird, aber trotzdem in die bilanzielle Bewertung eingehen soll.

5.2.3 Vertragsbewertung durchführen

In diesem Abschnitt geht es um die bilanzielle Erstbewertung von Leasingverträgen. Bevor Sie diese erste Bewertung Ihrer Leasingverträge durchführen, müssen Sie sicherstellen, dass alle bewertungsrelevanten Verträge über die für die Bewertung notwendigen Daten verfügen und diese Daten aktuell und vollständig sind. Im Anschluss daran können Sie die Erstbewertung der Verträge simulieren, durchführen und schließlich die Bewertungsbuchungen erzeugen.

In diesem Abschnitt stellen wir Ihnen die verschiedenen Arbeitsschritte bei der bilanziellen Erstbewertung vor. Im Zusammenhang mit der Durchführung der Erstbewertung gehen wir näher auf den Bewertungsfinanzstrom ein und beschreiben anschließend verschiedene Auswertungsmöglichkeiten.

Bewertungsparameter prüfen und aktualisieren

Sie können die Vollständigkeit und Aktualität der Bewertungsklauseln mit den im Abschnitt »Massenpflege von Bewertungsparametern« in Abschnitt 5.2.1 beschriebenen Apps **Bewertungsregeln Informationssystem** (RECEISRULECN) und **Konditionsspezifische Bewertungsregeln zu Verträgen** (RECEISCONDRULECN) prüfen. Falls notwendig, können Sie mit diesen Apps die fehlenden Daten in den Bewertungsklauseln der Verträge ergänzen oder die Bewertungsklauseln auf den Status »vollständig« setzen. Um Vertragsdaten und mit ihnen verknüpfte Daten aktuell zu halten, sollten Sie auch regelmäßig den sogenannten *Arbeitsvorrat* abarbeiten. Nähere Informationen hierzu finden Sie in Abschnitt 9.1.1, »Arbeitsvorräte abarbeiten«.

Beispieldaten eines Leasingvertrags

Schauen wir uns einen konkreten Beispielvertrag an, an dessen Daten Sie die Bewertung nachvollziehen können. Wir werden die Daten dieses Vertrags in den folgenden Abschnitten verwenden, um die im Rahmen der bilanziellen Bewertung errechneten Werte und Stichtage für Abschreibungen, Zinsen, Anlagenbewegungen und Verrechnungen näher zu erläutern.

[zB]

Leasingvertrag

Der Leasingvertrag ist befristet und hat eine Laufzeit von fünf Jahren. Eine Vertragsverlängerung ist aus derzeitiger Sicht nicht vorgesehen. Die Leasingrate (kreditorische Grundmiete) ist jährlich nachschüssig zu entrichten. Sie beträgt im ersten Jahr 11.000 € und erhöht sich in jedem weiteren Jahr um jeweils 1.000 €. Neben der kreditorischen Grundmiete (Leasingrate) enthält der Vertrag keine weiteren Vertragskonditionen. Der Vertrag soll ausschließlich nach IFRS 16 bewertet werden. Der Zinssatz beträgt 6 %. Der Betrachtungsbeginn für die Bewertung ist der 01.01.2025.

Abbildung 5.21 zeigt die Bewertungsregel für die Bewertung gemäß IFRS für den Beispielvertrag.

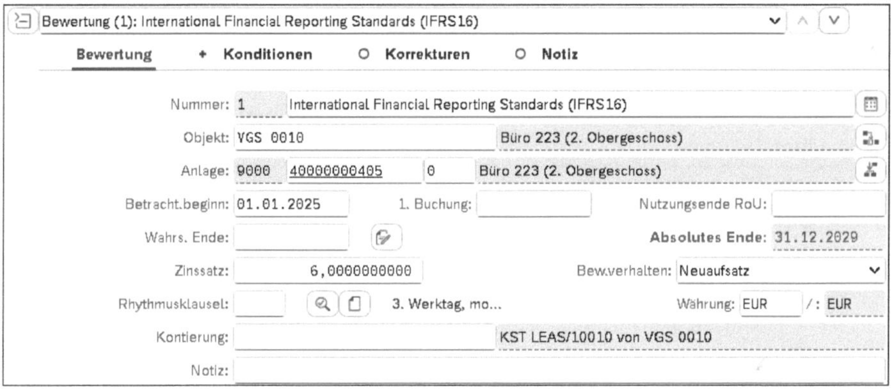

Abbildung 5.21 Bewertungsregel (IFRS 16) für Beispielvertrag

Abbildung 5.22 zeigt den Partnerfinanzstrom des Vertrags über die gesamte Vertragslaufzeit von fünf Jahren.

Simulation Partnerfinanzstrom - Alle Konditionen (5/5)

Bewegungsartbezeichnung	Fälligkeit	Ber. von	Berech. bis	NettoHausWhr	BruttoHausWhr	Steuer HW	HWhr	Status
Kred. Grundmiete	31.12.2025	01.01.2025	31.12.2025	11.000,00	13.090,00	2.090,00	EUR	
Kred. Grundmiete	31.12.2026	01.01.2026	31.12.2026	12.000,00	14.280,00	2.280,00	EUR	
Kred. Grundmiete	31.12.2027	01.01.2027	31.12.2027	13.000,00	15.470,00	2.470,00	EUR	
Kred. Grundmiete	31.12.2028	01.01.2028	31.12.2028	14.000,00	16.660,00	2.660,00	EUR	
Kred. Grundmiete	31.12.2029	01.01.2029	31.12.2029	15.000,00	17.850,00	2.850,00	EUR	
				• 65.000,00	**• 77.350,00**	**• 12.350,00**	**EUR**	

Abbildung 5.22 Partnerfinanzstrom des Beispielvertrags

In Tabelle 5.1 sind die einzelnen Daten und Werte des Beispielvertrags zusammengefasst.

Wenn der Vertrag im System angelegt und aktiviert ist, die Bewertungsparameter des Vertrags erfasst und vollständig sind, d. h., die RoU-Anlage angelegt ist, kann die Simulation der bilanziellen Bewertung erfolgen.

Vertragsattribut	Wert
Laufzeit	01.01.2025 bis 31.12.2029 (fünf Jahre)
Leasingrate	2025: 11.000 € 2026: 12.000 € 2027: 13.000 € 2028: 14.000 € 2029: 15.000 €
Zahlungsrhythmus	jährlich (nachschüssig)
Berechnungsmethode	30 Tage pro Monat, d. h. 360 Tage pro Jahr
Bewertungsverfahren	IFRS 16
Zinssatz	6 %

Tabelle 5.1 Leasingvertrag (Beispiel)

Vertragsbewertung simulieren

Wollen Sie die Bewertung für einen einzelnen Vertrag zunächst simulieren, wählen Sie im Vertragsdialog auf der Registerkarte **Bewertung** den Button (**Bewertung simulieren**). Die Registerkarte **Bewertung** des Vertragsdialogs wird sichtbar, sobald Sie die Bewertungsparameter zum Vertrag erfasst haben.

Wollen Sie eine Bewertungssimulation für mehrere Verträge simulieren oder durchführen, können Sie dafür die App **Vertragsbewertungen durchführen** (RECEPR) nutzen. Im Ergebnis der Bewertungssimulation wird in beiden Fällen das Bewertungsergebnis, der *Bewertungsfinanzstrom*, mit seinen verschiedenen Bestandteilen angezeigt.

Sehen wir uns nun die Ergebnisse der Bewertungssimulation für unseren Beispielvertrag genauer an.

Bewertungsfinanzstrom

Aktiva Schauen wir uns nun die einzelnen Registerkarten des Bewertungsergebnisses an, die Sie in Abbildung 5.23 unterhalb der Überschrift **Bewertungsergebnis** finden: **Aktiva**, **Abschreibung**, **Verrechnung** und **Zinsen**. Auf der Registerkarte **Aktiva** werden die Informationen für die Zugangsbuchung zur

RoU-Anlage dargestellt. Der Betrag des Zugangswertes entspricht dem Barwert, für unseren Beispielvertrag ist das ein Wert von 54.270,55 €.

Abbildung 5.23 Ergebnis der Bewertungssimulation – Aktiva

Barwert

Der *Barwert* des Vertrags wird mit Mitteln der Finanzmathematik berechnet. Er stellt den Wert dar, den zukünftige Zahlungen in der Gegenwart besitzen. Die Ermittlung des Barwertes erfolgt durch das Abzinsen der einzelnen Zahlungen (z. B. jährliche Leasingraten). Anschließend werden die abgezinsten Werte summiert. In Abbildung 5.24 ist die Barwertermittlung für den Beispielvertrag dargestellt.

$$\text{Barwert} = \frac{11.000\,€}{(1+0.06)} + \frac{12.000\,€}{(1+0.06)^2} + \frac{13.000\,€}{(1+0.06)^3} + \frac{14.000\,€}{(1+0.06)^4} + \frac{15.000\,€}{(1+0.06)^5}$$

Abbildung 5.24 Barwertermittlung für den Beispielvertrag

Vertragswert

Der *Vertragswert* ist die Summe aller Finanzstrompositionen, ermittelt aus den für die Bewertung relevanten Konditionen über den Berechnungszeitraum, d. h. über die Laufzeit des Vertrags. In unserem Beispielvertrag ist das die Summe der Konditionen über die fünfjährige Vertragslaufzeit – diese beträgt 65.000 €.

Abschreibung

Auf der Registerkarte **Abschreibung** werden die Abschreibungswerte für die RoU-Anlage dargestellt. Die Abschreibung erfolgt linear. Der jährliche Abschreibungswert entspricht wegen der Vertragslaufzeit von fünf Jahren jeweils einem Fünftel des Barwertes, d. h. 10.854,11 €. In der danebenliegenden Spalte wird der Restwert zum Ende der jeweiligen Periode angezeigt. Abbildung 5.25 zeigt für den Beispielvertrag die Bewertungsergebnisse im Bereich der Abschreibung.

Verrechnung

Auf der Registerkarte **Verrechnung** werden die Leasingraten über die Laufzeit des Vertrags dargestellt. Die Verrechnungsbuchungen bauen die Leasingverbindlichkeit ab. Hier finden Sie deshalb für unser Beispiel die jährlichen Konditionswerte für die gesamte fünfjährige Vertragslaufzeit. Kontierungsobjekt für die Verrechnungsbuchungen ist der Leasingvertrag.

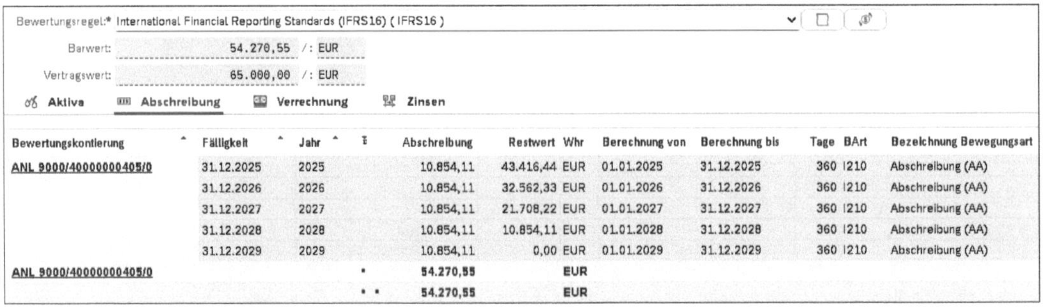
Bewertungsregel:* International Financial Reporting Standards (IFRS16) (IFRS16)
Barwert: 54.270,55 /: EUR
Vertragswert: 65.000,00 /: EUR
Aktiva | Abschreibung | Verrechnung | Zinsen

Bewertungskontierung	Fälligkeit	Jahr	Σ	Abschreibung	Restwert	Whr	Berechnung von	Berechnung bis	Tage	BArt	Bezeichnung Bewegungsart
ANL 9000/40000000405/0	31.12.2025	2025		10.854,11	43.416,44	EUR	01.01.2025	31.12.2025	360	I210	Abschreibung (AA)
	31.12.2026	2026		10.854,11	32.562,33	EUR	01.01.2026	31.12.2026	360	I210	Abschreibung (AA)
	31.12.2027	2027		10.854,11	21.708,22	EUR	01.01.2027	31.12.2027	360	I210	Abschreibung (AA)
	31.12.2028	2028		10.854,11	10.854,11	EUR	01.01.2028	31.12.2028	360	I210	Abschreibung (AA)
	31.12.2029	2029		10.854,11	0,00	EUR	01.01.2029	31.12.2029	360	I210	Abschreibung (AA)
ANL 9000/40000000405/0			•	**54.270,55**		**EUR**					
			• •	**54.270,55**		**EUR**					

Abbildung 5.25 Ergebnis der Bewertungssimulation – Abschreibung

Die Bewertungsergebnisse des Beispielvertrags für den Bereich der Verrechnung sehen Sie in Abbildung 5.26.

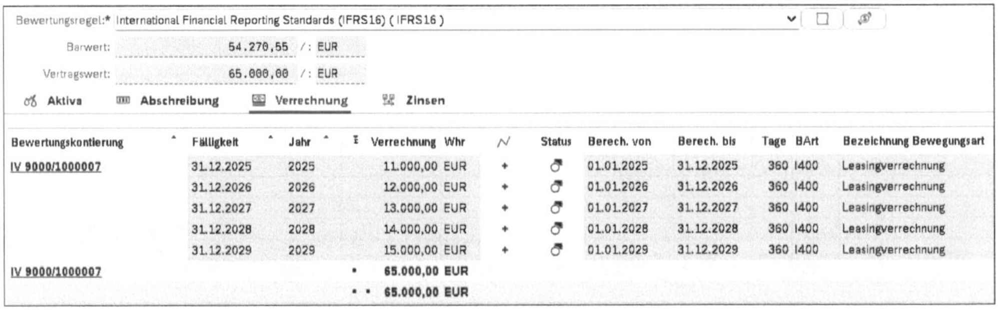
Bewertungsregel:* International Financial Reporting Standards (IFRS16) (IFRS16)
Barwert: 54.270,55 /: EUR
Vertragswert: 65.000,00 /: EUR
Aktiva | Abschreibung | Verrechnung | Zinsen

Bewertungskontierung	Fälligkeit	Jahr	Σ	Verrechnung	Whr	+/-	Status	Berech. von	Berech. bis	Tage	BArt	Bezeichnung Bewegungsart
IV 9000/1000007	31.12.2025	2025		11.000,00	EUR	+		01.01.2025	31.12.2025	360	I400	Leasingverrechnung
	31.12.2026	2026		12.000,00	EUR	+		01.01.2026	31.12.2026	360	I400	Leasingverrechnung
	31.12.2027	2027		13.000,00	EUR	+		01.01.2027	31.12.2027	360	I400	Leasingverrechnung
	31.12.2028	2028		14.000,00	EUR	+		01.01.2028	31.12.2028	360	I400	Leasingverrechnung
	31.12.2029	2029		15.000,00	EUR	+		01.01.2029	31.12.2029	360	I400	Leasingverrechnung
IV 9000/1000007			•	**65.000,00**	**EUR**							
			• •	**65.000,00**	**EUR**							

Abbildung 5.26 Ergebnis der Bewertungssimulation – Verrechnung

Zinsen Die Registerkarte **Zinsen** (siehe Abbildung 5.27) zeigt die Zinsberechnung über die Vertragslaufzeit. Der Zinssatz von 6 % wird aus der Bewertungsklausel des Vertrags übernommen. Als Kontierungsobjekt wird die dem Vertragsgegenstand zugeordnete Kostenstelle bzw. ein abweichendes Kontierungsobjekt aus den Bewertungsparametern verwendet.

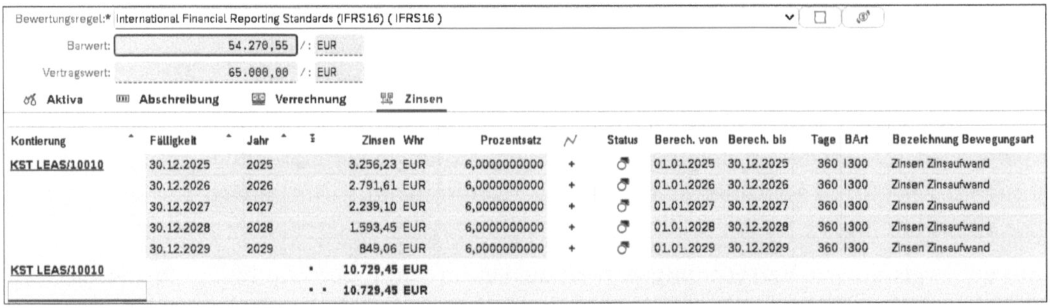
Bewertungsregel:* International Financial Reporting Standards (IFRS16) (IFRS16)
Barwert: 54.270,55 /: EUR
Vertragswert: 65.000,00 /: EUR
Aktiva | Abschreibung | Verrechnung | Zinsen

Kontierung	Fälligkeit	Jahr	Σ	Zinsen	Whr	Prozentsatz	+/-	Status	Berech. von	Berech. bis	Tage	BArt	Bezeichnung Bewegungsart
KST LEAS/10010	30.12.2025	2025		3.256,23	EUR	6,0000000000	+		01.01.2025	30.12.2025	360	I300	Zinsen Zinsaufwand
	30.12.2026	2026		2.791,61	EUR	6,0000000000	+		01.01.2026	30.12.2026	360	I300	Zinsen Zinsaufwand
	30.12.2027	2027		2.239,10	EUR	6,0000000000	+		01.01.2027	30.12.2027	360	I300	Zinsen Zinsaufwand
	30.12.2028	2028		1.593,45	EUR	6,0000000000	+		01.01.2028	30.12.2028	360	I300	Zinsen Zinsaufwand
	30.12.2029	2029		849,06	EUR	6,0000000000	+		01.01.2029	30.12.2029	360	I300	Zinsen Zinsaufwand
KST LEAS/10010			•	**10.729,45**	**EUR**								
			• •	**10.729,45**	**EUR**								

Abbildung 5.27 Ergebnis der Bewertungssimulation – Zinsen

Bewegungsarten für die Bewertung

In den verschiedenen Abbildungen zum Bewertungsergebnis sehen Sie unterschiedliche *Bewegungsarten*, die für die späteren Bewertungsbuchungen verwendet werden. Diese Bewegungsarten bilden – ebenso wie in Teil I dieses Buches für die periodischen Buchungen der Vertragskonditionen beschrieben – die Grundlage für die Kontenfindung. Wie die hier verwendeten Bewegungsarten mit der Bewertungsregel zusammenhängen und wie die Kontenfindung für die Bewertungsbuchungen konkret erfolgt, erfahren Sie in Abschnitt 7.4, »Kontenfindung der Bewertung im Detail«.

Vertragsbewertung durchführen

Echtlauf

Im Anschluss an die Bewertungssimulation kann der Echtlauf der Bewertung ausgeführt werden. Auch hier können Sie entweder einen Massenlauf mit der App **Vertragsbewertungen durchführen** (RECEPR) starten oder die Bewertung für einen einzelnen Vertrag direkt im Vertragsdialog ausführen. Dazu wählen Sie auf der Registerkarte **Bewertung** den Button (**Bewertung durchführen**).

Beim Start der Bewertung wird die Identifikation des Bewertungslaufs aus dem Namen des angemeldeten Benutzers, dem Tagesdatum und der aktuellen Uhrzeit generiert. Sie haben die Möglichkeit, einen Titel für den Bewertungslauf zu vergeben. In Abbildung 5.28 sehen Sie, wie Sie die Vertragsbewertung für einen einzelnen Leasingvertrag aus dem Vertragsdialog heraus starten können.

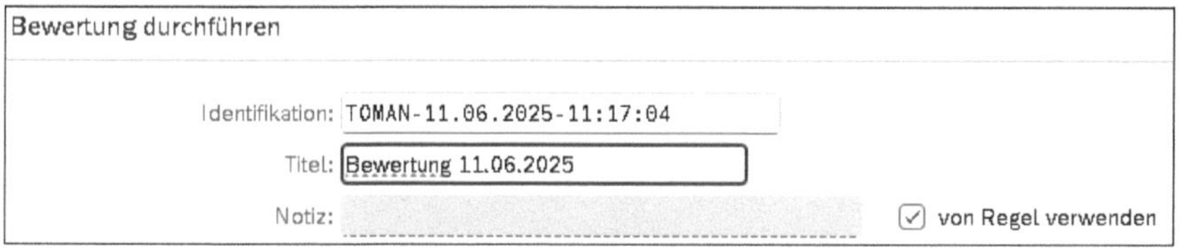

Abbildung 5.28 Bewertung aus dem Vertragsdialog starten

Für den Bewertungslauf wird der in den Bewertungsparametern des Vertrags hinterlegte Betrachtungsbeginn verwendet. In Ausnahmefällen können Sie den Betrachtungsbeginn im Bewertungslauf mitgeben, indem Sie die Checkbox **von Regel verwenden** deaktivieren und den gewünschten Betrachtungsbeginn erfassen.

Sichern Sie den Bewertungslauf. Im Anschluss an die Bewertung können Sie auf der Registerkarte **Bewertung** die Ergebnisse und das Protokoll des Bewertungslaufs sehen. Die Ergebnisse der Bewertung erreichen Sie über den Button (**Berechnete Werte**). Die Werte stellen den Bewertungsfinanzstrom in strukturierter Form dar. Alternativ können Sie auf der Registerkarte **Übersichten** des Vertrags die Übersicht **Bewertungsprozess** oder die Auswertung **Bewertungsfinanzstrom** aufrufen. Abbildung 5.29 zeigt die Registerkarte **Bewertung** des Vertrags mit den Ergebnissen und dem Protokoll der Vertragsbewertung.

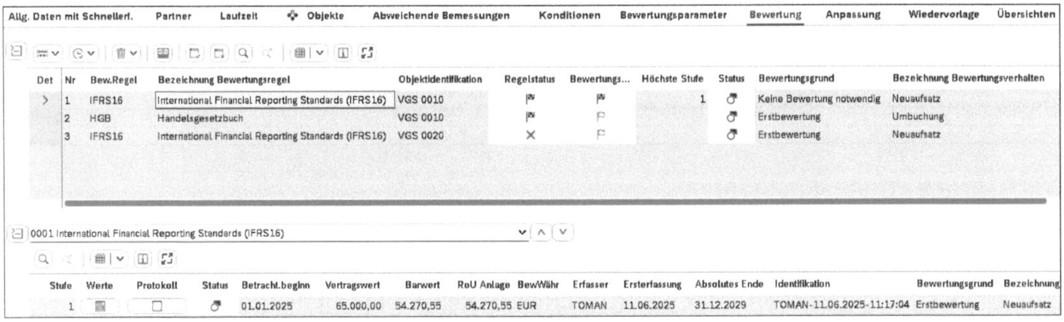

Abbildung 5.29 Ergebnisse und Protokoll des Bewertungslaufs

Das Protokoll des Bewertungslaufs können Sie sich mit dem Button (**Bewertungsprotokoll**) anschauen. Das Protokoll liefert Ihnen eine detaillierte Darstellung der einzelnen Schritte des Bewertungslaufs. Der Bewertungszeitraum, der verwendete Zinssatz, die Art der Abschreibung und die Abschreibungswerte sowie die errechneten Beträge für Vertrags- und Barwert werden im Bewertungsprotokoll aufgeführt. In Abbildung 5.30 sehen Sie einen Ausschnitt aus dem Protokoll des Bewertungslaufs. Sie erkennen hier beispielsweise den für die Vertragsbewertung herangezogenen Zinssatz, den errechneten Barwert des Vertrags sowie die Jahreswerte für die lineare Abschreibung.

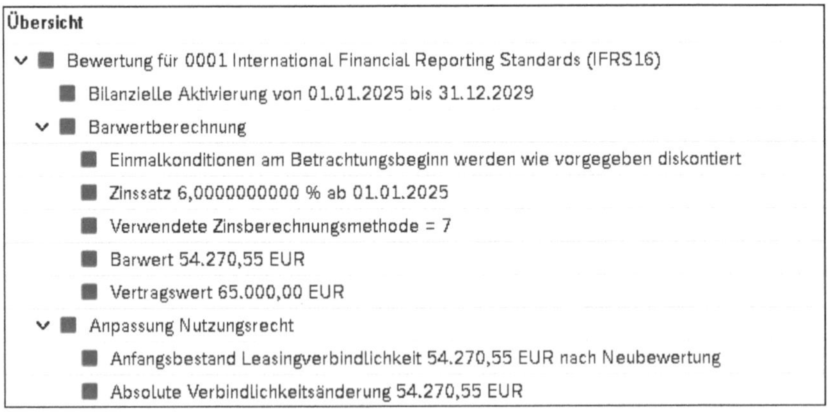

Abbildung 5.30 Protokoll des Bewertungslaufs

Übersichten: Bewertungsfinanzstrom

Der in den Übersichten zum Vertrag enthaltene **Bewertungsfinanzstrom** stellt in aggregierter Form die Veränderungen der Aktiva, d. h. den Anlagenzugang bzw. -abgang, die Abschreibungswerte für die RoU-Anlage, die Entwicklung der Zahlungen (Verrechnungen) und die Zinsen dar. Je nach verwendeter Bewertungsregel (z. B. für die Bewertungsregel HGB) sind auch Werte zu Umbuchungen bzw. Linearisierungen im Bewertungsfinanzstrom enthalten.

Abbildung 5.31 zeigt den Bewertungsfinanzstrom des Beispielvertrags, aufgerufen von der Registerkarte **Übersichten** des Vertrags aus.

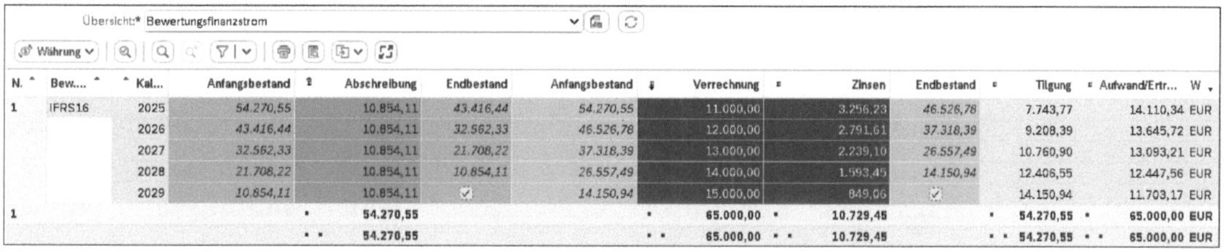

N.	Bew....	Kal...	Anfangsbestand	Abschreibung	Endbestand	Anfangsbestand	Verrechnung	Zinsen	Endbestand	Tilgung	Aufwand/Ertr...	W
1	IFRS16	2025	54.270,55	10.854,11	43.416,44	54.270,55	11.000,00	3.256,23	46.526,78	7.743,77	14.110,34	EUR
		2026	43.416,44	10.854,11	32.562,33	46.526,78	12.000,00	2.791,61	37.318,39	9.208,39	13.645,72	EUR
		2027	32.562,33	10.854,11	21.708,22	37.318,39	13.000,00	2.239,10	26.557,49	10.760,90	13.093,21	EUR
		2028	21.708,22	10.854,11	10.854,11	26.557,49	14.000,00	1.593,45	14.150,94	12.406,55	12.447,56	EUR
		2029	10.854,11	10.854,11	✓	14.150,94	15.000,00	849,06	✓	14.150,94	11.703,17	EUR
1				• 54.270,55			• 65.000,00	• 10.729,45		• 54.270,55	• 65.000,00	EUR
				• • 54.270,55			• • 65.000,00	• • 10.729,45		• • 54.270,55	• • 65.000,00	EUR

Abbildung 5.31 Bewertungsfinanzstrom des Beispielvertrags

Für bewertungsrelevante Verträge tritt ab dem Bewertungsbeginn der Bewertungsfinanzstrom an die Stelle des Objektfinanzstroms. Der Bewertungsfinanzstrom ersetzt somit die Buchungen aus dem Objektfinanzstrom. Detaillierte Informationen zum Übergang zwischen Objektfinanzstrom und Bewertungsfinanzstrom finden Sie in Kapitel 10, »Übergangsphase und Datenmigration«. Der Partnerfinanzstrom, also der für die zahlungsrelevanten Buchungen zum Vertrag verantwortliche Finanzstrom, bleibt hingegen auch nach dem Beginn der bilanziellen Bewertung unverändert erhalten.

5.2.4 Vertragsbewertung buchen

Die Bewertungen werden unter anderem für alle Verträge im Zuge des Periodenabschlusses mithilfe der App **Vertragsbewertungen buchen** (RECEEP) in die Finanz- und Anlagenbuchhaltung gebucht. Sie können die Buchung der Bewertung für einen einzelnen Vertrag aber auch aus dem Vertragsdialog heraus starten, wenn Sie sich im Anzeigemodus befinden. Benutzen Sie den Button (**Bewertung buchen**) auf der Registerkarte **Bewertung**, um die Buchung anzustoßen, oder die entsprechende Funktion im Menü **Zusätze • Buchen • Bewertung buchen**.

Sie gelangen in das Selektionsbild, in dem Buchungskreis und Vertragsnummer vorbelegt sind. Wie auch in der periodischen Buchung finden Sie Einschränkungen für den Zeitraum und Angaben für die zu erzeugenden Buchungen.

Funktion »Bewertung buchen« ist nicht verfügbar

Die Funktion **Bewertung buchen** ist inaktiv (hellgrau unterlegt), wenn Sie sich im Anlege- oder Änderungsmodus befinden, wenn der Vertrag inaktiv ist oder wenn noch keine Bewertung ausgeführt wurde.

Da der Bewertungsfinanzstrom für jede Bewertungsregel bzw. Rechnungslegungsvorschrift separat erzeugt wird, kann er auch jeweils separat gebucht werden. Das kann dann sinnvoll sein, wenn Sie für bestimmte Rechnungslegungsvorschriften die Bewertung noch nicht durchgeführt haben, z. B. weil Ihnen dafür notwendige Informationen fehlen. Abbildung 5.32 zeigt, wie Sie beim Buchen der Bewertungsergebnisse Einschränkungen hinsichtlich Rechnungslegungsvorschrift und Bewertungsregel vornehmen können.

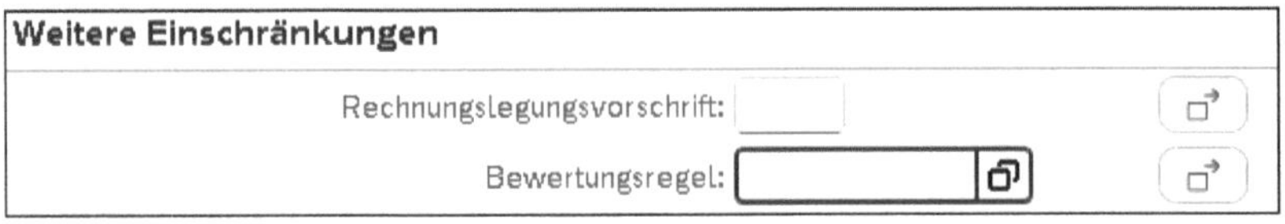

Abbildung 5.32 Einschränkungen für Rechnungslegungsvorschrift und Bewertungsregel vornehmen

Wählen Sie im Selektionsbild des Buchungslaufs (siehe Abbildung 5.33) den Monat und das Jahr des Buchungslaufs aus, und drücken Sie anschließend die [↵]-Taste. Dadurch werden zeitabhängige Felder des Selektionsbildes, wie z. B. Fälligkeitsdatum, Buchungsdatum und Belegdatum sowie der Belegkopftext, aktualisiert.

Sie können den Buchungslauf zunächst im Simulationsmodus starten. Aus der Ergebnisliste der Bewertungsbuchung können Sie in das Protokoll des Buchungslaufs oder über den Button Belege (**Belege anzeigen**) in die Simulation der Belege abspringen.

Abbildung 5.34 zeigt die Beträge der Bewertungsbuchungen für das Jahr 2025. In der Liste enthalten sind die Zugangsbuchung der RoU-Anlage, die Verrechnungsbuchung für das Jahr 2025 in Höhe von 11.000 € und die Zinsbuchung für das Jahr 2025.

Bewertungsbuchungen stornieren

Wenn Sie Bewertungsbuchungen stornieren müssen, können Sie das aus dem Vertragsdialog heraus tun oder dafür die App **Bewertung zu Verträgen stornieren** (RECEEPRV) nutzen. Hier können Sie die zu stornierenden Bewertungsbuchungen entweder über die Prozessidentifikation oder über die Auswahl der Verträge ermitteln.

Abbildung 5.33 Vertragsbewertungen buchen

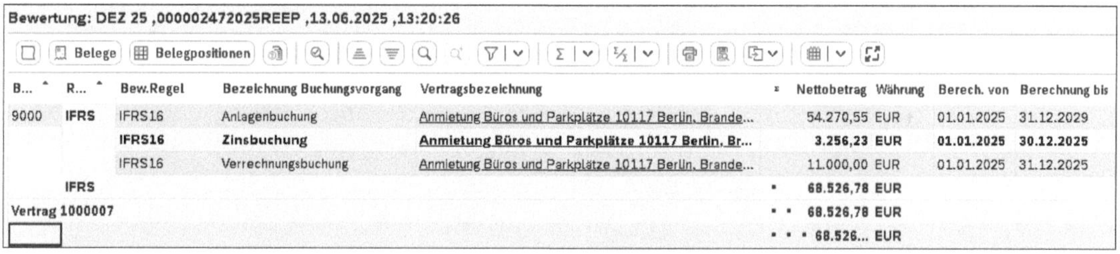

Bewertung: DEZ 25 ,000002472025REEP ,13.06.2025 ,13:20:26

B...	R...	Bew.Regel	Bezeichnung Buchungsvorgang	Vertragsbezeichnung	Nettobetrag	Währung	Berech. von	Berechnung bis
9000	IFRS	IFRS16	Anlagenbuchung	Anmietung Büros und Parkplätze 10117 Berlin, Brande...	54.270,55	EUR	01.01.2025	31.12.2029
		IFRS16	**Zinsbuchung**	**Anmietung Büros und Parkplätze 10117 Berlin, Br...**	**3.256,23**	**EUR**	**01.01.2025**	**30.12.2025**
		IFRS16	Verrechnungsbuchung	Anmietung Büros und Parkplätze 10117 Berlin, Brande...	11.000,00	EUR	01.01.2025	31.12.2025
	IFRS				• 68.526,78	EUR		
Vertrag 1000007					• • 68.526,78	EUR		
					• • • 68.526...	EUR		

Abbildung 5.34 Bewertungsbuchungen 2025 für den Beispielvertrag

Bei der Auswahl der Belege über die Vertragsselektion finden Sie auf dem Selektionsbild die Checkbox **nur letzten Lauf stornieren**. Diese Checkbox ermöglicht die Stornierung des letzten Buchungslaufs pro Vertrag und Bewertungsregel.

[+]

Abhängigkeiten beim Storno von Bewertungsbuchungen

Wenn Sie die Buchungen mehrerer aufeinanderfolgender Bewertungsläufe stornieren müssen, ist es möglich, dass Sie im Anschluss an den Storno die ursprünglich vorhandenen Bewertungsbuchungen nicht erneut erzeugen können. Der Grund dafür sind beispielsweise Nachbuchungen, die nach der

Erstbewertung erzeugt wurden: Wenn Sie nach der Erstbewertung eine bewertungsrelevante Buchung durchführen und anschließend eine Folgebewertung vornehmen, werden Nachbuchungen erzeugt. Stornieren Sie nun nur den Buchungslauf der Folgebewertung, können die Nachbuchungen bei einer erneuten Folgebewertung wieder erzeugt werden. Stornieren Sie jedoch beide Buchungsläufe (Erst- und Folgebewertung) sowie die Bewertungsläufe, werden in einer erneuten Erstbewertung alle bewertungsrelevanten Informationen berücksichtigt, sodass die zusätzliche Buchung nicht mehr als Nachbuchung sichtbar ist und nicht mehr separat dargestellt wird. Besonders bei Verträgen mit Fremdwährungen kann es hier wegen der unterschiedlichen Umrechnungskurse gegebenenfalls zu Abweichungen kommen.

5.3 Bilanzielle Bewertung auswerten

Sie haben sich in den vergangenen Abschnitten einen ersten Eindruck verschaffen können, wie die bilanzielle Bewertung von Verträgen funktioniert. Wir werden in den folgenden Abschnitten weitere Beispiele hierzu ausführen. Zunächst jedoch lernen Sie einige Berichte aus dem Infosystem kennen, die Ihnen bei der Auswertung von Verträgen im Zusammenhang mit deren bilanzieller Bewertung nützlich sein können.

Infosystem zur bilanziellen Bewertung

Für Auswertungen zur bilanziellen Bewertung können Sie verschiedene Apps nutzen. In Abbildung 5.35 sehen Sie Kacheln verschiedener Fiori-Apps, die Sie für die Auswertung bewertungsrelevanter Vertragsdaten und der Ergebnisse der Vertragsbewertungen verwenden können.

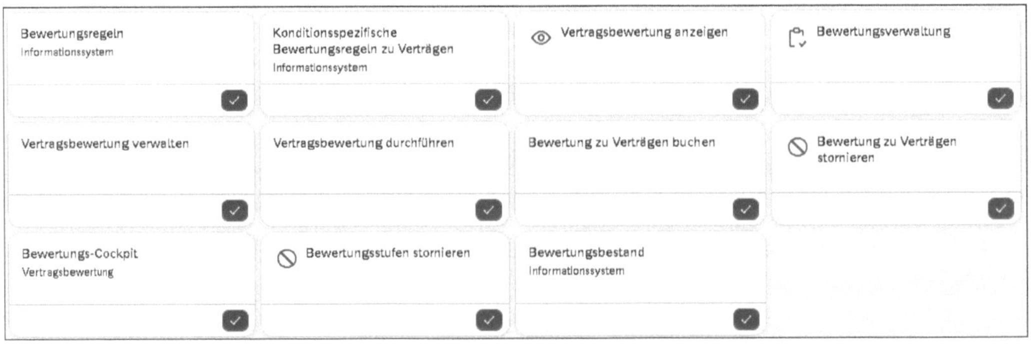

Abbildung 5.35 Apps zur Auswertung von Bewertungsregeln und Bewertungsergebnissen

Bewertungs-Cockpit

Mit der Fiori-App **Bewertungs-Cockpit** (F4035) erhalten Sie einen Überblick über die zu bewertenden Verträge, deren Status und Bewertungsergebnisse.

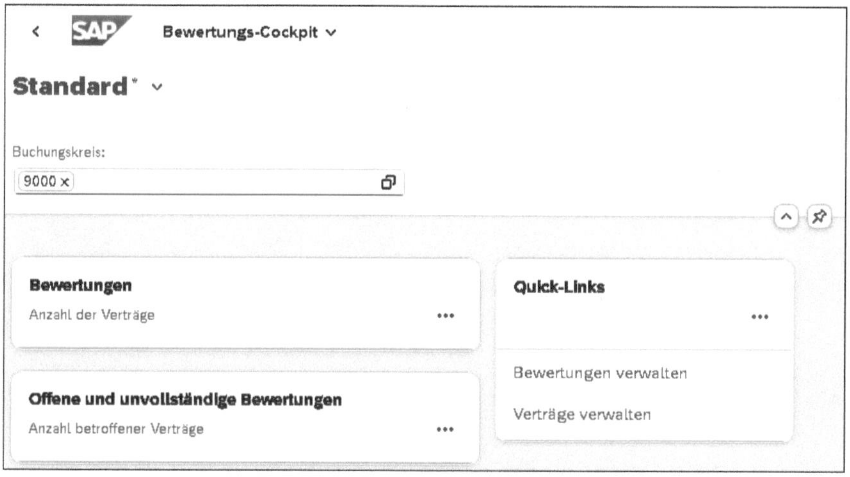

Abbildung 5.36 Bewertungs-Cockpit – Einstiegsbild

Abbildung 5.36 zeigt das Einstiegsbild des Bewertungs-Cockpits. Hier bekommen Sie einen Überblick über die Anzahl der Verträge sowie die Anzahl der Verträge mit offenen oder unvollständigen Bewertungen und können in Apps, wie beispielsweise die **Bewertungsverwaltung** (F6170), abspringen. Sie können zunächst Filterkriterien für die Auswahl der Verträge festlegen. Nutzen Sie hierfür die Funktion [Filter anpassen] (**Filter anpassen**). Im Beispiel in Abbildung 5.37 haben wir die Vertragssuche auf Verträge aus dem Buchungskreis 9000 eingeschränkt.

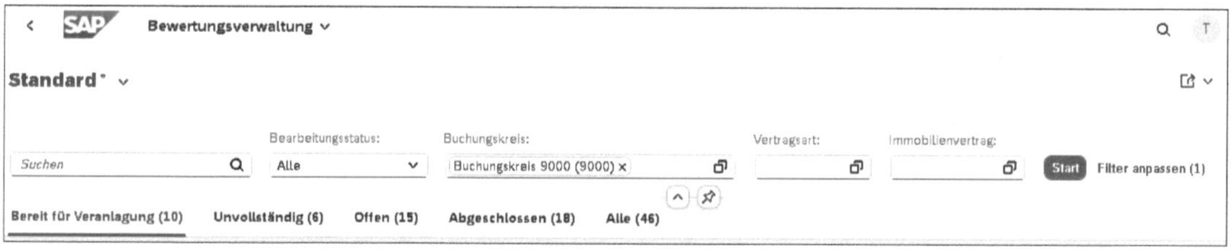

Abbildung 5.37 Bewertungsverwaltung – Selektionsmöglichkeiten und Filter

Bewertungsverwaltung

Aus dem Bewertungs-Cockpit gelangen Sie in die App **Bewertungsverwaltung** (F6170), deren Übersichtsbild Sie in Abbildung 5.37 sehen.

Hier können Sie die Verträge nach dem Status der Bewertung unterscheiden. Abbildung 5.38 zeigt einige Verträge aus dem Abschnitt **Unvollständig**, d. h. Verträge, bei denen noch Bearbeitungsschritte für die Vertragsbewertung erforderlich sind.

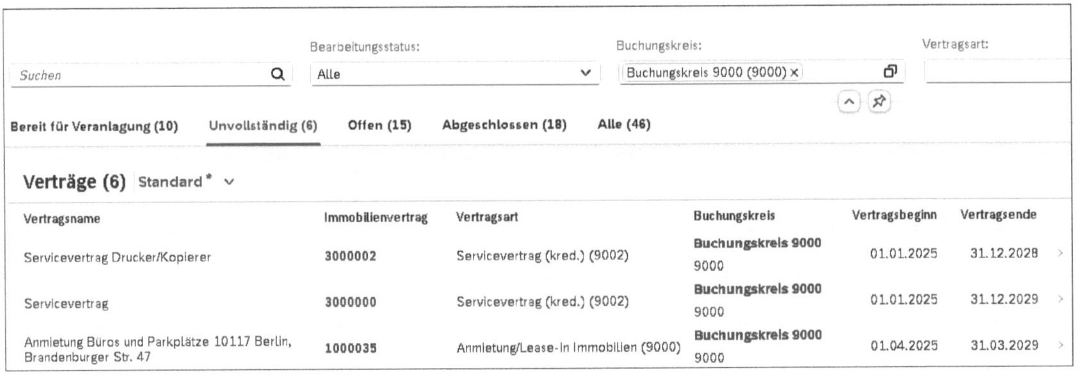

Abbildung 5.38 Bewertungsverwaltung – Übersicht über Verträge

Aus der App **Bewertungsverwaltung** (F6170) können Sie in die Anzeige bzw. Bearbeitung einzelner Verträge abspringen. Sie befinden sich nun in der App **Vertragsverwaltung** (F5273). Hier können Sie den ausgewählten Vertrag bearbeiten (Abbildung 5.39).

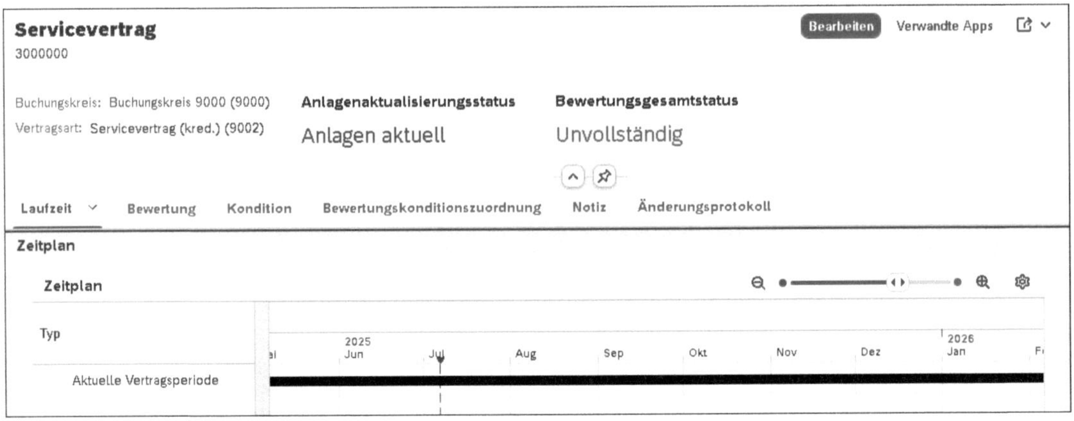

Abbildung 5.39 Vertragsverwaltung für einen Vertrag

Verwandte Apps

Ausgehend von der Bearbeitung eines Vertrages können Sie über die Funktion Verwandte Apps (**Verwandte Apps**) in weitere Apps zur Vertragsbearbeitung und -bewertung gelangen. Abbildung 5.40 zeigt einen Ausschnitt aus der Liste der verwandten Apps.

Auswertungen im Vertragsdialog

Daneben haben Sie die Möglichkeit, direkt aus dem Vertragsdialog heraus verschiedene Berichte aufzurufen.

Abbildung 5.40 Verwandte Apps

Auf der Registerkarte **Bewertung** können Sie sich die berechneten Werte sowie das Bewertungsprotokoll zu einzelnen Bewertungsläufen ansehen. Von der Registerkarte **Konditionen** können Sie in die Anzeige bzw. Simulation des Partnerfinanzstroms springen. Die Registerkarte **Partner** bietet über den Button Konto (**Einzelpostenliste anzeigen**) den Absprung in die Kreditoreneinzelpostenliste an.

Von der Registerkarte **Übersichten** gelangen Sie in die folgenden Übersichten, die direkt oder indirekt mit der Vertragsbewertung zu tun haben:

- Kontenblatt (0000001000)
- Konditionen (0000004000)
- Partnerfinanzstrom (0000006000)
- Bewertungsprozess (0000350000)
- Bewertungsfinanzstrom (0000360000)
- Bewertungsbuchungen (0000370000).

5.3.1 Bewertungsergebnisse anzeigen

Mit der App **Vertragsbewertung anzeigen** (RECESH) können Sie die Bewertungsläufe zu Verträgen auswerten. Die App **Vertragsbewertung anzeigen** (RECESH) haben Sie bereits auf der Registerkarte **Übersichten** im Vertragsdialog kennengelernt: Mit dieser Funktion können dort die Auswertungen zum Bewertungsprozess und zum Bewertungsfinanzstrom – jeweils eingeschränkt auf die Daten des aktuellen Leasingvertrags – aufgerufen werden.

Ruft man die App direkt und nicht aus dem Vertragsdialog heraus auf, geht die Selektion entweder von Buchungskreisen, Verträgen und Vertragsarten aus oder erfolgt über die Identifikation des Bewertungslaufs. Aus der im Ergebnis angezeigten Liste (siehe Abbildung 5.41) können Sie in die Ergebnisse bzw. Protokolle der einzelnen Bewertungsläufe verzweigen.

Vertrag	N.	Bew....	Identifikation	Obj...	Stufe	Status	Werte	Protokoll	Betra...	Vertr.wert	Barwert	RoU A...	B...	BewGrund	Bezeichnung
IV 9000/1000007	1	IFRS16	TOMAN-11.06.2025-11:17:04	VGS 0010	1	■		☐	01.01.2025	65.000,00	54.270,55	54.270,55	EUR	Erstbewertung	Neuaufsatz
	2	HGB	TOMAN-11.06.2025-11:42:16	VGS 0010	1	■		☐	01.01.2025	65.000,00			EUR	Erstbewertung	Umbuchung

Abbildung 5.41 Vertragsbewertungen anzeigen (Prozesssicht)

Neben der Anzeige der Bewertungsläufe können Sie mit der App **Vertragsbewertung anzeigen** (RECESH) auch Bewertungsfinanzströme mehrerer Verträge auswerten. Dazu wählen Sie im in Abbildung 5.42 dargestellten Abschnitt **Ausgabeoptionen** des Selektionsbildes die Sicht **Finanzstrom**.

Ausgabeoptionen

Sicht:*	Finanzstrom
Währung:*	Bewertungswährung
Geschäftsjahr verwenden:	☐

Abbildung 5.42 Ändern der Sicht von »Prozess« auf »Finanzstrom«

In der Liste werden die pro Vertrag und Bewertungszeitraum kumulierten Finanzstromsätze ausgegeben. Dabei variieren die in den Spalten dargestellten Informationen abhängig von der Bewertungsart. Werten Sie den Bewertungsfinanzstrom zur Bewertungsregel IFRS 16 aus, die als Bewertungsart die bilanzielle Aktivierung verwendet, werden in den Spalten der Liste die Leasingverbindlichkeiten und die Werte der RoU-Anlage angezeigt. Für die Bewertung nach HGB wird die Spalte **Umbuchung** angezeigt. Abbildung 5.43 zeigt die Bewertungsergebnisse für die Bewertung gemäß IFRS und HGB in der Finanzstromsicht.

Vertrag	N.	Bew....	Kalen...	Periode	Vertr.wert	Σ	Umbuchung	Barwert	Aktiva	Anfangsbesta...	Σ	Abschreibung	Endbestand	Anfangsbest...	Σ	Verrechnung	Σ	Zinsen	Endbestand
IV 9000/1000007	1	IFRS16	2025	1	65.000,00			54.270,55	54.270,55					54.270,55					54.270,55
				12						54.270,55		10.854,11	43.416,44	54.270,55		11.000,00		3.256,23	46.526,78
			2026	1										46.526,78					46.526,78
				12						43.416,44		10.854,11	32.562,33	46.526,78		12.000,00		2.791,61	37.318,39
			2027	1										37.318,39					37.318,39
				12						32.562,33		10.854,11	21.708,22	37.318,39		13.000,00		2.239,10	26.557,49
			2028	1										26.557,49					26.557,49
				12						21.708,22		10.854,11	10.854,11	26.557,49		14.000,00		1.593,45	14.150,94
			2029	1										14.150,94					14.150,94
				12						10.854,11		10.854,11	✓	14.150,94		15.000,00		849,06	✓
	1										•	54.270,55			•	65.000,00	•	10.729,45	
	2	HGB	2025	12	65.000,00		11.000,00												
			2026				12.000,00												
			2027				13.000,00												
			2028				14.000,00												
			2029				15.000,00												
	2					•	65.000,00												
IV 9000/1000007						• •	65.000,00				• •	54.270,55			• •	65.000,00	• •	10.729,45	
						• • •	65.000,00				• • •	54.270,55			• • •	65.000,00	• • •	10.729,45	

Abbildung 5.43 Vertragsbewertungen der Finanzstromsicht mit Bewertungsergebnissen nach IFRS und HGB im Vergleich

Sie finden im Abschnitt **Ausgabeoptionen** im Selektionsbild der App **Vertragsbewertung anzeigen** (RECESH) auch die Checkbox **Geschäftsjahr verwenden**. Mit dieser Ausgabeoption können Sie zwischen der Anzeige nach

Geschäftsjahren und Kalenderjahren variieren, sofern sich das Geschäftsjahr vom Kalenderjahr unterscheidet.

5.3.2 RoU-Anlagen auswerten

Die Apps **Bewertungsregeln Informationssystem** (RECEISRULECN) und **Konditionsspezifische Bewertungsregeln zu Verträgen** (RECEISCONDRULECN) haben Sie bereits im Abschnitt »Massenpflege von Bewertungsparametern« in Abschnitt 5.2.1 kennengelernt sowie die App **Vertragsbewertung anzeigen** (RECESH) im gleichnamigen Abschnitt 5.3.1. In diesem Abschnitt beschäftigen wir uns deshalb detaillierter mit einigen weiteren Auswertungsmöglichkeiten.

Anlagen für Verträge Informationssystem

Die App **Anlagen für Verträge Informationssystem** (RECEISASSETCN) ermöglicht die Anzeige der RoU-Anlagen, die den Bewertungsparametern der Leasingverträge zugeordnet sind. Eine mit dieser App erzeugte Liste von Anlagen ist in Abbildung 5.44 dargestellt.

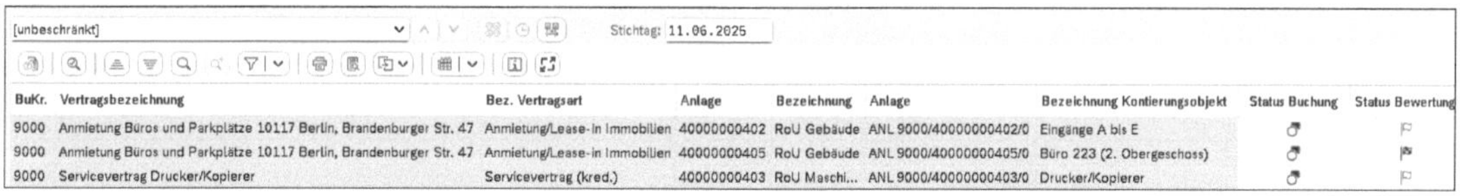

BuKr.	Vertragsbezeichnung	Bez. Vertragsart	Anlage	Bezeichnung	Anlage	Bezeichnung Kontierungsobjekt	Status Buchung	Status Bewertung
9000	Anmietung Büros und Parkplätze 10117 Berlin, Brandenburger Str. 47	Anmietung/Lease-in Immobilien	40000000402	RoU Gebäude	ANL 9000/40000000402/0	Eingänge A bis E		
9000	Anmietung Büros und Parkplätze 10117 Berlin, Brandenburger Str. 47	Anmietung/Lease-in Immobilien	40000000405	RoU Gebäude	ANL 9000/40000000405/0	Büro 223 (2. Obergeschoss)		
9000	Servicevertrag Drucker/Kopierer	Servicevertrag (kred.)	40000000403	RoU Maschi...	ANL 9000/40000000403/0	Drucker/Kopierer		

Abbildung 5.44 App »Anlagen für Verträge Informationssystem« – Auswertung der Leasinganlagen zu Verträgen

In der Auswertung sehen Sie für jeden selektierten Leasingvertrag den Status der einzelnen Bewertungsschritte zu diesem Vertrag. Die Auswertung erfolgt zeitabhängig. Im oberen Bildbereich der Liste können Sie zwischen verschiedenen Zeitscheiben wechseln bzw. den Stichtag für die Darstellung der Auswertung wählen.

5.3.3 Leasingverbindlichkeiten rastern

Umgliederung Informationssystem

Zu den Anforderungen des Reportings für die Vertragsbewertung gehört eine Gruppierung der Verbindlichkeiten aus Leasingverträgen nach den jeweiligen Restlaufzeiten der Verträge. Diese Gruppierung erfolgt mit der sogenannten *Umgliederung* oder *Rasterung* der Verträge. Dafür legen Sie zunächst ein Zeitraster fest, dessen Werten die einzelnen Verträge entsprechend ihrer Restlaufzeit zugeordnet werden.

Mit der App **Umgliederung Informationssystem** (RECEISRECLASSIFY) werden die mittels eines zeitlichen Rasters gegliederten Verbindlichkeiten aus

Leasingverträgen dargestellt. Die App kann auch für die zeitliche Rasterung der Forderungen aus debitorischen Leasingverträgen verwendet werden.

Voraussetzung für die Gliederung ist, dass die Bewertungsbuchungen durchgeführt wurden. Bei der Buchung der Leasingverbindlichkeiten wird der Gesamtbetrag der bis zum Vertragsende fälligen abgezinsten Verbindlichkeiten gebucht. Laut Leasingvertrag verteilen sich die Leasingraten jedoch über die gesamte Vertragslaufzeit. Gemäß einer im Customizing zu definierenden *Rastermethode* werden die Verbindlichkeiten den definierten Zeitrastern zugeordnet.

Ein Beispiel für eine zeitliche Rasterung ist:

- Verbindlichkeiten bis zu einem Jahr
- Verbindlichkeiten mit Restlaufzeiten zwischen einem und fünf Jahren
- Verbindlichkeiten mit Restlaufzeiten von mehr als fünf Jahren

Abbildung 5.45 zeigt ein Beispiel für die Rasterung der Leasingverbindlichkeiten nach den oben genannten Zeiträumen.

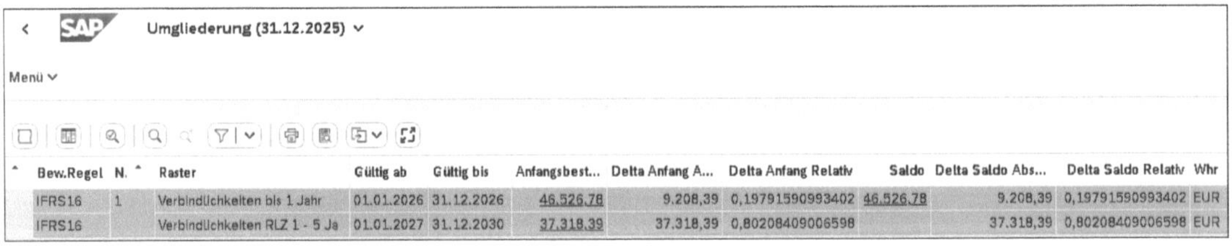

Abbildung 5.45 App »Umgliederung Informationssystem« – Rasterung von Leasingverbindlichkeiten

Rastermethode

Die Rastermethode für die Umgliederung der Verbindlichkeiten bzw. den Verbindlichkeitenspiegel definieren Sie im zentralen Einführungsleitfaden unter **Finanzwesen (neu) • Hauptbuchhaltung (neu) • Periodische Arbeiten • Umgliedern • Umbuchen und Rastern der Forderungen und Verbindlichkeiten**. Sie sehen diesen Customizing-Pfad in Abbildung 5.46.

In der in Abbildung 5.47 gezeigten Rastermethode erfolgt die Rasterung für Verbindlichkeiten bis zu einem Jahr, Verbindlichkeiten zwischen einem und fünf Jahren und Verbindlichkeiten mit einer Restlaufzeit von mehr als fünf Jahren.

Rückstellungsstaffel Informationssystem

Zur Erstellung eines Verbindlichkeitenspiegels können Sie die App **Rückstellungsstaffel Informationssystem** (RECEISLIABGRAD) nutzen. In dieser App werden die nicht abgezinsten Leasingverbindlichkeiten ausgewertet und können nach verschiedenen Kriterien dargestellt werden.

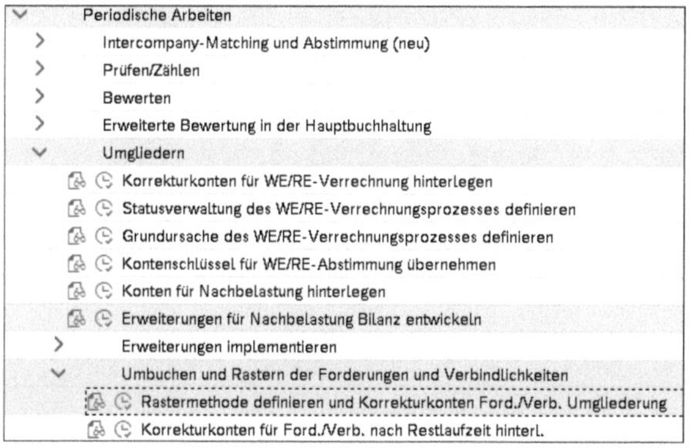

Abbildung 5.46 Customizing-Pfad für die Definition der Rastermethode

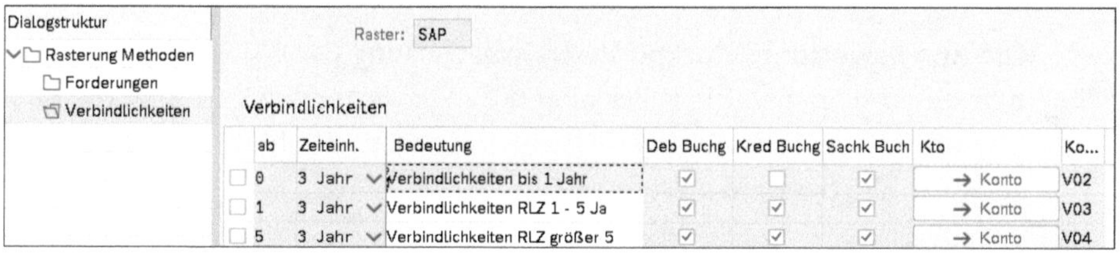

Abbildung 5.47 Rastermethode für Verbindlichkeiten

Auch für diese Auswertung kann eine im Customizing festgelegte Rastermethode verwendet werden. Sie haben aber alternativ dazu auf dem Selektionsbild die Möglichkeit, frei wählbare Perioden anzugeben, nach denen die Leasingverbindlichkeiten gerastert werden sollen. Abbildung 5.48 zeigt einen Ausschnitt aus dem Selektionsbild des Verbindlichkeitenspiegels bzw. der Rückstellungsstaffel.

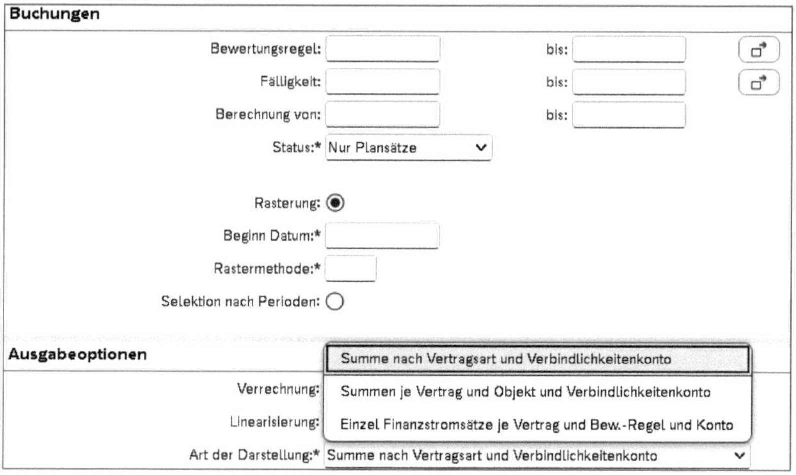

Abbildung 5.48 App »Rückstellungsstaffel Informationssystem« – Selektionsbild

Die Darstellung der gerasterten Leasingverbindlichkeiten erfolgt im Gegensatz zur Umgliederung jedoch nicht zeilen-, sondern spaltenweise, wie in Abbildung 5.49 zu erkennen ist.

Bew.Regel	Bezeichnung Bewertungsregel	Verbindlichkeit Per. 31.12.2025 - ...	Whr	Verbindlichkeit Per. 31.12.2026 - ...	Verbindlichkeit Per. 31.12.2030 -
IFRS16	International Financial Reporting Standards (IFRS16)		EUR	54.000,00	
		1.470.000,00	EUR	5.340.000,00	2.790.000,00
		23.676.196,22	USD	48.526.444,90	
		36.000,00	EUR	36.000,00	
		9.706.974,48	USD	22.022.694,91	
		39.000,00	USD	141.600,00	24.600,00
		483.480,00	EUR	140.540,00	
		120.000,00	EUR	480.000,00	
		720.000,00	EUR	1.440.000,00	
		2.829.480,00	**EUR**	**7.490.540,00**	**2.790.000,00**

Abbildung 5.49 Verbindlichkeitenspiegel (Rückstellungsstaffel)

Bewertungs-Cockpit Vertragsbewertung

Die App **Bewertungs-Cockpit Vertragsbewertung** (F4035) ermöglicht es Ihnen, einen schnellen Überblick über die zu bewertenden Verträge sowie die offenen und unvollständigen Bewertungen zu erhalten. Abbildung 5.50 zeigt das Einstiegsbild dieser App.

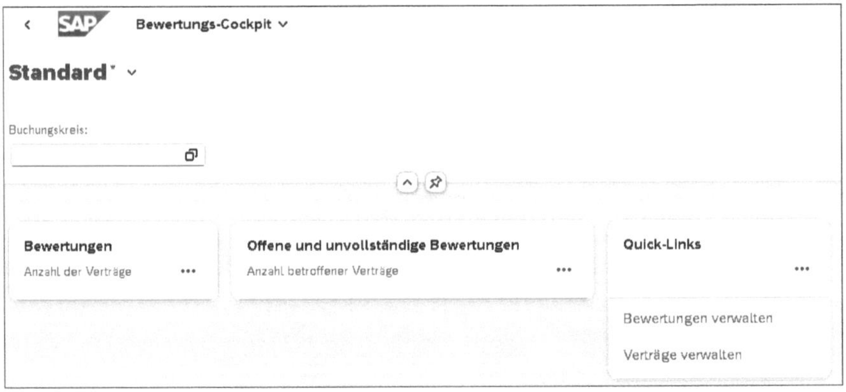

Abbildung 5.50 App »Bewertungs-Cockpit Vertragsbewertung« – Einstiegsbild

Neben den Auswertungen aus dem Infosystem der bilanziellen Bewertung können Sie auch Reports aus anderen Bereichen verwenden, um bestimmte Aspekte und Buchungen von Leasingverträgen auszuwerten. Als Beispiel seien der Asset Explorer (App **Anlagenwerte** (AW01N)) aus der Anlagenbuchhaltung und das Buchungsprotokoll (App **Allgemeines Immo-Buchungsprotokoll** (RERAPL)) aus dem SAP RE genannt.

Asset Explorer Anlagenwerte

Mit dem Asset Explorer (App **Anlagenwerte** (AW01N)) können zu einer Anlage gebuchte und geplante Bestandswerte sowie Abschreibungen angezeigt werden. Die Auswertung erfolgt abhängig von Bewertungsbereichen und Geschäftsjahren. Es können verschiedene Darstellungen und Aggregierungen für die ausgegebenen Werte genutzt werden. Abbildung 5.51 zeigt für den Beispielvertrag die Werte für das Jahr 2025.

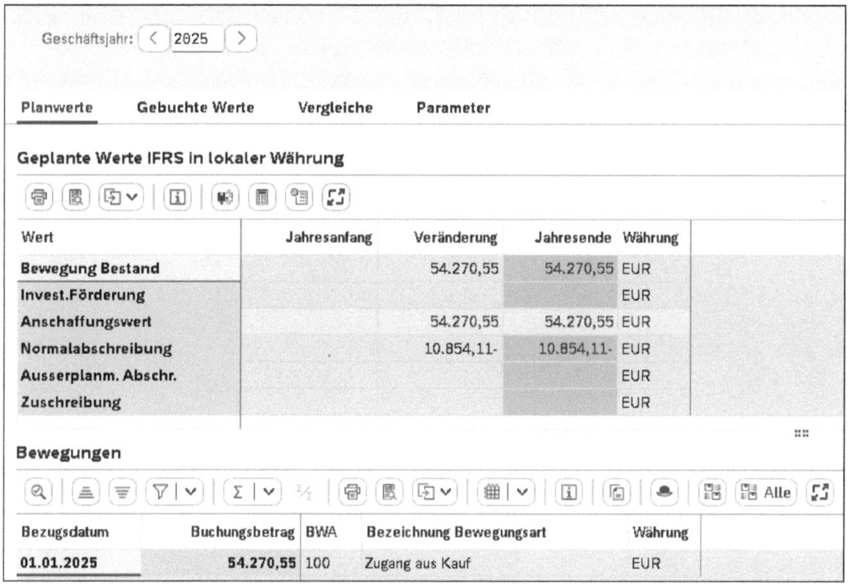

Abbildung 5.51 Asset Explorer (Anlagenwerte)

Buchungsprotokoll RERAPL

Buchungsprotokolle zu verschiedenen Buchungsläufen in SAP RE können Sie mit der App **Allgemeines Immo-Buchungsprotokoll** (RERAPL) auswerten. Diese App können Sie unter anderem zur Auswertung der periodischen Buchungen, aber auch zur Auswertung der Bewertungsbuchungen zu Verträgen nutzen.

Auf dem Selektionsbild können Sie zwischen der Selektion nach RE-Belegen und der Selektion nach Buchhaltungsbelegen (FI-Belegen) unterscheiden. Bei der Selektion nach RE-Belegen verwenden Sie als Prozess den Wert **RECE** (Bewertungsbuchung), schränken bei Bedarf die gewünschten Buchungsvorgänge ein und wählen die auszuwertenden Belege über die Prozessidentifikation, den Erfasser oder das Erfassungsdatum aus.

Die Ausgabe der Ergebnisse erfolgt als hierarchisch-sequenzielle Liste, d. h., es werden zunächst der Belegkopf und darunter dann die Informationen zu den einzelnen Belegzeilen angezeigt. Wenn Sie auf dem Selektionsbild die Option **Flache Liste** wählen, wird pro Belegzeile eine Zeile in der Auswertung erzeugt. Die Informationen aus den Belegköpfen werden in diesem Fall redundant zu jeder Belegzeile angezeigt, ohne dass eine separate Kopfzeile erzeugt wird. Abbildung 5.52 zeigt einen Ausschnitt aus dem Buchungsprotokoll als hierarchisch-sequenzielle Liste.

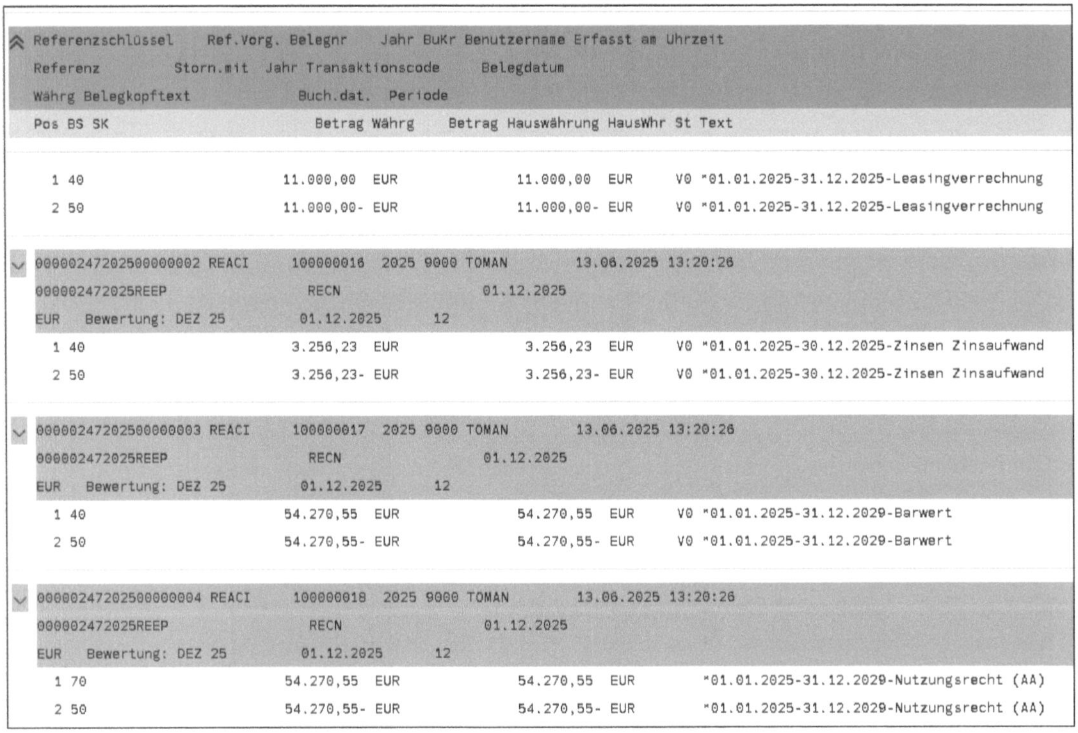

Abbildung 5.52 App »Allgemeines Immo-Buchungsprotokoll« – Ergebnisliste

5.4 Customizing der bilanziellen Bewertung

Wir wollen nun diejenigen Customizing-Einstellungen betrachten, die hinter den bisher gezeigten Anwendungen stehen.

Die Einstellungen für die bilanzielle Bewertung von Leasingverträgen werden im Customizing von SAP RE unter dem Menüpunkt **Bilanzielle Bewertung von Verträgen** getroffen. Das entsprechende Teilmenü ist in Abbildung 5.53 dargestellt. Es kann auch mithilfe der App **IMG Leasingverträge anzeigen** (RECECUST) aufgerufen werden. Darüber hinaus sind weitere Einstellungen notwendig, z. B. für die Konditionen und Bewegungsarten sowie die Kontenfindung im Customizing von SAP RE (**App Customizing SAP RE** (RECACUST)) und im Customizing der Anlagenbuchhaltung.

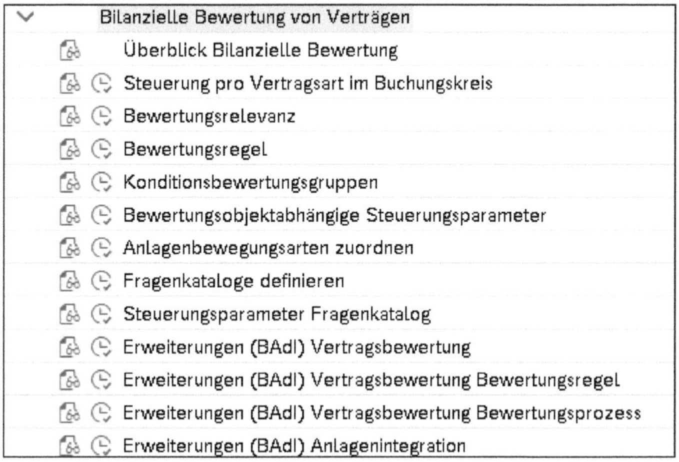

Abbildung 5.53 Customizing bilanzielle Bewertung

Verschaffen wir uns zunächst einen Überblick über die einzelnen Menüpunkte.

- **Überblick Bilanzielle Bewertung**
  Unter diesem Menüpunkt finden Sie eine ausführliche Beschreibung, was bei der Einrichtung der bilanziellen Bewertung für Verträge zu beachten ist.
- **Steuerung pro Vertragsart im Buchungskreis**
  Hier hinterlegen Sie die Bildfolge für die App **Vertragsbewertung verwalten** (RECECN) sowie den Referenzzinssatz, siehe hierzu auch Abschnitt 5.4.1, »Steuerung pro Vertragsart im Buchungskreis«.
- **Bewertungsrelevanz**
  Die Bewertungsrelevanz ist ein Vertragsattribut für die Gruppierung von Verträgen, siehe hierzu Abschnitt 5.4.2, »Bewertungsrelevanz«.
- **Bewertungsregel**
  Die Bewertungsregeln werden hier angelegt (siehe Abschnitt 5.4.3, »Bewertungsregeln: Detaildaten«). Sie legen deren Eigenschaften pro Vertragsart und Buchungskreis fest, Details siehe Abschnitt 5.4.4, »Bewertungsregel: Zuordnung von Buchungskreis und Vertragsart«.
- **Konditionsbewertungsgruppen**
  Die Konditionsbewertungsgruppen steuern, wie Konditionen in der Bewertung behandelt werden, z. B. als Leasingraten, initiale Kosten oder Servicekosten, siehe hierzu Abschnitt 5.4.5, »Konditionsbewertungsgruppen«.

- **Bewertungsobjektabhängige Steuerungsparameter**
  Hinterlegen Sie hier, wie die Anlagenklasse und die Kontenfindung gesteuert werden, Details hierzu finden Sie in Abschnitt 5.4.6, »Bewertungsabhängige Steuerungsparameter: Anlagenklasse der RoU-Anlage und Kontenfindungswert«.
- **Anlagenbewegungsarten zuordnen**
  Informationen hierzu finden Sie in Abschnitt 7.4.1, »RoU-Anlage aktivieren«.

Die weiteren Menüpunkte betreffen kundenspezifische Erweiterungen über BAdIs.

5.4.1 Steuerung pro Vertragsart im Buchungskreis

Bisher haben wir erfahren, dass Bewertungsregeln prinzipiell allen Arten von Verträgen zugeordnet werden können. Oft sind die Vertragsarten im System jedoch schon so eingerichtet, dass dadurch die Verträge, die gleichartig zu behandeln sind, bereits vorklassifiziert sind. Daher ist es sinnvoll, im Customizing bereits bestimmte Vorbelegungen zu treffen, die die Teilnahme der einzelnen Vertragsarten an der Bewertung steuern.

Für Buchungskreise und Vertragsarten kann definiert werden, ob und wie die betreffenden Verträge an der Bewertung teilnehmen. Erfassen Sie dazu im Customizing von SAP RE (App **Customizing SAP RE** (RECACUST)) unter **Bilanzielle Bewertung von Verträgen • Steuerung pro Vertragsart im Buchungskreis** die möglichen Kombinationen von Buchungskreis und Vertragsart. Für jede dieser Kombinationen sind die in Tabelle 5.2 aufgeführten Werte einzugeben.

Feld	Bedeutung
Buchungskreis	Buchungskreis, in dem bewertungsrelevante Verträge abgebildet werden
Vertragsart	Vertragsart (z. B. Leasingvertrag) für bewertungsrelevante Verträge
Bildfolge	Bildfolge, die für die App **Vertragsbewertung verwalten** (RECECN) verwendet wird

Tabelle 5.2 Steuerung pro Vertragsart im Buchungskreis

Feld	Bedeutung
Referenzzinssatz	Der hier hinterlegte Referenzzinssatz wird in den Bewertungsregeln der Leasingverträge verwendet. Dabei wird der zum Betrachtungsbeginn gültige Referenzzinssatz für die Bewertung verwendet.
Integrationsart	Wird als Bewertungsart die bilanzielle Aktivierung genutzt, sind die folgenden beiden Integrationsarten möglich: ■ Anlagenbuchhaltung ■ direkte Bilanzbuchungen Informationen zu den direkten Bilanzbuchungen finden Sie in Abschnitt 7.4.13, »Buchen ohne Anlagenbuchhaltung«.

Tabelle 5.2 Steuerung pro Vertragsart im Buchungskreis (Forts.)

Referenzzinssätze

Zeitabhängige Referenzzinssätze werden im Customizing der Hauptbuchhaltung erfasst. Bitte nutzen Sie hierzu den Customizing-Pfad **Finanzwesen (neu) • Hauptbuchhaltung (neu) • Geschäftsvorfälle • Verzinsung Bestandskonten**. Hier definieren Sie den Referenzzinssatz und erfassen im Punkt **Zinswerte eingeben** die zum jeweiligen Stichtag gültigen Zinssätze. Abbildung 5.54 zeigt den Menüpfad für die Definition der Referenzzinssätze im Customizing.

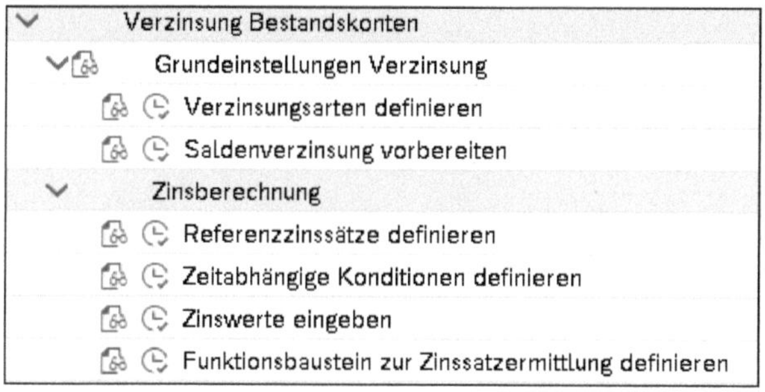

Abbildung 5.54 Referenzzinssätze definieren

[«]

Laufzeitabhängige Zinssätze

Sie können im Customizing nur jeweils einen Referenzzinssatz pro Buchungskreis und Vertragsart hinterlegen. Benötigen Sie eine stärkere Differenzierung, z. B. nach den Laufzeiten der Verträge, verwenden Sie bitte das Business Add-in BADI_RECE_EVALUATION_RULE (Methode COMPLETE_DEFAULTS) mit einer passenden kundenspezifischen Implementierung.

5.4.2 Bewertungsrelevanz

Alle Verträge einer Vertragsart, die im jeweiligen Buchungskreis angelegt werden, können für die bilanzielle Bewertung herangezogen werden, wenn die entsprechenden Einstellungen im Customizing getroffen wurden. Es gibt jedoch auch einzelne Leasingverträge, die zwar zu einem für die Bewertung relevanten Buchungskreis und einer für die Bewertung relevanten Vertragsart gehören, die aber bei der Bewertung trotzdem nicht berücksichtigt werden sollen. Solche Ausnahmen sind beispielsweise (gemäß IFRS 16) kurzfristige Leasingverhältnisse mit einer Laufzeit von weniger als zwölf Monaten (Short-Term Lease) oder die sogenannten *Low-Value Leases*, also geringfügige Leasingverhältnisse, wie z. B. für IT-Geräte wie PC oder Laptops, Büroeinrichtung oder andere kleinteilige Vermögenswerte. Um diese Ausnahmen abzubilden, können Sie die Customizing-Einstellungen zur *Bewertungsrelevanz* nutzen. Abbildung 5.55 zeigt Beispiele für die Customizing-Einstellungen zur Bewertungsrelevanz.

Bewertungsrelevanz

Bewertungsrel.	Nicht relevant	Obsolet	Bezeichnung Bewertungrelevanz
FL	☐	☐	Finanzierungsleasing
LV	☑	☐	Low Value Lease
NV	☑	☐	No Leasing Valuation
OL	☐	☐	Operatives Leasing
ON	☐	☐	Leasing Valuation
ST	☑	☐	Short Term Lease

Abbildung 5.55 Beispiele für Einstellungen zur Bewertungsrelevanz

Im Customizing-Dialog von SAP RE unter **Bilanzielle Bewertung von Verträgen • Bewertungsrelevanz** definieren Sie die möglichen Werte für die Kategorisierung von Leasingverträgen, wobei für jeden Wert angegeben wird, ob er bewertungsrelevant ist oder nicht. Sollten Sie später einige der hier definierten Werte nicht mehr benötigen, können Sie für diesen Wert das Kennzeichen **Obsolet** markieren. Der Wert wird dann in Suchhilfen nicht mehr angezeigt und kann demzufolge nicht mehr ausgewählt werden, frühere Verwendungen des Wertes in bestehenden Verträgen bleiben aber erhalten.

Die **Bewertungsrelevanz** können Sie im Vertrag auf der Registerkarte **Allgemeine Daten** eintragen und für Auswertungszwecke nutzen. So könnten Sie beispielsweise über dieses Attribut Gruppen von Verträgen bilden, die Sie jeweils zusammen im Berichtswesen darstellen wollen.

Durch Setzen des Attributs können Sie bestimmen, ob der Vertrag überhaupt bewertungsrelevant ist oder nicht. Hat das gewählte Attribut **Bewer-**

tungsrelevanz im Customizing das Kennzeichen **Nicht relevant**, ist der Vertrag nicht bewertungsrelevant: Die Pflege von bewertungsspezifischen Daten ist nicht möglich – die entsprechenden Registerkarten werden aus dem Vertragsdialog ausgeblendet.

5.4.3 Bewertungsregeln: Detaildaten

Die Definition der Bewertungsregeln erfolgt im Customizing von SAP RE unter **Bilanzielle Bewertung von Verträgen • Bewertungsregel**. Wir haben in Abschnitt 5.1.3, »Bewertungsverfahren festlegen«, bereits zwei wesentliche Eigenschaften der Bewertungsregel erläutert: die Bewertungsart und die Rechnungslegungsvorschrift.

Wir gehen nun auf weitere Attribute der Bewertungsregel am Beispiel der Bewertung nach IFRS 16 näher ein.

Für eine Bewertungsregel nach IFRS 16 stellen Sie die **Bewertungsart** auf **Bilanzielle Aktivierung** ein, siehe hierzu die in Abbildung 5.56 gezeigten Einstellungen zur Bewertungsregel.

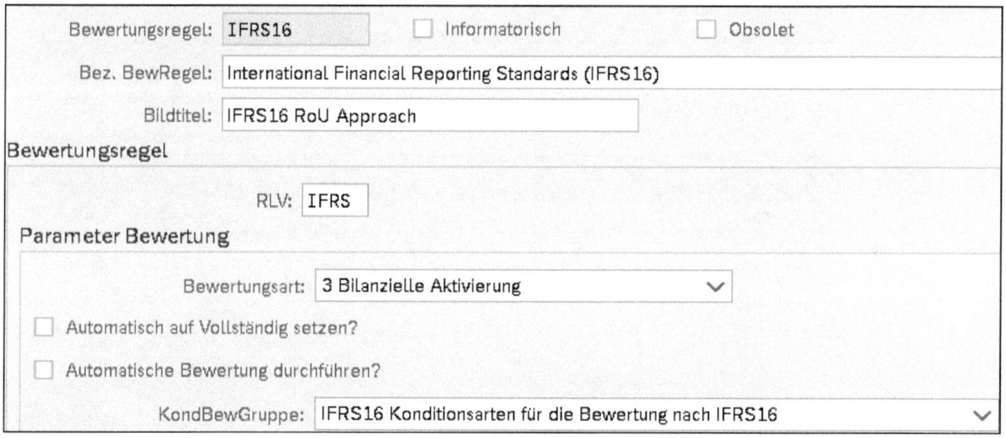

Abbildung 5.56 Attribute zur Bewertungsregel nach IFRS 16

Informatorisch

Aktivieren Sie die Checkbox vor dem Kennzeichen **Informatorisch**, wenn Sie die Bewertungsregeln ausschließlich benutzen wollen, um eine Bewertung zu berechnen, diese aber nicht wirklich buchen wollen. Die erzeugten Plan-Sätze im Bewertungsfinanzstrom werden beim Durchführen der Bewertungsbuchung zu Ist-Sätzen, erzeugen aber keine Buchungen in der Finanz- und Anlagenbuchhaltung. Für informatorische Bewertungsregeln werden auch keine RoU-Anlagen angelegt.

Obsolet

Aktivieren Sie die Checkbox vor dem Kennzeichen **Obsolet**, wenn Sie eine Bewertungsregel nicht mehr verwenden wollen. Das Kennzeichen bewirkt, dass die Bewertungsregel in Eingabehilfen nicht mehr angeboten wird. Verträge, die eine solche obsolete Bewertungsregel besitzen, können aber weiterhin bearbeitet werden. Kopiert man einen Vertrag mit einer obsoleten Regel, wird diese Regel nicht mit kopiert.

[»]

Obsolet-Kennzeichen in Customizing-Dialogen

Das Kennzeichen **Obsolet** steht in einer Reihe von Customizing-Tabellen zur Verfügung. Es bewirkt in der Regel, dass die so markierten Einträge an der Benutzeroberfläche nicht mehr angeboten werden, wenn man neue Daten anlegen will. Alte Daten, die vor Setzen des Obsolet-Kennzeichens mit einem solchen, nunmehr obsoleten Attribut versehen wurden, können aber weiterhin bearbeitet werden.

Rechnungslegungsvorschrift

Jede Bewertungsregel gehört zu einer *Rechnungslegungsvorschrift* (RLV). Die Rechnungslegungsvorschriften sind in den Customizing-Einstellungen des SAP Finanzwesens definiert, wenn New GL aktiv ist. Ist New GL nicht aktiv, bleibt das Feld leer. Zum Customizing der Kontenlösung in der klassischen Hauptbuchhaltung finden Sie Informationen in Abschnitt 7.1, »Parallele Rechnungslegung«.

[»]

Braucht man mehrere Bewertungsregeln für eine RLV?

Für jede Rechnungslegungsvorschrift können mehrere Bewertungsregeln angelegt werden. Falls in der verwendeten Rechnungslegungsvorschrift eine Unterscheidung der Leasingverhältnisse nach operativem Leasing und Finanzierungsleasing gefordert ist, sind für das operative Leasing und das Finanzierungsleasing jeweils separate Bewertungsregeln anzulegen.

Bewertungsregeln können zudem nicht nur für kreditorische Leasingverträge, sondern auch für debitorische Leasingverträge, z. B. Untermietverträge, angelegt werden.

Will man reine Serviceverträge nach FAS 13 linearisieren, benötigt man auch für diese Bewertungsregeln (Bewertungsart Linearisierung), gegebenenfalls auch jeweils debitorisch und kreditorisch, soweit derartige Verträge vorhanden sind.

Konditionsbewertungsgruppe

Jeder Bewertungsregel wird eine *Konditionsbewertungsgruppe* zugeordnet. Diese bestimmt das Verhalten der einzelnen Konditionsarten im Prozess der bilanziellen Bewertung. Die Definition der Konditionsbewertungsgruppe erfolgt in einer separaten Customizing-Aktivität und wird in Abschnitt 5.4.5 behandelt.

Linearisierungsart

Die Linearisierungsart beschreibt das Systemverhalten bei rückwirkenden Konditionsänderungen für den linearisierten Anteil einer Kondition bzw. für im Ganzen linearisierte Konditionen. Ein Beispiel finden Sie in der Felddokumentation zum Feld **Linearisierungsart** im Customizing der Bewertungsregel.

In den Einstellungen zur Bewertungsregel finden Sie zwei Kennzeichen für die Automatisierung der Bewertungsregeln bzw. des Bewertungsprozesses: **Automatisch auf vollständig setzen?** und **Automatische Bewertung durchführen?**

Bewertungsklausel automatisch auf vollständig setzen

Das Kennzeichen **Automatisch auf vollständig setzen?** bewirkt, dass die Bewertungsklausel beim Sichern automatisch auf den Status vollständig (**Regel vollständig**) gesetzt wird. Diese Einstellung kann allerdings ausschließlich in Verbindung mit den Bewertungsarten Umbuchung (z. B. HGB) und Linearisierung (z. B. FAS 13) und den Linearisierungsarten **Ab offener Periode** (Verfahren 1 und 4) bzw. **Ab Anfang** (Verfahren 2) wirksam werden.

Automatische Bewertung durchführen

Durch das Kennzeichen **Automatische Bewertung durchführen?** erfolgt die Bewertung automatisch beim Speichern eines aktiven Vertrags, sofern der angemeldete Benutzer über die entsprechenden Berechtigungen verfügt. Bei noch nicht aktivierten Verträgen kann dagegen keine Bewertung durchgeführt werden. Wenn ein solcher Vertrag später aktiviert wird, erfolgt automatisch die Generierung der fehlenden Bewertungsfinanzströme.

Für beide Kennzeichen wird ein Registrierungseintrag im Arbeitsvorrat erzeugt, falls die Änderung des Status der Bewertungsklausel bzw. die Durchführung der Bewertung nicht möglich ist. Diese Registrierungseinträge sind über die Apps **RE-Navigator** (RE80) oder **Arbeitsvorrat: Objekte aktualisieren** (RECARG) zu bearbeiten (siehe Abschnitt 9.1.1, »Arbeitsvorräte abarbeiten«).

Bewertungsklassifizierung

Die *Bewertungsklassifizierung* bestimmt die Berechnung der Abschreibungswerte:

- **RoU Approach**
  (lineare Abschreibung; wird z. B. bei der Bewertung nach IFRS 16 verwendet)
- **Straight Line Lease**
  (linearisierte Verpflichtung; wird z. B. bei der Bewertung nach US-GAAP operatives Leasing verwendet)

- **Finance Lease Out**
  (ohne Abschreibung; für die Bewertung debitorischer Finanzierungsleasingverträge verwendet)
- **Nicht relevant**
  (wird z. B. bei der Bewertung nach HGB verwendet)

Abbildung 5.57 zeigt die Parameter für die Linearisierung und die bilanzielle Aktivierung am Beispiel der Bewertung gemäß IFRS 16.

Abbildung 5.57 Parameter für Linearisierung und bilanzielle Aktivierung (gemäß IFRS 16)

In der Definition der Bewertungsregel finden Sie Felder für verschiedene Bewegungsarten, z. B. für Aktiva, Abschreibungen, Verrechnungen oder Zinsen. Details zur Verwendung dieser Bewegungsarten in den Bewertungsbuchungen sowie die hierfür relevanten Mechanismen der Kontenfindung finden Sie in Abschnitt 7.4, »Kontenfindung der Bewertung im Detail«.

5.4.4 Bewertungsregel: Zuordnung von Buchungskreis und Vertragsart

Eine Bewertungsregel kann in einem Buchungskreis bzw. für eine Vertragsart nur dann benutzt werden, wenn sie für den konkreten Buchungskreis bzw. für die konkrete Vertragsart aktiviert wurde. Sie finden im Customizing der Bewertungsregel entsprechende Teildialoge dazu (siehe auch Abbildung 5.58 bzw. Abbildung 5.59).

Sie können für jede Vertragsart und für den Buchungskreis zudem Vorbelegungen für den Betrachtungsbeginn (**Betracht.beginn**) der Bewertung und für das Feld **1. Buchung ab** hinterlegen.

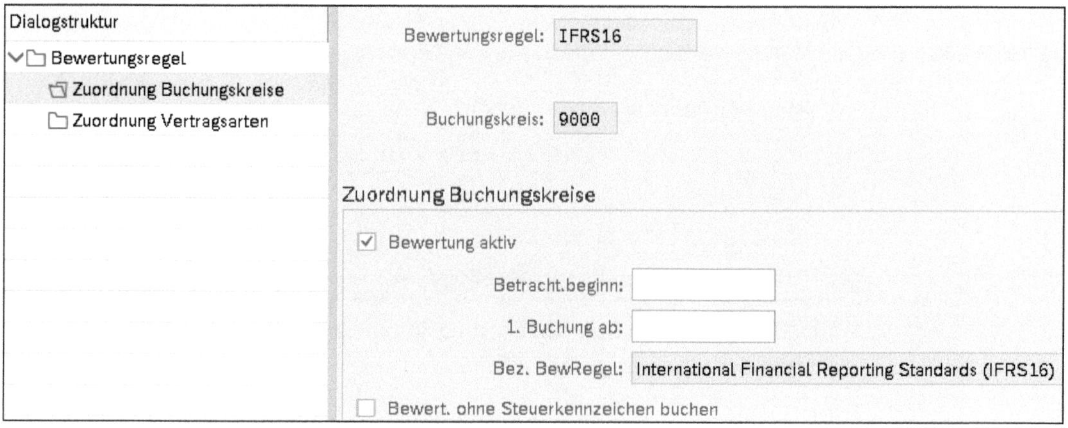

Abbildung 5.58 Bewertungsregel im Buchungskreis aktivieren

In Abbildung 5.59 sehen Sie die Customizing-Einstellungen für die Aktivierung einer Bewertungsregel für einzelne Vertragsarten.

Abbildung 5.59 Bewertungsregel für eine Vertragsart aktivieren

5.4.5 Konditionsbewertungsgruppen

Jeder Bewertungsregel muss eine *Konditionsbewertungsgruppe* zugeordnet werden. Die Definition der Konditionsbewertungsgruppe erfolgt im Customizing von SAP RE unter **Bilanzielle Bewertung von Verträgen • Konditionsbewertungsgruppen**. In Abbildung 5.60 ist die Zuordnung einer Konditionsbewertungsgruppe zu einer Bewertungsregel dargestellt (Feld **KondBewGruppe**).

Abbildung 5.60 Konditionsbewertungsgruppe in den Parametern Bewertung der Bewertungsregel (gemäß IFRS)

Konditionsbewertungsgruppe

Die Konditionsbewertungsgruppe definiert, welche Konditionsarten bei der Vertragsbewertung berücksichtigt werden und wie sich diese Konditionen im Bewertungsprozess verhalten.

Die Einstellungen zum Verhalten einer Kondition innerhalb einer Konditionsbewertungsgruppe sind auf zwei Ebenen möglich:

- Sie können die Bewertungseigenschaft pro Konditionszweck/Konditionsart vorbelegen.
- Sie können pro Konditionszweck/Konditionsart entscheiden, welche weiteren Bewertungseigenschaften durch den Anwender im Dialog ausgewählt werden können.

Die Bewertungseigenschaften werden immer einer Kombination aus Konditionszweck und Konditionsart zugeordnet. Das bedeutet, dass eine Konditionsart innerhalb einer Konditionsbewertungsgruppe mehrmals mit unterschiedlichen Konditionszwecken auftreten kann. Die Daten auf Abbildung 5.61 zeigen das Einfügen von Einträgen innerhalb einer Konditionsbewertungsgruppe.

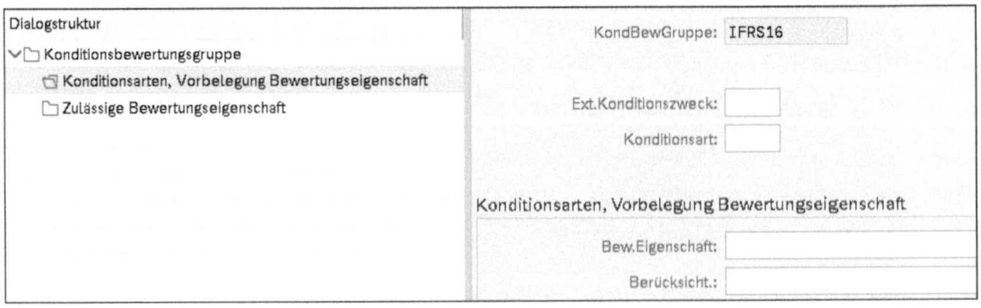

Abbildung 5.61 Konditionsbewertungsgruppe – Einfügen von Einträgen

Die grundsätzlich zulässigen Bewertungseigenschaften pro Konditionsart und externem Konditionszweck werden im Dialog **Zulässige Bewertungseigenschaft** der Konditionsbewertungsgruppe definiert.

Konditionsbewertungseigenschaft

In Abbildung 5.62 sehen Sie ein Beispiel für eine Vorbelegung mit Detaildaten für einzelne Konditionsarten innerhalb der Einstellungen zu einer Konditionsbewertungsgruppe. Hier sollen unter anderem folgende Konditionen als **Leasingrate** gewertet werden:

- Konditionen mit dem Konditionszweck **B** (**Buchmiete einmalig**) und der Konditionsart **V900** (**Kredit. Minderung**)
- Konditionen mit dem Konditionszweck **I** (**Statistisch**) und Konditionsart **V100** (**Grundmiete kreditorisch**)

Konditionen mit Konditionszweck **K** (**Statistisch, einmalig**) und Konditionsart **V102** (**Anfängl. Kosten kreditorisch**) sollen dagegen mit der *Konditionsbewertungseigenschaft* **Initialkosten** belegt werden.

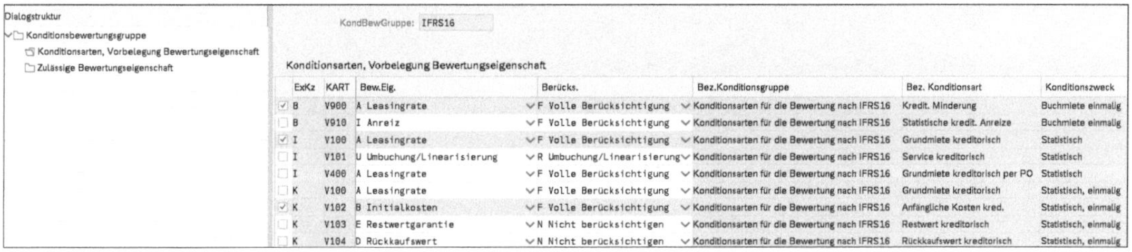

	ExKz	KART	Bew.Eig.	Berücks.	Bez.Konditionsgruppe	Bez. Konditionsart	Konditionszweck
☑	B	V900	A Leasingrate	F Volle Berücksichtigung	Konditionsarten für die Bewertung nach IFRS16	Kredit. Minderung	Buchmiete einmalig
☐	B	V910	I Anreiz	F Volle Berücksichtigung	Konditionsarten für die Bewertung nach IFRS16	Statistische kredit. Anreize	Buchmiete einmalig
☑	I	V100	A Leasingrate	F Volle Berücksichtigung	Konditionsarten für die Bewertung nach IFRS16	Grundmiete kreditorisch	Statistisch
☐	I	V101	U Umbuchung/Linearisierung	R Umbuchung/Linearisierung	Konditionsarten für die Bewertung nach IFRS16	Service kreditorisch	Statistisch
☐	I	V400	A Leasingrate	F Volle Berücksichtigung	Konditionsarten für die Bewertung nach IFRS16	Grundmiete kreditorisch per PO	Statistisch
☐	K	V100	A Leasingrate	F Volle Berücksichtigung	Konditionsarten für die Bewertung nach IFRS16	Grundmiete kreditorisch	Statistisch, einmalig
☑	K	V102	B Initialkosten	F Volle Berücksichtigung	Konditionsarten für die Bewertung nach IFRS16	Anfängliche Kosten kred.	Statistisch, einmalig
☐	K	V103	E Restwertgarantie	N Nicht berücksichtigen	Konditionsarten für die Bewertung nach IFRS16	Restwert kreditorisch	Statistisch, einmalig
☐	K	V104	D Rückkaufswert	N Nicht berücksichtigen	Konditionsarten für die Bewertung nach IFRS16	Rückkaufswert kreditorisch	Statistisch, einmalig

Abbildung 5.62 Customizing der Konditionsbewertungsgruppe – Vorbelegung der Bewertungseigenschaften der einzelnen Konditionsarten

Konditionsberücksichtigung

Die *Konditionsberücksichtigung* beschreibt, mit welchem Anteil eine Kombination aus externem Konditionszweck und Konditionsart in der Bewertung berücksichtigt wird. Dabei sind die folgenden Werte verfügbar:

- *Volle Berücksichtigung (F)* – der Konditionsbetrag wird in voller Höhe bei der Bewertung berücksichtigt (z. B. Leasingraten).
- *Nicht berücksichtigen (N)* – der Konditionsbetrag wird bei der Bewertung nicht berücksichtigt (z. B. nicht bewertungsrelevante Vorauszahlungen für Nebenkosten).
- *Umbuchung/Linearisierung (R)* – der Konditionsbetrag wird bei der Bewertung nicht berücksichtigt (z. B. Servicegebühren, die entsprechend der Rechnungslegungsvorschrift umzubuchen bzw. zu linearisieren sind).
- *Wie angegeben (O)* – es kann ein bei der Bewertung zu berücksichtigender prozentualer oder absoluter Konditionsanteil angegeben werden; der

restliche Konditionsanteil wird entsprechend der Linearisierungsart entweder linearisiert oder umgebucht.

In Kapitel 6, »Spezielle Konditionen«, werden wir sehen, wie sich die Konditionsbewertungseigenschaften unterschiedlich auf die Bewertung von Konditionen auswirken.

5.4.6 Bewertungsabhängige Steuerungsparameter: Anlagenklasse der RoU-Anlage und Kontenfindungswert

Legen Sie im Vertrag eine Bewertungsregel an, die die Aktivierung einer RoU-Anlage verlangt, und setzen Sie die Bewertungsparameter auf *vollständig*, wird automatisch eine RoU-Anlage angelegt. Es ist auch möglich, die Anlage aus dem Vertragsdialog mit Auswahl der Anlagenklasse anzulegen oder eine bereits vorhandene (manuell angelegte) Anlage zuzuordnen.

[zB]

Anlagenklassen definieren

Schließen Sie einen Leasingvertrag für ein Fahrzeug ab, werden Sie für diese Anlage vermutlich eine Anlagenklasse »RoU Fahrzeuge« benutzen. Mieten Sie dagegen eine Immobilie, sollte die entsprechende Anlage in der Anlagenklasse »RoU Immobilien« angelegt werden. Die Anlagenklasse bestimmt in der Anlagenbuchhaltung unter anderem die Nummernvergabe für die Anlagenstammsätze und die Kontenfindung für die Buchungen (z. B. Bestandskonten, Verrechnungskonten, AfA-Konten).

Die Ableitung der Anlagenklasse erfolgt automatisch und kann nach der Vertragsart und dem Vertragsobjekt unterscheiden. Ist das Vertragsobjekt vom Typ **Vertragsgegenstand**, kann zusätzlich nach der Gegenstandsart differenziert werden.

Gegenstandsart

Die *Gegenstandsart* zur Differenzierung unterschiedlicher Vertragsgegenstände haben Sie bereits in Kapitel 2, »Verträge«, kennengelernt. Da die Gegenstandsart im Rahmen des Customizings für die bilanzielle Bewertung genutzt werden kann, sei sie an dieser Stelle noch einmal erwähnt. Sie finden die Einstellungen zur Gegenstandsart im Customizing von SAP RE unter **Vertrag • Objekte • Vertragsgegenstand: Gegenstandsart**. Abbildung 5.63 zeigt beispielhaft verschiedene Gegenstandsarten für die Differenzierung des Vertragsgegenstandes.

Anlagenklasse finden

Die Einstellung zur Bestimmung der Anlagenklasse nehmen Sie im Customizing von SAP RE unter **Bilanzielle Bewertung von Verträgen • Bewertungsobjektabhängige Steuerungsparameter** vor.

Sie können – sofern notwendig – für Bewertungsregeln mit der Klassifizierung A (Finanzierungsleasing) andere Anlagenklassen benutzen als für Klassifizierung B (Operatives Leasing).

Gegenstandsart

Gegenstandsart	Obsolet	Bezeichnung Gegenstandsart
01	☐	Immobilien
02	☐	Maschinen
03	☐	Fuhrpark
21	☐	Einbauten und Zubehör
90	☐	Gebäude
91	☐	Etage
92	☐	Raum
93	☐	Grundstück

Abbildung 5.63 Gegenstandsarten eines Vertragsgegenstandes

Im Beispiel in Abbildung 5.64 ist für bestimmte Vertragsarten z. B. für die Gegenstandsarten für Immobilien die Anlagenklasse **110L** (**Gebäude**) festgelegt, für Maschinen die Anlagenklasse **200L (Maschinen)**. Die genannten Anlagenklassen betreffen das Finanzierungsleasing (Spalte **Klasse Typ A** in Abbildung 5.64). Für das operative Leasing ist im Beispiel der Maschinen die Anlagenklasse **2000** (**Maschinen**) vorgesehen (Spalte **Klasse Type B**).

Bewertungsobjektabhängige Steuerungsparameter

BuKr	Art	Bez. Objektart	Difkrt	Bez. Diff.kriterium	VArt	Bez. Vertragsart	Kontenfindwert	Kontenfindungswert	Klasse Typ A	Klasse Typ A	Klasse Typ B	Klasse Typ B
9000	J4	Vertragsgegenstand	01	Immobilien	9000	Anmietung/Lease-in Immobili...	PROPERTY	Immobilien Leasing	110L	RoU Gebäude	1100	Gebäude
9000	J4	Vertragsgegenstand	01	Immobilien	9003	Anmietung/Lease-in Umsatz	PROPERTY	Immobilien Leasing	110L	RoU Gebäude	1100	Gebäude
9000	J4	Vertragsgegenstand	02	Maschinen	9001	Leasing/Lease-in Sonstiges	NONPROP	Nicht-Immobilien Leasing	200L	RoU Maschinen	2000	Maschinen
9000	J4	Vertragsgegenstand	90	Gebäude	9000	Anmietung/Lease-in Immobili...	PROPERTY	Immobilien Leasing	110L	RoU Gebäude	1100	Gebäude
9000	J4	Vertragsgegenstand	90	Gebäude	9003	Anmietung/Lease-in Umsatz	PROPERTY	Immobilien Leasing	110L	RoU Gebäude	1100	Gebäude
9000	J4	Vertragsgegenstand	91	Etage	9000	Anmietung/Lease-in Immobili...	PROPERTY	Immobilien Leasing	110L	RoU Gebäude	1100	Gebäude
9000	J4	Vertragsgegenstand	91	Etage	9003	Anmietung/Lease-in Umsatz	PROPERTY	Immobilien Leasing	110L	RoU Gebäude	1100	Gebäude
9000	J4	Vertragsgegenstand	92	Raum	9000	Anmietung/Lease-in Immobili...	PROPERTY	Immobilien Leasing	110L	RoU Gebäude	1100	Gebäude
9000	J4	Vertragsgegenstand	92	Raum	9003	Anmietung/Lease-in Umsatz	PROPERTY	Immobilien Leasing	110L	RoU Gebäude	1100	Gebäude

Abbildung 5.64 Differenzierung der Anlagenklassen und Kontenfindungswerte

[+]

Anlagenklasse für alle Vertragsarten festlegen

Wenn Sie in der Customizing-Tabelle in Abbildung 5.64 in der Spalte **VArt** (Vertragsart) keinen Eintrag erfassen, gelten die abzuleitenden Anlagenklassen (Typ A und Typ B) automatisch für alle Vertragsarten, die für die Vertragsbewertung im angegebenen Buchungskreis zugelassen sind.

Wir schauen uns die Ermittlung der Anlagenklassen an einem Beispiel an: Ein Vertrag enthält gleichzeitig die Anmietung eines Gebäudes und eines Fahrzeugs. Für die Vertragsobjekte wird jeweils eine Bewertungsregel der

Klassifizierung A (Finanzierungsleasing) angelegt. Wie im Customizing definiert, wird für das Gebäude eine Anlage der Anlagenklasse **110L** angelegt, für das Fahrzeug eine Anlage in Anlagenklasse **200L**. Ein Beispiel für einen solchen Vertrag mit mehreren RoU-Anlagen (Immobilien und Fahrzeuge) sehen Sie in Abbildung 5.65. Wegen der Zuordnung unterschiedlicher Anlagenklassen können die Anlagen ggf. auch Nummern aus unterschiedlichen Nummernkreisen haben.

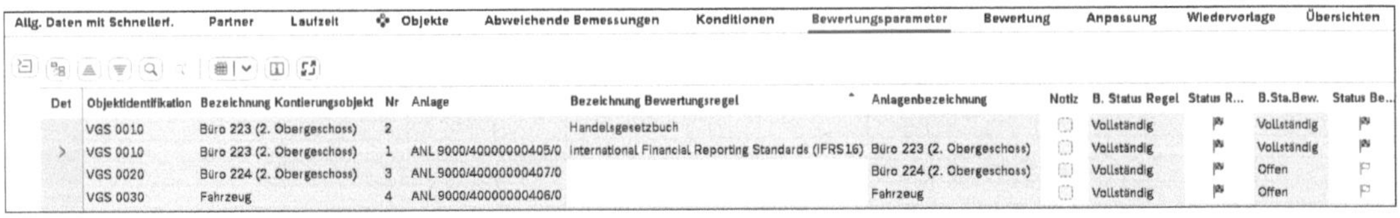

Abbildung 5.65 Anlagen (Immobilien und Fahrzeuge) innerhalb eines Vertrags

Die gleiche Customizing-Tabelle (siehe Abbildung 5.64) wird auch benutzt, um den Kontenfindungswert zu ermitteln. Genaueres hierzu erfahren Sie in Kapitel 7, »Bewertung buchen«.

Sollte die Ableitung der Anlagenklassen und des Kontenfindungswertes für die genaue Kombination aus dem Buchungskreis, der Objektart und – im Fall des Vertragsgegenstandes – deren Differenzierungskriterium sowie der Vertragsart des Leasingvertrags nicht in der Customizing-Tabelle definiert sein, werden die zu verwendenden Anlagenklassen und Kontenfindungswerte in dieser Reihenfolge abgeleitet:

1. Ableitung nach Buchungskreis, Objektart und Objektdifferenzierungskriterium
2. Ableitung nach Buchungskreis, Objektart und Vertragsart
3. Ableitung nach Buchungskreis und Objektart
4. Ableitung nach Buchungskreis und Vertragsart
5. Ableitung nach dem Buchungskreis

5.4.7 Erweiterungen implementieren (BAdI)

Wie in vielen anderen Bereichen von SAP RE können Sie auch im Vertragsmanagement für die Abbildung kundenspezifischer Anforderungen *Business Add-ins* (*BAdIs*) verwenden.

Um Validierungen und Substitutionen zum Leasingvertrag zu implementieren, können Sie das BAdI BADI_RECN_CONTRACT (Erweiterungsspot BADI_RE_CN_CN) verwenden. Auf diese Art können sie beispielsweise kundenspezifische Datenkonstellationen im Leasingvertrag auswerten und entsprechende Fehlermeldungen oder Warnungen ausgeben. Weiterhin können Sie für Felder im Vertragsdialog Vorbelegungen definieren, die Nummernvergabe für Leasingverträge kundenspezifisch gestalten oder nach dem Sichern des Vertrags kundenspezifische Tabellen aktualisieren. Neben den allgemeinen Daten zum Vertrag, den Konditionen, Geschäftspartnern und weiteren Vertragsattributen können Sie hierbei auch auf die Daten zur Bewertungsrelevanz sowie die Bewertungsklauseln zugreifen.

Zusätzlich gibt es Erweiterungsmöglichkeiten, die speziell für die Abbildung kundenspezifischer Anforderungen für die Bewertung genutzt werden können. Sie finden diese Erweiterungsmöglichkeiten im Customizing-Menü von SAP RE unter dem Menüpunkt **Bilanzielle Bewertung von Verträgen**. In der Dokumentation zu diesen Customizing-Aktivitäten werden die vorhandenen Methoden und Datenstrukturen sowie die diesbezüglichen Erweiterungstechniken und Programmierrichtlinien beschrieben.

Auch die im Rahmen von *Erweiterungsimplementierungen* zu verwendenden *Funktionsbausteine*, wie z. B. API_RE_CN_GET_DETAIL bzw. BAPI_RE_CN_GET_DETAIL, wurden um Daten zu Bewertungsregeln und konditionsspezifischen Bewertungsregeln erweitert, sodass Sie auf diese Funktionsbausteine auch im Zusammenhang mit der bilanziellen Bewertung zurückgreifen können. BAdIs, die Sie für kundenspezifische Erweiterungen im Rahmen der bilanziellen Vertragsbewertung verwenden können, sehen Sie in Abbildung 5.66.

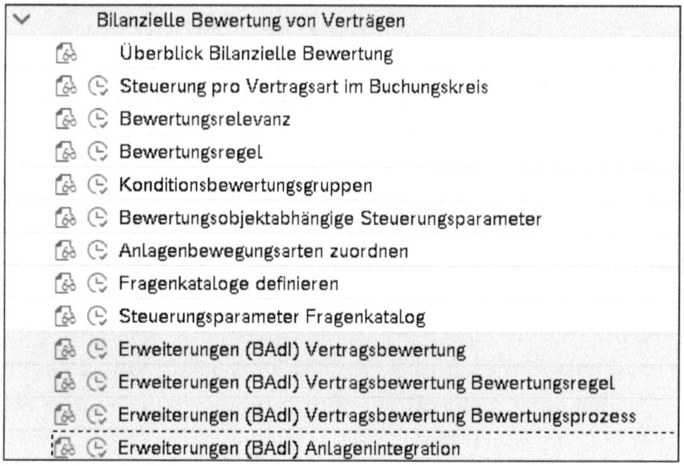

Abbildung 5.66 BAdIs zur bilanziellen Bewertung

Die in Tabelle 5.3 aufgeführten BAdIs stehen Ihnen zur Verfügung, um kundenspezifische Anforderungen für die Bewertungsregel, den Bewertungsprozess und die Integration mit der RoU-Anlage abzubilden.

BAdI	Inhalt
BADI_RECE_EVALUATION	Vertragsbewertung
BADI_RECE_EVALUATION_RULE	Vertragsbewertung Bewertungsregel
BADI_RECE_EVALUATION_PROCESS	Vertragsbewertung Bewertungsprozess
BADI_RECE_ASSET_ACCOUNTING	Anlagenintegration

Tabelle 5.3 BAdIs zur bilanziellen Bewertung

BADI_RECE_EVALUATION

Das BAdI BADI_RECE_EVALUATION können Sie verwenden, wenn Sie übergreifende Daten und Funktionen der Bewertung auswerten und anpassen möchten. Sie können beispielsweise die Integrationsart (Anlagenbuchhaltung oder direkte Bilanzbuchungen) und den Kontenfindungswert beeinflussen oder die Erfassung des wahrscheinlichen Vertragsendes bei der Bewertungsart Umbuchung ermöglichen, wo dieses Feld im Allgemeinen nicht eingabebereit ist.

BADI_RECE_EVALUATION_RULE

Mit dem BAdI BADI_RECE_EVALUATION_RULE haben Sie die Möglichkeit, Bewertungsregeln zum Vertrag vorzubelegen bzw. mit Werten zu versorgen, z. B. den Zinssatz oder den Betrachtungsbeginn.

BADI_RECE_EVALUATION_PROCESS

Im Bewertungsprozess wird das BAdI BADI_RECE_EVALUATION_PROCESS durchlaufen. Hier können z. B. während des Bewertungsprozesses zusätzliche kundenspezifische Nachrichten ausgegeben werden.

BADI_RECE_ASSET_ACCOUNTING

Wenn Sie Erweiterungen im Zusammenhang mit der RoU-Anlage vornehmen möchten, können Sie hierfür BAdI BADI_RECE_ASSET_ACCOUNTING verwenden. Dieses BAdI ermöglicht die Ergänzung bzw. die Änderung von Daten beim Anlegen des Anlagenstammsatzes der RoU-Anlage. Sie können dieses BAdI ebenso nutzen, um die verwendete Anlagenklasse zu beeinflussen. Außerdem besteht die Möglichkeit, während der Durchführung von Abschreibungsläufen oder anderen Funktionen der Anlagenbuchhaltung, die auf der Abschreibungsberechnung der bilanziellen Bewertung basieren, die Vollständigkeit der Bewertungsregeln oder den Status der Bewertung zu prüfen. So kann beispielsweise verhindert werden, dass bei unvollständigen Bewertungsregeln oder noch nicht durchgeführten Bewertungsläufen ein Abschreibungslauf durchgeführt wird.

Alle hier genannten Erweiterungsmöglichkeiten sind modifikationsfrei und ermöglichen die Abbildung kundenspezifischer Anforderungen für die bilanzielle Bewertung von Leasingverträgen.

5.5 Beispiele für Bewertungen

Sie haben gesehen, wie die Bewertung grundsätzlich funktioniert und das Customizing der Bewertung kennengelernt. Wir wollen diese Kenntnisse anhand weiterer Beispiele vertiefen und die Möglichkeiten, die die bilanzielle Bewertung bietet, hieran illustrieren.

Kehren wir zu diesem Zweck noch einmal zurück zu unserem ursprünglichen Beispiel und legen es zugrunde, um die Unterschiede in den Bewertungen nach den einzelnen Rechnungslegungsvorschriften aufzuzeigen.

Leasingvertrag

Der Leasingvertrag ist befristet und hat eine Laufzeit von fünf Jahren. Die Leasingrate ist jährlich nachschüssig zu entrichten. Sie beträgt im ersten Jahr 11.000 € und erhöht sich in jedem weiteren Jahr um jeweils 1.000 €. Der Zinssatz für die Barwertberechnung beträgt 6 %. Der Betrachtungsbeginn für die Bewertung ist der 01.01.2025.

Der Partnerfinanzstrom sieht also aus, wie in Abbildung 5.67 dargestellt.

Simulation Partnerfinanzstrom - Alle Konditionen (5/5)

Berech. von	Berechnung bis	Fälligkeitstag	BArt	Bewegungsartbezeichnung	Netto KoWhr	Steuer HW	KWhr	Status
01.01.2025	31.12.2025	31.12.2025	V100	Kred. Grundmiete	11.000,00	2.090,00	EUR	
01.01.2026	31.12.2026	31.12.2026	V100	Kred. Grundmiete	12.000,00	2.280,00	EUR	
01.01.2027	31.12.2027	31.12.2027	V100	Kred. Grundmiete	13.000,00	2.470,00	EUR	
01.01.2028	31.12.2028	31.12.2028	V100	Kred. Grundmiete	14.000,00	2.660,00	EUR	
01.01.2029	31.12.2029	31.12.2029	V100	Kred. Grundmiete	15.000,00	2.850,00	EUR	
					• 65.000,00	• 12.350,00	EUR	

Abbildung 5.67 Partnerfinanzstrom des Beispielvertrags

5.5.1 Leasingvertrag nach IFRS 16 bewerten

Wir ordnen dem Vertrag zunächst eine IFRS-16-Regel zu. Die notwendigen Einstellungen in der Bewertungsregel haben wir bereits erläutert. Bitte beachten Sie, dass in der Bewertungsregel die Klassifizierung A eingestellt sein muss (siehe auch Abbildung 5.68), da nach IFRS 16 alle Leasingverträge wie Finanzierungsleasing behandelt werden. Die Abschreibung der RoU-Anlage ist linear.

Parameter Bilanzielle Aktivierung

Klassifizierung: A Right of use approach (lineare Abschreibung)

Abbildung 5.68 Klassifizierung der Bewertungsregel für IFRS 16 als Finanzierungsleasing

Die Bewertung des beschriebenen Vertrags gemäß IFRS 16 ergibt die in Abbildung 5.69 dargestellten Werte. Im oberen Bildbereich sehen Sie die Entwicklung der Leasingverbindlichkeiten. Da die Leasingrate jeweils jährlich nachschüssig zu entrichten ist, finden Sie die Werte für die Leasingraten immer im Monat Dezember des jeweiligen Jahres. Auch die Zinsen werden jeweils zum Jahresende berechnet.

Im unteren Bildbereich erkennen Sie die Werte der RoU-Anlage. Die Berechnung der Abschreibung erfolgt linear jeweils zum Jahresende. Zum Ende der Vertragslaufzeit, also im Dezember 2029, ist die gesamte RoU-Anlage abgeschrieben.

Die im Rahmen der Vertragsbewertung erzeugten Buchungen sehen Sie in Abbildung 5.70. Dabei sind die Bilanzbuchungen (Aktiva und Passiva) im linken und mittleren Bildbereich dargestellt, während die Buchungen in der Gewinn-und-Verlust-Rechnung (GuV) im rechten Bildteil zu sehen sind. Bitte beachten Sie, dass aus Gründen der Übersichtlichkeit ausschließlich die Buchungen für das Jahr 2025, also das erste Jahr der Vertragslaufzeit, in der Abbildung dargestellt werden.

Leasingverbindlichkeit				
Periode	Rate	Anfangsbestand	Zinsen	Endbestand
01/2025		54.270,55 €		54.270,55 €
12/2025	11.000,00 €	54.270,55 €	3.256,23 €	46.526,78 €
12/2026	12.000,00 €	46.526,78 €	2.791,61 €	37.318,39 €
12/2027	13.000,00 €	37.318,39 €	2.239,10 €	26.557,49 €
12/2028	14.000,00 €	26.557,49 €	1.593,45 €	14.150,94 €
12/2029	15.000,00 €	14.150,94 €	849,06 €	– €
Summe	65.000,00 €		10.729,45 €	

RoU-Anlage				
Periode	Anfangsbestand	Abschreibung	Endbestand	Aufwand
01/2025	54.270,55 €		54.270,55 €	
12/2025	54.270,55 €	10.854,11 €	43.416,44 €	14.110,34 €
12/2026	43.416,44 €	10.854,11 €	32.562,33 €	13.645,72 €
12/2027	32.562,33 €	10.854,11 €	21.708,22 €	13.093,21 €
12/2028	21.708,22 €	10.854,11 €	10.854,11 €	12.447,56 €
12/2029	10.854,11 €	10.854,11 €	– €	11.703,17 €
Summe				65.000,00 €

Abbildung 5.69 Werteverlauf des Vertrags bei der Bewertung gemäß IFRS 16

Im Einzelnen sehen Sie in Abbildung 5.70 die folgenden Buchungen:

- (1a) Aktivierung der RoU-Anlage
  per RoU-Anlage an Verrechnung Anlagenzugang

- (1b) Zugang Leasingverbindlichkeit
  per Verrechnung Anlagenzugang an Leasingverbindlichkeiten
- (2) Kreditorenverbindlichkeit
  per Verrechnung Leasing an Kreditorenverbindlichkeiten
- (3) Zinsen Leasingverbindlichkeit
  per Zinsen an Leasingverbindlichkeiten
- (4) Abbau der Leasingverbindlichkeit
  per Leasingverbindlichkeiten an Verrechnung Leasing
- (5) Abschreibungen
  per AfA Leasinganlagen an Wertberichtigung RoU-Anlagen

Die Aktivierung der RoU-Anlage und die Buchung des Zugangs der Leasingverbindlichkeit erfolgen zu Anfang der Vertragslaufzeit, während die Buchungen der Leasingverbindlichkeiten aufgrund der nachschüssig zu entrichtenden Leasingrate am Jahresende erfolgt. Die Buchungen (1a), (1b), (3) und (4) werden im Rahmen der Bewertungsbuchungen mit App **Bewertung zu Verträgen buchen** (RECEEP) erzeugt, während Buchung (2) aus der periodischen Buchung mit der App **Periodisches Buchen: Verträge** (RERAPP) resultiert. Die Buchung der Abschreibungen erfolgt mit dem *AfA-Lauf* (*Abschreibungslauf*) der Anlagenbuchhaltung.

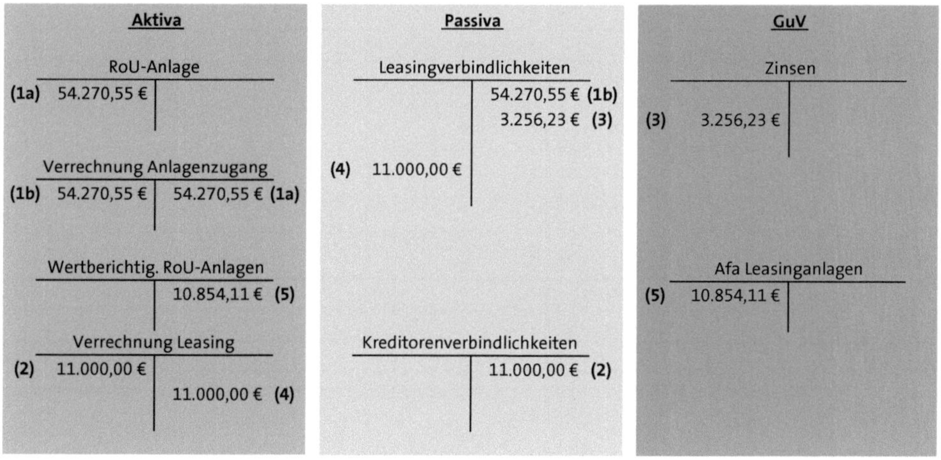

(1a) 01/2025 Bewertungsbuchung: Aktivierung der RoU-Anlage
(1b) 01/2025 Bewertungsbuchung: Zugang Leasingverbindlichkeit
(2) 12/2025 Periodische Buchung: Kreditorenverbindlichkeit
(3) 12/2025 Bewertungsbuchung: Zinsen auf die Leasingverbindlichkeit
(4) 12/2025 Bewertungsbuchung: Abbau der Leasingverbindlichkeit
(5) 12/2025 Afa-Lauf: Abschreibunger

Abbildung 5.70 Buchungsschema für die Bewertung gemäß IFRS 16 (bilanzielle Aktivierung)

5.5.2 Leasingvertrag nach US-GAAP ASC 842 bewerten (operatives Leasing)

Bewertet man denselben Vertrag nach US-GAAP, muss die entsprechende Bewertungsregel eine Klassifizierung für operatives Leasing **B Straight line lease (linearisierte Verpflichtung)** aufweisen. Abbildung 5.71 zeigt die Einstellungen zur Klassifizierung in den Customizing-Einstellungen für die Bewertung gemäß US-GAAP.

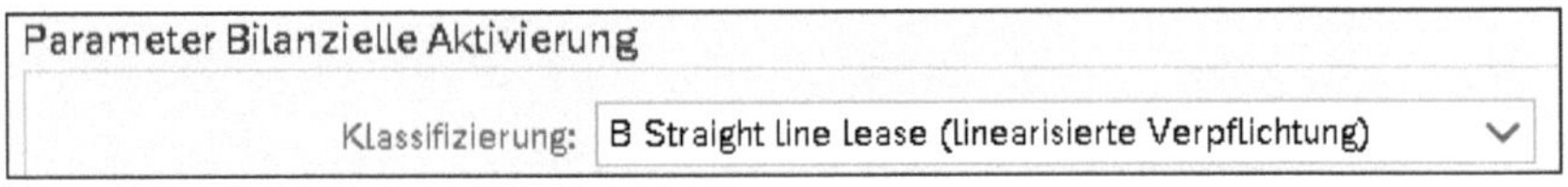

Abbildung 5.71 Klassifizierung der Bewertungsregel für US-GAAP als operatives Leasing

Diese Einstellung veranlasst die Berechnung, die Abschreibung als Differenz aus dem über die Laufzeit linearisierten Vertragswert (65.000 € / fünf Jahre ergibt 13.000 €) und den Zinsen zu ermitteln. Dieses Verfahren führt zu einem linearen Aufwand.

Sie sehen die Jahreswerte des linearisierten Vertragswertes in Höhe von jeweils 13.000 € im Bereich »Aufwand« im rechten unteren Bildbereich von Abbildung 5.72.

Leasingverbindlichkeit				
Periode	**Rate**	**Anfangsbestand**	**Zinsen**	**Endbestand**
01/2025		54.270,55 €		54.270,55 €
12/2025	11.000,00 €	54.270,55 €	3.256,23 €	46.526,78 €
12/2026	12.000,00 €	46.526,78 €	2.791,61 €	37.318,39 €
12/2027	13.000,00 €	37.318,39 €	2.239,10 €	26.557,49 €
12/2028	14.000,00 €	26.557,49 €	1.593,45 €	14.150,94 €
12/2029	15.000,00 €	14.150,94 €	849,06 €	– €
Summe	65.000,00 €		10.729,45 €	

RoU-Anlage				
Periode	**Anfangsbestand**	**Abschreibung**	**Endbestand**	**Aufwand**
01/2025	54.270,55 €		54.270,55 €	
12/2025	54.270,55 €	9.743,77 €	44.526,78 €	13.000,00 €
12/2026	44.526,78 €	10.208,39 €	34.318,39 €	13.000,00 €
12/2027	34.318,39 €	10.760,90 €	23.557,49 €	13.000,00 €
12/2028	23.557,49 €	11.406,55 €	12.150,94 €	13.000,00 €
12/2029	12.150,94 €	12.150,94 €	– €	13.000,00 €
Summe				65.000,00 €

Abbildung 5.72 Werteverlauf des Vertrags bei der Bewertung gemäß US-GAAP

Die Abschreibungswerte erkennen Sie in der Spalte »Abschreibung« im unteren Bildbereich. Aufgrund der gegenüber der Bewertung gemäß IFRS 16 veränderten Berechnung der Abschreibung unterscheiden sich auch die Anlagenwerte im unteren Bildbereich (Anfangsbestand, Abschreibung und Endbestand) von den in Abbildung 5.69 gezeigten Anlagenwerten bei der Bewertung gemäß IFRS.

Vergleicht man die Aufwandsspalte Abbildung 5.69 mit derjenigen in Abbildung 5.72, so wird deutlich, dass der Gesamtaufwand aus IFRS-Sicht über die Vertragslaufzeit rückläufig ist, während er aus US-GAAP-Sicht konstant bleibt.

Das in Abbildung 5.73 dargestellte Buchungsschema für die Bewertung gemäß US-GAAP ähnelt dem Buchungsschema des IFRS, das wir in Abbildung 5.70 detailliert erläutert haben. Auch im Fall der Bewertung gemäß US-GAAP werden die Buchungen zur Aktivierung der RoU-Anlage (1a), die Zugangsbuchung und der Abbau der Leasingverbindlichkeit ((1b) und (4)) sowie die Buchung der Zinsen (3) durch die Bewertungsbuchung initiiert, während die Buchung der Kreditorenverbindlichkeit durch die periodische Buchung und die Buchung der Abschreibung im Rahmen des AfA-Laufs erfolgen.

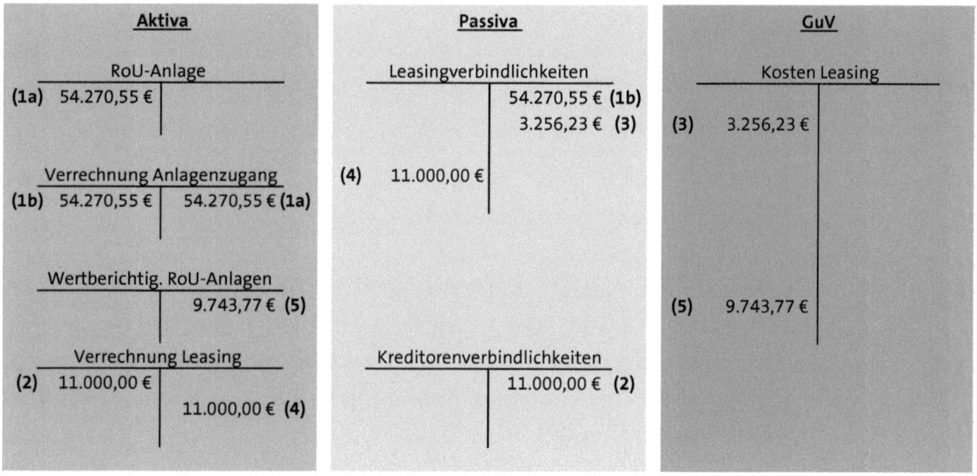

(1a) 01/2025 Bewertungsbuchung: Aktivierung der RoU-Anlage
(1b) 01/2025 Bewertungsbuchung: Zugang Leasingverbindlichkeit
(2) 12/2025 Periodische Buchung: Kreditorenverbindlichkeit
(3) 12/2025 Bewertungsbuchung: Zinsen auf die Leasingverbindlichkeit
(4) 12/2025 Bewertungsbuchung: Abbau der Leasingverbindlichkeit
(5) 12/2025 Afa-Lauf: Abschreibungen

Abbildung 5.73 Buchungsschema für die Bewertung gemäß US-GAAP ASC 842 (operatives Leasing)

5.5.3 Leasingvertrag nach HGB bewerten (operatives Leasing)

Bewertet man den Beispielvertrag nach HGB, muss die **Bewertungsart** der Bewertungsregel auf **1 Umbuchung** eingestellt werden (siehe Abbildung 5.74).

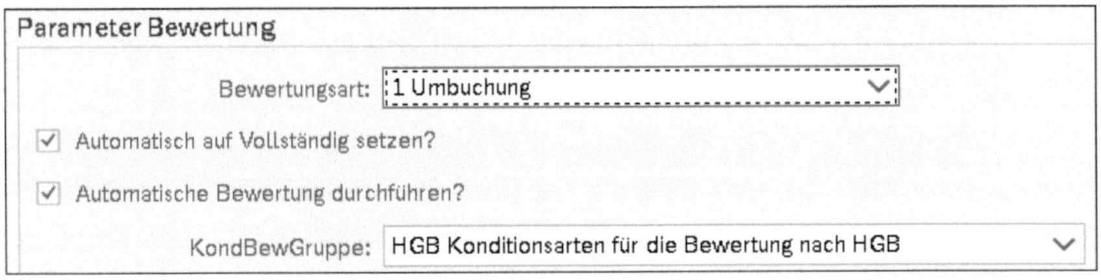

Abbildung 5.74 Bewertungsart »Umbuchung«

In der Konditionenzuordnung zur Bewertungsregel wird die Bewertungseigenschaft nicht mehr als Leasingrate dargestellt, sondern als Umbuchung/Linearisierung. Bitte beachten Sie hierzu auch die Ausführungen zum Customizing der Konditionsbewertungsgruppen in Abschnitt 5.4.5. Abbildung 5.75 zeigt die Einstellungen für die Bewertungseigenschaft *Umbuchung*.

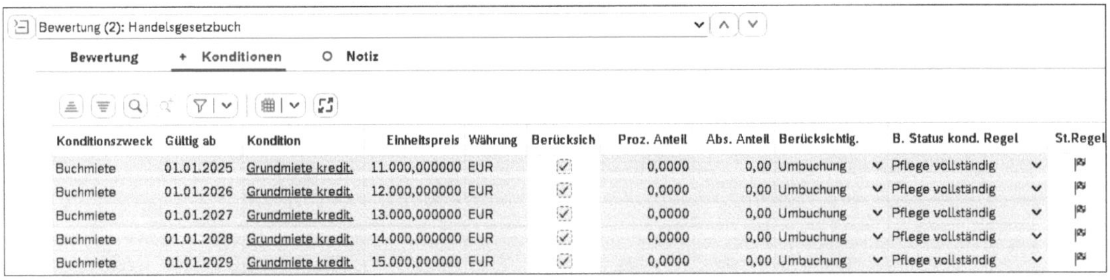

Bewertung (2): Handelsgesetzbuch

Bewertung | + Konditionen | O Notiz

Konditionszweck	Gültig ab	Kondition	Einheitspreis	Währung	Berücksich	Proz. Anteil	Abs. Anteil	Berücksichtig.	B. Status kond. Regel	St.Regel
Buchmiete	01.01.2025	Grundmiete kredit.	11.000,000000	EUR	✓	0,0000	0,00	Umbuchung	Pflege vollständig	
Buchmiete	01.01.2026	Grundmiete kredit.	12.000,000000	EUR	✓	0,0000	0,00	Umbuchung	Pflege vollständig	
Buchmiete	01.01.2027	Grundmiete kredit.	13.000,000000	EUR	✓	0,0000	0,00	Umbuchung	Pflege vollständig	
Buchmiete	01.01.2028	Grundmiete kredit.	14.000,000000	EUR	✓	0,0000	0,00	Umbuchung	Pflege vollständig	
Buchmiete	01.01.2029	Grundmiete kredit.	15.000,000000	EUR	✓	0,0000	0,00	Umbuchung	Pflege vollständig	

Abbildung 5.75 Bewertungseigenschaft »Umbuchung« (HGB)

Der Bewertungsfinanzstrom ist übersichtlich und entspricht dem bisherigen Objektfinanzstrom. Der einzige Unterschied zum Objektfinanzstrom ist, dass nun nicht mehr in alle Bücher gebucht wird, sondern nur noch in jene, die für HGB relevant sind. Abbildung 5.76 zeigt das Buchungsschema für die Bewertung gemäß HGB.

[»]

Objektfinanzstrom entfällt

Die bilanzielle Bewertung ersetzt funktional den Objektfinanzstrom. Mit Beginn der bilanziellen Bewertung wird der Objektfinanzstrom automatisch beendet.

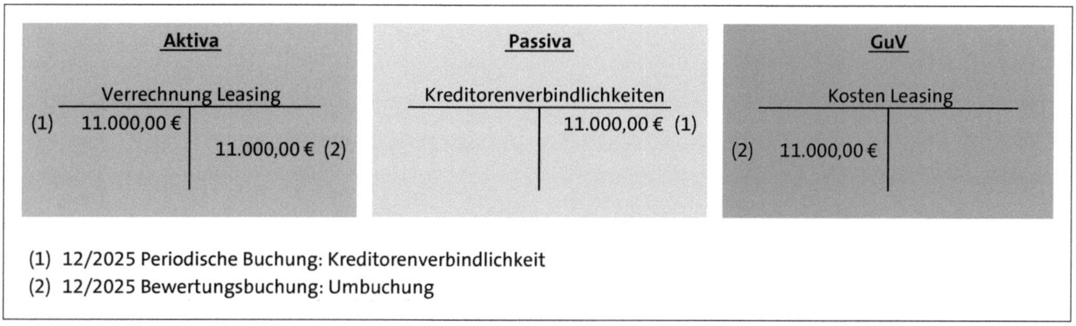

Abbildung 5.76 Buchungsschema für die Bewertung gemäß HGB

5.5.4 Servicevertrag nach FAS13 linearisieren (Straight-Lining)

Gehen wir nun zu einem anderen Beispiel über, bei dem es sich nicht um einen Leasingvertrag handelt.

> **Servicevertrag**
> Der Servicevertrag ist befristet und hat eine Laufzeit von fünf Jahren. Die Servicegebühr ist jährlich nachschüssig zu entrichten. Sie beträgt im ersten Jahr 11.000 € und erhöht sich in jedem weiteren Jahr um jeweils 1.000 €.

Dieser Vertrag beinhaltet die Lieferung eines Service und ist daher kein Leasingvertrag. In diesem Fall ist der Aufwand über die Vertragslaufzeit zu linearisieren.

Die verwendete Bewertungsregel muss von der **Bewertungsart** her mit **2 Linearisierung** eingestellt sein, wie Abbildung 5.77 zeigt.

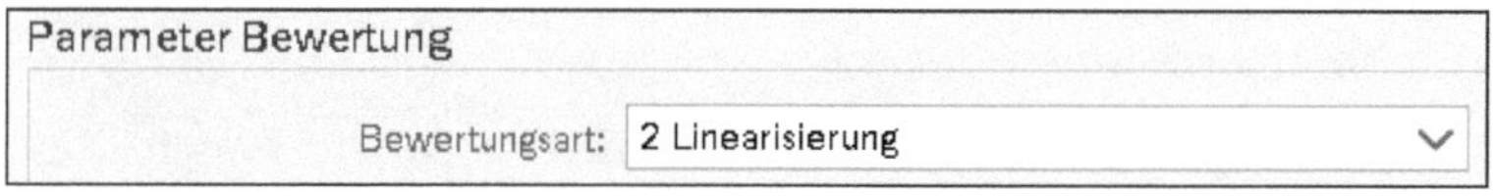

Abbildung 5.77 Bewertungsregel mit Bewertungsart »Linearisierung«

Die Kosten des Vertrags werden gleichmäßig über den Vertragszeitraum verteilt. Den Bewertungsfinanzstrom für einen Vertrag mit der Bewertungsart *Linearisierung* sehen Sie in Abbildung 5.78.

Im Buchungsschema in Abbildung 5.79 wird deutlich, dass das Verrechnungskonto für die periodische Buchung bei ungleichmäßigen Zahlungen erst am Ende der Vertragslaufzeit ausgeglichen ist.

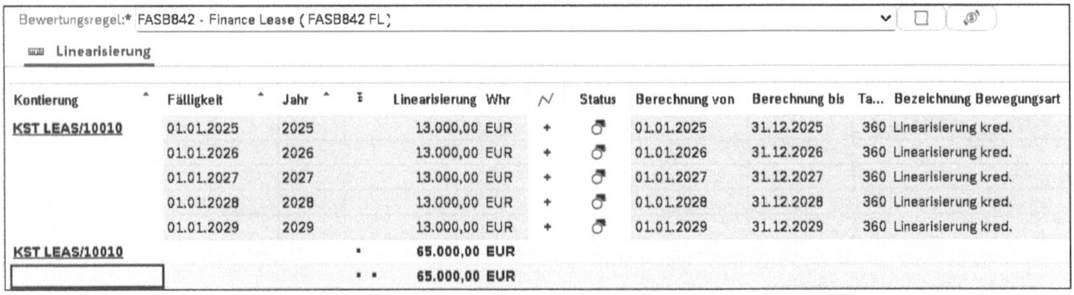

Bewertungsregel:* FASB842 - Finance Lease (FASB842 FL)

Linearisierung

Kontierung	Fälligkeit	Jahr	Σ	Linearisierung	Whr		Status	Berechnung von	Berechnung bis	Ta...	Bezeichnung Bewegungsart
KST LEAS/10010	01.01.2025	2025		13.000,00	EUR	+		01.01.2025	31.12.2025	360	Linearisierung kred.
	01.01.2026	2026		13.000,00	EUR	+		01.01.2026	31.12.2026	360	Linearisierung kred.
	01.01.2027	2027		13.000,00	EUR	+		01.01.2027	31.12.2027	360	Linearisierung kred.
	01.01.2028	2028		13.000,00	EUR	+		01.01.2028	31.12.2028	360	Linearisierung kred.
	01.01.2029	2029		13.000,00	EUR	+		01.01.2029	31.12.2029	360	Linearisierung kred.
KST LEAS/10010			•	**65.000,00**	**EUR**						
			••	**65.000,00**	**EUR**						

Abbildung 5.78 Bewertungsfinanzstrom bei »Linearisierung«

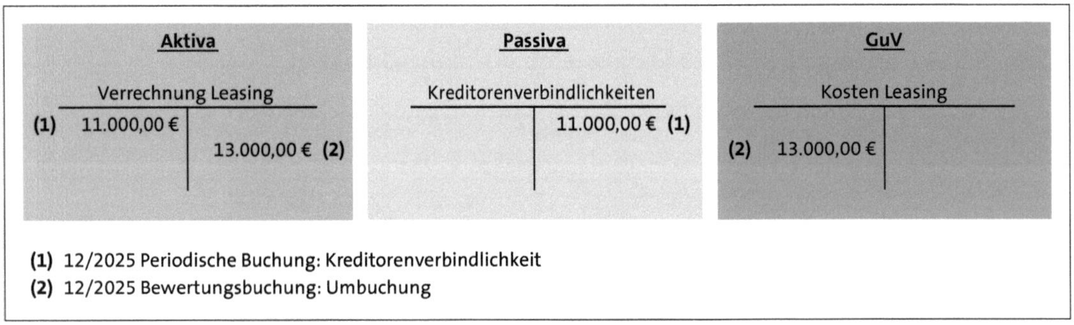

Abbildung 5.79 Buchungsschema bei Linearisierung

5.5.5 (Unter-)Mietvertrag als Finanzierungsleasing bewerten

Sie haben einen (Unter-)Mietvertrag geschlossen und vermieten ein von Ihnen angemietetes Objekt weiter. Dieser debitorische Vertrag wird als Finanzierungsleasing bewertet.

[zB]

Debitorisches Finanzierungsleasing

Der Leasingvertrag ist befristet und hat eine Laufzeit von drei Jahren. Die Leasingrate ist jährlich nachschüssig zu entrichten. Sie beträgt im ersten Jahr 11.000 € und erhöht sich in jedem weiteren Jahr um jeweils 1.000 €. Der Zinssatz für die Barwertberechnung beträgt 6 %. Der Betrachtungsbeginn für die Bewertung ist der 01.01.2025.

Die Bewertungsregel muss so eingestellt sein, dass keine AfA berechnet wird. Abbildung 5.80 zeigt die Einstellungen zur Klassifizierung beim debitorischen Finanzierungsleasing.

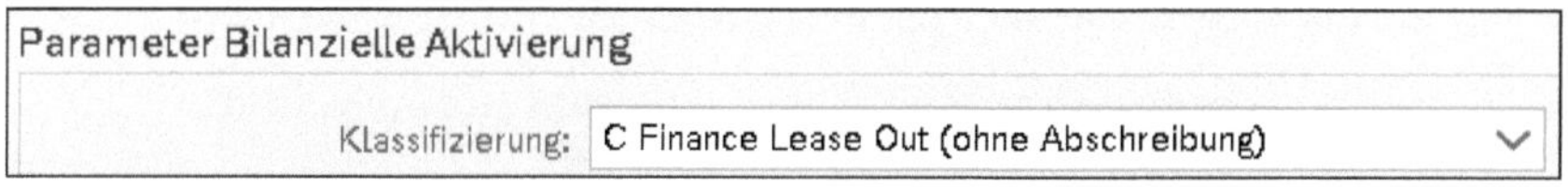

Abbildung 5.80 Klassifizierung für debitorisches Finanzierungsleasing

Das Buchungsschema ist in Abbildung 5.81 dargestellt.

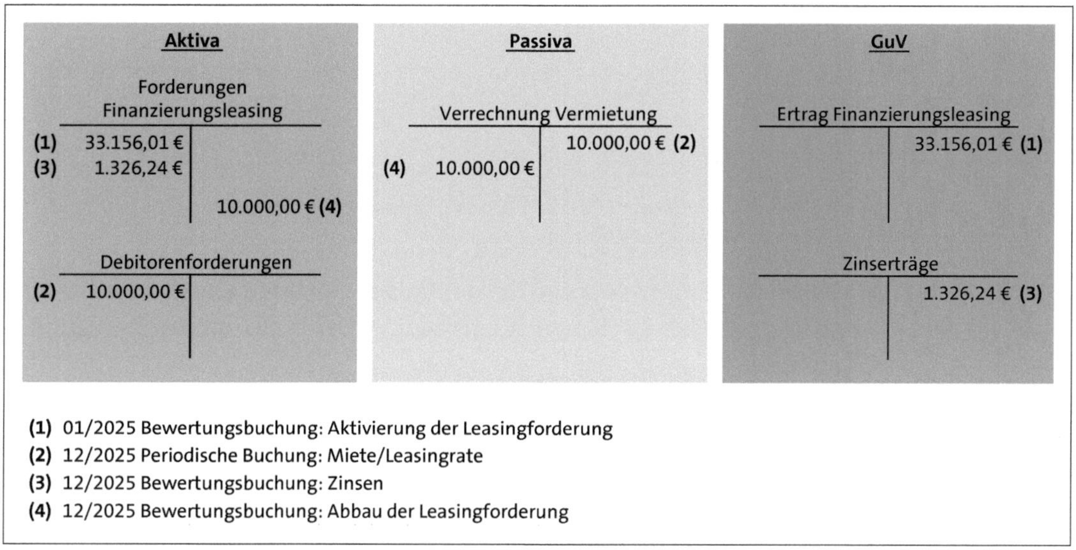

Abbildung 5.81 Buchungsschema debitorisches Finanzierungsleasing

Die Bewertung ergibt die gleichen Werte wie beim kreditorischen Finanzierungsleasing. Allerdings wird nunmehr eine Leasingforderung in den Aktiva aufgebaut.

5.6 Besonderheiten in der Bewertung

Bisher sind wir von einfachen Beispielen ausgegangen. In der Praxis begegnen Ihnen aber immer wieder Besonderheiten, von denen wir einige hier ansprechen wollen.

5.6.1 Fremdwährungen behandeln

In Abschnitt 3.5.1, »Konditionen in Fremdwährungen«, haben Sie erfahren, dass Sie Verträge in Fremdwährungen anlegen können. Hierbei werden grundsätzlich zwei Fälle unterschieden:

- Die periodische Buchung wird in der Fremdwährung ausgeführt.
- Die periodische Buchung wird in der Hauswährung ausgeführt.

In beiden Fällen liegt das Risiko der Leasingverbindlichkeit jedoch im Wechselkurs. Daher werden die Leasingverbindlichkeiten von Fremdwährungsverträgen immer in der Fremdwährung gehalten. Die Bewertung der RoU-Anlage findet während der Initialbuchung auf Basis des aktuellen Wechselkurses statt.

Die Aktivierungsbuchungen für Verträge in Fremdwährung sind daher:

- Buchung (1a): *per RoU-Anlage an Anlagenverrechnungskonto* in Hauswährung
- Buchung (1b): *per Anlagenverrechnungskonto an Leasingverbindlichkeiten* in Vertragswährung

Der Hauswährungsbetrag wird auf Basis der (einheitlichen) Währungsumrechnungsregel aus den Buchungsklauseln der zugeordneten Konditionen ermittelt.

Fremdwährungsverträge können grundsätzlich Konditionen in mehreren unterschiedlichen Währungen enthalten. Für die Bewertung sind jedoch einige Restriktionen gegeben:

- Die Bewertung findet immer in der Vertragswährung statt.
- Die Konditionen, die zusammen bewertet werden (d. h. der gleichen Bewertungsregel zugeordnet sind), müssen in ihren Buchungsklauseln die gleiche Währungsumrechnungsregel besitzen.

Details zu Währungsumrechnungsregeln finden Sie im Customizing von SAP RE unter **Konditionen und Bewegungen • Konditionen in Fremdwährung**.

Das Konto für Leasingverbindlichkeiten muss – wie andere Konten mit Fremdwährungsbuchungen auch – im Zuge der Bilanzvorbereitung einer Fremdwährungsbewertung unterworfen werden.

5.6.2 Nicht abzugsfähige Steuer bewerten

Alle bisher besprochenen Bewertungen gingen davon aus, dass die Netto-Werte der Konditionen zugrunde lagen. Die Mehrwertsteuer (Vorsteuer) spielte bisher nur für die periodische Buchung eine Rolle.

In einigen Fällen ist allerdings nicht der gesamte Vorsteuerbetrag abzugsfähig, und dieser Anteil muss gegebenenfalls aktiviert werden. Gehen wir von einem Vertrag aus, bei dem wir die Steuer mit einem Steuerkennzeichen buchen, das einen nicht abzugsfähigen Anteil enthält (NVV-Anteil).

Im Beispiel des Steuerkennzeichens aus Abbildung 5.82 würde die periodische Buchung bei einem Nettobetrag von 1.000 € von den insgesamt 200 € Steuer nur 40 € auf das Steuerkonto buchen, während 160 € nicht abzugsfähig sind. Ist die Bewertung nicht aktiv, geht der nicht abzugsfähige Anteil direkt in die Kosten.

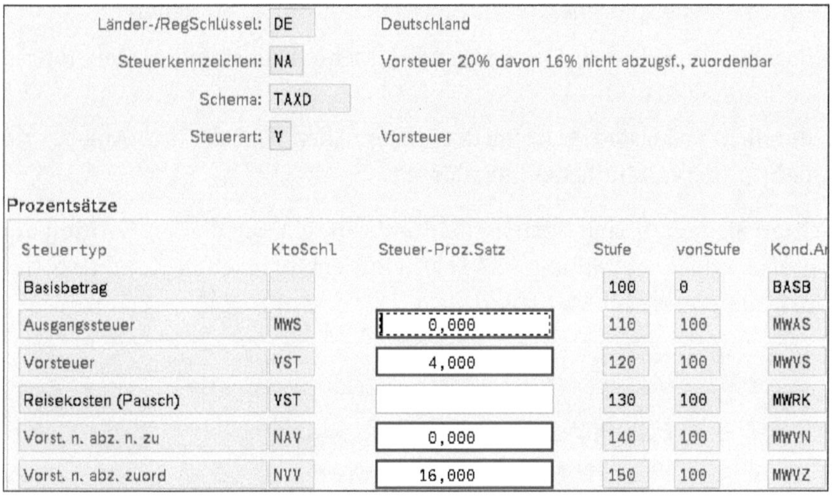

Abbildung 5.82 Steuerkennzeichen mit nicht abzugsfähigem Anteil

Nehmen wir der Einfachheit halber für unser Beispiel an, dass der Vertrag eine jährliche nachschüssige Miete von 1.000 € hat und nur ein Jahr läuft. Der Zinssatz für die Berechnung des Barwertes sei 0 %. Diese Annahmen dienen dazu, das Beispiel möglichst übersichtlich zu gestalten. Aktiviert man für diesen Vertrag nun die Bewertung und bewertet nach IFRS 16 und HGB, bucht man die periodischen Buchungen nicht mehr auf das Kostenkonto, sondern auf das im Customizing hinterlegte abweichende Verrechnungskonto. Die Beträge sind aber die gleichen wie zuvor, d. h., das Verrechnungskonto wird mit der nicht abzugsfähigen Steuer belastet. Führen Sie nun die Bewertung durch, werden nur die Nettobeträge der Kondition in Betracht gezogen.

Beim Buchen der Bewertung wird nun allerdings die HGB-Bewertung mit Benutzung des NVV-Steuerkennzeichens gebucht, d. h., das Verrechnungskonto wird aus HGB-Sicht um die nicht abzugsfähige Steuer entlastet.

Somit verhält sich die HGB-Bewertung analog zur vormaligen Behandlung des Objektfinanzstroms. Ist das betroffene Steuerkennzeichen so eingerichtet, dass es der Vorsteueraufteilung unterliegt, können Sie im Anschluss die

Vorsteueraufteilung für die Buchungen mit diesem Steuerkennzeichen durchführen, so wie es auch vor der Einführung der bilanziellen Bewertung möglich war.

Verrechnung buchen: IFRS

Für die Verrechnungsbuchung nach IFRS 16 wird nun aber das NVV-Steuerkennzeichen nicht in Betracht gezogen. Es wird nur der Nettobetrag umgebucht, d. h., aus IFRS-Sicht bleibt der nicht abzugsfähige Teil der Vorsteuer auf dem Verrechnungskonto stehen.

Sie müssen eine spezielle Kondition benutzen, um zu erreichen,

- dass das Verrechnungskonto um den nicht abzugsfähigen Steueranteil entlastet wird und
- der nicht abzugsfähige Anteil der Steuer in den Wert der RoU-Anlage und der Leasingverbindlichkeiten eingeht.

Richten Sie hierzu eine statistische Kondition ein, die den NVV-Anteil der Steuer abbildet. Abbildung 5.83 zeigt eine entsprechende Kondition mit dem *Konditionszweck* **Statistisch**.

Abbildung 5.83 Statistische Kondition für den NVV-Anteil der Vorsteuer

Diese Kondition ist am einfachsten abzubilden, indem Sie eine *Berechnungsvorschrift* benutzen, die sich als prozentualer Anteil an einer Kondition (Leasingrate) oder an einer Konditionsgruppe (alle Arten von Leasingraten) berechnet. Die Verwendung der Berechnungsvorschrift **%-Anteil an einer Kondition** zeigen wir in Abbildung 5.84.

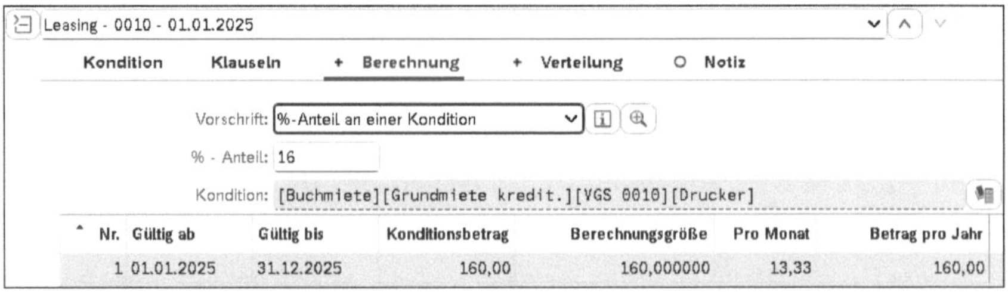

Abbildung 5.84 Berechnung des NVV-Anteils der Vorsteuer (Berechnungsvorschrift %-Anteil an einer Kondition)

[!]

Konditionsbewertungsvorschriften richtig einrichten

Die statistische Kondition muss in die Bewertung nach IFRS 16 eingehen, d. h., sie wird wie eine Leasingrate behandelt. Sie darf aber nicht in die Bewertung nach HGB eingehen, da dort sonst der NVV-Anteil doppelt berücksichtigt würde.

Nach Einrichtung der Kondition ändert sich die Bewertung so, dass der NVV-Anteil zusätzlich in den Wert der RoU-Anlage und den der Leasingverbindlichkeiten eingeht.

5.7 Zusammenfassung

Sie haben in diesem Kapitel erfahren, dass Sie für die parallele Bewertung nach verschiedenen Rechnungslegungsvorschriften den Verträgen Bewertungsregeln zuordnen müssen. Die Bewertungsregeln legen fest, nach welchem Verfahren ein Vertrag zu bewerten ist. Hierbei werden grundsätzlich unterschieden:

- bilanzielle Aktivierung (IFRS 16, US-GAAP ASC 842, HGB Finanzierungsleasing)
- Linearisierung (Serviceverträge, FAS 13)
- Umbuchung (HGB operatives Leasing)

Bewertungsregeln mit bilanzieller Aktivierung unterscheiden sich darüber hinaus nach ihrer Klassifizierung:

- Right of Use Approach (lineare Abschreibung) für IFRS 16 und US-GAAP mit Klassifizierung A (Finanzierungsleasing)
- Straight Line Lease (linearisierte Verpflichtung) für US-GAAP mit Klassifizierung B (operatives Leasing)
- Finance Lease Out (ohne Abschreibung) für debitorisches Finanzierungsleasing (Leasinggebersicht)

Sobald Sie die jeweiligen Bewertungsparameter im Vertrag erfasst, die Konditionen zugeordnet und die Bewertungsparameter als vollständig markiert haben, können Sie die bilanzielle Erstbewertung durchführen.

Der *Bewertungslauf* erzeugt einen *Bewertungsfinanzstrom*, den Sie im Vertrag auf den Registerkarten **Bewertung** oder **Übersichten** ansehen können. Der Bewertungsfinanzstrom enthält Plan-Sätze für Buchungen, die Sie über den Buchungslauf für Bewertungen in die Finanz- und Anlagenbuchhaltung buchen. Die Plan-Sätze, für die Buchungen erzeugt wurden, werden durch den Buchungslauf in Ist-Sätze umgewandelt. Wie genau die Buchungen gesteuert werden, erfahren Sie in Kapitel 7, »Bewertung buchen«.

Betrachtet man die Änderungen, die im Lebenszyklus von Leasingverträgen möglich sind und die die Bewertung beeinflussen, haben wir in diesem Kapitel zunächst den »Geradeausfall« der Bewertung beschrieben. Aber gerade das Verständnis der Erstbewertung und der dafür notwendigen Daten sind erforderlich, um die aus Vertragsänderungen resultierenden Folgebewertungen nachvollziehen zu können. Wie sich Vertragsänderungen auf die Bewertung auswirken, führen wir in Kapitel 8, »Vertragsänderungen und Folgebewertungen«, aus.

In den vorgestellten Beispielen ging es bisher um recht einfache Verträge, die nur Leasingraten enthielten. Im folgenden Kapitel stellen wir nun vor, welche Auswirkungen z. B. die Zahlung von anfänglichen Kosten, die Vereinbarung von Rückkaufswerten oder die Untervermietung auf die Bewertung haben.

Kapitel 6
Spezielle Konditionen

Die Erstbewertung von Miet- und Leasingverträgen nach IFRS 16 oder US-GAAP ASC 842 ist relativ übersichtlich, solange nur Leasingraten zu berücksichtigen sind. Etwas aufwendiger wird es, wenn spezielle Vertragsvereinbarungen wie Anreizzahlungen, Rückbauverpflichtungen oder Serviceanteile hinzukommen.

In den Beispielen, die wir in den ersten Kapiteln dieses Buches angeführt haben, wurden die im Vertrag hinterlegten Konditionen – die Mieten oder Leasingraten – immer komplett für die Berechnung des Barwertes des Vertrags herangezogen. Nun ist die Welt der Verträge aber nicht so einfach: Neben den vereinbarten Raten für die Nutzung eines Miet- oder Leasinggegenstandes gibt es häufig weitere vertragliche Verabredungen, die sich durch Vertragskonditionen ausdrücken lassen. So kann man beispielsweise Pauschalen für Nebenkosten vereinbaren, die in aller Regel nicht aktiviert werden. Es gibt gelegentlich Vereinbarungen über Strafzahlungen bei vorzeitiger Vertragskündigung, Verabredungen über Rückbauten, Servicekosten, Einmalzahlungen des Vermieters als Anreiz für den Vertragsabschluss und anderes. Konditionen, die im Vertrag auftauchen, sind also nicht immer als Leasingraten zu werten, sondern gehen – je nach Art – unterschiedlich in die bilanzielle Bewertung ein.

Die sogenannte *Konditionsbewertungseigenschaft* steuert, wie eine Kondition in die Bewertung eingeht (siehe hierzu Abschnitt 5.4.5, »Konditionsbewertungsgruppen«).

6.1 Servicekosten

Häufig werden neben den Leasingraten in Miet- und Leasingverträgen Vereinbarungen über Serviceleistungen getroffen. Leasen Sie z. B. einen Drucker, kann es sein, dass die regelmäßige Wartung und die Versorgung mit Toner Bestandteil des Leasingvertrags sind. Die Kosten hierfür können entweder als getrennte Kondition vereinbart werden oder Bestandteil der Leasingrate sein.

6.1.1 Servicekosten sind als separate Servicekonditionen ausgewiesen

Schauen wir uns zunächst Leasingverträge an, in denen die Servicekosten als separate Vertragskonditionen ausgewiesen sind. Voraussetzung dafür ist, dass die Höhe der zu zahlenden Servicekosten bekannt ist und eine separate Konditionsart für die Servicekosten eingerichtet wurde.

[zB]

> **Vertrag mit Servicekondition**
>
> Sie haben mehrere Drucker auf vier Jahre geleast, Vertragsbeginn ist der 01.01.2025. Die monatliche Leasingrate betrage 1.000 €. Es werden darüber hinaus monatlich 480 € Servicekosten fällig. Die ersten acht Monate sind frei von Servicekosten.

Die Leasingraten gehen in den Barwert des Leasingvertrags ein. Die Servicekondition kann man ebenfalls aktivieren, man muss dies aber nicht tun.

Serviceanteile aktivieren oder nicht aktivieren?

Je nachdem, wie sich Ihr Unternehmen entscheidet, können Sie die Servicekondition oder auch Serviceanteile der Leasingraten in den Wert der RoU-Anlage und die Leasingverbindlichkeiten einrechnen oder in die Gewinn-und-Verlust-Rechnung (GuV) buchen. Beide Fälle lassen sich im System abbilden.

Legen Sie einen Leasingvertrag mit zwei Konditionen an: einer Leasingrate über 1.000 € pro Monat, beginnend mit dem Vertragsbeginn, und einer Servicekondition über 480 €, beginnend mit dem 01.09.2025, da laut Vertrag in den ersten acht Monaten keine Servicekosten entrichtet werden müssen. Abbildung 6.1 zeigt einen Leasingvertrag mit Servicekosten als separate Vertragskondition.

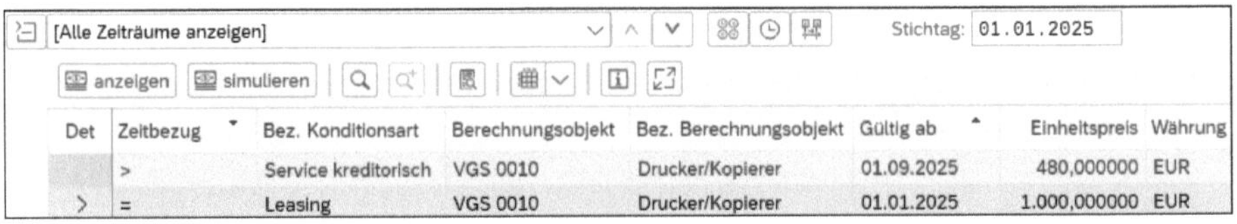

Det	Zeitbezug	Bez. Konditionsart	Berechnungsobjekt	Bez. Berechnungsobjekt	Gültig ab	Einheitspreis	Währung
	>	Service kreditorisch	VGS 0010	Drucker/Kopierer	01.09.2025	480,000000	EUR
>	=	Leasing	VGS 0010	Drucker/Kopierer	01.01.2025	1.000,000000	EUR

Abbildung 6.1 Servicekondition im Vertrag

Fügen Sie die Bewertungsklausel ein. Verzweigen Sie nun innerhalb der Bewertungsklausel auf den Abschnitt **Konditionen**. Hier finden Sie die Konditionsbewertungseigenschaften (siehe Abbildung 6.2).

Fall 1: Servicekondition wird aktiviert

Wollen Sie die Servicekondition aktivieren, stellen Sie die Konditionsbewertungseigenschaft der Servicekondition als **Leasingrate** ein.

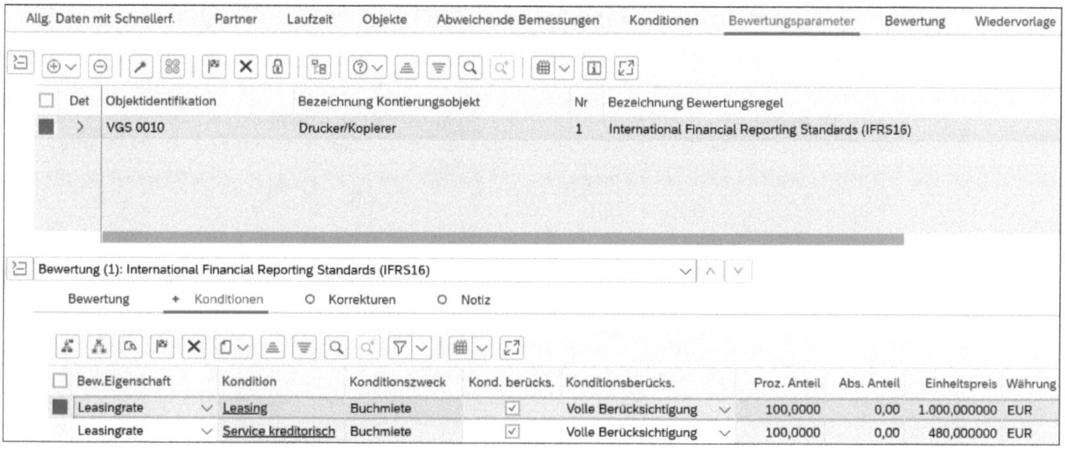

Abbildung 6.2 Servicekondition mit Konditionsbewertungseigenschaft »Leasingrate«

Der Barwert des Vertrags fällt bei der Aktivierung der Servicekondition – wie in Abbildung 6.3 dargestellt – entsprechend hoch aus.

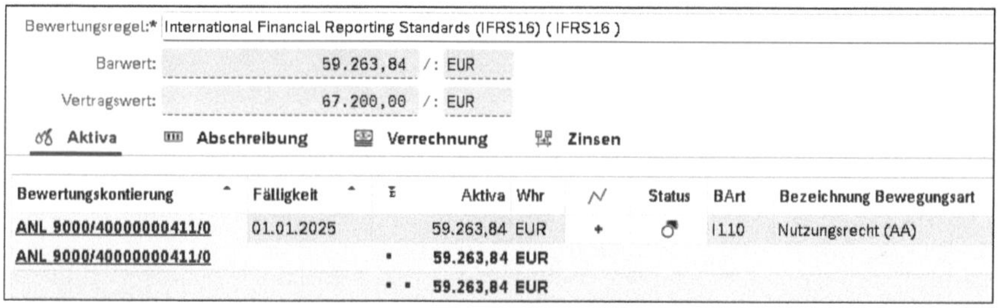

Abbildung 6.3 Barwert mit aktivierter Servicekondition

Fall 2: Servicekondition wird nicht aktiviert

Wollen Sie die Servicekondition nicht aktivieren, stellen Sie die Konditionsbewertungseigenschaft der Servicekondition auf **Linearisierung** um (siehe dazu auch Abbildung 6.4).

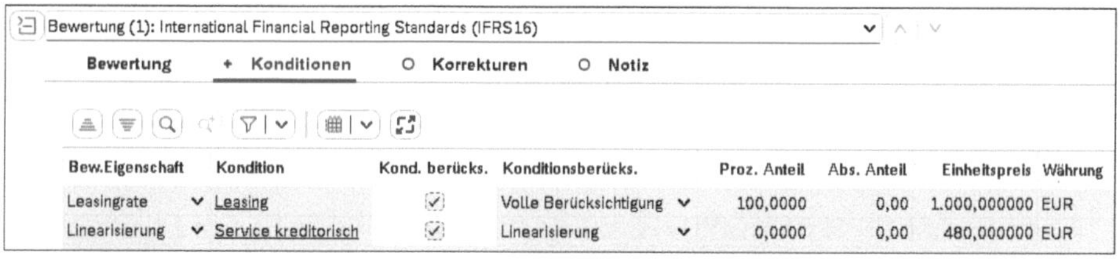

Abbildung 6.4 Servicekondition mit Konditionsbewertungseigenschaft »Linearisierung«

Der Barwert des Vertrags fällt niedriger aus. Die Servicekondition wird über die Laufzeit des Vertrags linearisiert, d. h., über die Vertragslaufzeit geglättet. Die Linearisierung ergibt bei einer Laufzeit von 48 Monaten und einer Servicekondition, die über 40 Monate in der Höhe von 480 € gezahlt wird, eine linearisierte (durchschnittliche) Servicerate von 40 Monate × 480 € / 48 Monate = 400 €, wie in Abbildung 6.5 dargestellt.

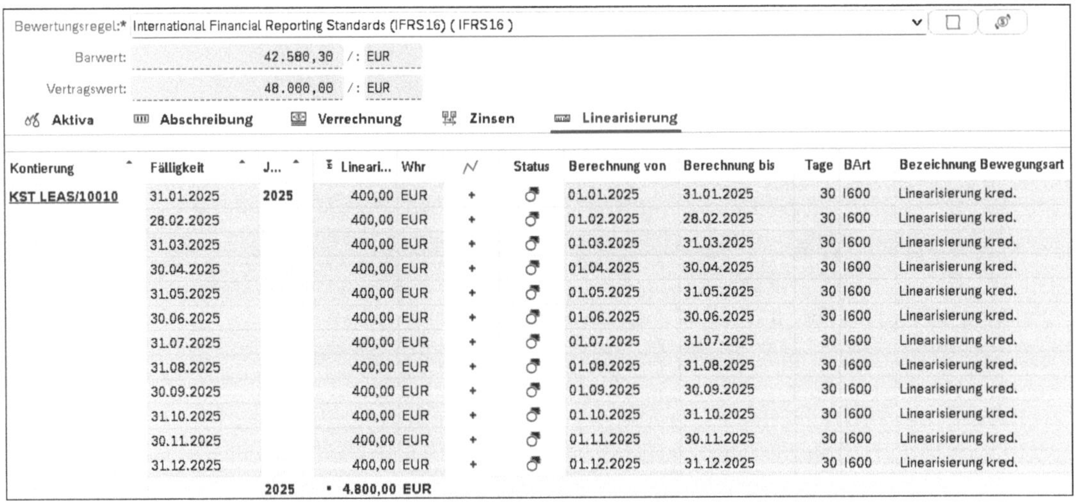
Bewertungsregel:* International Financial Reporting Standards (IFRS16) (IFRS16)
Barwert: 42.580,30 /: EUR
Vertragswert: 48.000,00 /: EUR
Aktiva | Abschreibung | Verrechnung | Zinsen | Linearisierung

Kontierung	Fälligkeit	J...	Lineari...	Whr		Status	Berechnung von	Berechnung bis	Tage	BArt	Bezeichnung Bewegungsart
KST LEAS/10010	31.01.2025	2025	400,00	EUR	+		01.01.2025	31.01.2025	30	1600	Linearisierung kred.
	28.02.2025		400,00	EUR	+		01.02.2025	28.02.2025	30	1600	Linearisierung kred.
	31.03.2025		400,00	EUR	+		01.03.2025	31.03.2025	30	1600	Linearisierung kred.
	30.04.2025		400,00	EUR	+		01.04.2025	30.04.2025	30	1600	Linearisierung kred.
	31.05.2025		400,00	EUR	+		01.05.2025	31.05.2025	30	1600	Linearisierung kred.
	30.06.2025		400,00	EUR	+		01.06.2025	30.06.2025	30	1600	Linearisierung kred.
	31.07.2025		400,00	EUR	+		01.07.2025	31.07.2025	30	1600	Linearisierung kred.
	31.08.2025		400,00	EUR	+		01.08.2025	31.08.2025	30	1600	Linearisierung kred.
	30.09.2025		400,00	EUR	+		01.09.2025	30.09.2025	30	1600	Linearisierung kred.
	31.10.2025		400,00	EUR	+		01.10.2025	31.10.2025	30	1600	Linearisierung kred.
	30.11.2025		400,00	EUR	+		01.11.2025	30.11.2025	30	1600	Linearisierung kred.
	31.12.2025		400,00	EUR	+		01.12.2025	31.12.2025	30	1600	Linearisierung kred.
		2025	• 4.800,00	EUR							

Abbildung 6.5 Linearisierte Servicerate (Ausschnitt für 2025)

6.1.2 Servicekosten sind in der Leasingrate enthalten

Häufig sind die Servicekosten nicht direkt in den Leasingverträgen ausgewiesen, sondern in den Leasingraten »versteckt«.

[zB]

Die Servicekosten sind in der Leasingrate enthalten

Sie haben mehrere Drucker auf vier Jahre geleast, Vertragsbeginn ist der 01.01.2025. Die monatliche Leasingrate betrage 1.400 €. Aufgrund einer Marktstudie können Sie belegen, dass 1.000 € der 1.400 € als Leasingrate zu werten sind, 400 € sind als Servicekosten zu veranschlagen.

Legen Sie einen Leasingvertrag mit einer Leasingrate über 1.400 € pro Monat an, beginnend mit dem Vertragsbeginn. Einen solchen Vertrag sehen Sie in Abbildung 6.6.

Fügen Sie die Bewertungsklausel ein. Verzweigen Sie nun innerhalb der Bewertungsklausel auf den Abschnitt **Konditionen**. Hier finden Sie die Möglichkeit, Konditionsbewertungseigenschaften zu bearbeiten. Im Beispiel wird vorgeschlagen, die Leasingrate komplett zu aktivieren (siehe Abbildung 6.7).

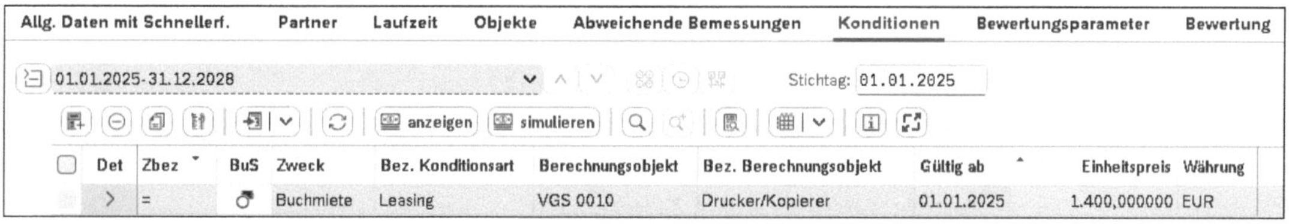

Abbildung 6.6 Leasingrate mit inkludiertem Serviceanteil

Leasingrate nur anteilig aktivieren

Wenn Sie die Einstellung so belassen, wird der Serviceanteil mit aktiviert. Sie erhalten einen entsprechend hohen Barwert. Wollen Sie den Serviceanteil jedoch nicht aktivieren, sondern nur den eigentlichen Leasinganteil, können Sie das über die Einstellung des Attributs *Konditionsberücksichtigung* erreichen: Stellen Sie die **Konditionsberücks.** von **Volle Berücksichtigung** auf **Wie angegeben** um.

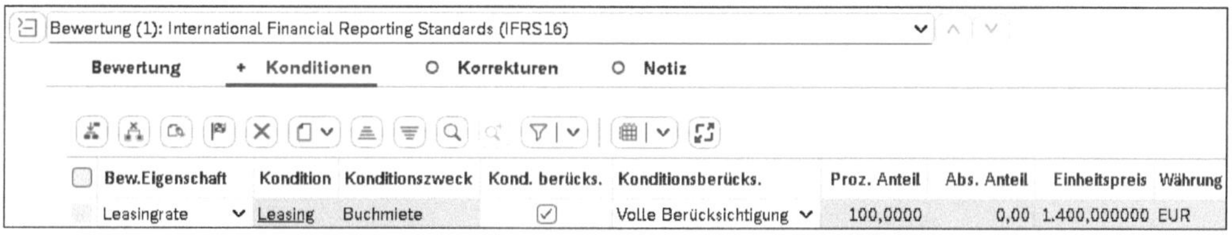

Abbildung 6.7 Die Leasingrate inklusive Serviceanteil wird komplett aktiviert.

Pflegen Sie einen prozentualen oder absoluten Anteil. Im Beispiel würde man als absoluten Anteil 1.000 € (also die Leasingrate abzüglich des Serviceanteils) eintragen. Abbildung 6.8 zeigt die anteilige Berücksichtigung einer Kondition.

Abbildung 6.8 Kondition wird nur anteilig berücksichtigt.

6.1.3 Servicekonditionen und Serviceanteile buchen

Die periodische Buchung bucht die Servicekondition und die Serviceanteile bei inkludiertem Service zunächst auf das Verrechnungskonto Leasing. Im Zuge der Bewertung muss nun die linearisierte Servicekondition bzw. der linearisierte Serviceanteil in die GuV umgebucht werden. In Abbildung 6.9 ist dies dargestellt.

[»]

Vereinfachungen in den T-Kontendarstellungen

Der Übersicht halber sind in den T-Kontendarstellungen dieses Kapitels folgende Vereinfachungen vorgenommen worden:

- Die Buchung *per RoU-Anlage an Leasingverbindlichkeit* findet immer über ein Anlagenverrechnungskonto statt. Das Verrechnungskonto wird hier nicht aufgeführt, die Buchung wird vereinfacht dargestellt.
- Die AfA-Buchungen werden nicht aufgeführt.
- Mehrwertsteuerbuchungen werden nicht dargestellt.

Wird wie in Fall 1 die Servicekondition separat geführt, ist die Buchungslogik analog. Wenn sich jedoch die Servicekondition über die Vertragslaufzeit ändert oder – wie im Beispiel – die Zahlungen sich nicht über die gesamte Vertragslaufzeit erstrecken, wird das Verrechnungskonto Leasing erst über die Vertragslaufzeit hinweg ausgeglichen.

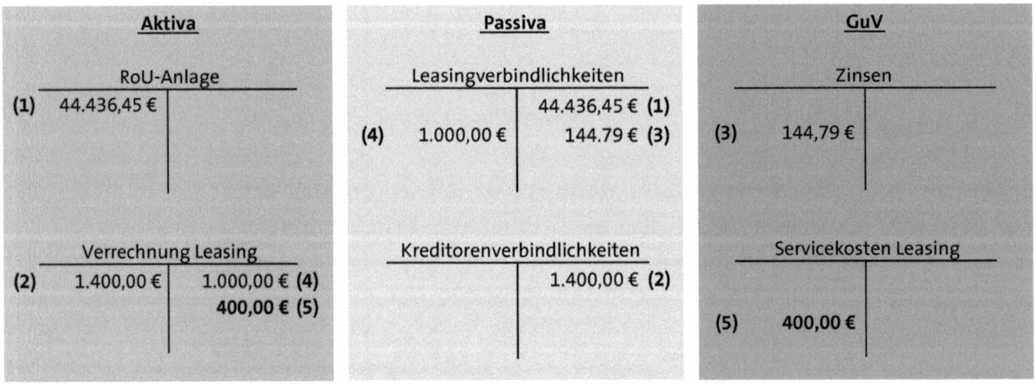

(1) 01/2026 Bewertungsbuchung: Aktivierung der RoU-Anlage
(2) 01/2026 Periodische Buchung: Kreditorenverbindlichkeit
(3) 01/2026 Bewertungsbuchung: Zinsen auf die Leasingverbindlichkeit
(4) 01/2026 Bewertungsbuchung: Abbau der Leasingverbindlichkeit
(5) 01/2026 Bewertungsbuchung: Linearisierte Servicekosten

Abbildung 6.9 Umbuchung der Servicekosten in die GuV bei inkludiertem Serviceanteil

Abbildung 6.10 zeigt die Buchungslogik bei der Bewertung im Fall der Linearisierung mit einer separaten Servicekondition.

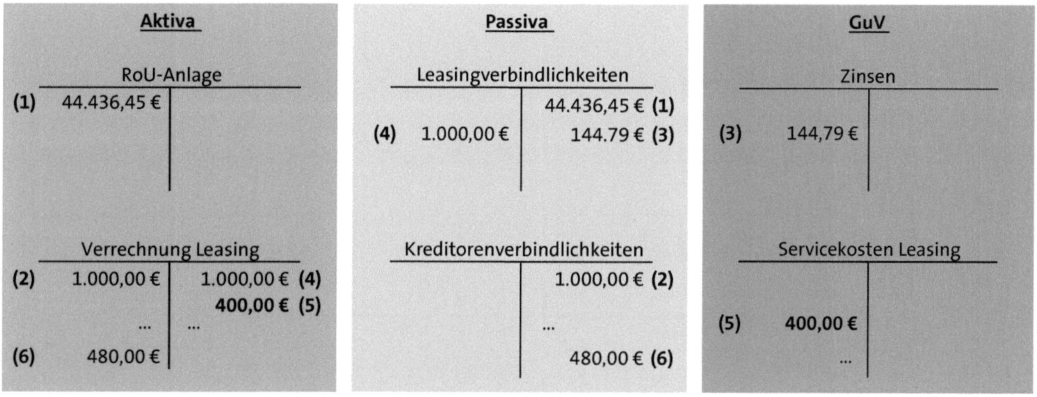

(1) 01/2026 Bewertungsbuchung: Aktivierung der RoU-Anlage
(2) 01/2026 Periodische Buchung: Kreditorenverbindlichkeit
(3) 01/2026 Bewertungsbuchung: Zinsen auf die Leasingverbindlichkeit
(4) 01/2026 Bewertungsbuchung: Abbau der Leasingverbindlichkeit
(5) **01/2026 Bewertungsbuchung: Linearisierte Servicekosten**
(6) ab 09/2026 Periodische Buchung: Servicekondition

Abbildung 6.10 Buchungslogik der Linearisierung mit separater Servicekondition

6.2 Anfängliche Kosten (Initialkosten)

Im Zuge des Vertragsabschlusses entstehen Ihnen möglicherweise Kosten für die Vertragsanbahnung. Im Fall von Mietverträgen für Immobilien sind dies z. B. Kosten für den Makler. Ähnlich wie beim Kauf von Anlagen, wo z. B. Transportkosten oder Kosten für die Aufstellung einer Anlage aktiviert werden können, sind derartige *anfängliche Kosten* oder *Initialkosten* in der Regel zu aktivieren.

6.2.1 Initialkosten in der Bewertung berücksichtigen

Beispiel ohne anfängliche Kosten

Um die Unterschiede zu einem Vertrag ohne anfängliche Kosten zu zeigen, gehen wir hier und auch in den späteren Abschnitten immer von folgendem Grundbeispiel aus.

[zB]

Grundbeispiel für einen Leasingvertrag

Sie haben einen Vertrag geschlossen, der am 01.01.2025 beginnt und eine Laufzeit von drei Jahren hat. Die Leasingrate bzw. Miete ist jeweils nachschüssig fällig und beträgt:

- in 2025: 10.000 €
- in 2026: 12.000 €
- in 2027: 14.000 €

Als Zinssatz werden 4 % angenommen.

Mit diesen Annahmen errechnet sich der in Abbildung 6.11 dargestellte Verlauf der Leasingverbindlichkeit und der RoU-Anlage.

Leasingverbindlichkeit				
Periode	**Rate**	**Anfangsbestand**	**Zinsen**	**Endbestand**
01/2025		33.156,01 €		33.156,01 €
12/2025	10.000,00 €	33.156,01 €	1.326,24 €	24.482,25 €
12/2026	12.000,00 €	24.482,25 €	979,29 €	13.461,54 €
12/2027	14.000,00 €	13.461,54 €	538,46 €	– €
Summe	36.000,00 €		2.843,99 €	

RoU-Anlage				
Periode	**Anfangsbestand**	**Abschreibung**	**Endbestand**	**Aufwand**
01/2025	33.156,01 €		33.156,01 €	
12/2025	33.156,01 €	11.052,00 €	22.104,01 €	12.378,24 €
12/2026	22.104,01 €	11.052,00 €	11.051,99 €	12.031,30 €
12/2027	11.052,00 €	11.052,00 €	– €	11.590,46 €
Summe				36.000,00 €

Abbildung 6.11 Werteverlauf des Vertrags – Grundbeispiel

Gehen wir nun davon aus, dass anfängliche Kosten in Höhe von 5.000 € entstanden sind, ändert sich der Anfangsbestand der RoU-Anlage, und damit ändern sich auch die Abschreibungswerte. Die Leasingverbindlichkeit ändert sich nicht.

Vertrag mit Initialkosten

Sie haben einen Vertrag wie im Grundbeispiel geschlossen: Vertragsbeginn ist der 01.01.2025, die Laufzeit beträgt drei Jahre, nachschüssige jährliche Mieten in Höhe von 10.000 €, 12.000 € und 14.000 € werden fällig. Als Zinssatz werden 4 % angenommen.

Im Zusammenhang mit dem Vertragsabschluss hat der Makler 5.000 € erhalten. Abbildung 6.12 zeigt die Auswirkungen dieser Initialkosten.

Leasingverbindlichkeit				
Periode	Rate	Anfangsbestand	Zinsen	Endbestand
01/2025		33.156,01 €		33.156,01 €
12/2025	10.000,00 €	33.156,01 €	1.326,24 €	24.482,25 €
12/2026	12.000,00 €	24.482,25 €	979,29 €	13.461,54 €
12/2027	14.000,00 €	13.461,54 €	538,46 €	– €
Summe	36.000,00 €		2.843,99 €	

RoU-Anlage				
Periode	Anfangsbestand	Abschreibung	Endbestand	Aufwand
01/2025	38.156,01 €		38.156,01 €	
12/2025	38.156,01 €	12.718,67 €	25.437,34 €	14.044,91 €
12/2026	25.437,34 €	12.718,67 €	12.718,67 €	13.697,96 €
12/2027	12.718,67 €	12.718,67 €	– €	13.257,13 €
Summe				41.000,00 €

Abbildung 6.12 Werteverlauf des Vertrags – Auswirkungen der Initialkosten

6.2.2 Initialkosten im Vertrag hinterlegen

Initialkosten entstehen meist schon vor Vertragsabschluss und werden daher in der Regel nicht aus dem Vertrag heraus gezahlt. Daher können sie nicht als Buchkonditionen im Vertrag hinterlegt werden. Dennoch müssen sie in die Bewertung einfließen.

Initialkosten als statistische Konditionen

Um dies zu ermöglichen, erfassen Sie die im Zusammenhang mit dem Vertrag entstandenen Initialkosten in Form von einmaligen statistischen Konditionen (**Konditionszweck**: **Statistisch, einmalig**) zum Vertragsbeginn (siehe Abbildung 6.13).

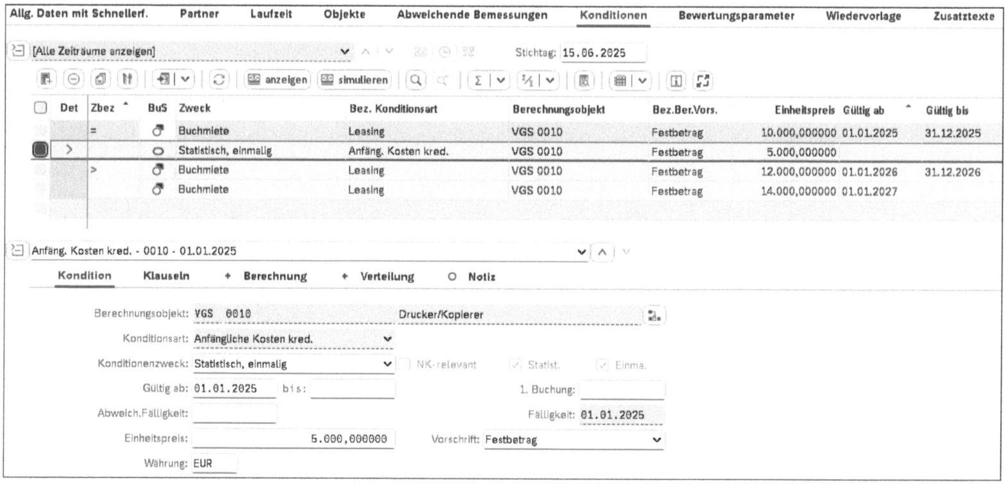

Abbildung 6.13 Anfängliche Kosten als statistische Einmalkondition

Die Steuerung, wie eine Kondition in die Bewertung eingeht, erfolgt über die *Konditionsbewertungseigenschaft*, die Sie für jede Bewertungsregel separat einstellen können.

Im Beispiel stellen Sie im Vertragsdialog auf der Registerkarte **Konditionen** unterhalb der Registerkarte **Bewertungsparameter** die Bewertungseigenschaft für Ihre Kondition **Anfängliche Kosten** auf **Initialkosten** ein, wie Abbildung 6.14 zeigt.

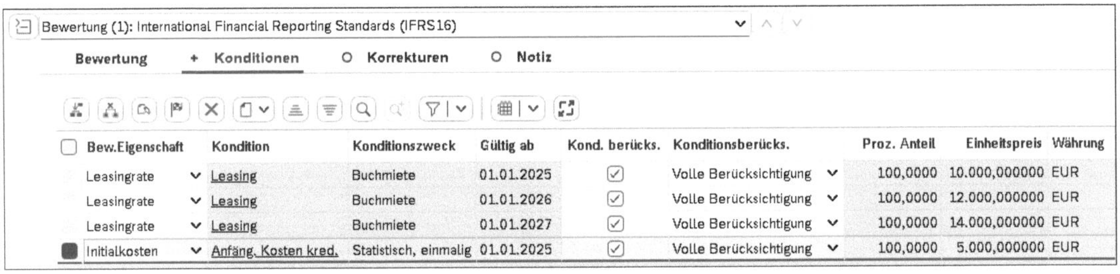
Bewertung (1): International Financial Reporting Standards (IFRS16)

Bewertung | + Konditionen | O Korrekturen | O Notiz

Bew.Eigenschaft	Kondition	Konditionszweck	Gültig ab	Kond. berücks.	Konditionsberücks.	Proz. Anteil	Einheitspreis	Währung
Leasingrate	Leasing	Buchmiete	01.01.2025	☑	Volle Berücksichtigung	100,0000	10.000,000000	EUR
Leasingrate	Leasing	Buchmiete	01.01.2026	☑	Volle Berücksichtigung	100,0000	12.000,000000	EUR
Leasingrate	Leasing	Buchmiete	01.01.2027	☑	Volle Berücksichtigung	100,0000	14.000,000000	EUR
Initialkosten	Anfäng. Kosten kred.	Statistisch, einmalig	01.01.2025	☑	Volle Berücksichtigung	100,0000	5.000,000000	EUR

Abbildung 6.14 Konditionsbewertungseigenschaft »Initialkosten«

Führen Sie die Bewertung aus. Sie erhalten den in Abbildung 6.15 dargestellten Finanzstrom.

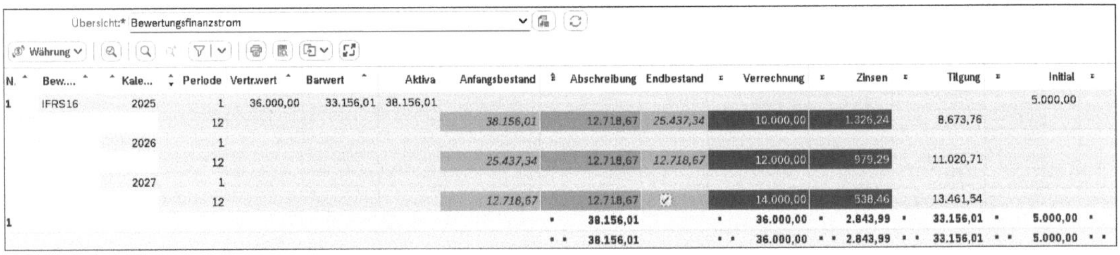
Übersicht:* Bewertungsfinanzstrom

N.	Bew....	Kale...	Periode	Vertr.wert	Barwert	Aktiva	Anfangsbestand	Abschreibung	Endbestand	Verrechnung	Zinsen	Tilgung	Initial
1	IFRS16	2025	1	36.000,00	33.156,01	38.156,01							5.000,00
			12				38.156,01	12.718,67	25.437,34	10.000,00	1.326,24	8.673,76	
		2026	1										
			12				25.437,34	12.718,67	12.718,67	12.000,00	979,29	11.020,71	
		2027	1										
			12				12.718,67	12.718,67	☑	14.000,00	538,46	13.461,54	
1								38.156,01		36.000,00	2.843,99	33.156,01	5.000,00
								38.156,01		36.000,00	2.843,99	33.156,01	5.000,00

Abbildung 6.15 Bewertungsfinanzstrom mit Initialkosten

6.2.3 Bewertung mit Initialkosten buchen

Initialkosten werden aktiviert, aber nicht in die Leasingverbindlichkeit eingerechnet. Die Buchungslogik für die Aktivierungsbuchung ist nun aber systemseitig so gestaltet, dass sie – unter Nutzung eines Anlagenverrechnungskontos – zunächst immer den vollen Aktivierungsbetrag auch in die Leasingverbindlichkeiten bucht. Im gleichen Buchungslauf wird durch eine zweite Buchung, eine sogenannte *Sonderbewegung*, das Konto Leasingverbindlichkeiten richtiggestellt. Abbildung 6.16 zeigt die Bewertungsbuchungen für einen Vertrag mit Initialkosten.

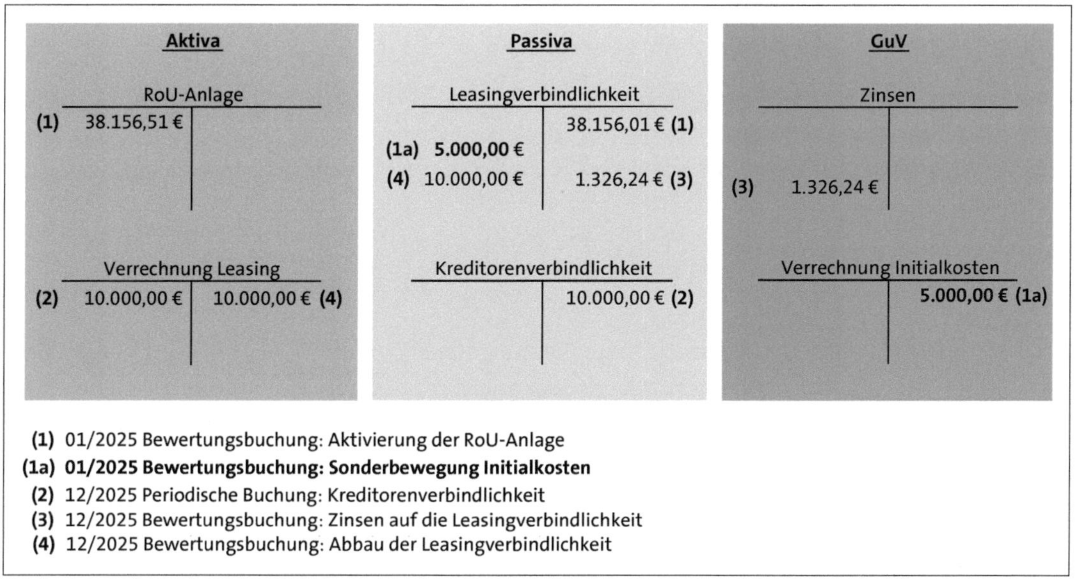

Abbildung 6.16 Bewertungsbuchungen mit Initialkosten

Sie sehen diese Sonderbewegung im Bewertungsergebnis auf der gleichnamigen Registerkarte (siehe Abbildung 6.17). Die Details dieser Buchungslogik und die notwendigen Customizing-Einstellungen erläutern wir in Abschnitt 7.4.3, »Initialkosten«.

Abbildung 6.17 Initialkosten als »Sonderbewegung«

6.3 Anreizzahlungen

In manchen Fällen ist es üblich, zukünftigen Mietern oder Leasingnehmern den Abschluss eines Vertrags mit bestimmten Vergünstigungen zu »versüßen«.

[zB]

Vertrag mit Anreizzahlungen

Sie haben einen Vertrag wie im Grundbeispiel geschlossen: Vertragsbeginn ist der 01.01.2025 bei einer Laufzeit von drei Jahren, nachschüssige jährliche Mieten fallen in Höhe von 10.000 €, 12.000 € und 14.000 € an. Als Zinssatz werden 4 % angenommen.

Im Zusammenhang mit dem Vertragsabschluss sind Anreizzahlungen in Höhe von 5.000 € geflossen.

Anreize vs. Initialkosten

Derartige *Anreizzahlungen* (Incentives) ändern nicht den Wert der Leasingverbindlichkeit, dürfen aber auch nicht in den Wert der RoU-Anlage eingerechnet werden. Es handelt sich also vereinfacht gesagt um negative Initialkosten (siehe dazu auch Abbildung 6.18).

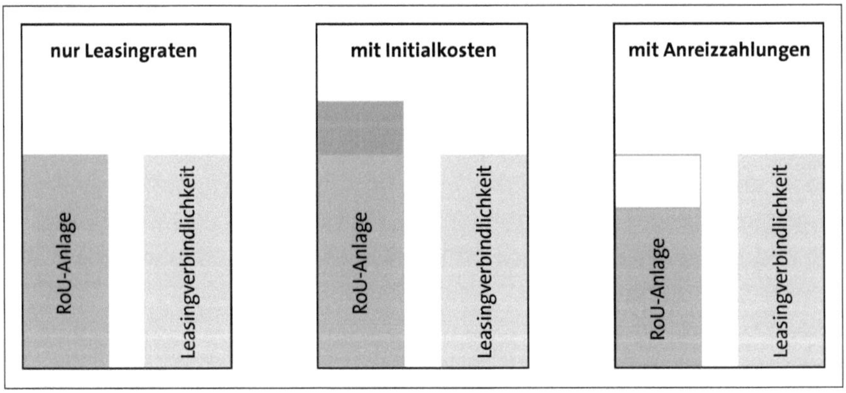

Abbildung 6.18 Vergleich der Auswirkungen von Initialkosten und Anreizzahlungen

Anreizzahlungen fließen in aller Regel mit dem Vertragsbeginn. Sie können Anreizzahlungen als einmalige Buchkonditionen oder als einmalige statistische Konditionen im Vertrag hinterlegen, je nachdem, ob sie von der periodischen Buchung gebucht werden sollen oder nicht. Im Beispiel in Abbildung 6.19 haben wir eine statistische Kondition angelegt.

Stellen Sie die Bewertungseigenschaft (**Bew.Eigenschaft**) für diese Kondition als **Anreiz** ein, wie dies in Abbildung 6.20 gezeigt wird.

Der Bewertungsfinanzstrom zeigt, dass die RoU-Anlage zu Vertragsbeginn einen niedrigeren Wert ausweist als die Leasingverbindlichkeit. Die Anreize werden im Bewertungsfinanzstrom als negative Bewegungen in der Spalte **Initial** ausgewiesen.

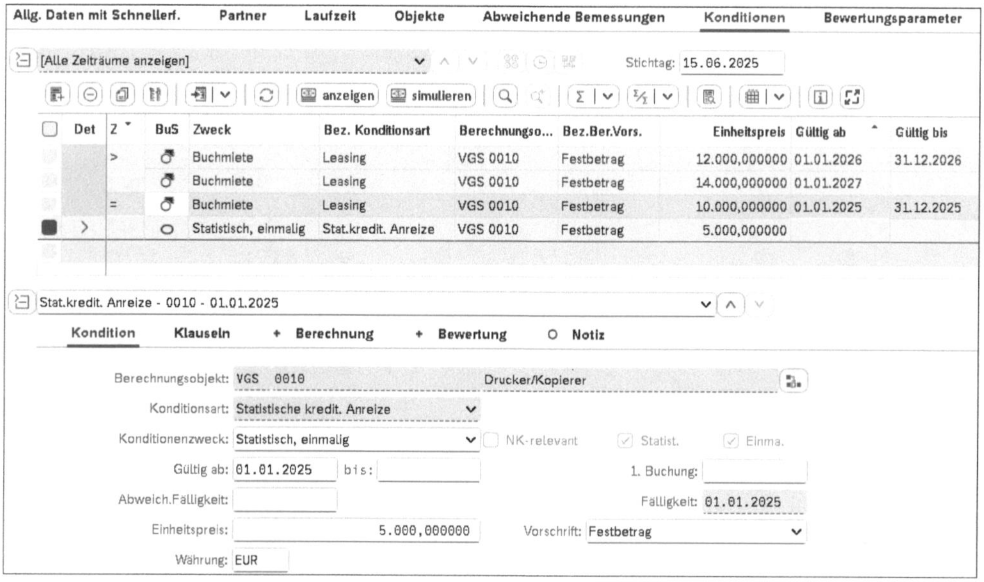

Abbildung 6.19 Anreizzahlung als statistische Kondition

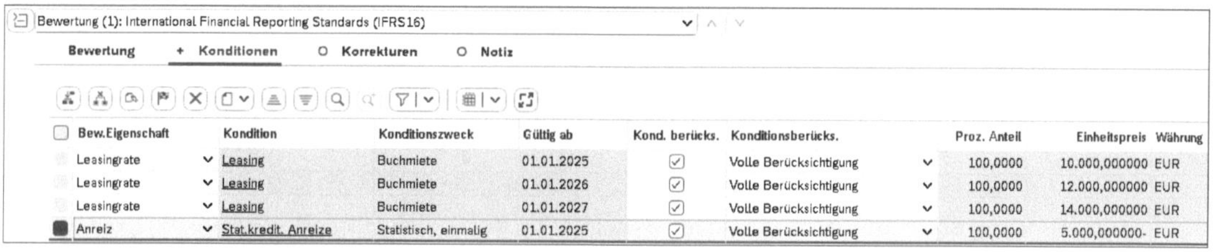

Abbildung 6.20 Konditionsbewertungseigenschaft »Anreiz«

Wie schon im Fall der Initialkosten erläutert, ist die Ausgangsbuchung immer die Aktivierung der RoU-Anlage mit einer (indirekten) Gegenbuchung auf das Konto Leasingverbindlichkeiten. Diese Buchung führt nun im Fall von Anreizzahlungen dazu, dass die Leasingverbindlichkeiten um die Höhe der Anreizzahlungen zu niedrig ausgewiesen werden. Das wird durch eine entsprechende Sonderbewegung korrigiert, wie Abbildung 6.21 zeigt.

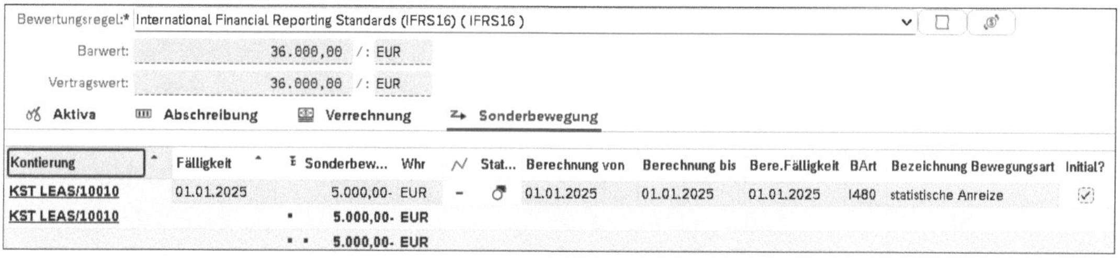

Abbildung 6.21 Bewertungsfinanzstrom mit »Sonderbewegung« (Anreiz)

Die Gegenbuchung kann auf ein beliebiges Konto gesteuert werden. Im vorliegenden Beispiel haben wir ein GuV-Konto gewählt, in der Annahme, dass die erhaltenen Anreize bereits in die GuV gebucht wurden (siehe Abbildung 6.22).

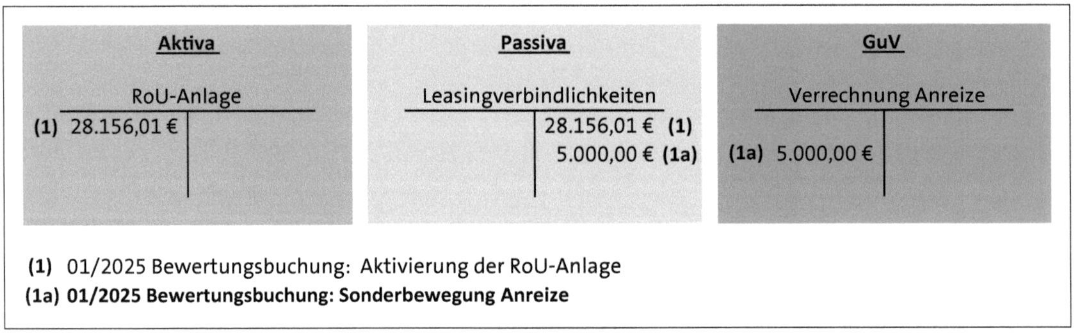

Abbildung 6.22 Buchung der Aktivierung und der Sonderbewegung für Anreizzahlungen

6.4 Rückbauverpflichtung

Mieter nehmen häufig Umbauten in angemieteten Objekten vor, um sie ihren speziellen Bedürfnissen anzupassen. So werden beispielsweise in Ladengeschäfte Regalreihen eingebaut oder an Flughäfen Abfertigungsschalter. Am Ende der Mietzeit ist dann in aller Regel der Rückbau durch den Mieter vorzunehmen. Möglich ist auch, dass der Mieter an den Vermieter Zahlungen leistet und dieser dann die Rückbauten vornimmt. Derartige *Rückbauverpflichtungen* sind in Leasingverträgen zu bewerten.

Um die Rückbauverpflichtung im Vertrag abzubilden, legen Sie eine einmalige statistische Kondition für die Rückbauverpflichtung an. In Abbildung 6.23 ist die **Rückbauverpflichtung** als statistische Einmalkondition dargestellt.

Vertrag mit Rückbauverpflichtungen

Sie haben einen Vertrag wie im Grundbeispiel geschlossen: Vertragsbeginn ist der 01.01.2025, die Laufzeit beträgt drei Jahre, nachschüssige jährliche Mieten in Höhe von 10.000 €, 12.000 € und 14.000 € werden fällig. Als Zinssatz werden 4 % angenommen.

Der Wert der Rückbauverpflichtungen wird mit 5.000 € angesetzt.

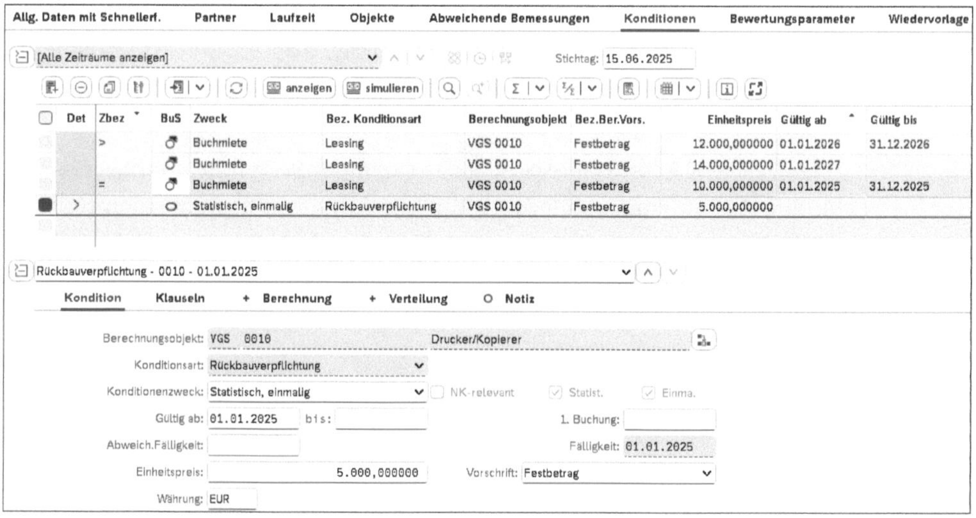

Abbildung 6.23 Rückbauverpflichtung (statistische Einmalkondition) im Vertrag

Legen Sie für diese Kondition auf der Registerkarte **Bewertung** die Konditionsbewertungseigenschaft so fest, dass die Kondition als **Rückbauverpflichtung** gewertet wird (siehe Abbildung 6.24).

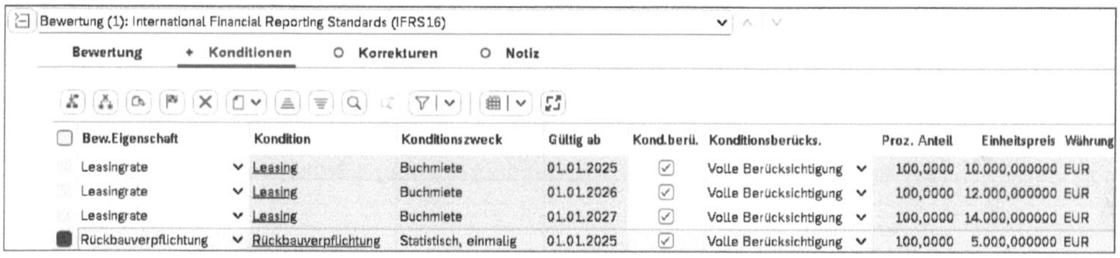

Abbildung 6.24 Konditionsbewertungseigenschaft »Rückbauverpflichtung«

Unabhängig von der Gültigkeit der Kondition geht die Rückbauverpflichtung in voller Höhe in den Wert der RoU-Anlage ein. Der Bewertungsfinanzstrom eines Vertrags mit Rückbauverpflichtung ist in Abbildung 6.25 dargestellt.

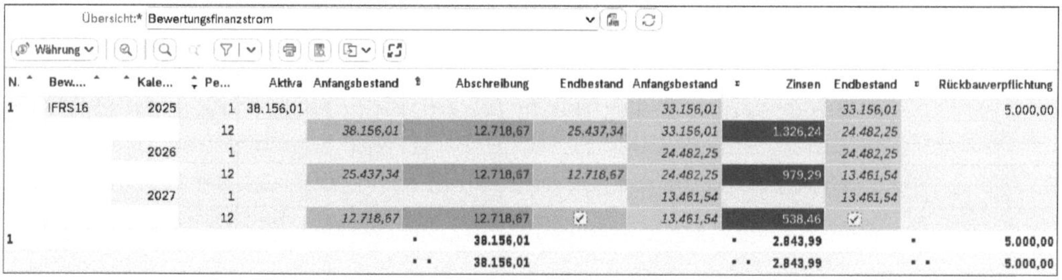

Abbildung 6.25 Bewertungsfinanzstrom mit Rückbauverpflichtung

Wie bereits weiter oben erläutert, geht die Aktivierungsbuchung immer von der RoU-Anlage aus. Die Gegenbuchung wird – unter Nutzung eines Verrechnungskontos – immer in der gleichen Höhe auf das Konto für die Leasingverbindlichkeiten abgesetzt.

Da nun aber die Rückbauverpflichtungen nicht Bestandteil der Leasingverbindlichkeiten sind, sondern als Rückstellungen geführt werden müssen, wird die Rückbauverpflichtung über eine Sonderbewegung gebucht (siehe Abbildung 6.26).

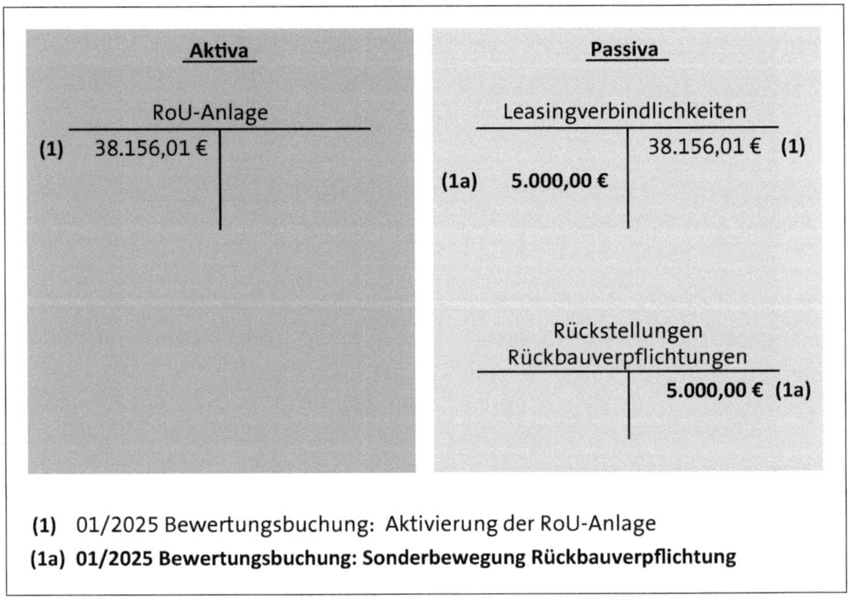

Abbildung 6.26 Buchung der Aktivierung und der Sonderbewegung für Rückbauverpflichtungen

6.5 Restwertgarantie und Rückkaufswert

In Leasingverträgen, z. B. beim Leasing von Fahrzeugen, finden sich häufig Klauseln über eine Restwertgarantie. Mit einer solchen Restwertgarantie wird vertraglich festgelegt, dass das Leasinggut bei Rückgabe noch den vereinbarten Restwert haben muss. Der Leasingnehmer garantiert somit dem Leasinggeber, dass das Leasinggut am Ende der Laufzeit noch einen bestimmten Restwert besitzt. Ist das Leasinggut jedoch weiter abgenutzt, als dieses mit der Restwertgarantie vereinbart war, muss der Leasingnehmer dem Leasinggeber bei Rückgabe des Leasinggutes die Differenz erstatten.

Restwertgarantie

Sie haben einen Vertrag wie im Grundbeispiel in Abschnitt 6.2.1, »Initialkosten in der Bewertung berücksichtigen«, geschlossen: Vertragsbeginn ist der 01.01.2025, die Laufzeit beträgt drei Jahre, nachschüssige jährliche Mieten in Höhe von 10.000 €, 12.000 € und 14.000 € werden fällig. Als Zinssatz werden 4 % angenommen.

Als Restwert wurden 5.000 € vereinbart.

Auch die Restwertgarantie hinterlegen Sie als statistische Einmalkondition im Vertrag. Auf der Registerkarte **Konditionen** unterhalb der Registerkarte **Bewertungsparameter** stellen Sie die Bewertungseigenschaft (**Bew.Eigenschaft**) für diese Kondition auf **Restwertgarantie** ein (siehe Abbildung 6.27).

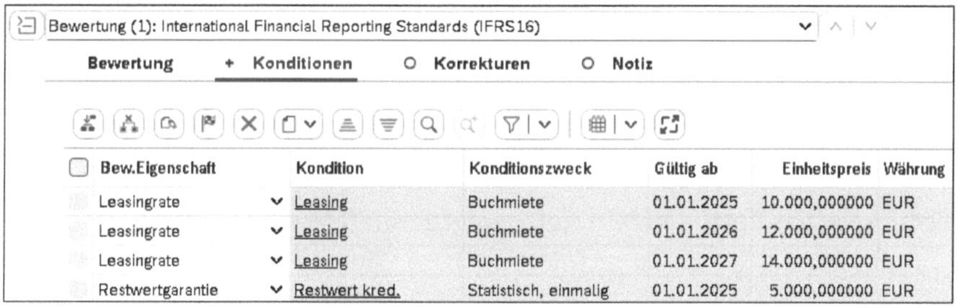

Bew.Eigenschaft	Kondition	Konditionszweck	Gültig ab	Einheitspreis	Währung
Leasingrate	Leasing	Buchmiete	01.01.2025	10.000,000000	EUR
Leasingrate	Leasing	Buchmiete	01.01.2026	12.000,000000	EUR
Leasingrate	Leasing	Buchmiete	01.01.2027	14.000,000000	EUR
Restwertgarantie	Restwert kred.	Statistisch, einmalig	01.01.2025	5.000,000000	EUR

Abbildung 6.27 Konditionsbewertungseigenschaft »Restwertgarantie«

Restwertgarantie in der Bewertung

Der abgezinste Restwert (im Beispiel 4.444,98 €) geht sowohl in die Bewertung der Anlage als auch in die Leasingverbindlichkeiten ein.

Leasingverbindlichkeit				
Periode	**Rate**	**Anfangsbestand**	**Zinsen**	**Endbestand**
01/2025		37.600,99 €		37.600,99 €
12/2025	10.000,00 €	37.600,99 €	1.504,04 €	29.105,03 €
12/2026	12.000,00 €	29.105,03 €	1.164,20 €	18.269,23 €
12/2027	14.000,00 €	18.269,23 €	730,77 €	5.000,00 €
Summe	36.000,00 €		3.399,01 €	

RoU-Anlage				
Periode	**Anfangsbestand**	**Abschreibung**	**Endbestand**	**Aufwand**
01/2025	37.600,99 €		37.600,99 €	
12/2025	37.600,99 €	12.533,66 €	25.067,33 €	14.037,70 €
12/2026	25.067,33 €	12.533,67 €	12.533,66 €	13.697,87 €
12/2027	12.533,66 €	12.533,66 €	– €	13.264,43 €
Summe				41.000,00 €

Abbildung 6.28 Restwertgarantie – Werteverlauf der RoU-Anlage und der Leasingverbindlichkeit

Das Nutzungsrecht an der Anlage ist mit Ende der Vertragslaufzeit erschöpft, sodass der Wert der RoU-Anlage auf null abgeschrieben ist. Die Leasingverbindlichkeiten sind jedoch zum Ende des Vertrags nicht abgebaut, sondern bleiben in der Höhe der Restwertgarantie stehen.

Gemäß der Vereinbarung müssen Sie als Leasingnehmer bei Rückgabe des Leasinggutes bis maximal in dieser Höhe Ausgleichszahlungen leisten. In Abbildung 6.28 wird der Werteverlauf für einen Leasingvertrag mit Restwertgarantie dargestellt.

Der Rückkaufswert verhält sich in der bilanziellen Bewertung wie die Restwertgarantie.

6.6 Untervermietung

In einem unserer früheren Beispiele haben wir Büros und Parkplätze angemietet. Einen der angemieteten Parkplätze haben wir weitervermietet. Hierbei handelt es sich um einen klassischen Fall von Untervermietung, auch als *Sublease* bezeichnet.

Haben Sie das Recht auf Nutzung eines gemieteten oder geleasten Gegenstandes durch die Untervermietung komplett aufgegeben, besteht auch kein Anlass mehr, die RoU-Anlage in den Aktiva Ihrer Bilanz zu belassen. Selbstverständlich betrifft dies aber nicht Ihre Leasingverbindlichkeiten – diese bleiben weiterhin bestehen. Demgegenüber haben Sie aber durch den Abschluss des Untermietvertrags eine Forderung gegenüber Ihrem Mieter/Leasingnehmer und einen Erlös aus der Untervermietung. Die Bewertung von debitorischen Verträgen nach IFRS 16 und US-GAAP ASC 842 haben wir in Abschnitt 5.5.5, »(Unter-)Mietvertrag als Finanzierungsleasing bewerten«, dargestellt. Wir wenden uns nun der Auswirkung auf den Anmietvertrag zu, den sogenannten *Headlease* oder *Hauptmietvertrag*.

[zB]

Beispiel 1: Untervermietung

Sie haben einen Vertrag wie im Grundbeispiel in Abschnitt 6.2.1, »Initialkosten in der Bewertung berücksichtigen«, geschlossen: Vertragsbeginn ist der 01.01.2025, die Laufzeit beträgt drei Jahre, nachschüssige jährliche Mieten in Höhe von 10.000 €, 12.000 € und 14.000 € fallen an. Als Zinssatz werden 4 % angenommen.

Sie haben den Leasinggegenstand über die gesamte Laufzeit des Hauptmietvertrags zu den gleichen Konditionen untervermietet.

Wird wie in Beispiel 1 ein Objekt angemietet und dann komplett, d. h. in Gänze und über die gesamte Laufzeit des Anmietvertrags hinweg, untervermietet, muss die RoU-Anlage komplett ausgebucht werden.

RoU-Anlage ausbuchen

Wie nun aber verhält es sich,

- wenn die Laufzeiten von Headlease (Hauptmietvertrag) und Sublease (Untervermietung) unterschiedlich sind und/oder
- wenn nicht alle Objekte aus dem Hauptmietvertrag oder nur Teile der Nutzungsrechte untervermietet werden und/oder
- wenn die im Untermietvertrag vereinbarten Mieten bzw. Leasingraten von denen des Hauptmietvertrags abweichen, sodass der Wert des Untermietvertrags über oder unter dem Wert des Hauptmietvertrags liegt?

Man kann sicherlich mit betriebswirtschaftlichem und buchhalterischem Sachverstand eine Aussage darüber treffen, welcher Teil einer RoU-Anlage in einem solchen Fall aus den Aktiva auszubuchen ist. Es wäre aber unheimlich komplex, eine wie auch immer geartete Programmautomatik zu erstellen, die den auszubuchenden Wert aus den verschiedenen Faktoren ermittelt.

Das Vertragsmanagement bietet daher eine halbautomatische Lösung für die Untervermietung an: Untermietverträge werden als debitorische Verträge im System geführt und können bewertet werden (siehe Abschnitt 5.5.5, »(Unter-)Mietvertrag als Finanzierungsleasing bewerten«).

Hauptmietverträge und Untermietverträge können durch eine informatorische Zuordnung innerhalb des Hauptmietvertrags verknüpft werden. Sie ordnen dazu im Register **Objekte** des Hauptmietvertrages die Untermietverträge zu, wie in Abbildung 6.29 dargestellt.

Im Hauptmietvertrag wird durch eine spezielle Kondition mit der Konditionsbewertungseigenschaft *Untervermietung* der aus der RoU-Anlage auszubuchende Wert vorgegeben.

[zB]

Beispiel 2: Untervermietung

Sie haben einen Vertrag wie im Grundbeispiel geschlossen: Vertragsbeginn ist der 01.01.2025, die Laufzeit beträgt drei Jahre, nachschüssige jährliche Mieten in Höhe von 10.000 €, 12.000 € und 14.000 € werden fällig. Als Zinssatz werden 4 % angenommen.

Sie haben den Leasinggegenstand ab Vertragsbeginn für sechs Monate untervermietet. Den auszubuchenden Wert der Leasinganlage setzen Sie mit 8.000 € an.

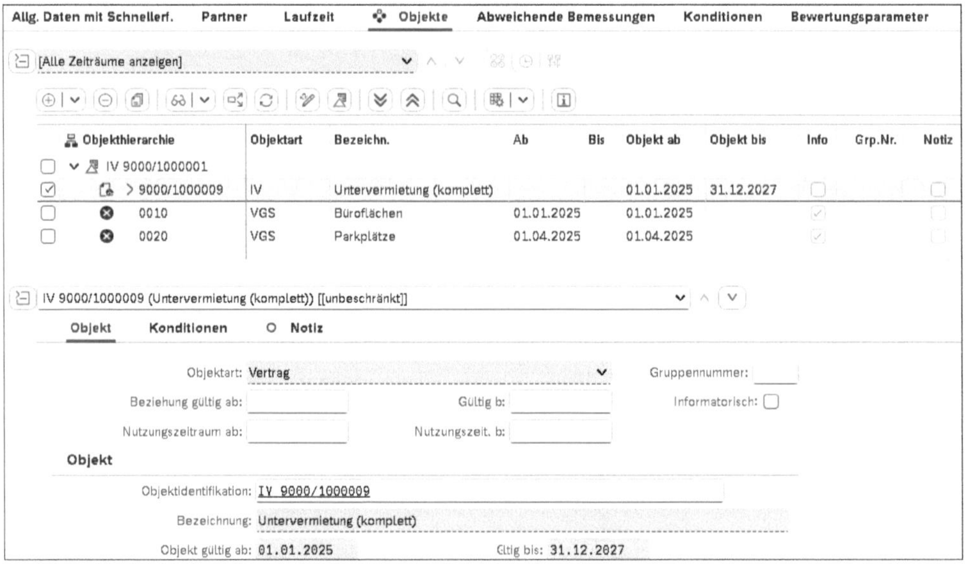

Abbildung 6.29 Registerkarte »Objekte« – Zuordnung des Untermietvertrags zum Hauptvertrag

Legen Sie im Hauptvertrag eine einmalige statistische Kondition an, und stellen Sie diese mit der Konditionsbewertungseigenschaft **Untervermietung** in die Bewertung ein, wie in Abbildung 6.30 dargestellt.

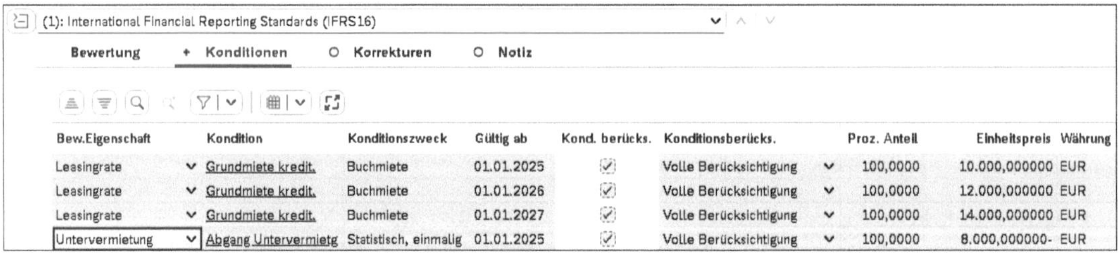

Abbildung 6.30 Konditionsart Konditionsbewertungseigenschaft »Untervermietung«

Die Bewertung rechnet den angegebenen Wert aus der RoU-Anlage heraus. Ein Beispiel hierfür finden Sie in Abbildung 6.31.

Am Wert der Leasingverbindlichkeit und an den Zinsen ändert sich nichts, wohl aber an den Abschreibungswerten. Dies ist im Buchungsschema in Abbildung 6.32 ersichtlich.

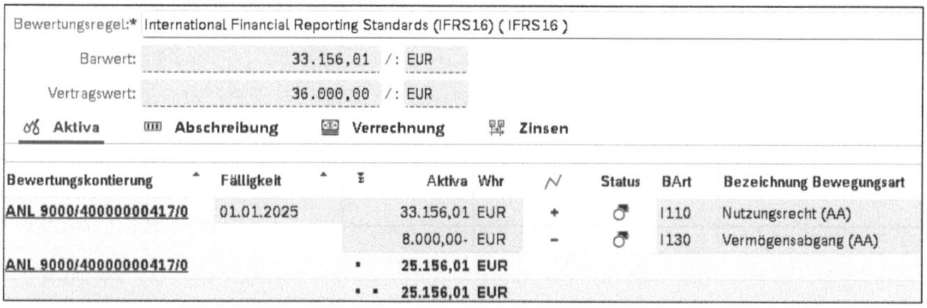

Abbildung 6.31 Bewertungsergebnis mit Beachtung der Untervermietung

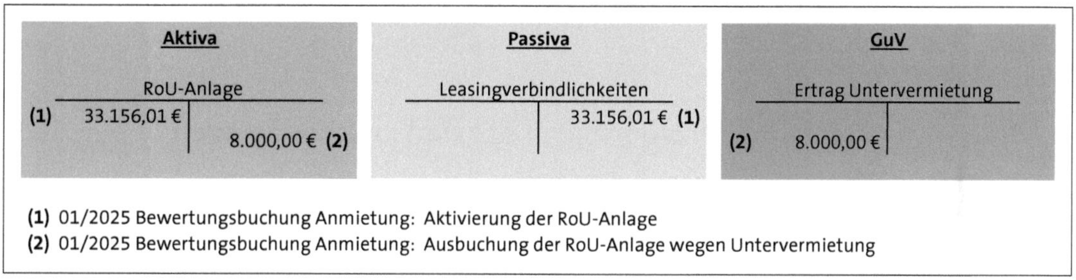

Abbildung 6.32 Buchungslogik bei der Ausbuchung einer RoU-Anlage bei Untervermietung

Abbildung 6.33 zeigt die Buchungsbelege der Anlagenbewegungen, die im Falle der Untervermietung entstehen.

Abbildung 6.33 Buchungsbelege der Anlagenbewegungen bei Untervermietung

Im Beispiel sind wir davon ausgegangen, dass die Untervermietung zum gleichen Zeitpunkt startet wie der Hauptmietvertrag. Weicht das Datum der Untervermietung vom Datum der Anmietung ab, legen Sie im Hauptmietvertrag eine Untermietkondition zum Datum des Starts des Untermietvertrages an. Diese Vertragsänderung führt zu einer Bewertungsänderung. Um diese anzustoßen, müssen Sie eine neue Zeitscheibe für die Bewertung anlegen. Nähere Informationen hierzu und allgemein zum Umgang mit Änderungsprozessen finden Sie in Kapitel 8, »Vertragsänderungen und Folgebewertungen«.

Geht der Untermietvertrag zu Ende, muss die RoU-Anlage wieder aufgewertet werden. Auch hier arbeiten Sie mit einer statistischen, einmaligen Kondition – jetzt für den Vermögenszugang –, die Sie zum Stichtag nach Auslaufen des Untermietvertrags in den Hauptmietvertrag einfügen. Legen Sie eine Zeitscheibe für die Bewertungsklausel zu diesem Stichtag an, und bewerten Sie den Hauptmietvertrag zu diesem Stichtag neu.

6.7 Außerordentliche Ab- und Zuschreibungen

Außerordentliche Zu- und Abschreibungen auf RoU-Anlagen können im Zusammenhang mit der Neubewertung von Leasingverträgen vorkommen. Auch dieses Thema gehört eigentlich eher in Kapitel 8, »Vertragsänderungen und Folgebewertungen«, da es sich in aller Regel um Vorgänge handelt, die aufgrund einer Neubewertung stattfinden. Der Vollständigkeit halber führen wir es aber bereits an dieser Stelle aus.

Wenn ein Anlagenbuchhalter eine Zu- oder Abschreibung auf eine Anlage buchen soll, wird er vermutlich auf die naheliegende Idee kommen, eine entsprechende Buchung in der Anlagenbuchhaltung zu erfassen. Im Fall der RoU-Anlagen wird er jedoch an dieser Buchung mit der Fehlermeldung AA 633 gehindert (siehe Abbildung 6.34).

Eine manuelle Buchung auf eine RoU-Anlage ist nicht möglich, weil das System Inkonsistenzen verhindern will. Die RoU-Anlage unterliegt der Steuerung des Leasingvertrags. Dieser bestimmt, wie die AfA gerechnet wird, und sorgt dafür, dass die Anlage am Ende des Vertrags auf null abgeschrieben ist. »Pfuscht« man nun durch eine manuelle Buchung dazwischen, funktioniert diese Automatik nicht mehr. Daher wird die manuelle Buchung verhindert – mit Hinweis auf den AfA-Schlüssel ZLEA, der dafür sorgt, dass die AfA vom Vertragsmanagement berechnet werden kann, siehe hierzu auch Abschnitt 7.4.5, »Abschreibungen«.

Man kann die außerordentliche Zu- bzw. Abschreibung nur buchen, indem man wieder vom Leasingvertrag ausgeht. Die grundsätzliche Vorgehensweise gleicht dem Vorgehen bei Änderungen der Werte der RoU-Anlage aufgrund von Untervermietung.

Manuelle Abschreibung i.V. mit Abschr.schlüssel ZLEA ist nicht zulässig

Meldungsnr. AA633

Betroffene Anlage: 000000100009-0000

Diagnose

Es ist nicht möglich, eine manuelle Abschreibung in Verbindung mit einem Abschreibungsschlüssel zu kombinieren, der seinerseits Abschreibungen prognostiziert.

Systemaktivitäten

Der Beleg mit der manuellen Abschreibung kann nicht gebucht werden.

Vorgehen

Wählen Sie einen Abschreibungsschlüssel ohne automatisches Prognostizieren von Abschreibungen.

Abbildung 6.34 Fehlermeldung beim manuellen Buchen auf eine RoU-Anlage

Legen Sie eine einmalige statistische Kondition mit dem Datum an, zu dem die außerordentliche Abschreibung gebucht werden soll, und geben Sie hier den Wert an, um den die RoU-Anlage außerordentlich abgeschrieben (bzw. zugeschrieben) werden soll. Führen Sie eine neue Zeitscheibe für die Bewertungsklausel zu diesem Termin ein, und starten Sie die Bewertung.

Aktiva | **Abschreibung** | Verrechnung | Zinsen

Bewertungskontierung	Fälligkeit	Jahr	Σ	Abschreibung	Restwert	Whr	Berechnung von	Berechnung bis	Bezeichnung Bewegungsart
ANL 9000/40000000418/0	31.12.2025	2025		11.052,00	22.104,01	EUR	01.01.2025	31.12.2025	Abschreibung (AA)
	01.01.2026	2026		5.000,00	18.621,76	EUR	01.01.2026	01.01.2026	Außerplanmäßige Abschr. AA
	31.12.2026			9.310,88	9.310,88	EUR	01.01.2026	31.12.2026	Abschreibung (AA)
	31.12.2027	2027		9.310,88	0,00	EUR	01.01.2027	31.12.2027	Abschreibung (AA)
ANL 9000/40000000418/0			•	**34.673,76**		**EUR**			
			• •	**34.673,76**		**EUR**			

Abbildung 6.35 Außerordentliche Abschreibung im Bewertungsfinanzstrom

Die außerordentliche Abschreibung finden Sie im Bewertungsfinanzstrom auf der Registerkarte **Abschreibungen**. In der Folge reduzieren sich die regulären Abschreibungen, wie am Beispiel in Abbildung 6.35 zu sehen ist.

6.8 Barwertvorgabe

Es kann vorkommen, dass der Leasinggeber keine Information über den Zins bereitstellt oder aus anderen Gründen der Barwert der Leasingverbindlichkeit direkt vorgegeben werden soll. In solchen Fällen erfassen Sie eine einmalige statistische Kondition zum Vertragsbeginn (oder zum Bewertungsbeginn) in der Höhe, die dem Barwert des Vertrags zugemessen werden soll. Der Barwert wird dann als Wert der Leasingverbindlichkeit gesetzt und auch als Wert der RoU-Anlage. Der interne Zinsfuß wird errechnet und im Bewertungsergebnis ausgewiesen.

Weitere Konditionen, wie z. B. Initialkosten, werden im Anschluss verrechnet, wie in den früheren Abschnitten erläutert, und z. B. dem Wert der RoU-Anlage zugeschlagen.

[zB]

Vertrag mit Barwertvorgabe

Sie haben einen Vertrag geschlossen, der am 01.01.2025 beginnt und eine Laufzeit von drei Jahren hat. Die Leasingrate oder Miete ist jeweils nachschüssig fällig und beträgt:

- in 2025: 10.000 €
- in 2026: 12.000 €
- in 2027: 14.000 €

Ein Zinssatz ist nicht bekannt. Für die Leasingzahlungen wird ein Barwert von 34.000 € angenommen. Es sind außerdem anfängliche Kosten in Höhe von 5.000 € entstanden.

Legen Sie die Konditionen für die Leasingraten als periodische Konditionen an, und fügen Sie Einmalkonditionen für die Barwertvorgabe und für die anfänglichen Kosten hinzu. Stellen Sie die Bewertungsparameter entsprechend ein. Abbildung 6.36 zeigt die Bewertungseigenschaft **Barwertvorgabe**.

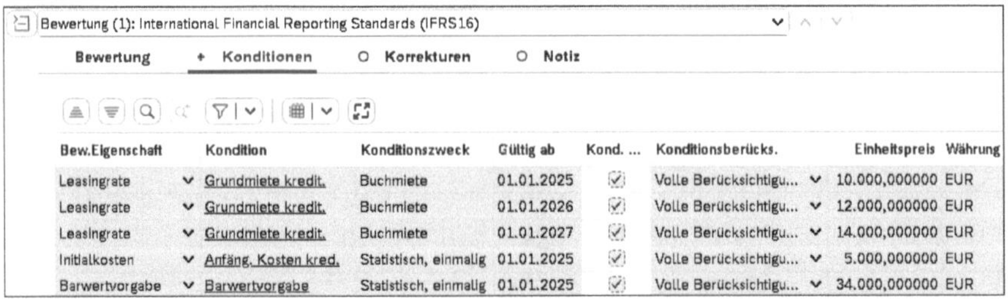

Bew.Eigenschaft	Kondition	Konditionszweck	Gültig ab	Kond. ...	Konditionsberücks.	Einheitspreis	Währung
Leasingrate	Grundmiete kredit.	Buchmiete	01.01.2025	☑	Volle Berücksichtigu...	10.000,000000	EUR
Leasingrate	Grundmiete kredit.	Buchmiete	01.01.2026	☑	Volle Berücksichtigu...	12.000,000000	EUR
Leasingrate	Grundmiete kredit.	Buchmiete	01.01.2027	☑	Volle Berücksichtigu...	14.000,000000	EUR
Initialkosten	Anfäng. Kosten kred.	Statistisch, einmalig	01.01.2025	☑	Volle Berücksichtigu...	5.000,000000	EUR
Barwertvorgabe	Barwertvorgabe	Statistisch, einmalig	01.01.2025	☑	Volle Berücksichtigu...	34.000,000000	EUR

Abbildung 6.36 Barwertvorgabe in den Bewertungseigenschaften

Führen Sie die Bewertung durch. Die Anlage und die Leasingverbindlichkeiten werden in der Höhe des Barwertes zzgl. der Initialkosten gebucht. Die Leasingverbindlichkeit wird anschließend wieder um den Wert der Initialkosten entlastet (siehe Abbildung 6.37).

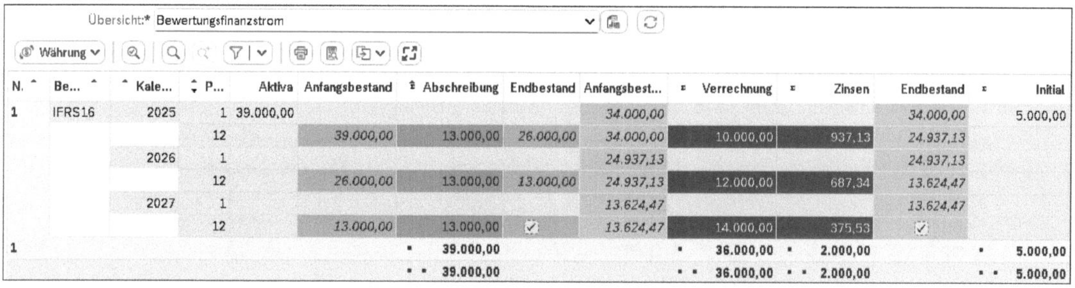

Übersicht:* Bewertungsfinanzstrom

N.	Be...	Kale...	P...	Aktiva	Anfangsbestand	Abschreibung	Endbestand	Anfangsbest...	Verrechnung	Zinsen	Endbestand	Initial
1	IFRS16	2025	1	39.000,00				34.000,00			34.000,00	5.000,00
			12		39.000,00	13.000,00	26.000,00	34.000,00	10.000,00	937,13	24.937,13	
		2026	1					24.937,13			24.937,13	
			12		26.000,00	13.000,00	13.000,00	24.937,13	12.000,00	687,34	13.624,47	
		2027	1					13.624,47			13.624,47	
			12		13.000,00	13.000,00	✓	13.624,47	14.000,00	375,53	✓	
1						▪ 39.000,00			▪ 36.000,00	▪ 2.000,00		▪ 5.000,00
						▪ ▪ 39.000,00			▪ ▪ 36.000,00	▪ ▪ 2.000,00		▪ ▪ 5.000,00

Abbildung 6.37 Bewertungsfinanzstrom des Beispiels mit Barwertvorgabe

6.9 Vermögenswertvorgabe

Die Vermögenswertvorgabe spielt insbesondere im Zusammenhang mit der Datenübernahme in der Übergangsphase eine Rolle. Wie in der Übergangsphase am besten vorzugehen ist, wird in Kapitel 10, »Übergangsphase und Datenmigration«, besprochen.

Bei bestehenden Leasingverträgen hat die RoU-Anlage zum Zeitpunkt der Produktivsetzung des Vertragsmanagements bereits einen bestimmten Wert erreicht. Damit die Bewertung auf diesem Wert aufsetzen kann, können Sie dem Leasingvertrag über eine einmalige statistische Kondition den Vermögenswert mitteilen.

Vertrag mit Vermögenswertvorgabe

[zB]

Sie haben einen Vertrag geschlossen, der vor dem Tag der Produktivsetzung am 01.01.2025 begonnen hat. Der Vertrag hat eine Restlaufzeit von drei Jahren. Die Leasingraten sind jährlich nachschüssig fällig:

- in 2025: 10.000 €
- in 2026: 12.000 €
- in 2027: 14.000 €

Der Zinssatz beträgt 4 %. Der Wert der RoU-Anlage wird mit 27.000 € angenommen.

Legen Sie den Vertrag mit den entsprechenden Daten an, und führen Sie eine einmalige statistische Kondition für die Vermögenswertvorgabe ein (siehe Abbildung 6.38).

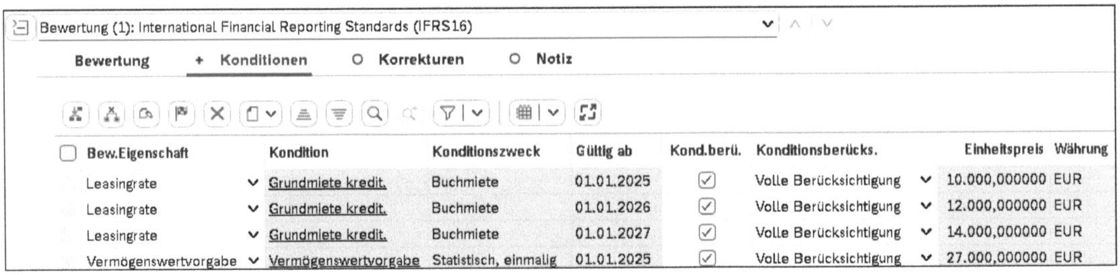

Abbildung 6.38 Bewertungseigenschaft »Vermögenswertvorgabe«

Die Vermögenswertvorgabe führt dazu, dass die RoU-Anlage mit genau diesem Wert aktiviert wird (siehe Abbildung 6.39).

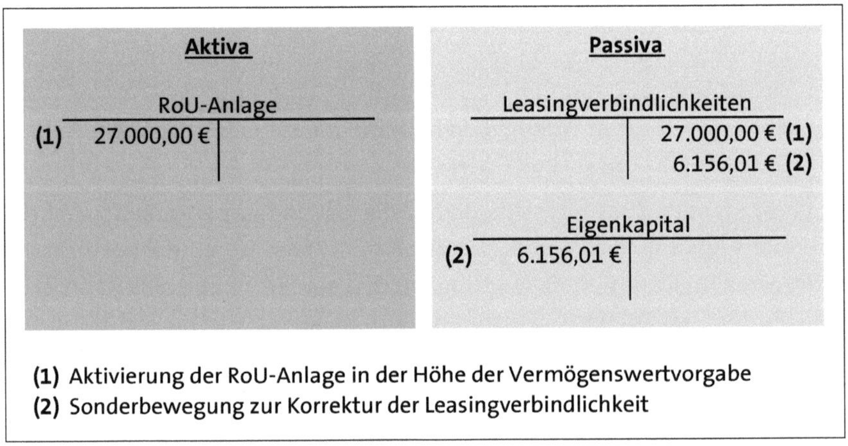

Abbildung 6.39 Aktivierungsbuchungen bei Vermögenswertvorgabe

Die Leasingverbindlichkeit ist dagegen mit dem abgezinsten Wert der Leasingzahlungen zu bewerten. Die Differenz aus dem Wert der RoU-Anlage und den Leasingverbindlichkeiten wird in das Eigenkapital gebucht. Abbildung 6.40 zeigt die Sonderbewegung für die Buchung der Eigenkapitaldifferenz. Im beschriebenen Fall handelt es sich hierbei um eine Eigenkapitalreduzierung, d. h. um eine negative Eigenkapitalveränderung.

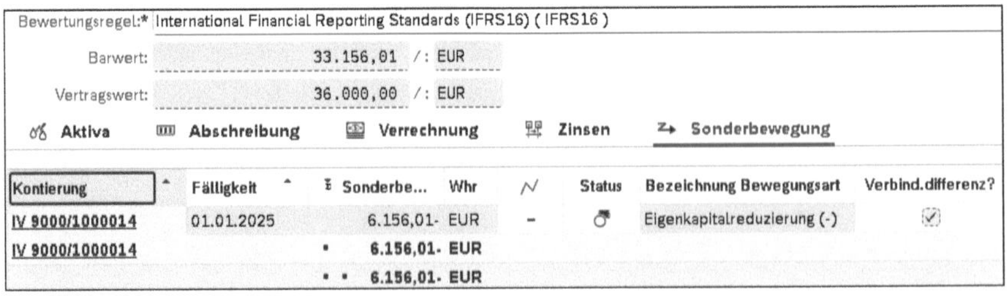

Abbildung 6.40 Sonderbewegung »Eigenkapitaldifferenz«

6.10 Zusammenfassung

Die Basis für die Bewertung eines Leasingvertrags bilden immer die Konditionen des Vertrags. Diese Konditionen können auch statistisch sein, also keine Buchkonditionen. In welcher Weise eine Kondition in die Bewertung einfließt, wird über die Konditionsbewertungseigenschaft gesteuert. Die Konditionsbewertungseigenschaft ist ein Attribut in der Zuordnung der Kondition zur Bewertungsregel. Sie ist ein mächtiges Werkzeug zur Beeinflussung der Bewertung. Die Vorbelegung und die möglichen Einstellungen werden über Konditionsbewertungsgruppen zur Bewertungsregel gesteuert.

Sie haben an Beispielen gesehen, wie sich diese Steuerung auf den Bewertungsfinanzstrom und die Buchungen auswirken kann: Sie kann den anfänglichen Wert der RoU-Anlage, den anfänglichen Wert der Leasingverbindlichkeit oder auch den Restwert der Leasingverbindlichkeit beeinflussen.

Tabelle 6.1 stellt die Bewertungseigenschaften im Überblick dar.

Konditionsbewertungseigenschaft	**Bedeutung**
A – Leasingrate	Die Leasingrate kann einmalig oder periodisch, statistische Kondition oder Buchkondition sein. Aus den Leasingraten wird durch Abzinsung der Barwert des Vertrags errechnet, der in die RoU-Anlage und in die Leasingverbindlichkeiten eingeht.
B – Initialkosten	Initialkosten werden als Einmalkonditionen (statistisch oder Buchmiete) hinterlegt. Sie erhöhen den Anfangswert der RoU-Anlage, nicht aber die Leasingverbindlichkeit.
C – Barwertvorgabe	Die einmalige statistische Kondition Barwertvorgabe definiert den Barwert, d. h. die Höhe der Leasingverbindlichkeit. Aus der Barwertvorgabe und den Leasingraten wird der interne Zinsfuß ermittelt.
D – Rückkaufswert E – Restwertgarantie	Rückkaufswert und Restwertgarantie (einmalige statistische Konditionen) erhöhen den Wert der Leasingverbindlichkeit und der RoU-Anlage. Die Anlage wird über die Laufzeit des Vertrags abgeschrieben. Die Leasingverbindlichkeit entspricht zum Vertragsende der Restwertgarantie bzw. dem Rückkaufswert.
F – Vermögenswertvorgabe	Diese einmalige statistische Kondition gibt den Wert der RoU-Anlage vor.

Tabelle 6.1 Überblick der Bewertungseigenschaften

Konditionsbewertungseigenschaft	Bedeutung
G – Abschreibung	Mit dieser Bewertungseigenschaft für statistische Einmalkonditionen werden außerplanmäßige Ab- und Zuschreibungen auf der RoU-Anlage abgebildet.
I – Anreiz	Anreizzahlungen (einmalige Kondition, statistisch oder Buchmiete) verringern den Anfangswert der RoU-Anlage, aber nicht die Leasingverbindlichkeit.
R– Rückbauverpflichtung	Rückbauverpflichtungen erhöhen den Wert der RoU-Anlage, wirken sich aber nicht auf die Leasingverbindlichkeit aus.
S – Strafzahlung	Strafzahlungen können am Ende der Vertragslaufzeit entstehen, z. B. für die Kündigung vor dem vereinbarten Vertragsende. Sie erhöhen die Leasingverbindlichkeit und den Wert der RoU-Anlage.
V – Untervermietung	Gibt es zusätzlich zum kreditorischen Leasingvertrag einen debitorischen Untermietvertrag, bildet diese statistische Einmalkondition im Hauptmietvertrag die durch die Untervermietung geänderten Vermögenswerte der RoU-Anlage ab.
U – Umbuchung Linearisierung	Diese Bewertungseigenschaft wird für umzubuchende bzw. zu linearisierende Konditionen verwendet.
X – Sonstiges	Konditionen mit der Bewertungseigenschaft X werden bei der bilanziellen Bewertung nicht berücksichtigt.

Tabelle 6.1 Überblick der Bewertungseigenschaften (Forts.)

Zwischen der Konditionsbewertungseigenschaft und der Art der Berücksichtigung einer Kondition bei der Bewertung bestehen Abhängigkeiten:

- *Leasingraten* werden entweder vollständig berücksichtigt oder – im Fall von Servicekosten, die in den Leasingraten enthalten sind – zu einem angegebenen prozentualen oder absoluten Anteil.
- Für Konditionen mit der Bewertungseigenschaft *Umbuchung/Linearisierung* ist die Berücksichtigung Umbuchung/Linearisierung zu verwenden.
- Konditionen mit der Bewertungseigenschaft *Sonstiges* werden bei der Bewertung nicht berücksichtigt.
- Für alle anderen Bewertungseigenschaften werden die Konditionen bei der bilanziellen Bewertung vollständig berücksichtigt.

Kapitel 7
Bewertung buchen

Ihre Leasingverhältnisse korrekt in der Bilanz auszuweisen, ist das eigentliche Ziel aller Bemühungen hinsichtlich der Bewertung von Verträgen. Was genau Sie tun müssen, um die Bewertungsdaten auf die richtigen Konten in die Hauptbuchhaltung und in die Anlagenbuchhaltung zu bringen, ist Gegenstand dieses Kapitels.

In den vorhergehenden Kapiteln haben Sie gesehen, wie komplex die Bewertung eines Leasingvertrags sein kann. Will man nun die Bewertungsergebnisse buchen, stellt nicht nur die Komplexität des Buchungsstoffes an sich eine Herausforderung dar. Darüber hinaus müssen Sie die Bewertung der Verträge auch noch parallel nach verschiedenen Rechnungslegungsvorschriften buchen. Wir holen daher an dieser Stelle etwas aus und gehen zunächst auf die Konzepte der parallelen Rechnungslegung ein. Je nachdem, welchem der Konzepte Sie folgen und welche Versionen des SAP Finanzwesens und der Anlagenbuchhaltung Sie einsetzen, sind die Buchungen der Bewertung unterschiedlich zu steuern. Diese Unterschiede werden in den jeweiligen Abschnitten dieses Kapitels erläutert.

7.1 Parallele Rechnungslegung

Die klassische Hauptbuchhaltung ging zunächst davon aus, dass eine bilanzierende Einheit – im System abgebildet durch einen Buchungskreis – eine Bilanz nach der Rechnungslegungsvorschrift des Landes zu erstellen hat, in dem das Unternehmen angesiedelt ist. Geht es um ein deutsches Unternehmen, muss nach Handelsgesetzbuch (HGB) berichtet werden. In den USA berichtet man nach US-GAAP. International hat sich der Standard IFRS etabliert. Nun müssen aber Unternehmen, die Teil eines international agierenden Konzerns sind, häufig nicht nur nach lokalen Rechnungslegungsvorschriften bilanzieren, sondern auch nach Rechnungslegungsvorschriften, denen die Konzernmutter unterliegt.

Bilanz- und GuV-Versionen

Grundsätzlich war das bereits in SAP ERP kein Problem, da in SAP ERP Financials unterschiedliche Versionen für die Bilanz und die Gewinn-und-Verlust-Rechnung (Bilanz- und GuV-Versionen) verwendet werden können. Das heißt, die Berichtsstruktur lässt sich den Berichtsanforderungen der verschiedenen Rechnungslegungsvorschriften anpassen. Nun geht es aber nicht allein um die Struktur der Berichte, sondern auch um deren Grundlagen, die Buchungen in der Hauptbuchhaltung.

Bilanzvorbereitung

Ehe eine Bilanz erstellt wird, sind bestimmte buchhalterische Sachverhalte für die Bilanz zu bewerten: Vorgänge in Fremdwährungen, offene Forderungen und Verbindlichkeiten, Ware in Arbeit usw. Während der Bilanzvorbereitung werden Buchungen vorgenommen, um die Hauptbuchkonten richtigzustellen oder detaillierte Informationen bereitzustellen. Es werden also im Zuge der Bilanzvorbereitung bestimmte Buchungen in der Hauptbuchhaltung erstellt. Das Problem ist nun aber, dass die einzelnen Rechnungslegungsvorschriften sich auch darin unterscheiden, wie diese Bewertungsbuchungen vorzunehmen sind: Für Rechnungslegungsvorschrift A wird eine bestimmte Bewertungsbuchung durchgeführt, für Rechnungslegungsvorschrift B erfolgt keine oder eine andere Bewertungsbuchung.

Um diese Problematik systemtechnisch abzubilden, können Sie verschiedene Lösungen nutzen, die wir im Folgenden gegenüberstellen.

In Abschnitt 7.1.1, »Kontenlösung«, und Abschnitt 7.1.2, »Ledger-Lösung«, beschäftigen wir uns zunächst mit den Möglichkeiten, für verschiedene Rechnungslegungsvorschriften innerhalb eines Ledgers, aber mit jeweils separaten Konten (Kontenlösung) oder aber mit separaten Ledgern, dafür aber den gleichen Konten (Ledger-Lösung) zu buchen. In Abschnitt 7.1.3, »Klassische und neue Anlagenbuchhaltung«, geht es dann um die verschiedenen Versionen der Anlagenbuchhaltung.

7.1.1 Kontenlösung

Separate Konten pro Rechnungslegungsvorschrift

Um die Buchungen für die einzelnen Rechnungslegungsvorschriften zu differenzieren, verwendet man im einfachsten Fall unterschiedliche Konten. Buchungen, die nur für Rechnungslegungsvorschrift A notwendig sind, finden auf speziellen, ausschließlich für Rechnungslegungsschrift A benutzten Konten statt. Solche, die nur für Rechnungslegungsvorschrift B notwendig sind, finden auf anderen, nur für Rechnungslegungsvorschrift B relevanten Konten statt.

Gemeinsame Konten

Alle operativen Vorgänge, wie z. B. Debitorenforderungen, Kreditorenverbindlichkeiten, Bankbuchungen und Umsatzsteuerbuchungen, sind für alle Rechnungslegungen relevant und werden auf Konten gebucht, die beiden Rechnungslegungsvorschriften zugeordnet werden. Korrekte Bilanzen und Gewinn-und-Verlust-Rechnungen (GuV) pro Rechnungslegungsvorschrift entstehen, indem man nun für jede Rechnungslegungsvorschrift eine passende Bilanz- und GuV-Struktur definiert, die nur die jeweils relevanten Konten auswertet.

Abbildung 7.1 zeigt schematisch, wie die Konten in der Kontenlösung zu unterschiedlichen Bilanzversionen beitragen. Im linken und im rechten Bildbereich sehen Sie Konten, die für Bilanzerstellung gemäß den Rechnungslegungsvorschriften A bzw. B benötigt werden. Im mittleren Bildbereich erkennen Sie einen Bereich der gemeinsamen Konten, d. h., die hier enthaltenen Konten werden von beiden Rechnungslegungsvorschriften genutzt.

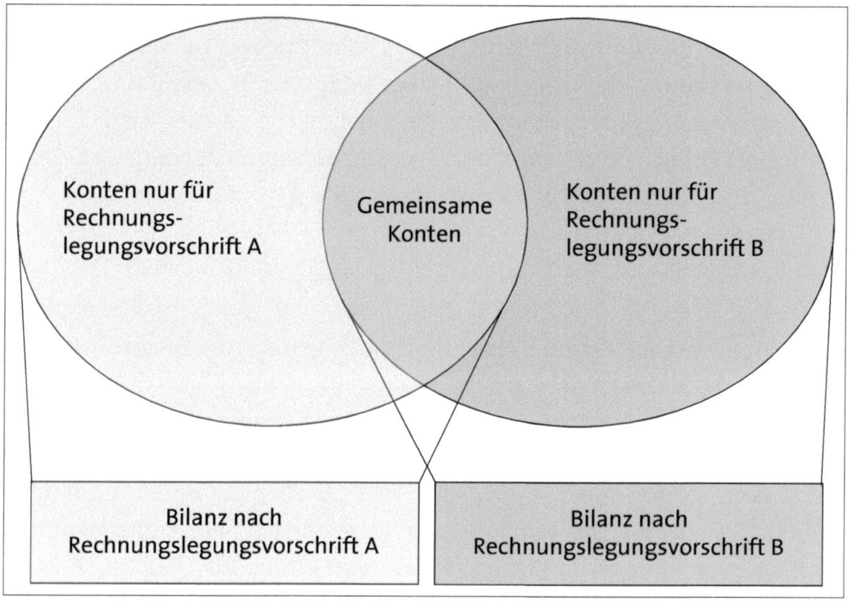

Abbildung 7.1 Überblick über notwendige Konten bei Nutzung der Kontenlösung

Je umfangreicher die Berichtsanforderungen sind, je unterschiedlicher die Rechnungslegungsvorschriften, desto komplexer kann der Kontenplan werden. Die Anwender müssen somit wissen, welche Konten in welchen Fällen gebucht werden. Customizing und Buchungen aus anderen SAP-Lösungen wie Controlling oder Material-Ledger müssen auf die beschriebene Kontenlösung abgestimmt werden. Mit speziellen Regeln wie Nummernkreisen für die Konten, Validierungen in den Buchungen, geeigneten Abstimmprogrammen und anderen Hilfsmitteln lassen sich kundenspezifisch mehr oder weniger komfortable Lösungen bauen. Allerdings steigt die Komplexität einer solchen Lösung mit der Anzahl der Rechnungslegungsvorschriften und der eingesetzten SAP-Komponenten.

7.1.2 Ledger-Lösung

Um den SAP-Kunden eine komfortable Lösung im Standard zu bieten, wurde das *neue Hauptbuch* (*New General Ledger, New GL*) ausgeliefert. Mit dem neuen Hauptbuch wurde eine neue Dimension in der Hauptbuchhaltung eingeführt: das *Ledger* (Hauptbuch). Ledger repräsentieren die jeweilige *Rechnungslegungsvorschrift*. Der Begriff der Rechnungslegungsvorschrift ist damit nicht mehr nur ein Fachbegriff, mit dem der Buchhalter umgeht, sondern er wird nun auch durch eine entsprechende Entität im Customizing und in der Anwendung repräsentiert. Jeder Rechnungslegungsvorschrift ist eine bestimmte Ledger-Gruppe zugeordnet.

Ledger-Gruppen und Rechnungslegungsvorschriften

Der sachkundige Anwender entscheidet beim Buchen, in welches Ledger bzw. in welche *Ledger-Gruppe* ein Beleg zu buchen ist, und damit, welche Rechnungslegungsvorschrift mit einer Buchung »bedient« wird. Die Berichte der Hauptbuchhaltung sind um die Dimension *Ledger* ergänzt. Somit ist es – im Unterschied zur klassischen Hauptbuchlösung – möglich, verschiedene Rechnungslegungsvorschriften parallel abzubilden, ohne für die jeweiligen Rechnungslegungsvorschriften eigene Hauptbuchkonten anzulegen.

Segment

Zusätzlich wurden noch weitere Erleichterungen für die Bilanzierung bereitgestellt. Die Entität *Segment* wurde eingeführt, um die nach verschiedenen Rechnungslegungsvorschriften geforderte *Segmentberichterstattung* zu vereinfachen. Für diese und für andere Entitäten, z. B. Profitcenter, wird der Online-Belegsplit ermöglicht, d. h., auf der Ebene der entsprechenden Entität wird automatisch ein Null-Saldo sichergestellt. Selbst entitätenübergreifende Buchungen im Controlling werden online ins Hauptbuch übertragen. Auf diese Art und Weise kann auch auf Entitäten unterhalb des Buchungskreises bilanziert werden.

[»]

Kontenlösung, Ledger-Lösung und Vertragsmanagement

Das Vertragsmanagement und die Vertragsbewertung sind sowohl im Zusammenhang mit der klassischen Hauptbuchhaltung als auch mit dem neuen Hauptbuch, sowohl mit der Konten- als auch mit der Ledger-Lösung einsetzbar.

7.1.3 Klassische und neue Anlagenbuchhaltung

Der Begriff *neue Anlagenbuchhaltung* wurde zeitweise im Zusammenhang mit der *Business Function EA-FIN* (Financials Entension Set) benutzt. Mit dieser Business Function wurde eine neue AfA-Rechnung über das *Depreciation Calculation Program (DCP)* zur Verfügung gestellt.

Neue AfA-Rechnung ist vorausgesetzt

Diese AfA-Rechnung ist Voraussetzung für das Vertragsmanagement. Diese »neue« Anlagenbuchhaltung ist allerdings nicht gemeint, wenn im Folgenden von der »neuen Anlagenbuchhaltung« die Rede sein wird, wie Sie weiter unten erfahren werden.

Bewertungsbereiche

Die Anlagenbuchhaltung – als Nebenbuch zur Hauptbuchhaltung – beschäftigt schon von Beginn an das Problem unterschiedlicher Bewertungen. Je nachdem, aus welcher Sicht eine Anlage betrachtet wird – handelsrechtlich, steuerrechtlich oder kalkulatorisch –, können (bzw. müssen) unterschiedliche Werte zur gleichen Anlage geführt werden. Das wird technisch umgesetzt, indem für Anlagen verschiedene *Bewertungsbereiche* geführt werden, die diese unterschiedlichen Anlagenwerte abbilden. Die Werte aus diesen Bewertungsbereichen werden auf unterschiedliche Konten in die Hauptbuchhaltung gebucht. Diese Technik der unterschiedlichen Werte pro Bewertungsbereich wird auch dann benutzt, wenn unterschiedliche Rechnungslegungsvorschriften zu betrachten sind.

Anlagenbuchhaltung und neues Hauptbuch

Wird das neue Hauptbuch eingesetzt, kann man jedoch in der *klassischen Anlagenbuchhaltung* nicht direkt Ledger-spezifisch buchen. Das Problem wird durch die Nutzung von Delta-Bewertungsbereichen gelöst, mit deren Hilfe die Hauptbuchkonten für die einzelnen Ledgers nachträglich richtiggestellt werden. Die hierbei erzeugten Buchungen machen die Buchhaltung allerdings unübersichtlich und schwer nachvollziehbar.

Neue Anlagenbuchhaltung

Mit der *neuen Anlagenbuchhaltung* wird dieses Problem gelöst. Die entsprechende Business Function FIN_AA_PARALLEL_VAL wurde erstmals mit dem SAP-Erweiterungspaket 7 SP02 für SAP ERP 6.0 ausgeliefert. Die neue Hauptbuchhaltung ermöglicht die direkte Zuordnung von Bewertungsbereichen zu Ledger-Gruppen und echte Ledger-spezifische Buchungen. Wenn in diesem Buch von der »neuen Anlagenbuchhaltung« die Rede ist, geht es immer um die Anlagenbuchhaltung, die mit der Business Function FIN_AA_PARALLEL_VAL aktiviert wird.

[«]

Anlagenbuchhaltung und Vertragsmanagement

Das Vertragsmanagement und die Vertragsbewertung sind sowohl mit der klassischen als auch mit der neuen Anlagenbuchhaltung einsetzbar.

7.2 Parallele Rechnungslegung in der Bewertung

Das Vertragsmanagement kann in verschiedenen Ausprägungen der Hauptbuchhaltung und der Anlagenbuchhaltung eingesetzt werden. Die Tabelle 7.1 stellt alle möglichen Kombinationen von Buchhaltungsanwendungen dar, für die das Vertragsmanagement verfügbar ist.

	Klassische Anlagenbuchhaltung	Neue Anlagenbuchhaltung	Ohne Anlagenbuchhaltung
Klassisches Hauptbuch	ja	nein	ja
Neues Hauptbuch	ja	ja	ja

Tabelle 7.1 Verfügbarkeit des Vertragsmanagements

Im Folgenden werden wir die Kontenfindung für die Bewertungsbuchungen im Vertragsmanagement erläutern und dabei auch auf die Unterschiede eingehen, die zu beachten sind, wenn die klassische oder die neue Anlagenbuchhaltung, die Konten- oder die Ledger-Lösung eingesetzt wird. Informationen, wie Sie ganz ohne Anlagenbuchhaltung, direkt im Hauptbuch, Bewertungen buchen, finden Sie im Abschnitt 7.4.13 »Buchen ohne Anlagenbuchhaltung«.

7.2.1 Buchungen in der Ledger-Lösung (neues Hauptbuch)

Schauen wir uns zunächst an, wie die Buchungen in Hauptbuchhaltung und Anlagenbuchhaltung im Detail aussehen.

[zB]

Bewertung eines Leasingvertrags nach unterschiedlichen Rechnungslegungsvorschriften

Sie haben einen Vertrag geschlossen, der am 01.01.2025 beginnt und eine Laufzeit von drei Jahren hat. Die Leasingrate oder Miete ist jeweils nachschüssig fällig und beträgt:

- in 2025: 10.000 €
- in 2026: 12.000 €
- in 2027: 14.000 €

Als Zinssatz werden für die Rechnungslegungsvorschrift RELO (IFRS; Finanzierungsleasing) 4 % angenommen. Für die Rechnungslegungsvorschrift REL2 (US-GAAP) wird angenommen, dass der Vertrag als operatives Leasing zu werten ist, und es wird mit einem Zinssatz von 8 % gerechnet.

Finanzierungsleasing – Beispiel

Die Wahl der unterschiedlichen Zinssätze erfolgt hier nur wegen der Verdeutlichung des Beispiels und unabhängig davon, ob dies realistisch ist. Wir erhalten unter dieser Annahme unterschiedliche Werte für die Berechnung der Barwerte, Zinsen und der Abschreibung. Abbildung 7.2 zeigt die Bewertungsbuchungen für den Fall des Finanzierungsleasings (Rechnungslegungsvorschrift RELO).

Leasingverbindlichkeit				
Periode	**Rate**	**Anfangsbestand**	**Zinsen**	**Endbestand**
01/2025		33.156,01 €		33.156,01 €
12/2025	10.000,00 €	33.156,01 €	1.326,24 €	24.482,25 €
12/2026	12.000,00 €	24.482,25 €	979,29 €	13.461,54 €
12/2027	14.000,00 €	13.461,54 €	538,46 €	– €
Summe	36.000,00 €		2.843,99 €	

RoU-Anlage				
Periode	**Anfangsbestand**	**Abschreibung**	**Endbestand**	**Aufwand**
01/2025	33.156,01 €		33.156,01 €	
12/2025	33.156,01 €	11.052,00 €	22.104,01 €	12.378,24 €
12/2026	22.104,01 €	11.052,01 €	11.051,99 €	12.031,30 €
12/2027	11.051,00 €	11.052,00 €	– €	11.590,46 €
Summe				36.000,00 €

Abbildung 7.2 Rechenbeispiel für Finanzierungsleasing

In Abbildung 7.3 finden Sie die Bewertungsergebnisse für die Vertragsbewertung nach der Rechnungslegungsvorschrift REL2 für operatives Leasing.

In Abbildung 7.4 sind die Buchungen für beide Rechnungslegungsvorschriften, also für das Finanzierungsleasing (Bewertung gemäß IFRS) und das operative Leasing (Bewertung gemäß US-GAAP) dargestellt. Sie sehen, dass – unabhängig von der Rechnungslegungsvorschrift – immer auf das gleiche Konto gebucht wird. Das ist möglich, weil bei aktivem neuen Hauptbuch durch die in der Bewertungsregel hinterlegte Rechnungslegungsvorschrift dafür gesorgt wird, dass jeweils die zur Rechnungslegungsvorschrift gehörigen Ledger angesprochen werden.

Leasingverbindlichkeit				
Periode	Rate	Anfangsbestand	Zinsen	Endbestand
01/2025		30.660,97 €		30.660,97 €
12/2025	10.000,00 €	30.660,97 €	2.452,88 €	23.113,85 €
12/2026	12.000,00 €	23.113,85 €	1.849,11 €	12.962,96 €
12/2027	14.000,00 €	12.962,96 €	1.037,04 €	– €
Summe	36.000,00 €		5.339,03 €	

RoU-Anlage				
Periode	Anfangsbestand	Abschreibung	Endbestand	Aufwand
01/2025	30.660,97 €		30.660,97 €	
12/2025	30.660,97 €	9.547,12 €	21.113,85 €	12.000,00 €
12/2026	21.113,85 €	10.150,89 €	10.962,96 €	12.000,00 €
12/2027	10.962,96 €	10.962,96 €	– €	12.000,00 €
Summe				36.000,00 €

Abbildung 7.3 Rechenbeispiel für operatives Leasing

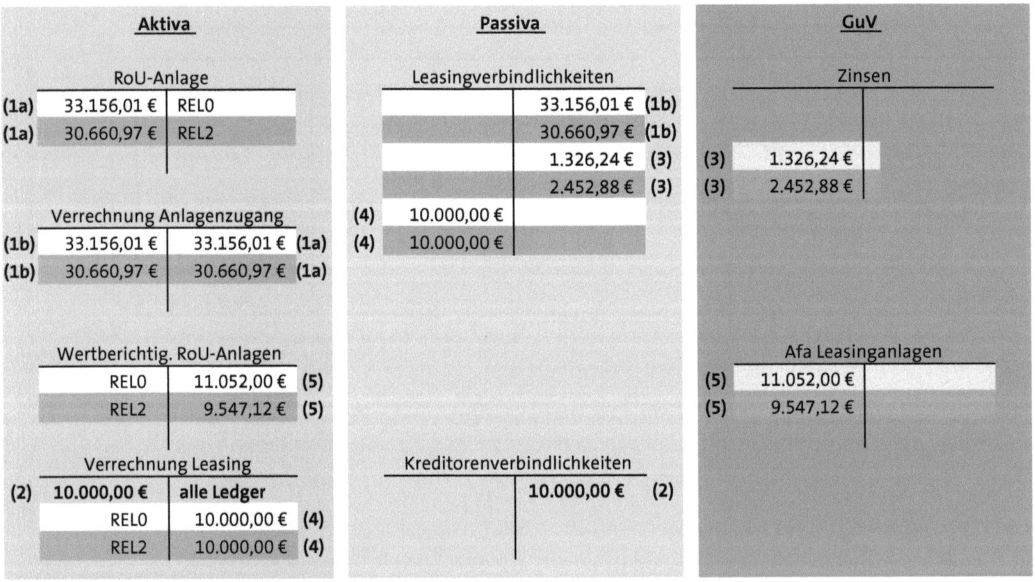

(1a) 01/2025 Bewertungsbuchung: Aktivierung der RoU-Anlage
(1b) 01/2025 Bewertungsbuchung: Zugang Leasingverbindlichkeit
(2) **12/2025 Periodische Buchung: Kreditorenverbindlichkeit**
(3) 12/2025 Bewertungsbuchung: Zinsen auf die Leasingverbindlichkeit
(4) 12/2025 Bewertungsbuchung: Abbau der Leasingverbindlichkeit
(5) 12/2025 Afa-Lauf: Abschreibungen

Abbildung 7.4 Überblick über Bewertungsbuchungen und periodische Buchungen in der Ledger-Lösung

Zuordnung der Rechnungslegungsvorschrift zur Bewertungsregel

Im Customizing des SAP Real Estate Managements (SAP RE) ist in der Bewertungsregel festgelegt, welche Rechnungslegungsvorschrift durch die jeweilige Bewertungsregel angesprochen wird. Abbildung 7.5 zeigt die Zuordnung von Rechnungslegungsvorschriften zur Bewertungsregel.

Bew.Regel	RLV	Bezeichnung Bewertungsregel
IFRS	REL0	International Financial Reporting Standards
US-GAAP FL	REL2	United States Generally Accepted Accounting Principles
US-GAAP 0L	REL2	United States Generally Accepted Accounting Principles

Abbildung 7.5 Zuordnung der Rechnungslegungsvorschrift zur Bewertungsregel

Jeder Rechnungslegungsvorschrift ist im Zentralen Einführungsleitfaden **Finanzwesen • Grundeinstellungen Finanzwesen • Bücher • Parallele Rechnungslegung • Rechnungslegungsvorschrift Ledger-Gruppen zuordnen** eine Ledger-Gruppe zugeordnet (siehe Abbildung 7.6).

RechLegVor	Ziel-Grp.
REL0	0L
REL2	L2

Abbildung 7.6 Ledger-Gruppe zur Rechnungslegungsvorschrift

Bewertungsbuchung

Führen Sie nun die Bewertungsbuchung durch, wird für die jeweilige Bewertungsregel die zugeordnete Rechnungslegungsvorschrift für die Buchung herangezogen. Eine Übersicht über die Ergebnisse der Bewertungsbuchungen mit Rechnungslegungsvorschrift **REL0** zeigt Abbildung 7.7, während Abbildung 7.8 die Bewertungsbuchungen mit Rechnungslegungsvorschrift **REL2** zeigt.

Bew.Regel	RLV	Vorg	Vorgang	Bezeichnung Bewegungsart	Nettobetrag	Währg
INT	REL0	REAA	Anlagenbuchung	Nutzungsrecht (AA)	33.156,01	EUR
				Nutzungsrecht (AA)	33.156,01-	EUR
		RETP	Umbuchung			
				Barwert	33.156,01	EUR
				Barwert	33.156,01-	EUR
		RELR	Verrechnungsbuchu...			
				Verlust rückwirkende Änderu...	10.000,00	EUR
				Verlust rückwirkende Änderu...	10.000,00-	EUR
		RELI	Zinsbuchung			
				Zinsen Zinsaufwand kred.	1.326,24	EUR
				Zinsen Zinsaufwand kred.	1.326,24-	EUR

Abbildung 7.7 Bewertungsbuchungen mit Rechnungslegungsvorschrift REL0 (Spalte »RLV«)

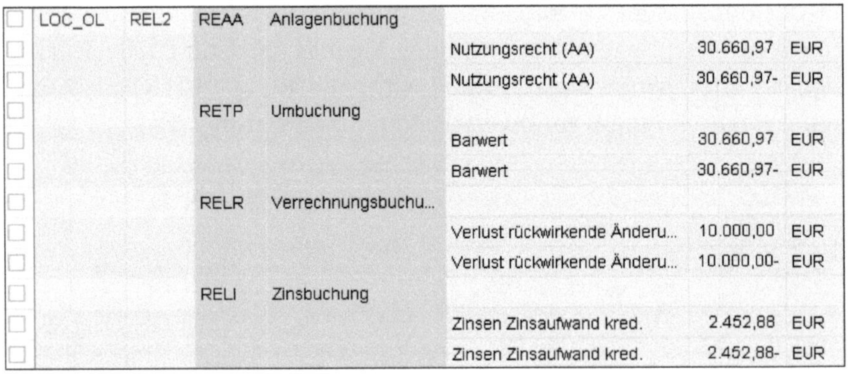

LOC_OL	REL2	REAA	Anlagenbuchung			
				Nutzungsrecht (AA)	30.660,97	EUR
				Nutzungsrecht (AA)	30.660,97-	EUR
		RETP	Umbuchung			
				Barwert	30.660,97	EUR
				Barwert	30.660,97-	EUR
		RELR	Verrechnungsbuchu...			
				Verlust rückwirkende Änderu...	10.000,00	EUR
				Verlust rückwirkende Änderu...	10.000,00-	EUR
		RELI	Zinsbuchung			
				Zinsen Zinsaufwand kred.	2.452,88	EUR
				Zinsen Zinsaufwand kred.	2.452,88-	EUR

Abbildung 7.8 Bewertungsbuchungen mit Rechnungslegungsvorschrift REL2 (Spalte »RLV«)

Die erzeugten Buchungsbelege erhalten im Belegkopf die korrekte Zuordnung zur Ledger-Gruppe, die dieser Rechnungslegungsvorschrift entspricht. Abbildung 7.9 zeigt den Buchungsbeleg für die Rechnungslegungsvorschrift **REL0** mit Angabe der Ledger-Gruppe **0L** im Belegkopf.

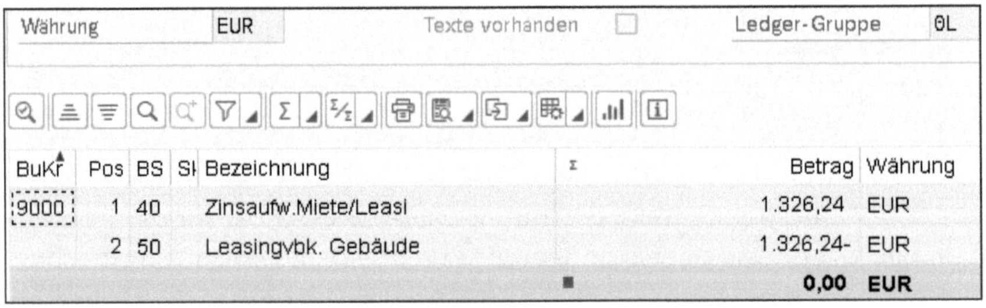

Währung EUR Texte vorhanden Ledger-Gruppe 0L

BuKr	Pos	BS	St	Bezeichnung	Betrag	Währung
9000	1	40		Zinsaufw.Miete/Leasi	1.326,24	EUR
	2	50		Leasingvbk. Gebäude	1.326,24-	EUR
					0,00	**EUR**

Abbildung 7.9 Buchungsbeleg mit Ledger-Gruppe 0L im Belegkopf

Abbildung 7.10 zeigt den Buchungsbeleg für die Rechnungslegungsvorschrift **REL2** mit Angabe der Ledger-Gruppe **L2** im Belegkopf.

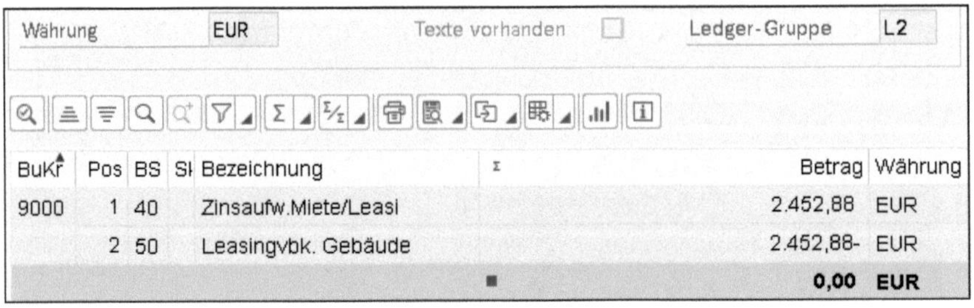

Währung EUR Texte vorhanden Ledger-Gruppe L2

BuKr	Pos	BS	St	Bezeichnung	Betrag	Währung
9000	1	40		Zinsaufw.Miete/Leasi	2.452,88	EUR
	2	50		Leasingvbk. Gebäude	2.452,88-	EUR
					0,00	**EUR**

Abbildung 7.10 Buchungsbeleg mit Ledger-Gruppe L2 im Belegkopf

7.2.2 Buchungen in der Kontenlösung (klassisches Hauptbuch)

In der Kontenlösung wird das Buchungsschema umso unübersichtlicher, je mehr Rechnungslegungsvorschriften bedient werden müssen. In unserem Beispiel müssen alle Konten doppelt gehalten werden.

Abbildung 7.11 fasst die Buchungen bei Verwendung der Kontenlösung zusammen. In der Übersicht sind sowohl die Bewertungsbuchungen als auch periodische Buchungen und Buchungen aus dem Abschreibungslauf der Anlagenbuchhaltung enthalten.

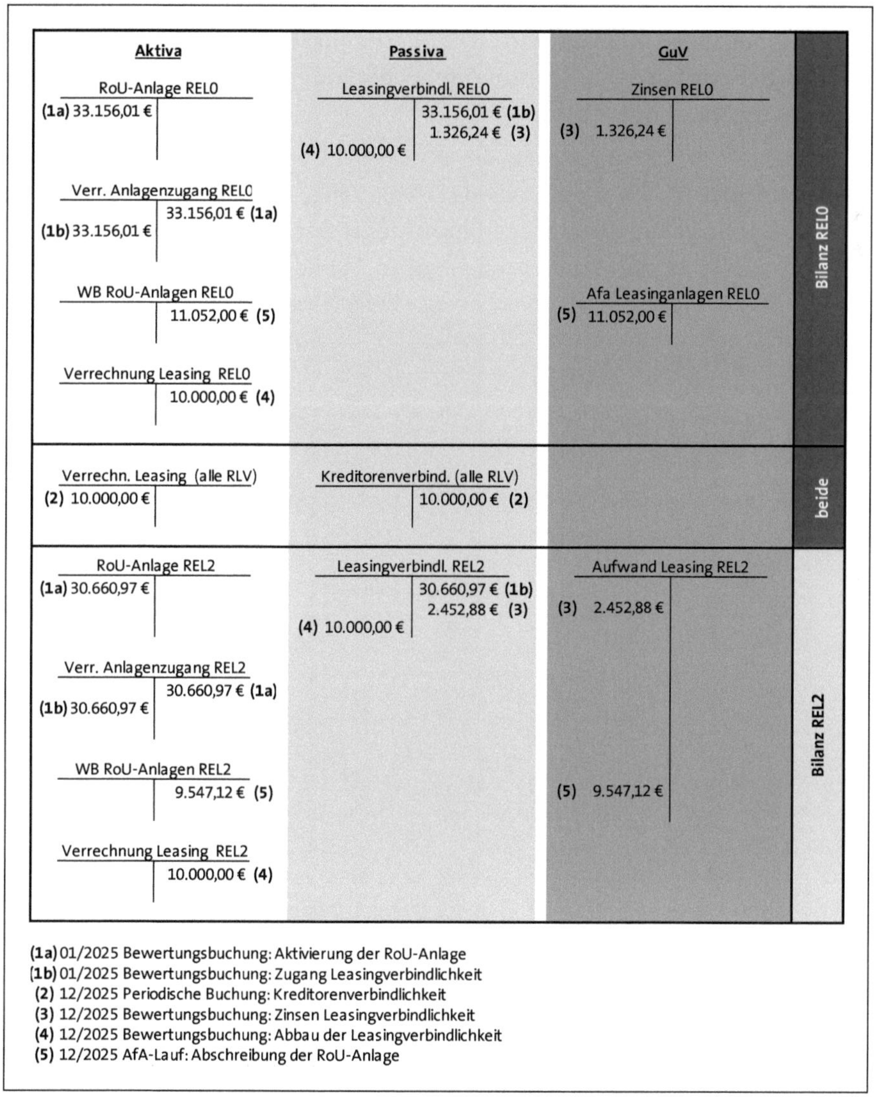

Abbildung 7.11 Überblick über Bewertungsbuchungen und periodische Buchungen in der Kontenlösung

7.3 Kontenfindung der Bewertung – Grundlagen

Die Kontenfindung wird für jeden einzelnen Vorgang in Abschnitt 7.4 erläutert. Wir wollen den Ablauf in aller Kürze vorwegnehmen.

7.3.1 Die Bewegungsart ist der Einstieg in die Kontenfindung

Wie auch schon bei den periodischen Buchungen ist die Bewegungsart der Einstieg in die Kontenfindung. Die periodischen Buchungen werden auf Basis des Partnerfinanzstroms ausgeführt, der wiederum auf der Grundlage der Konditionen erzeugt wird. Die Bewegungsart, die in jedem Finanzstromsatz enthalten ist, stammt direkt oder indirekt (z. B. bei Nachbuchungen) aus der Konditionsart.

Bewertungsregel bestimmt Bewegungsart

Im Fall der Bewertung gehen die Buchungen immer vom Bewertungsfinanzstrom aus, der seinerseits auf Basis einer Bewertungsregel erzeugt wird. Die Bewegungsarten des Bewertungsfinanzstroms stammen direkt oder indirekt aus der Bewertungsregel. In Abbildung 7.12 sehen Sie die Zuordnung von Bewegungsarten zu einer Bewertungsregel.

Abbildung 7.12 Bewegungsarten in der Bewertungsregel

Bewegungsart bestimmt Kontosymbole

Aus den Bewegungsarten werden Buchungssätze mit Kontosymbolen abgeleitet. Diese Einstellung finden Sie im Customizing von SAP RE unter **Buchhaltung • Automatisch erzeugte Buchhaltungsbelege • Kontenfindung • Kontosymbol zur Bewegungsart zuordnen**. Hierbei werden als zusätzliches Differenzierungskriterium Kontenfindungswerte benutzt. Abbildung 7.13

zeigt die Zuordnung von Kontosymbolen zu einer Bewegungsart. Jeder Bewegungsart wird jeweils ein Kontosymbol für die Sollbuchung und ein Kontosymbol für die Habenbuchung zugeordnet.

Kontenfindung

	Bew...	Kontenfindung...	Bez.Bewegungsart	S.	Soll-Kontosymbol	H	Haben-Kontosymbol
☐	I110	NONPROP	Nutzungsrecht (AA)	A	A*	S	ASSET_CLEARING
☐	I110	PROPERTY	Nutzungsrecht (AA)	A	A*	S	ASSET_CLEARING

Abbildung 7.13 Kontosymbole der Bewegungsart und dem Kontenfindungswert zuordnen

Kontosymbol bestimmt Konto

Die Kontosymbole schließlich zeigen auf die Hauptbuchkonten. Diese Einstellung finden Sie im Customizing von SAP RE unter **Buchhaltung • Integration FI-GL, FI-AR, FI-AP • Kontenfindung • Kontosymbole ersetzen**. In Abbildung 7.14 sehen Sie die Ersetzung der Kontosymbole durch konkrete Sachkonten. Die Ersetzung erfolgt pro Kontenplan, d. h., ein Kontosymbol kann in unterschiedlichen Kontenplänen auf unterschiedliche Sachkonten verweisen.

[«]

Sachkonten

Bitte beachten Sie, dass die in den Beispielen in diesem Buch verwendeten Sachkonten – ebenso wie auch Bewegungsarten oder andere Customizing-Einstellungen – ggf. von den Customizing-Einstellungen des Auslieferungs-Customizings abweichen können.

Kontenplan	Kontosymbol	Bezeichnung Kontensymbol	Sachkonto	Kurztext
INT	ASSET_CLEARING	Verrechnungskonto Anlagen	199990	Verr. Anlagenzugang
INT	CLEARING	Verrechnungskonto Leasing	196950	Verrechnung Leasing
INT	INTERESTEXPENSE	Zinsaufwand	470200	Leasing Zinsaufw.
INT	INTERESTREVENUE	Zinsertrag	273100	Zinsertraege n.verb.

Abbildung 7.14 Ableitung des Kontos aus dem Kontosymbol

Kontenlösung

Eine Bewertungsregel betrifft jeweils die Bewertung nach genau einer Rechnungslegungsvorschrift. Wenn man in allen Rechnungslegungsvorschriften die gleiche Buchungslogik hat und die gleichen Konten anspricht, kann man die gleichen Bewegungsarten benutzen. In der Kontenlösung verwenden Sie aber Konten und nicht Ledger, um die Buchungen auseinanderzusteuern. Daher müssen Sie für jede der Bewertungsregeln eine eigene Kontenfindung einrichten. Das geht nur, indem Sie jeweils einen eigenen Satz von Bewegungsarten für jede Bewertungsregel verwenden. In der Ledger-Lösung ist das nicht notwendig.

Im Beispiel in Abbildung 7.15 und Abbildung 7.16 würden Sie den Bewegungsarten **I110**, **I400** und **I300** jeweils eine Kontenfindung zuordnen, die auf die Konten zeigt, die für die eine der zwei Rechnungslegungsvorschriften (z. B. Internationale Rechnungslegung) benutzt werden.

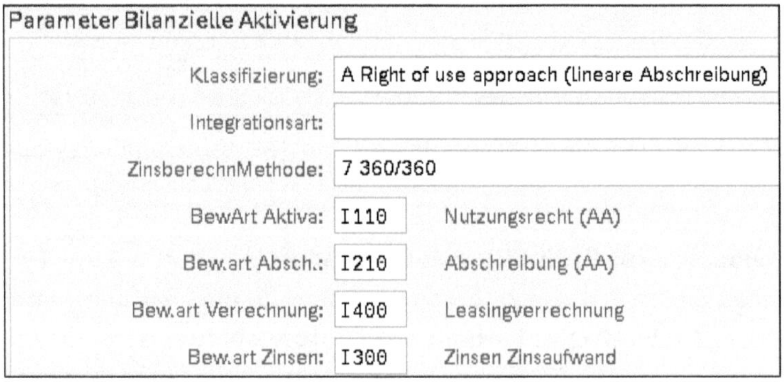

Abbildung 7.15 Kontenlösung – unterschiedliche Bewegungsarten in den Bewertungsregeln verwenden (I)

Abbildung 7.16 Kontenlösung – unterschiedliche Bewegungsarten in den Bewertungsregeln verwenden (II)

Die Bewegungsarten **U110**, **U400** und **U300** müssen auf Konten zeigen, die für die andere Rechnungslegungsvorschrift (z. B. Lokale Rechnungslegung) gedacht sind.

7.3.2 Der Kontenfindungswert differenziert die Kontenfindung

Leasingverträge können unterschiedlichster Art sein und unterschiedlichste Vertragsobjekte betreffen – das haben wir bereits verschiedentlich erläutert. Daher wird man die Verträge und die Vertragsgegenstände auch in der Buchhaltung so weit trennen, dass man den Überblick behält, welche

Verbindlichkeiten aus dem Leasing von Fahrzeugen und welche aus der Anmietung von Immobilien herrühren. Es liegt nahe, dass man die RoU-Anlagen in unterschiedlichen Anlagenklassen halten und auch die Leasingverbindlichkeiten auf unterschiedlichen Konten steuern wird.

Vertragsart und Vertragsobjekt bestimmen die Buchung

In aller Regel werden Sie also nicht nur die Anlagenklassen nach der Art der Leasingobjekte differenzieren wollen, sondern die Buchungen auf separaten Konten ausweisen. Daher werden alle Bewertungsbuchungen über einen *Kontenfindungswert* auseinandergesteuert. Sie finden diese Einstellung an gleicher Stelle wie die Ermittlung der Anlagenklasse im Customizing von SAP RE, nämlich unter **Bilanzielle Bewertung von Verträgen • Bewertungsobjektabhängige Steuerungsparameter**.

Kontenfindungswert

Buchungen werden nach ihrer Vertragsart und nach der Art ihrer Leasingobjekte durch die Nutzung von Kontenfindungswerten differenziert. Der Kontenfindungswert ist ein Attribut, das zusätzlich zur Bewegungsart benutzt wird, um den symbolischen Buchungssatz zu finden. Sie können für ein und dieselbe Bewegungsart unterschiedliche Buchungssätze hinterlegen, indem Sie unterschiedliche Kontenfindungswerte pro Vertragsart und pro Objektart benutzen.

Kontenfindungswerte müssen zunächst im Einführungsleitfaden von SAP RE angelegt werden unter dem Menüpunkt **Buchhaltung • Automatisch erzeugte Buchhaltungsbelege • Kontenfindung • Kontenfindungswerte**. Im Beispiel in Abbildung 7.17 unterscheiden wir zwischen Immobilienobjekten und anderen Objekten. Sie können die Kontenfindungswerte bei Bedarf auch weiter differenzieren und beispielsweise separate Kontenfindungswerte für den Fuhrpark oder für Maschinen definieren.

Kontenfindungswerte

	Wert	Bez. Kontenfindwert
☐	NONPROP	Nicht-Immobilien Leasing
☐	PROPERTY	Immobilien Leasing

Abbildung 7.17 Kontenfindungswerte definieren

Sie werden dann unter **Bilanzielle Bewertung von Verträgen • Bewertungsobjektabhängige Steuerungsparameter** den Vertragsobjekten und Vertragsarten zugeordnet.

Kontenfindungswert in der Buchungsklausel

Kontenfindungswerte werden auch für die periodische Buchung der Leasingraten in der App **Periodisches Buchen: Verträge** (RERAPP) benutzt. Auch hier steuern sie die Kontenfindung, allerdings erfolgt die Steuerung vertragsindividuell durch Hinterlegung des Kontenfindungswertes in der Buchungsklausel zur Kondition. Der dort hinterlegte Kontenfindungswert ist für die Bewertungsbuchung nicht relevant.

7.4 Kontenfindung der Bewertung im Detail

In diesem Abschnitt werden wir detailliert und anhand von Beispielen auf die Kontenfindung für die Bewertungsbuchungen eingehen. Abbildung 7.18 stellt die Kontenfindung noch einmal im Überblick dar. Die Frage ist aber nun, welche Bewegungsarten aus der Bewertungsregel im Einzelnen jeweils welche Buchung in der Bewertung auslösen.

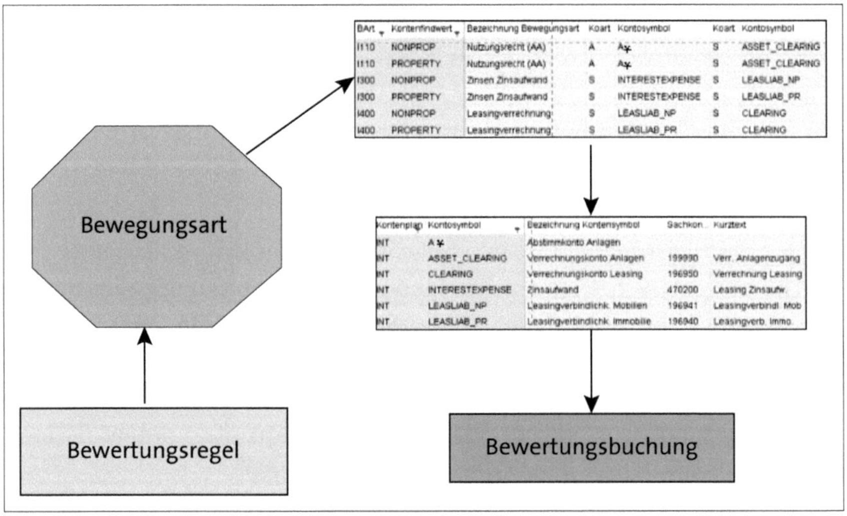

Abbildung 7.18 Kontenfindung der Bewertung

Diese Frage wollen wir an einem etwas komplexeren Beispiel erläutern. In Abbildung 7.19 sind die Buchungen dargestellt, die für dieses Beispiel zu erzeugen sind. Die benutzten Konditionsarten und die zugehörigen Buchungssätze finden Sie auch in Kapitel 6, »Spezielle Konditionen«.

[zB]

Leasingvertrag mit Initialkosten, Servicekosten und Untervermietung

Sie haben einen Vertrag geschlossen, der am 01.01.2025 beginnt und eine Laufzeit von drei Jahren hat. Die Leasingrate oder Miete ist jeweils nachschüssig fällig und beträgt:

- in 2025: 10.000 €
- in 2026: 12.000 €
- in 2027: 14.000 €

Als Zinssatz werden 4 % angenommen.

Sie zahlen ab dem 01.07.2025 monatlich 480 € Servicekosten. Bei Vertragsabschluss wurden einmalige Kosten (Initialkosten) in Höhe von 5.000 € fällig. Diese Initialkosten werden als statistische Kondition angelegt. Der Leasinggegenstand wird anteilig ab Vertragsbeginn untervermietet. Der Vermögensabgang aufgrund der Untervermietung wird mit 8.000 € bewertet.

Wir stellen hier nur eine einzige Bewertungsregel und somit eine einzige Rechnungslegungsvorschrift dar. Alle genannten Buchungen müssen bei paralleler Rechnungslegung analog auch für die übrigen Bewertungsregeln/Rechnungslegungsvorschriften erfolgen.

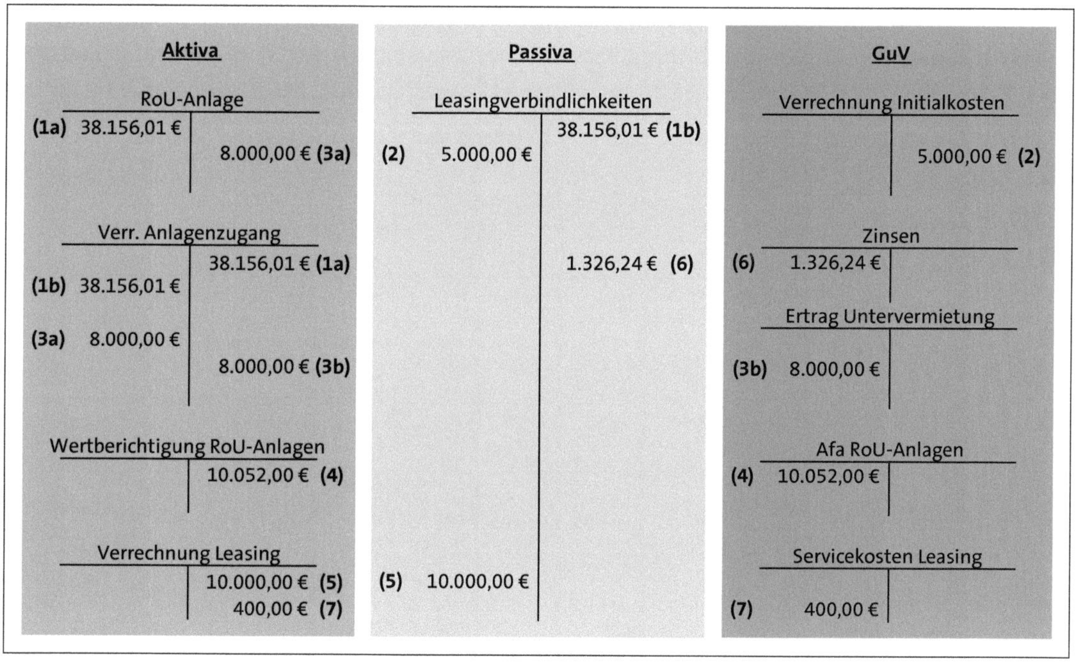

Abbildung 7.19 Buchungsschema des Beispiels

7.4.1 RoU-Anlage aktivieren

Aktivierungsbuchung RoU-Anlage

Die Aktivierungsbuchung für die RoU-Anlage wird, wie in Abbildung 7.19 dargestellt, immer in zwei Teilen gebucht:

(1a) *per RoU-Anlage an Verrechnungskonto RoU-Anlagen*

(1b) *per Verrechnungskonto RoU-Anlagen an Verbindlichkeiten*

Diese Buchungen werden beide auf Basis eines einzigen Finanzstromsatzes, nämlich des *Finanzstromsatzes Aktiva* ausgeführt. Sie weisen daher immer den gleichen Betrag auf. Der zugrunde liegende Finanzstromsatz ist in Abbildung 7.20 in der ersten Zeile (Bewegungsart (*BArt*) **I110**) dargestellt.

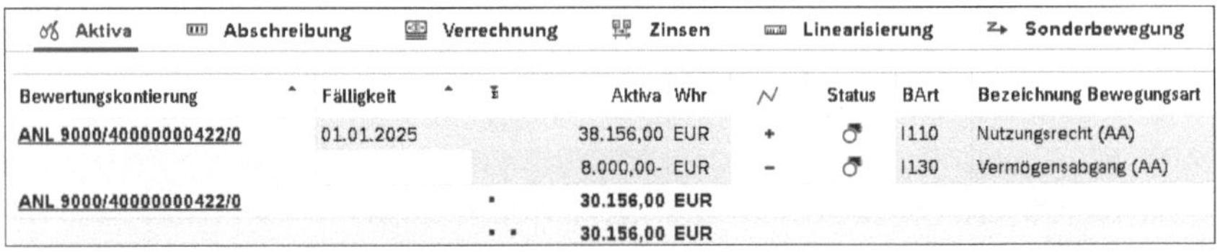

Bewertungskontierung	Fälligkeit		Aktiva	Whr		Status	BArt	Bezeichnung Bewegungsart
ANL 9000/40000000422/0	01.01.2025		38.156,00	EUR	+		I110	Nutzungsrecht (AA)
			8.000,00-	EUR	–		I130	Vermögensabgang (AA)
ANL 9000/40000000422/0		•	30.156,00	EUR				
		• •	30.156,00	EUR				

Abbildung 7.20 Bewertungsfinanzstrom (Aktiva)

Bewertungsregel: Bewegungsart Aktiva

Die Kontenfindung für die Buchung geht von der Bewertungsregel aus, die den Bewertungsfinanzstrom erzeugt hat. Im Customizing von SAP RE finden Sie unter **Bilanzielle Bewertung von Verträgen • Bewertungsregel** in den Details der Bewertungsregel die *Bewegungsart Aktiva*. Im Beispiel in Abbildung 7.21 ist dies die Bewegungsart **I110**, die Sie auch im Finanzstromsatz finden.

Abbildung 7.21 Bewegungsarten in der Bewertungsregel

Doch wie werden aus der Bewegungsart und weiteren Attributen die konkreten Sachkonten für die Bewertungsbuchung ermittelt? Dieser Frage widmen wir uns in den folgenden Abschnitten.

Kontenfindungswert

Die Buchungssätze werden ausgehend von der Bewegungsart aufgebaut. Als zusätzliches Differenzierungskriterium für die Buchungssätze kommt der Kontenfindungswert hinzu, der aus der Vertragsart und der Objektart des Vertragsobjekts abgeleitet wird.

Kontenfindungswerte sind zwingend

Sie müssen Kontenfindungswerte zwingend verwenden, auch wenn Sie für alle Vertragsarten und Objektarten die gleiche Buchungslogik benutzen wollen. Fehlt die Festlegung eines Kontenfindungswertes im Customizing von SAP RE unter **Bilanzielle Bewertung von Verträgen • Bewertungsobjektabhängige Steuerungsparameter** für die betroffene Kombination aus Vertragsart und Objektart, so wird beim Versuch, die Bewertung zu buchen, die Fehlermeldungen RECERA005 (»Für Objekt ... ist kein Kontenfindungswert definiert.«) gesendet. Abbildung 7.22 zeigt den Langtext der Fehlermeldung RECERA005. Um die notwendigen Customizing-Einstellungen vorzunehmen, können Sie direkt aus dem Langtext der Fehlermeldung in das Customizing-Menü springen.

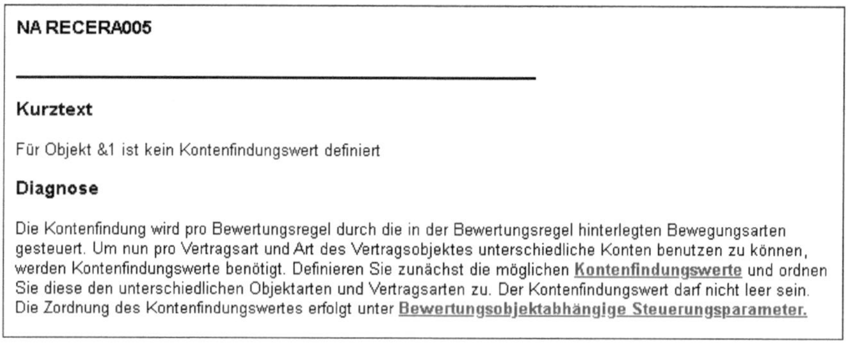
NA RECERA005

Kurztext

Für Objekt &1 ist kein Kontenfindungswert definiert

Diagnose

Die Kontenfindung wird pro Bewertungsregel durch die in der Bewertungsregel hinterlegten Bewegungsarten gesteuert. Um nun pro Vertragsart und Art des Vertragsobjektes unterschiedliche Konten benutzen zu können, werden Kontenfindungswerte benötigt. Definieren Sie zunächst die möglichen Kontenfindungswerte und ordnen Sie diese den unterschiedlichen Objektarten und Vertragsarten zu. Der Kontenfindungswert darf nicht leer sein. Die Zordnung des Kontenfindungswertes erfolgt unter Bewertungsobjektabhängige Steuerungsparameter.

Abbildung 7.22 Fehlermeldung wegen fehlendem Kontenfindungswert

Haben Sie zwar einen Kontenfindungswert festgelegt, aber versäumt, die Kontenfindung hierzu einzurichten, wird beim Buchen der Bewertung der Fehler RERACA001 (»Bewegungsart ... Kontenfindungswert ...: Kontensymbol nicht zugeordnet«) ausgegeben. Den Langtext der Fehlermeldung sehen Sie in Abbildung 7.23.

In diesem Fall gehen Sie ins Customizing von SAP RE und richten für den Kontenfindungswert den Buchungssatz ein: **Buchhaltung • Automatisch er-**

zeugte Buchhaltungsbelege • Kontenfindung • Kontosymbol zur Bewegungsart zuordnen.

Sie können aus dem Langtext der Fehlermeldungen heraus in die entsprechenden Customizing-Punkte abspringen und die fehlenden Einstellungen nachtragen, wenn Sie sich im Customizing-System befinden.

NA RERACA001

Kurztext

Bewegungsart &1 Kontenfindungswert &2 : Kontensymbol nicht zugeordnet

Diagnose

Im Customizing für die Kontenfindung fehlt eine Kontensymbolzuordnung für die Bewegungsart und den Kontenfindungswert.

Vorgehen

Führen Sie die entsprechende Customizingfunktion aus .

Abbildung 7.23 Fehlermeldung wegen fehlender Kontenfindung zum Kontenfindungswert

Anlagenbewegungsarten

Für die Buchung auf eine Anlage wird immer auch eine *Anlagenbewegungsart* benötigt. Hinterlegen Sie diese abhängig von der *Bewegungsart Aktiva* im Customizing von SAP RE unter **Bilanzielle Bewertung von Verträgen • Anlagenbewegungsarten zuordnen**.

Bewegungsarten der Anlagenbuchhaltung

Die Bewegungsart in der Anlagenbuchhaltung klassifiziert den betriebswirtschaftlichen Vorgang aus Sicht der Anlagenbuchhaltung. Sie steuert, wie ein Buchungsvorfall in der Anlagenbuchhaltung verarbeitet wird. Diese Bewegungsart hat – im Unterschied zur vierstelligen Bewegungsart von SAP RE – nur drei Stellen.

Die Anlagenbuchhaltung erfordert unterschiedliche Anlagenbewegungsarten, wenn es um unterschiedliche Vorgänge geht. Daher müssen Sie für die jeweiligen Vorgänge passende Anlagenbewegungsarten abhängig von der RE-Bewegungsart festlegen (siehe Abbildung 7.24). Erfolgt z. B. die Aktivierung der RoU-Anlage erst im Folgejahr des Zugangs der Anlage, benötigt die Anlagenbuchhaltung für die Zugangsbuchung eine Anlagenbewegungsart für Nachaktivierung. Daher müssen Sie im Customizing für den Vorgang *Nachaktivierung* eine geeignete Anlagenbewegungsart zuordnen. Für weitere Vorgänge wie Gutschriften im Zugangsjahr und im Folgejahr sowie für andere Buchungen, die nach Neubewertungen aufgrund von Vertragsänderungen stattfinden, müssen passende Anlagenbewegungsarten hinterlegt werden (siehe Abbildung 7.25). In einer gesonderten Spalte kann man außerdem abweichende Bewegungsarten hinterlegen, die benutzt werden, wenn es sich beim Vertragspartner um ein verbundenes Unternehmen handelt.

BA Aktiva	Vorgang	BWA	BWA	Bezeichnung Bewegungsart	Bezeichnung Bewegungsart
I110	A	100		Nutzungsrecht (AA)	Zugang aus Kauf
I110	P	400		Nutzungsrecht (AA)	Nachaktivierung

Abbildung 7.24 Zuordnung von Anlagenbewegungsarten zur RE-Bewegungsart

In der neuen Anlagenbuchhaltung wird beim Buchen der Bewertung die Ledger-Gruppe mitgegeben. Das ist in der klassischen Anlagenbuchhaltung nicht möglich – alle Bewegungen werden zunächst in alle Ledger gebucht.

BuKr.	Pos	Bschl	Bezeichnung	Betrag	Währung	Text	AnlBewArt
9000	1	70	040000000422 0000	38.156,00	EUR	*01.01.2025-31.12.2027-Nutzungsrecht (AA)	100
9000	2	50	Verr. Anlagenzugang	38.156,00-	EUR	*01.01.2025-31.12.2027-Nutzungsrecht (AA)	
				• 0,00	EUR		

Abbildung 7.25 Zugangsbuchung aus der Bewertung – Buchung (1a) in Abbildung 7.19

Anlagenbewegungsarten auf Bewertungsbereiche einschränken

[«]

Die Anlagenbuchhaltung korrigiert das Hauptbuch (je nach Einstellung im Customizing entweder direkt oder periodisch), wenn die Bewegungsart in der Anlagenbuchhaltung auf den für die betreffende Rechnungslegungsvorschrift maßgeblichen Bewertungsbereich eingeschränkt ist.

Anlagenverrechnungskonto

Bei der Findung des Anlagenverrechnungskontos unterscheiden sich die neue Anlagenbuchhaltung und die klassische Anlagenbuchhaltung.

Neue Anlagenbuchhaltung: Ersetzung der Kontosymbole in SAP RE

In der neuen Anlagenbuchhaltung wird das Anlagenverrechnungskonto über die Kontenfindung des Vertragsmanagements erledigt. Im Buchungssatz mit den Kontosymbolen wird das Kontosymbol durch ein Sachkonto ersetzt, das Sie im Menüpunkt **Buchhaltung • Integration FI-GL, FI-AR, FI-AP • Kontenfindung • Kontosymbole ersetzen** festlegen (siehe Abbildung 7.26).

Ersetzung Kontensymbole

Kont...	Kontosymbol	Bezeichng. Kontensym	Sachkonto	Kurztext
INT	ASSET_CLEARING	Verrechnungskonto Anlagen	199990	Verr. Anlagenzugang

Abbildung 7.26 Neue Anlagenbuchhaltung – Ermittlung des Anlagenverrechnungskontos durch Ersetzung der Kontosymbole

Klassische Anlagenbuchhaltung: Kontenfindung gemäß Anlagenklasse

Im Unterschied zur neuen Anlagenbuchhaltung wird das Gegenkonto bei der Buchung auf die Anlage in der klassischen Anlagenbuchhaltung nicht durch die Ersetzung der Kontosymbole in SAP RE ermittelt. Vielmehr unterliegt die Kontenfindung hier ausschließlich der Steuerung durch die Anlagenklasse. In der Anlagenklasse im Customizing der Anlagenbuchhaltung ist festgelegt, welche **Kontenfindung** zu verwenden ist. In den Details zur Kontenfindung legen Sie fest, welche Hauptbuchkonten bei den Buchungen anzusprechen sind. Hier finden Sie auch das Verrechnungskonto, das bei der Aktivierungsbuchung bebucht wird. Die Einstellung zur Kontenfindung der Anlagenbuchhaltung finden Sie in den Customizing-Einstellungen des zentralen Einführungsleitfadens unter **Finanzwesen • Anlagenbuchhaltung • Integration mit dem Hauptbuch** (siehe Abbildung 7.27).

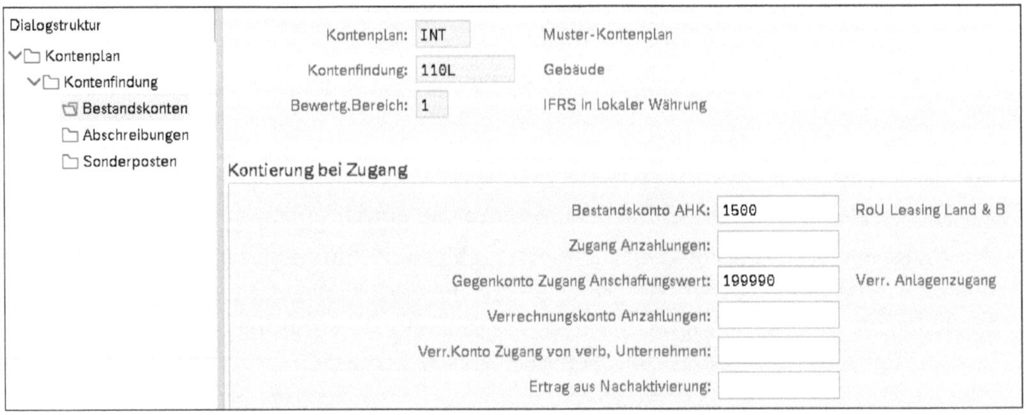

Abbildung 7.27 Klassische Anlagenbuchhaltung – Ermittlung des Anlagenverrechnungskontos

7.4.2 Leasingverbindlichkeit buchen

Die Buchung (1b) aus Abbildung 7.19, die das Anlagenverrechnungskonto entlastet und das Konto Leasingverbindlichkeit belastet, wird gleichzeitig mit der Buchung (1a) auf Basis ein und desselben Finanzstromsatzes erzeugt (Abbildung 7.20, erste Zeile). Für diese Buchung benötigen Sie eine zusätzliche Bewegungsart.

Referenzbewegungsart über Referenzbeziehung CEK

Diese Bewegungsart richten Sie als *Referenzbewegungsart* zur Bewegungsart Aktiva aus der Bewertungsregel über die Referenzbeziehung – auch *Beziehungstyp* genannt – **CEK** (Verrechnung Anlagenbewegung) ein.

In unserem Beispiel erfolgt die Zugangsbuchung zur Anlage mit der Bewegungsart **I110** (Nutzungsrecht (AA)) aus der Bewertungsregel (siehe auch Abbildung 7.21). Die über die Referenzbeziehung **CEK** zugeordnete Bewegungsart ist **I150** (Barwert). Die Zuordnung der Referenzbewegungsart **I150** zu Bewegungsart **I110** und Referenzbeziehung **CEK** ist in Abbildung 7.28 zu sehen.

Zuordnung Referenzbewegungsarten

Beziehung	BewegArt	Bezeichnung Bewegungsart	Ref...	Bezeichnung Bewegungsart
CEK Verrechnung Anlagenbewegung	I110	Nutzungsrecht (AA)	I150	Barwert
CEK Verrechnung Anlagenbewegung	I111	Nutzungsrecht (AA) (+)	I151	Barwert (+)
CEK Verrechnung Anlagenbewegung	I112	Nutzungsrecht (AA) (-)	I152	Barwert (-)

Abbildung 7.28 Der Bewegungsart I110 wird über die Referenzbeziehung CEK die Referenzbewegungsart I150 zugeordnet.

Der Buchungssatz, der hierfür im Customizing von SAP RE unter **Buchhaltung • Automatisch erzeugte Buchhaltungsbelege • Kontenfindung • Kontosymbol zur Bewegungsart zuordnen** hinterlegt ist, ist dann wieder nach Kontenfindungswerten zu unterscheiden (siehe Abbildung 7.29).

Kontenfindung

Bew...	Kontenfindung...	Bez.Bewegungsart	S.	Soll-Kontosymbol	H	Haben-Kontosymbol
I150	NONPROP	Barwert	S	ASSET_CLEARING	S	LEASLIAB_NP
I150	PROPERTY	Barwert	S	ASSET_CLEARING	S	LEASLIAB_PR

Abbildung 7.29 Kontosymbole für die Buchung der Verbindlichkeit

7.4.3 Initialkosten

Sie haben gesehen, dass mit der Buchung (1b) das Konto Leasingverbindlichkeiten zunächst mit dem gleichen Betrag bebucht wurde wie die RoU-Anlage. Dies ist aber immer dann nicht korrekt, wenn die Bewertung der RoU-

Anlage und der Barwert des Vertrags voneinander abweichen, wie es z. B. beim Vorhandensein von Initialkosten der Fall ist.

Initialkosten gehen zwar in den Wert der Anlage ein, sind aber – da sie bereits bezahlt wurden – nicht mehr Bestandteil der Leasingverbindlichkeiten. Sie werden daher sofort wieder aus den Leasingverbindlichkeiten ausgebucht. Im Bewertungsfinanzstrom erscheinen sie als Sonderbewegung (siehe Abbildung 7.30).

Kontierung	Fälligkeit	Sonderbew...	Whr		Status	BArt	Bezeichnung Bewegungsart	Initial?
KST LEAS/10010	01.01.2025	5.000,00	EUR	+		I450	statistische Initialkosten	✓
KST LEAS/10010		• 5.000,00	EUR					
		•• 5.000,00	EUR					

Abbildung 7.30 Bewertungsfinanzstrom mit Sonderbewegungen – Buchung (2) in Abbildung 7.19

Die Kontenfindung für Initialkosten basiert wiederum auf der Bewertungsregel (siehe Abbildung 7.21). Im Customizing von SAP RE finden Sie unter **Bilanzielle Bewertung von Verträgen • Bewertungsregel** in den Detaildaten der Bewertungsregel das Feld **Bewegungsart Verrechnung**. In Abbildung 7.21 sehen Sie, dass es sich in unserem Fall um die Bewegungsart **I400** (Leasingverrechnung) handelt.

Referenzbeziehungen CE1 und CE2

Im Feld **Bewegungsart Verrechnung** der Bewertungsregel ist die Bewegungsart hinterlegt, über die die Verrechnungsbuchung (5) in Abbildung 7.19 gesteuert wird. Ausgehend von dieser Bewegungsart wird indirekt über eine der unten genannten Referenzbeziehungen auch die Buchung der Initialkosten (2) erzeugt. Für die Buchung der Initialkosten legen Sie eine Referenzbewegungsart zur *Bewegungsart Verrechnung* an. Benutzen Sie folgende Referenzbeziehungen:

- **CE1** für gebuchte anfängliche Kosten
- **CE2** für statistische anfängliche Kosten

Sie finden die Referenzbewegungsarten im Customizing von SAP RE unter **Konditionen und Bewegungen • Bewegungsarten • Referenzbewegungsarten zuordnen.**

Abbildung 7.31 zeigt die Referenzbewegungsarten für die Referenzbeziehung **CE1** (gebuchte anfängliche Kosten).

In Abbildung 7.32 sehen Sie die Referenzbewegungsarten für die Referenzbeziehung **CE2** (statistische anfängliche Kosten).

Zuordnung Referenzbewegungsarten				
Beziehung	BewegArt	Bezeichnung Bewegungsart	Ref...	Bezeichnung Bewegungsart
CE1 Gebuchte Anfängliche Kosten	I400	Leasingverrechnung	I440	gebuchte Initialkosten
CE1 Gebuchte Anfängliche Kosten	I401	Leasingverrechnung (+)	I441	gebuchte Initialkosten (+)
CE1 Gebuchte Anfängliche Kosten	I402	Leasingverrechnung (-)	I442	gebuchte Initialkosten (-)

Abbildung 7.31 Referenzbewegungsart für gebuchte Initialkosten

Zuordnung Referenzbewegungsarten				
Beziehung	BewegArt	Bezeichnung Bewegungsart	Ref...	Bezeichnung Bewegungsart
CE2 Statistische Anfängliche Koste..	I400	Leasingverrechnung	I450	statistische Initialkosten
CE2 Statistische Anfängliche Koste..	I401	Leasingverrechnung (+)	I451	statistische Initialkosten (+)
CE2 Statistische Anfängliche Koste..	I402	Leasingverrechnung (-)	I452	statistische Initialkosten (-)

Abbildung 7.32 Referenzbewegungsart für statistische Initialkosten

In unserem Beispiel wird die unter der Referenzbeziehung **CE2** festgelegte Referenzbewegungsart **I450** (statistische Initialkosten) für die Kontenfindung benutzt, da wir eine Kondition mit dem Konditionszweck **Statistisch, einmalig**, d. h. eine statistische Kondition verwendet haben. Sie sehen die Verwendung der Bewegungsart **I450** auch in der Spalte **BArt** (Bewegungsart) in Abbildung 7.30.

7.4.4 Vermögensabgang

Im Fall der Untervermietung muss nach Aktivierung der RoU-Anlage der Wert der Anlage korrigiert werden. Die hierfür notwendigen Finanzstromsätze finden Sie auf der Registerkarte **Aktiva** des Bewertungsfinanzstroms. Ein Beispiel hierfür sehen Sie in Abbildung 7.33.

Aktiva | Abschreibung | Verrechnung | Zinsen | Linearisierung | Sonderbewegung

Bewertungskontierung	Fälligkeit	Σ	Aktiva	Whr		Status	BArt	Bezeichnung Bewegungsar
ANL 9000/40000000422/0	01.01.2025		38.156,01	EUR	+		I110	Nutzungsrecht (AA)
			8.000,00-	EUR	-		I130	Vermögensabgang (AA)
ANL 9000/40000000422/0		•	**30.156,01**	**EUR**				
		• •	**30.156,01**	**EUR**				

Abbildung 7.33 Bewertungsfinanzstrom Aktiva mit Vermögensabgang (Zeile 2)

Immer wenn auf die Anlage gebucht wird – wie auch bei der Aktivierungsbuchung –, wird ein Verrechnungskonto zwischengeschaltet. Im Beispiel finden diese Buchungen statt:

(3a): *per Verrechnungskonto RoU-Anlagen an RoU-Anlage*

(3b): *per Ertrag Untervermietung an Verrechnungskonto RoU-Anlage*

Die Bewegungsart für die Buchung (3a) aus Abbildung 7.19 finden Sie im Finanzstrom – im Beispiel ist dies die Bewegungsart **I130** (Vermögensabgang (AA)).

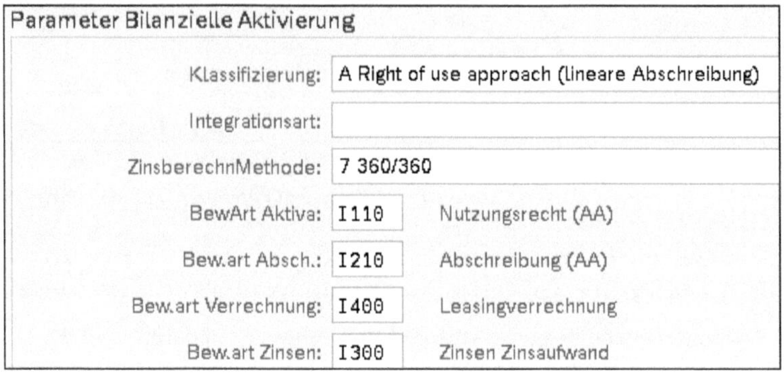

Abbildung 7.34 Bewegungsarten in der Bewertungsregel

Referenzbeziehung CEH

Diese Bewegungsart müssen Sie, wie Abbildung 7.35 zeigt, als Referenzbewegungsart zur *Bewegungsart Aktiva* (im Beispiel **I110**, siehe Abbildung 7.34) über die Referenzbeziehung **CEH** (Abgang wegen Untervermietungsanfang) einrichten.

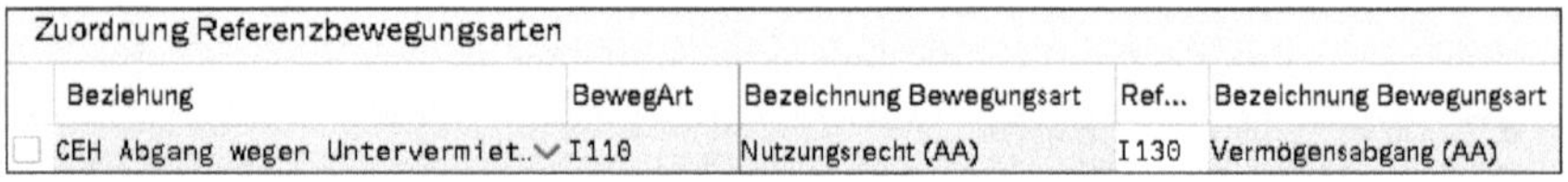

Zuordnung Referenzbewegungsarten

Beziehung	BewegArt	Bezeichnung Bewegungsart	Ref...	Bezeichnung Bewegungsart
CEH Abgang wegen Untervermiet..	I110	Nutzungsrecht (AA)	I130	Vermögensabgang (AA)

Abbildung 7.35 Der Bewegungsart I110 wird über die Referenzbeziehung CEH die Referenzbewegungsart I130 zugeordnet.

Für das Ermitteln des Anlagenverrechnungskontos gilt analog zur Kontenfindung bei der Aktivierungsbuchung wieder die Unterscheidung zwischen der neuen Anlagenbuchhaltung und der klassischen Anlagenbuchhaltung:

- Neue Anlagenbuchhaltung: Die Kontenfindung findet auf Basis der Kontosymbole in SAP RE statt.
- Klassische Anlagenbuchhaltung: Die Kontenfindung erfolgt über die Anlagenbuchhaltung.

Auch hier benötigen Sie Anlagenbewegungsarten für alle relevanten Vorgänge. Abbildung 7.36 zeigt die Zuordnung von Anlagenbewegungsarten zu den Bewegungsarten von SAP RE im Fall des Vermögensabgangs.

Referenzbeziehung CEK

Zur Abbildung der Buchung (3b) aus Abbildung 7.19 wird wiederum eine Referenzbewegungsart zur Referenzbeziehung **CEK** (Verrechnung Anlagenbewegung) benutzt (siehe Abbildung 7.37).

Zuordnung Anlagenbewegungsart zu RE-Bewegungsart

RE-Bewegungsart	Bez.Bewegungsart	Vorgang	Anlagen...	Bewegungsarten-Text
I130	Vermögensabgang (AA)	B Gutschrift im Zugangsjahr	105	Gutschrift im Rechnungsjahr
I130	Vermögensabgang (AA)	C Gutschrift im Folgejahr	160	Gutschrift im Folgejahr

Abbildung 7.36 Anlagenbewegungsarten für den Vermögensabgang

Zuordnung Referenzbewegungsarten

Beziehung	BewegArt	Bezeichnung Bewegungsart	Ref...	Bezeichnung Bewegungsart
CEK Verrechnung Anlagenbewegung	I130	Vermögensabgang (AA)	I131	Aufwand Vermögensabgang (AA)

Abbildung 7.37 Der Bewegungsart I130 wird über die Referenzbeziehung CEK die Referenzbewegungsart I131 zugeordnet.

Referenzbeziehung CEG

Für den Vermögenszugang nach Ende des Untermietverhältnisses benötigen Sie eine Bewegungsart zur Referenzbeziehung **CEG** (Zugang wegen Untervermietungsende), zugehörige Anlagenbewegungsarten und hierzu wieder eine Bewegungsart über die Referenzbeziehung **CEK** für die Entlastung des Anlagenverrechnungskontos. Gleiches gilt für die Referenzbeziehung **CEH** (Abgang wegen Untervermietungsanfang), wie in Abbildung 7.38 dargestellt.

BzTp	BewegArt	Bezeichnung Bewegungsart	RBew	Bezeichnung Bewegungsart
CEG	I110	Nutzungsrecht (AA)	I135	Vermögenszugang (AA)
CEH	I110	Nutzungsrecht (AA)	I130	Vermögensabgang (AA)

Abbildung 7.38 Referenzbewegungsarten für die Untervermietung

Abbildung 7.39 zeigt die Referenzbewegungsarten zur Referenzbeziehung **CEK** (Verrechnung Anlagenbewegung), die für die Entlastung des Anlagenverrechnungskontos verantwortlich ist.

Zuordnung Referenzbewegungsarten

Beziehung	BewegArt	Bezeichnung Bewegungsart	Ref...	Bezeichnung Bewegungsart
CEK Verrechnung Anlagenbewegung	I130	Vermögensabgang (AA)	I131	Aufwand Vermögensabgang (AA)
CEK Verrechnung Anlagenbewegung	I135	Vermögenszugang (AA)	I136	Ertrag Vermögenszugang (AA)

Abbildung 7.39 Referenzbewegungsarten für die Entlastung des Anlagenverrechnungskontos

7.4.5 Abschreibungen

Abschreibungen werden im Vertragsmanagement nur gerechnet, aber nicht gebucht. Eine Ausnahme besteht, wenn Sie die Anlagenbuchhaltung nicht einsetzen und stattdessen direkt ins Hauptbuch buchen (siehe Abschnitt 7.4.13, »Buchen ohne Anlagenbuchhaltung«). In Abbildung 7.40 sehen Sie die im Rahmen der Bewertung ermittelten Abschreibungswerte. Die

Abschreibungsbuchungen (4) aus Abbildung 7.19 werden über den Abschreibungslauf (AfA-Lauf) der Anlagenbuchhaltung erzeugt.

Aktiva | Abschreibung | Verrechnung | Zinsen | Linearisierung | Sonderbewegung

Bewertungskontierung	Fälligkeit	Jahr	Abschreibung	Restwert	Whr	Berechnung von	Berechnung bis	BArt	Bezeichnung Bewegungsart
ANL 9000/40000000422/0	31.12.2025	2025	10.052,00	20.104,01	EUR	01.01.2025	31.12.2025	I210	Abschreibung (AA)
	31.12.2026	2026	10.052,01	10.052,00	EUR	01.01.2026	31.12.2026	I210	Abschreibung (AA)
	31.12.2027	2027	10.052,00	0,00	EUR	01.01.2027	31.12.2027	I210	Abschreibung (AA)
ANL 9000/40000000422/0			• 30.156,01		EUR				
			• • 30.156,01		EUR				

Abbildung 7.40 Bewertungsfinanzstrom für Abschreibungen (Ausschnitt) – Buchung (4)

Bewegungsart für Abschreibung

Sie benötigen aber für die Generierung des Finanzstroms dennoch eine Bewegungsart, die Sie in der Bewertungsregel im Feld **Bewegungsart Abschreibung** hinterlegen. Abbildung 7.41 zeigt die Bewegungsart für die Abschreibung in der Definition der Bewertungsregel.

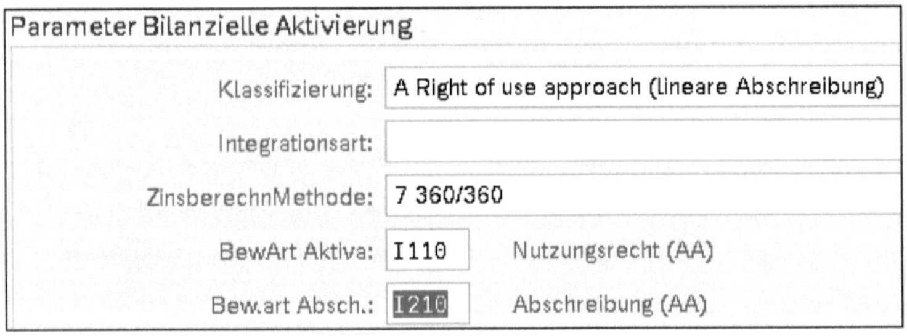

Abbildung 7.41 Bewegungsart für die Abschreibung in der Bewertungsregel

Die von der Bewertung berechneten und im Bewertungsfinanzstrom hinterlegten Abschreibungswerte werden während des AfA-Laufs, der in der Anlagenbuchhaltung gestartet wird, gelesen und durch den AfA-Lauf gebucht. Voraussetzung hierfür ist eine korrekte Einstellung des AfA-Schlüssels in der RoU-Anlage.

AfA-Schlüssel ZLEA

Für das Vertragsmanagement wird im Standard der *AfA-Schlüssel* ZLEA benutzt. Dieser zeichnet sich dadurch aus, dass er auf der AfA-Methode B *Abschreibung aus Real Estate Leasing* aufsetzt. Ordnen Sie den AfA-Schlüssel denjenigen Anlagenklassen zu, die sie für die RoU-Anlagen verwenden.

Anlagenwerte

In der Werteanzeige der Anlage werden – sofern der AfA-Schlüssel korrekt eingerichtet und der Anlage zugeordnet ist – die geplanten Abschreibungswerte auf Basis des Bewertungsfinanzstroms ausgewiesen. Abbildung 7.42 zeigt die Anlagenwerte einer RoU-Anlage im Asset Explorer (App **Anlagenwerte** (AW01N)).

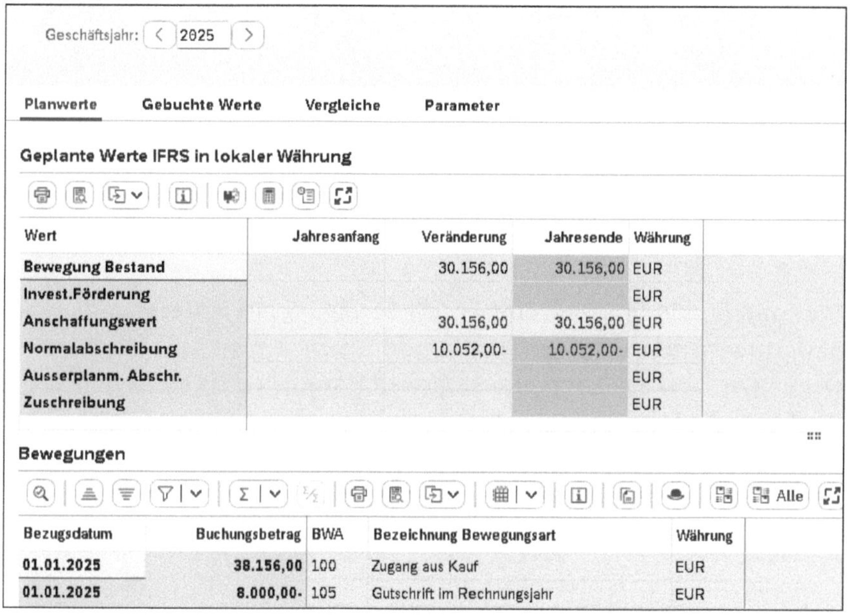

Abbildung 7.42 Anlagenwerte der RoU-Anlage mit geplanter AfA

Die Steuerung der Kontenfindung für die AfA-Buchungen findet ausschließlich in der Anlagenbuchhaltung statt.

7.4.6 Verrechnung

Die periodische Buchung der Leasingraten über die App **Periodisches Buchen: Verträge** (RERAPP) erfolgt Ledger-übergreifend und erzeugt die Buchung:

per Verrechnung Leasing an Kreditor

Die Leasingraten mindern die Leasingverbindlichkeiten aus Sicht der jeweiligen Rechnungslegungsvorschrift, also nur in dem Ledger, das die Leasingverbindlichkeiten zu dieser Rechnungslegungsvorschrift führt. Die entsprechende Buchung

(5) *per Leasingverbindlichkeiten an Verrechnung Leasing*

findet auf Basis der Bewertungsfinanzstromsätze von der Registerkarte **Verrechnung** statt. Abbildung 7.43 zeigt den Finanzstrom für die Buchung der Verrechnungen (Buchung (5) aus Abbildung 7.19) im Bewertungsfinanzstrom.

Aktiva | Abschreibung | Verrechnung | Zinsen | Linearisierung | Sonderbewegung

Kontierung	Fälligkeit	Jahr	Σ	Verrechnung	Whr		Status	Berechnung von	Berechnung bis	BArt	Bezeichnung Bewegungsart
IV 9000/1000015	31.12.2025	2025		10.000,00	EUR	+		01.01.2025	31.12.2025	I400	Leasingverrechnung
	31.12.2026	2026		12.000,00	EUR	+		01.01.2026	31.12.2026	I400	Leasingverrechnung
	31.12.2027	2027		14.000,00	EUR	+		01.01.2027	31.12.2027	I400	Leasingverrechnung
IV 9000/1000015			•	**36.000,00**	**EUR**						
			• •	**36.000,00**	**EUR**						

Abbildung 7.43 Bewertungsfinanzstrom für Verrechnungen – Buchung (5)

Kontenfindung für Verrechnung

Die Kontenfindung ist sehr einfach: Die **Bewegungsart Verrechnung** aus der Bewertungsregel wird in den Finanzstrom übernommen. Mithilfe dieser Bewegungsart und des Kontenfindungswertes werden die Kontosymbole gefunden und schließlich durch die entsprechenden Sachkonten ersetzt.

[!]

Kontenfindung der periodischen Buchung ergänzen

Die periodische Buchung bucht bis zur Einführung der Bewertung die Leasingraten auf ein Kostenartenkonto direkt in die GuV. Mit Einführung der Bewertung werden jedoch die GuV-Buchungen über den Bewertungsfinanzstrom erzeugt. Die periodische Buchung muss mit Beginn der Bewertung auf ein Verrechnungskonto buchen, das dann Ledger-spezifisch durch die Bewertungsbuchung *Verrechnung* entlastet wird.

Kontenfindung für periodische Buchung anpassen

Die Einstellung des Verrechnungskontos erfolgt im Customizing von SAP RE. Stellen Sie fest, welche Bewegungsarten und Kontosymbole für die periodischen Buchungen benutzt werden. In der Zuordnung der Konten zu den Kontosymbolen im Customizing von SAP RE unter **Buchhaltung • Integration FI-GL, FI-AR, FI-AP • Kontenfindung • Kontosymbole ersetzen** finden Sie in der Tabelle die zusätzlichen Felder **Konto Bewertung** und **Konto Bewertung abweichendes Geschäftsjahr**. Diese Konten werden anstelle des bisherigen Kontos verwendet, sobald die erste Bewertung gebucht ist.

Ersetzung Kontensymbole

Kont...	Kontosymbol	Bezeichng. Kontensym	Sachkonto	Kurztext	Konto Bewertung
INT	V100	Kred. Kosten Anmietung	470000	Raumkosten	470199

Abbildung 7.44 Kontenfindung periodische Buchung – »Konto Bewertung«

Im Beispiel in Abbildung 7.44 sehen Sie, dass die Kosten der Anmietung, die über das Kontosymbol **V100** gebucht werden, normalerweise auf das Konto 470000 (Kostenkonto) geleitet werden. Mit dem Beginn der Bewertungsbuchungen wird dieses Konto ignoriert und stattdessen das Konto 470199 (Verrechnungskonto) benutzt.

7.4.7 Zinsen

Die im Bewertungsfinanzstrom errechneten Zinsen (Buchung (6) aus Abbildung 7.19) werden als Kosten in die GuV gebucht:

(6) *per Kosten Zinsen Leasingverbindlichkeiten an Leasingverbindlichkeiten*

Abbildung 7.45 zeigt den Finanzstrom für die Buchung der Zinsen im Bewertungsfinanzstrom.

Aktiva | Abschreibung | Verrechnung | Zinsen | Linearisierung | Sonderbewegung

Bewertungskontierung	Fälligkeit	Jahr	Σ	Zinsen	Whr	Prozentsatz		Status	Berech. von	Berechnung bis	BArt	Bezeichnung Bewegungsart
KST LEAS/10010	30.12.2025	2025		1.326,24	EUR	4,0000000000	+		01.01.2025	30.12.2025	1300	Zinsen Zinsaufwand
	30.12.2026	2026		979,29	EUR	4,0000000000	+		01.01.2026	30.12.2026	1300	Zinsen Zinsaufwand
	30.12.2027	2027		538,46	EUR	4,0000000000	+		01.01.2027	30.12.2027	1300	Zinsen Zinsaufwand
KST LEAS/10010			•	2.843,99	EUR							
			• •	2.843,99	EUR							

Abbildung 7.45 Bewertungsfinanzstrom für Zinsen – Buchung (6)

Bewegungsart für Zinsen

Auch hier erfolgt die Kontenfindung direkt, und zwar basierend auf der **Bewegungsart Zinsen** aus der Bewertungsregel.

7.4.8 Linearisierung

Nicht aktivierbare Kosten werden in der Regel gleichmäßig über die Laufzeit verteilt und direkt als Kosten in die GuV gebucht (Buchung (7) aus Abbildung 7.19). Basis hierfür sind die Finanzstromsätze der Registerkarte **Linearisierung**, die in Abbildung 7.46 zu sehen sind.

Aktiva | Abschreibung | Verrechnung | Zinsen | Linearisierung | Sonderbewegung

Kontierung	Fälligkeit	Jahr	Σ	Linearisieru...	Whr		Status	Berechnung von	Berechnung bis	BArt	Bezeichnung Bewegungsart
KST LEAS/10010	31.12.2025	2025		400,00	EUR	+		01.01.2025	31.12.2025	1600	Linearisierung kred.
	31.12.2026	2026		400,00	EUR	+		01.01.2026	31.12.2026	1600	Linearisierung kred.
	31.12.2027	2027		400,00	EUR	+		01.01.2027	31.12.2027	1600	Linearisierung kred.
KST LEAS/10010			•	1.200,00	EUR						
			• •	1.200,00	EUR						

Abbildung 7.46 Bewertungsfinanzstrom für die Linearisierung – Buchung (7)

Die Kontenfindung erfolgt auf Basis der **Bewegungsart Linearisierung** aus der Bewertungsregel.

7.4.9 Übersichtsbild Kontenfindung bilanzielle Aktivierung

Die Ableitung der Referenzbewegungsarten für das in Abbildung 7.19 ausgeführte Buchungsbeispiel haben wir in Abbildung 7.47 in einer Übersicht zusammengestellt.

Vorgang	Bewegungsart Bewertungsregel	Ref	Bewegungsart Finanzstrom	Ref	Bewegungsart Buchung	
Aktivierung RoU-Anlage	Aktiva I110	→	I110		Anlagenbewegungsart abgeleitet aus I110	(1a)
				CEK →	I150	(1b)
Statistische Initialkosten	Verrechnung I410	CE2 →	I421	→	I421	(2)
Vermögensabgang (Untervermietung)	Aktiva I110	CEH →	I130		Anlagenbewegungsart abgeleitet aus I130	(3a)
				CEK →	I131	(3b)
Abschreibung	Abschreibung I210	→	I210		Anlagenbewegungsart gesteuert durch FI-AA	(4)
Verrechnung	Verrechnung I410	→	I410	→	I410	(5)
Zinsen	Zinsen I310	→	I310	→	I310	(6)
Linearisierung	Linearisierung I600	→	I600	→	I600	(7)

Abbildung 7.47 Kontenfindung über Referenzbewegungsarten

Sie erkennen in Abbildung 7.47 in der Spalte »Bewegungsart Bewertungsregel« die in der Bewertungsregel hinterlegte Bewegungsart, beispielsweise für die Buchung der Aktiva oder der Abschreibungen. Ist für die Ableitung der Kontenfindung – wie im Fall der Initialkosten – eine Referenzbewegungsart erforderlich, finden Sie in der Spalte »Ref« die zugehörige Referenzbeziehung. Bei den Anlagenbuchungen werden zudem aus der Bewegungsart von SAP RE die entsprechenden Anlagenbewegungsarten abgeleitet. Aus der letzten Spalte der Abbildung ist die Nummer des Buchungsvorgangs ersichtlich, die sich auf die Nummerierung der Buchungen in Abbildung 7.19 bezieht.

7.4.10 Bewegungsarten für spezielle Konditionen finden

Die Kontenfindung für das Beispiel am Anfang des Abschnitt 7.4 ist nun ausführlich erklärt. Wir stellen jetzt der Vollständigkeit halber zusammen, wie die Kontenfindung in den übrigen Fällen gesteuert ist.

Servicekonditionen und Serviceanteile von Leasingraten

Die Kontenfindung für Linearisierungsbuchungen erfolgt auf Basis der Bewertungsregel. Im Customizing von SAP RE finden Sie unter **Bilanzielle Bewertung von Verträgen • Bewertungsregel** in den Detaildaten der Bewertungsregel das Feld **Bewegungsart Linearisierung**.

Feld »Bewegungsart Linearisierung«

In dieses Feld tragen Sie, wie in Abbildung 7.48 dargestellt, die Bewegungsart ein, auf deren Basis die Kontenfindung erfolgt.

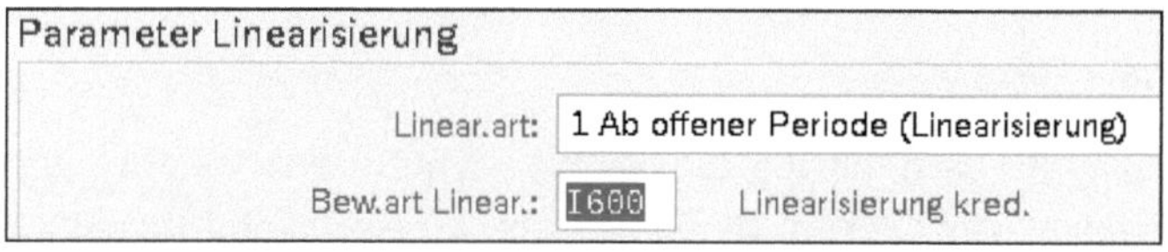

Abbildung 7.48 Bewegungsart für die Linearisierung

Oberhalb des Feldes Bewegungsart Linearisierung (**Bew.art Linear.**) finden Sie das Feld Linearisierungsart (**Linear.art**). Die hier zutreffende Einstellung betrifft die Änderungsprozesse für Konditionen und wird dort erläutert.

Nachbuchungsbewegungsarten einrichten

Neben der Einstellung der Kontenfindung für die hier hinterlegte **Bewegungsart Linearisierung** benötigen Sie für Vertragsänderungen **Nachbuchungsbewegungsarten** (Referenzbewegungsarten zu den Referenzbeziehungen **010** (Nachbuchungen wegen Konditionserhöhung) und **020** (Nachbuchungen wegen Konditionsminderung).

Anreize

Die Buchung der Sonderbewegung für Anreizzahlungen wird analog zur Buchung für Initialkosten über eine Referenzbewegungsart zur *Bewegungsart Verrechnung* gesteuert.

Die folgenden Sonderbewegungen sind nicht im Beispielvertrag enthalten!

Bitte beachten Sie, dass die im Folgenden beschriebenen Sonderbewegungen – wie z. B. Anreize, Rückbauverpflichtungen und Restwertgarantien – nicht im Beispielvertrag und somit auch nicht im Buchungsschema gemäß Abbildung 7.19 enthalten sind.

Referenzbeziehungen CEC und CED

Stellen Sie also zunächst fest, welche Bewegungsart für die Verrechnung in der betreffenden Bewertungsregel hinterlegt ist, indem Sie sich im Customizing von SAP RE unter **Bilanzielle Bewertung von Verträgen • Bewertungsregel** in den Detaildaten der Bewertungsregel das Feld **Bewegungsart Verrechnung** anschauen (siehe auch Abbildung 7.34). Zu dieser Bewegungsart benötigen Sie Referenzbewegungsarten, die Sie mit der **Bewegungsart Verrechnung** über eine der Referenzbeziehungen verknüpfen:

- **CEC** für gebuchte Anreize
- **CED** für statistische Anreize

Die Zuordnung einer Referenzbewegungsart für die Referenzbeziehungen **CEC** (Gebuchte Anreize) und **CED** (Statistische Anreize) zeigt Abbildung 7.49.

BzTp	BArt	Bezeichnung Bewegungsart	RBew	Bezeichnung Bewegungsart
CEC	I400	Leasingverrechnung	I470	gebuchte Anreize
CED	I400	Leasingverrechnung	I480	statistische Anreize

Abbildung 7.49 Referenzbewegungsart für statistische Anreizkonditionen

Sie finden die Referenzbewegungsarten im Customizing von SAP RE unter **Konditionen und Bewegungen • Bewegungsarten • Referenzbewegungsarten zuordnen**. Ein Beispiel für eine Anreizzahlung sehen Sie in Abbildung 7.50 als **Sonderbewegung** ausgewiesen. Die Anreizzahlung wurde als statistische Kondition angelegt, daher wird hier die Bewegungsart **I480** benutzt.

Aktiva | Abschreibung | Verrechnung | Sonderbewegung

Bewertungskontierung	Fälligkeit	Sonderbew...	Whr		Status	BArt	Bezeichnung Bewegungsart	Initial?
KST LEAS/10010	01.01.2025	5.000,00-	EUR	-		I480	statistische Anreize	✓
KST LEAS/10010		• 5.000,00-	EUR					
		• • 5.000,00-	EUR					

Abbildung 7.50 Anreize im Bewertungsergebnis mit der entsprechenden Referenzbewegungsart

Rückbauverpflichtung

Die Kontenfindung für diese Sonderbewegung geht wie auch für die Kontenfindung der Initialkosten und der Anreize von der Bewertungsregel und dort von der Bewegungsart Verrechnung aus.

Referenzbeziehung CE7

Legen Sie eine Bewegungsart an, die Sie mit der Bewegungsart Verrechnung über die Referenzbeziehung **CE7** für Rückbauverpflichtungen verknüpfen.

Zuordnung Referenzbewegungsarten				
Beziehung	BewegArt	Bezeichnung Bewegungsart	Ref...	Bezeichnung Bewegungsart
CE7 Rückbauverpflichtung	I400	Leasingverrechnung	I460	Rückbauverpflichtung

Abbildung 7.51 Referenzbewegungsart für Rückbauverpflichtungen

Restwertgarantie und Rückkaufswert

Im Fall von Restwertgarantien und Rückkaufswerten werden bei der Aktivierung die RoU-Anlage und die Leasingverbindlichkeit in gleicher Höhe gebucht. Es ergibt sich keine Sonderbewegung. Daher ist auch keine spezielle Kontenfindung notwendig.

Außerplanmäßige Ab- bzw. Zuschreibung

Sie steuern die Kontenfindung für außerplanmäßige Ab- und Zuschreibungen analog zu der für die Untervermietung über Referenzbewegungsarten zur *Bewegungsart Aktiva* (I110).

Referenzbeziehungen CE8 und CE9

Legen Sie Bewegungsarten an, die Sie mit der Bewegungsart für Aktiva über die Referenzbeziehungen verknüpfen (siehe Abbildung 7.52):

- **CE8** für außerplanmäßige Abschreibungen
- **CE9** für außerplanmäßige Zuschreibungen

BzTp	BArt	Bezeichnung Bewegungsart	RBew	Bezeichnung Bewegungsart
CE8	I110	Nutzungsrecht (AA)	I170	Außerplanmäßige Abschr. AA
CE9	I110	Nutzungsrecht (AA)	I190	Außerplanmäßige Zuschr. AA

Abbildung 7.52 Referenzbewegungsarten für Ab- und Zuschreibungen

Zu diesen Bewegungsarten benötigen Sie Anlagenbewegungsarten für die Anlagenbuchung sowie Referenzbewegungsarten zur Referenzbeziehung **CEK** (Verrechnung Anlagenbewegung), um das Anlagenverrechnungskonto zu entlasten.

Barwertvorgabe

Die Barwertvorgabe dient ausschließlich der Bestimmung des Barwertes und zieht keine gesonderte Buchung nach sich. Daher ist auch keine Kontenfindung erforderlich.

Vermögenswertvorgabe

Die Kontenfindung basiert auf der **Bewegungsart Verrechnung** aus der Bewertungsregel, die Sie im Customizing von SAP RE unter **Bilanzielle Bewertung von Verträgen • Bewertungsregel** finden (siehe Abbildung 7.53).

BzTp	BArt	Bezeichnung Bewegungsart	RBew	Bezeichnung Bewegungsart
CEA	I400	Leasingverrechnung	I420	Eigenkapitalreduzierung (-)
CEB	I400	Leasingverrechnung	I425	Eigenkapitalerhöhung (+)

Abbildung 7.53 Referenzbewegungsarten für Eigenkapitalreduzierungen und Eigenkapitalerhöhungen

Referenzbeziehungen CEA und CEB

Legen Sie Bewegungsarten an, die Sie der Bewegungsart Verrechnung über eine der Referenzbeziehungen der *Bewegungsart Verrechnung* (I400) zuordnen:

- **CEA** für eine positive initiale Verbindlichkeitsdifferenz
- **CEB** für eine negative initiale Verbindlichkeitsdifferenz

7.4.11 Nachbuchungen einrichten

Die bisher besprochenen Einstellungen für Bewegungsarten betreffen die jeweiligen originären Buchungen. Wie aber schon bei den periodischen Buchungen treten auch bei den Bewertungsbuchungen Nachbuchungen auf, also Buchungen von Differenzen zur ursprünglichen Buchung.

Nachbuchungen für Initialkosten

Für diese Buchungen werden Nachbuchungsbewegungsarten benötigt.

Nachbuchungen

Sie haben einen Vertrag mit fünfjähriger Laufzeit und einer nachschüssig zu entrichtenden jährlichen Leasingrate in Höhe von 12.000 € und einem Zinssatz von 5 % bewertet und die Bewertung gebucht. Im Nachhinein stellt sich heraus, dass der Wert der Initialkosten nicht korrekt ermittelt wurde: Statt 10.000 € betrugen die Initialkosten 12.000 €. Sie ändern die entsprechende Vertragskondition und starten die Bewertung erneut. Es muss eine Differenzbuchung stattfinden.

Abbildung 7.54 zeigt den Bewertungsfinanzstrom des Vertrags mit den ursprünglich ermittelten Initialkosten in Höhe von 10.000 €.

Anlagenzugang

Die Neubewertung führt dazu, dass ein weiterer Anlagenzugang gebucht und zudem eine Sonderbewegung ausgewiesen wird. Abbildung 7.55 zeigt eine weitere Zugangsbuchung für die RoU-Anlage in Höhe von 2.000 €, resultierend aus der Differenz der ursprünglich ermittelten Initialkosten in Höhe von 10.000 € und der zu einem späteren Zeitpunkt ermittelten tatsächlichen Initialkosten in Höhe von 12.000 €.

Abbildung 7.54 Bewertungsfinanzstrom mit Initialkosten

Abbildung 7.55 Differenzzugang zur Anlage

Sonderbewegung

Auf der Registerkarte **Sonderbewegung** wird die Differenz für die Initialkosten in Höhe von 2.000 € dargestellt (siehe Abbildung 7.56). Sonderbewegungen können sowohl positive als auch negative Werte beinhalten.

Abbildung 7.56 Differenzbuchung auf der Registerkarte »Sonderbewegung«

Abbildung 7.57 beinhaltet einen Überblick über alle Buchungen, die im Fall der nachträglich geänderten Initialkosten entstehen.

In der ersten Bewertungsbuchung wird von Initialkosten in Höhe von 10.000 € ausgegangen. Die Aktivierung der RoU-Anlage (Buchung (1a)), die Zugangsbuchung für die Leasingverbindlichkeiten (Buchung (1b)) und die Sonderbewegung in Höhe der ursprünglichen Initialkosten (Buchung (2)) berücksichtigten den Betrag von 10.000 € als Initialkosten. Bei der zweiten Bewertungsbuchung wird die Differenz in Höhe von 2.000 € für die Aktivierung der Bewertungsdifferenz der RoU-Anlage (Buchung (3a)), die Differenzbuchung für den Zugang der Leasingverbindlichkeiten (Buchung (3b)) und die Differenzbuchung der Sonderbewegung (Buchung (4)) herangezogen.

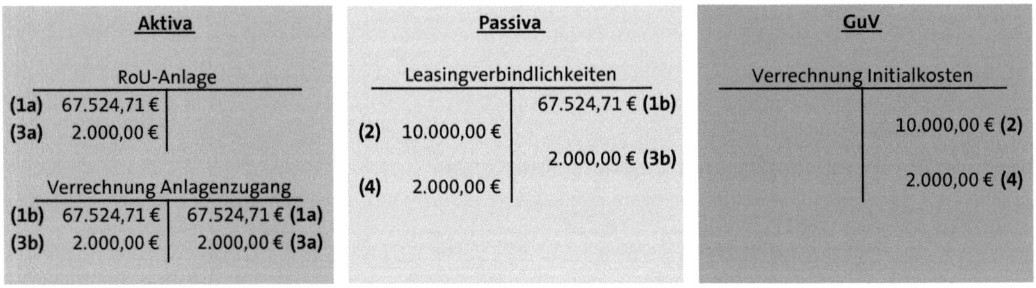

(1a) Bewertungsbuchung 1: Aktivierung der RoU-Anlage
(1b) Bewertungsbuchung 1: Zugang Leasingverbindlichkeiten
(2) Bewertungsbuchung 1: Sonderbewegung Initialkosten
(3a) Bewertungsbuchung 2: Aktivierung der Bewertungsdifferenz RoU-Anlage
(3b) Bewertungsbuchung 2: Zugang Bewertungsdifferenz Leasingverbindlichkeiten
(4) Bewertungsbuchung 2: Differenz Sonderbewegung

Abbildung 7.57 Buchungsschema für die Nachbuchungen der Initialkosten

Referenzbeziehungen 010 und 020

Die Kontenfindung für Nachbuchungen basiert auf den originären Buchungen:

Der Anlagenzugang wurde mit Bewegungsart **I110** gebucht (siehe Finanzstrom in Abbildung 7.20). Hierzu wird zunächst eine Referenzbewegungsart zur Referenzbeziehung **010** (Nachbuchungen wegen Konditionserhöhung) gefunden – das ist im Beispiel die Bewegungsart **I111**. Diese Bewegungsart erscheint im Bewertungsfinanzstrom (siehe Abbildung 7.55). Mit ihr wird die Buchung (3a) aus Abbildung 7.57 erzeugt. (Sie benötigen hier wieder Anlagenbewegungsarten.)

Bz...	BArt	Bezeichnung Bewegungsart	RBew	Bezeichnung Bewegungsart
10	I110	Nutzungsrecht (AA)	I111	Nutzungsrecht (AA) (+)
20	I110	Nutzungsrecht (AA)	I112	Nutzungsrecht (AA) (-)

Abbildung 7.58 Zuordnung der Nachbuchungsbewegungsarten zur Bewegungsart für die Aktivierung

Als Referenzbeziehung wird in diesem Fall »Nachbuchungen wegen Konditionserhöhung« (Referenzbeziehung **010**) verwendet. Die Referenzbewegungsart für die Referenzbeziehung **020** (Nachbuchungen wegen Konditionsminderung) wird ebenso hinterlegt. Abbildung 7.58 zeigt die Referenzbewegungsarten für die Nachbuchungen zur Aktivierung der RoU-Anlage.

Referenzbeziehung CEK

Um nun die Buchung (3b) zu erzeugen, brauchen Sie eine Referenzbewegungsart über Referenzbeziehung **CEK** (Verrechnung Anlagenbewegung) zur Bewegungsart **I111**. Im Beispiel ist dies die Bewegungsart **I151**. Die Zuordnung der Referenzbewegungsart **I151** über die Referenzbeziehung **CEK** zu Bewegungsart **I111** sehen Sie in Abbildung 7.59.

Zuordnung Referenzbewegungsarten

	Beziehung	BewegArt	Bezeichnung Bewegungsart	Ref...	Bezeichnung Bewegungsart
☐	CEK Verrechnung Anlagenbewegung	I110	Nutzungsrecht (AA)	I150	Barwert
☑	CEK Verrechnung Anlagenbewegung	I111	Nutzungsrecht (AA) (+)	I151	Barwert (+)
☑	CEK Verrechnung Anlagenbewegung	I112	Nutzungsrecht (AA) (-)	I152	Barwert (-)

Abbildung 7.59 Referenzbeziehung CEK zu den Nachbuchungsbewegungsarten

Die auf diese Weise ermittelte Bewegungsart **I151** wird dann für die Nachbuchung (wegen Konditionserhöhung) im Beleg benutzt (siehe Abbildung 7.60).

Erfassungssicht

Belegnummer: 100000278 | Buchungskreis: 9000 | Geschäftsjahr: 2025
Belegdatum: 01.12.2025 | Buchungsdatum: 01.12.2025 | Periode: 12
Referenz: 000003762025REEP | Übergreifd.Nr:
Währung: EUR | Texte vorhanden: ☐ | Ledger-Gruppe: 0L

BuKr.	Pos	Bschl	Bezeichnung	Betrag	Währung	Text	Bewegungsart
9000	2	50	Leasingverb. Immo.	2.000,00-	EUR	*01.01.2025-31.12.2029-Barwert (+)	I151
9000	1	40	Verr. Anlagenzugang	2.000,00	EUR	*01.01.2025-31.12.2029-Barwert (+)	I151
				• 0,00	EUR		

Abbildung 7.60 Beleg zur Buchung (3b) mit Bewegungsart I151

Nachbuchungen für Initialkosten

Für die Erzeugung der Differenz in der Sonderbewegung ist eine Nachbuchungsbewegungsart zur ursprünglichen Bewegungsart der Sonderbewegung – im Beispiel **I450** (statistische Initialkosten) – erforderlich. Dies sind die Referenzbewegungsarten **I451** bzw. **I452** für die Nachbuchungen aufgrund von nachträglichen Konditionserhöhungen oder Konditionsminderungen (siehe Abbildung 7.61). Diese erscheint im Nachbuchungssatz im Bewertungsfinanzstrom.

Zuordnung Referenzbewegungsarten

	Beziehung	BewegArt	Bezeichnung Bewegungsart	Ref...	Bezeichnung Bewegungsart
☐	30 Verteilungsbuchungen (Objektumbuchungen)	V100	Kred. Grundmiete	V500	Umb. Kred. Grundmiete

Abbildung 7.61 Nachbuchungsbewegungsart zur Sonderbewegung für statistische Initialkosten

Die Ausführungen über das Finden der Nachbuchungsbewegungsarten sind sinngemäß auf alle anderen Bewegungen zu übertragen.

7.4.12 Umbuchungen einrichten

In Abschnitt 5.5.3, »Leasingvertrag nach HGB bewerten (operatives Leasing)«, haben Sie gesehen, dass Leasingraten für operatives Leasing nach HGB einfach in die GuV umgebucht werden. Im Unterschied zur Linearisierung werden die betroffenen Bewegungen aber nicht summarisch in die GuV übertragen, sondern konditionsartengerecht.

[»]

Linearisierung vs. Umbuchung

Sind in einem Vertrag zwei Konditionen vereinbart – Grundgebühren 100 € und Zuschlag 20 € –, werden bei der Linearisierung 120 € pauschal in die GuV gebucht unter Verwendung der Linearisierungsbewegungsart. Die Umbuchung bucht im Unterschied hierzu 100 € und 20 € separat in die GuV. Die Kontenfindung der Umbuchung basiert auf der Konditionsart und verhält sich wie beim Objektfinanzstrom.

Referenzbeziehung 030

Die Kontenfindung für die Umbuchung beginnt bei der Bestimmung der Bewegungsart zur Konditionsart. Zur Bewegungsart der Konditionsart wird die Referenzbewegungsart über die Beziehung **030** *Verteilungsbuchungen (Objektumbuchungen)* ermittelt. Diese Bewegungsart wird in den Bewertungsfinanzstrom geschrieben.

Im Partnerfinanzstrom des Vertrags, dargestellt in Abbildung 7.62, wird die originäre Bewegungsart V100 für die Buchung der kreditorischen Grundmiete verwendet. Die Ermittlung der Bewegungsart erfolgt dabei direkt aus der Konditionsart.

Simulation Partnerfinanzstrom - Alle Konditionen (5/5)

Bewegungsartbezeichnung	BArt	Fälligkeitstag	Berechnung von	Berech. bis	Netto KoWhr	Status
Kred. Grundmiete	V100	31.12.2025	01.01.2025	31.12.2025	11.000,00	
Kred. Grundmiete	V100	31.12.2026	01.01.2026	31.12.2026	12.000,00	
Kred. Grundmiete	V100	31.12.2027	01.01.2027	31.12.2027	13.000,00	
Kred. Grundmiete	V100	31.12.2028	01.01.2028	31.12.2028	14.000,00	
Kred. Grundmiete	V100	31.12.2029	01.01.2029	31.12.2029	15.000,00	
				•	65.000,00	

Abbildung 7.62 Partnerfinanzstrom – Bewegungsart aus der Konditionsart

Abbildung 7.63 zeigt die Ermittlung der Referenzbewegungsart V500 für die originäre Bewegungsart V100 über die Referenzbeziehung **030** (Verteilungsbuchungen [Objektumbuchungen]).

Zuordnung Referenzbewegungsarten

Beziehung	BewegArt	Bezeichnung Bewegungsart	Ref...	Bezeichnung Bewegungsart
30 Verteilungsbuchungen (Objektumbuchungen)	V100	Kred. Grundmiete	V500	Umb. Kred. Grundmiete

Abbildung 7.63 Ableitung der Referenzbewegungsart für die Umbuchung

Die auf diese Weise ermittelte Bewegungsart V500 wird für die Umbuchung im Rahmen der Bewertungsbuchung genutzt (siehe Abbildung 7.64).

Bewertungsregel:* Handelsgesetzbuch (HGB)

Vertragswert: 65.000,00 /: EUR

Umbuchung

	BArt	Fälligkeit	Berechnung von	Berechnung bis	Σ	Transfer	Whr		Status
10010	V500	31.12.2025	01.01.2025	31.12.2025		11.000,00	EUR	+	
	V500	31.12.2026	01.01.2026	31.12.2026		12.000,00	EUR	+	
	V500	31.12.2027	01.01.2027	31.12.2027		13.000,00	EUR	+	
	V500	31.12.2028	01.01.2028	31.12.2028		14.000,00	EUR	+	
	V500	31.12.2029	01.01.2029	31.12.2029		15.000,00	EUR	+	
10010					•	**65.000,00**	**EUR**		
					• •	**65.000,00**	**EUR**		

Abbildung 7.64 Referenzbewegungsart im Bewertungsfinanzstrom

7.4.13 Buchen ohne Anlagenbuchhaltung

Die bisherigen Ausführungen gingen immer davon aus, dass Sie entweder die klassische oder die neue Anlagenbuchhaltung einsetzen. Es ist aber auch möglich, die bilanzielle Bewertung einzusetzen, ohne dass die Anlagenbuchhaltung aktiv ist. In diesem Fall können Sie direkt auf Hauptbuchkonten buchen.

Die Entscheidung, dass Sie nicht in die Anlagenbuchhaltung, sondern direkt in die Hauptbuchhaltung buchen wollen, treffen Sie, indem Sie die Integrationsart auf den Wert **2 Direkte Bilanzbuchungen** setzen (siehe Abbildung 7.65).

Integrationsart: 2 Direkte Bilanzbuchungen

Abbildung 7.65 Integrationsart »Direkte Bilanzbuchungen«

Diese Einstellung können Sie im Customizing von SAP RE unter **Bilanzielle Bewertung von Verträgen** auf verschiedenen Ebenen treffen:

- pro Buchungskreis und Vertragsart unter dem Menüpunkt **Bewertungsspezifische Attribute zur Vertragsart im Buchungskreis**
- in der **Bewertungsregel**

Referenzbeziehung CE6

Wenn Sie diese Einstellung gesetzt haben, werden alle Buchungen, die normalerweise auf die Anlage gehen, auf ein Hauptbuchkonto umgelenkt. Daher müssen Sie für alle Bewegungen, die die RoU-Anlage betreffen, (also insbesondere für die Bewegungsart Aktiva) Referenzbewegungsarten über die Referenzbeziehung **CE6** (Direkte Bilanzbuchung) definieren. In Abbildung 7.66 sehen Sie die Zuordnung von Referenzbewegungsarten über die Referenzbeziehung **CE6** (Direkte Bilanzbuchung). Im Finanzstrom erscheint weiterhin die Bewegungsart der Aktiva. In der Buchungsschnittstelle wird diese aber durch die Referenzbewegungsart ersetzt.

Zuordnung Referenzbewegungsarten

Beziehung	Bew...	Bezeichnung Bewegungsart	Ref...	Bezeichnung Bewegungsart
CE6 Direkte Bilanzbuchung	I110	Nutzungsrecht (AA)	I100	RoU/Barwert
CE6 Direkte Bilanzbuchung	I111	Nutzungsrecht (AA) (+)	I101	RoU/Barwert (+)
CE6 Direkte Bilanzbuchung	I112	Nutzungsrecht (AA) (-)	I102	RoU/Barwert (-)

Abbildung 7.66 Referenzbewegungsarten für direkte Bilanzbuchungen

Analog verhalten sich andere Bewegungsarten, die sonst auf die Anlage buchen, z. B. Vermögensabgänge und die jeweiligen Nachbuchungsbewegungsarten.

AfA buchen

Die Buchung der AfA erfolgt bei aktiver Anlagenbuchhaltung nicht durch die Bewertung, sondern durch den AfA-Lauf der Anlagenbuchhaltung. Ist die **direkte Bilanzbuchung** aktiv, wird die AfA aber direkt über den Buchungslauf der Bewertung gebucht.

Die dabei erzeugte Buchung erfolgt auf Basis einer Referenzbewegungsart CE6 zur *Bewegungsart Abschreibung*. Dieser Bewegungsart müssen Sie dann in SAP RE auch Kontosymbole zuordnen.

7.5 Zusammenfassung

In diesem Kapitel wurden die Details der Buchungen im Zusammenhang mit der Bewertung und der zugehörigen Kontenfindung besprochen. Wichtiges Element der Kontenfindung ist die Bestimmung der Bewegungsart, die die Buchung auslöst. Die Bewegungsarten für die Bewertungsbuchungen unterscheiden sich von der Art der Ermittlung der Bewegungsart von den für die periodische Buchung genutzten Bewegungsarten. Während die Bewegungsarten für die periodische Buchung direkt aus der Definition der Konditionsarten abgeleitet werden, stammen die Bewegungsarten für die Bewertung aus der Definition der Bewertungsregeln.

Ist dann aber die relevante Bewegungsart auf die eine oder andere Art und Weise ermittelt, verläuft die Kontenfindung analog: Es müssen zuerst die für die Bewegungsart relevanten Kontosymbole aufgefunden werden. Aus den Kontosymbolen für die Soll- und die Habenbuchung werden anschließend die konkreten Konten abgeleitet. Im Unterschied zur periodischen Buchung ist für die Bewertung die Benutzung von Kontenfindungswerten hierbei obligatorisch.

Abbildung 7.67 zeigt zusammenfassend den Mechanismus der Kontenfindung für die periodische Buchung und die Bewertungsbuchung.

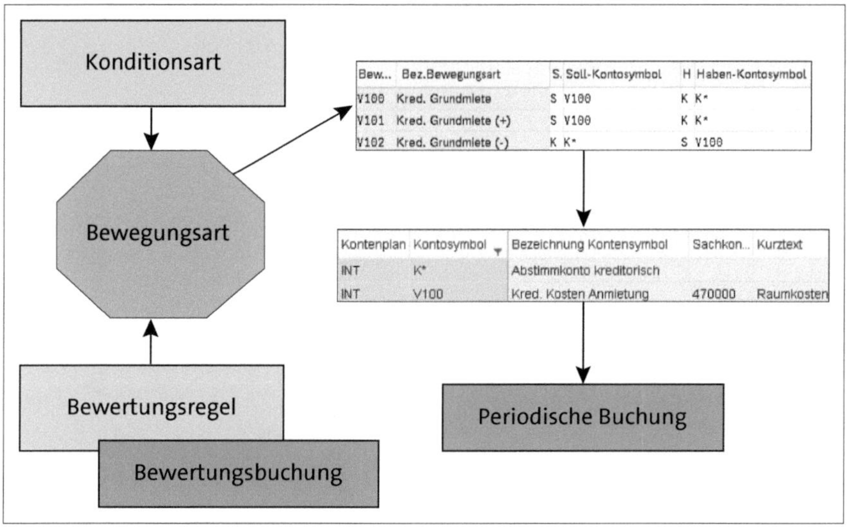

Abbildung 7.67 Prinzip der Kontenfindung

Betrachtet man die Änderungen, die im Lebenszyklus von Leasingverträgen möglich sind und die die Bewertung beeinflussen, haben wir bisher zunächst den »Geradeausfall« der Bewertung beschrieben. Das Verständnis der Erstbewertung ist erforderlich, um die aus Vertragsänderungen resultierenden Folgebewertungen nachvollziehen zu können, denen sich das nun folgende Kapitel 8, »Vertragsänderungen und Folgebewertungen«, widmet.

Kapitel 8

Vertragsänderungen und Folgebewertungen

Die »Königsdisziplin« bei der Bewertung von Leasingverträgen ist die Behandlung von Vertragsänderungen wie Kündigungen, Vertragsverlängerungen, Änderungen der Vertragsobjekte, Anpassungen der Vertragskonditionen oder der Zinssätze.

In Kapitel 5, »Bilanzielle Bewertung im Überblick«, haben Sie die bilanzielle Erstbewertung von Verträgen kennengelernt. Dabei wurden die im Leasingvertrag vereinbarten Vertragskonditionen und Vertragslaufzeiten zur Berechnung des Wertes der Right-of-Use-Anlage (RoU-Anlage) und der Leasingverbindlichkeiten herangezogen.

Verändert sich die Höhe der Vertragskonditionen, ändert sich die Laufzeit des Vertrags oder werden dem Vertrag während der Vertragslaufzeit neue Objekte hinzugefügt, wirken sich diese Änderungen natürlich auf die bilanzielle Bewertung aus.

Im folgenden Abschnitt geht es um das grundsätzliche technische Vorgehen bei der Durchführung einer Folgebewertung. Anschließend beschäftigen wir uns mit verschiedenen Beispielen für Vertragsänderungen, in deren Ergebnis Folgebewertungen durchgeführt werden müssen.

Vertragsänderungen

Die Vertragsänderungen, die wir in diesem Kapitel beschreiben, lassen sich in folgende Gruppen zusammenfassen:

- Konditionsänderungen durch manuelle Änderungen sowie durch Anpassungen auf Basis eines Index
- Änderungen der Vertragslaufzeit (automatische Verlängerung oder Annahme von Verlängerungsoptionen, Kündigung eines Vertrags)
- substanzielle Vertragsänderungen durch das Hinzumieten weiterer Vertragsobjekte oder die Rückgabe von Objekten innerhalb der Vertragslaufzeit
- Übergang eines Vertrags vom operativen Leasing zum Finanzierungsleasing bei der Bewertung nach US-GAAP
- Vertragsänderungen für linearisierte Verträge

[»]

Beispielverträge

Nicht alle in diesem Kapitel beschriebenen Verträge entsprechen Verträgen, die ein Leasingnehmer in der Realität tatsächlich abschließen würde. Wir haben versucht, die Beispielverträge so aufzubauen, dass die bei der Bewertung ermittelten Werte gut nachvollziehbar und in den Beispielen wiedererkennbar sind. So ist eine Konditionserhöhung von 10.000 € auf 15.000 € sicherlich nicht unbedingt praxisnah, lässt sich aber sehr gut als Rechenbeispiel verwenden.

Die in einigen Beispielen gewählten Firmennamen, Adressen usw. sind – wie in allen bisherigen Beispielen auch – fiktiv. Das heißt, wir haben alle Namen und Adressen frei erfunden.

Unser Fokus liegt in allen Beispielen auf der Beschreibung der technischen Möglichkeiten und Funktionen zur Vertragsänderung und Vertragsbewertung.

8.1 Folgebewertung durchführen

Wenn sich im Anschluss an eine bereits durchgeführte und gebuchte bilanzielle Erstbewertung bewertungsrelevante Vertragsdaten eines Leasingvertrags ändern, ist eine Folgebewertung erforderlich. Bei der Durchführung der Folgebewertung werden die geänderten Vertragsverhältnisse analysiert und mit den bereits durchgeführten Bewertungen abgeglichen.

Änderung der Leasingraten

Die Vertragsänderungen können sich direkt (durch Konditionsänderungen) oder indirekt (z. B. durch Laufzeitänderungen) auf die Anzahl und Höhe der Leasingraten auswirken. Wird ein Leasingvertrag verlängert, so entstehen zukünftig mehr bzw. höhere Leasingzahlungen, als bei der Erstbewertung berücksichtigt wurden. Wird ein Leasingvertrag vorzeitig gekündigt, verringern sich die zukünftigen Leasingzahlungen.

Auswirkung von Vertragsänderungen auf die RoU-Anlage

Vertragsänderungen können sich somit auf die Werte der RoU-Anlage und die Entwicklung der Leasingverbindlichkeiten auswirken und eine Neuberechnung erforderlich machen. Die Abweichungen zwischen den in der Erst- und der Folgebewertung ermittelten Werten werden bei der Bewertungsbuchung der Folgebewertung als Differenz mit der entsprechenden Referenzbewegungsart gebucht.

Änderungen der Vertragslaufzeit

Wenn sich also beispielsweise die Laufzeit eines Leasingvertrags ändert, ist es nicht notwendig, alle bisher erfolgten Bewertungen zu stornieren und anschließend eine neue Bewertung durchzuführen. Es ist lediglich notwendig, eine Folgebewertung durchzuführen und im Rahmen dieser Folgebewertung die Differenzbeträge zu buchen. In einigen Fällen, wie z. B. bei Verträgen mit Fremdwährungen, kann es, wie in Abschnitt 5.2.4, »Vertragsbewertung buchen«, beschrieben, sogar schädlich sein, alle vorhandenen Bewertungen zu stornieren und anschließend eine neue Bewertung durchzuführen, da sich aufgrund geänderter Umrechnungskurse die Bewertungsergebnisse der verschiedenen Bewertungsläufe unterscheiden können.

8.1.1 Zeitscheibe der Bewertungsklausel anlegen

Erstbewertung

Einem Leasingvertrag wurde für die Erstbewertung zunächst eine Bewertungsklausel mit dem Bewertungsverhalten **Neuaufsatz** zugeordnet. Abbildung 8.1 zeigt eine solche Bewertungsklausel. Der Betrachtungsbeginn entspricht dem Vertragsbeginn. Der Vertrag hat eine Laufzeit von zehn Jahren. Der Zinssatz beträgt 6 %.

Abbildung 8.1 Bewertungsklausel für die Erstbewertung (ohne zeitliche Begrenzung)

Die bilanzielle Bewertung inklusive der zugehörigen Buchungen wurde bis einschließlich 31.12.2029 durchgeführt.

Vertragsänderungen durchführen

Vertragsänderungen oder Änderungen des Zinssatzes bewirken, dass die Ergebnisse der Erstbewertung nicht mehr aktuell sind und angepasst werden müssen. Dazu werden zunächst die erforderlichen Vertragsänderungen durchgeführt. Bei Änderungen der Leasingrate erfassen Sie die entsprechenden Konditionsänderungen im Vertrag, oder Sie führen einen maschinellen Anpassungslauf, beispielsweise für die Indexanpassung, durch. Im Fall von Änderungen der Vertragslaufzeit nehmen Sie beispielsweise eine

Vertragsverlängerung auf der Grundlage einer Verlängerungsoption vor oder legen eine Kündigung an und aktivieren diese.

Bewertungsklauseln zeitabhängig anlegen

Im Anschluss an die Vertragsänderungen müssen die Bewertungsdaten aktualisiert werden. Bewertungsklauseln können zeitabhängig gestaltet werden. Dazu blenden Sie zunächst mit dem Button (**Zeitabhängigkeit einblenden**) die Zeitabhängigkeit der Bewertungsklausel ein. Mit dem Button Neu (**Gültigkeitszeitraum hinzufügen**) legen Sie anschließend eine neue Zeitscheibe für die Bewertungsklausel an.

Abbildung 8.2 Bewertungsklausel – Zeitscheibe für die Erstbewertung mit zeitlicher Begrenzung – gültig bis 31.12.2029

Folgebewertung

Für das Beispiel aus Abbildung 8.1 bedeutet das, dass eine neue Zeitscheibe mit Gültigkeit ab 01.01.2030 für die Folgebewertung angelegt wird (siehe Abbildung 8.3), woduch die Gültigkeit der ursprünglichen Zeitscheibe automatisch auf den 31.12.2029 begrenzt wird (siehe Abbildung 8.2). Der Betrachtungsbeginn dieser neuen Zeitscheibe ist – ebenso wie der Gültigkeitsbeginn der Zeitscheibe – der 01.01.2030.

Im Beispiel hat sich zusätzlich der Zinssatz geändert. Der Zinssatz der neuen Zeitscheibe hat sich gegenüber dem bei der Erstbewertung verwendeten Zinssatz von 6 % auf 7 % erhöht.

Gegenüber der ursprünglichen Zeitscheibe gibt es einen weiteren Unterschied: das *Bewertungsverhalten*. In der neuen Zeitscheibe wird ein anderes Bewertungsverhalten, in unserem Beispiel die **Absolute Differenz**, verwendet.

Abbildung 8.3 Bewertungsklausel – Zeitscheibe für die Folgebewertung – gültig ab 01.01.2030 (Feld »Betracht.beginn«)

Bewertungsverhalten auswählen

Das **Bewertungsverhalten** steuert die Berechnung der Anlagenwerte während der bilanziellen Bewertung. Das Bewertungsverhalten ist ausschließlich für solche Bewertungsverfahren relevant, die auf der Bewertungsart **Bilanzielle Aktivierung** basieren.

Für das Bewertungsverhalten sind folgende Ausprägungen auswählbar:

- Neuaufsatz
- Absolute Differenz
- Relative Differenz
- Reduzierung

Die genannten möglichen Bewertungsverhalten unterscheiden sich nach dem Algorithmus für die Berechnung des neuen Anlagenwertes und danach, ob eine neue RoU-Anlage angelegt werden muss oder eine bestehende Anlage verwendet wird.

Neuaufsatz

Im Rahmen der bilanziellen Erstbewertung (siehe Kapitel 5, »Bilanzielle Bewertung im Überblick«) haben wir ausschließlich das Bewertungsverhalten **Neuaufsatz** verwendet. Beim Neuaufsatz wird eine neue RoU-Anlage erzeugt. In den bisher beschriebenen Beispielen haben wir den Anlagenwert stets im Rahmen der Vertragsbewertung aus dem Barwert eines neu angelegten Vertrags berechnet.

Wenn Sie bereits länger bestehende Leasingverträge ins Vertragsmanagement des SAP Real Estate Managements (SAP RE) übernehmen wollen, ist es erforderlich, die Verträge und Anlagen mit den zum Zeitpunkt der Übernahme gültigen Werten anzulegen. In diesem Fall ergibt sich bei der Nutzung des Neuaufsatzes der neue Anlagenwert aus dem neuen Barwert:

neuer Anlagenwert = neuer Barwert

Da beim Neuaufsetzen eine neue RoU-Anlage erzeugt wird, wird die bisherige Anlage nicht mehr verwendet. Die Werte der bestehenden Anlage werden derart angepasst, dass sie zum Zeitpunkt der Datenübernahme einen Restwert von null hat. Für die Buchung der Differenz zwischen Anlagenendbestand und Endbestand der Leasingverbindlichkeit werden Sonderbewegungen im Bewertungsfinanzstrom erzeugt. Näheres hierzu erfahren Sie in Kapitel 6, »Spezielle Konditionen«, und Kapitel 10, »Übergangsphase und Datenmigration«.

Absolute Differenz

Ein weiteres Bewertungsverhalten ist die **Absolute Differenz**. Dieses Bewertungsverhalten wird insbesondere bei Folgebewertungen genutzt. Im Gegensatz zum Neuaufsatz wird hier keine neue Anlage angelegt, sondern die bereits vorhandene RoU-Anlage weiterhin verwendet.

Der neue Anlagenwert der RoU-Anlage wird als Summe aus dem Restwert vor Neubewertung und der Differenz zwischen dem neuen Barwert und dem Bestand der Leasingverbindlichkeit vor der Neubewertung berechnet (siehe Abbildung 8.4).

	Restwert vor Neubewertung
+	(neuer Barwert
–	Leasingverbindlichkeitsbestand vor Neubewertung)
=	neuer Anlagenwert

Abbildung 8.4 Neuer Anlagenwert bei absoluter Differenz

Relative Differenz

Beim Bewertungsverhalten **Relative Differenz** wird die bestehende RoU-Anlage ebenfalls weiterverwendet. Bei der Berechnung des neuen Anlagenwertes wird jedoch im Unterschied zum Bewertungsverhalten **Absolute Differenz** das Verhältnis zwischen dem neuen Barwert und dem Bestand der Leasingverbindlichkeit vor der Neubewertung mit dem Restwert der RoU-Anlage vor der Neubewertung multipliziert (siehe auch Abbildung 8.5).

$$\text{neuer Anlagenwert} = \text{Restwert vor Neubewertung} \times \frac{\text{neuer Barwert}}{\text{Leasingverbindlichkeitsbestand vor Neubewertung}}$$

Abbildung 8.5 Neuer Anlagenwert bei relativer Differenz

Reduzierung

Ein weiteres Bewertungsverhalten ist die **Reduzierung**. Ebenso wie bei der absoluten und der relativen Differenz wird keine neue RoU-Anlage erzeugt, sondern die bestehende Anlage weiterhin genutzt. In der Bewertungsklausel wird ein Reduzierungsfaktor erfasst. Dabei werden die Werte für Zähler und Nenner getrennt eingegeben. Der Bewertungsfaktor wird mit dem Restwert der Anlage vor der Neubewertung bzw. mit dem Restwert der Leasingverbindlichkeit vor der Neubewertung multipliziert, um die Beträge für die Reduzierung der Anlage bzw. der Leasingverbindlichkeit zu ermitteln. Im Beispiel in Abbildung 8.6 beträgt der Reduzierungsfaktor 50 Hundertstel, also 50 %.

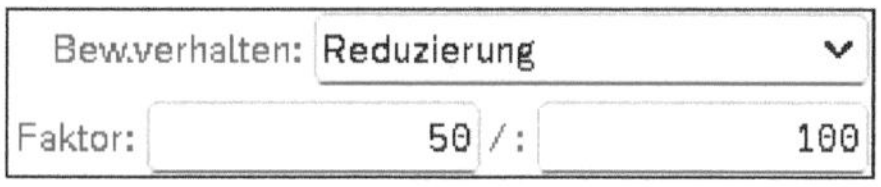

Abbildung 8.6 Reduzierungsfaktor in der Bewertungsklausel

Bewertungsfaktor

Der Bewertungsfaktor wird, wie in Abbildung 8.7 gezeigt, mit dem Restwert der Anlage vor der Neubewertung bzw. mit dem Restwert der Leasingverbindlichkeit vor der Neubewertung multipliziert, um die Beträge für die Reduzierung der Anlage bzw. der Leasingverbindlichkeit zu ermitteln.

Reduzierung Anlage	=	Restwert der Anlage vor Neubewertung	×	Reduzierungsfaktor
Reduzierung Leasingverbindlichkeit	=	Restwert der Leasingverbindlichkeit vor Neubeginn	×	Reduzierungsfaktor

Abbildung 8.7 Reduzierung von Anlagenwerten und Leasingverbindlichkeit

Im Anschluss an die Berechnung der reduzierten Werte wird eine Bewertung mit dem Bewertungsverhalten **Absolute Differenz** vorgenommen, bei dem der neue Anlagenwert nach der in Abbildung 8.8 gezeigten Formel berechnet wird.

	Restwert nach Reduzierung
+	(neuer Barwert
–	Leasingverbindlichkeitsbestand nach Reduzierung)
=	neuer Anlagenwert

Abbildung 8.8 Neuer Anlagenwert im Fall der Reduzierung

Die Differenz zwischen dem Anlagenendbestand und Endbestand der Leasingverbindlichkeit wird jeweils als Sonderbewegung im Bewertungsfinanzstrom dargestellt und gebucht. Details zu den Sonderbewegungen und der ihnen zugrunde liegenden Kontenfindung erfahren Sie in Kapitel 6, »Spezielle Konditionen«.

8.1.2 Folgebewertung durchführen

Nachdem Sie die notwendigen Vertragsänderungen durchgeführt haben, die neue Zeitscheibe der Bewertungsklausel angelegt und überprüft sowie den Status der Bewertungsregel auf »vollständig« gesetzt haben, können Sie die Folgebewertung durchführen.

Bewertungsklauseln pflegen

Natürlich können Sie sowohl die Pflege der Bewertungsklauseln als auch die Bewertung selbst als Massenbearbeitung oder im Vertragsdialog für einen bestimmten Vertrag durchführen. Verschiedene Apps für die Massenbearbeitung von Bewertungsklauseln, wie die App **Bewertungsregeln Informationssystem** (RECEISRULECN) oder die App **Konditionsspezifische Bewertungsregeln zu Verträgen Informationssystem** (RECEISCONDRULECN), haben wir in Abschnitt 5.2.1, »Bewertungsparameter festlegen«, vorgestellt.

Für die Bewertung können Sie die Apps **Vertragsbewertung durchführen** (RECEPR) und **Bewertung zu Verträgen buchen** (RECEEP) nutzen.

Bewertungen auswerten

Nach der Folgebewertung sind auf der Registerkarte **Bewertung** des Vertrags die Ergebnisse und Protokolle sowohl der Erst- als auch der Folgebewertung sichtbar (siehe Abbildung 8.9). Mit dem Button (**Berechnete Werte**) können Sie in die Ergebnisse der Bewertung abspringen, während Sie mit dem Button (**Bewertungsprotokoll**) in das Protokoll des Bewertungslaufs gelangen.

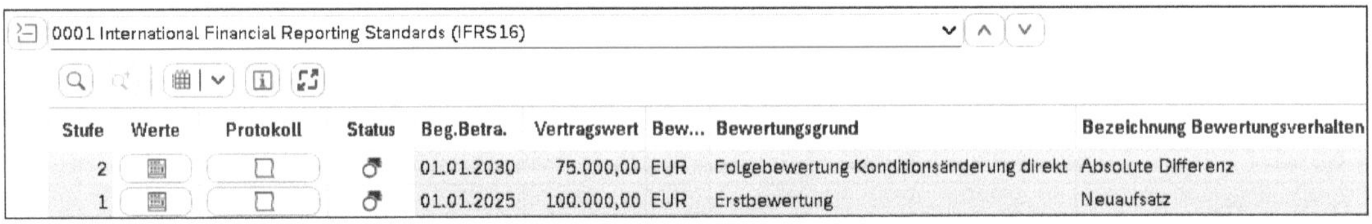

Abbildung 8.9 Ergebnisse der Erst- und Folgebewertung

Protokoll des Bewertungslaufs

Im Protokoll des Bewertungslaufs, das Sie in Abbildung 8.10 sehen, erhalten Sie Informationen zum Bewertungsverhalten sowie zu solchen Werten, wie beispielsweise dem Endbestand der Leasingverbindlichkeiten und den Anlagenwerten vor der Neubewertung, sowie zu den entsprechenden Anfangswerten nach der Neubewertung.

Neben dem Vertragswert und dem Barwert werden in der Übersicht zu den Bewertungsläufen auch das jeweilige Bewertungsverhalten und der *Bewertungsgrund* dargestellt.

Abbildung 8.10 Auszug aus dem Protokoll einer Folgebewertung

Bewertungsgrund

Der Bewertungsgrund hängt davon ab, welche Art von Vertragsänderung die Bewertung erforderlich gemacht hat. Der Grund wird vom System automatisch ermittelt und kann bei einer Folgebewertung die folgenden Werte annehmen:

- Folgebewertung Konditionsänderung direkt (z. B. Änderung des Einheitspreises einer Kondition)
- Folgebewertung Konditionsänderung indirekt (z. B. Änderung der Quadratmeter in einem Mietobjekt, woraufhin sich die Leasingrate des Vertrags ändert)
- Folgebewertung Laufzeitänderung (Änderungen an der Laufzeit des Vertrags, z. B. durch Kündigungen oder Verlängerungen)
- Folgebewertung Objektänderung (innerhalb des Vertrags wurden neue Objekte zugeordnet oder zugeordnete Objekte entfernt)
- Folgebewertung Fälligkeitsänderung (Änderung der Fälligkeit von Positionen des Partnerfinanzstroms)
- Folgebewertung Mischänderung (es traten mehrere dieser bewertungsrelevanten Änderungen zugleich auf)
- Folgebewertung Grundlagenänderung (es wurden Änderungen an der Bewertungsregel vorgenommen)
- Folgebewertung (Durchführung der Folgebewertung ohne vorherige Konditions- oder Laufzeitänderungen)

8.1.3 Folgebewertung buchen

Die Buchung der Folgebewertung erfolgt – analog zur Erstbewertung – entweder aus dem Vertragsdialog über den Menüpfad **Zusätze • Buchen • Bewertung buchen** oder mit der App **Bewertung zu Verträgen buchen** (RECEEP). Die Ergebnisse der Bewertungsbuchungen können Sie sich auf der Registerkarte **Übersichten** des Vertrags in der Auswertung **Bewertungsbuchungen** ansehen.

8.1.4 Folgebewertung auswerten

Bewertungsfinanzstrom

Die Auswertung **Bewertungsfinanzstrom** auf der Registerkarte **Übersichten** des Vertrags fasst die Ergebnisse der Erst- und der Folgebewertung zusammen. Abbildung 8.11 zeigt die neueste Stufe des Bewertungsfinanzstroms, d. h. sowohl die Werte der ursprünglichen Bewertung als auch die auf den Vertragsänderungen beruhenden Werte. In diesem Beispiel wurde neben dem Konditionsbetrag (Spalte **Verrechnung**) auch der Zinssatz geändert.

Übersicht:* Bewertungsfinanzstrom

Währung

	Be...	Kale...		Vertra...	Barwert	Aktiva	Anfangsbestand	Abschreibung	Endbest...	Anfangsbestand	Verrechn...	Zinsen	Endbestand	Tilgung	Whr	Zinssatz
1	IFRS16	2025	1	100.000,00	73.600,85	73.600,85				73.600,85			73.600,85		EUR	
			12				73.600,85	7.360,09	66.240,76	73.600,85	10.000,00	4.416,05	68.016,90	5.583,95	EUR	6,0000000000
		2026	1							68.016,90			68.016,90		EUR	
			12				66.240,76	7.360,08	58.880,68	68.016,90	10.000,00	4.081,02	62.097,92	5.918,98	EUR	
		2027	1							62.097,92			62.097,92		EUR	
			12				58.880,68	7.360,09	51.520,59	62.097,92	10.000,00	3.725,88	55.823,80	6.274,12	EUR	
		2029	1							49.173,23			49.173,23		EUR	
			12				44.160,51	7.360,09	36.800,42	49.173,23	10.000,00	2.950,40	42.123,63	7.049,60	EUR	
		2030	1	75.000,00	61.502,96	19.379,33				61.502,96			61.502,96		EUR	
			12				56.179,75	11.235,95	44.943,80	61.502,96	15.000,00	4.305,21	50.808,17	10.694,79	EUR	7,0000000000
		2031	1							50.808,17			50.808,17		EUR	
			12				44.943,80	11.235,95	33.707,85	50.808,17	15.000,00	3.556,57	39.364,74	11.443,43	EUR	
		2034	1							14.018,69			14.018,69		EUR	
			12				11.235,95	11.235,95	✓	14.018,69	15.000,00	981,31	✓	14.018,69	EUR	

Abbildung 8.11 Bewertungsfinanzstrom – neueste Stufe

Umgliederungsstufe

Mit dem Button (**Vorhergehende Stufe**) können Sie im Bewertungsfinanzstrom zwischen den Ansichten **Anzeige (Neueste Stufe)** und **Anzeige (Umgliederungsstufe)**, also der vorhergehenden Bewertungsstufe, hin- und herwechseln. Abbildung 8.12 zeigt die Umgliederungsstufe des Bewertungsfinanzstroms.

Übersicht:* Bewertungsfinanzstrom

Anzeige (Stufe 1 von 2)

Währung

	Be...	Ka...		Anfangsbestand	Abschreibung	Endbest...	Anfangsbestand	Verrechnung	Zinsen	Endbestand	Tilgung	Aufwand/Ertrag Leasing	Whr	Zinssatz
1	IFRS16	2025	12	73.600,85	7.360,09	66.240,76	73.600,85	10.000,00	4.416,05	68.016,90	5.583,95	11.776,14	EUR	6,0000000000
		2026		66.240,76	7.360,08	58.880,68	68.016,90	10.000,00	4.081,02	62.097,92	5.918,98	11.441,10	EUR	
		2027		58.880,68	7.360,09	51.520,59	62.097,92	10.000,00	3.725,88	55.823,80	6.274,12	11.085,97	EUR	
		2028		51.520,59	7.360,08	44.160,51	55.823,80	10.000,00	3.349,43	49.173,23	6.650,57	10.709,51	EUR	
		2029		44.160,51	7.360,09	36.800,42	49.173,23	10.000,00	2.950,40	42.123,63	7.049,60	10.310,49	EUR	
		2030		36.800,42	7.360,08	29.440,34	42.123,63	10.000,00	2.527,42	34.651,05	7.472,58	9.887,50	EUR	
		2031		29.440,34	7.360,09	22.080,25	34.651,05	10.000,00	2.079,06	26.730,11	7.920,94	9.439,15	EUR	
		2032		22.080,25	7.360,08	14.720,17	26.730,11	10.000,00	1.603,81	18.333,92	8.396,19	8.963,89	EUR	
		2033		14.720,17	7.360,09	7.360,08	18.333,92	10.000,00	1.100,04	9.433,96	8.899,96	8.460,13	EUR	
		2034		7.360,08	7.360,08	✓	9.433,96	10.000,00	566,04	✓	9.433,96	7.926,12	EUR	
1					• 73.600,85			• 100.000,00	• 26.399,15		• 73.600,85	• 100.000,00	EUR	
					• • 73.600,85			• • 100.000,00	• • 26.399,15		• • 73.600,85	• • 100.000,00	EUR	

Abbildung 8.12 Bewertungsfinanzstrom – Umgliederungsstufe

8.2 Folgebewertungen bei Konditionsänderungen

In den folgenden Abschnitten beschreiben wir Folgebewertungen, die auf der Grundlage von Konditionsänderungen entstehen. Dabei kann es sich sowohl um Erhöhungen als auch um Minderungen der Leasingrate handeln. In einigen Beispielen werden parallel zur Konditionsänderung auch die Zinssätze für die Folgebewertung geändert.

Konditionsänderungen durchführen

Allen Beispielen ist gemeinsam, dass zunächst die Konditionsänderungen innerhalb des Vertrags erfasst werden müssen, anschließend eine neue Zeitscheibe der Bewertungsklausel für die Folgebewertung anzulegen ist und dann die Folgebewertung gestartet werden kann.

[«]

Folgebewertung und Konditionsänderung

Die in diesem Abschnitt beschriebenen Konditionsänderungen resultieren aus manuellen Konditionsänderungen und aus maschinellen Anpassungsläufen, beispielsweise für eine Indexanpassung. Die Erhöhung oder Minderung der Leasingrate wirkt sich auf den Wert der RoU-Anlage und die Entwicklung der Leasingverbindlichkeiten aus.

8.2.1 Konditionserhöhung

Das folgende Beispiel beschreibt einen Leasingvertrag, bei dem nach Durchführung der Erstbewertung einerseits die Leasingrate, andererseits der Zinssatz erhöht wurde. Die Änderung der Leasingrate und des Zinssatzes machen eine Folgebewertung erforderlich. Schauen wir uns dieses Beispiel genauer an, bildet es doch die Grundlage für weitere Beispiele in diesem Kapitel.

[zB]

Beispiel 1: Leasingvertrag (Ausgangssituation)

Der Leasingvertrag hat eine Laufzeit von zehn Jahren, der Vertragsbeginn ist am 01.01.2025. Für den Vertrag ist eine jährliche Leasingrate in Höhe von 10.000 € zu zahlen. Als Berechnungsgrundlage werden 30 Tage pro Monat, d. h. 360 Tage pro Jahr, verwendet. Die Leasingrate ist nachschüssig, also am Ende der Berechnungsperiode (des Kalenderjahres) zu entrichten. Die Bewertung erfolgt nach IFRS 16. Der Betrachtungsbeginn für die Bewertung ist der 01.01.2025, fällt also mit dem Vertragsbeginn zusammen.

Nachdem die Bewertungsparameter erfasst und der Status der Bewertungsregel auf »vollständig« gesetzt wurde, wird die Erstbewertung durchgeführt. Die Buchung der Erstbewertung erfolgt für den Zeitraum von fünf

Jahren, also bis zum 31.12.2029. Abbildung 8.13 zeigt die Werte der Zinsberechnung im Rahmen der Erstbewertung, also mit dem zum Vertragsbeginn vereinbarten Zinssatz von 6 %.

Aktiva | Abschreibung | Verrechnung | **Zinsen**

Kontierung	Fälligkeit	Jahr	Σ	Zinsen	Whr	Prozentsatz		Status	Bezeichnung Bewegungsart
KST LEAS/10010	30.12.2025	2025		4.416,05	EUR	6,0000000000	+		Zinsen Zinsaufwand
	30.12.2026	2026		4.081,02	EUR	6,0000000000	+		Zinsen Zinsaufwand
	30.12.2027	2027		3.725,88	EUR	6,0000000000	+		Zinsen Zinsaufwand
	30.12.2028	2028		3.349,43	EUR	6,0000000000	+		Zinsen Zinsaufwand
	30.12.2029	2029		2.950,40	EUR	6,0000000000	+		Zinsen Zinsaufwand
	30.12.2030	2030		2.527,42	EUR	6,0000000000	+		Zinsen Zinsaufwand
	30.12.2031	2031		2.079,06	EUR	6,0000000000	+		Zinsen Zinsaufwand
	30.12.2032	2032		1.603,81	EUR	6,0000000000	+		Zinsen Zinsaufwand
	30.12.2033	2033		1.100,04	EUR	6,0000000000	+		Zinsen Zinsaufwand
	30.12.2034	2034		566,04	EUR	6,0000000000	+		Zinsen Zinsaufwand
KST LEAS/10010			•	**26.399,15**	**EUR**				
			• •	**26.399,15**	**EUR**				

Abbildung 8.13 Zinsberechnung bei der Erstbewertung

[zB]

Beispiel 1(a): Leasingvertrag (Vertragsänderung)

Mit dem Leasinggeber werden zu Beginn des sechsten Jahres der Vertragslaufzeit eine jährliche Leasingrate von 15.000 € sowie ein Zinssatz von 7 % vereinbart. Diese Vertragsänderungen wirken sich auf die Ergebnisse der Bewertung nach IFRS 16 aus und machen eine Folgebewertung erforderlich.

Für die Folgebewertung wird eine neue Zeitscheibe der Bewertungsklausel angelegt. Diese hat den Betrachtungsbeginn 01.01.2030, liegt also im Anschluss an den Zeitraum, für den bereits die Bewertungsbuchungen durchgeführt wurden. Das Bewertungsverhalten ist **Absolute Differenz**. Die Folgebewertung wird durchgeführt, aber noch nicht gebucht. Die periodische Buchung wurde für den Vertrag noch nicht durchgeführt.

In Tabelle 8.1 sind die ursprünglichen Vertragsdaten sowie die Vertragsänderungen und die Angaben zur Erst- und Folgebewertung zusammengefasst.

Sehen wir uns nun die Ergebnisse der Folgebewertung an. Der ursprüngliche Barwert des Vertrags betrug 73.600,85 €, der ursprüngliche Vertragswert betrug 100.000 €. Der Bewertungsgrund ist in diesem Beispiel die **Folgebewertung Konditionsänderung direkt** (siehe Abbildung 8.9), da die Bewertungsklausel für die Folgebewertung geändert wurde.

Vertragsattribut	Wert
Ausgangssituation	
Laufzeit	01.01.2025 bis 31.12.2034 (zehn Jahre)
Leasingrate	10.000 €
Zahlungsrhythmus	Jährlich
Zahlweise	Nachschüssig
Berechnungsmethode	30 Tage pro Monat, d. h. 360 Tage pro Jahr
Betragsbezug	Rhythmusbetrag
Bewertungsverfahren	IFRS 16
Betrachtungsbeginn	01.01.2025
Zinssatz	6 %
Bewertung	Bewertungsbuchungen bis 31.12.2029
Vertragsänderung	
Leasingrate	15.000 € jährlich ab 01.01.2030
Betrachtungsbeginn	01.01.2030
Zinssatz	7 %
Bewertungsverhalten	Absolute Differenz
Grund für die Folgebewertung	Folgebewertung Grundlagenänderung

Tabelle 8.1 Konditionserhöhung und Zinsänderung (IFRS)

Im Rahmen der Folgebewertung erfolgt aufgrund der Vertragsänderungen (mit dem geänderten Konditionsbetrag und dem geänderten Zinssatz) eine Neuberechnung des Barwertes und des Vertragswertes für die Jahre sechs bis zehn der Vertragslaufzeit. Der Vertragswert beträgt 75.000 € (fünf Jahre je 15.000 €). Der Barwert wird nach der in Abbildung 8.14 beschriebenen Formel berechnet und beträgt in diesem Fall 61.502,96 €.

$$\text{Barwert} = \frac{15.000\,€}{(1+0.07)} + \frac{15.000\,€}{(1+0.07)^2} + \frac{15.000\,€}{(1+0.07)^3} + \frac{15.000\,€}{(1+0.07)^4} + \frac{15.000\,€}{(1+0.07)^5}$$

Abbildung 8.14 Barwertberechnung nach Änderung des Konditionsbetrags und des Zinssatzes

Da die Zugangsbuchung für die RoU-Anlage bereits erfolgt ist, wird eine nachträgliche Buchung des Differenzbetrags erforderlich. Diesen erkennen Sie am Symbol ++ (**Betrag ist positiv**) in der mit (**Finanzstromkennzeichen**) gekennzeichneten Spalte. Der neue Anlagenwert wird bei der Nutzung des Bewertungsverhaltens **Absolute Differenz** nach der Formel aus Abbildung 8.4 berechnet. Die Differenz zwischen dem bereits gebuchten Anlagenzugang (73.600,85 €) und dem neuen Anlagenwert (92.980,18 €) beträgt 19.379,33 €. Diese Differenz wird als Nachbuchung auf der Registerkarte **Aktiva** des Bewertungsergebnisses dargestellt.

In der letzten Spalte in Abbildung 8.15 erkennen Sie eine von der Originalbewegungsart (**I110**) abweichende Bewegungsart (**I111**) für die Buchung der Aktiva. Hierbei handelt es sich um die Referenzbewegungsart für nachträgliche Betragserhöhungen. In Abschnitt 7.4.11, »Nachbuchungen einrichten«, wurde ausgeführt, wie die notwendigen Bewegungsarten gefunden werden.

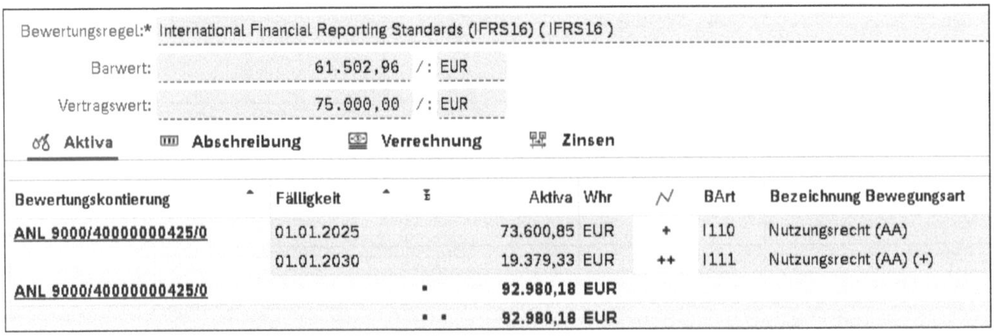

Bewertungsregel:* International Financial Reporting Standards (IFRS16) (IFRS16)

Barwert: 61.502,96 /: EUR

Vertragswert: 75.000,00 /: EUR

Aktiva | Abschreibung | Verrechnung | Zinsen

Bewertungskontierung	Fälligkeit		Aktiva	Whr		BArt	Bezeichnung Bewegungsart
ANL 9000/40000000425/0	01.01.2025		73.600,85	EUR	+	I110	Nutzungsrecht (AA)
	01.01.2030		19.379,33	EUR	++	I111	Nutzungsrecht (AA) (+)
ANL 9000/40000000425/0		•	**92.980,18**	**EUR**			
		• •	**92.980,18**	**EUR**			

Abbildung 8.15 Folgebewertung (IFRS) nach Erhöhung der Leasingrate und des Zinssatzes – Registerkarte »Aktiva«

In den ersten fünf Jahren der Vertragslaufzeit hat die Abschreibung eine jährliche Höhe von 7.360,09 €. In den Folgejahren erhöht sich die Abschreibung wegen der geänderten Vertragskonditionen auf 11.235,95 € jährlich. Im sechsten Jahr der Vertragslaufzeit (2030) erkennen Sie in Abbildung 8.16 einerseits den erhöhten Abschreibungsbetrag, andererseits auch den im Vergleich zum fünften Jahr (2029) höheren Restwert der RoU-Anlage.

Abbildung 8.17 zeigt den Bewertungsfinanzstrom für die Verrechnungsbuchungen, also die Entwicklung der Leasingrate über die gesamte Vertragslaufzeit. Für den Zeitraum vom 2025 bis 2029, also für die ersten fünf Jahre der Vertragslaufzeit, beträgt die Leasingrate jährlich 10.000 €. Diese Beträge wurden im Rahmen der Erstbewertung bereits gebucht. Ab dem 01.01.2030 erhöht sich die Leasingrate auf jährlich 15.000 €. Die Bewertungsbuchung für diese Beträge steht noch aus.

Bewertungsregel:* International Financial Reporting Standards (IFRS16) (IFRS16)

Barwert: 61.502,96 /: EUR

Vertragswert: 75.000,00 /: EUR

Aktiva | Abschreibung | Verrechnung | Zinsen

Bewertungskontierung	Fälligkeit	Jahr	Σ	Abschreibung	Restwert	Whr	Berech. von	Berech. bis	Tage	BArt	Bezeichnung Bewegungsart
ANL 9000/40000000425/0	31.12.2025	2025		7.360,09	66.240,76	EUR	01.01.2025	31.12.2025	360	I210	Abschreibung (AA)
	31.12.2026	2026		7.360,08	58.880,68	EUR	01.01.2026	31.12.2026	360	I210	Abschreibung (AA)
	31.12.2027	2027		7.360,09	51.520,59	EUR	01.01.2027	31.12.2027	360	I210	Abschreibung (AA)
	31.12.2028	2028		7.360,08	44.160,51	EUR	01.01.2028	31.12.2028	360	I210	Abschreibung (AA)
	31.12.2029	2029		7.360,09	36.800,42	EUR	01.01.2029	31.12.2029	360	I210	Abschreibung (AA)
	31.12.2030	2030		11.235,95	44.943,80	EUR	01.01.2030	31.12.2030	360	I210	Abschreibung (AA)
	31.12.2031	2031		11.235,95	33.707,85	EUR	01.01.2031	31.12.2031	360	I210	Abschreibung (AA)
	31.12.2032	2032		11.235,95	22.471,90	EUR	01.01.2032	31.12.2032	360	I210	Abschreibung (AA)
	31.12.2033	2033		11.235,95	11.235,95	EUR	01.01.2033	31.12.2033	360	I210	Abschreibung (AA)
	31.12.2034	2034		11.235,95	0,00	EUR	01.01.2034	31.12.2034	360	I210	Abschreibung (AA)
ANL 9000/40000000425/0			•	**92.980,18**		**EUR**					
			• •	**92.980,18**		**EUR**					

Abbildung 8.16 Folgebewertung (IFRS) nach Erhöhung der Leasingrate und des Zinssatzes – Registerkarte »Abschreibung«

Bewertungsregel:* International Financial Reporting Standards (IFRS16) (IFRS16)

Barwert: 61.502,96 /: EUR

Vertragswert: 75.000,00 /: EUR

Aktiva | Abschreibung | Verrechnung | Zinsen

Kontierung	Fälligkeit	Jahr	Σ	Verrechnung	Whr	Kurs		Berech. von	Berech. bis	Tage	BArt	Bezeichnung Bewegungsart
IV 9000/1000018	31.12.2025	2025		10.000,00	EUR		+	01.01.2025	31.12.2025	360	I400	Leasingverrechnung
	31.12.2026	2026		10.000,00	EUR		+	01.01.2026	31.12.2026	360	I400	Leasingverrechnung
	31.12.2027	2027		10.000,00	EUR		+	01.01.2027	31.12.2027	360	I400	Leasingverrechnung
	31.12.2028	2028		10.000,00	EUR		+	01.01.2028	31.12.2028	360	I400	Leasingverrechnung
	31.12.2029	2029		10.000,00	EUR		+	01.01.2029	31.12.2029	360	I400	Leasingverrechnung
	31.12.2030	2030		15.000,00	EUR		+	01.01.2030	31.12.2030	360	I400	Leasingverrechnung
	31.12.2031	2031		15.000,00	EUR		+	01.01.2031	31.12.2031	360	I400	Leasingverrechnung
	31.12.2032	2032		15.000,00	EUR		+	01.01.2032	31.12.2032	360	I400	Leasingverrechnung
	31.12.2033	2033		15.000,00	EUR		+	01.01.2033	31.12.2033	360	I400	Leasingverrechnung
	31.12.2034	2034		15.000,00	EUR		+	01.01.2034	31.12.2034	360	I400	Leasingverrechnung
IV 9000/1000018			•	**125.000,00**	**EUR**							
			• •	**125.000,00**	**EUR**							

Abbildung 8.17 Folgebewertung (IFRS) nach Erhöhung der Leasingrate und des Zinssatzes – Registerkarte »Verrechnung«

An der Kennzeichnung mit dem Icon (+) (**Betrag ist positiv**) ist zu erkennen, dass es sich um positive Buchungsbeträge handelt. Im Gegensatz zu den Aktiva werden hier aber keine nachträglichen Deltabuchungen erforderlich, da die Konditionsänderung für die Leasingrate genau im Anschluss an den Termin erfolgte, bis zu dem die Bewertungsbuchungen durchgeführt wurden.

In den in Abbildung 8.18 dargestellten Zinswerten ist der geänderte Zinssatz (7 %) ab dem Jahr 2030 erkennbar. Damit ändern sich die Zinswerte, wobei hier wegen des geänderten Zinssatzes und des erhöhten Konditionsbetrags im Jahr 2030 ein höherer Zinsbetrag zu buchen ist als im Vorjahr.

Bewertungsregel:* International Financial Reporting Standards (IFRS16) (IFRS16)

Barwert: 61.502,96 /: EUR

Vertragswert: 75.000,00 /: EUR

Aktiva | Abschreibung | Verrechnung | Zinsen

Kontierung	Fälligkeit	Jahr	Σ	Zinsen	Whr	Prozentsatz		Berech. von	Berech. bis	Tage	BArt	Bezeichnung Bewegungsart
KST LEAS/10010	30.12.2025	2025		4.416,05	EUR	6,0000000000	+	01.01.2025	30.12.2025	360	1300	Zinsen Zinsaufwand
	30.12.2026	2026		4.081,02	EUR	6,0000000000	+	01.01.2026	30.12.2026	360	1300	Zinsen Zinsaufwand
	30.12.2027	2027		3.725,88	EUR	6,0000000000	+	01.01.2027	30.12.2027	360	1300	Zinsen Zinsaufwand
	30.12.2028	2028		3.349,43	EUR	6,0000000000	+	01.01.2028	30.12.2028	360	1300	Zinsen Zinsaufwand
	30.12.2029	2029		2.950,40	EUR	6,0000000000	+	01.01.2029	30.12.2029	360	1300	Zinsen Zinsaufwand
	30.12.2030	2030		4.305,21	EUR	7,0000000000	+	01.01.2030	30.12.2030	360	1300	Zinsen Zinsaufwand
	30.12.2031	2031		3.556,57	EUR	7,0000000000	+	01.01.2031	30.12.2031	360	1300	Zinsen Zinsaufwand
	30.12.2032	2032		2.755,53	EUR	7,0000000000	+	01.01.2032	30.12.2032	360	1300	Zinsen Zinsaufwand
	30.12.2033	2033		1.898,42	EUR	7,0000000000	+	01.01.2033	30.12.2033	360	1300	Zinsen Zinsaufwand
	30.12.2034	2034		981,31	EUR	7,0000000000	+	01.01.2034	30.12.2034	360	1300	Zinsen Zinsaufwand
KST LEAS/10010			•	32.019,82	EUR							
			• •	32.019,82	EUR							

Abbildung 8.18 Folgebewertung (IFRS) nach Erhöhung der Leasingrate und des Zinssatzes – Registerkarte »Zinsen«

Wandeln wir das Beispiel leicht ab, indem wir die Konditionsänderung und die neue Zeitscheibe für die Bewertungsklausel nicht zum 01.01.2030, sondern zum 01.01.2029 anlegen, zu einem Zeitpunkt also, für den die Bewertungsbuchung bereits durchgeführt wurde. In diesem Fall ist nicht nur für den Anlagenzugang eine Nachbuchung erforderlich, sondern ebenso für die Verrechnung und für die Zinsen. Abbildung 8.19 zeigt eine Nachbuchung in Höhe von 5.000 € für das Jahr 2029 im Bereich der Verrechnungsbuchungen.

Bewertungsregel:* International Financial Reporting Standards (IFRS16) (IFRS16)

Barwert: 71.498,09 /: EUR

Vertragswert: 90.000,00 /: EUR

Aktiva | Abschreibung | Verrechnung | Zinsen

Kontierung	Fälligkeit	Jahr	Σ	Verrechnung	Whr		Status	Berech. von	Berech. bis	BArt	Bezeichnung Bewegungsart
IV 9000/1000018	31.12.2025	2025		10.000,00	EUR	+		01.01.2025	31.12.2025	1400	Leasingverrechnung
	31.12.2026	2026		10.000,00	EUR	+		01.01.2026	31.12.2026	1400	Leasingverrechnung
	31.12.2027	2027		10.000,00	EUR	+		01.01.2027	31.12.2027	1400	Leasingverrechnung
	31.12.2028	2028		10.000,00	EUR	+		01.01.2028	31.12.2028	1400	Leasingverrechnung
	31.12.2029	2029		10.000,00	EUR	+		01.01.2029	31.12.2029	1400	Leasingverrechnung
				5.000,00	EUR	++		01.01.2029	31.12.2029	1401	Leasingverrechnung (+)
	31.12.2030	2030		15.000,00	EUR	+		01.01.2030	31.12.2030	1400	Leasingverrechnung
	31.12.2031	2031		15.000,00	EUR	+		01.01.2031	31.12.2031	1400	Leasingverrechnung
	31.12.2032	2032		15.000,00	EUR	+		01.01.2032	31.12.2032	1400	Leasingverrechnung
	31.12.2033	2033		15.000,00	EUR	+		01.01.2033	31.12.2033	1400	Leasingverrechnung
	31.12.2034	2034		15.000,00	EUR	+		01.01.2034	31.12.2034	1400	Leasingverrechnung
IV 9000/1000018			•	130.000,00	EUR						
			• •	130.000,00	EUR						

Abbildung 8.19 Folgebewertung (IFRS) mit Nachbuchungen – Registerkarte »Verrechnung«

In Abbildung 8.20 werden die Zinsen inklusive der Nachbuchung für den Zeitraum 01.01.2029 bis 31.12.2029 gezeigt.

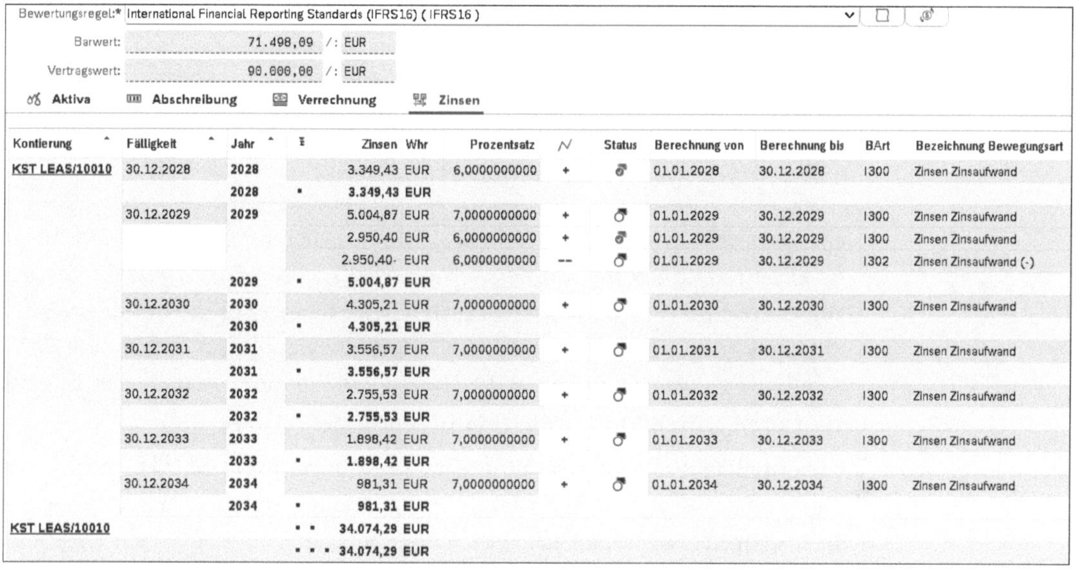
Bewertungsregel:* International Financial Reporting Standards (IFRS16) (IFRS16)
Barwert: 71.498,09 /: EUR
Vertragswert: 90.000,00 /: EUR
Aktiva | Abschreibung | Verrechnung | Zinsen

Kontierung	Fälligkeit	Jahr	Σ	Zinsen	Whr	Prozentsatz	+/−	Status	Berechnung von	Berechnung bis	BArt	Bezeichnung Bewegungsart
KST LEAS/10010	30.12.2028	2028		3.349,43	EUR	6,0000000000	+		01.01.2028	30.12.2028	I300	Zinsen Zinsaufwand
		2028	▪	**3.349,43**	**EUR**							
	30.12.2029	2029		5.004,87	EUR	7,0000000000	+		01.01.2029	30.12.2029	I300	Zinsen Zinsaufwand
				2.950,40	EUR	6,0000000000	+		01.01.2029	30.12.2029	I300	Zinsen Zinsaufwand
				2.950,40-	EUR	6,0000000000	--		01.01.2029	30.12.2029	I302	Zinsen Zinsaufwand (-)
		2029	▪	**5.004,87**	**EUR**							
	30.12.2030	2030		4.305,21	EUR	7,0000000000	+		01.01.2030	30.12.2030	I300	Zinsen Zinsaufwand
		2030	▪	**4.305,21**	**EUR**							
	30.12.2031	2031		3.556,57	EUR	7,0000000000	+		01.01.2031	30.12.2031	I300	Zinsen Zinsaufwand
		2031	▪	**3.556,57**	**EUR**							
	30.12.2032	2032		2.755,53	EUR	7,0000000000	+		01.01.2032	30.12.2032	I300	Zinsen Zinsaufwand
		2032	▪	**2.755,53**	**EUR**							
	30.12.2033	2033		1.898,42	EUR	7,0000000000	+		01.01.2033	30.12.2033	I300	Zinsen Zinsaufwand
		2033	▪	**1.898,42**	**EUR**							
	30.12.2034	2034		981,31	EUR	7,0000000000	+		01.01.2034	30.12.2034	I300	Zinsen Zinsaufwand
		2034	▪	**981,31**	**EUR**							
KST LEAS/10010			▪ ▪	**34.074,29**	**EUR**							
			▪ ▪ ▪	**34.074,29**	**EUR**							

Abbildung 8.20 Folgebewertung (IFRS) mit Nachbuchungen – Registerkarte »Zinsen« (Auszug)

8.2.2 Konditionsminderung

Der in diesem Abschnitt beschriebene Vertrag beinhaltet die Minderung der Leasingrate sowie die Änderung des Zinssatzes. Der Beispielvertrag unterscheidet sich vom letzten Beispiel aus Abschnitt 8.2.1, »Konditionserhöhung«, lediglich dadurch, dass sich der Konditionsbetrag ab dem sechsten Jahr der Vertragslaufzeit nicht um 5.000 € erhöht, sondern um 5.000 € reduziert. Alle anderen Werte, wie Laufzeiten, Zinssätze etc., bleiben gegenüber dem vorhergehenden Beispielvertrag unverändert (siehe Tabelle 8.2).

Vertragsattribut	Wert
Ausgangssituation analog zu Tabelle 8.1	
Vertragsänderung	
Leasingrate	5.000 € jährlich ab 01.01.2030
Betrachtungsbeginn	01.01.2030

Tabelle 8.2 Konditionsminderung und Zinsänderung (IFRS)

Vertragsattribut	Wert
Zinssatz	7 %
Bewertungsverhalten	Absolute Differenz
Grund für die Folgebewertung	Folgebewertung Grundlagenänderung

Tabelle 8.2 Konditionsminderung und Zinsänderung (IFRS) (Forts.)

Die Zugangswerte der RoU-Anlage verringern sich in diesem Fall. Das führt zu einer Nachbuchung mit negativem Betrag, in Abbildung 8.21 dargestellt mit dem Icon (--) (**Betrag ist negativ**) in der Spalte. Für die Bewertungsbuchung wird wiederum anstelle der Originalbewegungsart (**I110**) eine Referenzbewegungsart verwendet. In diesem Fall handelt es sich um eine Referenzbewegungsart für die Betragsminderung (**I112**).

Ein detailliertes Beispiel für eine Vertragsänderung, bei der für die Folgebewertung das Bewertungsverhalten **Reduzierung** verwendet wird, finden Sie in Abschnitt 8.4.2, »Rückgabe von Objekten«.

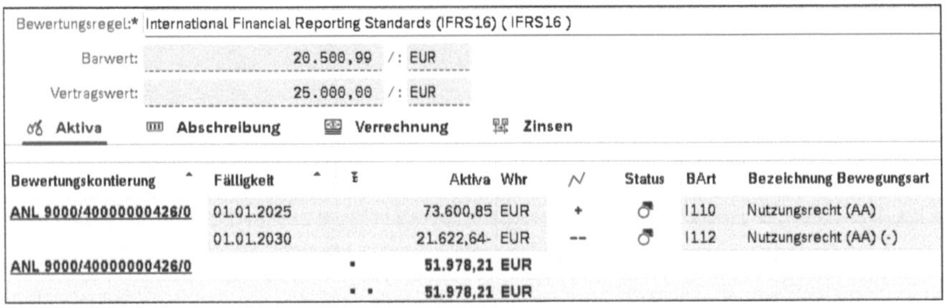

Abbildung 8.21 Folgebewertung (IFRS) nach Reduktion der Leasingrate und Änderung des Zinssatzes – Registerkarte »Aktiva«

8.2.3 Konditionsänderung durch Indexanpassung

Schauen wir uns in diesem Abschnitt einen Leasingvertrag an, bei dem eine Konditionsänderung mithilfe einer Indexanpassung vorgenommen wurde.

Indexmiete

Sie haben mit dem Leasinggeber vereinbart, dass die Leasingraten Ihres Vertrags entsprechend der Entwicklung eines Index (wie z. B. des Verbraucherpreisindex) angepasst werden. In diesem Fall wird die Anpassung der Leasingraten durch Ihren Vertragspartner, den Leasinggeber, vorgenommen. Er informiert Sie über die Anpassungsergebnisse. Anschließend erfassen Sie die vom Leasinggeber ermittelten neuen Leasingraten in Ihren Leasingverträgen in SAP RE.

Alternativ können Sie die Berechnung der neuen Leasingraten natürlich auch maschinell über eine Indexanpassung vornehmen.

Tabelle 8.3 beschreibt die wichtigsten Daten des Beispielvertrags.

Vertragsattribut	Wert
Ausgangssituation	
Laufzeit	01.01.2025 bis 31.12.2034 (zehn Jahre)
Leasingrate	2.500 €
Zahlungsrhythmus	jährlich
Zahlweise	vorschüssig
Berechnungsmethode	30 Tage pro Monat, d. h. 360 Tage pro Jahr
Betragsbezug	Rhythmusbetrag
Bewertungsverfahren	IFRS 16
Betrachtungsbeginn	01.01.2025
Zinssatz	5 %
Bewertung	Bewertungsbuchungen bis 31.12.2026
Vertragsänderung	
Leasingrate	2.700 € jährlich ab 01.01.2027 (auf Basis einer Indexanpassung)
Betrachtungsbeginn	01.01.2027
Zinssatz	6 %
Bewertungsverhalten	Absolute Differenz
Grund für die Folgebewertung	Folgebewertung Grundlagenänderung

Tabelle 8.3 Indexanpassung und Zinsänderung (IFRS)

Anpassungsregel für Indexanpassung zuordnen

Um eine Indexanpassung vornehmen zu können, müssen Sie dem Vertrag zunächst einmal eine Anpassungsregel für die Indexanpassung zuordnen und diese mit den anzupassenden Konditionsarten verknüpfen.

Abbildung 8.22 Anpassungsregel für Indexanpassung

Sie können, wie in unserem Beispiel in Abbildung 8.22, eine Indexregel wählen, die im Customizing von SAP RE vordefiniert ist und bei der Sie einzelne Werte im Vertrag ändern bzw. ergänzen können. Am Icon ≠ (**modifiziert**) für das Feld Anpassungsrhythmus (**Anpass.rhythmus**) erkennen Sie, dass im konkreten Vertrag der ursprünglich aus dem Customizing der Anpassungsregel übernommene Wert geändert wurde. Der Anpassungsrhythmus des Vertrags beträgt somit 24 Monate, also zwei Jahre. Indexreihen und Indexstände zu den verwendeten Basisjahren müssen in SAP RE hinterlegt sein. Weitere Details zur Anpassung von Konditionen entnehmen Sie bitte Abschnitt 3.4, »Vertragskonditionen maschinell anpassen«.

Mit den in Tabelle 8.3 hinterlegten Ausgangsdaten wird die Erstbewertung vorgenommen. Der Bewertungsfinanzstrom in Abbildung 8.23 gibt die Ergebnisse der Erstbewertung wieder.

Vorschüssige Zahlweise

Eine Besonderheit dieses Beispiels ist die vorschüssige Zahlweise der Leasingrate, d. h., die Rate ist jeweils zu Beginn des Jahres fällig. Im Bewertungsfinanzstrom (siehe Abbildung 8.23 bzw. Abbildung 8.24) ist die unterschiedliche Darstellung der relevanten Perioden erkennbar: Während die Werte für Abschreibung und Zinsen zum Ende des jeweiligen Jahres (Buchungsperiode 12) ermittelt werden, sind die Werte für die Verrechnung aufgrund der vorschüssigen Zahlweise am Anfang der Berechnungsperiode (d. h. in Buchungsperiode 1) zu berücksichtigen.

Nehmen wir an, dass sich im Ergebnis der Indexanpassung die jährliche Leasingrate ab 01.01.2027 von 2.500 € auf 2.700 € erhöht und der Zinssatz ab 01.01.2027 6 % beträgt. Schauen Sie sich die Bewertungsregel des Vertrags nach der Indexanpassung bzw. nach der manuellen Änderung der Leasingrate auf den vom Leasinggeber übermittelten neuen Wert an. Nachdem die

Indexanpassung durchgeführt wurde, hat der Status der Bewertungsregel den Wert »unvollständig«.

Übersicht:* Bewertungsfinanzstrom

Währung

I	Bew....	Kalen...	Pe...	Vertragswert	Barwert	Aktiva	Anfangsbestand	Abschrei...	Endbestand	Anfangsbestand	Verrechnung	Zinsen	Endbestand	Whr	Zinssatz
1	IFRS16	2025	1	25.000,00	20.269,55	20.269,55				20.269,55	2.500,00		17.769,55	EUR	
			12				20.269,55	2.026,96	18.242,59	17.769,55		888,48	18.658,03	EUR	5,0000000...
		2026	1							18.658,03	2.500,00		16.158,03	EUR	
			12				18.242,59	2.026,95	16.215,64	16.158,03		807,90	16.965,93	EUR	5,0000000...
		2027	1							16.965,93	2.500,00		14.465,93	EUR	
			12				16.215,64	2.026,96	14.188,68	14.465,93		723,30	15.189,23	EUR	5,0000000...
		2028	1							15.189,23	2.500,00		12.689,23	EUR	
			12				14.188,68	2.026,95	12.161,73	12.689,23		634,46	13.323,69	EUR	5,0000000...
		2029	1							13.323,69	2.500,00		10.823,69	EUR	
			12				12.161,73	2.026,96	10.134,77	10.823,69		541,18	11.364,87	EUR	5,0000000...

Abbildung 8.23 Erstbewertung (IFRS) für einen Vertrag mit vorschüssiger Zahlweise (Ausschnitt für die Jahre 2025 bis 2029)

2030	1				11.364,87	2.500,00		8.864,87	EUR	
	12	10.134,77	2.026,95	8.107,82	8.864,87		443,24	9.308,11	EUR	5,0000000...
2031	1				9.308,11	2.500,00		6.808,11	EUR	
	12	8.107,82	2.026,96	6.080,86	6.808,11		340,41	7.148,52	EUR	5,0000000...
2032	1				7.148,52	2.500,00		4.648,52	EUR	
	12	6.080,86	2.026,95	4.053,91	4.648,52		232,43	4.880,95	EUR	5,0000000...
2033	1				4.880,95	2.500,00		2.380,95	EUR	
	12	4.053,91	2.026,96	2.026,95	2.380,95		119,05	2.500,00	EUR	5,0000000...
2034	1				2.500,00	2.500,00		✓	EUR	
	12	2.026,95	2.026,95	✓					EUR	
			• 20.269,55			• 25.000,00	• 4.730,45		EUR	
			• • 20.269,55			• • 25.000,00	• • 4.730,45		EUR	

Abbildung 8.24 Erstbewertung (IFRS) für einen Vertrag mit vorschüssiger Zahlweise (Ausschnitt für die Jahre Teil 2030 bis 2034)

Sie legen nun eine neue Zeitscheibe der Bewertungsklausel an. Diese hat den Betrachtungsbeginn 01.01.2027 und das Bewertungsverhalten **Absolute Differenz**. Die Ergebnisse der Folgebewertung auf Basis der Konditionsänderung und der Änderung des Zinssatzes zeigt Abbildung 8.25.

Anpassungsverzögerung

Bei der Indexanpassung können Sie mit zusätzlichen Anpassungsverzögerungen im Zusammenhang mit möglichen Anpassungsterminen arbeiten. Ist die Flexibilität des Anpassungsrhythmus der Werte *fest*, erreichen Sie mit einer Anpassungsverzögerung von drei Monaten, dass bei einem gewünschten Anpassungstermin am 01.01.2027 die Indexstände zum 01.10.2026 herangezogen werden.

Mit einer Anpassungsverzögerung von minus drei Monaten bewirken Sie, dass die Anpassung rückwirkend zum 01.01.2027 auf der Grundlage des Indexstandes vom 01.04.2027 erfolgt. Auf diese Art und Weise können Sie rückwirkende Indexanpassungen und Anpassungen mit Anpassungsverzögerungen abbilden.

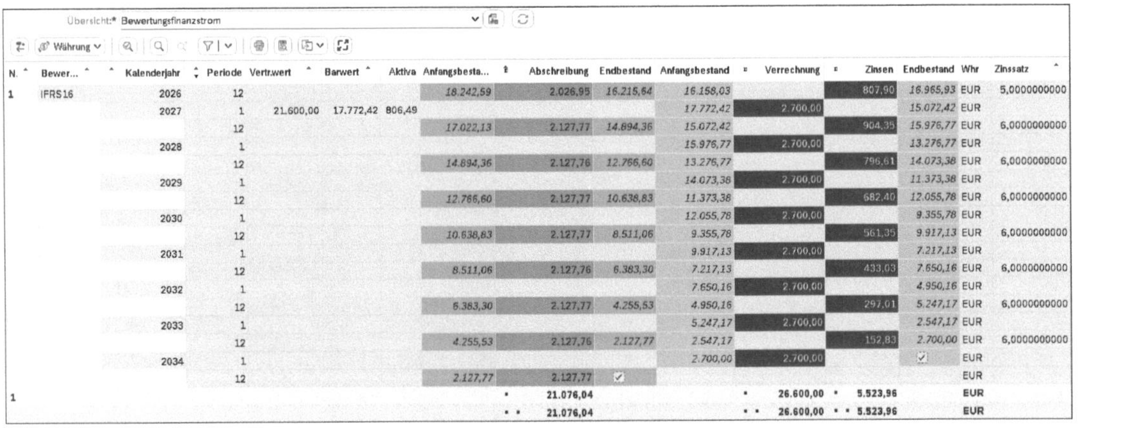

N.	Bewer...	Kalenderjahr	Periode	Vertr.wert	Barwert	Aktiva	Anfangsbesta...	Abschreibung	Endbestand	Anfangsbestand	Verrechnung	Zinsen	Endbestand	Whr	Zinssatz
1	IFRS16	2026	12				18.242,59	2.026,95	16.215,64	16.158,03		807,90	16.965,93	EUR	5,0000000000
		2027	1	21.600,00	17.772,42	806,49				17.772,42	2.700,00		15.072,42	EUR	
			12				17.022,13	2.127,77	14.894,36	15.072,42		904,35	15.976,77	EUR	6,0000000000
		2028	1							15.976,77	2.700,00		13.276,77	EUR	
			12				14.894,36	2.127,76	12.766,60	13.276,77		796,61	14.073,38	EUR	6,0000000000
		2029	1							14.073,38	2.700,00		11.373,38	EUR	
			12				12.766,60	2.127,77	10.638,83	11.373,38		682,40	12.055,78	EUR	6,0000000000
		2030	1							12.055,78	2.700,00		9.355,78	EUR	
			12				10.638,83	2.127,77	8.511,06	9.355,78		561,35	9.917,13	EUR	6,0000000000
		2031	1							9.917,13	2.700,00		7.217,13	EUR	
			12				8.511,06	2.127,76	6.383,30	7.217,13		433,03	7.650,16	EUR	6,0000000000
		2032	1							7.650,16	2.700,00		4.950,16	EUR	
			12				6.383,30	2.127,77	4.255,53	4.950,16		297,01	5.247,17	EUR	6,0000000000
		2033	1							5.247,17	2.700,00		2.547,17	EUR	
			12				4.255,53	2.127,76	2.127,77	2.547,17		152,83	2.700,00	EUR	6,0000000000
		2034	1							2.700,00	2.700,00		✓	EUR	
			12				2.127,77	2.127,77	✓					EUR	
1								• 21.076,04			• 26.600,00	• 5.523,96		EUR	
								• • 21.076,04			• • 26.600,00	• • 5.523,96		EUR	

Abbildung 8.25 Folgebewertung (IFRS) für einen Vertrag mit Indexanpassung (Ausschnitt für die Jahre 2026 bis 2034)

Im Customizing von SAP RE finden Sie unter dem Menüpunkt **Anpassung von Konditionen** (Mietanpassung) detaillierte Beschreibungen zur Indexanpassung und zu einzelnen Parametern der Anpassungsverfahren. Bei rückwirkenden Konditionsanpassungen werden die Werte, die das rückwirkende Geschäftsjahr betreffen, im Bewertungsfinanzstrom separat ausgewiesen.

8.3 Folgebewertungen bei Änderung der Vertragslaufzeit

Nachdem wir in den vorhergehenden Abschnitten die Auswirkungen von Konditionsänderungen auf die Vertragsbewertungen beschrieben haben, soll es in diesem Abschnitt um die Auswirkungen von geänderten Vertragslaufzeiten gehen. Die Auslöser für Änderungen von Vertragslaufzeiten können vielfältig sein: Neben einer vorzeitigen Kündigung des Leasingvertrags oder einzelner Vertragsobjekte sind auch automatische Vertragsverlängerungen oder die Annahme von Verlängerungsoptionen möglich.

Bei der Änderung der Vertragslaufzeiten spielen verschiedene Felder mehrerer Registerkarten innerhalb des Vertragsdialogs eine wichtige Rolle:

- **Vertragsbeginn**, **Laufzeitende** (berechnetes Vertragsende), **Erstes Vertragsende** in der Laufzeitklausel der Registerkarte **Laufzeit**
- Daten für automatische Verlängerungen und Verlängerungsoptionen in der Verlängerungsklausel der Registerkarte **Laufzeit**

- Kündigungsdaten in der Kündigungsklausel der Registerkarte **Laufzeit**
- weitere Datumsfelder innerhalb der Bewertungsklausel auf der Registerkarte **Bewertungsparameter**

Vertragsverlängerungen oder -kündigungen können Sie auf der Registerkarte **Laufzeit** des Vertrags (siehe Abbildung 8.26) erfassen und aktivieren. Wie Sie hierbei vorgehen, haben Sie in Abschnitt 2.6, »Laufzeit«, erfahren.

Abbildung 8.26 Laufzeitdaten eines Leasingvertrags

In der Bewertungsklausel können Sie weitere Informationen für das Berechnungsende der bilanziellen Bewertung erfassen. Neben dem Betrachtungsbeginn (**Betracht.beginn**), der entweder aus dem Vertragsbeginn abgeleitet oder manuell erfasst wird, sind hier die Felder wahrscheinliches Ende (**Wahrs. Ende**), **Nutzungsende RoU** und **Absolutes Ende** von Bedeutung. Sie sehen diese Felder in Abbildung 8.27.

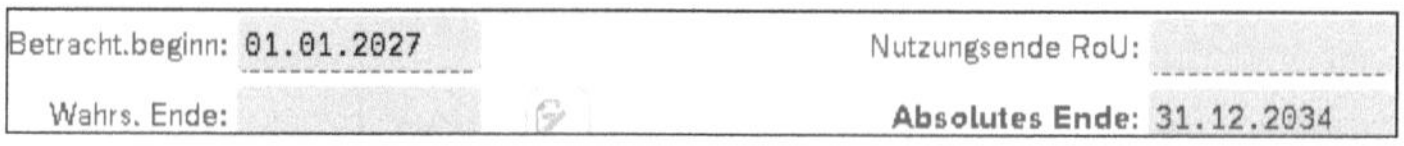

Abbildung 8.27 Datumsfelder in der Bewertungsklausel

Felder »Wahrscheinliches Ende« und »Absolutes Ende«

Diese Felder können ein von der Laufzeit des Vertrags abweichendes Berechnungsende definieren. Das *wahrscheinliche Ende* dient dazu, Vertragsverlängerungen oder Kündigungen, die mit hoher Wahrscheinlichkeit eintreten werden, aber noch nicht im System erfasst wurden, dennoch bereits bei der Bewertung zu berücksichtigen. Wenn Sie also beabsichtigen, eine Verlängerungsoption für einen Vertrag anzunehmen, können Sie das Vertragsende einschließlich der Verlängerungsoption im Feld **Wahrs. Ende** erfassen. Sie können das wahrscheinliche Ende auch erfassen, indem Sie über den Button (**Verlängerung simulieren**) in den Bewertungsparametern des Vertrages in die Simulation der Verlängerungsoption abspringen und dort das wahrscheinliche Ende bestätigen. Abbildung 8.28 zeigt die Simulation einer Vertragsverlängerung. Der Vertrag hat in diesem Fall eine Verlängerungsregel mit zwei Optionen auf jeweils drei Jahre Verlängerung (mit einer Ankündigungsfrist von zwei Monaten).

Abbildung 8.28 Verlängerungsoption und wahrscheinliches Ende

Nutzungsende RoU

Erfassen Sie ein Nutzungsende für die RoU-Anlage (Feld **Nutzungsende RoU**), das vom vereinbarten Vertragsende abweicht, wird die geplante Nutzungsdauer der Anlage entsprechend angeglichen. Die Berechnung der Abschreibungsbeträge über die Laufzeit des Vertrags erfolgt in diesem Fall so, dass zum Zeitpunkt des Nutzungsendes der Anlage eine vollständige Abschreibung erfolgt.

Vertragslaufzeit und Bewertung

Die Änderung der Vertragslaufzeit eines Leasingvertrags wirkt sich auf den Wert der RoU-Anlage aus. Durch eine Vertragsverlängerung werden zusätzliche Leasingraten fällig. Diese erhöhen den Anlagenwert. Wird ein Leasingvertrag dagegen vorzeitig gekündigt, werden nicht alle Leasingraten, die bei der Erstbewertung ursprünglich berücksichtigt wurden, gezahlt. Dadurch vermindert sich der Wert der RoU-Anlage. Die Bewertungsergebnisse werden zusätzlich durch die Erfassung eines wahrscheinlichen Vertragsendes oder eines Nutzungsendes für die RoU-Anlage beeinflusst. Auch die Entwicklung der Leasingverbindlichkeit wird durch die Änderung der Vertragslaufzeit beeinflusst.

8.3.1 Vertrag mit Verlängerungsoption

Schauen wir uns einen Leasingvertrag mit einer Laufzeit von zehn Jahren und einer Verlängerungsoption für weitere fünf Jahre an. Für die Verlängerungsoption gilt eine Ankündigungsfrist von einem Jahr. Nachdem die Verlängerungsoption angenommen wird, erhöht sich die Leasingrate von vorher 50.000 € jährlich auf 55.000 € pro Jahr. Wie schon im vorhergehenden Beispiel handelt es sich um einen Vertrag mit vorschüssiger Zahlweise. Die Rate ist jeweils zu Beginn des Jahres fällig. Tabelle 8.4 fasst die Daten des beschriebenen Vertrags zusammen.

Vertragsattribut	Wert
Ausgangssituation	
Laufzeit	01.01.2025 bis 31.12.2034 (zehn Jahre) Verlängerungsoption für weitere fünf Jahre mit einem Jahr Ankündigungsfrist
Leasingrate	50.000 € ab 01.01.2025 55.000 € ab 01.01.2035
Initialkosten	15.000 € (statistisch, einmalig)
Zahlungsrhythmus	jährlich
Zahlweise	vorschüssig
Berechnungsmethode	30 Tage pro Monat, d. h. 360 Tage pro Jahr
Betragsbezug	Rhythmusbetrag
Bewertungsverfahren	IFRS
Betrachtungsbeginn	01.01.2025
Zinssatz	5 %
Bewertung	Bewertungsbuchungen bis 31.12.2030

Tabelle 8.4 Vertrag mit Verlängerungsoption (IFRS; Ausgangssituation)

Die Bewertungsbuchungen werden für die ersten sechs Jahre der Vertragslaufzeit durchgeführt. Die Ergebnisse der Vertragsbewertung werden in Abbildung 8.29 und Abbildung 8.30 gezeigt.

Der Leasingnehmer nimmt die Verlängerungsoption an, d. h., die Laufzeit des Vertrags verlängert sich um weitere fünf Jahre bis zum 31.12.2039. Durch die Vertragsverlängerung wird in der Zeitscheibe der Bewertungsklausel für die Folgebewertung das Feld **Absolutes Ende** des Vertrags auf den 31.12.2039 gesetzt (siehe Abbildung 8.31). Alternativ können Sie, wie in Abschnitt 8.3, »Folgebewertungen bei Änderung der Vertragslaufzeit« beschrieben, auch das Feld wahrscheinliches Ende (**Wahrs. Ende**) nutzen, um das aus der Verlängerungsoption resultierende neue Vertragsende darzustellen.

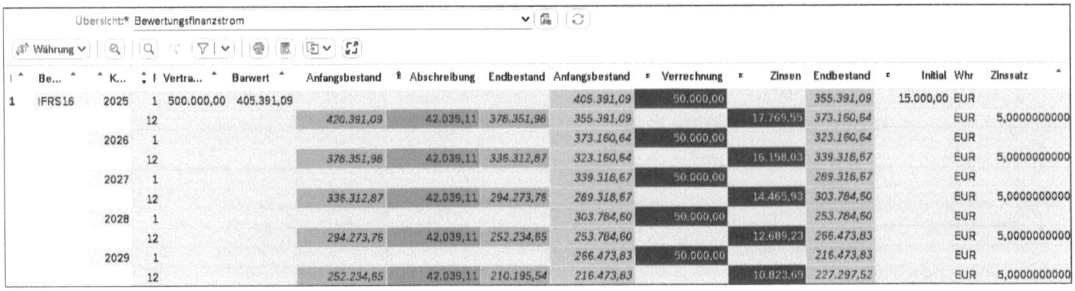

Übersicht:* Bewertungsfinanzstrom

I	Be...	K...	I	Vertra...	Barwert	Anfangsbestand	Abschreibung	Endbestand	Anfangsbestand	Verrechnung	Zinsen	Endbestand	Initial	Whr	Zinssatz
1	IFRS16	2025	1	500.000,00	405.391,09				405.391,09	50.000,00		355.391,09	15.000,00	EUR	
			12			420.391,09	42.039,11	378.351,98	355.391,09		17.769,55	373.160,64		EUR	5,0000000000
		2026	1						373.160,64	50.000,00		323.160,64		EUR	
			12			378.351,98	42.039,11	336.312,87	323.160,64		16.158,03	339.318,67		EUR	5,0000000000
		2027	1						339.318,67	50.000,00		289.318,67		EUR	
			12			336.312,87	42.039,11	294.273,76	289.318,67		14.465,93	303.784,60		EUR	5,0000000000
		2028	1						303.784,60	50.000,00		253.784,60		EUR	
			12			294.273,76	42.039,11	252.234,65	253.784,60		12.689,23	266.473,83		EUR	5,0000000000
		2029	1						266.473,83	50.000,00		216.473,83		EUR	
			12			252.234,65	42.039,11	210.195,54	216.473,83		10.823,69	227.297,52		EUR	5,0000000000

Abbildung 8.29 Bewertungsfinanzstrom bei vorschüssiger Zahlweise (Ausschnitt für die Jahre 2025 bis 2029)

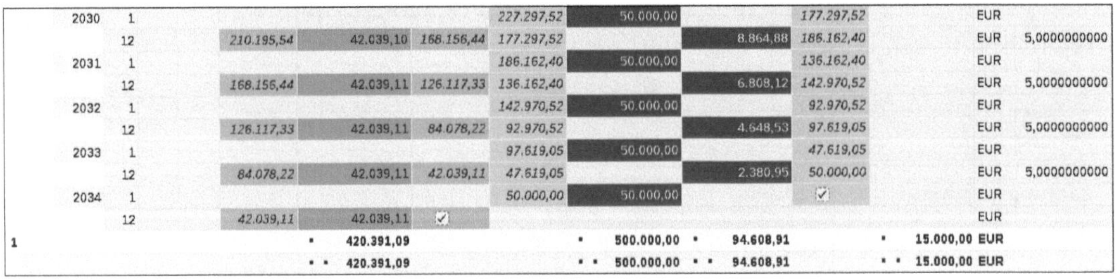

I	Be...	K...	I	Vertra...	Barwert	Anfangsbestand	Abschreibung	Endbestand	Anfangsbestand	Verrechnung	Zinsen	Endbestand	Initial	Whr	Zinssatz
		2030	1						227.297,52	50.000,00		177.297,52		EUR	
			12			210.195,54	42.039,10	168.156,44	177.297,52		8.864,88	186.162,40		EUR	5,0000000000
		2031	1						186.162,40	50.000,00		136.162,40		EUR	
			12			168.156,44	42.039,11	126.117,33	136.162,40		6.808,12	142.970,52		EUR	5,0000000000
		2032	1						142.970,52	50.000,00		92.970,52		EUR	
			12			126.117,33	42.039,11	84.078,22	92.970,52		4.648,53	97.619,05		EUR	5,0000000000
		2033	1						97.619,05	50.000,00		47.619,05		EUR	
			12			84.078,22	42.039,11	42.039,11	47.619,05		2.380,95	50.000,00		EUR	5,0000000000
		2034	1						50.000,00	50.000,00		✓		EUR	
			12			42.039,11	42.039,11	✓						EUR	
1							• 420.391,09			• 500.000,00	• 94.608,91		• 15.000,00	EUR	
							•• 420.391,09			•• 500.000,00	•• 94.608,91		•• 15.000,00	EUR	

Abbildung 8.30 Bewertungsfinanzstrom bei vorschüssiger Zahlweise (Ausschnitt für die Jahre 2030 bis 2034)

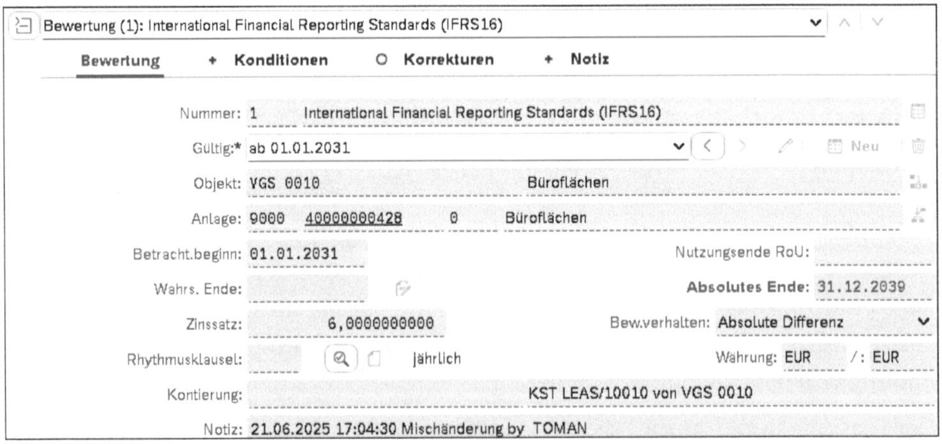

Abbildung 8.31 Bewertungsklausel nach Vertragsverlängerung

Bei der Vertragsverlängerung handelt es sich um eine bewertungsrelevante Änderung, sodass eine Folgebewertung durchgeführt werden muss. Zusätzlich wurden im Beispielvertrag ab dem Beginn des Verlängerungszeitraumes der Konditionsbetrag der Leasingrate sowie der Zinssatz erhöht (siehe Tabelle 8.5).

Vertragsattribut	Wert
Vertragsänderung	
Laufzeit	01.01.2025 bis 31.12.2039 (wegen Annahme der Verlängerungsoption)
Leasingrate	55.000 € ab 01.01.2035
Bewertungsverfahren	IFRS
Betrachtungsbeginn	01.01.2031
Zinssatz	6 %

Tabelle 8.5 Vertrag mit Verlängerungsoption (IFRS)

Bei den Ergebnissen der Folgebewertung sehen wir uns insbesondere die Abschreibungswerte in Abbildung 8.32 an. Die Vertragsverlängerung und die Konditionserhöhung bewirken, dass sich ab dem Betrachtungsbeginn der Folgebewertung die Abschreibungswerte ändern. Zum Ende der Verlängerung (31.12.2031) ist die Anlage vollständig abgeschrieben.

Aktiva | Abschreibung | Verrechnung | Zinsen | Sonderbewegung

Bewertungskontierung	Fälligkeit	Jahr	Σ	Abschreibung	Restwert	Whr	Berechnung von	Berechnung bis
ANL 9000/4000000428/0	31.12.2025	2025		42.039,11	378.351,98	EUR	01.01.2025	31.12.2025
	31.12.2026	2026		42.039,11	336.312,87	EUR	01.01.2026	31.12.2026
	31.12.2027	2027		42.039,11	294.273,76	EUR	01.01.2027	31.12.2027
	31.12.2028	2028		42.039,11	252.234,65	EUR	01.01.2028	31.12.2028
	31.12.2029	2029		42.039,11	210.195,54	EUR	01.01.2029	31.12.2029
	31.12.2030	2030		42.039,10	168.156,44	EUR	01.01.2030	31.12.2030
	31.12.2031	2031		40.018,63	320.149,00	EUR	01.01.2031	31.12.2031
	31.12.2032	2032		40.018,62	280.130,38	EUR	01.01.2032	31.12.2032
	31.12.2033	2033		40.018,63	240.111,75	EUR	01.01.2033	31.12.2033
	31.12.2034	2034		40.018,62	200.093,13	EUR	01.01.2034	31.12.2034
	31.12.2035	2035		40.018,63	160.074,50	EUR	01.01.2035	31.12.2035
	31.12.2036	2036		40.018,62	120.055,88	EUR	01.01.2036	31.12.2036
	31.12.2037	2037		40.018,63	80.037,25	EUR	01.01.2037	31.12.2037
	31.12.2038	2038		40.018,62	40.018,63	EUR	01.01.2038	31.12.2038
	31.12.2039	2039		40.018,63	0,00	EUR	01.01.2039	31.12.2039
ANL 9000/4000000428/0			•	**612.402,28**		**EUR**		
			• •	**612.402,28**		**EUR**		

Abbildung 8.32 Abschreibungswerte bei Vertragsverlängerung – Folgebewertung

8.3.2 Vertrag vorzeitig verlängern

Ein Leasingvertrag wird für den Zeitraum von zehn Jahren abgeschlossen. Der Zinssatz zum Vertragsabschluss beträgt 6 %. Schon nach sechs Jahren Vertragslaufzeit vereinbaren die Vertragspartner, die Laufzeit des Vertrags auf insgesamt 14 Jahre auszuweiten. Die jährliche Leasingrate von 100.000 € bleibt bestehen. Bei diesem Vertrag handelt es sich also um die zwischen Leasinggeber und Leasingnehmer vereinbarte vorzeitige Laufzeitverlängerung zu gleichbleibenden Konditionen. Die Detaildaten des Vertrags einschließlich der beschriebenen Vertragsänderungen haben wir in Tabelle 8.6 zusammengefasst.

Vertragsattribut	Wert
Ausgangssituation	
Laufzeit	01.01.2025 bis 31.12.2034 (zehn Jahre)
Leasingrate	100.000 €
Zahlungsrhythmus	jährlich
Zahlweise	nachschüssig
Berechnungsmethode	30 Tage pro Monat, d. h. 360 Tage pro Jahr
Betragsbezug	Rhythmusbetrag
Bewertungsverfahren	IFRS
Betrachtungsbeginn	01.01.2025
Zinssatz	6 %
Bewertung	Bewertungsbuchungen bis 31.12.2030
Vertragsänderung	
neues Vertragsende	31.12.2038
Betrachtungsbeginn	01.01.2031
Zinssatz	7 %
Bewertungsverhalten	Absolute Differenz
Grund für die Folgebewertung	Folgebewertung Grundlagenänderung

Tabelle 8.6 Vertrag vorfristig verlängern (IFRS)

Die neue Zeitscheibe der Bewertungsklausel wird ab dem siebten Jahr der Vertragslaufzeit angelegt, Betrachtungsbeginn ist deshalb der 01.01.2031 (siehe Abbildung 8.33). Als wahrscheinliches Ende wird entsprechend der Vereinbarung zwischen Leasinggeber und Leasingnehmer der 31.12.2038 im System erfasst.

Vertragsverlängerung simulieren

Sie können die Vertragsverlängerung nicht nur in den Laufzeitdaten des Vertrags simulieren, sondern auch auf der Registerkarte **Bewertungsparameter**. Benutzen Sie dazu den Button (**Verlängerung simulieren**), der sich rechts neben dem Feld **Wahrs. Ende** (wahrscheinliches Ende) in der Bewertungsklausel befindet. Alternativ können Sie auch manuell ein Datum im Feld **Wahrs. Ende** erfassen.

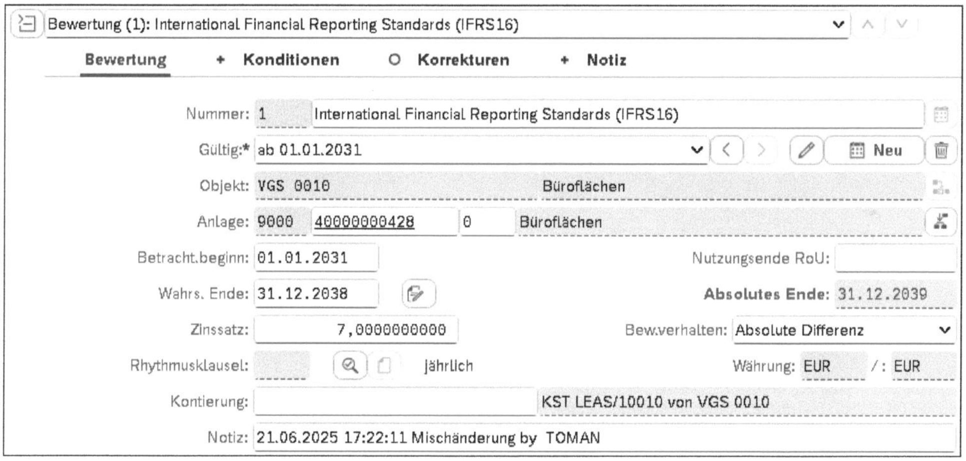

Abbildung 8.33 Bewertungsklausel mit wahrscheinlichem Ende

Die Folgebewertung berücksichtigt einen Zeitraum von acht Jahren vom Betrachtungsbeginn am 01.01.2031 bis zum wahrscheinlichen Vertragsende am 31.12.2038. Der Vertragswert für diesen Zeitraum beträgt 800.000 €. Der Barwert wird unter Berücksichtigung des neuen Zinssatzes von 7 % mit 597.129,84 € berechnet. Die Ergebnisse der Bewertung für den Bereich der Aktiva finden Sie in Abbildung 8.34.

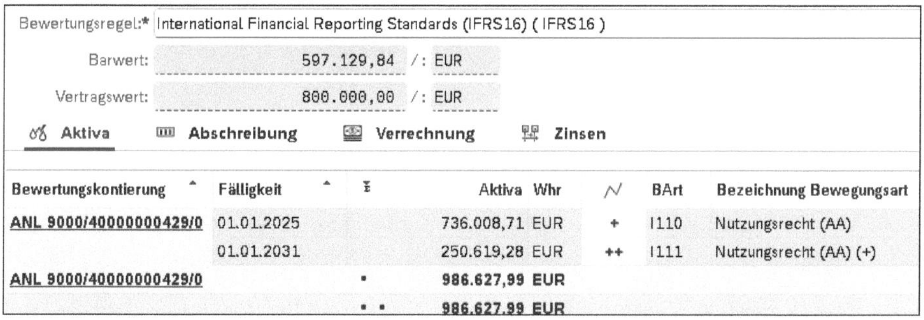

Abbildung 8.34 Folgebewertung (IFRS) nach vorfristiger Vertragsverlängerung – Registerkarte »Aktiva«

Aufgrund des wahrscheinlichen Endes nach 14 Jahren Vertragslaufzeit erfolgt ab dem Betrachtungsbeginn der Folgebewertung (01.01.2031) eine Neuberechnung der Abschreibungswerte. Diese werden so linearisiert, dass zum wahrscheinlichen Vertragsende am 31.12.2038 der Restwert null erreicht wird (siehe Abbildung 8.35).

Bewertungsregel:* International Financial Reporting Standards (IFRS16) (IFRS16)

Barwert: 597.129,84 /: EUR

Vertragswert: 800.000,00 /: EUR

Aktiva | Abschreibung | Verrechnung | Zinsen

Bewertungskontierung	Fälligkeit	Jahr	Abschreibung	Restwert	Whr	Berechnung von	Berechnung bis
ANL 9000/40000000429/0	31.12.2025	2025	73.600,87	662.407,84	EUR	01.01.2025	31.12.2025
	31.12.2026	2026	73.600,87	588.806,97	EUR	01.01.2026	31.12.2026
	31.12.2027	2027	73.600,87	515.206,10	EUR	01.01.2027	31.12.2027
	31.12.2028	2028	73.600,87	441.605,23	EUR	01.01.2028	31.12.2028
	31.12.2029	2029	73.600,88	368.004,35	EUR	01.01.2029	31.12.2029
	31.12.2030	2030	73.600,87	294.403,48	EUR	01.01.2030	31.12.2030
	31.12.2031	2031	68.127,85	476.894,91	EUR	01.01.2031	31.12.2031
	31.12.2032	2032	68.127,84	408.767,07	EUR	01.01.2032	31.12.2032
	31.12.2033	2033	68.127,85	340.639,22	EUR	01.01.2033	31.12.2033
	31.12.2034	2034	68.127,84	272.511,38	EUR	01.01.2034	31.12.2034
	31.12.2035	2035	68.127,85	204.383,53	EUR	01.01.2035	31.12.2035
	31.12.2036	2036	68.127,84	136.255,69	EUR	01.01.2036	31.12.2036
	31.12.2037	2037	68.127,85	68.127,84	EUR	01.01.2037	31.12.2037
	31.12.2038	2038	68.127,84	0,00	EUR	01.01.2038	31.12.2038
ANL 9000/40000000429/0			• 986.627,99		EUR		
			• • 986.627,99		EUR		

Abbildung 8.35 Folgebewertung (IFRS) nach vorzeitiger Vertragsverlängerung – Registerkarte »Abschreibung«

8.3.3 Vertrag vorzeitig beenden

Betrachten wir nun einen Leasingvertrag mit einer Laufzeit von zehn Jahren (siehe dazu auch Tabelle 8.7). Es ist eine Leasingrate von jährlich 100 € vereinbart. Die Leasingrate ist nachschüssig zu entrichten. Der Betrachtungsbeginn für die Erstbewertung ist der 01.01.2025. Die Bewertung erfolgt nach IFRS. Der Zinssatz beträgt 6 %. Der Vertrag wird durch eine Übereinkunft zwischen Leasingnehmer und Leasinggeber bereits zum 31.12.2031, also nach einer Vertragslaufzeit von sieben Jahren, vorfristig beendet. Wegen der vorzeitigen Beendigung des Vertrags wird eine einmalige Strafzahlung fällig.

Das vorzeitige Vertragsende erfassen Sie entweder durch die Eingabe und Aktivierung einer Kündigung (siehe Abschnitt 2.6, »Laufzeit«) oder durch die Eingabe des Vertragsendes auf der Registerkarte **Laufzeit** des Vertrags.

Vertragsattribut	Wert
Ausgangssituation	
Laufzeit	01.01.2025 bis 31.12.2034 (zehn Jahre)
Leasingrate	100 €
Zahlungsrhythmus	Jährlich
Zahlweise	Nachschüssig
Berechnungsmethode	30 Tage pro Monat, d. h. 360 Tage pro Jahr
Bewertungsverfahren	IFRS 16
Betrachtungsbeginn	01.01.2025
Zinssatz	6 %
Bewertung	Bewertungsbuchungen bis 31.12.2029
Vertragsänderung	
Vertragsende	31.12.2031
Bewertungsverhalten	Absolute Differenz
Grund für die Folgebewertung	Folgebewertung Grundlagenänderung

Tabelle 8.7 Folgebewertung nach vorzeitigem Vertragsende (IFRS)

In der Folgebewertung wird das neue Vertragsende herangezogen. Der geminderte Zugangswert der Anlage wird durch eine negative Differenzbuchung mit der Referenzbewegungsart **I112** abgebildet, wie Abbildung 8.36 zeigt. Als Fälligkeitsdatum wird der Betrachtungsbeginn der neuen Zeitscheibe der Bewertungsklausel, in diesem Fall also der 01.01.2030, herangezogen.

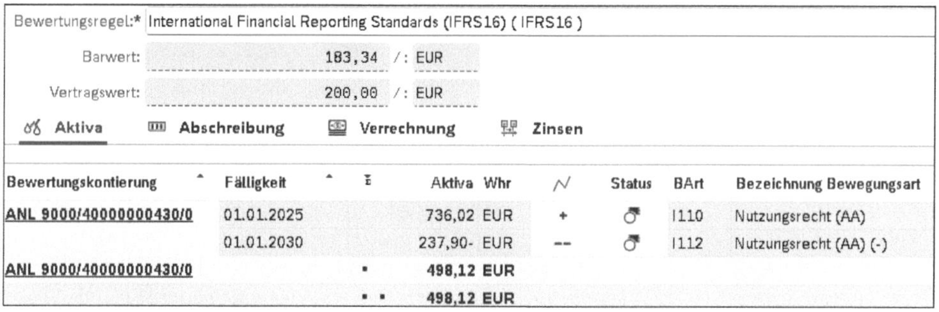

Abbildung 8.36 Folgebewertung bei vorzeitigem Vertragsende – Registerkarte »Aktiva«

Da die Erstbewertung bereits bis zum 31.12.2029 gebucht war, verbleiben bis zu Vertragsende (31.12.2031) noch zwei Jahre. Innerhalb dieses Zeitraumes werden die verbleibenden Abschreibungsbeträge linearisiert, sodass die RoU-Anlage zum Vertragsende vollständig abgeschrieben ist (siehe Abbildung 8.37).

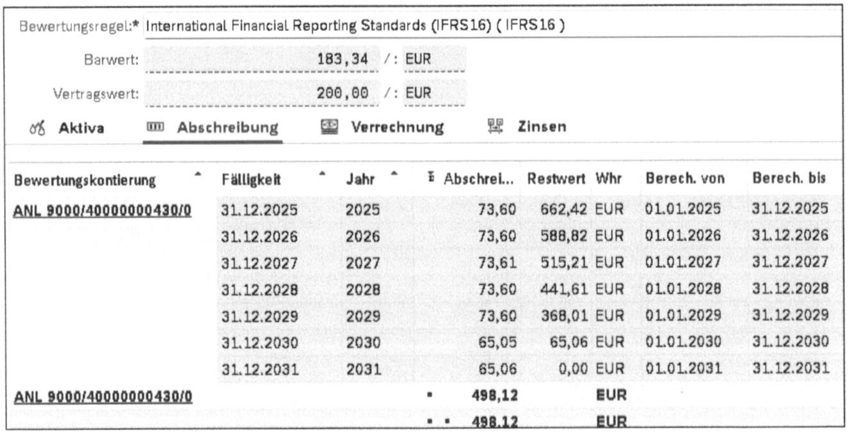
Bewertungsregel:* International Financial Reporting Standards (IFRS16) (IFRS16)
Barwert: 183,34 /: EUR
Vertragswert: 200,00 /: EUR
Aktiva | Abschreibung | Verrechnung | Zinsen

Bewertungskontierung	Fälligkeit	Jahr	Abschrei...	Restwert	Whr	Berech. von	Berech. bis
ANL 9000/40000000430/0	31.12.2025	2025	73,60	662,42	EUR	01.01.2025	31.12.2025
	31.12.2026	2026	73,60	588,82	EUR	01.01.2026	31.12.2026
	31.12.2027	2027	73,61	515,21	EUR	01.01.2027	31.12.2027
	31.12.2028	2028	73,60	441,61	EUR	01.01.2028	31.12.2028
	31.12.2029	2029	73,60	368,01	EUR	01.01.2029	31.12.2029
	31.12.2030	2030	65,05	65,06	EUR	01.01.2030	31.12.2030
	31.12.2031	2031	65,06	0,00	EUR	01.01.2031	31.12.2031
ANL 9000/40000000430/0			• 498,12		EUR		
			•• 498,12		EUR		

Abbildung 8.37 Abschreibungswerte bei vorzeitigem Vertragsende – Folgebewertung

Strafzahlung Im Zusammenhang mit vorzeitiger Vertragsbeendigung werden in der Regel Strafzahlungen fällig. Eine Strafzahlung wird als separate einmalige Kondition mit der Konditionsbewertungseigenschaft S (Strafzahlung) angelegt. Die Strafzahlung wird bei der Bewertung berücksichtigt. In unserem Beispiel ist aufgrund der nachträglichen Erfassung der Strafzahlung eine Korrektur der Bewertung erforderlich. Abbildung 8.38 zeigt eine Strafzahlung wegen vorzeitiger Vertragsbeendigung als Einmalkondition eines Leasingvertrags.

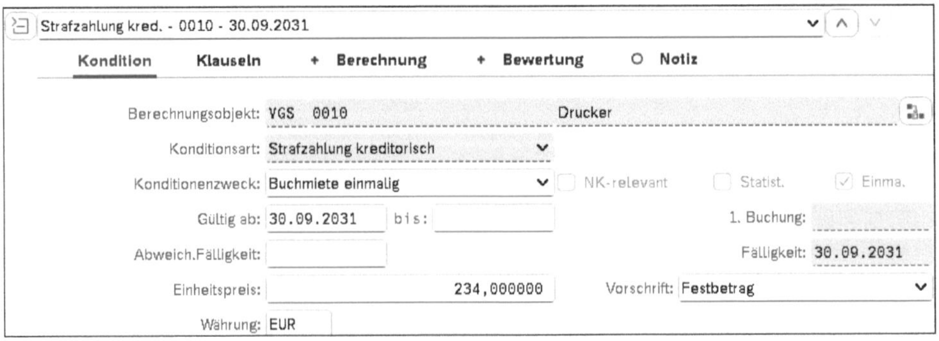

Abbildung 8.38 Strafzahlung wegen vorzeitiger Vertragsbeendigung

8.4 Substanzielle Vertragsänderungen

In diesem Abschnitt werden wir weitere Vertragsänderungen bzw. Vertragsergänzungen betrachten, die den Leasingvertrag massiv – substanziell – beeinflussen. Gemeint sind beispielsweise Vertragsänderungen, die im eigentlichen Sinne neue Leasingverträge darstellen (wie beim Übergang vom operativen Leasing zum Finanzierungsleasing) oder bei denen durch die Hinzumietung weiterer Vertragsobjekte auch zusätzliche RoU-Anlagen erzeugt werden müssen. Auch die vorzeitige Rückgabe von Vertragsobjekten gehört zu solchen substanziellen Vertragsänderungen.

8.4.1 Hinzumietung von Objekten

In dem in Tabelle 8.8 beschriebenen Beispiel besteht bereits ein Leasingvertrag für Büroflächen in der ersten Etage eines Bürogebäudes. Für diesen Vertrag wurde bereits eine Erstbewertung durchgeführt. Während der Vertragslaufzeit werden nun weitere Büroflächen in der zweiten Etage angemietet. Die neu angemieteten Büroflächen sollen im bereits bestehenden Vertrag, dort aber mit einer gesonderten RoU-Anlage, abgebildet werden.

Vertragsattribut	Wert
Ausgangssituation	
Laufzeit	01.01.2025 bis 31.12.2034 (zehn Jahre)
Leasingrate	10.000 € für Büroflächen in der 1. Etage
Zahlungsrhythmus	jährlich
Zahlweise	nachschüssig
Berechnungsmethode	30 Tage pro Monat, d. h. 360 Tage pro Jahr
Betragsbezug	Rhythmusbetrag
Bewertungsverfahren	IFRS
Betrachtungsbeginn	01.01.2025
Zinssatz	6 %
Vertragsänderung	
Vertragsobjekt	Anmietung von Büroflächen in der 2. Etage ab 01.01.2030

Tabelle 8.8 Hinzumietung mit zusätzlicher RoU-Anlage (IFRS)

Vertragsattribut	Wert
Leasingrate	5.000 € für Büroflächen in der 2. Etage
Bewertung	gesonderte RoU-Anlage für die Büroflächen in der 2. Etage ab 01.01.2030
Betrachtungsbeginn	01.01.2030
Zinssatz	8 %

Tabelle 8.8 Hinzumietung mit zusätzlicher RoU-Anlage (IFRS) (Forts.)

Zusätzliches Vertragsobjekt zuordnen

Zunächst ordnen Sie dem Vertrag ein weiteres Vertragsobjekt zu. Im Vertrag in Abbildung 8.39 ist das ein weiterer Vertragsgegenstand, der ab 01.01.2030 angelegt wird. Mit Bezug auf diesen neuen Vertragsgegenstand legen Sie nun – ebenfalls ab 01.01.2030 – eine neue Kondition für die kreditorische Grundmiete an. Da die Büroflächen in der zweiten Etage über eine gesonderte RoU-Anlage abgebildet werden sollen, benötigen Sie für diese Anlage auch eine gesonderte Bewertungsregel, zu der dann die neue RoU-Anlage angelegt wird.

Abbildung 8.39 Leasingvertrag mit zwei Vertragsgegenständen

Zusätzliche Bewertungsregel anlegen

Die Bewertung erfolgt auch für die Büroflächen in der zweiten Etage nach IFRS. Die zweite Bewertungsregel bezieht sich auf den neu hinzugefügten Vertragsgegenstand und hat deshalb einen Betrachtungsbeginn am 01.01.2030 (dem Zeitpunkt, zu dem die neuen Büroflächen angemietet wurden) sowie einen Zinssatz von 8 % (siehe Abbildung 8.40). Es wird eine neue RoU-Anlage für die Büroflächen in der zweiten Etage angelegt.

Im Bewertungsfinanzstrom werden die Bewertungsergebnisse beider Bewertungsregeln und beider Anlagen zusammengefasst. In der Spalte **Bilanzierungsobjekt** sind die unterschiedlichen RoU-Anlagen für die Büroflächen in der ersten und zweiten Etage aufgeführt (siehe Abbildung 8.41).

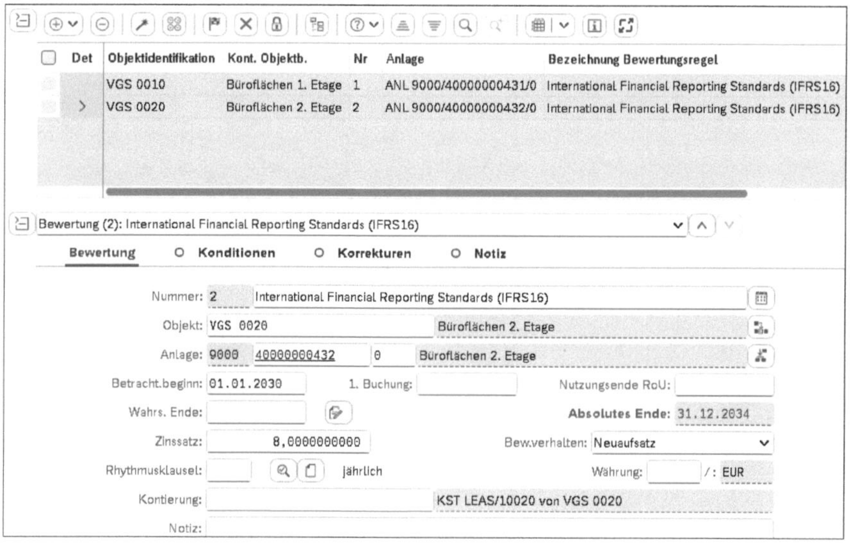

Abbildung 8.40 Vertrag mit gesonderten Bewertungsregeln pro Objekt

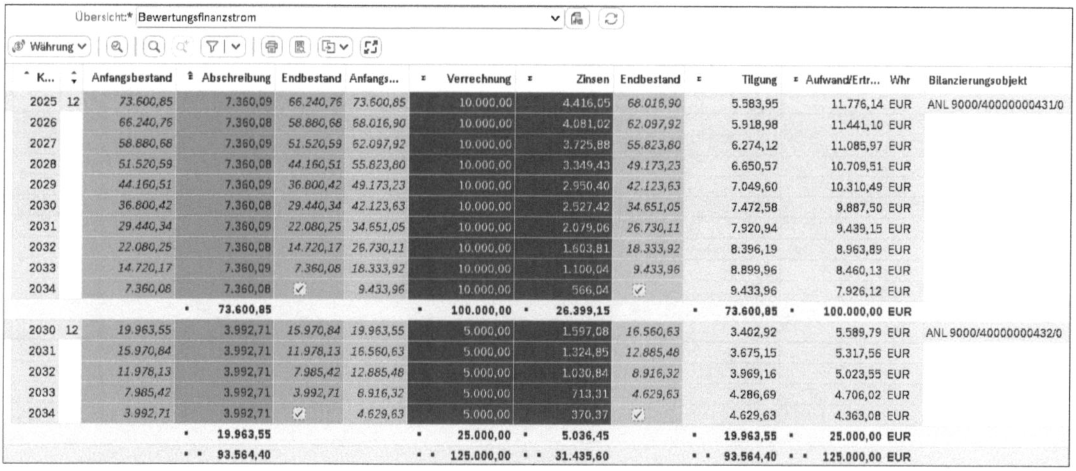

Übersicht:* Bewertungsfinanzstrom

K...		Anfangsbestand	Abschreibung	Endbestand	Anfangs...	Verrechnung	Zinsen	Endbestand	Tilgung	Aufwand/Ertr...	Whr	Bilanzierungsobjekt
2025	12	73.600,85	7.360,09	66.240,76	73.600,85	10.000,00	4.416,05	68.016,90	5.583,95	11.776,14	EUR	ANL 9000/40000000431/0
2026		66.240,76	7.360,08	58.880,68	68.016,90	10.000,00	4.081,02	62.097,92	5.918,98	11.441,10	EUR	
2027		58.880,68	7.360,09	51.520,59	62.097,92	10.000,00	3.725,88	55.823,80	6.274,12	11.085,97	EUR	
2028		51.520,59	7.360,08	44.160,51	55.823,80	10.000,00	3.349,43	49.173,23	6.650,57	10.709,51	EUR	
2029		44.160,51	7.360,09	36.800,42	49.173,23	10.000,00	2.950,40	42.123,63	7.049,60	10.310,49	EUR	
2030		36.800,42	7.360,08	29.440,34	42.123,63	10.000,00	2.527,42	34.651,05	7.472,58	9.887,50	EUR	
2031		29.440,34	7.360,09	22.080,25	34.651,05	10.000,00	2.079,06	26.730,11	7.920,94	9.439,15	EUR	
2032		22.080,25	7.360,08	14.720,17	26.730,11	10.000,00	1.603,81	18.333,92	8.396,19	8.963,89	EUR	
2033		14.720,17	7.360,09	7.360,08	18.333,92	10.000,00	1.100,04	9.433,96	8.899,96	8.460,13	EUR	
2034		7.360,08	7.360,08	✓	9.433,96	10.000,00	566,04	✓	9.433,96	7.926,12	EUR	
			• 73.600,85			• 100.000,00	• 26.399,15		• 73.600,85	• 100.000,00	EUR	
2030	12	19.963,55	3.992,71	15.970,84	19.963,55	5.000,00	1.597,08	16.560,63	3.402,92	5.589,79	EUR	ANL 9000/40000000432/0
2031		15.970,84	3.992,71	11.978,13	16.560,63	5.000,00	1.324,85	12.885,48	3.675,15	5.317,56	EUR	
2032		11.978,13	3.992,71	7.985,42	12.885,48	5.000,00	1.030,84	8.916,32	3.969,16	5.023,55	EUR	
2033		7.985,42	3.992,71	3.992,71	8.916,32	5.000,00	713,31	4.629,63	4.286,69	4.706,02	EUR	
2034		3.992,71	3.992,71	✓	4.629,63	5.000,00	370,37	✓	4.629,63	4.363,08	EUR	
			• 19.963,55			• 25.000,00	• 5.036,45		• 19.963,55	• 25.000,00	EUR	
			• • 93.564,40			• • 125.000,00	• • 31.435,60		• • 93.564,40	• • 125.000,00	EUR	

Abbildung 8.41 Bewertungsfinanzstrom für Vertrag mit mehreren RoU-Anlagen

8.4.2 Rückgabe von Objekten

Im Gegensatz zur Hinzumietung weiterer Vertragsobjekte beschreibt dieser Beispielvertrag die vorzeitige Rückgabe von Vertragsobjekten, d. h., es erfolgt eine Reduzierung des Vertragsumfangs.

Die Reduzierung entsteht im Beispiel der Anmietung von Büroflächen durch die vorzeitige Rückgabe eines Teils der angemieteten Flächen.

[zB]

Rückgabe von Büroflächen

Der Leasingnehmer hatte ursprünglich 5.000 m² Bürofläche angemietet. Zum Ende des fünften Jahres der Vertragslaufzeit vereinbaren die Vertragspartner eine Reduzierung der gemieteten Flächen. Ab dem sechsten Jahr werden demzufolge nur noch 2.500 m² Bürofläche angemietet.

Die Abbildung des Vertrags in SAP RE kann natürlich auch mit Mietobjekten erfolgen, die über die entsprechenden zeitabhängigen Bemessungen für 5.000 m² bzw. 2.500 m² verfügen. In unserem Beispielvertrag haben wir aus Gründen der Vereinfachung dennoch einen Vertragsgegenstand als Vertragsobjekt gewählt und die Leasingrate als Festbetrag dargestellt. Die Besonderheit dieses Beispiels ist das Bewertungsverhalten **Reduzierung**, das für die Folgebewertung genutzt wird.

[»]

Folgebewertung und Rückgabe von Vertragsobjekten

Rechnerisch wird die Rückgabe nicht mehr benötigter Vertragsgegenstände so behandelt, als hätte von Anfang an ein separater Vertrag pro Vertragsgegenstand bestanden oder als wäre innerhalb eines Vertrags jedem Vertragsgegenstand seit Vertragsbeginn eine separate Bewertungsregel zugeordnet.

Tabelle 8.9 beschreibt einen Leasingvertrag mit vorzeitiger Rückgabe eines Teils der Vertragsobjekte.

Vertragsattribut	Wert
Ausgangssituation	
Laufzeit	01.01.2025 bis 31.12.2034 (zehn Jahre)
Leasingrate	50.000 €
Zahlungsrhythmus	jährlich
Zahlweise	nachschüssig
Berechnungsmethode	30 Tage pro Monat, d. h. 360 Tage pro Jahr
Betragsbezug	Rhythmusbetrag
Bewertungsverfahren	IFRS
Betrachtungsbeginn	01.01.2025

Tabelle 8.9 Rückgabe von Objekten (IFRS)

Vertragsattribut	Wert
Zinssatz	6 %
Bewertung	Bewertungsbuchungen bis 31.12.2029
Vertragsänderung	
Betrachtungsbeginn	01.01.2030
Leasingrate	30.000 €
Zinssatz	5 %
Bewertungsverhalten	Reduzierung
Grund für die Folgebewertung	Folgebewertung Grundlagenänderung

Tabelle 8.9 Rückgabe von Objekten (IFRS) (Forts.)

Nach der Buchung der Erstbewertung bis einschließlich 31.12.2029 beträgt der Anlagenwert 184.002,17 €, während der Endbestand der Leasingverbindlichkeit zu diesem Zeitpunkt bei 210.618,18 € liegt. Die hervorgehobene Zeile in Abbildung 8.42 zeigt den Anfangsbestand 2030 (entspricht dem Endbestand 2029).

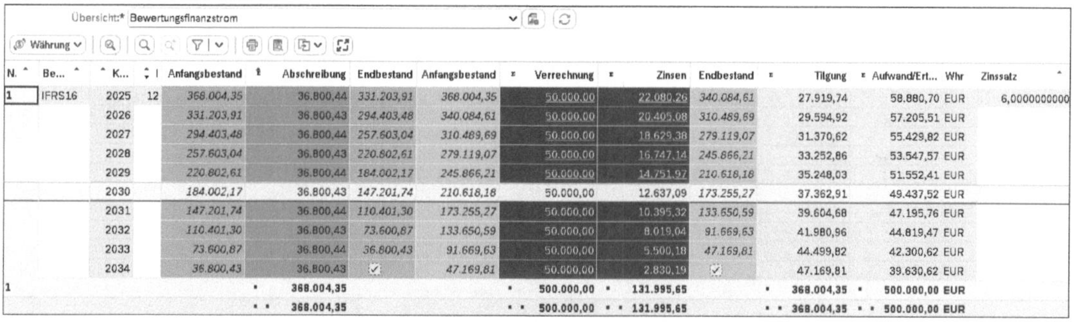
Übersicht:* Bewertungsfinanzstrom

Währung

N.	Be...	K...	I	Anfangsbestand	Abschreibung	Endbestand	Anfangsbestand	Verrechnung	Zinsen	Endbestand	Tilgung	Aufwand/Ert...	Whr	Zinssatz
1	IFRS16	2025	12	368.004,35	36.800,44	331.203,91	368.004,35	50.000,00	22.080,26	340.084,61	27.919,74	58.880,70	EUR	6,0000000000
		2026		331.203,91	36.800,43	294.403,48	340.084,61	50.000,00	20.405,08	310.489,69	29.594,92	57.205,51	EUR	
		2027		294.403,48	36.800,44	257.603,04	310.489,69	50.000,00	18.629,38	279.119,07	31.370,62	55.429,82	EUR	
		2028		257.603,04	36.800,43	220.802,61	279.119,07	50.000,00	16.747,14	245.866,21	33.252,86	53.547,57	EUR	
		2029		220.802,61	36.800,44	184.002,17	245.866,21	50.000,00	14.751,97	210.618,18	35.248,03	51.552,41	EUR	
		2030		184.002,17	36.800,43	147.201,74	210.618,18	50.000,00	12.637,09	173.255,27	37.362,91	49.437,52	EUR	
		2031		147.201,74	36.800,44	110.401,30	173.255,27	50.000,00	10.395,32	133.650,59	39.604,68	47.195,76	EUR	
		2032		110.401,30	36.800,43	73.600,87	133.650,59	50.000,00	8.019,04	91.669,63	41.980,96	44.819,47	EUR	
		2033		73.600,87	36.800,44	36.800,43	91.669,63	50.000,00	5.500,18	47.169,81	44.499,82	42.300,62	EUR	
		2034		36.800,43	36.800,43	✓	47.169,81	50.000,00	2.830,19	✓	47.169,81	39.630,62	EUR	
1				•	368.004,35		•	500.000,00	• 131.995,65		• 368.004,35	• 500.000,00	EUR	
				• •	368.004,35		• •	500.000,00	• • 131.995,65		• • 368.004,35	• • 500.000,00	EUR	

Abbildung 8.42 Erstbewertung (IFRS) – Bewertungsfinanzstrom

Bewertungsverhalten Reduzierung

Die Folgebewertung erfolgt mit dem Bewertungsverhalten **Reduzierung**. Der Reduzierungsfaktor kann manuell erfasst werden. Als Reduzierungsfaktor wurden im Beispiel aus Abbildung 8.43 50 %, also 50 Hundertstel angegeben.

Für die Folgebewertung wird eine neue Zeitscheibe der Bewertungsklausel mit Betrachtungsbeginn 01.01.2030, also dem Beginn des sechsten Jahres der Vertragslaufzeit, angelegt (siehe Abbildung 8.43). Die Folgebewertung berücksichtigt für die verbleibende Vertragslaufzeit von fünf Jahren die folgenden Vertragsänderungen:

- die Konditionsminderung von 50.000 € auf 30.000 € jährlich
- die Verringerung des Zinssatzes von 6 % auf 5 %.

Abbildung 8.43 Bewertungsklausel mit Bewertungsverhalten »Reduzierung«

Die Reduzierung der Anlage wird zunächst aus dem Produkt des Restwertes der Anlage vor der Neubewertung und dem Reduzierungsfaktor berechnet. Analog wird bei der Berechnung der Reduzierung der Leasingverbindlichkeit verfahren (siehe auch Abbildung 8.7). Der Bewertungsfinanzstrom (siehe Abbildung 8.44) zeigt nicht nur die Bestandswerte nach der Erstbewertung, sondern auch die Ergebnisse der Folgebewertung, die mit dem Bewertungsverhalten **Reduzierung** durchgeführt wurde.

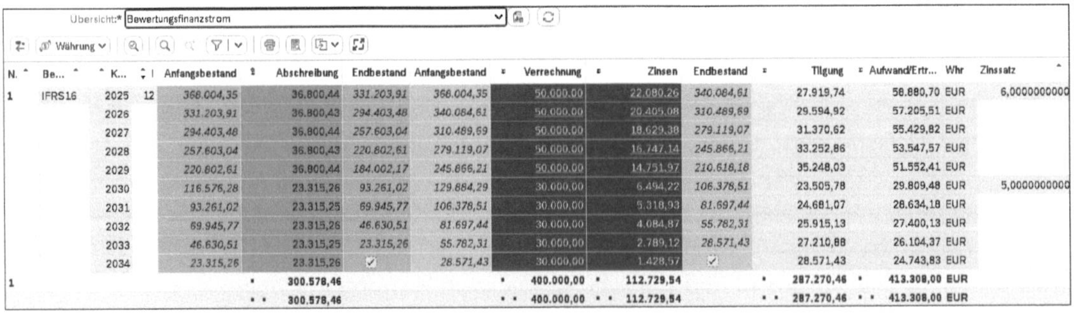

Übersicht:* Bewertungsfinanzstrom

N.	Be...	K...		Anfangsbestand	Abschreibung	Endbestand	Anfangsbestand	Verrechnung	Zinsen	Endbestand	Tilgung	Aufwand/Ertr...	Whr	Zinssatz
1	IFRS16	2025	12	368.004,35	36.800,44	331.203,91	368.004,35	50.000,00	22.080,26	340.084,61	27.919,74	58.880,70	EUR	6,0000000000
		2026		331.203,91	36.800,43	294.403,48	340.084,61	50.000,00	20.405,08	310.489,69	29.594,92	57.205,51	EUR	
		2027		294.403,48	36.800,44	257.603,04	310.489,69	50.000,00	18.629,38	279.119,07	31.370,62	55.429,82	EUR	
		2028		257.603,04	36.800,43	220.802,61	279.119,07	50.000,00	16.747,14	245.866,21	33.252,86	53.547,57	EUR	
		2029		220.802,61	36.800,44	184.002,17	245.866,21	50.000,00	14.751,97	210.618,18	35.248,03	51.552,41	EUR	
		2030		116.576,28	23.315,26	93.261,02	129.884,29	30.000,00	6.494,22	106.378,51	23.505,78	29.809,48	EUR	5,0000000000
		2031		93.261,02	23.315,25	69.945,77	106.378,51	30.000,00	5.318,93	81.697,44	24.681,07	28.634,18	EUR	
		2032		69.945,77	23.315,26	46.630,51	81.697,44	30.000,00	4.084,87	55.782,31	25.915,13	27.400,13	EUR	
		2033		46.630,51	23.315,25	23.315,26	55.782,31	30.000,00	2.789,12	28.571,43	27.210,88	26.104,37	EUR	
		2034		23.315,26	23.315,26	✓	28.571,43	30.000,00	1.428,57	✓	28.571,43	24.743,83	EUR	
1				•	300.578,46		•	400.000,00	• 112.729,54		• 287.270,46	• 413.308,00	EUR	
				• •	300.578,46		• •	400.000,00	• • 112.729,54		• • 287.270,46	• • 413.308,00	EUR	

Abbildung 8.44 Bewertungsklausel mit Bewertungsverhalten Folgebewertung (IFRS) mit Reduzierung – Bewertungsfinanzstrom

Reduzierungsbeträge berechnen

Im Fall des Beispielvertrags haben die Reduzierungsbeträge die folgenden Werte:

Reduzierungsbetrag Anlage:

50 % von 184.002,17 € = 92.001,08 € (Restbetrag 0,01 €)

Reduzierungsbetrag Leasingverbindlichkeit:

50 % von 210.618,16 € = 105.309,08 €

Sonderbewegung

Die Differenz zwischen dem Reduzierungsbetrag der Leasingverbindlichkeit und dem Reduzierungsbetrag der Anlage beträgt somit 13.308,00 €. Dieser Betrag wird als Sonderbewegung (siehe Abbildung 8.45) in den Ergebnissen der Folgebewertung und im Bewertungsfinanzstrom dargestellt. Es handelt sich dabei um einen Gewinn aus Veränderung, der zu Beginn der Vertragsänderung (01.01.2030) mit der entsprechenden Referenzbewegungsart zum Beziehungstyp **CE3** (Positive Verbindlichkeitsdifferenz) gebucht wird.

Der Finanzstromsatz ist als Verbindlichkeitsdifferenz gekennzeichnet (Checkbox **Verbindlichkeitsdifferenz**). Die Verbindlichkeitsdifferenz stellt einen Gewinn oder einen Verlust dar. Im Fall einer negativen Verbindlichkeitsdifferenz wird die Referenzbewegungsart für den Beziehungstyp **CE4** (*Negative Verbindlichkeitsdifferenz*) (Negative Verbindlichkeitsdifferenz) verwendet.

Abbildung 8.45 Folgebewertung (IFRS) mit Reduzierung – Registerkarte »Sonderbewegung«

Nachdem die reduzierten Werte ermittelt wurden, erfolgt eine Bewertung mit dem Bewertungsverhalten **Absolute Differenz**.

Der Buchwert der Anlage wird um den Reduzierungsbetrag in Höhe von 92.001,09 € vermindert. Die Differenz zwischen dem neu errechneten Barwert (129.884,29 €) und der reduzierten Leasingverbindlichkeit (105.309,09 €) beträgt 24.575,20 € und wird als Anpassung der RoU-Anlage auf der Grundlage der beschriebenen Reduzierung gebucht (siehe dazu auch Abbildung 8.46).

Bewertungsregel:* International Financial Reporting Standards (IFRS16) (IFRS16)

Barwert: 129.884,29 /: EUR

Vertragswert: 150.000,00 /: EUR

Aktiva | Abschreibung | Verrechnung | Zinsen | Sonderbewegung

Bewertungskontierung	Fälligk...	Σ	Aktiva	Whr		Status	BArt	Bezeichnung Bewegungsart
ANL 9000/40000000433/0	01.01.2025		368.004,35	EUR	+		I110	Nutzungsrecht (AA)
	01.01.2030		24.575,20	EUR	++		I111	Nutzungsrecht (AA) (+)
			92.001,09-	EUR	--		I112	Nutzungsrecht (AA) (-)
ANL 9000/40000000433/0		•	**300.578,46**	**EUR**				
		• •	**300.578,46**	**EUR**				

Abbildung 8.46 Folgebewertung (IFRS) mit Reduzierung – Registerkarte »Aktiva«

Im Protokoll der Folgebewertung (siehe Abbildung 8.47) sind die einzelnen Bewertungsschritte und deren wichtigste Ergebnisse aufgeführt. Hier werden beispielsweise auch die Angaben zum Reduzierungsfaktor und den Reduzierungsbeträgen, die sich daraus ergeben, angezeigt. Da bei der Ermittlung des Reduzierungsbetrags ein Restwert von 0,01 € verbleibt (50 % von 184,002,17 € ergeben jeweils 92.001,08 € mit einem Rest von 0,01 €), wird dieses Restkapital zum Barwert addiert und in die weiteren Berechnungen miteinbezogen.

Typ	Meldungstext	Detail
■	Bilanzielle Aktivierung von 01.01.2030 bis 31.12.2034	
■	Endbestand Anlage 184.002,17 EUR vor Neubewertung	
■	Endbestand Leasingverbindlichkeit 210.618,18 EUR vor Neubewertung	
■	Reduzierung um 50/100 (=50,00%)	
■	Endbestand Anlage 92.001,08 nach Reduzierung (92.001,09)	
■	Endbestand Leasingverbindlichkeit 105.309,09 nach Reduzierung (105.309,09)	
■	13.308,00 EUR Gewinn aus Veränderung (+)	
■	Barwertberechnung	
■	Einmalkonditionen am Betrachtungsbeginn werden wie vorgegeben diskontiert	
■	Zinssatz 5,0000000000 % ab 01.01.2030	
■	Verwendete Zinsberechnungsmethode = 7	
■	Barwert 129.884,30 EUR	
■	Das Restkapital 0,01 EUR wurde dem Barwert hinzugerechnet	
■	Vertragswert 150.000,00 EUR	
■	Anpassung Nutzungsrecht	
■	Anfangsbestand Leasingverbindlichkeit 129.884,29 EUR nach Neubewertung	
■	Absolute Verbindlichkeitsänderung 24.575,20 EUR	
■	Korrektur Anlage 24.575,20 EUR	
■	Anfangsbestand Anlage 116.576,28 EUR nach Neubewertung	
■	Lineare Abschreibung	
■	Die Berechnung erfolgt mit 30 Tagen pro Monat	
■	Tagessatz Abschreibung 64,76 EUR	

Abbildung 8.47 Protokoll der Folgebewertung (Reduzierung)

8.4.3 Operatives Leasing und Finanzierungsleasing nach US-GAAP

Bei der Bewertung nach US-GAAP wird zwischen operativem Leasing und Finanzierungsleasing unterschieden. Für operatives Leasing und Finanzierungsleasing werden unterschiedliche Bewertungsregeln genutzt.

Bewertungsregeln und Anlagenklassen

Für Bewertungsregeln, die nach operativem Leasing und Finanzierungsleasing differenzieren, finden Sie im Customizing von SAP RE unter **Bilanzielle Bewertung von Verträgen • Bewertungsobjektabhängige Steuerungsparameter** die Festlegung der Anlagenklassen für die Erzeugung der RoU-Anlagen für Finanzierungsleasing (Spalte **Klasse Typ A**) und operatives Leasing (Spalte **Klasse Typ B**).

Sehen wir uns nun Beispiele für die Bewertung nach US-GAAP an. Zunächst beschreiben wir eine Konditionsänderung in einem nach US-GAAP bewerteten operativen Leasingvertrag. Anschließend geht es dann um einen Leasingvertrag, der zunächst dem operativen Leasing zuzuordnen ist, dessen spätere Vertragsänderungen aber einen Übergang des Vertrags in den Bereich des Finanzierungsleasings bewirken.

Operatives Leasing nach Konditionsänderung bei Bewertung nach US-GAAP

Der folgende Beispielvertrag umfasst die Bewertung für einen dem operativen Leasing zuzuordnenden Vertrag nach US-GAAP. Als Vertragsänderung wird in diesem Vertrag einerseits eine Konditionsänderung durchgeführt, andererseits wird für die Folgebewertung der Zinssatz von ursprünglich 6 % auf 7 % erhöht. Tabelle 8.10 enthält die wesentlichen Vertragsdaten für diesen Beispielvertrag.

Vertragsattribut	Wert
Ausgangssituation	
Laufzeit	01.01.2025 bis 31.12.2034 (zehn Jahre)
Leasingrate	100 €
Zahlungsrhythmus	jährlich
Zahlweise	nachschüssig
Berechnungsmethode	30 Tage pro Monat, d. h. 360 Tage pro Jahr
Betragsbezug	Rhythmusbetrag
Bewertungsverfahren	US-GAAP (Operating Lease)

Tabelle 8.10 Konditionserhöhung und Zinsänderung (US-GAAP)

Vertragsattribut	Wert
Betrachtungsbeginn	01.01.2025
Zinssatz	6 %
Bewertung	Bewertungsbuchungen bis 31.12.2029
Vertragsänderung	
Leasingrate	150 € jährlich ab 01.01.2030
Betrachtungsbeginn	01.01.2030
Zinssatz	7 %
Bewertungsverhalten	Absolute Differenz
Grund für die Folgebewertung	Folgebewertung Grundlagenänderung

Tabelle 8.10 Konditionserhöhung und Zinsänderung (US-GAAP) (Forts.)

Beim Beispielvertrag handelt es sich um einen Vertrag mit einer jährlichen Leasingrate von 100 €. Dem Vertrag wird eine Bewertungsklausel mit der Bewertungsregel US-GAAP (Operating Lease [OL]) zugeordnet.

Abbildung 8.48 zeigt die Registerkarte **Abschreibung** in den Ergebnissen der Erstbewertung, die mit der Bewertungsregel für das operative Leasing durchgeführt wurde. Die Berechnung der Abschreibungswerte für das operative Leasing erfolgt auf der Grundlage der linearisierten Verpflichtung (Straight Line Lease) abzüglich der Zinsen.

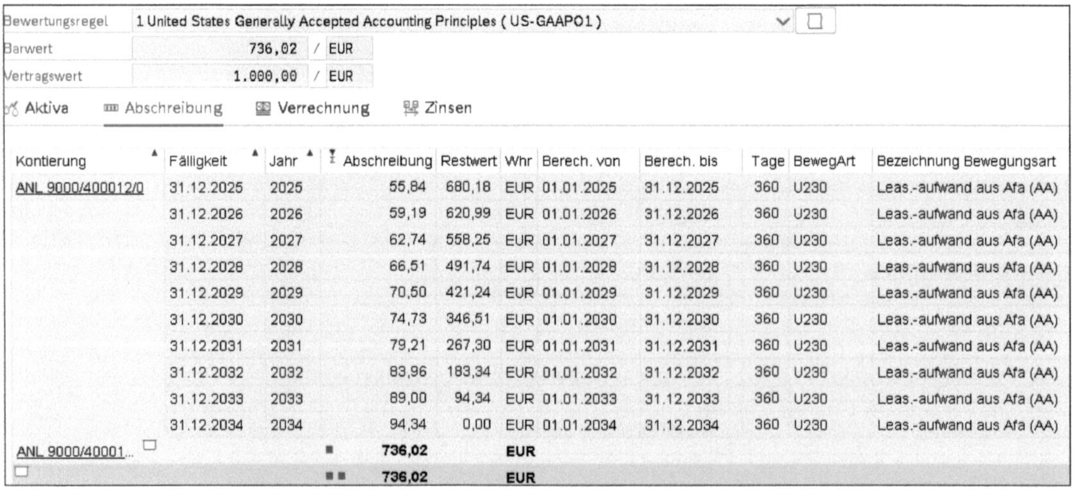

Kontierung	Fälligkeit	Jahr	Abschreibung	Restwert	Whr	Berech. von	Berech. bis	Tage	BewegArt	Bezeichnung Bewegungsart
ANL 9000/400012/0	31.12.2025	2025	55,84	680,18	EUR	01.01.2025	31.12.2025	360	U230	Leas.-aufwand aus Afa (AA)
	31.12.2026	2026	59,19	620,99	EUR	01.01.2026	31.12.2026	360	U230	Leas.-aufwand aus Afa (AA)
	31.12.2027	2027	62,74	558,25	EUR	01.01.2027	31.12.2027	360	U230	Leas.-aufwand aus Afa (AA)
	31.12.2028	2028	66,51	491,74	EUR	01.01.2028	31.12.2028	360	U230	Leas.-aufwand aus Afa (AA)
	31.12.2029	2029	70,50	421,24	EUR	01.01.2029	31.12.2029	360	U230	Leas.-aufwand aus Afa (AA)
	31.12.2030	2030	74,73	346,51	EUR	01.01.2030	31.12.2030	360	U230	Leas.-aufwand aus Afa (AA)
	31.12.2031	2031	79,21	267,30	EUR	01.01.2031	31.12.2031	360	U230	Leas.-aufwand aus Afa (AA)
	31.12.2032	2032	83,96	183,34	EUR	01.01.2032	31.12.2032	360	U230	Leas.-aufwand aus Afa (AA)
	31.12.2033	2033	89,00	94,34	EUR	01.01.2033	31.12.2033	360	U230	Leas.-aufwand aus Afa (AA)
	31.12.2034	2034	94,34	0,00	EUR	01.01.2034	31.12.2034	360	U230	Leas.-aufwand aus Afa (AA)
ANL 9000/40001...			**736,02**		**EUR**					
			736,02		**EUR**					

Abbildung 8.48 Erstbewertung (US-GAAP, operatives Leasing) – Registerkarte »Abschreibung«

Die aus der Erstbewertung resultierenden Bewertungsbuchungen werden in Abbildung 8.49 gezeigt. Die Abschreibungsbuchungen erfolgen mit dem Abschreibungslauf in der Anlagenbuchhaltung und sind deshalb in der Abbildung nicht enthalten.

Bew.Regel	RLV	Vorgang	Nettobetrg	Währg	Vorgang	BArt
US-GAAP...	REL2	Anlagenbuchung	736,02	EUR	REAA	U110
US-GAAP...	REL2	Verrechnungsbuchung	100,00	EUR	RELR	U410
US-GAAP...	REL2		100,00	EUR	RELR	U410
US-GAAP...	REL2		100,00	EUR	RELR	U410
US-GAAP...	REL2		100,00	EUR	RELR	U410
US-GAAP...	REL2		100,00	EUR	RELR	U410
US-GAAP...	REL2	Zinsbuchung	44,16	EUR	RELI	U310
US-GAAP...	REL2		40,81	EUR	RELI	U310
US-GAAP...	REL2		37,26	EUR	RELI	U310
US-GAAP...	REL2		33,49	EUR	RELI	U310
US-GAAP...	REL2		29,50	EUR	RELI	U310
			1.421,24	**EUR**		

Abbildung 8.49 Buchungen der Erstbewertung (US-GAAP, operatives Leasing)

Nachdem die Erstbewertung bis einschließlich des fünften Jahres der Vertragslaufzeit gebucht wurde, wird ab dem sechsten Jahr der Vertragslaufzeit die jährliche Leasingrate auf 150 € angehoben. Zusätzlich erhöht sich der Zinssatz auf 7 %.

Die Vertragsdaten werden geändert, indem zum einen die Vertragskonditionen angepasst werden und zum anderen eine neue Zeitscheibe der Bewertungsregel mit dem neuen Zinssatz von 7 % und dem Bewertungsverhalten **Absolute Differenz** angelegt wird.

Nachdem die Vertragsdaten auf diese Weise angepasst wurden, wird eine Folgebewertung durchgeführt. Diese berücksichtigt einerseits die geänderten Konditionsbeträge, andererseits den neuen Zinssatz ab 01.01.2030.

Abbildung 8.50 zeigt die Abschreibungswerte des Bewertungsfinanzstroms nach der Folgebewertung, während Abbildung 8.51 die Zinsberechnung der Folgebewertung darstellt.

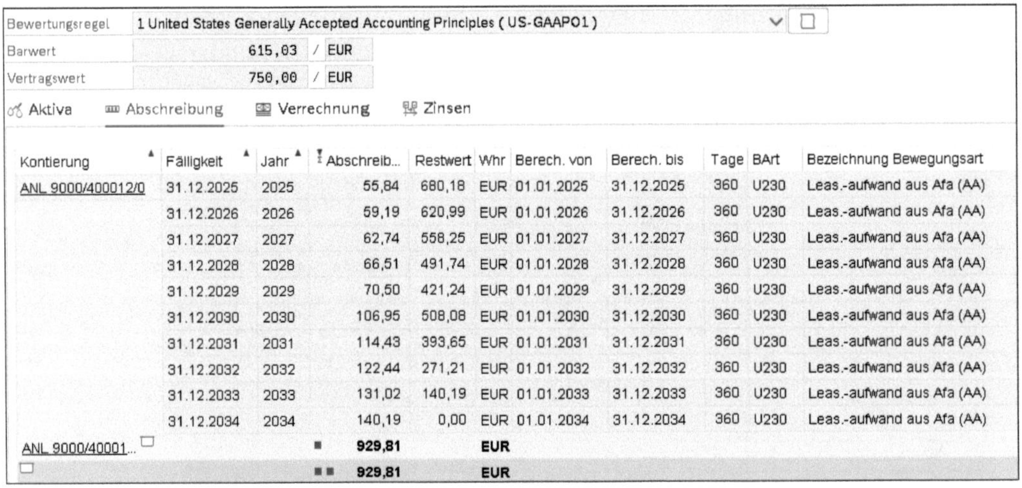

Bewertungsregel: 1 United States Generally Accepted Accounting Principles (US-GAAP01)
Barwert: 615,03 / EUR
Vertragswert: 750,00 / EUR
Aktiva | Abschreibung | Verrechnung | Zinsen

Kontierung	Fälligkeit	Jahr	Abschreib...	Restwert	Whr	Berech. von	Berech. bis	Tage	BArt	Bezeichnung Bewegungsart
ANL 9000/400012/0	31.12.2025	2025	55,84	680,18	EUR	01.01.2025	31.12.2025	360	U230	Leas.-aufwand aus Afa (AA)
	31.12.2026	2026	59,19	620,99	EUR	01.01.2026	31.12.2026	360	U230	Leas.-aufwand aus Afa (AA)
	31.12.2027	2027	62,74	558,25	EUR	01.01.2027	31.12.2027	360	U230	Leas.-aufwand aus Afa (AA)
	31.12.2028	2028	66,51	491,74	EUR	01.01.2028	31.12.2028	360	U230	Leas.-aufwand aus Afa (AA)
	31.12.2029	2029	70,50	421,24	EUR	01.01.2029	31.12.2029	360	U230	Leas.-aufwand aus Afa (AA)
	31.12.2030	2030	106,95	508,08	EUR	01.01.2030	31.12.2030	360	U230	Leas.-aufwand aus Afa (AA)
	31.12.2031	2031	114,43	393,65	EUR	01.01.2031	31.12.2031	360	U230	Leas.-aufwand aus Afa (AA)
	31.12.2032	2032	122,44	271,21	EUR	01.01.2032	31.12.2032	360	U230	Leas.-aufwand aus Afa (AA)
	31.12.2033	2033	131,02	140,19	EUR	01.01.2033	31.12.2033	360	U230	Leas.-aufwand aus Afa (AA)
	31.12.2034	2034	140,19	0,00	EUR	01.01.2034	31.12.2034	360	U230	Leas.-aufwand aus Afa (AA)
ANL 9000/40001...			929,81		EUR					
			929,81		EUR					

Abbildung 8.50 Folgebewertung (US-GAAP, operatives Leasing) – Registerkarte »Abschreibung«

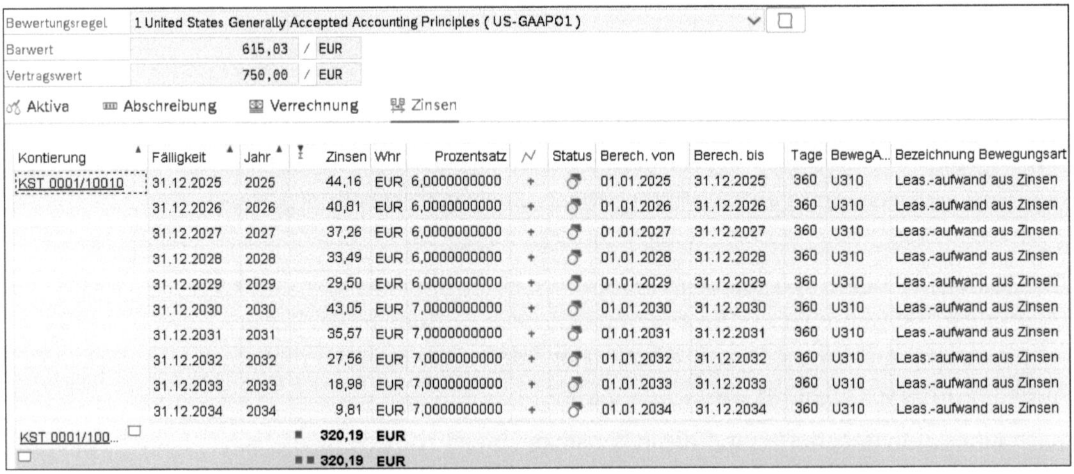

Bewertungsregel: 1 United States Generally Accepted Accounting Principles (US-GAAP01)
Barwert: 615,03 / EUR
Vertragswert: 750,00 / EUR
Aktiva | Abschreibung | Verrechnung | Zinsen

Kontierung	Fälligkeit	Jahr	Zinsen	Whr	Prozentsatz		Status	Berech. von	Berech. bis	Tage	BewegA...	Bezeichnung Bewegungsart
KST 0001/10010	31.12.2025	2025	44,16	EUR	6,0000000000	+		01.01.2025	31.12.2025	360	U310	Leas.-aufwand aus Zinsen
	31.12.2026	2026	40,81	EUR	6,0000000000	+		01.01.2026	31.12.2026	360	U310	Leas.-aufwand aus Zinsen
	31.12.2027	2027	37,26	EUR	6,0000000000	+		01.01.2027	31.12.2027	360	U310	Leas.-aufwand aus Zinsen
	31.12.2028	2028	33,49	EUR	6,0000000000	+		01.01.2028	31.12.2028	360	U310	Leas.-aufwand aus Zinsen
	31.12.2029	2029	29,50	EUR	6,0000000000	+		01.01.2029	31.12.2029	360	U310	Leas.-aufwand aus Zinsen
	31.12.2030	2030	43,05	EUR	7,0000000000	+		01.01.2030	31.12.2030	360	U310	Leas.-aufwand aus Zinsen
	31.12.2031	2031	35,57	EUR	7,0000000000	+		01.01.2031	31.12.2031	360	U310	Leas.-aufwand aus Zinsen
	31.12.2032	2032	27,56	EUR	7,0000000000	+		01.01.2032	31.12.2032	360	U310	Leas.-aufwand aus Zinsen
	31.12.2033	2033	18,98	EUR	7,0000000000	+		01.01.2033	31.12.2033	360	U310	Leas.-aufwand aus Zinsen
	31.12.2034	2034	9,81	EUR	7,0000000000	+		01.01.2034	31.12.2034	360	U310	Leas.-aufwand aus Zinsen
KST 0001/100...			320,19	EUR								
			320,19	EUR								

Abbildung 8.51 Folgebewertung (US-GAAP, operatives Leasing) – Registerkarte »Zinsen«

Übergang vom operativen Leasing zum Finanzierungsleasing

Ihr Unternehmen, die Firma ST&AK Construction, bilanziert nach US-GAAP. Sie haben aufgrund der guten Konjunktur derzeit ungewöhnlich viele Aufträge und mieten daher eine zusätzliche Baumaschine für die nächsten drei Jahre an. Der Vertrag wird aufgrund seiner geringen Laufzeit und der Langlebigkeit der Baumaschine als operatives Leasing eingestuft. Tabelle 8.11 zeigt die Grunddaten des beschriebenen Vertrags.

Vertragsattribut	Wert
Ausgangssituation	
Laufzeit	01.01.2025 bis 31.12.2027 (drei Jahre)
Leasingraten	10.000 €, 12.000 €, 14.000 €
Zahlungsrhythmus	jährlich
Zahlweise	vorschüssig
Berechnungsmethode	30 Tage pro Monat, d. h. 360 Tage pro Jahr
Betragsbezug	Rhythmusbetrag
Bewertungsverfahren	US-GAAP operatives Leasing
Betrachtungsbeginn	01.01.2025
Zinssatz	8 %

Tabelle 8.11 Ursprünglicher Vertrag (US-GAAP, operatives Leasing)

In Abbildung 8.52 wird der Bewertungsfinanzstrom im Mai 2027, also vor der Vertragsänderung, dargestellt.

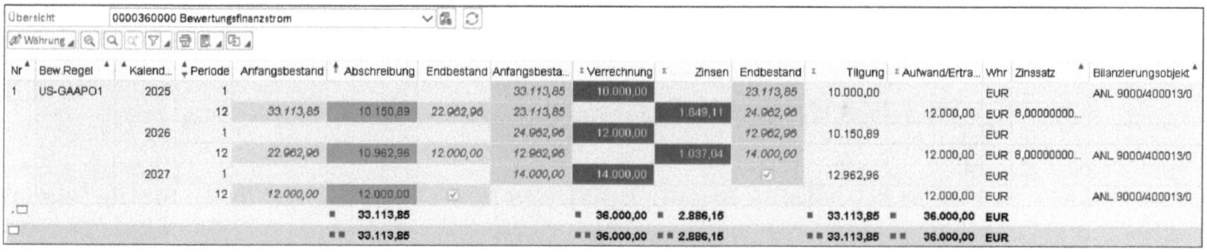

Nr	Bew.Regel	Kalend...	Periode	Anfangsbestand	Abschreibung	Endbestand	Anfangsbesta...	Verrechnung	Zinsen	Endbestand	Tilgung	Aufwand/Ertra...	Whr	Zinssatz	Bilanzierungsobjekt
1	US-GAAPO1	2025	1				33.113,85	10.000,00		23.113,85	10.000,00		EUR		ANL 9000/400013/0
			12	33.113,85	10.150,89	22.962,96	23.113,85		1.849,11	24.962,96		12.000,00	EUR	8,00000000...	
		2026	1				24.962,96	12.000,00		12.962,96	10.150,89		EUR		
			12	22.962,96	10.962,96	12.000,00	12.962,96		1.037,04	14.000,00		12.000,00	EUR	8,00000000...	ANL 9000/400013/0
		2027	1				14.000,00	14.000,00		✓	12.962,96		EUR		
			12	12.000,00	12.000,00	✓						12.000,00	EUR		ANL 9000/400013/0
					■ 33.113,85			■ 36.000,00	■ 2.886,15		■ 33.113,85	■ 36.000,00	EUR		
					■■ 33.113,85			■■ 36.000,00	■■ 2.886,15		■■ 33.113,85	■■ 36.000,00	EUR		

Abbildung 8.52 Bewertungsfinanzstrom vor der Vertragsänderung Mitte 2027

Kurz vor dem Vertragsende stellen Sie fest, dass Ihre Auftragslage für die kommenden Jahre ziemlich gut aussieht. Die gemietete Baumaschine könnten Sie sehr gut weiterhin gebrauchen. Nach Verhandlungen mit dem Leasinggeber wird der Vertrag verlängert, sodass die Gesamtlaufzeit des Vertrags nunmehr zehn Jahre beträgt. Die Leasingrate wird ab dem Jahr 2028 auf 10.000 € jährlich festgesetzt. Der Leasinggeber zahlt Ihnen einen Anreiz von 5.000 €.

Aufgrund der verlängerten Laufzeit kann der Vertrag nicht mehr als operatives Leasing gewertet werden – es handelt sich nunmehr um Finanzierungsleasing.

In diesem Fall endet der Vertrag als operativer Leasingvertrag mit dem Bekanntwerden der Vertragsverlängerung. Er startet zum gleichen Zeitpunkt neu als Finanzierungsleasingvertrag. Sie müssen nun aber keinen neuen Vertrag anlegen, sondern können den vorhandenen Vertrag weiterführen. Tabelle 8.12 zeigt die wichtigsten Daten dieses Vertrags.

Vertragsattribut	Wert
Geänderter Vertrag, Änderung wirksam ab 01.01.2020	
Laufzeit	01.01.2025 bis 31.12.2034 (zehn Jahre)
Leasingrate	10.000 €, 12.000 €, 14.000 €, ab 2028 10.000 €
Anreizzahlung 01.01.2020	5.000 €
Zahlungsrhythmus	jährlich
Zahlweise	vorschüssig
Berechnungsmethode	30 Tage pro Monat, d. h. 360 Tage pro Jahr
Betragsbezug	Rhythmusbetrag
Bewertungsverfahren	US-GAAP Finanzierungsleasing
Betrachtungsbeginn	01.01.2028
Zinssatz	6 %

Tabelle 8.12 Geänderter Vertrag (US-GAAP, Finanzierungsleasing)

Um das beschriebene Beispiel in SAP RE abzubilden, müssen Sie die folgenden Änderungen am Vertrag vornehmen:

- Ändern der Vertragslaufzeit, Erfassen eines neuen Vertragsendes am 31.12.2034
- Einfügen einer neuen Zeitscheibe zur Bewertungsklausel für das operative Leasing zum 01.01.2028 (Beginn der Zeitscheibe) mit Betrachtungsbeginn 01.01.2025 und wahrscheinlichem Ende 31.12.2027
- Einfügen einer neuen Bewertungsklausel für US-GAAP Finanzierungsleasing mit **Betrachtungsbeginn** 01.01.2028
- Einfügen einer Einmalkondition für eine Anreizzahlung (statistisch, einmalig) zum 01.01.2028 in Höhe von 5.000 €, Zuordnung dieser Kondition zur neu angelegten Bewertungsklausel für Finanzierungsleasing (diese Kondition darf beim operativen Leasing nicht berücksichtigt werden)

Starten Sie anschließend die Vertragsbewertung neu, sehen Sie, dass der Bewertungsfinanzstrom für das operative Leasing zum 31.12.2027 beendet und gleichzeitig der Bewertungsfinanzstrom für das Finanzierungsleasing ab 01.01.2028 neu erzeugt wird.

In Abbildung 8.53 wird deutlich, dass auch eine neue Anlage angelegt wurde und nunmehr der Aufwand nicht mehr linear ist, sondern über die Zeit abnimmt, da nach der Vertragsänderung die Abschreibung linear verläuft. Die neue RoU-Anlage wurde in einer Anlagenklasse für das Finanzierungsleasing angelegt.

Übersicht 0000360000 Bewertungsfinanzstrom

Anzeige (Alle Regeln)

US-GAAP01 | US-GAAP FL | Währung

Nr	Bew.Regel	Kalen...	Periode	Anfangsbestand	Abschreibung	Endbestand	Anfangsbes...	Verrechnung	Zinsen	Endbestand	Initial	Aufwand/Ertra...	Whr	Zinssatz	Bilanzierungsobjekt
1	US-GAAP01	2025	1				33.113,85	10.000,00		23.113,85			EUR		ANL 9000/400013/0
			12	33.113,85	10.150,89	22.962,96	23.113,85		1.849,11	24.962,96		12.000,00	EUR	8,00000000...	
		2026	1				24.962,96	12.000,00		12.962,96			EUR		
			12	22.962,96	10.962,96	12.000,00	12.962,96		1.037,04	14.000,00		12.000,00	EUR	8,00000000...	ANL 9000/400013/0
		2027	1				14.000,00	14.000,00		✓			EUR		
			12	12.000,00	12.000,00	✓						12.000,00	EUR		ANL 9000/400013/0
					■ 33.113,85			■ 36.000,00	■ 2.886,15			■ 36.000,00	EUR		
2	US-GAAP FL	2028	1				59.173,24	10.000,00		49.173,24	5.000,00-		EUR		ANL 9000/100080/0
			12	54.173,24	7.739,03	46.434,21	49.173,24		2.950,39	52.123,63		10.689,42	EUR	6,00000000...	
		2029	1				52.123,63	10.000,00		42.123,63			EUR		
			12	46.434,21	7.739,04	38.695,17	42.123,63		2.527,42	44.651,05		10.266,46	EUR	6,00000000...	ANL 9000/100080/0
		2030	1				44.651,05	10.000,00		34.651,05			EUR		
			12	38.695,17	7.739,03	30.956,14	34.651,05		2.079,06	36.730,11		9.818,09	EUR	6,00000000...	ANL 9000/100080/0
		2031	1				36.730,11	10.000,00		26.730,11			EUR		
			12	30.956,14	7.739,04	23.217,10	26.730,11		1.603,81	28.333,92		9.342,85	EUR	6,00000000...	ANL 9000/100080/0
		2032	1				28.333,92	10.000,00		18.333,92			EUR		
			12	23.217,10	7.739,03	15.478,07	18.333,92		1.100,04	19.433,96		8.839,07	EUR	6,00000000...	ANL 9000/100080/0
		2033	1				19.433,96	10.000,00		9.433,96			EUR		
			12	15.478,07	7.739,04	7.739,03	9.433,96		566,04	10.000,00		8.305,08	EUR	6,00000000...	ANL 9000/100080/0
		2034	1				10.000,00	10.000,00		✓			EUR		
			12	7.739,03	7.739,03	✓						7.739,03	EUR		ANL 9000/100080/0
					■ 54.173,24			■ 70.000,00	■ 10.826,76		■ 5.000,00-	■ 65.000,00	EUR		

Abbildung 8.53 Bewertungsfinanzstrom nach Übergang zum Finanzierungsleasing

8.5 Vertragsänderungen bei Bewertung mit Linearisierung

Nachdem wir bei den Beispielverträgen dieses Kapitels bisher ausschließlich kreditorische Verträge, also Verträge aus der Sicht des Leasingnehmers, betrachtet haben, geht es im folgenden Abschnitt um debitorische Verträge, also um Verträge aus der Sicht des Leasinggebers. Insbesondere geht es in diesem Abschnitt um die Auswirkung von Vertragsänderungen auf die Bewertung linearisierter Verträge im Bereich des operativen Leasings.

Linearisierte Verträge

Auch kreditorische Verträge können linearisiert werden. Beispiele hierfür sind kreditorische Serviceverträge oder Serviceanteile innerhalb kreditorischer Leasingverträge. Weitere Details zu Serviceverträgen finden Sie in Kapitel 2, »Verträge«, sowie in Kapitel 6, »Spezielle Konditionen«.

Die Bewertung für die in diesem Abschnitt beschriebenen Verträge erfolgt mittels einer Linearisierung nach FAS 13. Details zur Erstbewertung eines solchen Vertrags finden Sie in Kapitel 5, »Bilanzielle Bewertung im Überblick«. Die Beispiele in diesem Abschnitt erläutern die Auswirkungen von rückwirkenden Konditionsänderungen auf die Ergebnisse der Linearisierung.

FAS 13

Gegenstand dieses Abschnitts sind debitorische Verträge, die nach FAS 13 linearisiert werden. Insbesondere geht es bei den folgenden Beispielverträgen um nachträgliche Konditionsänderungen, die sich auf unterschiedliche Art und Weise auf die Linearisierung auswirken.

Linearisierungsarten

Dabei werden Bewertungsregeln mit den folgenden *Linearisierungsarten* verwendet:

- Verfahren 1 – ab offener Periode (Linearisierung)
- Verfahren 2 – ab Anfang
- Verfahren 3 – ab Betrachtungsbeginn
- Verfahren 4 – ab offener Periode (Zahlung)

Für die Illustration der verschiedenen Linearisierungsarten wurde pro Linearisierungsart ein Beispielvertrag angelegt und bewertet. Die Verträge unterscheiden sich ausschließlich in den verwendeten Linearisierungsarten, sind in Bezug auf Laufzeiten und Konditionen ansonsten aber analog aufgebaut.

[zB]

Linearisierungsart und nachträgliche Konditionsänderung

Vier verschiedene Laden- und Gewerbemieter mieten jeweils zwei Parkplätze für ihre Kunden. Auch bei diesen Verträgen sind die Namen der Mieter natürlich wieder ein Produkt unserer Fantasie. Die Verträge haben eine Laufzeit von jeweils einem Jahr. Für jeden Mietvertrag ist eine monatliche Leasingrate (Miete) von je 100 € vereinbart.

Die periodischen Buchungen wurden für vier Monate, d. h. bis April, durchgeführt. Somit ist der Partnerfinanzstrom bis April gebucht.

Die Linearisierung ist bis einschließlich September gebucht. Rückwirkend zum 1. Juli ändert sich die monatliche Leasingrate um 50 € auf 150 €. Diese Änderung der Leasingrate wird zum 1. Oktober bekannt gegeben.

Der Vertragswert jedes Vertrags erhöht sich damit von ursprünglich 1.200 € (zwölf Monate je 100 €) auf 1.500 € (sechs Monate je 100 € sowie sechs Monate je 150 €). Der Betrachtungsbeginn für die aus den Konditionsänderungen resultierenden Bewertungsänderungen ist der 1. Juli, d. h., für jeden der Verträge wird im Anschluss an die Konditionsänderung eine Zeitscheibe der Bewertungsklausel ab 01.07.2025 angelegt.

Die vier verschiedenen Linearisierungsarten, die in den Verträgen verwendet werden, haben unterschiedliche Auswirkungen auf die Ergebnisse der Linearisierung.

8.5.1 Beispiel 1: Linearisierung ab offener Periode

Ab offener Periode

Die Gärtnerei K. v. Möhrenberg mietet zwei Parkplätze für die Kunden des hofeigenen Bioladens an (siehe Abbildung 8.54). Die Linearisierung erfolgt für diesen Vertrag mit der Linearisierungsart 1 (**Ab offener Periode**). Die Linearisierungsart wurde im Customizing der Bewertungsregel festgelegt. Bei dieser Linearisierungsart wird der Beginn der ersten offenen Periode des Linearisierungsfinanzstroms ermittelt. Im Beispiel ist das der 1. Oktober. Dieses Datum wird als neues Anfangsdatum genutzt. Es erfolgt keine rückwirkende Änderung der Linearisierung.

Abbildung 8.54 Bewertungsklausel (FAS 13) – Linearisierung ab offener Periode

Der Gesamterhöhungsbetrag – in unserem Beispiel sind das 300 € – wird auf die Zeiträume ab Oktober aufgeteilt, sodass in den Monaten von Oktober bis Dezember jeweils 200 € berücksichtigt werden. Das Ergebnis der Linearisierung wird in Abbildung 8.55 dargestellt.

Eine Besonderheit tritt auf, wenn bereits alle Buchungen bis zum Vertragsende durchgeführt wurden. In diesem Fall wird der noch zu buchende Betrag – in unserem Fall wiederum 300 € – ermittelt und als einmalige Korrektur gebucht. Diese Korrekturbuchung erfolgt in der Periode des Vertragsendes.

Bewertungsregel:* FASB13 (debitorisch) (FASB13)

Vertragswert: 600,00 /: EUR

Linearisierung

Kontierung	Fälligkeit	Jahr	Σ	Linearisierung	Whr		Status	Berechnung von	Berechnung bis
KST LEAS/10010	01.01.2025	2025		100,00	EUR	+		01.01.2025	31.01.2025
	01.02.2025			100,00	EUR	+		01.02.2025	28.02.2025
	01.03.2025			100,00	EUR	+		01.03.2025	31.03.2025
	01.04.2025			100,00	EUR	+		01.04.2025	30.04.2025
	01.05.2025			100,00	EUR	+		01.05.2025	31.05.2025
	01.06.2025			100,00	EUR	+		01.06.2025	30.06.2025
	01.07.2025			100,00	EUR	+		01.07.2025	31.07.2025
	01.08.2025			100,00	EUR	+		01.08.2025	31.08.2025
	01.09.2025			100,00	EUR	+		01.09.2025	30.09.2025
	01.10.2025			200,00	EUR	+		01.10.2025	31.10.2025
	01.11.2025			200,00	EUR	+		01.11.2025	30.11.2025
	01.12.2025			200,00	EUR	+		01.12.2025	31.12.2025
		2025	•	1.500,00	EUR				
KST LEAS/10010			• •	1.500,00	EUR				
			• • •	1.500,00	EUR				

Abbildung 8.55 Bewertungsergebnis (FAS 13) – Linearisierung ab offener Periode

8.5.2 Beispiel 2: Linearisierung ab Anfang

Ab Anfang

Weitere zwei Parkplätze werden vom Kindermodengeschäft »Hectors Kindermode« gemietet (siehe Abbildung 8.56). In diesem Mietvertrag kommt durch die Nutzung einer entsprechenden Bewertungsregel die Linearisierungsart 2 (**Ab Anfang**) zur Anwendung.

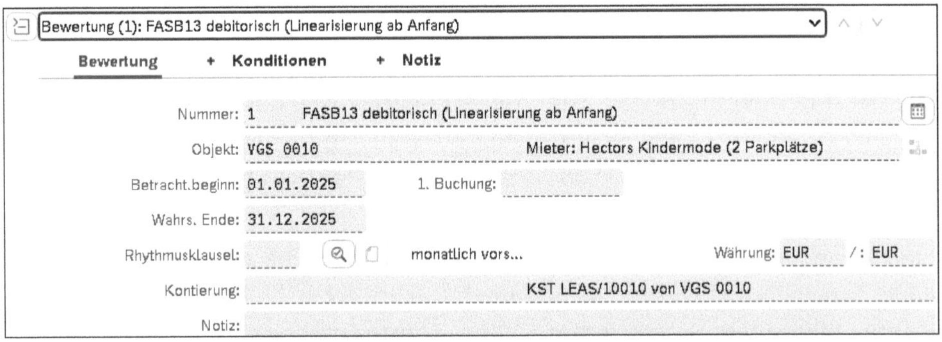

Abbildung 8.56 Bewertungsklausel (FAS 13) – Linearisierung ab Anfang

In diesem Fall erfolgt eine rückwirkende Korrektur der Linearisierung, im Beispiel rückwirkend zum 1. Januar. Der Gesamterhöhungsbetrag von 300 € wird auf zwölf Monate aufgeteilt. Damit ergibt sich für jeden Monat ein zu berücksichtigender Betrag von je 125 €. Wären für die Monate Januar bis September bereits Linearisierungsbuchungen vorhanden, würden für diese Monate die Differenzbeträge von 25 € separat gebucht wie in Abbildung 8.62 in Spalte (2b) aufgeführt. Sind keine Buchungen für diese Monate vorhanden, erhalten Sie das in Abbildung 8.57 dargestellte Ergebnis.

Linearisierung

Kontierung	Fälligkeit	J.	Σ	Linearisierung	Whr		Status	Berechnung von	Berechnung bis
KST LEAS/10010	01.01.2025	2025		125,00	EUR	+		01.01.2025	31.01.2025
	01.02.2025			125,00	EUR	+		01.02.2025	28.02.2025
	01.03.2025			125,00	EUR	+		01.03.2025	31.03.2025
	01.04.2025			125,00	EUR	+		01.04.2025	30.04.2025
	01.05.2025			125,00	EUR	+		01.05.2025	31.05.2025
	01.06.2025			125,00	EUR	+		01.06.2025	30.06.2025
	01.07.2025			125,00	EUR	+		01.07.2025	31.07.2025
	01.08.2025			125,00	EUR	+		01.08.2025	31.08.2025
	01.09.2025			125,00	EUR	+		01.09.2025	30.09.2025
	01.10.2025			125,00	EUR	+		01.10.2025	31.10.2025
	01.11.2025			125,00	EUR	+		01.11.2025	30.11.2025
	01.12.2025			125,00	EUR	+		01.12.2025	31.12.2025
		2025	•	**1.500,00**	**EUR**				
KST LEAS/10010			• •	**1.500,00**	**EUR**				
			• • •	**1.500,00**	**EUR**				

Abbildung 8.57 Bewertungsergebnis (FAS 13) – Linearisierung ab Anfang

8.5.3 Beispiel 3: Linearisierung ab Betrachtungsbeginn

Ab Betrachtungsbeginn

Weitere zwei Parkplätze hat der Spielzeugladen »Frederiks & Louisas Spielzeug-Wunderland« gemietet (siehe Abbildung 8.58). Wie in den anderen Verträgen ist auch für diesen Vertrag eine monatliche Miete von 100 € für die beiden Parkplätze zu entrichten.

Wird dagegen Verfahren 3 (**Ab Betrachtungsbeginn**) verwendet, bedeutet das für den Beispielvertrag eine Aufteilung des Gesamterhöhungsbetrags von 300 € auf sechs Monate (von Juli bis Dezember 2025), da der 1. Juli der Betrachtungsbeginn ist. Pro Monat sind somit für den Zeitraum Juli bis Dezember je 150 € zu berücksichtigen.

Abbildung 8.59 zeigt die Bewertungsergebnisse des Vertrags. Da die Konditionsänderung ab Juli gültig war, aber erst im Oktober bekannt gegeben wurde und somit die Bewertungsbuchungen bis einschließlich September bereits erfolgt waren, werden die Differenzbeträge von jeweils 50 € für die Monate Juli, August und September als Nachforderungen mit der entsprechenden Referenzbewegungsart dargestellt. Diese Positionen sind mit dem Icon (++) (**Betrag ist positiv**) gekennzeichnet. Die Bewertungsbuchungen für die Monate Oktober, November und Dezember dagegen erfolgen mit der Originalbewegungsart, da für diesen Zeitraum noch keine Bewertungsbuchungen erfolgt waren (siehe Abbildung 8.59).

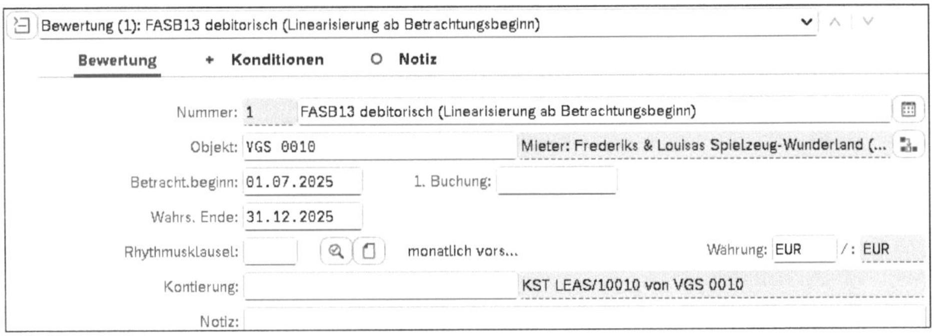

Abbildung 8.58 Bewertungsklausel (FAS 13) – Linearisierung ab Betrachtungsbeginn

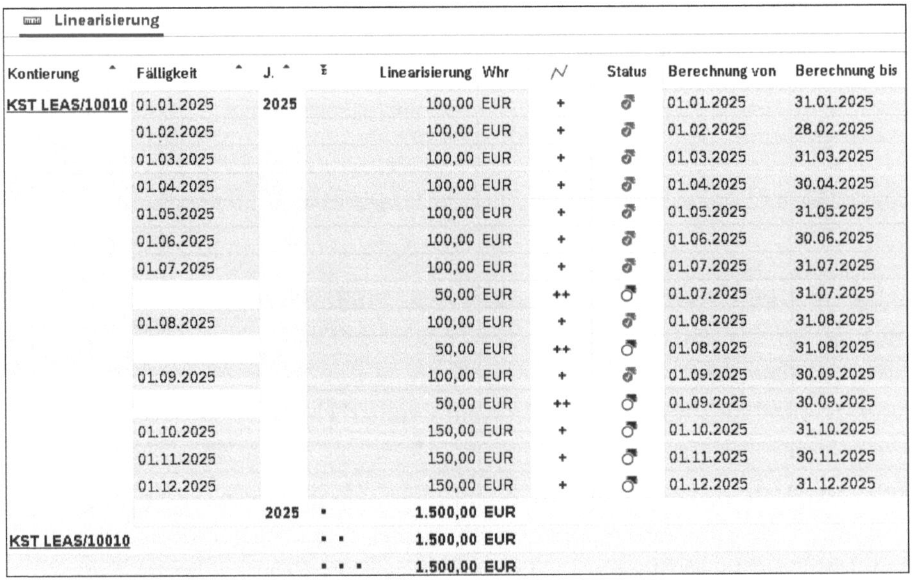
Linearisierung

Kontierung	Fälligkeit	J.	Σ	Linearisierung	Whr		Status	Berechnung von	Berechnung bis
KST LEAS/10010	01.01.2025	2025		100,00	EUR	+		01.01.2025	31.01.2025
	01.02.2025			100,00	EUR	+		01.02.2025	28.02.2025
	01.03.2025			100,00	EUR	+		01.03.2025	31.03.2025
	01.04.2025			100,00	EUR	+		01.04.2025	30.04.2025
	01.05.2025			100,00	EUR	+		01.05.2025	31.05.2025
	01.06.2025			100,00	EUR	+		01.06.2025	30.06.2025
	01.07.2025			100,00	EUR	+		01.07.2025	31.07.2025
				50,00	EUR	++		01.07.2025	31.07.2025
	01.08.2025			100,00	EUR	+		01.08.2025	31.08.2025
				50,00	EUR	++		01.08.2025	31.08.2025
	01.09.2025			100,00	EUR	+		01.09.2025	30.09.2025
				50,00	EUR	++		01.09.2025	30.09.2025
	01.10.2025			150,00	EUR	+		01.10.2025	31.10.2025
	01.11.2025			150,00	EUR	+		01.11.2025	30.11.2025
	01.12.2025			150,00	EUR	+		01.12.2025	31.12.2025
		2025	•	1.500,00	EUR				
KST LEAS/10010			• •	1.500,00	EUR				
			• • •	1.500,00	EUR				

Abbildung 8.59 Bewertungsergebnis (FAS 13) – Linearisierung ab Betrachtungsbeginn

8.5.4 Beispiel 4: Linearisierung ab offener Periode (Zahlung)

Ab offener Periode (Zahlung)

Ähnlich wie Verfahren 1 verhält sich das Verfahren 4 (**Ab offener Periode (Zahlung)**), das beim Mietvertrag für die beiden Kundenparkplätze direkt neben »Annas Handarbeitsparadies« (siehe Abbildung 8.60) angewandt wird. Hier ist der 1. Mai das neue Anfangsdatum, da die periodischen Buchungen bis einschließlich April durchgeführt wurden. Es ergibt sich also ein verbleibender Zeitraum von acht Monaten (Mai bis Dezember), auf den der Änderungsbetrag von 300 € aufgeteilt wird, sodass auf jeden dieser acht Monate ein Betrag von 137,50 € entfällt.

Abbildung 8.60 Bewertungsklausel (FAS 13) – Linearisierung ab offener Periode (Zahlung)

Da die Bewertungsbuchung bis einschließlich September erfolgt ist, werden auch in diesem Fall Nachbuchungen generiert. Dabei handelt es sich um die Beträge von je 37,50 € für die Monate Mai bis September (siehe Abbildung 8.61).

Linearisierung

Kontierung	Fälligkeit	J.	Σ	Linearisierung	Whr		Status	Berechnung von	Berechnung bis
KST LEAS/10010	01.01.2025	2025		100,00	EUR	+		01.01.2025	31.01.2025
	01.02.2025			100,00	EUR	+		01.02.2025	28.02.2025
	01.03.2025			100,00	EUR	+		01.03.2025	31.03.2025
	01.04.2025			100,00	EUR	+		01.04.2025	30.04.2025
	01.05.2025			100,00	EUR	+		01.05.2025	31.05.2025
				37,50	EUR	++		01.05.2025	31.05.2025
	01.06.2025			100,00	EUR	+		01.06.2025	30.06.2025
				37,50	EUR	++		01.06.2025	30.06.2025
	01.07.2025			100,00	EUR	+		01.07.2025	31.07.2025
				37,50	EUR	++		01.07.2025	31.07.2025
	01.08.2025			100,00	EUR	+		01.08.2025	31.08.2025
				37,50	EUR	++		01.08.2025	31.08.2025
	01.09.2025			100,00	EUR	+		01.09.2025	30.09.2025
				37,50	EUR	++		01.09.2025	30.09.2025
	01.10.2025			137,50	EUR	+		01.10.2025	31.10.2025
	01.11.2025			137,50	EUR	+		01.11.2025	30.11.2025
	01.12.2025			137,50	EUR	+		01.12.2025	31.12.2025
		2025	•	1.500,00	EUR				

Abbildung 8.61 Bewertungsergebnis (FAS 13) – Linearisierung ab offener Periode (Zahlung)

Wie im vorigen Beispiel erfolgen auch bei diesem Beispielvertrag die Bewertungsbuchungen für den Zeitraum Oktober bis Dezember mit der Originalbewegungsart.

8.5.5 Linearisierung: Zusammenfassung

In Abschnitt 8.5.1 bis Abschnitt 8.5.4 haben wir Ihnen Beispiele für verschiedene Linearisierungsarten vorgestellt. Die Ausgangsdaten sind für die vier beschriebenen Verträge gleich. Aufgrund der unterschiedlichen Linearisierungsarten der benutzten Bewertungsregeln ergeben sich jedoch Unterschiede in der Bewertungsbuchung.

In Abbildung 8.62 haben wir deshalb die Linearisierungsergebnisse für die Beispielverträge mit den verschiedenen Linearisierungsarten noch einmal zusammengefasst.

Die Linearisierungsarten sind folgendermaßen abgebildet:

- ab offener Periode; Spalte (1)
- ab Anfang; Spalten (2a) und (2b)
- ab Betrachtungsbeginn; Spalten (3a) und (3b)
- ab offener Periode (Zahlung); Spalten (4a) und (4b)

In Abbildung 8.62 werden diejenigen Linearisierungsarten, bei denen rückwirkende Korrekturbuchungen auftreten können, mit jeweils zwei Spalten dargestellt. Die Spalten (2a), (3a) und (4a) zeigen dabei jeweils die Originalbuchungen im Rahmen der Linearisierung, während die Spalten (2b), (3b) und (4b) die rückwirkenden Korrekturbuchungen aufgrund der Vertragsänderungen zeigen.

Monat	vorher	(1)	(2a)	(2b)	(3a)	(3b)	(4a)	(4b)
Januar	100,00 €	100,00 €	100,00 €	25,00 €	100,00 €	– €	100,00 €	– €
Februar	100,00 €	100,00 €	100,00 €	25,00 €	100,00 €	– €	100,00 €	– €
März	100,00 €	100,00 €	100,00 €	25,00 €	100,00 €	– €	100,00 €	– €
April	100,00 €	100,00 €	100,00 €	25,00 €	100,00 €	– €	100,00 €	– €
Mai	100,00 €	100,00 €	100,00 €	25,00 €	100,00 €	– €	100,00 €	37,50 €
Juni	100,00 €	100,00 €	100,00 €	25,00 €	100,00 €	€	100,00 €	37,50 €
Juli	100,00 €	100,00 €	100,00 €	25,00 €	100,00 €	50,00 €	100,00 €	37,50 €
August	100,00 €	100,00 €	100,00 €	25,00 €	100,00 €	50,00 €	100,00 €	37,50 €
September	100,00 €	100,00 €	100,00 €	25,00 €	100,00 €	50,00 €	100,00 €	37,50 €
Oktober	100,00 €	200,00 €	125,00 €	– €	150,00 €	– €	137,50 €	– €
November	100,00 €	200,00 €	125,00 €	– €	150,00 €	– €	137,50 €	– €
Dezember	100,00 €	200,00 €	125,00 €	– €	150,00 €	– €	137,50 €	– €
gesamt	**1.200,00 €**	**1.500,00 €**		**1.500,00 €**		**1.500,00 €**		**1.500,00 €**

Abbildung 8.62 Zusammenfassung der Linearisierungsergebnisse für verschiedene Linearisierungsarten

8.6 Zusammenfassung

In diesem Kapitel haben wir uns mit Vertragsänderungen beschäftigt, die zwar sehr unterschiedlich sind, aber gleichermaßen einen Einfluss auf die Ergebnisse der bilanziellen Bewertung haben.

In allen Fällen ist die Situation jedoch aus der Sicht der Bewertung die gleiche: Nach der Erstbewertung werden bewertungsrelevante Vertragsänderungen durchgeführt. Diese haben Einfluss auf die Ergebnisse und Buchungen der bereits durchgeführten Bewertung und machen eine Folgebewertung erforderlich.

Bei den Vertragsänderungen kann es sich sowohl um Konditionsänderungen als auch um Änderungen der Vertragslaufzeit wie bei einer Kündigung oder einer Vertragsverlängerung handeln.

Werden innerhalb der Vertragslaufzeit weitere Vertragsobjekte gemietet, so werden für diese Objekte separate RoU-Anlagen erzeugt. Bei der vorzeitigen Rückgabe von Vertragsobjekten erfolgt die Bewertung rechnerisch so, als wären für die einzelnen Vertragsobjekte entweder separate Leasingverträge oder aber separate Bewertungsregeln innerhalb eines Leasingvertrags vorhanden.

Wird ein Vertrag zunächst als operativer Leasingvertrag abgebildet, geht dann aber aufgrund umfangreicher Vertragsänderungen in den Bereich des Finanzierungsleasings über, werden für diesen Vertrag separate Bewertungsfinanzströme für das operative Leasing und das Finanzierungsleasing erzeugt.

Bei linearisierten Verträgen, wie beispielsweise den Mietverträgen in Abschnitt 8.5, »Vertragsänderungen bei Bewertung mit Linearisierung«, hängt es sehr stark von der Linearisierungsart ab, welchen Berechnungsperioden die korrigierten Bewertungsergebnisse zuzuordnen sind und welche Nachbuchungen bei der Folgebewertung entstehen.

Kapitel 9
Periodische Arbeiten

Neben den Arbeiten, die täglich anfallen, wie die Erfassung von neuen Verträgen und von Vertragsänderungen, müssen Sie aus buchhalterischen oder aus technischen Gründen regelmäßige Arbeiten einplanen, im Allgemeinen Massenläufe im Hintergrund. Das Kapitel gibt Ihnen hierzu einen Überblick.

In diesem Kapitel wollen wir Ihre Aufmerksamkeit auf Prozesse und Anwendungen lenken, die regelmäßig wiederkehrend in der Vertragsverwaltung ausgeführt werden müssen. Dabei handelt es sich um Tätigkeiten, die von der Fachabteilung oder von der IT-Abteilung in unterschiedlichen Zeitabständen auszuführen sind. Wir beschreiben in diesem Kapitel beispielsweise die Ausführung der periodischen Buchungen (siehe Abschnitt 9.2.1, »Periodische Buchung ausführen«) und der zugehörigen Zahlläufe (siehe Abschnitt 9.2.2, »Zahlungen veranlassen«), aber auch die Bearbeitung von Kontoauszügen und die Erstellung von Mahnungen (siehe Abschnitt 9.2.3, »Mahnungen drucken«).

Beginnen wir mit Dingen, die – je nachdem, wie Ihre Arbeitsabläufe organisiert sind bzw. wie viele Verträge Sie verwalten – mehr oder weniger häufig zu tun sind.

9.1 Daten aktuell halten

Nur wenn die Leasingverträge Ihres Unternehmens vollständig im System vorhanden sind und auch Vertragsänderungen zeitnah erfasst werden, können Sie die periodischen Buchungen einerseits und die bilanzielle Bewertung der Verträge andererseits korrekt durchführen. Eine vollständige und aktuelle Datenbasis ist aber nicht nur für die buchhalterischen Geschäftsprozesse, sondern auch für Auswertungen sowie für die Vertragsverwaltung im Hinblick auf Vertragsverlängerungen oder -kündigungen unabdingbar. Beschäftigen wir uns deshalb zunächst mit Funktionen, die Sie dabei unterstützen, die Vertragsdaten stets auf einem aktuellen Stand zu halten.

9.1.1 Arbeitsvorräte abarbeiten

Ändern sich Daten, die Verträge oder Objekte beeinflussen, die mit Verträgen verknüpft sind, können die notwendigen Vertragsänderungen entweder direkt vorgenommen werden oder sie erfolgen in einem zweiten Arbeitsschritt. Dieser zweite Schritt ist immer dann notwendig, wenn derjenige, der den ersten Schritt getan hat, nicht die ausreichenden Berechtigungen hat, um auch den zweiten Schritt auszuführen. Es kann auch vorkommen, dass der zweite Schritt nicht ausgeführt werden kann, weil das Datenobjekt, das hier betroffen ist, gerade durch einen anderen Anwender bearbeitet wird oder weil der zweite Schritt zu lange dauern würde, um ihn jetzt sofort auszuführen. In allen diesen Fällen erzeugt die App, mit der der erste Schritt ausgeführt wird, eine sogenannte *Registrierung* als »Merker« und schreibt diese in einen Arbeitsvorrat.

Beispiel 1: Bewertungsrelevante Vertragsänderungen registrieren

Die Leasingrate eines Leasingvertrags ist auf Grundlage der Fläche (in Quadratmetern) des zugeordneten Gebäudes vereinbart worden. Durch einen Umbau des Gebäudes ändert sich die verfügbare Fläche und damit auch der Konditionsbetrag der Leasingrate. Die Änderung der Leasingrate wirkt sich auf die Vertragsbewertung aus.

Neben Änderungen im Leasingvertrag können auch Vertragsänderungen, die sich auf die RoU-Anlage auswirken, die Erstellung von Registrierungseinträgen veranlassen.

Beispiel 2: Änderungen der RoU-Anlage registrieren

Einem Leasingvertrag ist eine Anlage für das Nutzungsrecht (RoU-Anlage) zugeordnet. Das »wahrscheinliche Ende« des Vertrags in den Bewertungsparametern wurde geändert. In der Anlagenbuchhaltung muss die zeitliche Gültigkeit der Anlage angepasst werden. Die Bewertung muss geändert werden.

Der Arbeitsvorrat enthält Informationen darüber, dass bestimmte Daten nachträglich überprüft und gegebenenfalls angepasst werden müssen. Auch die Änderung bewertungsrelevanter Vertragsdaten können zu Registrierungen im Arbeitsvorrat führen.

Wenn für einen Vertrag eine Registrierung vorhanden ist, sehen Sie dies im Vertragsdialog unter dem Menüpunkt **Registrierungen zum Objekt** im Untermenü **Zusätze**. Von hier aus gelangen Sie in ein Bild, in dem Sie den

Arbeitsvorrat abarbeiten können. Abbildung 9.1 zeigt den Arbeitsvorrat zu einem Vertrag. Der Grund für die Registrierung im Arbeitsvorrat ist in diesem Fall die notwendige Aktivierung des Vertrages. Gründe für Einträge im Arbeitsvorrat können aber beispielsweise auch notwendige Aktualisierungen der RoU-Anlage zum Vertrag sein.

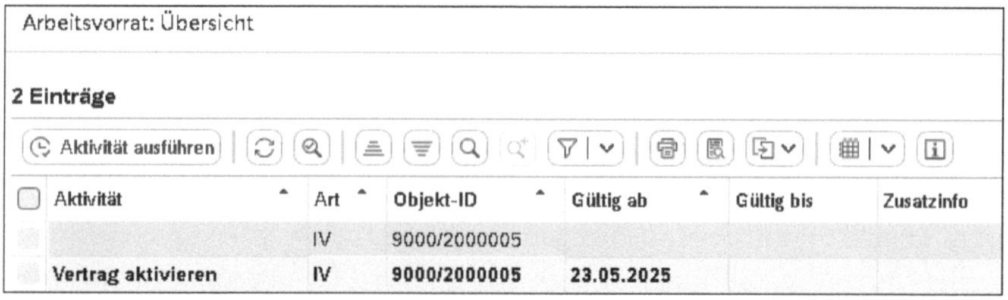

Abbildung 9.1 Arbeitsvorrat zum Vertrag

Arbeitsvorrat: Objekte aktualisieren

Den Arbeitsvorrat erreichen Sie außerdem über die App **RE-Navigator** (RE80) oder über die App **Arbeitsvorrat: Objekte aktualisieren** (RECARG). Im RE-Navigator wählen Sie im Navigationsbereich die Ansicht **Arbeitsvorrat** bzw. die Ansicht **Arbeitsvorrat verantw. Gruppe**. Auch in der App **Arbeitsvorrat: Objekte aktualisieren** können Sie die Arbeitsvorräte eines Verantwortlichen oder einer verantwortlichen Gruppe selektieren. Weiterhin ist eine Selektion nach Objektzustand und Registrierungsgrund sowie nach dem Zeitpunkt der Änderungen möglich.

Arbeitsvorrat regelmäßig bearbeiten

Um die im Vertragsmanagement von SAP RE bzw. SAP Contract and Lease Management vorhandenen Verträge stets aktuell zu halten, sollte der Arbeitsvorrat regelmäßig bearbeitet werden. Insbesondere vor der Durchführung von Massenläufen, wie beispielsweise der periodischen Buchung oder der bilanziellen Bewertung, müssen Sie die im Arbeitsvorrat enthaltenen Registrierungen bearbeiten. Die Bearbeitung der Registrierungen kann zentral oder dezentral, getrennt nach verschiedenen Objektzuständen und Registrierungsgründen, nach Verantwortlichen oder verantwortlichen Gruppen erfolgen.

Objektzustände

Für die bilanzielle Bewertung von Leasingverträgen sind die folgenden Objektzustände relevant:

- CEAS Leasinganlage nicht aktuell
- CEEO Bewertung offen
- CERI Bewertungsparameter nicht vollständig
- CERV Bewertungsparameter invalide

Registrierungsgründe

Mit diesen Objektzuständen korrespondieren die folgenden Registrierungsgründe:

- CEAC Änderung des Kontierungsobjekts
- CEAM Änderung der Anlagenstammdaten
- CEEP Änderung des Bewertungszeitraumes
- CERC Änderung der Bewertungsgrundlage

Zusätzlich können sich auch weitere Objektzustände von Verträgen indirekt auf die Bewertung auswirken. So können z. B. für inaktive Verträge (Objektzustand CNNA – Vertrag nicht aktiv) keine periodischen Buchungen und damit keine Bewertungsbuchungen vorgenommen werden. Auch nicht aktuelle Vertragskonditionen (Objektzustand CNCD – Vertragskonditionen nicht aktuell) oder nicht aktuelle Vertragsobjekte (Objektzustand CNOA – Objektzuordnung im Vertrag geändert) wirken sich direkt oder indirekt auf die periodischen Buchungen und die Bewertungsbuchungen zum Vertrag aus.

Abbildung 9.2 zeigt das Selektionsbild der App **Arbeitsvorrat: Objekte aktualisieren** (RECARG), mit den für die bilanzielle Bewertung relevanten Objektzuständen.

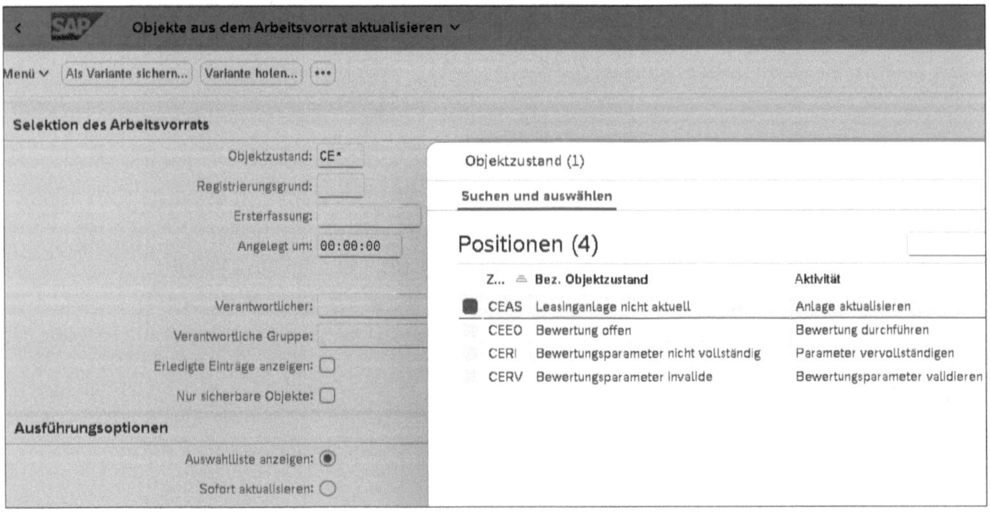

Abbildung 9.2 App Arbeitsvorrat – Objekte aktualisieren

Änderungen direkt vornehmen oder Auswahlliste erzeugen

Sie können die Änderungen, die sich aus den Registrierungen ergeben, entweder direkt vornehmen (Radiobutton **Sofort aktualisieren**) oder zunächst eine Auswahlliste der notwendigen Änderungen erzeugen und die gewünschten Änderungen dann ausgehend von dieser Auswahlliste vornehmen (Radiobutton **Auswahlliste anzeigen**).

9.1.2 Wiedervorlagetermine erzeugen

Wiedervorlagetermine dienen dazu, kritische Termine im Auge zu behalten. Daher können Sie für Verträge und andere Objekte Wiedervorlagen einrichten (siehe auch Abschnitt 2.7.4, »Wiedervorlage: Kritische Termine verfolgen«). Die Wiedervorlagen sind entweder einzelne fixe Termine oder es sind Regeln, die beschreiben, wann genau eine erneute Wiedervorlage erfolgen soll. Eine solche Regel kann z. B. sein, den Vertrag jeweils drei Wochen vor dem nächstmöglichen Kündigungstermin, vier Wochen vor dem Termin, an dem eine Verlängerungsoption zu erklären ist, oder sechs Wochen vor Vertragsende wieder zur Prüfung vorzulegen.

Wiedervorlagetermine generieren

Nun sind einige dieser Regeln so gestaltet, dass zum Zeitpunkt der Anlage der Regel der Bezugstermin – z. B. der nächstmögliche Kündigungstermin – noch nicht feststeht oder aber so weit in der Zukunft liegt, dass es nicht möglich oder nicht sinnvoll ist, den Termin jetzt schon zu fixieren. Daher wird in der Datenbank nur die Regel abgelegt, wie der Termin zu berechnen ist. Termine selbst werden aber nur für maximal fünf Jahre im Voraus generiert. Es empfiehlt sich daher, die Termine regelmäßig, mindestens jährlich, neu zu generieren.

Verwenden Sie zur Generierung der Wiedervorlagetermine die App **Wiedervorlagetermine für Verträge generieren** (RECARSGENCN).

9.1.3 Finanzstrom generieren

Der Partnerfinanzstrom ist die Grundlage für die periodischen Buchungen. Er wird immer eine gewisse Zeit im Voraus generiert, aber nicht »bis in alle Ewigkeit«, schon weil das bei unbefristeten Verträgen unmöglich wäre.

Finanzstromzeitraum

Die Dauer, wie weit im Voraus ein Finanzstrom generiert wird, legen Sie pro Vertragsart im Customizing von SAP RE unter **Vertrag • Vertragsart • Vertragsarten definieren** fest. Abbildung 9.3 zeigt einen Ausschnitt aus den Customizing-Einstellungen zur Vertragsart. Sie legen hier für jede Vertragsart die Dauer des Finanzstromzeitraumes fest. Für kreditorische Leasingverträge (siehe Abbildung 9.3) wurde in unserem Beispiel ein Zeitraum von fünf Jahren für die Finanzstromgenerierung festgelegt.

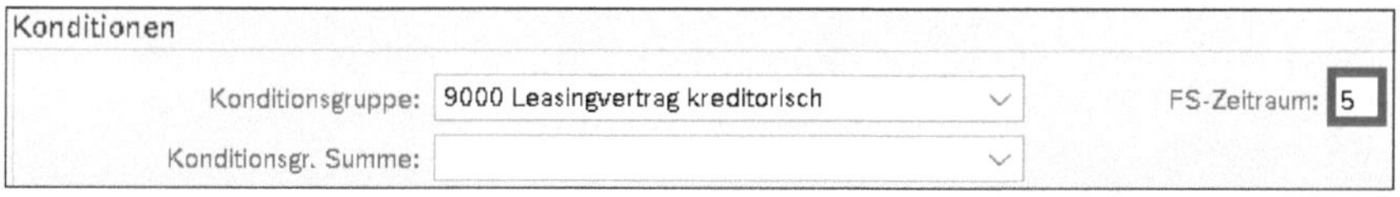

Abbildung 9.3 Festlegung des Finanzstromzeitraumes (in Jahren) für eine Konditionsgruppe in den Details der Vertragsart

Bei Verträgen mit monatlicher Zahlweise ist ein Finanzstromzeitraum von zwei Jahren meist ausreichend. Bei jährlicher Zahlweise sind längere Zeiträume angemessen.

Für die Generierung des Finanzstroms steht die App **Finanzstromaktualisierung Verträge** (RECDCGOL) zur Verfügung, die Sie mindestens halbjährlich als Batchjob einplanen sollten.

[»]

Finanzstromvergleich

Anwendern mit technischem Background kann die App **Finanzstromvergleich & Simulation** (RECDCFCMP) nützlich sein. Diese kann die Neugenerierung von Finanzströmen für Verträge simulieren und mit den Daten vergleichen, die in der Datenbank stehen. Hierbei werden Änderungen und die Gründe für die Änderungen ausgewiesen (z. B. neue Plansätze, Nachbuchungen, gelöschte Sätze). Diese Funktion ist insbesondere dann nützlich, wenn z. B. nach Updates unerwartete Finanzstromsätze auftreten, die Sie analysieren wollen.

9.2 Zahlungen steuern

Wenn Sie Ihre Verträge nicht ausschließlich zu Bewertungszwecken im System halten, werden Sie auch die periodischen Zahlungen an Ihre Leasinggeber bzw. die periodischen Zahlungen von Ihren Leasingnehmern über das System ausführen. Voraussetzung für das Auslösen der Zahlungen ist die periodische Buchung der Verbindlichkeiten und der Forderungen.

9.2.1 Periodische Buchung ausführen

Unabhängig davon, ob es sich um kreditorische oder debitorische Verträge handelt, werden die periodischen Buchungen über die App **Periodisches Buchen Verträge** (RERAPP) ausgeführt. Ausführungen hierzu finden Sie in Abschnitt 4.1.3, »Massenlauf periodisches Buchen«.

Kreditorische Verträge (Anmietung)

Für kreditorische Verträge wird durch die periodische Buchung die Verbindlichkeit gebucht:

per Verrechnungskonto an Kreditor

Auf Basis des hierdurch erzeugten offenen Postens kann dann eine Zahlung ausgelöst werden, siehe hierzu Abschnitt 9.2.2, »Zahlungen veranlassen«.

Rechnungsprüfung

In einigen Ländern ist es nicht üblich, dass der Leasingnehmer bzw. Mieter die Zahlung an den Leasinggeber regelmäßig von sich aus auslöst, obwohl er sich durch den Vertrag zu einer regelmäßigen Zahlung verpflichtet hat. Die Zahlung erfolgt dort erst dann, wenn der Leasingnehmer eine Rechnung über die fällige Leasingrate vom Leasinggeber erhalten hat. Für einen Prozess, der eine Prüfung der Rechnung gegen den Vertrag erfordert, ist in SAP RE kein Standardszenario vorgesehen. Eine mögliche Vorgehensweise wäre diese:

1. Setzen Sie in der Buchungsklausel des Vertrags eine Zahlsperre (siehe Abschnitt 4.1.4, »Buchungsklausel«).
2. Buchen Sie die periodische Buchung. Die Zahlsperre wird in den Beleg übertragen. Damit ist der Beleg zunächst gegen Zahlungen gesperrt.
3. Ist der Rechnungseingang erfolgt, vergleichen Sie die Rechnung mit dem gebuchten, aber gesperrten offenen Kreditorenposten und geben ihn nach Prüfung zur Zahlung frei, indem Sie die Zahlsperre aus dem Beleg entfernen.
4. Für Fälle, in denen der Rechnungsbetrag nicht mit dem gebuchten Betrag übereinstimmt, müssten gegebenenfalls Konditionsänderungen vorgenommen und Nachbuchungen erzeugt werden.

Alternative Szenarien sind möglich, so bieten einige Beratungshäuser eigene Lösungen für den Rechnungsprüfungsprozess bei kreditorischen Leasingverträgen an.

Debitorische Verträge (Vermietung)

Debitorische Verträge erzeugen in der periodischen Buchung eine Forderung:

per Debitor an Verrechnungskonto

Hat der Debitor mit Ihnen ein Zahlungsverfahren, wie etwa den Einzug von seinem Konto, vereinbart, können diese Posten über den Zahllauf eingezogen werden.

9.2.2 Zahlungen veranlassen

Die periodische Buchung hat auf den Kreditorenkonten offene Posten erzeugt, die in der Regel mithilfe des Zahllaufs automatisch zur Zahlung angewiesen werden.

Zahllauf

Den Zahllauf finden Sie im SAP Finanzwesen in der App **Automatische Zahlungen einplanen** (F110). Der Zahllauf erzeugt zunächst auf Basis der offenen Posten einen Zahlungsvorschlag. Nach dessen Freigabe werden die offenen Posten auf den Kreditorenkonten oder Debitorenkonten ausgeglichen. Die Gegenbuchung wird auf ein Bankverrechnungskonto gesteuert. Der weitere

Verlauf des Zahlungsprozesses hängt vom gewählten Zahlweg ab, wird aber einheitlich über den sogenannten *Zahlungsdruck* angestoßen:

- **Überweisung**

  Es wird ein Datenträger für die Bank erzeugt. Die Bank veranlasst schließlich die Zahlung.

- **Scheck**

  Der Scheckdruck wird angestoßen. Der Scheck wird per Post an den Leasinggeber versandt.

Über diese Anwendung werden auch die Zahlungen für Debitoren angestoßen, bei denen ein SEPA-Lastschrifteinzug vereinbart wurde. Der Zahllauf kann auch Auszahlungen für Gutschriften auf Debitorenkonten und Zahlungseingänge für Gutschriften aus Kreditorenkonten behandeln.

Manuelles Zahlen

Zahlungen zu Verträgen können auch manuell ausgelöst werden. Hierfür stehen im SAP Finanzwesen verschiedene Apps zur Verfügung, z. B. **Zahlungsausgang buchen** (F-53), **Zahlungseingang buchen** (F-52), **Buchen und Formulardruck** (F-58). Für die Benutzung dieser Apps müssen Sie die Nummer des Debitoren- bzw. Kreditorenkontos Ihres Geschäftspartners zur Hand haben, die Sie im Vertrag auf der Registerkarte **Partner** finden. Abbildung 9.4 zeigt die Kreditorennummer des Geschäftspartners im Feld »Lieferant«. Sie finden diese in den Detaildaten der Registerkarte **Partner** der App **Vertrag verwalten** (RECN).

Abbildung 9.4 App Vertrag verwalten (RECN) – Kontonummer des Kreditorenkontos (Lieferant) auf der Registerkarte »Partner« des Vertrags

Wenn Sie den Einstieg in die Zahlungsbuchung über die Vertragsnummer bevorzugen, verwenden Sie eine der folgenden Apps, die SAP RE zur Verfügung stellt:

- **RE: Buchen mit Ausgleichen** (REEXFBO5); siehe auch Abbildung 9.5
- **RE: Zahlungseingang buchen** (REEXF_28)
- **RE: Schnellerfassung Zahlungseingang** (REEXF_26)

Konten aufräumen

Falls die Debitoren- bzw. Kreditorenkonten mit Zahlungseingängen bzw. Zahlungsausgängen bebucht wurden, aber die Posten nicht ausgeglichen sind, können Sie den Ausgleich über die App **Ausgleiche zu Mietverträgen** (RERACL) veranlassen.

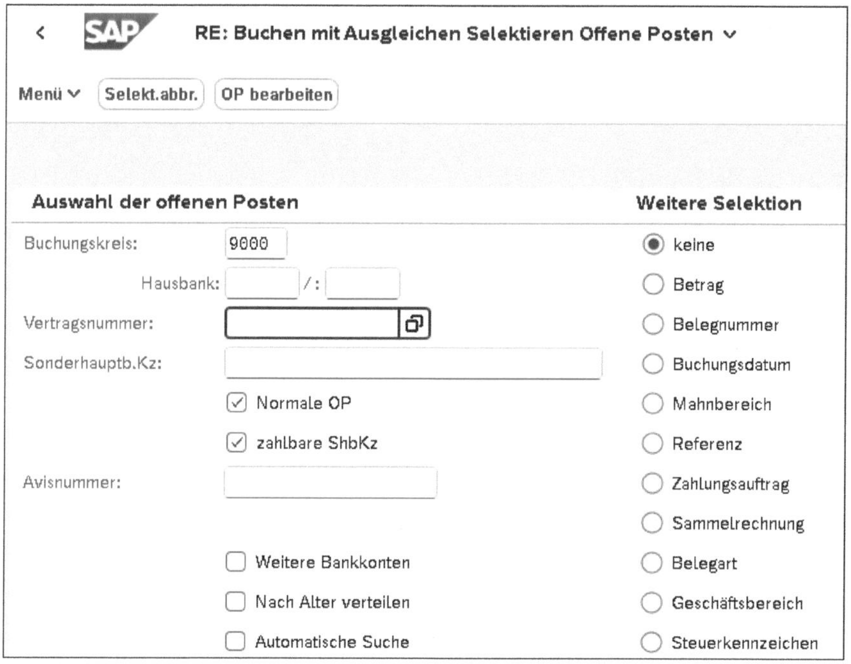

Abbildung 9.5 App REEXFB05 – Auswahl offener Posten über die Vertragsnummer

9

Rücknahme von Ausgleichen

Für die Rücknahme von Ausgleichen, die notwendig wird, wenn Posten storniert werden müssen, die aber schon ausgeglichen sind, verwenden Sie die App **Ausgleiche stornieren** (RERACLRV) (Ausgleiche zu Verträgen stornieren) oder **Rücknahme Ausgleich Prozess** (REEXRESETCLEARPROC). Das Selektionsbild der App **Rücknahme Ausgleich Prozess** mit den verschiedenen Möglichkeiten der Belegselektion zeigt Abbildung 9.6.

Bankkonten

Um den Stand Ihrer Bankkonten mit Ihren Buchhaltungskonten (Bankhauptkonten) abzugleichen, müssen Sie regelmäßig die Kontoauszüge abarbeiten. Dafür stellt Ihnen das SAP Finanzwesen verschiedene Apps für die Übernahme von elektronischen Kontoauszügen zur Verfügung.

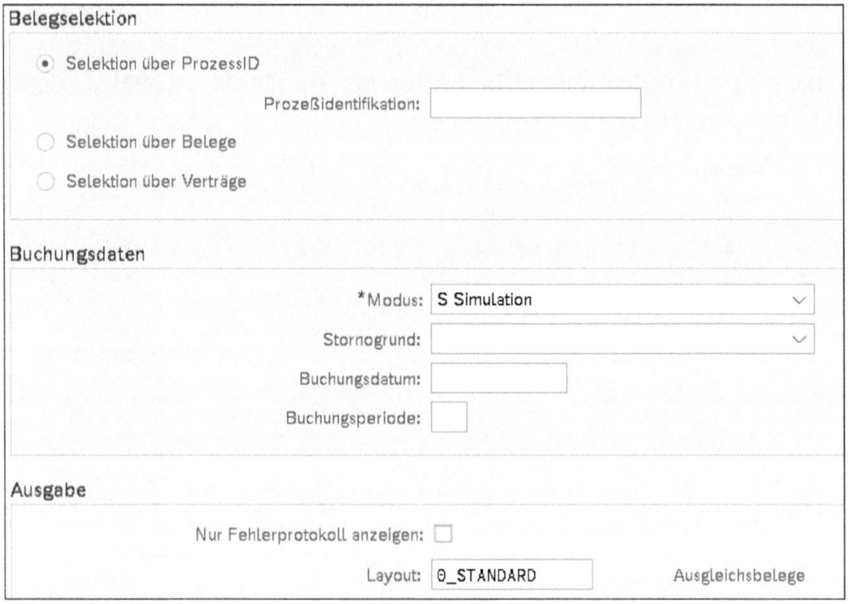

Abbildung 9.6 App Rücknahme Ausgleich Prozess – Einstiegsbild

Kontoauszugsübernahme

Der elektronische Kontoauszug, den Ihre Bank Ihnen zuschickt, weist alle Bewegungen auf Ihren Konten bei der Bank aus, z. B. Geldausgänge durch von Ihnen veranlasste Überweisungen, Scheckeinlösungen durch Kreditoren oder Geldeingänge von Debitoren. Durch die Übernahme des elektronischen Kontoauszuges (App **Kontoauszüge hochladen** (FF_5)) werden diese Daten ausgelesen und interpretiert. Die Interpretation führt zu automatischen Buchungen.

Beispiele für die Kontoauszugsübernahme

- Der Überweisungsausgang wird auf das Bankhauptkonto gebucht, die Gegenbuchung erfolgt auf das Bankverrechnungskonto, das bei Auslösung der Zahlung durch den Zahllauf angesprochen wurde.
- Die Scheckeinlösung wird auf das Bankhauptkonto gebucht, die Posten auf dem Bankverrechnungskonto für Schecks, die der Zahllauf erzeugt hat, werden ausgeglichen.
- Der Zahlungseingang löst eine Buchung auf einem Bankverrechnungskonto für Zahlungseingänge aus. Gleichzeitig wird versucht, den Posten zu finden, für den die Zahlung gedacht ist. Dieser debitorische Posten wird – sofern er gefunden wird – automatisch ausgeglichen. Wird der Posten nicht gefunden, muss eine manuelle Nachbearbeitung stattfinden.

Für das Auffinden von Posten, die aus Verträgen stammen, werden im Vertragsmanagement verschiedene Algorithmen benutzt, die auf der Angabe der Vertragsnummer im Verwendungszweck basieren. Im Customizing von SAP RE können Sie unter **Buchhaltung • Integration FI-GL, FI-AR, FI-AP • Zahlungseingänge steuern • Kontoauszugsübernahme vorbereiten** festlegen, nach welchen Regeln und in welcher Reihenfolge debitorische Vertragsposten bei Zahlungseingängen ausgeglichen werden sollen.

9.2.3 Mahnungen drucken

Für debitorische Forderungen sowie für Forderungen aus Gutschriften auf Kreditorenkonten können, wenn sie über längere Zeit nicht gezahlt werden, Mahnungen gedruckt werden. Hierfür setzen Sie den Mahnlauf, App **Mahnen** (F150), ein.

Der Mahnlauf bearbeitet Debitoren- und Kreditorenkonten in zwei Schritten:

1. Es erzeugt über die Mahnselektion einen Mahnvorschlag.
2. Es druckt Mahnungen anhand des (gegebenenfalls nachbearbeiteten) Mahnvorschlags.

Posten, die aus Verträgen von SAP RE stammen, können einer Sonderbehandlung unterzogen werden:

- **Vertrag mit Mahnsperre**

  Auch wenn weder der überfällige Posten noch das Debitorenkonto eine Mahnsperre besitzen, kann die Mahnung unterdrückt werden, wenn der Vertrag, der den Posten erzeugt hat, eine Mahnsperre besitzt.

- **Zahlweg für zu mahnende Posten**

  Posten können auch dann gemahnt werden, wenn ein Zahlweg für den zu mahnenden Posten vorhanden ist. Normalerweise deutet das Vorhandensein des Zahlweges darauf hin, dass die Zahlung automatisch per Zahllauf erzeugt wird. Daher werden derartige Posten normalerweise nicht gemahnt. Sie können in SAP RE davon abweichend Zahlwege als »mahnbar« erklären.

- **Mahnschreiben an Vertragspartner versenden**

  Wird ein Mahnschreiben erzeugt, kann es nicht nur an den Debitoren, auf dessen Konto der gemahnte Posten gefunden wurde, geschickt werden, sondern auch an weitere Partner aus dem Vertrag.

Voraussetzung für derartige Sonderbehandlungen ist, dass dem Mahnlauf bekannt gegeben wurde, dass das Vertragsmanagement von SAP RE die Steuerung übernimmt. Weitere Informationen und die notwendigen Customizing-Einstellungen finden Sie im Customizing von SAP RE unter **Buchhaltung • Integration FI-GL, FI-AR, FI-AP • Mahnen**. In Abbildung 9.7 sehen Sie den Menübaum für die RE-spezifischen Customizing-Einstellungen zum Mahnlauf.

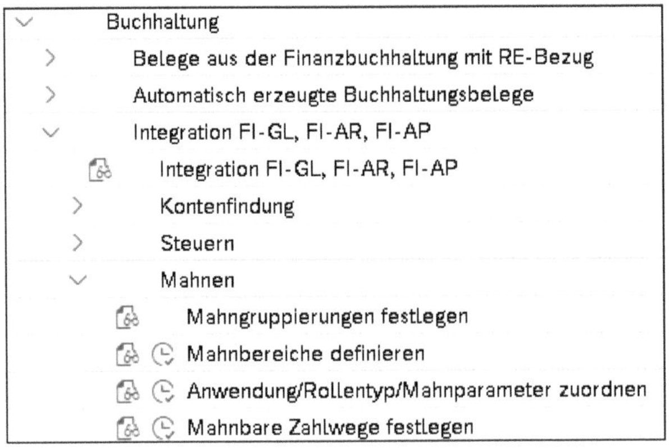

Abbildung 9.7 Customizing des Mahnlaufs in SAP RE

9.2.4 Rechnungen schreiben

In SAP RE haben Sie die Möglichkeit, für debitorische Verträge Rechnungen zu schreiben. Hierfür verwenden Sie die im Folgenden beschriebenen Apps aus dem Bereich Buchhaltung des SAP RE bzw. des Contract and Lease Managements.

Der Druck von Rechnungen erfolgt in zwei Schritten:

1. Erstellen der Rechnungen mithilfe der App **Rechnungen erstellen** (RERAIV)
2. Rechnungen direkt aus der App **Rechnungen erstellen** drucken oder über die App **Rechnungen drucken** (RECPA520)

Rechnungen erstellen

Der erste Schritt beim Erstellen von Rechnungen ist die Ermittlung der Posten, für die eine Rechnung zu drucken ist. Die für den Rechnungsdruck relevanten Posten können

- entweder anhand der gebuchten Posten nach Ausführen der App für die periodischen Buchungen oder
- anhand der Plan-Sätze in den Finanzströmen der Verträge ermittelt werden.

Diese Entscheidung treffen Sie über die **Selektionsart** (siehe Abbildung 9.8). Hier können Sie zwischen folgenden Werten wählen:

- Nur Posten aus FI-Belegen
- Posten aus FI-Belegen und dem Finanzstrom
- Nur Planpositionen aus dem Finanzstrom

Weiterhin können Sie die Identifikationen von Buchhaltungsprozessen (z. B. der periodischen Buchung) auswählen und entscheiden, ob auch ausgeglichene Posten, Guthabenposten oder bereits in Rechnung gestellte Posten berücksichtigt werden sollen.

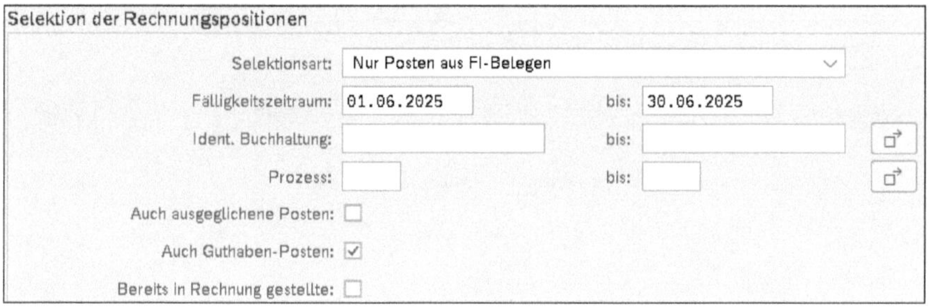

Abbildung 9.8 App Rechnungen erstellen – Selektion der Rechnungspositionen (Ausschnitt)

Durch das Erstellen der Rechnung werden die ermittelten Posten in separate Datenbanktabellen gestellt, um zu registrieren, dass diese Posten bereits in Rechnung gestellt wurden. Bei einem folgenden Lauf werden bereits in Rechnung gestellte Posten ignoriert. Der Parameter **Bereits in Rechnung gestellte** erlaubt es Ihnen, diese Posten trotzdem zu selektieren.

Die selektierten Posten können so gruppiert werden, dass entweder pro Vertrag oder pro Rechnungsempfänger, d. h. vertragsübergreifend, Rechnungen erstellt werden. Abbildung 9.9 zeigt einen Ausschnitt aus dem Selektionsbild der App **Rechnungen erstellen** (RERAIV).

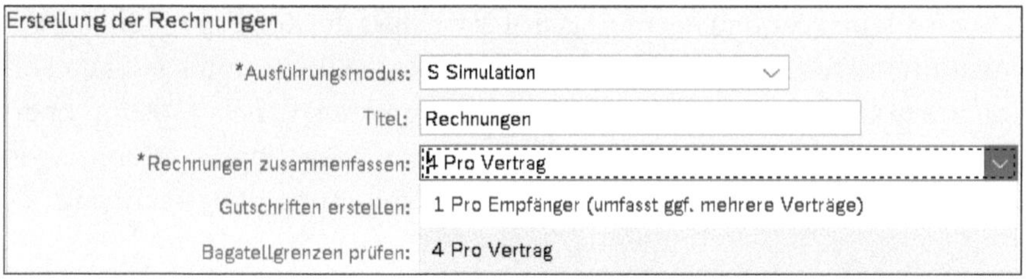

Abbildung 9.9 App Rechnungen erstellen – Einstellungen zur Erstellung der Rechnungen (Ausschnitt)

Rechnungen drucken

Wurde der Selektionslauf für die Rechnungen als Echtlauf ausgeführt, werden die selektierten Positionen unter einer Rechnungslauf-ID zusammengefasst. Über diese ID und weitere Selektionskriterien können Sie mit der App **Rechnungen drucken** (RECPA520) den Rechnungsdruck anstoßen. Bitte beachten Sie, dass diese App ausschließlich in der Private Cloud bzw. in On-Premise-Systemen zur Verfügung steht.

Auch eine Selektion von Rechnungen über die Eingabe des Buchungskreises, der Rechnungsnummer oder des Geschäftspartners ist möglich. Einen Ausschnitt aus dem Selektionsbild der App **Rechnungen drucken** zeigt Abbildung 9.10.

Abbildung 9.10 App Rechnungen drucken (Ausschnitt aus dem Selektionsbild)

Voraussetzung für den Rechnungsdruck ist, dass die Korrespondenzfunktionen im Customizing von SAP RE eingerichtet wurden und passende Formulare hinterlegt sind (siehe hierzu im Customizing von SAP RE unter **Korrespondenz**). Die Einrichtung der Nummernkreise für die Rechnungen erfolgt im Customizing von SAP RE unter **Buchhaltung • Mietrechnung**.

9.3 Periodenabschluss

In diesem Abschnitt beschreiben wir verschiedene Arbeiten und Aktivitäten, die spätestens zum Abschluss einer Periode, d. h. zum Monats-, Quartals- oder Jahresende, durchzuführen sind.

9.3.1 Bewertung aktualisieren

Um die korrekten Werte für den Periodenabschluss zur Verfügung zu stellen, müssen alle Verträge und Vertragsänderungen korrekt in die bilanzielle Bewertung einfließen. In Abschnitt 9.1.1, »Arbeitsvorräte abarbeiten«, haben Sie erfahren, welche Hilfe Ihnen die Arbeitsvorräte bieten:

1. Stellen Sie fest, welche Verträge neu hinzugekommen sind, und ordnen Sie Bewertungsparameter zu.
2. Stellen Sie fest, welche Verträge geändert wurden. Ordnen Sie neue Zeitscheiben in den Bewertungsparametern zu.
3. Starten Sie die Bewertung pro Vertrag oder als Massenlauf mithilfe der App **Vertragsbewertungen durchführen [Massenlauf]** (RECEPR).

Neben den bekannten Abgrenzungsmöglichkeiten für Verträge und den Parametern für die Parallelisierung der Läufe zur Verbesserung der Programmlaufzeit finden Sie die in Abbildung 9.11 dargestellten Parameter auf dem Selektionsbild vor.

Die Parameter **Ausführungsmodus**, **Identifikation** und **Titel** wurden bereits bei anderen Prozessen besprochen. Die Parameter **Betrachtungsbeginn**, **Bewertungsverhalten** und **Bewertungsnotiz** sollten nur in Sonderfällen benutzt werden. Die Einschränkung auf eine **Bewertungsregel** ist gegebenenfalls dann sinnvoll, wenn man die Bewertung auf bestimmte Rechnungslegungsvorschriften einschränken möchte.

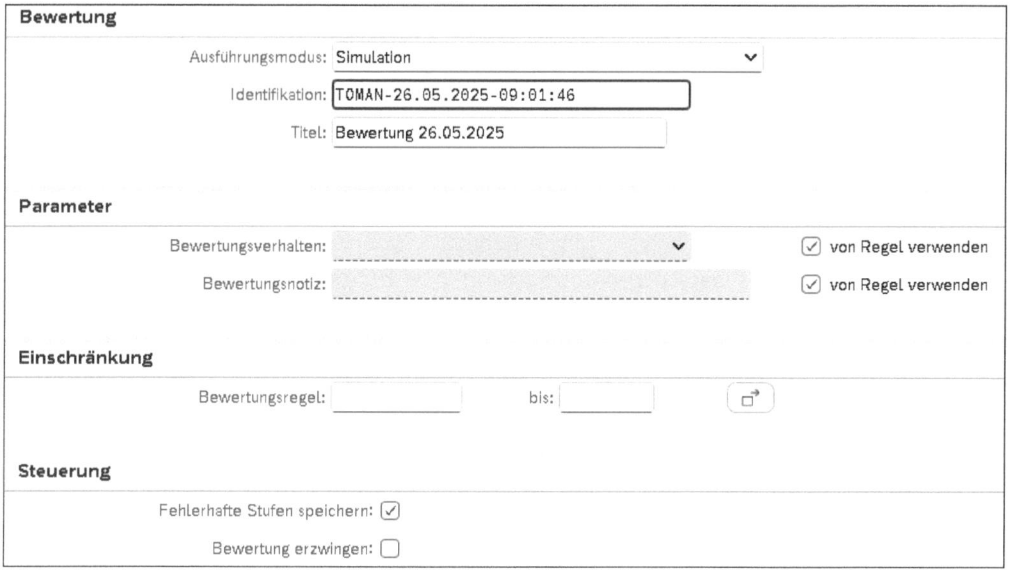

Abbildung 9.11 App Vertragsbewertungen durchführen – Selektionsbild (Ausschnitt)

Als Steuerungsparameter stehen außerdem zur Verfügung:

- **Fehlerhafte Stufen speichern**
  Wird bei der Bewertung festgestellt, dass aufgrund von Fehlern die Bewertung nicht ausgeführt werden kann (z. B. wegen fehlender Anwendungsdaten oder Customizing-Einstellungen), kann das Ergebnis dennoch gespeichert werden. Im Vertragsdialog können Sie anschließend die Fehlerursachen analysieren.
- **Bewertung erzwingen**
  Sie erzwingen hiermit, dass auch für Verträge eine Bewertung durchgeführt wird, für die eigentlich keine erneute Bewertung notwendig sein sollte. Manchmal ist es aber dennoch sinnvoll, z. B. wenn aufgrund von Programmfehlern eine Bewertung nicht aktuell ist. Ergibt die erneute Bewertung kein abweichendes Ergebnis, wird sie nicht gespeichert. Das Setzen dieses Parameters kann die Laufzeit beträchtlich erhöhen und sollte nur in Ausnahmefällen erfolgen.

9.3.2 Bewertung buchen

Die Buchung der Bewertung findet nicht über die App **Periodisches Buchen Verträge** (RERAPP) statt, sondern über eine separate App **Bewertung zu Verträgen buchen** (RECEEP). Hintergrund der Entscheidung, die periodischen Buchungen des Zahlungsfinanzstroms und des Bewertungsfinanzstroms durch die Bereitstellung separater Apps zu entkoppeln, ist hauptsächlich die Tatsache, dass der Zahlungsfinanzstrom in aller Regel zeitnah zu buchen ist, um die Zahlungen pünktlich zu realisieren. Die Buchung des Bewertungsfinanzstroms kann zeitlich entkoppelt stattfinden, da die Bewertungsbuchungen erst dann erfolgen müssen, wenn die Bilanz erstellt wird. Zudem setzt die Buchung der Bewertung voraus, dass die Bewertungsdaten aktuell sind. Es müssen gegebenenfalls vor der Buchung Neubewertungen infolge von Vertragsänderungen stattfinden, denen unter Umständen fachliche Einschätzungen und Sachentscheidungen der zuständigen Buchhalter vorangehen.

Führen Sie die Bewertungsbuchung zum Periodenabschluss im Massenlauf mithilfe der App **Bewertung zu Verträgen buchen** (RECEEP) aus. Ihre Systemadministration kann im Selektionsbild die **Parallelisierung** einrichten und so bewirken, dass der Massenlauf auf mehrere Server verteilt wird. Sie erreichen hierdurch kürzere Programmlaufzeiten.

9.3.3 Sonstige bilanzvorbereitende Maßnahmen ausführen

Für die Erstellung der Bilanz und der notwendigen Anlagen werden, bezogen auf das Vertragsmanagement, weitere Aktionen notwendig, die im SAP Finanzwesen angestoßen werden.

Fremdwährungsbewertung

Für Verträge in Fremdwährungen werden die Konten für die Leasingverbindlichkeiten und die Leasingforderungen in Fremdwährungen geführt. Für diese Konten sowie für die offenen Posten aus Fremdwährungsverträgen auf Kreditoren- oder Debitorenkonten müssen Sie eine Fremdwährungsbewertung durchführen.

Umgliedern

Die Forderungen und Verbindlichkeiten aus Leasingverträgen sind nach ihrem Zeithorizont zu rastern und umzugliedern. Als Basis hierfür steht Ihnen im Infosystem des Vertragsmanagements die App **Umgliederung Informationssystem** (RECEISRECLASSIFY) zur Verfügung, die bereits in Abschnitt 5.3.3, »Leasingverbindlichkeiten rastern«, besprochen wurde.

9.4 Zusammenfassung

Sie haben in diesem Kapitel erfahren, welche Arbeiten im Zusammenhang mit dem Vertragsmanagement periodisch anfallen. Die Aufzählung erhebt keinen Anspruch auf Vollständigkeit. Im Rahmen des Periodenabschlusses sind sicherlich weitere Tätigkeiten notwendig. So kann es z. B. im Zusammenhang mit der Umsatzsteuermeldung notwendig werden, Vorsteuerbehandlungen durchzuführen, wie Sie in Abschnitt 2.8.3., »Vorsteuerbehandlung«, nachlesen können. Ganz sicher werden auch spezielle, kundenspezifische Abstimmungen, Berichte und Analysen ausgeführt werden müssen.

Die Zusammenstellung und zeitliche Planung der notwendigen periodischen Arbeiten sollten in Ihrem Einführungsprojekt ausreichend Raum einnehmen, ist dies doch eine Voraussetzung für einen möglichst reibungsarmen und termingerechten Periodenabschluss.

Kapitel 10
Übergangsphase und Datenmigration

Die von IASB (International Accounting Standards Board) und FASB (Financial Accounting Standards Board) herausgegebenen Bilanzierungsrichtlinien für Leasingverträge sind seit 2019 in Kraft. Erfahren Sie in diesem Kapitel, welche technischen Möglichkeiten Ihnen zur Einführung der bilanziellen Bewertung und zur Gestaltung der Übergangsphase in SAP Real Estate Management (SAP RE) zur Verfügung stehen.

Wir haben uns in den bisherigen Kapiteln dieses Buches mit dem Leasingvertrag und dessen bilanzieller Bewertung beschäftigt, waren also sozusagen im laufenden Betrieb der bilanziellen Bewertung »unterwegs«. In diesem Kapitel soll es nun um eine nicht minder interessante und anspruchsvolle Projektphase gehen, nämlich um die Übergangsphase bis zur Einführung der Bewertungsrichtlinien sowie um Fragen der Datenübernahme und der Migration von Leasingverträgen. Sehen wir uns zunächst einige grundlegende Fragen an, mit denen Sie sich im Rahmen des Einführungsprojekts für die in diesem Buch beschriebenen Bewertungsrichtlinien beschäftigen werden.

10.1 Überblick

Projektansätze für das Implementierungsprojekt

Für die Einführung der bilanziellen Bewertung von Leasingverträgen gibt es mehrere Vorgehensweisen. Abhängig vom bereits im SAP-System vorhandenen bzw. für die Bewertung benötigten Funktionsumfang sowie von der Systemlandschaft Ihres Unternehmens können Sie

- eine bereits bestehende Implementierung des SAP Real Estate Managements (SAP RE) um die Funktionen der bilanziellen Bewertung erweitern.
- eine Neuimplementierung der Bewertung mit SAP RE durchführen.

Eine Neuimplementierung kann sich zunächst ausschließlich auf die bilanzielle Bewertung beschränken. Zu einem späteren Zeitpunkt können Sie gegebenenfalls weitere Funktionen von SAP RE einführen.

Um sich detailliert mit dem Funktionsumfang des Vertragsmanagements und der bilanziellen Vertragsbewertung in SAP RE zu beschäftigen, können Sie für die Designphase bzw. für die Erstellung eines Prototyps ein Sandboxsystem nutzen, das auf der Grundlage des Produktivsystems oder des Qualitätssicherungssystems Ihres Unternehmens aufgebaut wird. Dadurch können Sie die Customizing-Einstellungen und die Anwendungsfunktionen auf der Basis realer Vertragsdaten Ihres Unternehmens, aber in einem separaten SAP-System oder SAP-Mandanten testen.

Releasestand und Support Packages

Für die Implementierung der bilanziellen Vertragsbewertung ist es erforderlich, die aktuellen Support Packages zu installieren. Detaillierte Informationen zu Releaseständen und Support Packages finden Sie in den SAP-Hinweisen **2255555** (Freigabehinweis: Bewertung von Leasingverträgen) und **2254013** (SAP Real Estate: Freigabe für SAP S/4HANA). In SAP-Hinweis **2255555** finden Sie auch eine Liste der aktuellen SAP-Hinweise zur bilanziellen Vertragsbewertung, die ständig aktualisiert wird. Gegebenenfalls müssen Sie zusätzlich zum aktuellen Support Package weitere SAP-Hinweise implementieren. Bei der Suche nach SAP-Hinweisen zur Vertragsbewertung können Sie die SAP-Komponente RE-FX-LA (RE-FX - Leasingbuchhaltung) verwenden. Bitte berücksichtigen Sie hierbei auch die folgenden Unterkomponenten der SAP-Komponente RE-FX-LA:

- RE-FX-LA-2CL Lease Accounting (Public Cloud)
- RE-FX-LA-RA Leasing – Bewertungsbuchunh
- RE-FX-LA-AA Leasing – Integration Anlagenbuchhaltung
- RE-FX-LA-CN Leasing – Bewertungsklausel
- RE-FX-LA-CF Leasing – Bewertung Cash Flow
- RE-FX-LA-IS Leasing – Informationssystem.

Auslieferungs-Customizing

Im Auslieferungs-Customizing von SAP RE finden Sie Customizing-Einstellungen für die bilanzielle Vertragsbewertung, die Sie als Grundlage für die Einstellungen im SAP-System Ihres Unternehmens verwenden können. Detaillierte Informationen zum von SAP bereitgestellten Auslieferungs-Customizing für die Bewertung erhalten Sie in SAP-Hinweis **2403881** (Leasing: BC-Set Auslieferungs-Customizing).

Bewertungsverfahren

Beginnen wir mit einer grundlegenden Frage: Welche Bewertungsverfahren werden Sie für die Bewertung der Leasingverträge Ihres Unternehmens nutzen? Werden Sie zusätzlich zur Bewertung nach IFRS 16 für einzelne Buchungskreise auch Bewertungen nach lokalem Recht (z. B. nach HGB) durchführen? Ist neben der Bewertung nach IFRS 16 für einzelne Konzerngesellschaften eine Bewertung nach US-GAAP erforderlich? Mit der Festlegung der notwendigen Bewertungsverfahren und Rechnungslegungsvorschriften haben Sie den ersten Schritt im Einführungsprojekt getan.

Ledger- oder Kontenlösung

Eine weitere wichtige Frage: Werden Sie bei der Bewertung mit der Ledger- oder mit der Kontenlösung arbeiten? Unterschiede und Gemeinsamkeiten beider Lösungen werden in Kapitel 7, »Bewertung buchen«, detailliert erläutert. Während bei der Ledger-Lösung jedes Bewertungsverfahren mit den gleichen Konten, aber in »seinem« Ledger bucht, erfolgt die Differenzierung bei der Kontenlösung über gesonderte Konten, aber innerhalb ein und desselben, nämlich des führenden, Ledgers.

[zB]

Sachkonten in der Ledger- und der Kontenlösung

Wenn Ihr Unternehmen Leasingverträge nach IFRS und US-GAAP bewerten muss, benötigen Sie im Falle der Ledger-Lösung unter anderem ein Anlagenverrechnungskonto und ein Verrechnungskonto Leasing, d. h. separate Sachkontenstammsätze, die jeweils entweder im IFRS- oder im US-GAAP-Ledger für Buchungen herangezogen werden. Dazu kommt ein weiteres Verrechnungskonto für die periodische Buchung, das in beiden Rechnungslegungsvorschriften erscheint.

Im Fall der Kontenlösung benötigen Sie dagegen fünf Sachkontenstammsätze für folgende Konten:

- Anlagenverrechnung IFRS
- Anlagenverrechnung US-GAAP
- Leasingverrechnung IFRS
- Leasingverrechnung US-GAAP
- Verrechnungskonto für periodische Buchung

Wenn Sie die Kontenlösung verwenden, benötigen Sie also ein größeres freies Nummernintervall für die anzulegenden Sachkonten. Die Entscheidung für die Ledger- oder die Kontenlösung treffen Sie gemeinsam mit den Bereichen Finanzwesen und Controlling Ihres Unternehmens. Beachten Sie dabei die bereits im SAP Finanzwesen vorhandenen Einstellungen und Daten sowie die späteren Anforderungen an Auswertungen und Berichtswesen.

Verträge analysieren

Nachdem Sie die bewertungsrelevanten Leasingverträge aus verschiedenen Vorsystemen, optischen Archiven oder Aktenschränken zusammengetragen und analysiert haben, müssen Sie nun bestimmen, welche Vertragsdaten, insbesondere welche historischen Vertragsdaten, nach SAP RE übernommen werden. Schauen wir uns deshalb zunächst einige Aspekte an, nach denen Sie die Verträge gliedern und die Ihnen bei der Entscheidung über Vertragsarten, Vertragsobjekte etc. helfen können.

Vertragsarten bestimmen

Wie viele und welche Vertragsarten benötigen Sie zur Abbildung der Leasingverträge Ihres Unternehmens? Sind bereits Leasingverträge im SAP-RE-System Ihres Unternehmens vorhanden, können Sie diese Verträge – und deren Vertragsarten – auch weiterhin verwenden. In diesem Fall müssen die Verträge um die bewertungsrelevanten Daten sowie gegebenenfalls um weitere zu buchende und statistische Konditionen ergänzt werden. Anschließend können Sie diese Verträge im Rahmen der bilanziellen Bewertung nutzen. Sind dagegen noch keine Leasingverträge in Ihrem SAP-System abgebildet, müssen Sie zunächst die relevanten Vertragsarten neu definieren. Bei der Festlegung der Vertragsarten sollten Sie einerseits die bestehenden Reporting-Anforderungen, andererseits die Differenzierungsmöglichkeiten innerhalb der Bewertung und aus Sicht der Anlagenbuchhaltung berücksichtigen.

Vertragsobjekte und Anlagenklassen

Welche Vertragsobjekte sind vorhanden, und welche Anlagenklassen sollen für die zu den Vertragsobjekten anzulegenden RoU-Anlagen verwendet werden?

Hat Ihr Unternehmen Leasingverträge für Gebäude, Grundstücke, Fahrzeuge, Maschinen, Computer und Drucker und benötigen Sie für jede dieser Gegenstandsarten eine gesonderte Anlagenklasse, können Sie die zu verwendenden Anlagenklassen über die Gegenstandsarten des Vertragsgegenstandes steuern. Die Einstellungen hierzu finden Sie im Customizing-Menü von SAP RE unter **Bilanzielle Bewertung von Verträgen • Bewertungsobjektabhängige Steuerungsparameter**. Abbildung 10.1 zeigt einen Ausschnitt aus der Zuordnung der Anlagenklassen für das Finanzierungsleasing (Classification A; Spalte **Klasse Typ A**). Für Bewertungsverfahren, bei denen zwischen Finanzierungsleasing und operativem Leasing unterschieden werden muss, gibt es zusätzlich die Spalte **Klasse Typ B**.

Bewertungsobjektabhängige Steuerungsparameter

BuKr	Art	Bez. Objektart	Difkrt	Bez. Diff.kriterium	VArt	Bez. Vertragsart	Kontenfindwert	Kontenfindungswert	Klasse Typ A	Klasse Typ A	Klasse Typ B	Klasse Typ B
9000	IB	Gebäude					PROPERTY	Immobilien Leasing	110L	RoU Gebäude	110L	RoU Gebäude
9000	J4	Vertragsgegenstand	01	Immobilien	9000	Anmietung/Lease-in Immobilien	PROPERTY	Immobilien Leasing	110L	RoU Gebäude	110L	RoU Gebäude
9000	J4	Vertragsgegenstand	01	Immobilien	9003	Anmietung/Lease-in Umsatz	PROPERTY	Immobilien Leasing	110L	RoU Gebäude	110L	RoU Gebäude

Abbildung 10.1 Bewertungsobjektabhängige Steuerungsparameter

[»]

Anlagenklassen für RoU-Anlagen

Die Bilanzierungsrichtlinien fordern, dass die RoU-Anlagen getrennt vom übrigen Anlagevermögen des Unternehmens dargestellt werden müssen. Um dies zu gewährleisten, werden Sie in der Regel mit neuen Anlagenklassen für die RoU-Anlagen arbeiten und die in Ihrem Unternehmen bereits bestehenden Anlagenklassen nicht für die Darstellung der RoU-Anlagen verwenden. Beachten Sie bei der Einrichtung der Einstellungen zur Anlagenbuchhaltung (z. B. Abschreibungsschlüssel) insbesondere die Dokumentation im Customizing von SAP RE unter **Bilanzielle Bewertung von Verträgen • Überblick Bilanzielle Bewertung**. Weitere Erläuterungen finden Sie in SAP-Hinweis **2297363** (RE-FX: Leasing – Erweiterung Anlagenbuchhaltung).

Aus der Sicht der Anlagenklassen sowie aus technischer Sicht benötigen Sie deshalb eigentlich nur eine Vertragsart für Leasingverträge. Trotzdem kann es natürlich sinnvoll sein, zu Reporting-Zwecken gesonderte Vertragsarten pro Gegenstandsart zu verwenden. So haben wir in unseren Beispielen zwischen Immobilienverträgen und anderen Leasingverträgen unterschieden. Auch eine Differenzierung zwischen Immobilien, Fahrzeugen und Computern bzw. Computerzubehör erscheint uns sowohl aus Sicht der Auswertungsanforderungen als auch aus Sicht der Berechtigungsvergabe sinnvoll.

Auch wenn Sie bei der Einführung der bilanziellen Bewertung zunächst ausschließlich Vertragsgegenstände für die Abbildung der Leasingobjekte nutzen, beachten Sie bitte dennoch jetzt schon die eventuelle spätere Erweiterung um Immobilienobjekte (z. B. Gebäude oder Grundstücke), PSP-Elemente (Projektstrukturplanelemente) oder technische Plätze.

Vertragskonditionen

Welche Vertragskonditionen werden für die Abbildung von Leasingraten, Initialkosten, Anreiz- oder Strafzahlungen benötigt? Sollen sich die Konditionsarten für Leasingverträge für Gebäude und Grundstücke von den Konditionsarten für Fahrzeuge oder Computer bzw. Drucker unterscheiden?

Auch hier ist es wichtig, bereits im Vorfeld der Customizing-Einstellungen die später notwendigen Auswertungen zu berücksichtigen. Zunächst ist jeder Vertragsart im Customizing von SAP RE eine Konditionsgruppe zugeordnet. Diese Konditionsgruppen fassen die für eine Vertragsart möglichen Konditionsarten zusammen. Sie können natürlich für alle Vertragsarten ein und dieselbe Konditionsart »Leasingrate« verwenden. Werden aber in Ihrem Unternehmen für die Buchung der Leasingkosten für Gebäude schon immer andere Kostenarten verwendet als für das Leasing von Computern und Computerzubehör und soll das auch zukünftig so bleiben, ist es sinnvoll, hierfür verschiedene Konditionsarten mit der jeweils zugehörigen Kontenfindung anzulegen. Haben Sie aus diesem Grund etwa die Konditionsarten »Leasingrate Gebäude« (oder »kreditorische Grundmiete Gebäude«) und »Leasingrate Computer« angelegt, sollen diese Konditionsarten vermutlich auch in separaten Konditionsgruppen – und damit in separaten Vertragsarten – für das Gebäude- und das Computerleasing verwendet werden.

[»]

So viel wie nötig, so wenig wie möglich

Vermeiden Sie in allen Fällen – bei Vertragsarten, Gegenstandsarten und Konditionsarten – eine zu starke Differenzierung. Jede zusätzliche Konditionsart erfordert eine eigene Bewegungsart, dazu abhängige Referenzbewegungsarten und die entsprechende Kontenfindung. Jede zusätzliche Vertragsart oder Gegenstandsart erfordert eine eigene Kontenfindung und eine Anlagenklasse.

10.2 Wichtige Vertragsattribute

Wir erläutern in diesem Abschnitt einige Felder und Attribute des Vertrags, die eine wichtige Rolle für den Übergangszeitraum und die Datenmigration spielen.

10.2.1 Wichtige Datumsfelder

Bei der Datenmigration sowie während des Übergangs zur bilanziellen Bewertung spielen einige Datumsfelder des Leasingvertrags eine wichtige Rolle. Über die in diesen Feldern erfassten Werte können Sie den Bewertungsprozess sowie die daraus resultierenden Buchungen steuern. Die Datumsfelder lassen sich in zwei Gruppen gliedern:

- Datumsfelder im Zusammenhang mit Vertragskonditionen
- Datumsfelder im Zusammenhang mit dem Bewertungsprozess

Datumsfelder im Zusammenhang mit Vertragskonditionen

Feld »Vertragsbeginn«

Der **Vertragsbeginn** definiert den tatsächlichen Beginn der Vertragsbeziehung. Er kann also bei bereits länger bestehenden Leasingverträgen schon mehrere Jahre in der Vergangenheit liegen. Sie übernehmen auch für bereits seit Längerem bestehende Verträge das echte Datum des Vertragsbeginns. Der tatsächliche Vertragsbeginn wird beispielsweise für die Abbildung von Verlängerungsregeln oder Kündigungsmodalitäten in SAP RE benötigt. Für die Steuerung der zahlungsrelevanten Vertragsbuchungen stehen Ihnen weitere Felder zur Verfügung.

Feld »Erste Buchung ab«

Das Feld **Erste Buchung ab** auf der Registerkarte **Laufzeit** definiert den tatsächlichen Buchungsbeginn im SAP-System. Sie können dieses Feld ausschließlich beim Anlegen eines Vertrags bzw. beim Ändern eines noch nicht aktivierten Vertrags mit einem vom **Vertragsbeginn** und vom Beginn des Finanzstroms abweichenden Datum versorgen. Bleibt das Feld leer, so wird der Vertragsbeginn (bzw. das Datum **Finanzstrom ab**) herangezogen. Ist der Vertrag aktiviert, so kann der Feldinhalt nicht mehr geändert werden.

Feld »Finanzstrom ab«

Mit dem Feld **Finanzstrom ab** legen Sie fest, ab welchem Datum Finanzstromsätze für den Partner- (und – soweit vorhanden – auch für den Objektfinanzstrom) generiert werden. Beim Anlegen eines Vertrags wird das Feld automatisch mit dem Vertragsbeginn vorbelegt (siehe Abbildung 10.2).

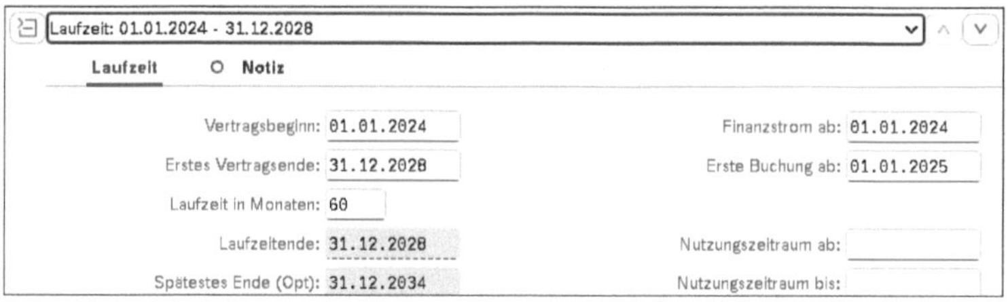

Abbildung 10.2 Laufzeitdaten eines Vertrages mit abweichendem Datum der ersten Buchung

Liegt das Datum der ersten Buchung nach dem Datum **Finanzstrom ab**, werden die im Zeitraum zwischen beiden Datumswerten liegenden Finanzstromsätze mit dem Symbol ■ (**Eintrag als gebucht markiert**) gekennzeichnet. In Abbildung 10.3 sehen Sie den Partnerfinanzstrom zum Vertrag aus Abbildung 10.2 mit **Vertragsbeginn** und **Finanzstrom ab** am 01.01.2024 und **Erste Buchung ab** am 01.01.2025. Die Einträge für das Jahr 2024 (erkennbar an den Werten der Felder Berechnung von und Berechung bis im Jahr 2024) werden nicht gebucht, sondern sind durch das entsprechende Icon als "gebucht" markiert. Das bedeutet, dass die so markierten Finanzstromsätze bereits im Altsystem (Vorsystem) gebucht waren und in SAP nicht nochmal gebucht werden dürfen. Buchungen finden erst für die Finanzstromsätze in 2025 statt (erkennbar an den Werten der Felder **Berechnung von** und **Berechung bis** im Jahr 2025) – sie sind als "zu buchen" ausgewiesen.

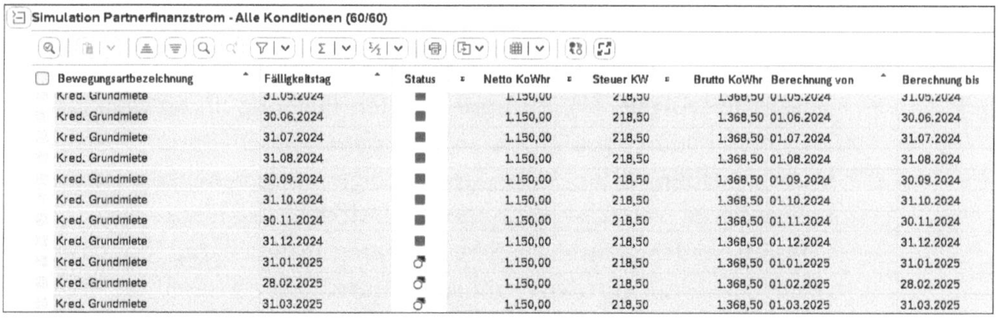
Simulation Partnerfinanzstrom - Alle Konditionen (60/60)

Bewegungsartbezeichnung	Fälligkeitstag	Status	Netto KoWhr	Steuer KW	Brutto KoWhr	Berechnung von	Berechnung bis
Kred. Grundmiete	31.05.2024	■	1.150,00	218,50	1.368,50	01.05.2024	31.05.2024
Kred. Grundmiete	30.06.2024	■	1.150,00	218,50	1.368,50	01.06.2024	30.06.2024
Kred. Grundmiete	31.07.2024	■	1.150,00	218,50	1.368,50	01.07.2024	31.07.2024
Kred. Grundmiete	31.08.2024	■	1.150,00	218,50	1.368,50	01.08.2024	31.08.2024
Kred. Grundmiete	30.09.2024	■	1.150,00	218,50	1.368,50	01.09.2024	30.09.2024
Kred. Grundmiete	31.10.2024	■	1.150,00	218,50	1.368,50	01.10.2024	31.10.2024
Kred. Grundmiete	30.11.2024	■	1.150,00	218,50	1.368,50	01.11.2024	30.11.2024
Kred. Grundmiete	31.12.2024	■	1.150,00	218,50	1.368,50	01.12.2024	31.12.2024
Kred. Grundmiete	31.01.2025		1.150,00	218,50	1.368,50	01.01.2025	31.01.2025
Kred. Grundmiete	28.02.2025		1.150,00	218,50	1.368,50	01.02.2025	28.02.2025
Kred. Grundmiete	31.03.2025		1.150,00	218,50	1.368,50	01.03.2025	31.03.2025

Abbildung 10.3 Partnerfinanzstrom mit als gebucht markierten Positionen

Nachträgliche Konditionsänderungen (Konditionserhöhungen oder Konditionsminderungen) zwischen dem Datum **Finanzstrom ab** und dem Datum **Erste Buchung ab** führen zu echten Nachbuchungen im Rahmen der periodischen Buchungen.

[»]

Nachbuchungen prüfen

Bedenken Sie bitte, dass einmal erzeugte zahlungsrelevante Nachbuchungen unter Umständen nur schwer zurückzunehmen sind. Prüfen Sie deshalb nach der Erfassung der Konditionsänderungen die Änderungen zunächst in der Simulation des Partnerfinanzstroms. Erst im Anschluss daran sichern Sie den Vertrag mit den geänderten Konditionen.

Schauen wir uns im Folgenden ein konkretes Beispiel für einen Leasingvertrag an.

[zB]

Vertragsbeginn, 1. Buchung ab und Finanzstrom ab

Die Laufzeit des Leasingvertrags beginnt am 01.01.2016. Der Vertrag ist zunächst für zehn Jahre abgeschlossen. Im Anschluss daran kann der Vertrag zweimal um je fünf Jahre verlängert werden. Die Leasingraten sind monatlich zu zahlen. Der Vertrag wurde bisher in einem Vorsystem geführt. In diesem Vorsystem erfolgen bis einschließlich Dezember 2024 die zahlungsrelevanten Buchungen, d. h. die Zahlung der Leasingraten. Die bilanzielle Bewertung sowie die Zahlung der Leasingraten sollen ab dem 01.01.2025 in SAP RE erfolgen. Im Februar 2025 erhalten Sie einen Brief vom Leasinggeber. Darin teilt er Ihnen mit, dass er versehentlich ab Juni 2024 die Leasingraten falsch berechnet hat und Sie ab diesem Zeitpunkt monatlich eine um 100 € höhere Leasingrate zahlen sollen. Sie bemängeln, dass Sie erst nach mehr als einem halben Jahr über die fehlerhafte Berechnung der Leasingraten informiert wurden. Schließlich einigen Sie sich mit dem Leasinggeber auf die Zahlung der erhöhten Leasingraten ab 1. Oktober 2024.

Wie bilden Sie diesen Vertrag in SAP RE ab? Vertragsbeginn ist in diesem Fall der 01.01.2016. Sie erfassen dieses Datum im Feld **Vertragsbeginn** auf der Registerkarte **Laufzeit**. Als Datum der ersten Buchung hinterlegen Sie den 01.01.2025. Dadurch gewährleisten Sie, dass vor diesem Datum keine periodischen Buchungen im SAP-System erfolgen. Gegebenenfalls ist es aber notwendig, die Vertragskonditionen rückwirkend zu ändern – auch für den Zeitraum vor dem Datum der ersten Buchung. In diesem Fall können ein abweichendes Datum für den Beginn des Finanzstroms erfassen, um die erforderlichen Nachbuchungen (nachträgliche Gutschriften oder Nachforderungen) zu generieren. Wenn Sie im Feld **Finanzstrom ab** ein Datum ab dem 01.01.2024 – mindestens aber dem 01.10.2024 – erfassen, haben Sie die Möglichkeit, die ab Oktober 2024 fälligen Nachbuchungen aufgrund der fehlerhaft berechneten Leasingraten im SAP-System zu veranlassen.

Den Beginn der Bewertungsbuchungen steuern Sie mit einem separaten Datum. Näheres dazu erfahren Sie weiter unten in diesem Abschnitt.

Feld »Erste Buchung ab«

Für jede Konditionsposition können Sie zusätzlich zum Gültigkeitsbeginn der Kondition auch das Datum der ersten Buchung erfassen. Dadurch können Sie für jede Kondition separat steuern, ab wann diese Kondition im SAP-System gebucht werden soll. Im Allgemeinen werden Sie sicher mit dem Datum der ersten Buchung auf der Registerkarte **Laufzeit** des Vertrags arbeiten, in Sonderfällen können Sie aber auch den konditionsspezifischen Buchungsbeginn verwenden.

Betrachtungsbeginn und Datum erste Buchung ab (Bewertung)

Für die bilanzielle Bewertung gibt es Voreinstellungen für das Datum der ersten Buchung – gemeint ist hier die erste Bewertungsbuchung im SAP-System – und für den Betrachtungsbeginn. Das Datum der ersten Buchung für die Bewertung kann auf einen beliebigen Datumswert nach dem Betrachtungsbeginn der bilanziellen Bewertung festgelegt werden.

[!]

Zwei Felder für die Festlegung der ersten Buchung

Beachten Sie bitte, dass es zwei (oder sogar drei) verschiedene Felder für die Definition des Datums der ersten Buchung in SAP RE gibt: Das Datum der ersten Buchung, das Sie in den Laufzeitdaten des Vertrags bzw. in den Detaildaten der einzelnen Konditionen erfassen, beeinflusst ausschließlich die periodische Buchung, d. h. die zahlungsrelevanten Buchungen, die Sie mit der App **Periodisches Buchen: Verträge** (RERAPP) erzeugen. Das Datum der ersten Buchung in den Bewertungsregeln des Vertrags steuert hingegen ausschließlich den Beginn der Bewertungsbuchungen in SAP RE.

Datumsfelder im Zusammenhang mit dem Bewertungsprozess

Vorbelegungen für den Betrachtungsbeginn und das Datum der ersten Buchung in den Bewertungsparametern können Sie im Customizing von SAP RE unter **Bilanzielle Bewertung von Verträgen • Bewertungsregel** definieren. Markieren Sie dazu eine Bewertungsregel, und wählen Sie dann im linken Bildbereich den Punkt **Zuordnung Buchungskreise** bzw. **Zuordnung Vertragsarten**.

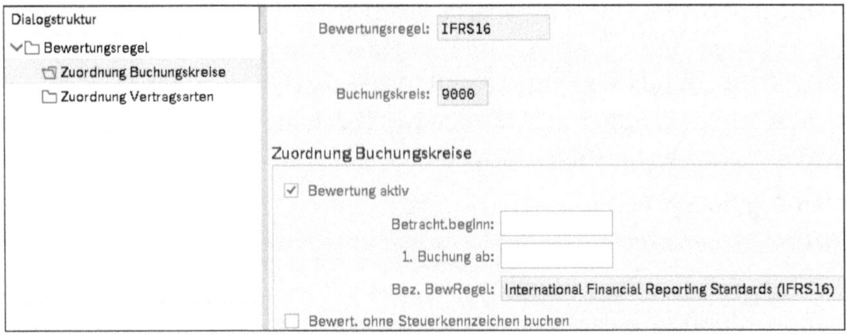

Abbildung 10.4 Vorbelegungen pro Bewertungsregel und Buchungskreis

Durch einen Doppelklick auf einen Buchungskreis bzw. eine Vertragsart verzweigen Sie in ein Detailbild, auf dem Sie die Werte für die Vorbelegungen (pro Buchungskreis bzw. pro Vertragsart) festlegen können (siehe Abbildung 10.4 und Abbildung 10.5).

Abbildung 10.5 Vorbelegungen pro Bewertungsregel und Vertragsart

Die in den beschriebenen Customizing-Einstellungen vorgegebenen Werte werden beim Anlegen einer Bewertungsklausel in die Felder **Betracht.beginn** und **1. Buchung** auf der Registerkarte **Bewertungsparameter** des Vertrags übernommen, können dort aber bei Bedarf noch geändert werden (siehe Abbildung 10.6).

Durch die Verschiebung der ersten Buchung der Bewertung auf ein Datum nach dem Betrachtungsbeginn erhält die Erstbewertung den Status (**Automatisch gebucht gesetzt**). Ein Beispiel hierfür finden Sie in Abbildung 10.7.

Im Bewertungsfinanzstrom werden die aus dem vom Betrachtungsbeginn abweichenden Datum der ersten Bewertungsbuchung resultierenden Differenzen als Sonderbewegungen dargestellt (siehe Abbildung 10.8). Als Fälligkeitsdatum wird das Datum der ersten Buchung aus der Bewertungsregel verwendet.

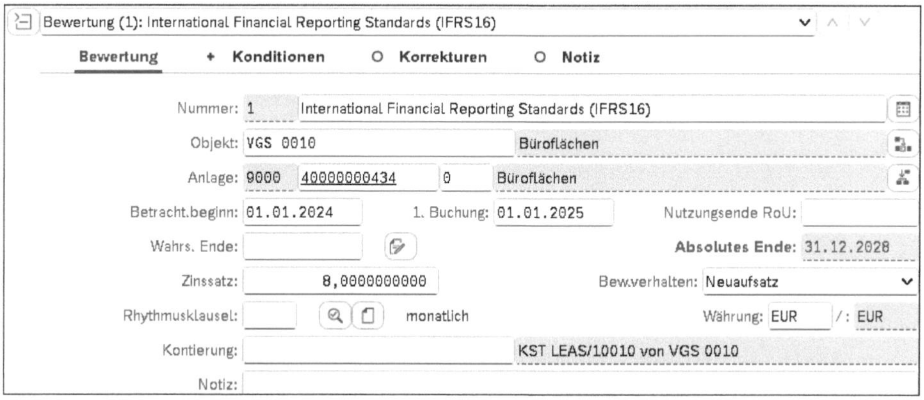

Abbildung 10.6 Datum der ersten Buchung in der Bewertungsregel

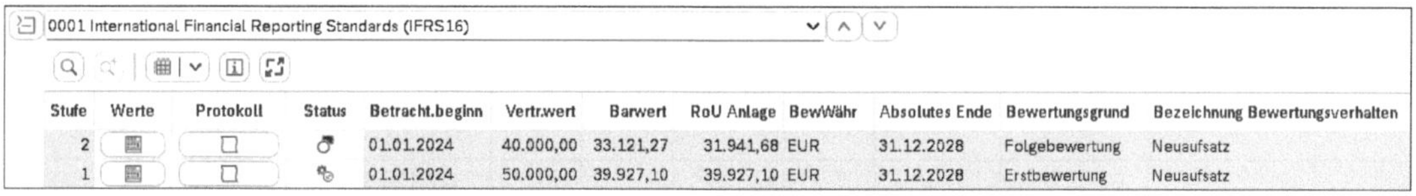

Abbildung 10.7 Erst- und Folgebewertung bei abweichendem Datum der ersten Buchung in der Bewertungsregel

Ist kein vom Betrachtungsbeginn abweichendes Datum der ersten Buchung für die Bewertung vorhanden, wird der Betrachtungsbeginn aus der Bewertungsregel als Fälligkeitsdatum übernommen.

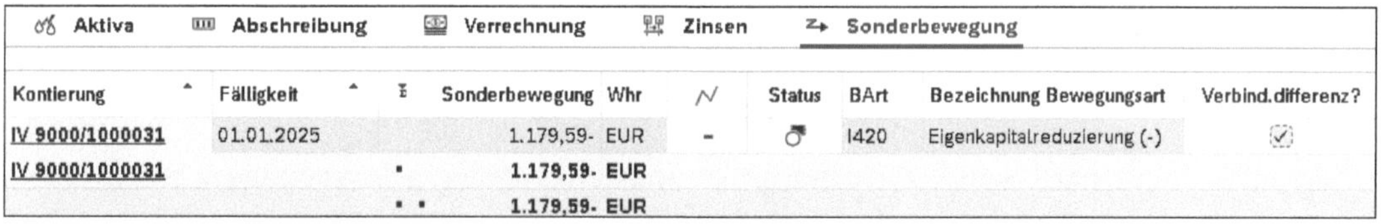

Abbildung 10.8 Sonderbewegungen (Eigenkapitalveränderung)

> **Betrachtungsbeginn und 1. Buchung ab (Bewertung)**
>
> Im weiter oben in diesem Abschnitt beschriebenen Beispiel hinterlegen Sie in der Bewertungsregel des Vertrags für den Betrachtungsbeginn und das Datum der ersten Buchung jeweils den 01.01.2025. Damit stellen Sie sicher, dass der Vertrag ab dem 01.01.2025 bei der bilanziellen Bewertung berücksichtigt wird und die Bewertungsbuchungen ebenfalls ab dem 01.01.2025 erfolgen.

[zB]

10.2.2 Konditionen und Konditionsbewertungseigenschaften

Neben den beschriebenen Datumsfeldern können Sie auch spezielle Vertragskonditionen für die Steuerung des Übergangs- und Migrationsprozesses nutzen. Hier handelt es sich insbesondere um Konditionen, die den zum Zeitpunkt der Datenübernahme vorhandenen Wert der RoU-Anlage bzw. der Leasingverbindlichkeit beschreiben. Sie nutzen dafür statistische Konditionen mit den Konditionsbewertungseigenschaften C (Barwertvorgabe) bzw. F (Vermögenswertvorgabe [Altdaten]). Detaillierte Informationen zu diesen Konditionsbewertungseigenschaften erhalten Sie in Abschnitt 6.8, »Barwertvorgabe« und Abschnitt 6.9, »Vermögenswertvorgabe«.

Die Nutzung dieser Vertragskonditionen setzt voraus, dass Sie die Werte der RoU-Anlage und der Leasingverbindlichkeit nicht über die Bewertung in SAP RE berechnen lassen, sondern dass Sie diese Werte anderweitig berechnen und als Vertragskondition des Leasingvertrags erfassen. Sie nutzen für die Bewertung einerseits spezielle Konditionsbewertungseigenschaften, wie beispielsweise Barwertvorgabe oder Vermögenswertvorgabe, andererseits aber auch die Möglichkeit, statistische Konditionen in die Vertragsbewertung miteinzubeziehen.

10.3 Datenmigration

Werden die zukünftig bilanziell zu bewertenden Leasingverträge bereits im SAP-System Ihres Unternehmens verwaltet, müssen diese Verträge lediglich um die für die Bewertung relevanten Daten ergänzt werden. Sind die Verträge dagegen in verschiedenen Vorsystemen oder gegebenenfalls sogar nur in Papierform vorhanden, stellt sich die Frage, welche Vertragsdaten nach SAP RE übernommen werden. Werden alle Verträge übernommen, d. h. bewertungsrelevante Verträge ebenso wie kurzzeitige Verträge oder Leasingverträge für geringwertige Anlagen, für die keine Bewertung erforderlich ist? Erfolgt die Datenübernahme zu einem Stichtag oder werden alle historischen Vertragsdaten – beispielsweise historische Vertragskonditionen – übernommen? Werden auch bereits beendete Verträge, beispielsweise mit einem Vertragsende oder Kündigungsdatum im Jahr 2019, also im Jahr vor der Einführung der Bilanzierungsrichtlinien, ins SAP-System übernommen?

Die in Abschnitt 10.2, »Wichtige Vertragsattribute«, beschriebenen Datumsfelder auf den Registerkarten **Laufzeit**, **Konditionen** und **Bewertungsparameter** des Vertrags spielen eine wichtige Rolle bei der Datenübernahme insbesondere historischer Vertragsdaten. Neben diesen Feldern sind im

Zusammenhang mit der Datenübernahme weitere Einstellungen notwendig, die wir in den folgenden Abschnitten beschreiben werden.

10.3.1 Bildfolgen für bewertungsrelevante Verträge anpassen

Voraussetzung für die Erfassung der bewertungsrelevanten Vertragsdaten ist die Anpassung der Bildfolgen der relevanten Vertragsarten. Egal, ob Sie die App **Vertrag verwalten** (RECN), die App **RE-Navigator** (RE80) oder die App **Vertragsbewertung verwalten** (RECECN) nutzen, es müssen die Registerkarten **Bewertungsparameter** und **Bewertung** im Vertragsdialog sichtbar gemacht werden.

[«]

Anpassung der Bildfolgen für Private Cloud und On-Premise

Bitte beachten Sie, dass sich die die im Folgenden beschriebene Vorgehensweise für die Anpassung der Bildfolgen ausschließlich auf die Nutzung der Vertragsverwaltung in der Private Cloud oder in einem On-Premise-System bezieht.

Dies geschieht durch die Aufnahme der Bilder REGC90 (**Bewertungsparameter**) und REGC91 (**Bewertung**) in die Bildfolgen der einzelnen Vertragsarten.

Bildfolge pro Vertragsart

Jeder Vertragsart ist im Customizing eine Bildfolge zugeordnet. Sie finden diese Einstellung im Customizing von SAP RE unter **Vertrag • Vertragsarten • Vertragsarten definieren**. Ermitteln Sie hier die für die bewertungsrelevanten Verträge geltenden Vertragsarten, und ergänzen Sie die Bildfolgen im Customizing-Menü von SAP RE unter **Vertrag • Dialog • Bildfolgen**. Als Vorlage können Sie die Einstellungen zur Bildfolge **REGCCE** (**Wie Standard mit Schnellübersicht und Bewertung**) verwenden (siehe auch Abbildung 10.9).

Bildfolge: REGCCE Wie Standard mit Schnellübersicht und Bewertung

Bildfolge --> Bilder

	Position	Bild	Bildtitel	Bezeichnung
☐	460000	REGC60	Objekte	Objekte
☐	470000	REGC55	Abweichende Bemessungen	Abweichende Bemessungen
☐	490000	REGC42	Buchungsparameter	Buchungsparameter
☐	500000	REGC50	Konditionen	Konditionen
☑	501000	REGC90	Bewertungsparameter	Bewertungsparameter
☑	502000	REGC91	Bewertung	Bewertung

Abbildung 10.9 Bildfolge REGCCE (Ausschnitt)

Mit der App **Trägerdynpros generieren** (BUSP) generieren Sie anschließend die Bilder für die Vertragsbildfolgen neu. Geben Sie dazu im Selektionsbild der App **Trägerdynpros generieren** (BUSP) das Anwendungsobjekt **REGC** (RE-FX: Immobilienvertrag) an.

Die von der App **Vertragsbewertung verwalten** (RECECN) verwendete Bildfolge finden Sie im Customizing von SAP RE unter dem Menüpfad **Bilanzielle Bewertung von Verträgen • Steuerung pro Vertragsart im Buchungskreis**. Ermitteln Sie auch hier die relevanten Bildfolgen, und ergänzen Sie diese, wie oben beschrieben. Als Vorlage für die Bildfolge der App **Vertragsbewertung verwalten** können Sie die Bildfolge **REGCOE** (Nur Bewertung) nutzen.

10.3.2 Berechtigungen anpassen

Eine weitere Voraussetzung für die Bearbeitung bewertungsrelevanter Verträge sind die entsprechenden Berechtigungen für die Anwender. Für die bilanzielle Vertragsbewertung werden verschiedene Berechtigungsobjekte ausgeliefert. Diese Berechtigungsobjekte folgen dem Muster F_RECE_* und sind in Abbildung 10.10 abgebildet. Diese Berechtigungen gehören zur Objektklasse **Immobilien** (ISRE) und müssen den Benutzerprofilen bzw. Benutzern zugeordnet werden.

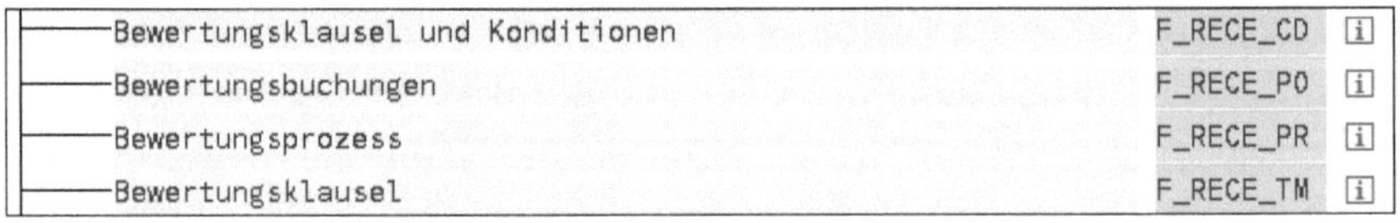

Abbildung 10.10 Berechtigungsobjekte für die bilanzielle Bewertung

Für die Berechtigungsprüfung können Sie die folgenden Felder nutzen:

- Buchungskreis
- Vertragsart
- Bewertungsregel
- Aktivität

10.3.3 Datenübernahme mittels LSMW

Die App **Legacy System Migration Workbench** (LSMW) stellt Ihnen ein Werkzeug zur Verfügung, mit dem Sie Daten aus Nicht-SAP-Systemen ins SAP-System übernehmen können. Die **Legacy System Migration Workbench** und die zugehörigen Administrationstools unterstützen Sie bei den einzelnen

Schritten der Datenmigration einschließlich deren Dokumentation und Test.

Abbildung 10.11 zeigt das Einstiegsbild der App **Legacy System Migration Workbench** (LSMW). Sie können für die Migration vorhandene SAP-Standardfunktionen (z. B. BAPI) verwenden oder einzelne Migrationsschritte aufzeichnen, Ihren Anforderungen entsprechend anpassen und anschließend abspielen.

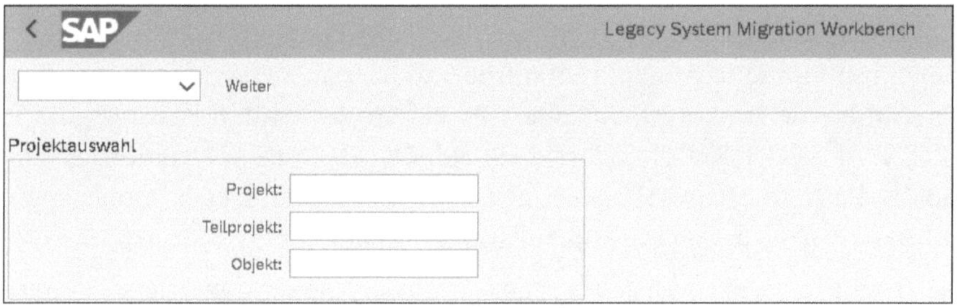

Abbildung 10.11 App »Legacy System Migration Workbench« – Einstiegsbild

10.3.4 Funktionsbausteine zum Anlegen von Verträgen

Die Funktionsbausteine **API_RE_CN_CREATE** (Funktionsgruppe RECN_API_CONTRACT) und **BAPI_RE_CN_CREATE** (Funktionsgruppe RECN_BAPI_CONTRACT) können Sie benutzen, wenn Sie die Leasingverträge mit einem kundeneigenen Programm nach SAP RE übernehmen wollen. Nähere Informationen zur Verwendung finden Sie in der Dokumentation des jeweiligen Funktionsbausteins.

10.3.5 Verträge um bewertungsrelevante Daten ergänzen

Bereits bestehende Verträge können Sie mithilfe der Apps **Bewertungsregeln Informationssystem** (RECEISRULECN) oder **Konditionsspezifische Bewertungsregeln zu Verträgen Informationssystem** (RECEISCONDRULECN) um die Bewertungsregeln für die benötigten Bewertungsverfahren ergänzen. Dafür verwenden Sie die Aktivität **Ändern** im Abschnitt **Aktivität** des Selektionsbildes beider Apps (Selektionsbild der App **Bewertungsregeln Informationssystem**, siehe Abbildung 10.12).

Ausführliche Informationen zur Verwendung der Apps **Bewertungsregeln Informationssystem** und **Konditionsspezifische Bewertungsregeln zu Verträgen Informationssystem** finden Sie in Abschnitt 5.2.1, »Bewertungsparameter festlegen«.

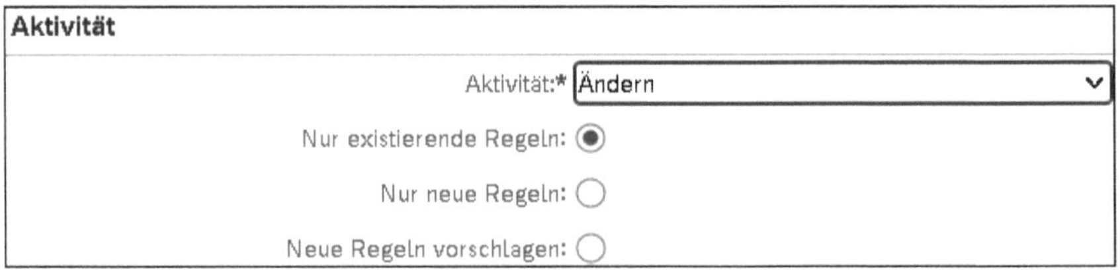

Abbildung 10.12 App »Bewertungsregeln Informationssystem« – Aktivitäten

Natürlich können Sie den Verträgen die notwendigen Bewertungsregeln auch mit kundeneigenen Programmen zuordnen. Sie können in den Programmen die Funktionsbausteine **API_RE_CN_CHANGE** (Funktionsgruppe RECN_API_CONTRACT) oder **BAPI_RE_CN_CHANGE** (Funktionsgruppe RECN_BAPI_CONTRACT) benutzen. Die Angaben zu den Bewertungsregeln hinterlegen Sie in den folgenden Parametern der Funktionsbausteine:

- IT_TERM_EVALUATION, IT_TERM_EVALUATION_CONDITION (Funktionsbaustein API_RE_CN_CHANGE)
- TERM_EVALUATION, TERM_EVALUATION_CONDITION (Funktionsbaustein BAPI_RE_CN_CHANGE).

Abbildung 10.13 zeigt die oben genannten Parameter für den Funktionsbaustein **BAPI_RE_CN_CHANGE**.

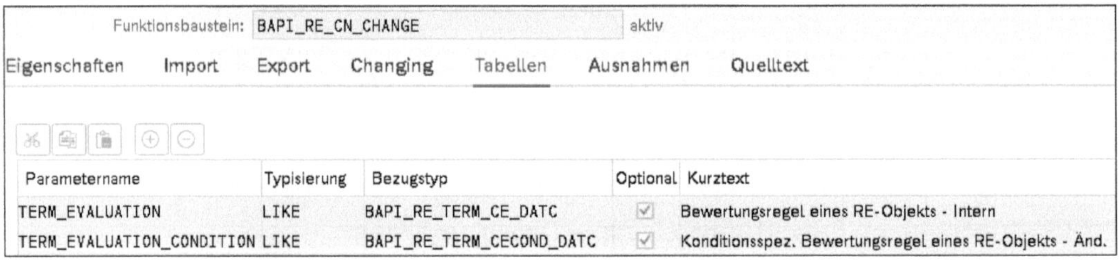

Abbildung 10.13 Funktionsbaustein BAPI_RE_CN_CHANGE – Tabellen für Bewertungsregeln

10.4 Übergangsszenarien für die Einführung der bilanziellen Bewertung

Bevor Sie sich für eines der möglichen Übergangszenarien entscheiden, müssen Sie wissen, auf welche Art und Weise die Restwerte der RoU-Anlagen und der Leasingverbindlichkeiten bestehender Leasingverträge ermittelt werden. Ist der Restwert der Anlage bereits bekannt, weil er in einem Vorsystem oder aber manuell ermittelt wurde? In diesem Fall übernehmen

Sie die Werte in Form von statistischen Konditionen, wie z. B. Barwertvorgaben oder Vermögenswertvorgaben, in die Leasingverträge im SAP-System. Oder sollen der Restwert der Anlage und die Höhe der Leasingverbindlichkeiten zum Zeitpunkt des Beginns der bilanziellen Bewertung durch die Bewertungsfunktionen in SAP RE ermittelt werden? In diesem Fall wiederum wählen Sie den Betrachtungsbeginn so, dass die notwendigen Restwerte zum Bewertungsbeginn durch das SAP-System ermittelt werden, d. h., Sie lassen SAP RE »rechnen«. In beiden Fällen müssen Sie jedoch das Datum der ersten Buchung für die Bewertungsbuchungen so wählen, dass diese Buchungen tatsächlich erst ab dem von Ihnen gewünschten Zeitpunkt erfolgen.

Im SAP-System können Sie die folgenden Szenarien für den Übergang auf die Leasingstandards verwenden:

- Übernahme bestehender Leasingverträge (Finanzierungsleasing)
- retroperspektive Übergangsszenarien
- Start zum Anwendungszeitpunkt mit Vorgabe der RoU-Werte
- Einführung von SAP RE nach Erstanwendung der Bilanzierungsvorschriften von IFRS 16 und US-GAAP ASC 842
- Proforma Restatement.

Diese Übergangsszenarien werden im folgenden Abschnitt näher erläutert. Sie betreffen ausschließlich Bewertungsverfahren mit der Integrationsart »Anlagenbuchhaltung«. Beachten Sie bitte zu den Übergangsszenarien ergänzend zu SAP-Hinweis **2255555** (Freigabehinweis: Bewertung von Leasingverträgen) auch die Informationen in SAP-Hinweis **2544232** (Leasing: Handhabung Übergangsszenarien).

10.4.1 Übergangszenarien

Die in diesem Abschnitt dargestellten Übergangsszenarien beschreiben technische Möglichkeiten und Funktionen für den Übergang zu den in diesem Buch besprochenen Bilanzierungsrichtlinien.

Übernahme bestehender Leasingverträge

Bei der *Übernahme bestehender Leasingverträge nach SAP RE* legen Sie den Betrachtungsbeginn für die bilanzielle Bewertung auf ein von Ihnen frei gewähltes Datum fest. Dieses Datum erfassen Sie innerhalb der Bewertungsregel. Im Beispiel in Abbildung 10.14 liegt der Betrachtungsbeginn am 01.01.2025.

Abbildung 10.14 Übernahme bestehender Verträge (Bewertungsregel)

Der Betrachtungsbeginn wird als Fälligkeitsdatum, beispielsweise für die Zugangsbuchungen der RoU-Anlage, verwendet (siehe Spalte **Fälligkeit** in Abbildung 10.15).

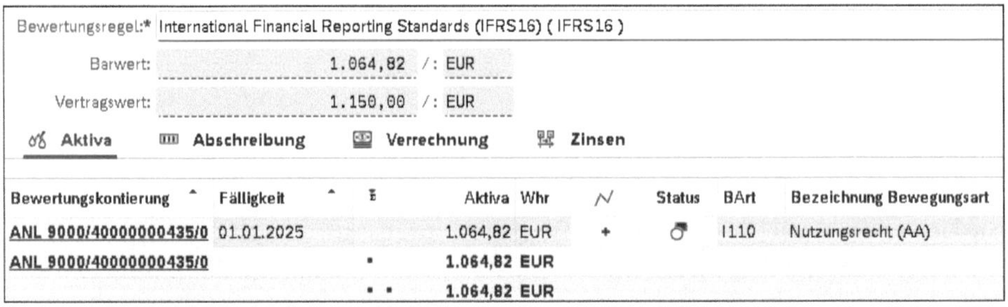

Abbildung 10.15 Übernahme bestehender Verträge (Bewertungsfinanzstrom)

Auf dem Wege des Anlagentransfers wird eine neue RoU-Anlage erzeugt. Im Leasingvertrag wird eine Konditionsart mit der Konditionsbewertungseigenschaft F (**Vermögenswertvorgabe [Altdaten]**) in Höhe des Restwertes der bestehenden Anlage angelegt und der Bewertungsregel manuell zugeordnet. Die bisherige Leasingverbindlichkeit wird manuell ausgebucht.

Start zum Anwendungszeitpunkt mit Vorgabe der RoU-Werte

Wenn Sie das Szenario mit Start zum Anwendungszeitpunkt und Vorgabe der RoU-Werte verwenden wollen, benötigen Sie eine separate Kondition **Vermögenswertvorgabe** der RoU-Anlage. Es handelt sich dabei um statistische Einmalkonditionen (Konditionszweck statistisch einmalig) mit der Konditionsbewertungseigenschaft F (**Vermögenswertvorgabe [Altdaten]**). Der Wert der Kondition wird zuvor manuell ermittelt oder aus dem Vorsystem übernommen. Solche statistischen Konditionen werden nicht über den Vertrag gebucht, aber aufgrund ihrer Konditionsbewertungseigenschaften dennoch in die Bewertung miteinbezogen (siehe Abbildung 10.16). Bei diesem Szenario werden auf der RoU-Anlage keine historischen Werte, wie beispielsweise Abschreibungswerte, geführt.

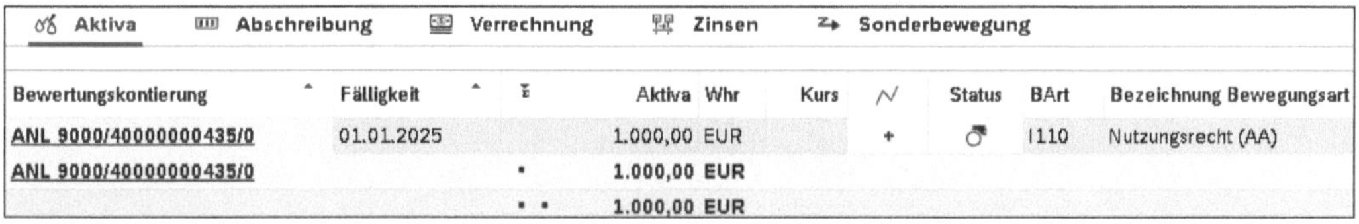
Aktiva | Abschreibung | Verrechnung | Zinsen | Sonderbewegung

Bewertungskontierung	Fälligkeit	Σ	Aktiva	Whr	Kurs		Status	BArt	Bezeichnung Bewegungsart
ANL 9000/40000000435/0	01.01.2025		1.000,00	EUR		+		I110	Nutzungsrecht (AA)
ANL 9000/40000000435/0		•	1.000,00	EUR					
		• •	1.000,00	EUR					

Abbildung 10.16 Anlagenwert zu Beginn der bilanziellen Bewertung

Retroperspektive Szenarien

Für die retroperspektive – also rückwirkende – Vorgehensweise gibt es zwei Übergangsszenarien:

- retroperspektiver Ansatz mit Übernahme externer Werte für die RoU-Anlage
- retroperspektiver Ansatz mit vollständiger Berechnung in SAP RE

Während beim retroperspektiven Ansatz mit Übernahme externer Werte die Anfangswerte für die RoU-Anlage und die Leasingverbindlichkeit außerhalb von SAP RE ermittelt werden, werden beim vollständig in SAP RE abgebildeten retroperspektiven Szenario die Bewertungsergebnisse auf Basis der während der Vertragslaufzeit vorhandenen Vertragskonditionen in SAP RE berechnet. Für dieses Übergangszenario müssen demzufolge alle bewertungsrelevanten historischen Konditionen des Vertrags ins SAP-System übernommen werden. Das bedeutet, dass der Betrachtungsbeginn der Bewertung mit dem Vertragsbeginn übereinstimmt, während das Datum der ersten Buchung der Bewertung dem Zeitpunkt der Einführung der neuen Bilanzierungsrichtlinien entspricht. Der Bewertungsfinanzstrom unterteilt sich in diesem Fall in einen informatorischen Bewertungsfinanzstrom mit den Bewegungen (und Beständen) vor dem Datum der ersten Buchung der Bewertung und einen zu buchenden Bewertungsfinanzstrom ab dem Datum der ersten Buchung, der auch die notwendigen Eröffnungsbuchungen beinhaltet. Waren zudem innerhalb der Vertragslaufzeit unterschiedliche Zinssätze vorhanden, legen Sie für jeden Zinssatz eine separate Zeitscheibe der Bewertungsklausel an und führen anschließend die entsprechenden Erst- und Folgebewertungen durch.

Einführung von SAP RE nach Erstanwendung von IFRS bzw. US-GAAP

Bei der Einführung von SAP RE nach Erstanwendung der Bilanzierungsvorschriften von IFRS 16 und US-GAAP ASC 842 wurden die Werte der RoU-Anlage und der Leasingverbindlichkeiten entweder manuell oder in einem anderen IT-System erfasst und bearbeitet. Es wird eine neue RoU-Anlage erzeugt. Die Ausbuchung der bestehenden Leasingverbindlichkeiten erfolgt manuell. Zukünftige Bewertungen und die daraus resultierenden Buchungen erfolgen dann über den Leasingvertrag in SAP RE.

Proforma Restatement

Bei diesem Ansatz erfolgt eine informatorische Bewertung nach IFRS 16 und/oder US-GAAP. Dazu wird im Customizing eine Bewertungsregel mit dem Kennzeichen »informatorisch« definiert. Die aus der Bewertung mit dieser Bewertungsregel resultierenden Sätze des Bewertungsfinanzstroms werden mit der App **Bewertung zu Verträgen buchen** (RECEEP) auf den Status »automatisch gebucht« gesetzt.

10.4.2 Periodische Buchung und Wegfall des Objektfinanzstroms

Vor der Einführung der bilanziellen Bewertung von Verträgen werden bei der periodischen Buchung der Partner- und der Objektfinanzstrom der Verträge berücksichtigt. Der Partnerfinanzstrom ist dabei für die zahlungsrelevanten Buchungen (z. B. Verbindlichkeiten) verantwortlich. Über den Objektfinanzstrom erfolgt die objektgenaue Verteilung der Vertragskonditionen auf die einzelnen Vertragsobjekte, wodurch ein objektgenaues Controlling, beispielsweise auf Ebene von Gebäuden, ermöglicht wird.

Mit der Einführung der bilanziellen Bewertung fällt einerseits der Objektfinanzstrom weg und wird funktional durch den Bewertungsfinanzstrom ersetzt. Die aus dem Bewertungsfinanzstrom resultierenden Buchungen erfolgen nicht bei der periodischen Buchung (App **Periodisches Buchen: Verträge** (RERAPP)), sondern bei der Buchung der Bewertungen mit der App **Bewertung zu Verträgen buchen** (RECEEP).

Andererseits ändert sich nach der Einführung der bilanziellen Vertragsbewertung auch der Buchungssatz der kreditorischen Grundmiete (bzw. Leasingrate). Der Buchungssatz für den Partnerfinanzstrom lautet vor der Einführung der Bewertung:

per Kosten aus Miete bzw. Leasing an Kreditor

Nach der Einführung der bilanziellen Bewertung muss das Verrechnungskonto für Leasing (Bestandskonto) berücksichtigt werden:

per Verrechnungskonto Miete bzw. Leasing an Kreditor

Nähere Informationen zur Definition der Kontenfindung für die periodische Buchung und die Bewertung finden Sie in Kapitel 4, »Mieten und Leasingraten buchen«, und Kapitel 7, »Bewertung buchen«.

Partnerfinanzstrom

Kontenfindung anpassen

Da sich die Vertragskonditionen (beispielsweise die kreditorische Grundmiete oder Leasingrate) aber nicht ändern, bedeutet das, dass Änderungen in den Mechanismen der Kontenfindung zu den einzelnen Konditionsarten notwendig sind.

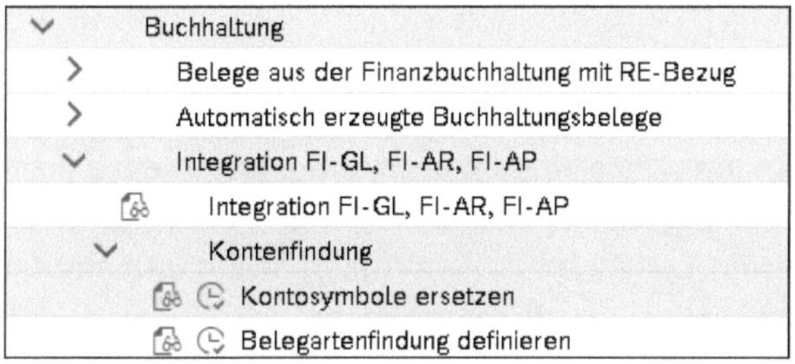

Abbildung 10.17 Customizing SAP RE – Kontosymbole ersetzen

Im Customizing-Menü von SAP RE finden Sie im Menüpunkt **Kontosymbole ersetzen** (siehe Abbildung 10.17) pro Kombination aus Kontenplan und Kontosymbol die folgenden Konten:

- **Sachkonto**
  Sachkonto, das bei der periodischen Buchung verwendet wird
- **Konto abweichendes Geschäftsjahr**
  Sachkonto, das bei der periodischen Buchung verwendet wird, wenn das Geschäftsjahr des Fälligkeitsdatums ungleich dem Geschäftsjahr des Buchungsdatums bzw. der Buchungsperiode der periodischen Buchung ist
- **Konto Bewertung**
  Sachkonto, das bei der periodischen Buchung bewertungsrelevanter Finanzstromsätze des Partnerfinanzstroms verwendet wird
- **Konto Bewertung abweichendes Geschäftsjahr**
  Sachkonto, das bei der periodischen Buchung bewertungsrelevanter Finanzstromsätze des Partnerfinanzstroms verwendet wird, wenn das Geschäftsjahr des Fälligkeitsdatums vom Geschäftsjahr des Buchungsdatums bzw. der Buchungsperiode der periodischen Buchung abweicht

Sachkonto und Konto Bewertung

Mit der Einführung der bilanziellen Bewertung von Verträgen ergänzen Sie im Customizing (siehe Abbildung 10.17) die Ersetzung der Kontosymbole durch konkrete Sachkonten um das Sachkonto für die Bewertung. Ist die Vertragskondition bewertungsrelevant und beginnt die Finanzstromperiode zeitgleich oder nach dem in der Bewertungsregel des Vertrags hinterlegten Datum der ersten Buchung der Bewertung, wird bei der Kontenfindung der Kondition das Sachkonto für die Bewertung ermittelt und bei der periodischen Buchung verwendet. In allen anderen Fällen, wie beispielsweise nicht bewertungsrelevanten Verträgen, wird bei der periodischen Buchung das in der Spalte **Sachkonto** angegebene Konto verwendet.

Wenn Sie sich die Buchungen der Leasingraten eines Vertrags, d. h. die aus dem Partnerfinanzstrom resultierenden Buchungen, vor und nach der Einführung der bilanziellen Bewertung ansehen, erkennen Sie die unterschiedlichen aus der Kontenfindung abgeleiteten Sachkonten (siehe dazu auch Abbildung 10.18 und Abbildung 10.19). In Abbildung 10.18 – vor der Aktivierung der bilanziellen Bewertung – wird das »normale« Sachkonto aus der Kontenfindung für kreditorische Grundmiete bebucht.

Abbildung 10.18 Buchung des Partnerfinanzstroms vor der Aktivierung der bilanziellen Bewertung

Nach der Aktivierung der bilanziellen Vertragsbewertung wird dagegen das Verrechnungskonto Leasing (Bestandskonto) für die Buchung verwendet (siehe Abbildung 10.19).

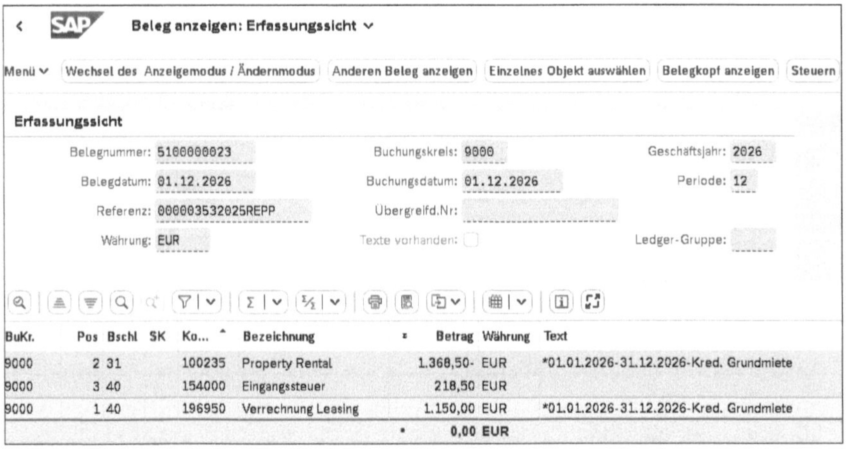

Abbildung 10.19 Buchung des Partnerfinanzstroms nach der Aktivierung der bilanziellen Bewertung

[!]

Beginn der bilanziellen Bewertung

Die bilanzielle Bewertung gilt als »begonnen«, sobald die erste Bewertungsbuchung durchgeführt wurde. Daher müssen Sie, damit die periodische Buchung im ersten Bewertungsmonat korrekt auf das Verrechnungskonto gesteuert wird, ausnahmsweise die Bewertungsbuchung **vor** der periodischen Buchung ausführen.

Übergang vom Objektfinanzstrom zum Bewertungsfinanzstrom

Nach der Aktivierung der bilanziellen Bewertung, d. h. ab dem Betrachtungsbeginn bzw. dem Datum der ersten Buchung der Bewertung, wird der Objektfinanzstrom »abgeschaltet«, und der Bewertungsfinanzstrom übernimmt dessen Rolle. In einigen Fällen können jedoch Nachbuchungen für zurückliegende Zeiträume, d. h. sowohl für den Partner- als auch für den Objektfinanzstrom, erforderlich werden.

Einmalkonditionen

Enthält der Vertrag Einmalkonditionen (also Konditionen mit dem Konditionszweck Buchmiete einmalig), bei denen der Betrachtungsbeginn bzw. das Datum der ersten Buchung der Bewertung innerhalb des Leistungszeitraumes liegt, müssen Sie diese Konditionen manuell anpassen bzw. auf zwei Zeiträume (vor und nach dem Datum der ersten Buchung bzw. dem Betrachtungsbeginn) aufteilen.

Periodische Konditionen

Bei periodischen Konditionen (also Konditionen mit dem Konditionszweck Buchmiete) werden die Finanzstrompositionen bei der ersten Bewertungsbuchung automatisch in die Zeiträume vor und nach dem Betrachtungsbeginn bzw. Datum der ersten Buchung der Bewertung aufgeteilt. Zugleich erfolgt mit der ersten Bewertungsbuchung auch die »Abschaltung« des Objektfinanzstroms.

[zB]

Jahreskondition und Betrachtungsbeginn der Bewertung am 1. Juni

In einem Leasingvertrag sei eine jährliche, nachschüssig fällige Leasingrate in Höhe von 1.150 € vereinbart. Die periodische Buchung wurde bis einschließlich Dezember 2025 durchgeführt. Nachträglich wird eine Bewertungsregel mit Betrachtungsbeginn 01.06.2025 angelegt. Die Bewertungsbuchung wird ebenfalls bis einschließlich Dezember 2025 durchgeführt. Da im Rahmen der Bewertungsbuchung die Aufsplittung des Finanzstroms in jeweils einen Zeitraum vor und nach dem Betrachtungsbeginn (bzw. dem Datum der ersten Buchung der Bewertung) erfolgt, werden Nachbuchungen sowohl im Partner- als auch im Objektfinanzstrom erforderlich. Sie müssen deshalb im Anschluss an die erste Bewertungsbuchung erneut eine periodische Buchung durchführen, um die Nachbuchungssätze des Finanzstroms zu buchen. Alternativ können Sie auch zuerst die Bewertungsbuchung und erst im Anschluss daran die periodische Buchung durchführen. In diesem Fall erfolgt ebenso eine Aufteilung der Finanzstromsätze in die Zeiträume vor und nach dem Betrachtungsbeginn. Es sind aber keine Nachbuchungen erforderlich, da die periodische Buchung zum Zeitpunkt der ersten Bewertungsbuchung noch nicht erfolgt war.

Abbildung 10.20 zeigt die Nachbuchungen, die im Zusammenhang mit der Aufteilung der Finanzstromsätze in einen Zeitraum vom 01.01.2025 bis 31.05.2025 (vor der bilanziellen Bewertung) und einen Zeitraum vom 01.06.2025 bis 31.12.2025 (ab dem Betrachtungsbeginn der Bewertung) entstehen.

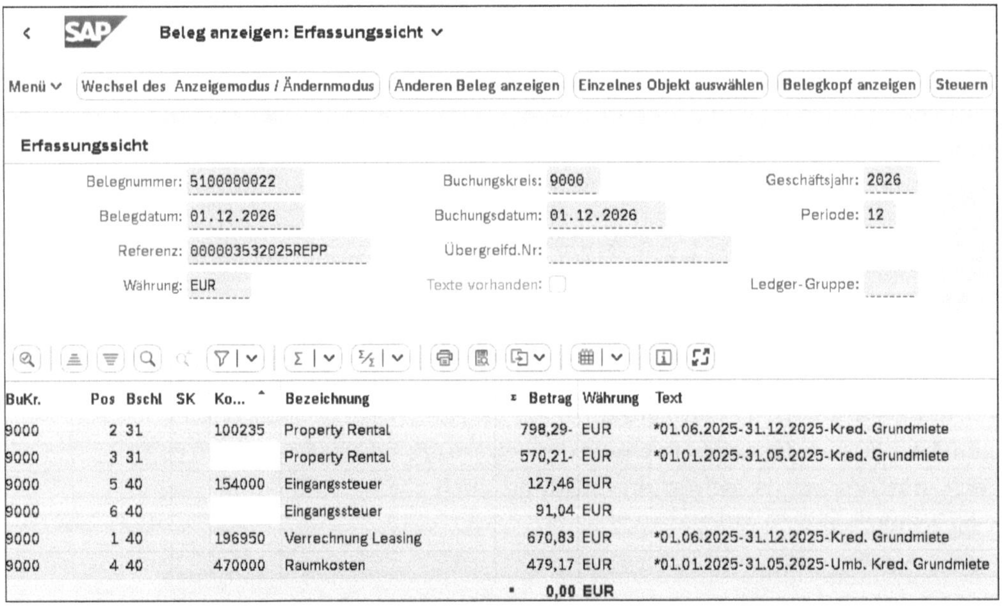

BuKr.	Pos	Bschl	SK	Ko...	Bezeichnung	Betrag	Währung	Text
9000	2	31		100235	Property Rental	798,29-	EUR	*01.06.2025-31.12.2025-Kred. Grundmiete
9000	3	31			Property Rental	570,21-	EUR	*01.01.2025-31.05.2025-Kred. Grundmiete
9000	5	40		154000	Eingangssteuer	127,46	EUR	
9000	6	40			Eingangssteuer	91,04	EUR	
9000	1	40		196950	Verrechnung Leasing	670,83	EUR	*01.06.2025-31.12.2025-Kred. Grundmiete
9000	4	40		470000	Raumkosten	479,17	EUR	*01.01.2025-31.05.2025-Umb. Kred. Grundmiete
						• 0,00	EUR	

Abbildung 10.20 Buchung des Partnerfinanzstroms mit Aufteilung in Zeiträume vor und nach der Einführung der bilanziellen Bewertung

Im Objektfinanzstrom wird die ursprüngliche Buchung der kreditorischen Grundmiete zurückgenommen, und es erfolgt eine neue Buchung für den Zeitraum 01.01.2025 bis 31.05.2025 (siehe auch Abbildung 10.21). Mit dem 01.06.2025, also dem Betrachtungsbeginn der Bewertungsregel, wird der Objektfinanzstrom beendet, da ab diesem Zeitpunkt der Bewertungsfinanzstrom die Rolle des Objektfinanzstroms übernimmt.

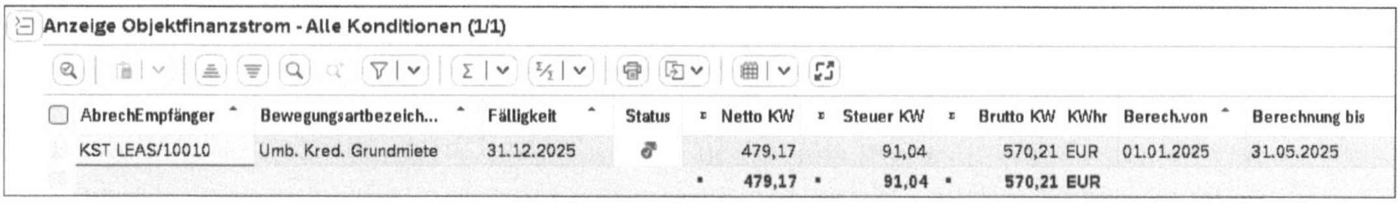

Abbildung 10.21 Objektfinanzstrom nach der Einführung der Bewertung

10.5 Auswertungen

Wie in vielen anderen Bereichen ist es auch bei der Datenmigration und der Gestaltung der Übergangsphase zur Einführung der bilanziellen Bewertung sinnvoll, bereits beim Einführungsprojekt die später notwendigen und gewünschten Auswertungen zu betrachten. Damit zäumen Sie zwar sprichwörtlich das Pferd von hinten auf, haben aber beispielsweise die Möglichkeit, die Vertragsinhalte, Vertragskonditionen und Vertragsarten so zu erfassen, dass diese den späteren Anforderungen an das Infosystem gerecht werden.

Sie können natürlich auch im Anschluss an die Datenmigration alle Auswertungen verwenden, die sich auf den Vertrag und die Vertragsbewertung beziehen, wie beispielsweise die folgenden Apps:

- App **Verträge Informationssystem** (REISCN)
- App **Verträge Laufzeit Informationssystem** (REISCNPE)
- App **Verträge Kündigung Informationssystem** (REISCNNT)
- App **Verträge Verlängerung Informationssystem** (REISCNRN)
- App **Konditionen zu Verträgen Informationssystem** (REISCDCN)
- App **Finanzstrom Informationssystem** (REISCDCF)
- App **Bewertungsregeln Informationssystem** (RECEISRULECN)
- App **Konditionsspezifische Bewertungsregeln zu Verträgen Informationssystem** (RECEISCONDRULECN)
- App **Anlagen für Verträge Informationssystem** (RECEISASSETCN)
- App **Bewertungs-Cockpit Vertragsbewertung** (F4035)

Kundeneigene Auswertungen anpassen

Wenn Sie kundeneigene Programme verwenden, die den Objektfinanzstrom von Verträgen auswerten bzw. auf diesem basieren, denken Sie bitte daran, diese Programme im Rahmen der Einführung der bilanziellen Bewertung anzupassen und ab dem Zeitpunkt der Aktivierung der Bewertung beispielsweise den Bewertungsfinanzstrom in die Auswertung miteinzubeziehen.

10.6 Zusammenfassung

Bevor Sie die zu bewertenden Leasingverträge nach SAP RE übernehmen, analysieren und sichten Sie die in Ihrem Unternehmen vorhandenen Leasingverträge. Sie klären, welche Bewertungsverfahren genutzt werden sollen und ob in Ihrem System die Ledger- oder die Kontenlösung genutzt wird. Anschließend legen Sie den Beginn der ersten Buchung für die periodische Buchung und die Bewertungsbuchungen fest. Falls rückwirkende Konditionsänderungen erforderlich sind, wählen Sie unterschiedliche Datumswerte für die Generierung des Finanzstroms (Finanzstrom ab) und die erste Buchung.

Nach der Analyse der Leasingverträge legen Sie ein Übergangsszenario für die Einführung der bilanziellen Vertragsbewertung fest. Welches der in diesem Kapitel beschriebenen Verfahren Sie wählen, hängt unter anderem von der vorhandenen Datenbasis und von den Anforderungen an das später erforderliche Reporting ab.

Die Autorinnen

Sabine Toman arbeitete seit 1999 bei SAP und war dort als Principal Consultant tätig. In einer Vielzahl von Einführungsprojekten hat sie umfangreiche Erfahrungen auf allen Gebieten des SAP Real Estate Managements (SAP RE), unter anderem auch im Vertragsmanagement, gesammelt. Neben der Beratung bei der Produkteinführung befasste sie sich mit der Entwicklung kundenspezifischer Zusatzlösungen und betreute die SAP-Standardschulungen im Bereich SAP RE.

Dr. Anke Köppe leitete bis zu ihrem Eintritt in den Vorruhestand bei SAP den Development Support für das Produkt SAP Real Estate Management (SAP RE). Sie begann ihre Laufbahn 1990 in den Bereichen Beratung und Vertrieb Rechnungswesen. 1995 wechselte sie in die Entwicklung von SAP RE. Auch dort arbeitete sie eng mit Kunden zusammen. Sie entwickelte Schulungsunterlagen, hielt Schulungen und trat regelmäßig auf Kongressen auf. Als Managerin des Development Support Teams Real Estate war sie maßgeblich an der Konzeption und Entwicklung der bilanziellen Bewertung von Leasingverträgen beteiligt.

Index

§ 15a UStG 96
1. Buchung ab 257

A

Abrechnungseinheit 94
Abrechnungsteilnahme 95
Absatz → Umsatzmietvertrag
Abschreibung → AfA
Abschreibungslauf → AfA-Lauf
absolute Differenz
Anlagenwert bei 356
absolutes Ende 375
AfA 333
AfA-Lauf 264, 267
AfA-Methode 334
AfA-Schlüssel 334
außerordentliche 300
buchen 348
DCP (Depreciation Calculation Program) 311
Altvertrag 58
Änderungsbeleg 84–85
Änderungsgrund 131
anfängliche Kosten → Initialkosten
Anlage
anlegen 264
Anlagenbuchhaltung 311
Anlagenklasse 260, 391, 428
Kontenfindung 328
Typ A 391
Typ B 391
Anpassung
Aktivierung 136
Aktivitätenparameter 138
BAdI-basiert 145
durchführen 136
Ersatzanpassungsregel 142
freie Anpassung 142, 150
Identifikation 137
Indexanpassung 144
Infosystem 140
laufzeitabhängige Parameter 149
Maximalbetrag 149
Minimalbetrag 149
Protokoll 140
Rhythmus 148
Anpassung (Forts.)
Rundung 149
Simulation und Echtlauf 136
Verfahrensparameter 137
Weitergabeprozentsatz 135
Zustimmung 135
Anpassungsgrund 149
Anpassungshistorie 141
Anpassungsklausel 133
Anpassungslauf 136
Ergebnis 140
maschineller 146
Protokoll 140
Anpassungsmaßnahme 146
Anpassungsregel 133, 142, 147, 369
kombinierte 134
Teilregel 134
Anpassungsrhythmus 148
Anpassungssperre 149
Anpassungstermin 148
Anpassungsverfahren 133, 147
BADI 147
FREE 147
INDX 147
Anreizzahlungen 289–290
Buchungsschema 292
Kontenfindung 339
App
ABAP Dictionary (SE11) 103–104
Allgemeines Immo-Buchungsprotokoll (RERAPL) 182, 247
Anlagen für Verträge Informationssystem (RECEISASSETCN) 243, 449
Anlagenwerte (AW01N) 246
Anpassung bearbeiten (REAJCH) 138
Anpassungen anzeigen (REAJSH) 140
Anpassungen bestimmen (REAJPR) 136, 138
Arbeitsvorrat Objekte aktualisieren (RECARG) 255, 409
Ausgleiche stornieren (RERACLRV) 415
Ausgleiche zu Mietverträgen (RERACL) 415
Automatische Zahlungen einplanen (F110) 413
BAdI Builder Einstieg Definitionen (SE18) 151

App (Forts.)
BAdI Builder Implementierungen (SE19) ... 151
Beleg buchen (FB01) ... 184
Beleg stornieren (FB08) ... 186
Bewertungs-Cockpit (F4035) 238–239
Bewertungs-Cockpit Vertragsbewertung (F4035) ... 31, 246, 449
Bewertungsregeln Informationssystem (RECEISRULECN) ... 210, 225, 243, 358, 439, 449
Bewertungsverwaltung (F6170) ... 239
Bewertung zu Verträgen buchen (RECEEP) ... 267, 358, 360
Bewertung zu Verträgen stornieren (RECEEPRV) ... 236
BTE Ordnungskriterien (Aktivierung, BF11) ... 34
Buchen und Formulardruck (F-58) 414
Buchungsprotokoll (RERAPL) → Allgemeines Immo-Buchungsprotokoll
Customizing bilanzielle Bewertung (RECECUST) ... 208
Customizing SAP RE (RECACUST) ... 33, 208, 248
Einzelposten Debitoren (FBL5N) ... 183
Einzelposten Kreditoren (FBL1N) ... 183
Finanzstromaktualisierung Verträge (RECDCGOL) ... 162, 412
Finanzstrom Informationssystem (REISCDCF) ... 449
Finanzstrom simulieren und vergleichen (RECDCFCMP) ... 162, 168
Finanzstromvergleich & Simulation (RECDCFCMP) ... 412
Geschäftspartner bearbeiten (BP) ... 59, 61, 189
IMG Leasingverträge anzeigen (RECECUST) ... 248
Indexdaten pflegen (REAJINDX) ... 144
Infosystem Finanzstrom (REISCDCF) ... 160, 168
Infosystem Konditionen (REISCDCNAJ) ... 158
Infosystem Objektfinanzstrom (REISCDCFOBJ) ... 160, 168
Infosystem Referenzbewegungsarten und Kontenfindung (REISCEACCDET) ... 196
Infosystem Verträge (REISCN) ... 81, 157, 178
Konditionen zu Verträgen Informationssystem (REISCDCN) ... 449
Konditionsspezifische Bewertungsregeln zu Verträgen (RECEISCONDRULECN) ... 225–226, 243
Konditionsspezifische Bewertungsregeln zu Verträgen Informationssystem (RECEISCONDRULECN) ... 210, 358, 439, 449
Kontoauszüge hochladen (FF_5) ... 416
Legacy System Migration Workbench (LSMW) ... 438
Mahnen (F150) ... 417
Periodisches Buchen: Vergleich Vorperiode (RERAPPCMP) ... 179
Periodisches Buchen Verträge (RERAPP) ... 33, 170, 178, 412, 433
Postenübersicht (REISRADOCITEM) ... 183
Projektbearbeitung (SPRO) ... 35
RE-Belege zum Vertrag (REISREDOCCN) ... 186
RE Buchen mit Ausgleichen (REEXFB05) ... 414
Rechnungen drucken (RECPA520) .. 418
Rechnungen erstellen (RERAIV) ... 418
RE-Navigator (RE80) ... 80–81, 88, 97, 171, 211, 409
RE Schnellerfassung Zahlungseingang Verträge (REEXF_26) ... 414
RE Zahlungseingang buchen (REEXF_28) ... 414
Rücknahme Ausgleich Prozess (REEXRESETCLEARPROC) ... 187, 415
Rückstellungsstaffel Informationssystem (RECEISLIABGRAD) ... 244
Storno Periodisches Buchen Verträge (RERAPPRV) ... 186
Termine für alle Objektarten bearbeiten (RECARS) ... 87
Trägerdynpros generieren: (BUSP) 438
Umgliederung Informationssystem (RECEISRECLASSIFY) ... 243, 423
Verantwortliche ändern Verträge (RECNRP) ... 80
Verantwortliche Gruppen pflegen (RECARESPGROUP) ... 80
Verträge Informationssystem (REISCN) ... 449

App (Forts.)
Verträge Kündigung Informationssystem (REISCNNT) 449
Verträge Laufzeit Informationssystem (REISCNPE) 449
Verträge Verlängerung Informationssystem (REISCNRN) 76, 449
Vertragsbewertung anzeigen (RECESH) 241
Vertragsbewertung durchführen (RECEPR) 230, 358, 421
Vertragsbewertung verwalten (RECECN) 211
Vertragsverwaltung (F5273) 31, 41, 51, 60, 88, 171, 235, 240
Vertrag verwalten (RECN) 51, 78, 171, 211
Wiedervorlagetermine für Verträge generieren (RECARSGEN) 88
Wiedervorlagetermine für Verträge generieren (RECARSGENCN) 87, 411
Wiedervorlagetermine generieren: (RECARSGEN) 87
Zahlungsausgang buchen (F-53) 414
Zahlungseingang buchen (F-52) 414
Append-Suchhilfe 104
Arbeitsvorrat 408
Bewertung automatisch durchführen 255
ASC Topic 842 214
Asset Explorer 246
Ausgleich zurücknehmen 187
Auslieferungs-Customizing 209, 426
Auswertung → Infosystem
außerplanmäßige Ab- bzw. Zuschreibungen Kontenfindung 341
AWKEY → RE-Beleg
AWTYP → RE-Beleg

B

BADI_RE_RA_PP 173
BADI_REAJ_ADJUSTMENT_EDIT 151
BADI_REAJ_ADJUSTMENT_ROUND 150, 152
BADI_RECA_SEARCH_HELP 106
BADI_RECD_CALC_RULE 126, 132
BADI_RECD_CONDITION 131–132
BADI_RECD_DIST_RULE 132
BADI_RECE_ASSET_ACCOUNTING 264
BADI_RECE_EVALUATION 264
BADI_RECE_EVALUATION_PROCESS 264
BADI_RECE_EVALUATION_RULE 251, 264
BADI_RECN_CONTRACT 54, 101, 262
Barwert 231, 363
Barwertvorgabe 301
Kontenfindung 341
Belegart 194
Bemessungen 72
abweichende 72
einrichten 73
benutzerdefinierte Felder 101
benutzerdefinierte Tabellen 101
Berechnungsmethode 119
Berechnungsvorschrift 125
Berechtigung 42, 438
Berechtigungsobjekt
F_RECE_CD 212
F_RECE_TM 212
Betrachtungsbeginn 220–221, 257, 373, 433
Bewegungsart 189–190, 318
Abschreibung 334
Aktiva 324
Anlagenbuchhaltung 326
Linearisierung 337
Verrechnung 336
Zinsen 337
Bewertung 206
Protokoll 358, 390
Vertragsobjekt 218
Bewertungsart 215
bilanzielle Aktivierung 218
Umbuchung 219
Bewertungsbereich 311
Bewertungsbuchung
buchen 235
ohne Anlagenbuchhaltung 347
stornieren 236
Bewertungseigenschaft → Konditionsbewertungseigenschaft
Bewertungsfinanzstrom 160, 167, 230, 234, 288, 360
Abschreibung 231
Aktiva 230, 324
neueste Stufe 360
Übersicht 234
Umgliederungsstufe 360
Verrechnung 231
Zinsen 232

Bewertungsgrund ... 359
Folgebewertung Konditionsänderung direkt ... 362
Bewertungsklausel → Bewertungsregel
Bewertungslauf
auswerten ... 241
automatisch durchführen ... 255
durchführen ... 233
Ergebnisse ... 233
Identifikation ... 233
Protokoll ... 234
simulieren ... 230
Bewertungsparameter
erfassen ... 217
Konditionen zuordnen ... 226
Massenpflege ... 225
Schnellerfassung ... 222
Status vollständig ... 220
Bewertungsregel 215, 217, 253, 318, 354
aktivieren ... 256
automatisch vollständig setzen ... 255
Bewertungsart ... 216, 253, 256
vollständig ... 358
zeitabhängige ... 354
Bewertungsregel, informatorische ... 253
Bewertungsrelevanz ... 252
Bewertungsverfahren ... 212
Bewertungsverhalten ... 219, 354–355
Absolute Differenz ... 354, 357, 371, 393
Neuaufsatz ... 355
Reduzierung ... 357, 386
Relative Differenz ... 356
Beziehungstyp → Referenzbeziehung
bilanzielle Aktivierung ... 218
Bild
REGC90 (Bewertungsparameter) ... 437
REGC91 (Bewertung) ... 437
Bildfolge ... 54, 437
Abschnitt ... 56
Bild ... 56
Feldgruppe ... 57
REGCCE ... 437
REGCOE ... 212, 438
Sicht ... 56
Buchen Customizing ... 188
Buchhaltungsbeleg ... 164
Buchmiete → Konditionszweck
Buchungsklausel ... 115, 179–180, 413
Buchungskreis ... 41, 250
Buchungskreis-Einstellungen ... 34
Buchungslauf ... 200
Buchungsparameter ... 115
Buchungsprotokoll ... 247
Buchungssatz → Kontenfindung
Buchungsschema
bilanzielle Aktivierung ... 267
debitorisches Finanzierungsleasing ... 273
Linearisierung ... 272
Umbuchung ... 271
Business Add-In (BAdI) ... 262
Business Data Toolset (BDT) ... 54
Business Document Navigator ... 88
Business Function
EA-FIN ... 34
FIN_AA_PARALLEL_VAL ... 311
Business Transaction Event (BTE) ... 34

C

CAD (Computer Aided Design) ... 92
Cloud-Anwendung ... 28–29
CO-Beleg ... 184

D

Datenmigration ... 436
Datum der ersten Buchung ... 220
Debitor ... 49
Differenzierungskriterium ... 71
Direkte Bilanzbuchungen ... 347
Dokumentenverwaltung (DVS) ... 88

E

Einmalkondition → Konditionszweck
Ende
absolutes ... 373
wahrscheinliches ... 373, 396
Equipment ... 70
Ersatzanpassungsregel ... 142
erste Buchung ab
Bewertung ... 433
Kondition ... 433
Registerkarte »Laufzeit« ... 430
Erweiterungsspot BADI_RE_AJ_ME ... 151

F

Fälligkeitsverschieberegel ... 119, 129
FAS-13-Linearisierung ... 398

Fehlermeldung
AA 633 ... 300
F5673 ... 186
RECERA005 ... 325
REEXFI 032 ... 187
REEXFI 350 ... 187
RERACA001 ... 325
RERAPP 005 ... 187
FI-CA ... 171
FIN_AA_PARALLEL_VAL ... 311
Finance Lease Out ... 216
Financial Extension Set ... 34
Finanzierungsleasing ... 215
Finanzstrom ... 117, 444
aktualisieren ... 162
anteilige Zeiträume ... 119
anzeigen ... 160, 171
Fälligkeit ... 119
Fälligkeit Nachbuchungen ... 122
generieren ... 162
Infosystem ... 167
Ist-Satz ... 117, 173
Perioden ... 118
Plan-Satz ... 117, 173
Registerkarte »Laufzeit« ... 431
simulieren ... 117
Zeitraum ... 161
Folgebewertung ... 352, 358, 361
Fragenkatalog ... 224
Steuerungsparameter ... 225
Fremdwährung ... 152, 155, 182, 273, 353
Fremdwährungsbewertung ... 423
Funktion »Meine Objekte« ... 41, 80
Funktionsbaustein
API_RE_CN_CHANGE ... 440
API_RE_CN_CREATE ... 439
BAPI_RE_CN_CHANGE ... 440
BAPI_RE_CN_CREATE ... 439
Funktionsgruppe
RECN_API_CONTRACT ... 439
RECN_BAPI_CONTRACT ... 439

G

Gebäude ... 93
Gegenstandsart → Vertragsgegenstand
generisches Mietobjekt ... 70, 92
Geschäftsjahr ... 242
Geschäftspartner ... 59–60, 63, 66
##1 ... 63
Adresse ... 64

Geschäftspartner (Forts.)
anlegen ... 61–62
Debitor ... 188
Details ... 65
Geschäftspartnertyp ... 63
Kreditor ... 188
Rolle ... 63, 66
Rolle anlegen ... 64
suchen ... 60
Zeitabhängigkeit ... 65
gewerbliche Nutzung ... 95
GIS (Geographic Information System) 92
GP-Rollen → Geschäftspartner
Grundstück ... 93

H

Habenstellung → periodisches Buchen
Handelsgesetzbuch → HGB
Hauptmietvertrag → Untervermietung
Hauptvertragspartner ... 68, 83
Headlease → Untervermietung
HGB ... 212–213, 307
nicht abzugsfähige Steuer ... 275
operatives Leasing ... 215, 270
Hinzumietung von Objekten ... 383
Hybrid Cloud → Cloud-Anwendung

I

IAS 17 ... 19
Identifikation Buchhaltung → Prozess-ID (Prozessidentifikation)
IFRS 16 ... 205, 212, 214, 307
Buchungsschema ... 267
Klassifizierung ... 216
nicht abzugsfähige Steuer ... 276
Immobilienobjekt
architektonische Sicht ... 92
Nutzungssicht ... 92
Incentives → Anreizzahlungen
Indexanpassung ... 144, 150, 368
Anpassungsverzögerung ... 371
Basisjahr ... 150
Indexreihen ... 150
Umbasierung ... 151
Infosystem ... 449
Hauptvertragspartner ... 69, 83
Konditionen ... 158–159
Konditionsprofil ... 159
Objektselektion aktiv ... 82

Infosystem (Forts.)
Partnerselektion aktiv ... 82
Selektionsbild ... 81
Statusselektion aktiv ... 83
Verträge ... 157
Zeitscheiben ... 84
Initialkosten ... 112, 127, 285, 287
Buchungsschema ... 289
Kontenfindung ... 329
Nachbuchungen ... 344
Integrationsart ... 251
Integrierte Buchung ... 201
International Accounting Standards Board (IASB) ... 214
International Financial Reporting Standard → IFRS 16

K

Klassifizierung ... 216, 255, 265
A (Finanzierungsleasing) ... 216
Anlagenklasse ... 261
B (Operatives Leasing) ... 216
Klassisches Hauptbuch ... 317
Klausel ... 115
Kondition
Änderungsgrund ... 131
anlegen ... 113
Anpassungsklausel ... 133
auswerten ... 157
BAdI ... 131
Berechnungsobjekt ... 114
Berechnungsvorschrift ... 114, 125
Customizing ... 123
Einheitspreis ... 114
Einmalkondition ... 447
Erweiterungen ... 131
Fremdwährung ... 152
Infosystem ... 124
Konditionsart ... 124
Konditionsgruppe ... 124, 429
Konditionsprofil ... 159
Konditionssplit ... 154, 156
Konditionswährung ... 152
Konditionszweck ... 111–112, 124
kopieren ... 116
maschinell anpassen ... 132
mehrere Partner ... 154
Nachbuchungen ... 122
periodische ... 447
Sperrgrund ... 121, 131
Kondition (Forts.)
statistische ... 227
verbrauchsbezogene ... 112
Verteilungsvorschrift ... 127
Zeitscheibe ... 116
Konditionsanpassung maschinelle ... 151
Konditionsbewertungseigenschaft ... 436
Konditionsbewertungsgruppe 227, 257
Kontenausgleich ... 415
Kontenblatt ... 183
Kontenfindung ... 189, 192, 318, 444
außerplanmäßige Ab- bzw. Zuschreibungen ... 341
Barwertvorgabe ... 341
Infosystem ... 196
Initialkosten ... 329
Leasingverbindlichkeit ... 329
Linearisierung ... 337
Nachbuchungen ... 342
periodische Buchung ... 189
Restwertgarantie ... 341
RoU-Anlage aktivieren ... 324
Rückbauverpflichtungen ... 340
Rückkaufswert ... 341
Überblicksbild ... 337
Übergangsphase ... 210
Umbuchungen ... 346
Vermögensabgang ... 331
Vermögenswertvorgabe ... 341
Vermögenszugang ... 333
Verrechnung ... 335
Zinsen ... 337
Kontenfindungswert 180, 192, 262, 321
Kontengruppe ... 188
Kontenlösung ... 308, 317, 427
Kontierung ... 220
Kontierungsobjekt ... 69
Kontoart ... 191
Kontoauszug ... 416
Kontosymbol ... 191, 318
*D** ... 193
ersetzen ... 193, 445
*K** ... 193
Korrespondenz (Microsoft Word) ... 91
Korrespondenzadresse ... 65
Kostenrechnungsbeleg ... 184
Kostenrechnungskreis-Einstellungen 34
Kreditor ... 48
Kündigung ... 76, 373, 380
individuelles Kündigungsschema ... 76
Standardkündigungsschema ... 76

Kündigungsfrist ... 74
Kündigungsregeln hinterlegen ... 76
Kurstyp ... 156

L

Laufzeit ... 74, 76
Leasing
  Finanzierungsleasing ... 214
  operatives ... 214
Leasinganlage ... 22
Leasingklassifizierung
  Fragebogen ... 223
Leasingvertrag ... 27, 48
Ledger-Gruppe ... 316
Ledger-Lösung ... 310, 312, 427
Linearisierung ... 271, 398
  ab Anfang ... 398, 400
  ab Betrachtungsbeginn ... 398
  ab offener Periode ... 398–399
  ab offener Periode (Zahlung) 398, 402
  Buchungsschema ... 272
  Kontenfindung ... 337
  Servicekosten ... 282
Linearisierungsart ... 255, 398
Low-Value Lease ... 252
LSMW ... 438

M

Mahnsperre ... 417
Massenpflege von Bewertungsregeln ... 210
Mehrwertsteuer ... 181
Mieterkontenblatt ... 182
Mietobjekt ... 93
Mietspiegel ... 145
Mietvertrag ... 48
mittelschüssig ... 119

N

Nachbuchung ... 130, 342, 432
nachschüssig ... 119
Nebenkostenabrechnung ... 94
Negative Verbindlichkeitsdifferenz 389
Neuaufsatz Anlagenwert bei ... 356
Neubewertung → Folgebewertung
Neue Hauptbuchhaltung → New GL
New GL ... 310
Nutzungsende RoU ... 374
Nutzungssicht ... 92
NVV-Anteil → Steuer, nicht abzugsfähige

O

Objektart J4 → Vertragsgegenstand
Objektart J4 → Vertragsobjekt
Objektart J7 → generisches Mietobjekt
Objektart J7 → Vertragsobjekt
Objektfinanzstrom ... 160, 165, 197, 199, 270, 447, 449
  Bewertung ... 201
  buchen ... 199
  Wegfall des ... 444, 447
Objektumbuchung → Verteilungsbuchung
Obsolet ... 254
On-Premise-Lösung ... 29
Operatives Leasing ... 215
Optionen → Verlängerungsregel
Optionssatz ... 96
Organisatorische Zuordnung ... 115

P

Pachtvertrag ... 48
Parallele Rechnungslegung ... 307
Partnerfinanzstrom → Finanzstrom
Partner → Geschäftspartner
Partnerrolle ... 59, 66
Partnerselektion ... 82
Partnerstammdaten ... 65
Partnersuche ... 61
PDF-Musterformulare ... 91
Periodisches Buchen ... 169–170
  Art des Buchungslaufs ... 200
  aus dem Vertragsdialog ... 173
  Infosystem ... 182
  Massenlauf ... 178
  Storno ... 186
Planon Real Estate Management for SAP (PREM4SAP) ... 70, 92
Positive Verbindlichkeitsdifferenz ... 389
PREM4SAP → Planon Real Estate Management for SAP
Private Cloud → Cloud-Anwendung
Proforma Restatement → Übergangsszenario
Programmierschnittstellen ... 101
Prozess-ID (Prozessidentifikation) ... 178
Public Cloud → Cloud-Anwendung

R

Rastermethode ... 244
REACI → RE-Beleg
RE-Beleg ... 185
Rechnungslegungsvorschrift ... 217, 254, 313
Rechnungsprüfung ... 412
Rechnungswesenbelege ... 177, 184
Reduzierung ... 357, 386–387
Reduzierungsbetrag ... 389
Reduzierungsfaktor → Reduzierung
Referenz (BKPF-XBLNR) ... 179
Referenzbewegungsart ... 194–196
Referenzbeziehung ... 329
10 (Nachbuchung wegen Konditionserhöhung) 339, 344–345
20 (Nachbuchungen wegen Konditionsminderung) ... 339
30 Verteilung (Objektumbuchung) 346
CE1 (Gebuchte anfängliche Kosten) ... 330
CE2 (Statistische anfängliche Kosten) ... 330
CE4 (Negative Verbindlichkeitsdifferenz) ... 389
CE6 (Direkte Bilanzbuchung) ... 348
CE7 (Rückbauverpflichtungen) ... 340
CE8 (Außerplanmäßige Abschreibungen) ... 341
CE9 (Außerplanmäßige Zuschreibungen) ... 341
CEA (Positive initiale Verbindlichkeitsdifferenz) ... 342
CEB (Negative initiale Verbindlichkeitsdifferenz) ... 342
CEC (Gebuchte Anreize) ... 340
CED (Statistische Anreize) ... 340
CEG (Zugang wegen Untervermietungsende) ... 333
CEH (Abgang wegen Untervermietung) ... 332–333
CEK (Verrechnung Anlagenbewegung) ... 329, 332–333, 345
Referenzzinssatz ... 251
RE-FX-LA ... 207, 426
Unterkomponenten ... 207
RE-FX-LA-2CL → RE-FX-LA
RE-FX-LA-AA → RE-FX-LA
RE-FX-LA-CF → RE-FX-LA
RE-FX-LA-CN → RE-FX-LA
RE-FX-LA-IS → RE-FX-LA
RE-FX-LA-RA → RE-FX-LA
Registrierung → Arbeitsvorrat
RE-Navigator
Layout ... 98
Selektionsobjekte ... 99
Reportprofil ... 83, 124, 157–158
Rhythmusbeginn ... 118
Rhythmusklausel ... 46, 116, 128
Right-of-Use-Anlage → RoU-Anlage
Rollenspezifische Daten ... 64
Rolle → Geschäftspartner
RoU-Anlage ... 214, 218, 243
Nutzungsende ... 374
Rückbauverpflichtung
Buchungsschema ... 294
Kontenfindung ... 340
Rückgabe vorzeitige ... 385
Rücknahme Ausgleich ... 415
Rückstellungsstaffel → Verbindlichkeitenspiegel
Rundung ... 149

S

SAP ... 34
SAP Fiori Launchpad ... 32
SAP-Hinweis
2254013 SAP Real Estate: Freigabe für SAP S/4HANA ... 426
2255555 Freigabehinweis: Bewertung von Leasingverträgen ... 35, 207, 426, 441
2297363 RE-FX: Leasing – Erweiterung Anlagenbuchhaltung ... 429
2403881 BC-Set Auslieferungs-Customizing ... 209
2403881 Leasing: BC-Set Auslieferungs-Customizing ... 30, 35, 426
2544232 Leasing Handhabung Übergangsszenarien ... 441
2544232 Übergangsszenarien ... 35
2660070 Abschlussprozesse ... 36
2662137 FAQ Vertragsbewertung ... 35
2662137 SAP Contract and Lease Management (SAP RE-FX) FAQ-Hinweis ... 207
2692119 Beratungshinweise Vertragsbewertung ... 35
2727558 Rasterung von Leasingverbindlichkeiten und -forderungen ... 36

SAP-Hinweis (Forts.)
2733390 Fremdwährungsbewertung, Rasterung ... 36
2796179 Fragebogen zur Leasing-Klassifizierung ... 225
2796179 Fragebogen zur Leasingklassifizierung ... 36
Komponente ... 37
SAP-Komponente
RE-FX-LA ... 426
SAP Lease Accounting Engine (LAE) ... 22
SAP Leasing ... 22
SAP PSCD ... 171
SAP Real Estate Management (SAP RE) 32
SAP RE Classic ... 34
SAP S/4HANA Cloud for Contract and Lease Management ... 27–29
Benutzeroberfläche ... 32
Fiori-App ... 32
Infosystem ... 31
Rollen und Berechtigungen ... 32
SAP Smart Forms ... 91
Segment ... 310
Serviceanteil
Linearisierung ... 397
Servicegebühr ... 171
Servicekosten ... 279
Buchungsschema ... 283
Kontenfindung ... 339
Servicevertrag ... 48, 53
Linearisierung ... 397
Short-Term Lease ... 252
Software as a Service (SaaS) ... 28
Soll-/Habenbuchung → Bewegungsart
Sollstellung → periodisches Buchen
Sperrgrund ... 131
Statistische Kondition → Konditionszweck
Statusselektion aktiv ... 83
Statusselektionsschema ... 83
Steuer ... 275
nicht abzugsfähiger Anteil ... 275
Steuerart ... 181
Steuergruppe ... 181
Strafzahlung ... 382
Straight Line Lease ... 392
Straight-Lining → Linearisierung
Sublease → Untervermietung
Suchhilfe
ausblenden ... 102
eigene ... 105

Suchhilfe (Forts.)
erweitern ... 101
kundenspezifische ... 105
RECNCN ... 102
vereinfachen ... 101
Vertrag ... 78

T

Teilfunktion CE01 (Vertragsbewertung) ... 34, 208
Teilfunktionen aktivieren ... 34
Termine → Wiedervorlage
Textbausteine ... 90

U

Übergangsphase ... 210
Übergangsszenario ... 440–441, 443
Umbuchungen Kontenfindung ... 346
Umgliedern ... 423
Umgliederungsstufe ... 360
Umrechnungsdatumsregel ... 155
Umsatzabrechnung ... 112
Umsatzmiete ... 112
Umsatzmietvertrag ... 112
United States Generally Accepted Accounting Principles → US-GAAP
Untervermietung ... 49, 296
Buchungsschema ... 299
US-GAAP ... 212, 307
Finanzierungsleasing ... 391, 394–395
operatives Leasing ... 391, 394
US-GAAP ASC 842 ... 205, 216, 268

V

Verantwortliche ... 80
Verbindlichkeitenspiegel ... 244–245
Verbraucherpreisindex ... 132
Verbundenes Unternehmen ... 327
Vergleichsmiete ... 146
Verlängerung ... 372
Verlängerung simulieren ... 76
Verlängerungsmöglichkeit ... 74
Verlängerungsoption ... 74, 372, 374
Verlängerungsregel ... 74–75
automatische Verlängerung ... 75
individuelle ... 75
Standardverlängerungsregel ... 75
Vermögensabgang Kontenfindung ... 331

Vermögensverwaltung aktivieren 35
Vermögenswertvorgabe 112
Buchungsschema 304
Kontenfindung 341
Vermögenszugang 300
Verrechnung Kontenfindung 335
Verteilungsbuchung 202
Verteilungsvorschrift 127, 198
Vertrag 39
aktivieren 171
analysieren 209
Änderungsverfolgung 84
anlegen 50
Anpassung 133
belegender 93
Bemessungen 72
Berechtigungen 210
Berechtigungsgruppe 42
bewerten 217
Bewertung 206
Bildfolge 54
Buchungsparameter 113
deaktivieren 172
debitorischer 49
Dokumentenablage 88
Erweiterungen 97
Feldstatus 58
Hauptvertragspartner 43
Infosystem 81
Kann-Feld 58
Konditionen 46, 109
Korrespondenz 91
kreditorischer 49
kundenindividuelle Daten 101
kündigen 77
Laufzeit 74
linearisierter 397
Makler 44
mehrere Vertragsobjekte 227
meine Objekte 80
mit mehreren RoU-Anlagen 384
Muss-Feld 58
Nummernkreis 54
Objektzuordnung 44
Partner 59
Partnerzuordnung 43, 59
Selektion 81
Staffelkondition 117
Standardklausel 115
Status 43, 83
Suchhilfe 41, 78, 102
Vertrag (Forts.)
Übersichten 84, 360
Verantwortlichen ändern 80
Verantwortlicher 79
verlängern 76
Vertragsgegenstand 44
Wiedervorlage 86
Zahlbetrag 46
Zahlungsrhythmus 46
Zeitabhängigkeit 44
Zusatztexte 90
Vertragsänderung
Hinzumietung von Objekten 383
Rückgabe von Objekten 385
substanzielle 383
verfolgen 85
Vertragsart 48, 50
Anbieter/Nutzer 54
Bemessungen 73
bestimmen 428
Bildfolge 54
einrichten 53
Geschäftspartnerrollen 67
Hauptvertragspartner 68
Konditionsart 123
Objektarten 71
Rhythmusklausel 129
Vertragstyp 54
Vertragsbeginn 74, 430
Vertragsdaten auswerten 81
Vertragsdialog steuern 54
Vertragsende 74
Vertragsgegenstand 69, 92, 220, 260
Gegenstandsart 428
Vertragsgültigkeit 82
Vertragskontokorrent Public Sector 171
Vertragslaufzeit ändern 372
Vertragsobjekt 69–70, 92, 384
Objektarten 71
Vertragspartner → Geschäftspartner
Vertragstyp 54
Vertragsverlängerung vorzeitige 377
Vertragsverwaltung (F5273) 51
Vertragswert 231
Verwendungsnachweis 94
Vorbelegung
Betrachtungsbeginn 433
Datum der ersten Buchung 433
vorschüssig 119
Vorsteueraufteilung 96, 275
Vorsteuerbasisbeleg 184

Vorsteuerbehandlung 95
Vorsteuerberichtigung 96

W

Wahrscheinliches Ende 373, 375, 396
Währungsumrechnungsregel 153, 156, 182
Wiedervorlage 86
Wirtschaftseinheit 92
Wirtschaftslichkeitsberechnung 146

Z

Zahllauf 413
Zahlweg
mahnbarer 417
Zahlweise 119
Zeitscheibe 116
Zinsen
interner Zinsfuß 302
Kontenfindung 337
Referenzzinssatz 249
Zinssatz 219
Zusatztexte 90
Zuschreibung, außerordentliche 300

Schnelle und korrekte Abschlüsse in FI und CO

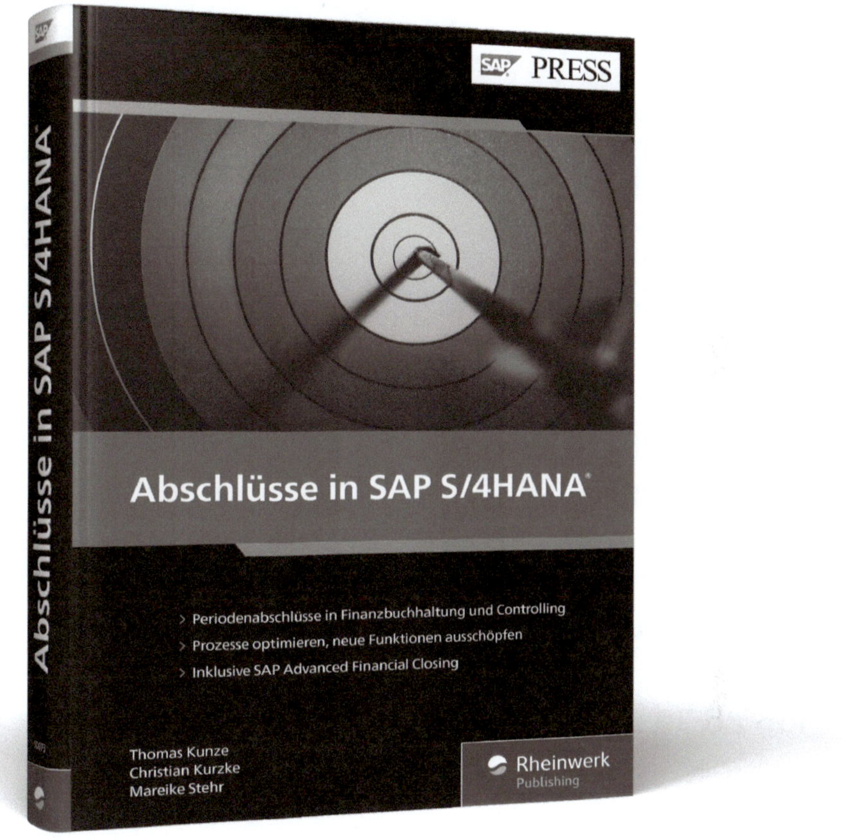

Präzise Abschlüsse mit SAP S/4HANA! Finanz- und IT-Teams erhalten in diesem Buch fundiertes Wissen zur Durchführung von Periodenabschlüssen. Von der Anlagen- über die Hauptbuchhaltung bis hin zum Controlling finden Sie Empfehlungen für Ihre Finanzprozesse. Außerdem erfahren Sie, wie Sie SAP Advanced Financial Closing zur Optimierung einsetzen.

626 Seiten, gebunden, 99,90 Euro, ISBN 978-3-367-10073-6

www.rheinwerk-verlag.de/5868